Teubner-Reihe Wirtschaftsinformatik

Ralf Schaarschmidt

Archivierung in Datenbanksystemen

Teubner-Reihe Wirtschaftsinformatik

Herausgegeben von
Prof. Dr. Dieter Ehrenberg, Leipzig
Prof. Dr. Dietrich Seibt, Köln
Prof. Dr. Wolffried Stucky, Karlsruhe

Die „Teubner-Reihe Wirtschaftsinformatik" widmet sich den Kernbereichen und den aktuellen Gebieten der Wirtschaftsinformatik.

In der Reihe werden einerseits Lehrbücher für Studierende der Wirtschaftsinformatik und der Betriebswirtschaftslehre mit dem Schwerpunktfach Wirtschaftsinformatik in Grund- und Hauptstudium veröffentlicht. Andererseits werden Forschungs- und Konferenzberichte, herausragende Dissertationen und Habilitationen sowie Erfahrungsberichte und Handlungsempfehlungen für die Unternehmens- und Verwaltungspraxis publiziert.

Ralf Schaarschmidt

Archivierung in Datenbanksystemen

Konzept und Sprache

Springer Fachmedien Wiesbaden GmbH

Die Deutsche Bibliothek – CIP-Einheitsaufnahme
Ein Titeldatensatz für diese Publikation ist bei
Der Deutschen Bibliothek erhältlich.

Dr. rer. nat. Ralf Schaarschmidt
Geboren 1969 in Hardheim. Von 1989 bis 1994 Studium der Informatik an der Universität Karlsruhe (TH). Nach dem Diplom wissenschaftlicher Mitarbeiter am Lehrstuhl für Datenbanken und Informationssysteme der Friedrich-Schiller-Universität Jena, Promotion 1999. In dieser Zeit Arbeit an neuen Ansätzen zur Beherrschung sehr großer Datenbanken. Seit 1999 bei der IBM Unternehmensberatung GmbH, Banking Practice in Frankfurt/Main, ein Arbeitsschwerpunkt liegt dort im Bereich Business Intelligence.

1. Auflage Juni 2001

www.teubner.de

Umschlaggestaltung: Ulrike Weigel, www.CorporateDesignGroup.de

Gedruckt auf säurefreiem und chlorfrei gebleichtem Papier.

ISBN 978-3-519-00325-0   ISBN 978-3-322-80026-8 (eBook)
DOI 10.1007/978-3-322-80026-8

Für meine Eltern

Vorwort

Datenbanksysteme haben sich als Basistechnologie großer, komplexer Informationssysteme etabliert. In den letzten Jahren müssen immer größere Datenmengen in Datenbanksystemen verwaltet werden. Die Gründe hierfür sind neue Anwendungsgebiete, das Zusammenführen bestehender einzelner Datenbestände und der Wert von Daten als wichtige Informationsquelle. Folgen der ständig wachsenden Datenbanken sind hohe Speicherkosten, Schwierigkeiten bei der Administration und Leistungsprobleme bei der Verarbeitung der Daten. Auf der Erkenntnis, daß nicht alle Daten ständig und mit gleich hoher Intensität genutzt werden, beruht der Ansatz zur Archivierung in Datenbanksystemen. Mit dessen Konzept und Sprache beschäftigt sich das vorliegende Buch.

Im Zuge der Archivierung werden Daten einer Datenbank in ein Archiv ausgelagert. Das Datenhaltungskonzept wird damit grundlegend erweitert. Auf der Grundlage bekannter Eigenschaften von Datenbanksystemen wird der im Buch benutzte Archivierungsbegriff eingeführt und abgegrenzt. Anhand möglicher Architekturen erfolgt eine Diskussion zur Anbindung von Archiven und Archivierungsfunktionalität an Datenbanksysteme. Die Praxisrelevanz der behandelten Thematik wird durch zwei konkrete Archivierungslösungen verdeutlicht.

Ausgelagerte Daten können weiterhin von den Vorteilen einer Datenhaltung im Datenbanksystem profitieren, wenn sie das Datenbanksystem nicht verlassen. Vor diesem Hintergrund wird die konzeptuelle Integration der Archivierung als neuer Dienst in ein Datenbanksystem untersucht. Eigenschaften der Archive und Archivierungsfunktionalität sind hierbei von zentraler Bedeutung. Darüber hinaus spielen Zeitaspekte der Archivierung im Hinblick auf eine langfristige Aufbewahrung von Archivdaten eine wichtige Rolle.

Bei der Erweiterung des Datenhaltungskonzepts ist es für die homogene Integration des neuen Datenbankdienstes erforderlich, bisherige Konzepte der Datenhaltung in adäquater Form zu übertragen. Dazu zählen die Sicherung der Datenintegrität, die Strukturierung von Daten über Schemata und ihre Beschreibung mit Hilfe von Metadaten. Diese Konzepte werden für Datenbanken erläutert und auf Archive ausgedehnt. Um für Archivdaten eine bestimmte Qualität garantieren zu können, werden unter Berücksichtigung der Beziehung zur Datenbank die Möglichkeiten zur Formulierung von Integritätsbedingungen untersucht. Auf Schemaebene führt die Beziehung zwischen Datenbank- und Archivschema zur Entwicklung eines Versionierungskonzepts für Archivschemata.

Die erarbeiteten Konzepte der Archivierung in Datenbanksystemen münden schließlich in der Vorstellung der Sprache ASQL. Der Sprachentwurf erweitert SQL in den Bereichen Datendefinition und -manipulation. Neben neuen Anweisungen stellt ASQL auch Metadaten für Archive zur Verfügung. Die Beschreibung von ASQL erfolgt über abstrakte Syntaxbeispiele. Außerdem wird die Verwendung der Sprache anhand konkreter Archivierungsszenarien erläutert. Ergänzend ist eine formale Spezifikation der Sprache angegeben.

Abschließend wird eine erste prototypische Implementierung beschrieben, welche die Archivierung als Datenbankdienst umsetzt. Das Ziel des Prototyps besteht darin, die Realisierbarkeit von Konzept und Sprache zu zeigen. Archive und Archivierungsfunktionalität werden unter Verwendung eines kommerziellen Datenbanksystems simuliert.

Das vorliegende Buch basiert im wesentlichen auf der während meiner Tätigkeit als wissenschaftlicher Mitarbeiter am Lehrstuhl für Datenbanken und Informationssysteme der Universität Jena entstandenen Dissertation [Sch99b]. Meinem Betreuer, Herrn Prof. Dr. Klaus Küspert, möchte ich für die kritischen Diskussionen, die hilfreichen Anregungen und vor allem die kontinuierliche Unterstützung während der gesamten Zeit danken.

Den Herren Prof. Dr. Peter Lockemann, Universität Karlsruhe, und Prof. Dr. Klaus Meyer-Wegener, Technische Universität Dresden, danke ich für die Übernahme der weiteren Dissertationsgutachten. Herrn Professor Lockemann danke ich darüber hinaus dafür, daß er mich als Student in Karlsruhe für die Datenbankthematik begeistert hat.

Bedanken möchte ich mich auch bei den Studenten, die durch ihre Studien- und Diplomarbeiten wesentlich zum Gelingen der Arbeit beigetragen haben. Jan Nowitzky und Knut Stolze danke ich für den großen Einsatz bei der Implementierung des Prototyps. Weiterhin geht Dank an Matthias Funke und Steffen Skatulla. Herausheben und besonders danken möchte ich Jens Lufter, der mit viel Eigeninitiative, großem Engagement und zahlreichen Ideen die Arbeit insgesamt voranbrachte. Als ehemalige Kollegen danke ich Jan und Jens außerdem für ihre Diskussionsfreude und die angenehme Zeit am Lehrstuhl in Jena.

Meiner ehemaligen Kollegin Dr. Uta Störl danke ich für die konstruktive Zusammenarbeit und für die interessanten Diskussionen in den vergangenen Jahren sowie für das kritische Korrekturlesen der Dissertation. Bei Jutta Sieron vom Fakultätsrechenzentrum bedanke ich mich für ihre vielfältige Unterstützung.

Dank gebührt auch Dr. Axel Herbst, der durch seine Arbeit den Grundstein für die vorliegende legte und mir die Startphase erleichterte. Wolfgang Röder von der SAP AG danke ich dafür, daß er mir einen Einblick in Lösungen der Praxis gewährte. Herrn Peter Pistor danke ich für die angenehme und diskussionsreiche Zusammenarbeit. Nicht vergessen möchte ich Dr. Uwe Herzog, der mich als Diplomand betreute und zur Promotion ermuntert hat.

Dem Verlag B. G. Teubner und Herrn Jürgen Weiß in Leipzig sowie dem Mitherausgeber Prof. Dr. Wolffried Stucky, Universität Karlsruhe, danke ich für die Möglichkeit, dieses Buch im Teubner-Verlag zu veröffentlichen. Bei der IBM Unternehmensberatung GmbH, insbesondere bei den Herren Dr. Ulrich Herrmann, Dr. Dirk Siegel und Matthias Hartmann, sowie bei der IBM Deutschland Entwicklung GmbH, bei Herrn Dr. Hans-Joachim Renger bedanke ich mich für die freundliche Unterstützung der Publikation.

Schließlich möchte ich mich ganz herzlich bei meinen Eltern bedanken, die mir die Verwirklichung meiner beruflichen Ziele ermöglichten und mich stets unterstützten.

Jena und Frankfurt am Main, im April 2001   *Ralf Schaarschmidt*
                                                            ralf.schaarschmidt@web.de

Inhaltsverzeichnis

Kapitel 1

Einleitung

Dieses Kapitel motiviert das Thema des vorliegenden Buches und formuliert die angestrebten Ziele. Zunächst werden Gründe für das oftmals rapide Anwachsen der in Datenbanksystemen verwalteten Datenmengen beschrieben. Die zunehmende Bedeutung sehr großer Datenbanken und deren Probleme bilden den Ausgangspunkt für ein erweitertes Konzept der Datenhaltung. Der Ansatz erlaubt es, selten benötigte Daten in ein Archiv auszulagern. Als Ziel des Buches wird die konzeptuelle Integration von Archiven und Archivierungsfunktionalität in Datenbanksysteme formuliert. Eine kurze Zusammenstellung interessanter Anwendungsgebiete der Archivierung und die Gliederung des Buches schließen sich an.

1.1 Motivation

Datenbanksysteme haben sich als technologische Basis großer, komplexer Informationssysteme durchgesetzt. Die Größe eines Informationssystems kann hinsichtlich verschiedener Metriken bestimmt werden [Mar98]. Möglichkeiten hierfür sind etwa Anzahl der Nutzer, Anzahl der Rechner, Größe des Netzwerks und geographische Verteilung der Nutzer, Datendurchsatz, Anzahl der Transaktionen und schließlich Größe der Datenbank. Das letzte Kriterium, die Größe von Datenbanken, soll bei den folgenden Betrachtungen im Vordergrund stehen.

In den verschiedensten Anwendungsgebieten kommen Datenbanksysteme zum Einsatz. Grob lassen sich Anwendungen in administrativ-betriebswirtschaftliche und technisch-wissenschaftliche gliedern. Gemeinsam ist diesen Bereichen der Trend zu immer größeren Datenbanken. Größenordnungen im mehrstelligen Gigabyte-Bereich sind heute gängige Praxis, Terabyte-Datenbanken sind keine Seltenheit mehr, und neuere Datenbank-Management-Systeme sind potentiell bereits für den Petabyte-Bereich ausgelegt [Ora97a, Bar98]. Die Marktforscher der Gartner Group rechnen damit, daß sich die durchschnittliche Größe operationaler Datenbanken jährlich verdoppeln wird. In [WA98] werden einige Beispiele aus dem Jahr 1998 für sehr große relationale Datenbanken im produktiven Betrieb und kommerziellen Einsatz genannt. So basiert zum damaligen Zeitpunkt das Paketverfolgungs- und -zustellsystem von UPS auf einer föderierten Datenbank mit einer Größe von 16,8 Terabyte bei 324 Milliarden Tupeln. Das Telekommunikationsunternehmen Telstra verfügt über eine

4,35 Terabyte große zentralisierte Datenbank für deren Kundenabrechnungssystem. Die Datenbank enthält insgesamt 51 Milliarden Tupel und eine Tabelle der Größe 1,2 Terabyte.

Die Gründe für ständig wachsende Datenbanken sind vielschichtig. Neue Anwendungen mit inhärent großen Datenmengen, etwa durch Bild-, Video- und Audiodaten (multimediale Daten), nutzen zunehmend Datenbanktechnologie [MW91, RNL95, ÖRS97]. Unternehmen lösen einzelne betriebliche Altsysteme (*legacy systems*) durch die Einführung integrierter Standardsoftware ab. Einzelne Datenbestände werden so zu großen Datenbanken zusammengeführt und auch immer mehr konventionelle Geschäftsdaten in Datenbanken gespeichert. Betriebswirtschaftliche und rechtliche Gründe führen dazu, daß Daten als wichtige Informationsquelle zum einen erhaltenswert, zum anderen aber auch oft aufbewahrungspflichtig sind. Unter wirtschaftlichen Gesichtspunkten ermöglichen Datenbanken die Ablage und Nutzung des in einem Unternehmen vorhandenen Wissens. Wichtige Vorgänge und Arbeitsergebnisse lassen sich dokumentieren und erhalten. Beispielsweise können in einer Datenbank abgelegte Konstruktionsdaten als Grundlage für Neuentwicklungen wiederverwendet werden. Rechtlich gesehen sind Unternehmer verpflichtet, betriebliche Unterlagen aufzubewahren. Zum Beispiel gilt für Buchhaltungsbelege die zehnjährige gesetzliche Aufbewahrungspflicht. Zulässig ist insbesondere die Speicherung solcher Unterlagen in elektronischer Form und damit in Datenbanken [BP97]. Daten müssen also aus verschiedenen Gründen langfristig aufbewahrt werden. Insgesamt ist daher zu beobachten, daß kaum noch ein Löschen von Daten aus Datenbanken stattfindet [Cop82].

Die so entstehenden sehr großen Datenbanken führen aber auch zu einer Reihe von Problemen. Folgen der ständig wachsenden Datenmengen sind hohe Speicherkosten, Schwierigkeiten bei der Administration und Leistungsprobleme bei der Verarbeitung der Daten. Die hohen Speicherkosten ergeben sich nicht nur aus dem steigenden Speicherplatzbedarf der eigentlich zu verwaltenden Datenbank, sondern auch aus den für einen gesicherten Datenbankbetrieb zusätzlich erforderlichen Sicherungsmedien für Datenbankkopien und Protokolldateien. Die Schwierigkeiten der Administration nehmen mit der Größe der Datenbank zu [DG98]. So steigt der Aufwand für Datensicherung und -wiederherstellung (Backup und Recovery) und Reorganisation einer Datenbank entsprechend. Diese Problematik wird noch verschärft vor dem Hintergrund, daß bei sehr großen Systemen typischerweise auch hohe Anforderungen an deren Verfügbarkeit gestellt werden. Mit zunehmender Datenbankgröße wird die Gewährleistung eines zufriedenstellenden Antwortzeitverhaltens schwieriger. Aufbau, Pflege und Reorganisation von Indexen gestalten sich bei großen Datenbanken aufwendiger, Einbußen bei der Performance sind daher zwangsläufig. Änderungen am Datenbestand werden entsprechend verzögert. Wichtig ist deshalb, daß Datenbestände nicht unkontrolliert anwachsen dürfen, sondern rechtzeitig Analysen und Überlegungen anzustellen sind, wie mit dem Wachstum umzugehen ist [Sal98].

Bestehende Datenbanksystemtechnologie gelangt angesichts der aufgeführten Probleme an ihre Grenzen. Neue Ansätze sind gefragt, die Speicherung sehr großer Datenmengen in Datenbanksystemen besser zu bewältigen. Ein Ansatz, den Problemen der großen Datenbanken zu begegnen, ist die *Archivierung in Datenbanksystemen* [KS98]. Archivierung beruht auf der Beobachtung, daß nicht alle Daten ständig und mit gleich hoher Intensität genutzt werden. Die Daten, die sich durch hohe Aktualität und intensive Verarbeitung in den operativen Anwendungssystemen auszeichnen, werden als *operative Daten* bezeichnet. *Nichtoperative Daten* sind dadurch charakterisiert, daß auf sie nur selten zugegriffen

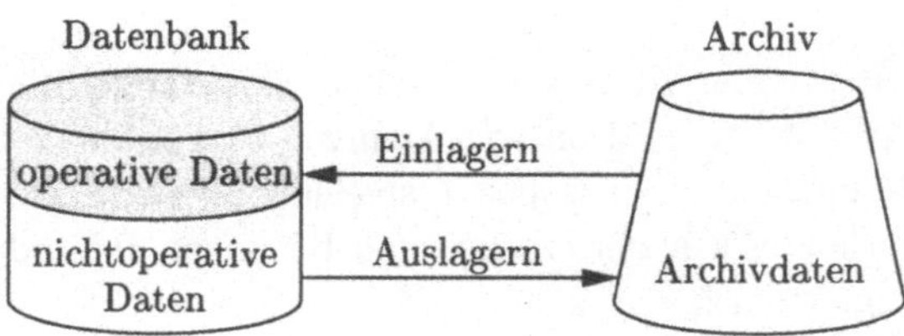

Abbildung 1.1: Datenbank- und Archivdaten

wird, die Daten aber langfristig zur Verfügung stehen sollen, wodurch sich ein Löschen verbietet. Der Datenbestand einer Datenbank läßt sich somit unter Einbeziehung von Anwendungswissen logisch in zwei Datenmengen unterteilen. Hier setzt die Archivierung mit dem Ziel der Entlastung der Datenbank an. Durch Auslagern (Verschieben) der als nichtoperativ identifizierten Daten in ein Archiv verkleinert sich die Größe der Datenbank (Abbildung 1.1). Mit der Auslagerung wird auch die physische Trennung beider Datenmengen vollzogen. Daten im Archiv erhalten die Bezeichnung *Archivdaten*. Sollten Archivdaten wieder operativ werden, ist ein Einlagern in die Datenbank möglich.

Durch die Archivierung wird zwar nicht der Gesamtdatenbestand verringert, aber die Daten werden gemäß ihrer spezifischen Eigenschaften auf Datenbank und Archiv verteilt. Ein auf diese Art organisierter Datenbestand kann die geschilderten Probleme deutlich entschärfen. Das Leistungsverhalten der Standardanwendungen wird sich mit Reduzierung auf die für sie relevante Datenmenge verbessern. Verschiedene Probleme der Administration sind aufgrund der kleineren Datenbank einfacher zu handhaben. Beispielsweise ist der Aufwand für Datensicherung entsprechend geringer. Die Zugriffe auf Archivdaten sind selten und nicht zeitkritisch. Das Archiv stellt sich dem Nutzer wie eine spezialisierte Datenbank dar. Maßnahmen zur Erhöhung der Verfügbarkeit sind daher für Archive nicht so wichtig wie für Datenbanken. Die angesprochenen hohen Speicherkosten können reduziert werden, wenn kostengünstige, aber im Vergleich zu Magnetplatten langsamere Speichermedien wie Bänder oder optische Platten für Archive Einsatz finden. Auch dies wird erst durch das spezifische Zugriffsprofil für Archivdaten möglich, da hier die negativen Leistungscharakteristika dieser sogenannten Tertiärspeicher nur unwesentlich ins Gewicht fallen.

1.2 Ziele des Buches

Das globale Ziel des Buches ist, die Archivierung von Daten, die in einem Datenbanksystem verwaltet werden, zu ermöglichen. Hierfür wird ein Ansatz verfolgt, bei dem aus der Datenbank ausgelagerte Daten das Datenbanksystem nicht verlassen. Archive werden damit zum Bestandteil des Datenbanksystems. Die für sie erforderliche Funktionalität erweitert dann das Datenbank-Management-System. Der Vorteil dieses Ansatzes besteht darin, daß alle Daten, also sowohl operative als auch archivierte, von einer Instanz verwaltet werden und der gemeinsame Zugriff auf beide Datenmengen weiterhin möglich ist. Daten können so auch nach ihrer Archivierung weiterhin von den Eigenschaften eines Datenbanksystems profitieren.

Mit der Archivierung wird die Datenhaltung in Datenbanksystemen grundlegend erweitert. Auf allen Ebenen ergeben sich interessante Fragestellungen. Das Buch wird Konzepte und

Sprache der Archivierung in den Vordergrund stellen. Konkreter Untersuchungsgegenstand und Ziel ist die konzeptuelle Integration von Archiven und Archivierungsfunktionalität in Datenbanksysteme. Implementierungsaspekte spielen nur am Rande eine Rolle. Jedoch soll die prinzipielle Umsetzbarkeit der erarbeiteten Lösungen anhand einer prototypischen Implementierung gezeigt werden.

Ausgangspunkt für die Betrachtungen bilden herkömmliche relationale Datenbanksysteme. Um die Vorhaben angehen zu können, bedarf es zunächst der Festlegung der Eigenschaften eines Archivs unter Kontrolle des Datenbank-Management-Systems. Die zu unterstützende Funktionalität ergibt sich aus zu klärenden Anwendungserfordernissen. Zwei Aspekte sind für die angestrebte Integration der neuen Komponenten in das Datenbanksystem wesentlich. Zum einen soll das Archiv stets als Ergänzung zur Datenbank gesehen werden und diese nicht ersetzen, zum anderen soll sich die Funktionalität homogen in die bereits bestehende einfügen. Die neue Funktionalität wird daher in der Sprache ASQL, als einer Erweiterung von SQL, münden.

Im Vergleich zur Datenbank ist im Archiv die Aufbewahrung der Daten längerfristig angelegt und das Datenvolumen größer. Der zeitliche Aspekt muß auch im Hinblick auf die Verbindung des Archivs zur Datenbank gesehen werden. Die Datenquelle des Archivs ist die Datenbank, so daß das Archiv in gewisser Weise abhängig von der Datenbank ist. Davon ist insbesondere auch die Struktur des Archivs betroffen. Es muß daher eine Lösung für die Beschreibung der Beziehung zwischen Datenbank und Archiv erarbeitet werden. Vor allem sind hierbei Schemaänderungen auf Datenbankseite zu berücksichtigen, die gerade durch die zu beachtende Langfristigkeit Relevanz erhalten. Auch sich im Laufe der Zeit ändernde Anforderungen an die Archivierung einer Datenbank müssen durch Flexibilität der Archivseite Unterstützung finden. Der potentiell sehr große Datenumfang eines Archivs ist bei all diesen Überlegungen einzubeziehen.

Eine breite Datenbasis bietet vielfältige Möglichkeiten der Verwendung. Doch nur dann, wenn eine gewisse Qualität der Daten zugesichert werden kann, sind die abgeleiteten Informationen von Nutzen. Daten einer Datenbank, die in ein Archiv ausgelagert werden, dürfen diesen Aspekt nicht vernachlässigen. Für Datenbanken ist es möglich, Integritätsbedingungen zu formulieren. Das Datenbanksystem sichert zu, daß eine Datenbank ihre Integritätsbedingungen erfüllt. In Anlehnung an Datenbanken ist für Archive als Teil des Datenbanksystems zunächst ein adäquater Konsistenzbegriff erforderlich. Auf dieser Grundlage kann die Rolle der Integritätsbedingungen für Archive untersucht werden.

1.3 Anwendungsgebiete der Archivierung

Der Einsatz der Archivierung kann in den verschiedensten Anwendungsgebieten in Erwägung gezogen werden. Der größte Nutzen ist zu erwarten, wenn die Datenbanken sehr groß sind. Wichtig für die Nutzbarkeit der Archivierung ist allerdings, daß eine Datenbank archivierbare Daten enthält. Datenbanken, die nur aus operativen und damit ständig benötigten Daten bestehen, können aus der Möglichkeit zur Datenauslagerung keine Vorteile ziehen. Wie eingangs erwähnt, lassen sich administrativ-betriebswirtschaftliche und technisch-wissenschaftliche Anwendungen als wichtige Einsatzfelder von Datenbanksystemen unterscheiden. Einige Beispiele aus diesen Bereichen sollen die Bandbreite verdeutlichen, in der die Archivierung von Bedeutung sein könnte.

Zum administrativ-betriebswirtschaftlichen Bereich gehören Anwendungen wie Personalverwaltung, Auftragserfassung und -bearbeitung, Finanzwesen, Beschaffungslogistik, Materialwirtschaft, Produktionsplanung und -steuerung, Vertriebslogistik, Qualitätsmanagement und Instandhaltung. All diesen Anwendungen liegen umfangreiche Datenbestände zugrunde, die für den Fortbestand einer Unternehmung unverzichtbar sind. Das System R/3 von SAP ist ein Beispiel für eine integrierte Standardsoftware, die eine ganzheitliche Sicht auf alle betriebswirtschaftlichen Vorgänge bietet und zur Datenhaltung eine gemeinsame Datenbank nutzt [BEG96]. Insbesondere gewährleistet das System zusammenhängende Daten über alle Prozeßstufen und Organisationseinheiten eines Unternehmens. Platzbuchungs- und Reservierungssysteme sind weitere Anwendungen, die über sehr große Datenbanken verfügen. Konkrete Beispiele sind die Systeme von Amadeus und Galileo. Im weiteren Verlauf des Buches wird der Schwerpunkt der durch Beispiele unterstützten Betrachtungen die Anwendung der Archivierung im betriebswirtschaftlichen Umfeld bilden.

Dem technisch-wissenschaftlichen Bereich zugehörig sind unter anderem rechnergestütztes Entwerfen und Konstruieren (CAD) [Fun96], rechnergestützte Fertigung (CIM), Softwareproduktionsumgebungen (CASE), Wissensverarbeitung und Expertensysteme, Prozeßdatenverarbeitung, geographische Informationssysteme und wissenschaftliche Datenbanken [FJP90]. Beispiele aus der Wissenschaft sind Klima- und Umweltdatenbanken. In [LR97] werden die hier auftretenden Daten in große Mengen strukturierter und kleine Mengen weniger strukturierter Daten unterschieden. Daten der ersten Art werden von numerischen Klimamodellen und Satelliten produziert. Die Größenordnungen der zu behandelnden Daten belaufen sich bei den Klimamodellen auf 100 Terabyte, bei der Aufzeichnung und Verarbeitung von Satellitendaten auf 1 Petabyte. Zur zweiten Datenart gehören Umweltdaten, die hauptsächlich aus bodenbasierten Observationen und Messungen hervorgehen. Konkrete Beispiele für die Erdbeobachtung sind SEQUOIA 2000 [Sto93] und EOS der NASA [BS95]. CERA vom Deutschen Klimarechenzentrum (DKRZ) ist ein Beispiel für eine Klimadatenbank [Lau97, Ora98], der Umweltdatenkatalog (UDK) ein Metainformationssystem für Umweltdaten [KNK$^+$97].

1.4 Gliederung des Buches

Im nachfolgenden *Kapitel 2* werden die nötigen Grundlagen für den Rest des Buches geschaffen. Zunächst erfolgen grundlegende Betrachtungen zu Datenbanksystemen, soweit sie für deren beabsichtigte Erweiterung um Archivierung erforderlich sind. Anschließend wird der diesem Buch zugrundegelegte Archivierungsbegriff vorgestellt und abgegrenzt. Wichtige Architekturvarianten für die Anbindung von Archiven und Archivierungsfunktionalität an Datenbanksysteme werden diskutiert und miteinander verglichen. Das Buch wird sich auf die sogenannte datenbanksystem-integrierte Archivierung konzentrieren. Beispielszenarien aus verschiedenen Anwendungsgebieten der Archivierung vermitteln einen ersten Eindruck von den vielfältigen Möglichkeiten. Mit einer Einordnung der behandelten Thematik in den Stand der Forschung schließt dieses Kapitel.

In *Kapitel 3* werden anhand zweier konkreter Beispiele Archivierungslösungen der Praxis vorgestellt. Die Beispiele beziehen sich auf die betriebswirtschaftliche Standardsoftware System R/3 und das Datenbanksystem DB2.

Kapitel 4 beschäftigt sich mit der Integration von Archivierung in ein Datenbanksystem. Nach der Formulierung von allgemeinen Anforderungen an den neuen Datenbankdienst folgt eine Beschreibung der Eigenschaften von Archiven und der für sie benötigten Archivierungsfunktionalität. Im Hinblick auf die langfristige Aufbewahrung von Archivdaten werden Zeitaspekte der Archivierung untersucht. An einem Beispiel werden Archivierungsprobleme analysiert und jeweils eine Lösung auf Grundlage der in diesem Kapitel vorgestellten Konzepte diskutiert.

Gegenstand von *Kapitel 5* sind Fragestellungen auf Daten- und Schemaebene, die sich aus den Beziehungen zwischen Datenbank und Archiv ergeben. Die Vorstellung bekannter Aspekte der Datenintegrität bildet die Grundlage für die Untersuchungen auf Datenebene. Dies führt zur Ausarbeitung eines für Archive geeigneten Konsistenzbegriffs. In diesem Zusammenhang werden auch die für Archive relevanten Integritätsbedingungen identifiziert und schließlich in adäquater Form unterstützt. Bei der Diskussion auf Schemaebene werden zunächst Konzepte für Datenbankschemata und mögliche Schemaänderungen beschrieben. Letztere bilden den Ausgangspunkt für die Entwicklung eines Versionierungskonzepts für Archivschemata, welches den spezifischen Eigenschaften von Archiven genügt und die besonderen Probleme löst, die sich aus der Beziehung zur Datenbank ergeben.

In *Kapitel 6* wird die Sprache ASQL als Erweiterung von SQL vorgestellt. Mit ihr werden die behandelten neuen Konzepte der Archivierung als Datenbankdienst konkretisiert und umgesetzt. Auf die Formulierung von Anforderungen an den Sprachentwurf folgt die Beschreibung der Sprache, auf übliche Weise getrennt in Datendefinition und -manipulation. Zudem werden die von ASQL nicht näher spezifizierten, sondern konkreten Implementierungen überlassenen Konzepte erwähnt. Die Realisierung des aus einem früheren Kapitel bekannten Beispiels mit Hilfe von ASQL rundet die Vorstellung der Sprache ab.

Kapitel 7 befaßt sich mit dem Metadatenkonzept von ASQL. Nach allgemeinen Betrachtungen zur Beschreibung von Datenbankschemata durch Metadaten folgt eine Vorstellung des Metadatenkonzepts von SQL. Dies wird anschließend um ein Metadatenschema für Archive ergänzt.

Das *Kapitel 8* berichtet über die prototypische Implementierung, der in diesem Buch entwickelten Archivierungskonzepte und Sprache. Nach der Diskussion von Entwurfszielen und Auswahl einer Architektur wird mit dem Archive Management System die entstandene Lösung beschrieben. Diese ist durch einen Schichtenansatz unter Verwendung des kommerziellen Datenbanksystems DB2 charakterisiert.

Kapitel 9 stellt die wesentlichen Ergebnisse des Buches zusammen. Schließlich werden Anknüpfungspunkte und offene Fragen für weiterführende Arbeiten diskutiert.

Drei Anhänge komplettieren das Buch. *Anhang A* enthält die formale Sprachspezifikation von ASQL. Diese umfaßt alle über SQL hinausgehenden Sprachelemente. Die Form, in der Syntax und Semantik angegeben sind, ist dem SQL-Normdokument entlehnt. In *Anhang B* werden die von ASQL bereitgestellten Metadatenstrukturen formal spezifiziert. Eine Zusammenfassung der Syntax von ASQL ist in *Anhang C* zu finden.

Kapitel 2

Grundlagen der Archivierung

Dieses Kapitel schafft die nötigen Grundlagen für das Buch. Nach der Vorstellung weitgehend bekannter Eigenschaften von Datenbanksystemen soll insbesondere der diesem Buch zugrundeliegende Archivierungsbegriff vorgestellt und abgegrenzt werden. Die mögliche Anbindung der Archivierung an Datenbanksysteme wird anhand verschiedener Architekturen diskutiert. Anwendungsbeispiele geben einen Eindruck über die vielfältigen Einsatzmöglichkeiten der Archivierung. Schließlich findet eine Einordnung des Buches in den Stand der Forschung statt.

2.1 Grundlagen von Datenbanksystemen

Die folgenden Abschnitte diskutieren grundlegende Aspekte von Datenbanksystemen, soweit sie für deren beabsichtigte Erweiterung um Archivierung erforderlich sind. Besonderer Wert wird dabei auf die Diskussion des Datenbankbegriffs von SQL, als wichtigste (normierte) Datenbanksprache, gelegt. Dies bildet die Grundlage für die konzeptuelle Integration von Archiven in relationale Datenbanksysteme, auch im Hinblick auf die angestrebte Erweiterung von SQL. Die Bezeichnung SQL bezieht sich im folgenden, soweit nicht explizit anders angegeben, immer auf die Norm von 1992 [ISO92] und deren Korrektur von 1998 [ISO98b].

2.1.1 Architektur

Ein Datenbanksystem besteht aus einer Datenbank (DB) und einem Datenbank-Management-System (DBMS). Abbildung 2.1 zeigt diese Architektur.

Eine *Datenbank* ist eine strukturierte Sammlung persistenter Daten, die von den Anwendungssystemen eines Unternehmens (einer Organisation, eines einzelnen Anwenders) genutzt werden [Dat95a]. Jede Datenbank besitzt daher eine Interpretation in einer realen oder gedanklichen Anwendungswelt [LL95]. Umgekehrt gehen die gespeicherten Daten aus Informationen über eine solche Welt hervor. Informationen wiederum sind aber stets gedankliche Abstraktionen (Abbilder, Modelle) realer oder gedanklicher Gegenstände. Als solche enthalten sie nur solche Aspekte der betrachteten Welt, die für den Zweck ihrer

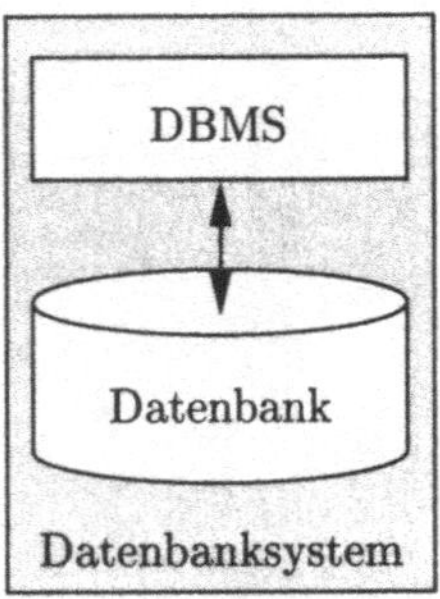

Abbildung 2.1: Architektur eines Datenbanksystems

Verwendung von Bedeutung sind. Man spricht daher von einem solchen Ausschnitt der Welt als einer *Miniwelt*.

Auf die Datenbank kann nur über eine spezielle Softwarekomponente, das DBMS, zugegriffen werden. Eine zentrale Kontrolle der Daten ist so möglich. Unter einem *DBMS* wird die Gesamtheit aller Programme verstanden, die die Verwaltung einer Datenbank übernehmen. Man erwartet von einem DBMS eine gewisse Grundfunktionalität. In [HS95] werden hierfür auf der Grundlage von [Cod82] die folgenden Anforderungen an ein DBMS beschrieben: Integration, Operationen, Katalog (Metadaten), Benutzersichten, Integritätssicherung, Datenschutz, Transaktionen, Synchronisation und Datensicherung.

2.1.2 Datenmodelle

Ein System von Konzepten zur einheitlichen Beschreibung von Daten wird als logisches *Datenmodell* bezeichnet. Unterscheidbar sind Struktur-, Manipulations- und Integritätskomponente eines Datenmodells [Cod81, Dat95a]:

- Die *Strukturkomponente* beschreibt, wie die Daten, die Objekte und Beziehungen einer Miniwelt repräsentieren, in einer Datenbank strukturierbar sind.

- Die auf die Daten anwendbaren Operationen und deren Eigenschaften werden durch die *Manipulationskomponente* definiert.

- Die *Integritätskomponente* stellt Mittel zur Formulierung von Bedingungen bereit, die die Datenbank erfüllen muß.

In [Bro84] wird ein Datenmodell als eine Menge von Konzepten definiert, die alle statischen und dynamischen Eigenschaften der Miniwelt erfassen sollen. Die ursprüngliche Definition nach [Cod81] erfaßt die statischen Eigenschaften mit der Strukturkomponente und die dynamischen Eigenschaften mit der Manipulationskomponente. Die Integritätskomponente berücksichtigt beide Eigenschaften, da die Integritätsbedingungen von den Daten einer Datenbank (statisch) und Operationen darüber (dynamisch) erfüllt werden müssen. Beispiele für Datenmodelle sind das hierarchische Datenmodell, das Netzwerkmodell, das relationale Datenmodell sowie objektorientierte und semantische Datenmodelle.

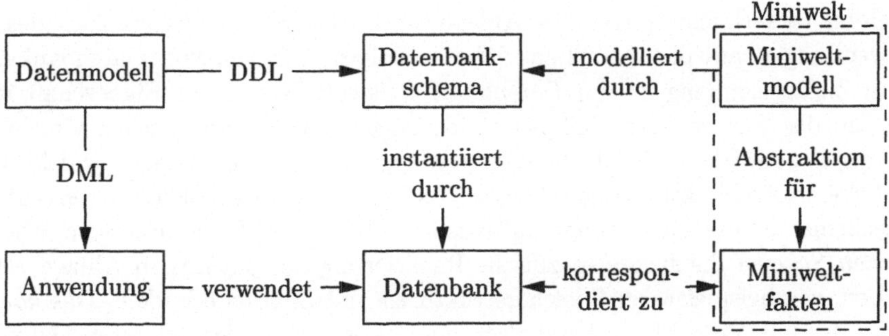

Abbildung 2.2: Datenmodell und Datenbankschema

Die Mächtigkeit eines Datenmodells läßt sich unter anderem daran ermessen, ob und wie gut Objekte und Beziehungen verschiedener Art durch die Strukturkomponente modelliert werden können. So sind m:n-Beziehungen im hierarchischen Datenmodell nur unzureichend darstellbar, im relationalen Datenmodell müssen sie im Gegensatz zu semantischen Datenmodellen durch zusätzliche Integritätsbedingungen abgesichert werden. Ein weiteres Kriterium sind Mächtigkeit, Abgeschlossenheit und Allgemeinheit der durch die Manipulationskomponente zur Verfügung gestellten Operationen. Hier hat das relationale Datenmodell Vorteile gegenüber anderen, z. B. objektorientierten Datenmodellen, da seine Operationen mengenorientiert arbeiten (mächtig), wieder Relationen liefern (abgeschlossen) und unvorhersehbare Anfragen erlauben (ad hoc; allgemein). Schließlich drückt sich die Mächtigkeit eines Datenmodells auch darin aus, inwieweit es Unterstützung bietet, eine gewisse Qualität der Daten zu sichern. Dafür ist oft neben einer geeigneten Strukturierung die Angabe zusätzlicher Integritätsbedingungen erforderlich. Datenmodelle unterscheiden sich sehr stark in der Verteilung von Einschränkungen auf Struktur- und Integritätskomponente. So sind die Strukturierungsmöglichkeiten des relationalen Modells sehr einfach, daher sind mehr Bedingungen der Integritätskomponente erforderlich als etwa bei semantischen Datenmodellen.

2.1.3 Datenbankschema

Die Konzepte eines Datenmodells lassen sich zur Anwendung auf reale Datenbanken durch eine *Datenbanksprache* formalisieren. Unterschieden wird dabei oft zwischen Datendefinition (*Data Definition Language*; DDL) und Datenmanipulation (*Data Manipulation Language*; DML). Letzteres bezieht sich auf die Manipulationskomponente des Datenmodells, die in Anwendungen genutzt wird, während die Datendefinition unter anderem Struktur und Integrität umfaßt.[1] Unter dem Begriff *Datenbankschema* sollen vorerst die bei der Umsetzung eines konkreten Modells einer Miniwelt entstehenden Strukturen einer Datenbank und die darauf definierten Integritätsbedingungen verstanden werden (Abbildung 2.2). Diese Definition wird im Laufe des Abschnitts noch erweitert.

Die Diskussion zu Datenmodellen in Abschnitt 2.1.2 beschränkte sich darauf, wie das Modell einer Miniwelt logisch in ein Datenbankschema umgesetzt werden kann. Wichtig ist

---

[1]Für die Integritätskomponente wird manchmal auch der Begriff *Data Control* verwendet [Dat95a].

aber auch die tatsächliche (physische) Ablage von Daten und die Organisation des Zugriffs von Anwendungen auf die Datenbank. Ein wichtiges Anliegen von Datenbanksystemen in diesem Zusammenhang ist die *Datenunabhängigkeit*. Mit dieser Eigenschaft wird unter anderem das Ziel verfolgt, daß sich Änderungen am Datenbankschema nicht auf die Anwendungen auswirken. Zur Unterstützung der Datenunabhängigkeit wurde die Drei-Ebenen-Schema-Architektur vorgeschlagen [TK78, Dat86, LD87]. Diese unterteilt ein Datenbankschema in drei aufeinander aufbauende Ebenen. Auf der untersten Ebene wird im *internen Schema* die systemspezifische Realisierung der physischen Ablage der Daten beschrieben, wie beispielsweise Speicherstrukturen und Zugriffstechniken. Das *konzeptuelle Schema* der mittleren Ebene beinhaltet eine Modellierung der gesamten Datenbank in einer systemunabhängigen Beschreibung durch ein logisches Datenmodell. Auf der obersten Ebene werden anwendungsspezifische *externe Schemata* definiert, die (Teil-)Sichten auf den gesamten Datenbestand festlegen. Aus den drei Ebenen lassen sich zwei Arten von Datenunabhängigkeit ableiten. Unter *physischer Datenunabhängigkeit* versteht man, daß Änderungen am internen Schema keine Auswirkungen auf das konzeptuelle Schema und schließlich auf die Anwendungen haben. Bei der *logischen Datenunabhängigkeit* bleiben Änderungen am konzeptuellen Schema den Anwendungen verborgen, und Änderungen an externen Schemata haben keinen Einfluß auf das konzeptuelle Schema. Beliebige Änderungen am konzeptuellen Schema sind dabei allerdings nicht möglich. Die Änderungen an einem Schema werden jeweils soweit möglich durch das Schema der nächsthöheren Ebene verdeckt.

Im folgenden sollen nur logische Aspekte von Datenbanken eine Rolle spielen, die interne Ebene braucht also nicht weiter berücksichtigt werden. Die vorläufige Definition des Datenbankschemas bezog sich auf die einheitliche Umsetzung aller Aspekte eines Miniweltmodells, konzeptuelles Schema und Datenbankschema wurden also als gleich angesehen. Ein externes Schema stellt Nutzern oder Anwendungen dagegen eine anwendungsspezifische Sicht auf die Daten zur Verfügung. Ein Gesichtspunkt ist dabei die Zugriffskontrolle; auf der externen Ebene soll es unter anderem möglich sein, nutzerspezifisch bestimmte Teile des konzeptuellen Schemas auszublenden. Ein anderer Aspekt ist die anwendungsspezifische Aufbereitung von Daten über sogenannte *Sichten*. Sichten orientieren sich an den durch das Datenmodell zur Verfügung gestellten Datenstrukturen, sind jedoch virtuell. Das bedeutet, daß die durch sie sichtbaren Daten, für die Anwendung nicht sichtbar, erst zur Zugriffszeit berechnet werden.

Der Begriff des *Datenbankschemas* wird nun so erweitert, daß er neben dem konzeptuellen Schema auch alle externen Schemata einer Datenbank umfaßt. Bezogen auf eine konkrete Datenbanksprache gehören dazu alle mit der DDL[2] manipulierbaren (logischen) Objekte[3], die daher als *Schemaelemente* bezeichnet werden.

2.1.4 Relationale Datenbanken

Relationale Datenbanken basieren auf dem relationalen Datenmodell [Cod70]. Nach seiner Vorstellung wird erläutert, wo der Begriff der Datenbank in der SQL-Terminologie anzusiedeln ist.

---

[2]Daher auch manchmal als Schemamanipulationssprache bezeichnet.

[3]Unberücksichtigt bleiben also eventuell definierbare Objekte des internen Schemas einer Datenbank.

2.1.4.1 Das relationale Datenmodell

Im relationalen Datenmodell werden die Datenbestände durch *Relationen* repräsentiert. Relationen sind Mengen von gleichartig strukturierten *Tupeln*. Jedes Tupel beschreibt ein Objekt oder eine Beziehung in der Miniwelt. Ein Tupel besteht aus *Attributen*, die Ausprägungen der Merkmale des Objekts (oder der Beziehung) enthalten. Die möglichen Ausprägungen (Werte) eines Attributs stammen aus einer *Domäne* (Wertebereich, Datentyp). Ein *Relationsschema* ist ein benannter Platzhalter für Relationen gleicher Struktur. Ein Relationsschema ist autonom oder aus anderen Relationsschemata abgeleitet (virtuell); Instanzen autonomer Schemata heißen *Basisrelationen*, die virtueller Schemata *Sichten*.

Ein *Datenbankschema* umfaßt eine Menge von Relationsschemata und Integritätsbedingungen. Die Integritätskomponente ermöglicht die Definition von Domänen, Schlüsseln und Fremdschlüsseln für autonome Relationsschemata (Abschnitt 5.1.3). Schlüssel dienen zur eindeutigen Identifizierung von Objekten und Beziehungen einer Miniwelt in Relationen, Fremdschlüssel verbinden Relationen zur Modellierung von Beziehungen. Die autonomen Relationsschemata konstituieren zusammen mit den Integritätsbedingungen das konzeptuelle Schema einer Datenbank, ihre jeweils aktuellen, den Integritätsbedingungen gehorchenden Instanzen bilden die Datenbank selbst. Virtuelle Relationsschemata sind Elemente der externen Schemata einer Datenbank.

Die Datenmanipulation basiert auf der relationalen Algebra oder auf relationalen Kalkülen (Tupelkalkül, Domänenkalkül) [Mai83]. Das Resultat einer relationalen Operation über Relationen ist wieder eine Relation (Abgeschlossenheit), eine korrekte Kombination relationaler Operationen heißt *relationaler Ausdruck*. Anfragen sind nichts anderes als relationale Ausdrücke, die Datenmodifikation erschöpft sich in der Zuweisung von Relationen zu Relationsschemata.[4] Im Gegensatz zu Basisrelationen (autonom, Konstanten) werden Sichten über relationale Ausdrücke aus anderen Relationen berechnet. Diese können sowohl autonomer als auch virtueller Art sein.

In Anlehnung an [Mai83, HS95] soll das relationale Datenmodell wie folgt formal gefaßt werden. Es gibt eine Menge $\{D_1, \ldots, D_m\}$. Jedes D_i wird Domäne genannt und ist eine endliche, nicht leere Menge von Werten. Ein Relationsschema R ist eine endliche Menge von Attributnamen $\{A_1, \ldots, A_n\}$. Jedes Attribut A_i ist durch eine Domäne D_i bestimmt, für $1 \leq i \leq n$, wobei die D_i nicht notwendigerweise verschieden sein müssen. Die Domäne eines Attributs A wird auch mit $dom(A)$ bezeichnet, ein $d \in dom(A)$ ist ein Attributwert für A. Eine Relation r über dem Relationsschema R, kurz $r(R)$, ist eine endliche Menge von Abbildungen $\{t_1, \ldots, t_k\}$ von R auf $D_1 \cup \cdots \cup D_n$, die Tupel genannt werden. Es gilt die Restriktion, daß für jedes Tupel $t \in r$ jeder Attributwert der Domäne des zugehörigen Attributs entstammen muß, also $t(A_i) \in dom(A_i)$ für $1 \leq i \leq n$. Dabei steht $t(A_i)$ für einen Attributwert des Tupels t und entspricht damit d_i. Für $X \subseteq R$ heißt die Einschränkung der Abbildung t auf X (bezeichnet mit $t(X)$) X-Wert von t. Eine endliche Menge von Relationsschemata bildet das Datenbankschema $S = \{R_1, \ldots, R_p\}$. Eine Datenbank über einem Datenbankschema S ist eine Menge von Relationen $db = \{r_1, \ldots, r_p\}$, wobei $r_i(R_i)$ für alle $i \in \{1, \ldots, p\}$ gilt. Ein virtuelles Relationsschemata ist aus anderen Relationsschemata (autonom oder virtuell) abgeleitet. Die virtuellen Relationsschemata bilden eine Menge $S^v = \{R_{p+1}, \ldots, R_q\}$. Die Menge der Sichten v_j ist die virtuelle Datenbank

---

[4]Die üblichen Operationen zum Einfügen, Ändern und Löschen lassen sich darauf zurückführen.

$db^v = \{v_{p+1}, \ldots, v_q\}$. Eine Sicht v_j bildet Tupel zugrundeliegender Basisrelationen aus db und anderer virtueller Relationen aus db^v über einen relationalen Ausdruck so ab, daß sie dem virtuellen Relationsschema R_j gehorchen; für alle $j \in \{p+1, \ldots, q\}$ gilt also $v_j(R_j)$.

Relationen lassen sich als Tabellen darstellen, indem man ihre Tupel als Zeilen untereinander anordnet. Die Einteilung in Spalten erfolgt entsprechend dem Relationsschema, das dem Tabellenkopf entspricht. Jede Spalte steht für ein Attribut. Durch die Anordnung von Zeilen und Spalten in der Tabelle wird den Tupeln und Attributen der repräsentierten Relation implizit eine Reihenfolge aufgeprägt. Diese ergibt sich nur aus der Darstellungsweise und hat sonst keine einschränkende Wirkung auf die ursprüngliche Mengeneigenschaft von Relationen. In der Tabellendarstellung werden die Domänennamen D_i meistens weggelassen und ein Relationsschema in der Form $R(A_1, A_2, \ldots, A_n)$ dargestellt. Eine Zeile enthält Attributwerte und hat die Form $(d_1, d_2, \ldots, d_n)$. Im folgenden werden Relation und Tabelle, Relationsschema und Tabellendefintion, Tupel und Zeile sowie Attribut und Spalte synonym verwendet.

2.1.4.2 Der Datenbankbegriff in SQL

Eine relationale Datenbank ist, vereinfacht gesagt, eine Sammlung von Tabellen. Über die Struktur einer solchen Sammlung macht das relationale Modell selbst keine Aussagen. Die SQL-Norm beschreibt eine Architektur, die Tabellen in größere Strukturen einordnet. Die Begriffe Datenbank und Datenbanksystem werden in der SQL-Norm interessanterweise nicht explizit benutzt. Statt dessen arbeitet die Norm mit den Begriffen SQL-Schema, Katalog, Cluster und SQL-Umgebung, deren Eigenschaften nur zum Teil normiert sind, zum Teil aber offengehalten werden (*implementation-defined*: Dokumentationspflicht; *implementation-dependent*: keine Dokumentationspflicht); damit soll es historisch gewachsenen Datenbanksystemen mit unterschiedlichen Implementierungsphilosophien erleichtert werden, sich in der SQL-Norm wiederzufinden. Einen Überblick über für die Zuordnung des Datenbankbegriffs wichtige Teile dieser Struktur bietet das Entity-Relationship-Diagramm[5] in Abbildung 2.3.

Eine SQL-Umgebung (*SQL-environment*) besteht aus einer Instanz eines DBMS zusammen mit einer Menge von Daten in Katalogen (*catalogs*), einer Reihe von Nutzern (*authorization identifiers*) und Programmen (*modules*). Kataloge sind weiter strukturiert in SQL-Schemata (*SQL-schemas*), diese wiederum enthalten einzelne Komponenten wie Tabellen, nutzerdefinierte Datentypen (*domains*), Zusicherungen (*assertions*) oder Rechte (*privileges*). Kataloge können innerhalb einer SQL-Umgebung auf (unter Umständen mehrere) Cluster verteilt werden. Sinn dieser Clusterbildung ist die Zuordnung von genau einem Cluster zu jeder SQL-Sitzung (*SQL-session*) und die dadurch erfolgte Zuordnung einer Menge von Daten bzw. Katalogen zu dieser Sitzung. Eine ausführliche Diskussion dieser und weiterer Begriffe von SQL ist in [DD97] zu finden.

---

[5]Das verwendete Entity-Relationship-Modell nutzt für die Kardinalitäten der Beziehungstypen die (min, max)-Notation und ist um Generalisierung und schwache Entitytypen erweitert [Che76, LL95]. Ein schwacher Entitytyp ist ein Entitytyp, dessen Ausprägungen nur in Abhängigkeit von korrespondierenden Ausprägungen der über einen Beziehungstyp verknüpften Entitytypen existieren können. Im E-R-Diagramm sind schwache Entitytypen durch einen doppelt gezeichneten Rahmen dargestellt, gleiches gilt für die zugehörigen Beziehungstypen.

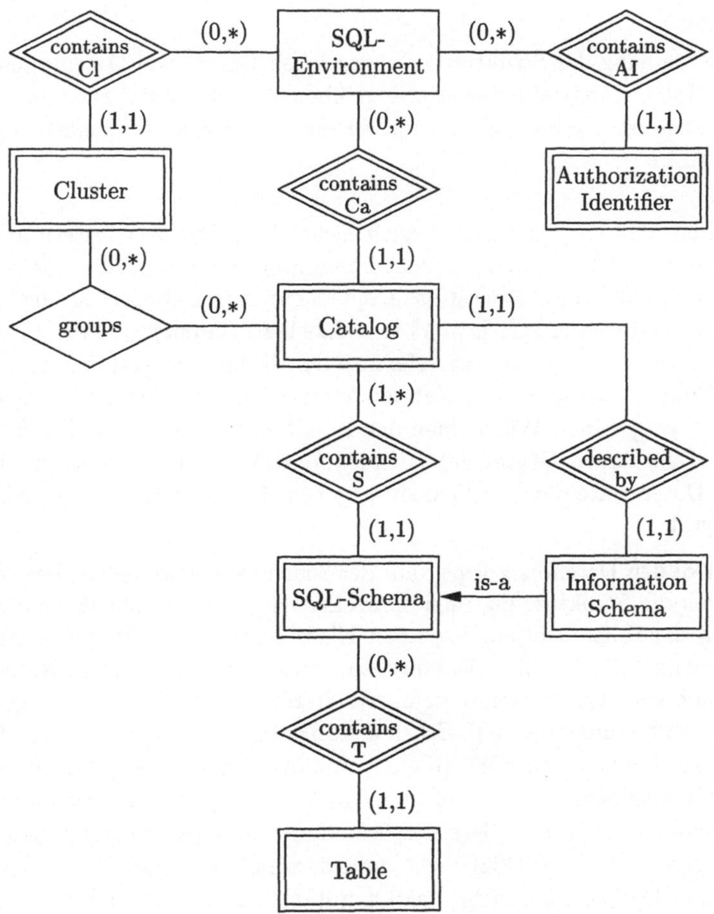

Abbildung 2.3: Auszug aus der SQL-Architektur

Für eine sinnvolle Zuordnung des Datenbankbegriffs zu diesen Strukturen erscheinen folgende Aspekte interessant:

- Operationen und Transaktionen

  SQL-Operationen können Clustergrenzen nicht überschreiten, das gilt auch für Integritätsbedingungen. Transaktionen können über mehrere SQL-Sitzungen mehrere Cluster überspannen, aber die SQL-Umgebung nicht verlassen.

- Implementierungsunabhängigkeit

  Abhängig von verschiedenen Implementierungen der SQL-Norm ist unter anderem die Art des Anlegens und Löschens von Katalogen. Die Struktur innerhalb von Katalogen ist dagegen relativ fest vorgegeben. Implementierungsabhängig sind auch der Clusterbegriff und die Entscheidung, ob ein Katalog zu mehreren Clustern gehören kann.

- Metadaten

  Die Beschreibung der Struktur der eigentlichen Daten, von Datentypen, Zeichensätzen und Integritätsbedingungen erfolgt über spezielle SQL-Schemata. Jedem Katalog ist genau ein solches Informationsschema (*information schema*) zugeordnet (Abschnitt 7.2).

Offensichtlich ist, daß der Datenbankbegriff nicht oberhalb von Clustern anzusiedeln ist, da SQL-Operationen Clustergrenzen nicht überschreiten können, alle Daten einer Datenbank jedoch innerhalb einer Operation ansprechbar sein sollten. Für die Gleichsetzung von Cluster und Datenbank spricht, daß sich Tabellen, Datentypen oder Integritätsbedingungen über Kataloggrenzen hinweg referenzieren dürfen, ein Katalog also keine in sich geschlossene Einheit sein muß. Ein Katalog kann jedoch (implementierungsabhängig) zu mehreren Clustern gehören. Würde man den Inhalt eines Clusters als Datenbank bezeichnen, könnten Teile davon (Kataloge) zu mehreren Datenbanken gehören. Eine zentrale Kontrolle der Daten wäre dann nicht mehr gegeben. Cluster entsprechen daher nicht dem Datenbankbegriff.

Während [Cel95] den Datenbankbegriff auf der Schemaebene ansiedelt, bezeichnet [DD97] den Katalog als die Struktur, die man sinnvollerweise als Datenbank ansehen kann und SQL-Schemata als Hilfsmittel zur logischen Klassifikation von Objekten innerhalb einer solchen Datenbank. Alle Tabellen, Datentypen, Integritätsbedingungen, Nutzerrechte usw. werden innerhalb von SQL-Schemata definiert, ein Katalog ist eine Sammlung solcher Schemata. Für die Auffassung vom SQL-Schema als Datenbank spricht zudem die Geschichte von SQL. In der Version von 1989 [ISO89] war die Schemaerzeugung die einzige Möglichkeit der Datendefinition; es war nicht möglich, ein SQL-Schema um weitere Tabellen oder Nutzerrechte zu ergänzen. Diese Beschränkung wurde jedoch von realen DBMS nicht übernommen und auch in [ISO92] nicht aufrechterhalten. Gegen die Gleichsetzung von SQL-Schema und Datenbank spricht, daß Operationen und insbesondere Integritätsbedingungen Schemagrenzen überschreiten können, daß also logisch zusammenhängende Daten zu verschiedenen Datenbanken gehören könnten.[6] Außerdem wäre auch das Informationsschema, das alle Objekte aller Schemata eines Katalogs beschreibt, als eigene Datenbank anzusehen. Datenbanken würden damit die Beschreibung der eigenen Struktur an eine andere Datenbank abgeben. Sieht man dagegen den Katalog als Datenbank an, würden SQL-Schemata nur zur Strukturierung dienen. In einem SQL-Schema können dann stark zusammenhängende Datenbankobjekte unter Kontrolle eines einzelnen Nutzers zusammengefaßt werden.[7]

Aufgrund dieser Argumentation wird künftig der Inhalt eines SQL-Katalogs mit dem Begriff der Datenbank gleichgesetzt. Auch kommerziell verfügbare relationale DBMS vertreten diese Auffassung. Implementierungsabhängige Anweisungen zur Erstellung eines Katalogs heißen z. B. in DB2 oder Sybase `CREATE DATABASE` [IBM98d, Syb94]; auch systeminterne Aufgaben, etwa zur Datensicherung, sind auf Katalogebene angesiedelt. Die Diskussion in diesem Abschnitt zeigt allerdings auch, daß die gewählte Zuordnung nicht unproblematisch ist. Die Alternative der Gleichsetzung von Cluster und Datenbank scheitert aber an

---

[6]Operationen können in SQL auch mehrere Kataloge innerhalb eines Clusters überspannen, aber oberhalb des Katalogs ist der Datenbankbegriff nach der bisherigen Diskussion nicht anzusiedeln.

[7]Ein Nutzer kann Eigner mehrerer SQL-Schemata sein.

der Möglichkeit, Kataloge mehreren Clustern zuzuordnen sowie an der Abhängigkeit des Clusterbegriffs von einzelnen Implementierungen der Norm.

2.1.5 Temporale Datenbanken

Für viele Anwendungen ist es wichtig, daß die zeitliche Entwicklung ihrer Objekte anhand der zugehörigen Daten dokumentiert wird. Herkömmliche Datenbanktechnologie bietet hierfür nur eine unzureichende Unterstützung, wie die umfangreiche und vielfältige Forschung zu temporalen Datenbanken zeigt (Abschnitt 2.5). Bei der Ablage von Daten in Datenbanken können im wesentlichen drei verschiedene Arten von Zeitinformation identifiziert werden [JD98]:

- nutzerdefinierte Zeit (*user-defined time*)

  Die nutzerdefinierte Zeit wird explizit als Attribut mit zeitbezogenem Datentyp dargestellt. Beispielsweise stellt SQL hierfür die Datentypen DATE, TIME, TIMESTAMP und INTERVAL zur Verfügung. Diese Art der Zeitinformation ist nicht vom Datenbanksystem interpretierbar und wird auch nicht durch spezielle Funktionalität unterstützt.

- Gültigkeitszeit (*valid time*)

  Die Gültigkeitszeit gibt an, wann ein Faktum in der Miniwelt gültig ist. Es sind neben aktuellen sowohl in der Vergangenheit gültige als auch in der Zukunft gültig werdende Daten repräsentierbar. Das Speichern der Daten und ihre Aktualität in der realen Welt kann dadurch entkoppelt werden. Angaben zur Gültigkeitszeit von Daten werden gewöhnlich durch den Nutzer zur Verfügung gestellt, die Verwaltung der Zeitinformation erfolgt jedoch durch das Datenbanksystem.

- Transaktionszeit (*transaction time*)

  Die Transaktionszeit bezieht sich darauf, wann ein Faktum der Miniwelt in der Datenbank geführt wird. Der Begriff deutet an, daß alle Änderungen einer Transaktion mit der gleichen Zeit versehen werden. Transaktionszeiten verschiedener Transaktionen sind konsistent zur serialisierten Reihenfolge der Transaktionen. Transaktionszeitwerte können niemals nach der aktuellen Transaktionszeit liegen. Auf die Transaktionszeit hat ein Nutzer keinen Einfluß, insbesondere kann sie nicht geändert werden. Das Datenbanksystem übernimmt die Ermittlung und Vergabe der Transaktionszeit. Die Implementierung kann so aussehen, daß als Transaktionszeit der *Commit*-Zeitpunkt einer Transaktion Verwendung findet [LS93].

Datenbanken, die eine Unterstützung für mindestens eine der beiden letzten Arten bieten, werden *temporale Datenbanken* genannt. Konventionelle Datenbanksysteme, auch solche, die auf SQL basieren, stellen weder Gültigkeits- noch Transaktionszeit zur Verfügung.[8] Entsprechende Datenbanken werden auch als *Snapshot*-Datenbanken bezeichnet, da Datenbankzustand und Gültigkeit in der modellierten Welt übereinstimmen (sollen). Insbesondere existiert zu jedem Zeitpunkt immer nur ein Zustand der Datenbank. Das Ergänzen von Zeitinformation erlaubt es dagegen, nicht mehr aktuelle bzw. noch nicht aktuelle Daten

---

[8]Das wird sich zumindest für die SQL-Norm mit deren neuer Version [EM99] in Form von SQL/Temporal ändern [Mel99].

zu speichern. Gültigkeit in der Realität bzw. Speicherung in der Datenbank werden über Gültigkeits- und Transaktionszeit gesteuert. Um Gültigkeitszeit erweiterte Datenbanken werden als Gültigkeitszeit-Datenbanken bezeichnet. Entsprechendes gilt für Transaktionszeit und Transaktionszeit-Datenbanken, für die auch der Begriff *Rollback*-Datenbank gebräuchlich ist, da mit ihnen das Zurückverfolgen von Datenbankzuständen möglich ist. Bei einer Kombination beider Zeitvarianten wird schließlich von einer *bitemporalen Datenbank* gesprochen.

2.2 Anwendungsorientiertes Archivieren

Nach der Diskussion weitgehend bekannter Aspekte von Datenbanksystemen soll nun der Begriff der Archivierung in Zusammenhang mit Datenbanksystemen vorgestellt und abgegrenzt werden. Herbst definiert *anwendungsorientiertes DB-Archivieren* als einen von einem Datenbanksystem zur Verfügung gestellten Dienst zur Archivierung von im Datenbanksystem gespeicherten Daten [Her96a, Seite 35]. Der Begriff des Datenbanksystems ist allerdings weiter gefaßt als in diesem Buch (Abschnitt 2.1.1). Insbesondere werden erweiternde Schichten dem Datenbanksystem zugerechnet, da es aus Sicht der Anwendungen in bezug auf Funktionalität unerheblich ist, wie die Datenhaltung erbracht wird. Die zu unterstützende Archivierungsfunktionalität ist durch vier Eigenschaften charakterisiert:

- Archivieren logischer Datengranulate

  Die zu archivierenden Daten werden auf der Grundlage des jeweiligen Datenmodells ausgewählt. Im relationalen Datenmodell sind die logischen Datengranulate Tupel, Relationen oder Sichten. Physische Granulate, wie beispielsweise Seiten, Segmente oder Dateien, werden hingegen nicht als Archivierungsgranulate angesprochen.

- Benutzerveranlassung

  Ein Archivierungsvorgang wird vom Nutzer explizit oder ereignisgesteuert veranlaßt. Nur mit Kenntnis der Anwendungen läßt sich entscheiden, ob Daten archivierbar sind.

- Datenauslagerung

  Operative und archivierte Daten sind logisch und physisch voneinander getrennt. Beim Archivieren werden Daten der Datenbank in ein Archiv verschoben.

- Archivzugriff

  Der Zugriff auf archivierte Daten erfolgt explizit. Archivdaten müssen langfristig zugreifbar sein und bei Bedarf in die Datenbank zurückgeführt werden können.

Diese Eigenschaften bilden auch den Ausgangspunkt für das Verständnis von Archivierung in diesem Buch. Abschnitt 2.3 klassifiziert zunächst mögliche Architekturen für die Anbindung der Archivierung an Datenbanksysteme. Eine Präzisierung des Archivierungsbegriffs im Hinblick auf die beabsichtigte Integration von Archiven und Archivierungsfunktionalität in Datenbanksysteme erfolgt in Abschnitt 4.1. Zur besseren Einordnung soll das anwendungsorientierte Archivieren noch von anderen Ansätzen mit Bezug zur Aufbewahrung von großen Datenbeständen abgegrenzt werden.

Häufig wird die Archivierung im Datenbankumfeld begrifflich mit Backup gleichgesetzt [MN93]. Bei einem Backup wird eine Kopie der Datenbank mit dem Ziel der Datensicherung erzeugt. Im Falle eines Externspeicherfehlers kann die Kopie zur Wiederherstellung der Datenbank herangezogen werden. Verschiedene Verfahren zur Sicherung und Wiederherstellung von Datenbanken sind bekannt [Stö99]. Im Gegensatz zur Archivierung findet beim Backup keine Entlastung der Datenbank durch Auslagern von Daten statt, die Datenbank wird nicht verändert. Auch die langfristige Aufbewahrung und der inhaltsbezogene Zugriff spielen keine Rolle. Vielmehr ist die Aktualität der Datenbankkopie von Bedeutung.

Die verschiedenen Speichertechnologien bilden eine Speicherhierarchie. Es gibt Systeme, die das hierarchische Speichermanagement bewerkstelligen [CRH95]. In Abhängigkeit vom Zugriffsprofil migrieren sie die Daten in der Speicherhierarchie. Häufig benutzte Daten befinden sich auf schnellem Sekundärspeicher, weniger häufig benutzte Daten auf langsamem Tertiärspeicher. Auch bei der Archivierung können Daten auf Tertiärspeicher ausgelagert werden. Dies kann explizit oder ereignisgesteuert erfolgen. Letzteres ist vergleichbar mit der automatischen Migration in einer Speicherhierarchie. Der wesentliche Unterschied besteht darin, daß bei einer Speicherhierarchie keine logische, sondern nur eine physische Trennung der Daten erfolgt. Dies hat Auswirkungen auf die Art des Zugriffs. Systeme für das hierarchische Speichermanagement bieten den transparenten Zugriff. Das bedeutet, daß immer alle Daten unabhängig von ihrer Lage zur Verfügung stehen. Der Archivzugriff hingegen muß explizit erfolgen und bezieht nicht die Daten der Datenbank ein. Bisher arbeiten die hierarchischen Speichersysteme typischerweise auf Dateiebene, während das Zugriffsgranulat von Datenbanksystemen feiner ist. Eine integrierte Unterstützung durch Datenbanksysteme ist wie bei der Archivierung bisher nicht gegeben.

Unter Dokumentenarchivierung wird die Ablage von Dokumenten in einem elektronischen Archivierungssystem verstanden [GSSZ93, GSSZ99]. Diese Systeme unterstützen auch bei der Wiederbeschaffung der Dokumente. Der Begriff der Archivierung findet Verwendung, da an die langfristige Aufbewahrung gedacht ist. In der Datenbankwelt würde man bei einer gespeicherten Sammlung von Dokumenten eher von einer Datenbank als einem Archiv sprechen. Die Zielsetzung bei der Dokumentenarchivierung ist also, überhaupt die Aufbewahrung von Dokumenten zu organisieren. Hingegen zielt die hier eingeführte Form der Archivierung auf die Ergänzung des bestehenden Datenhaltungskonzepts von Datenbanksystemen ab.

Für eine ausführliche Diskussion dieser und weiterer der Archivierung verwandter Ansätze sowie konventioneller Archivierungstechniken sei auf [Her96a] verwiesen.

2.3 Architekturansätze

Die Anbindung der Archivierung an Datenbanksysteme kann bezogen auf die Architektur auf verschiedene Arten erfolgen. Zu klären sind jeweils die Plazierung des Archivs und die Komponente, welche die Archivierungsfunktionalität erbringt. Aus Sicht des Datenbanksystems lassen sich grundsätzlich zwei Architekturansätze unterscheiden:

- datenbanksystem-basierte Archivierung

- datenbanksystem-integrierte Archivierung

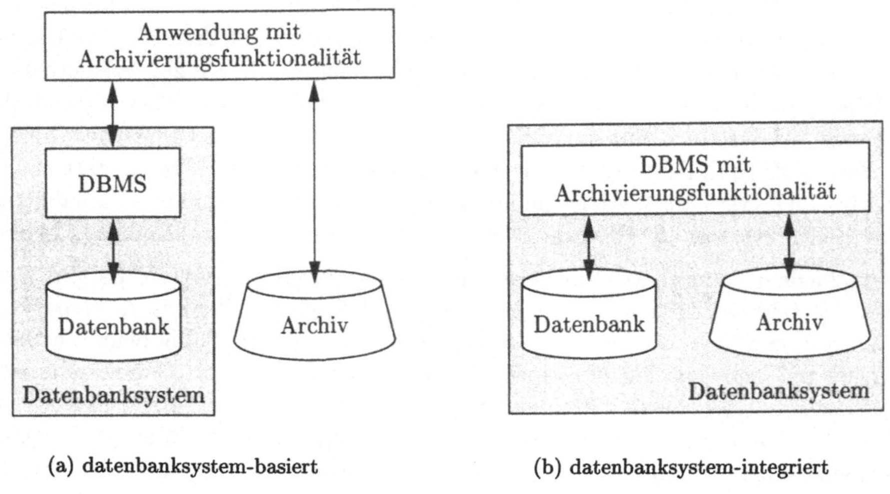

(a) datenbanksystem-basiert   (b) datenbanksystem-integriert

Abbildung 2.4: Datenbanksystem-basierte und -integrierte Archivierung

Abbildung 2.4 stellt die Varianten mit den beteiligten Komponenten gegenüber. Für das
Archiv wird in der Abbildung ein Kegelstumpf als Symbol benutzt. Damit soll zum Ausdruck gebracht werden, daß ein Archiv nicht auf dem gleichen Hintergrundspeichertyp
gespeichert werden muß wie die Datenbank. Während bei der Datenbank typischerweise
von einem Sekundärspeicher (Magnetplatte) ausgegangen werden kann, sind beim Archiv
sowohl Sekundär- als auch vor allem Tertiärspeicher (Band, optische Platte usw.) denkbar.

Die beiden folgenden Abschnitte diskutieren und vergleichen die Architekturen. Anschließend wird die Klassifikation aus Sicht des Datenbanksystems mit der implementierungstechnischen Klassifikation aus [Her96a] verglichen.

2.3.1 Datenbanksystem-basierte Archivierung

Bei der *datenbanksystem-basierten Archivierung* wird die erforderliche Archivierungsfunktionalität als Anwendung oder System von Anwendungen oberhalb des Datenbanksystems
realisiert. Das Archiv ist ebenfalls kein Bestandteil des Datenbanksystems. Die Möglichkeiten einer solchen Umsetzung entsprechen denen der Anwendungsprogrammierung, also
unter ausschließlicher Verwendung der vom Datenbanksystem angebotenen Schnittstellen.

Vorteile datenbanksystem-basierter Archivierung sind die vergleichsweise einfache Realisierbarkeit und die hohe Flexibilität. In der Praxis ist dieser Ansatz bisher die einzige Möglichkeit, Archivierungsfunktionalität umzusetzen, wenn ein Datenbanksystem zur
Datenhaltung eingesetzt wird [SR97]. In nur wenigen Datenbanksystemen sind nämlich
überhaupt Eingriffe bzw. Erweiterungen durch den Nutzer möglich. Außerdem kann bei
diesem Ansatz der Entwickler der Archivierungsanwendung frei festlegen, wie archiviert
wird. Dazu gehört sowohl die Bestimmung der zu archivierenden Daten entsprechend den
Anwendungserfordernissen, als auch Art und Ort der Ablage von Archivdaten.

Nachteilig ist bei datenbanksystem-basierter Archivierung, daß die Archivdaten das Datenbanksystem verlassen und somit nicht mehr von den grundlegenden Eigenschaften einer Datenhaltung im Datenbanksystem profitieren können. Archivdaten bedürfen daher auch einer eigenen Verwaltung. Die Sicherung der Integrität von Archiven wird nicht vom DBMS unterstützt, sondern muß durch die Archivierungsanwendung gewährleistet werden. Bei der Funktionalität sind neben dem eigentlichen Archivieren, also dem Auslagern von Daten aus der Datenbank, alle weiteren Archivfunktionen ebenfalls durch eigene Anwendungen umzusetzen. So ist ein spezieller Rückholdienst erforderlich, um Archivdaten selektiv in die Datenbank wiedereinlagern zu können. Archivierte Daten, die mit Mitteln des Datenbanksystems ausgewertet werden sollen, müssen zunächst explizit in die Datenbank eingelagert werden. Durch die fehlende Direktheit des Archivzugriffs ist es auch nicht möglich, Daten übergreifend auszuwerten. Datenbank und Archiv sind unabhängige Einheiten, die nicht unter einer gemeinsamen Verwaltung stehen. Der ursprüngliche Zusammenhang der Daten in der Datenbank und bestehende Integritätszusicherungen gehen verloren, wenn Teile davon ausgelagert werden. Bei der datenbanksystem-basierten Realisierung muß der Datenfluß aus der Datenbank in das Archiv und umgekehrt in der Anwendung programmiert werden; eine eigene Komponente innerhalb der Anwendung könnte dies leisten. Das hat auch negativen Einfluß auf die Performance der Archivfunktionen wie die der Anwendung.

2.3.2 Datenbanksystem-integrierte Archivierung

Bei der *datenbanksystem-integrierten Archivierung* steht Archivierung als Datenbanksystemdienst zur Verfügung. Die Integration kann nur dadurch erreicht werden, daß die bestehenden Komponenten eines Datenbanksystems für die Archivierung erweitert werden. Die Erweiterungen betreffen sowohl das DBMS in bezug auf die Archivierungsfunktionalität, als auch das Datenbanksystem insgesamt durch die Einführung des Archivs in Ergänzung zur Datenbank. Auch das Archiv steht also unter Kontrolle des DBMS. In einem auf diese Art erweiterten Datenbanksystem kann die Datenhaltung in zwei unterschiedlichen Datenmengen, unter gemeinsamer Verwaltung eines DBMS, erfolgen.

Die Vorteile datenbanksystem-integrierter Archivierung sind offensichtlich. Eine um Archivierungsfunktionalität erweiterte Benutzerschnittstelle ermöglicht eine einfache Handhabung. Aufwendige Logik in Anwendungsprogrammen wird überflüssig. Archivoperationen können direkt auf dem Archiv arbeiten und genauso leicht benutzt werden wie bekannte Datenbankoperationen. Darüber hinaus ist Funktionalität denkbar, die aus Benutzersicht auf Datenbank und Archiv in nur einer Operation zugreift, etwa zum Zweck der übergreifenden Auswertung. Der Administrationsaufwand für ein Archiv ist vergleichbar mit dem einer Datenbank, aber geringer als bei datenbanksystem-basierter Archivierung, da kein zusätzlicher Aufwand für Verwaltung des externen Archivs entsteht. Die Einbindung des Archivs in das Datenbanksystem ermöglicht die direkte Ankopplung von Datenbank und Archiv. Trotz der logischen und physischen Trennung beider Datenmengen bleibt der ursprüngliche Zusammenhang der Daten durch die gemeinsame Verwaltung erhalten. Insgesamt profitieren die Archivdaten von der Datenhaltung im Datenbanksystem. So wird die Integrität von operativen Daten und Archivdaten ungleich leichter gesichert, als wenn die Archivdaten das Datenbanksystem verlassen. Nicht zuletzt wirkt sich die Integration auch positiv auf das Leistungsverhalten aus, da der Datenfluß nur im Datenbanksystem stattfindet. Verbessert wird die Leistung vor allem durch die Berücksichtigung der Archivierungsfunktionalität in den verschiedenen Komponenten des DBMS. Als Beispiel dafür sei die Anfrageoptimierung genannt.

Ein Nachteil der Archivierung als integrierter Dienst ist, daß er naturgemäß sehr allgemein gehalten sein muß und demnach nicht alle spezifischen Anforderungen bestimmter Anwendungsszenarien erfüllen kann. Diese Einschränkung gilt übrigens auch allgemein für Datenbanksysteme. Beispielsweise eignen sich bestimmte Datenmodelle besser oder schlechter als andere für eine Anwendungsumgebung. Daher kann es auch bei gegebener datenbanksystem-integrierter Archivierung notwendig werden, für spezielle Zwecke Formen der datenbanksystem-basierten Archivierung (zusätzlich) umzusetzen. Ein weiteres Problem ist möglicherweise die Tatsache, daß archivierte Daten das Datenbanksystem nicht verlassen und sich so in eine gewisse Abhängigkeit von diesem begeben. Steht in einer Anwendungswelt die Langfristigkeit von Archiven im Vordergrund, ist diese Abhängigkeit vielleicht gerade unerwünscht.

2.3.3 Vergleich mit der Klassifikation von Herbst

In [Her96a] wird eine implementierungstechnische Klassifikation für das dort eingeführte anwendungsorientierte DB-Archivieren diskutiert. Mögliche Realisierungen, ausgehend von [HKS95, KSH96], sind das datenbankbasierte [Röd96] und datenbankintegrierte Archivieren [KS96]. Anwendungsorientiertes DB-Archivieren beinhaltet, daß die Archivierungsfunktionalität auf einer Systemebene bereitgestellt wird [Her96a, Seite 52], um in Anwendungen genutzt werden zu können. Aus Sicht der Anwendung ist es dabei unerheblich, ob die Systemebene unmittelbar vom Datenbanksystem gebildet wird oder ob eine weitere zum System gehörende Schicht die Archivierungsfunktionalität erbringt.

Unter datenbankbasiertem Archivieren wird die Implementierung von Archivierungsfunktionalität auf Anwendungsebene oberhalb des Datenbanksystems verstanden. Konsequenterweise dürfte diese Möglichkeit nicht als Variante anwendungsorientierten DB-Archivierens auftreten, da sie nicht die Forderung nach Realisierung auf einer Systemebene erfüllt. Datenbankintegriertes Archivieren wird definiert als Archivierungsdienst auf Systemebene oder, anders ausgedrückt, als Archivierungsfunktionalität, die auf Systemebene zur Verfügung steht. Genaugenommen ist damit datenbankintegriertes Archivieren die einzig zulässige Realisierungsvariante anwendungsorientierten DB-Archivierens. Datenbankintegriertes Archivieren wird weiter in partiell und vollständig unterschieden. Vollständig datenbankintegriertes Archivieren meint die komplette Integration der Archivierungsfunktionalität in das Datenbanksystem, also unterhalb dessen Benutzerschnittstelle. Partiell datenbankintegriertes Archivieren versteht sich als die Einbindung der Archivierungsfunktionalität in eine zur Systemebene gehörenden Erweiterungsschicht.

Es gibt einige Unterschiede zwischen der implementierungstechnischen Klassifikation und der etwas allgemeineren Klassifikation aus Sicht des Datenbanksystems. Aus anwendungsorientiertem DB-Archivieren folgt, wie erwähnt, nach [Her96a, Seite 52] die Bereitstellung von Archivierungsfunktionalität auf Systemebene. Diese ist dabei nicht auf das Datenbanksystem beschränkt. Die hier vorgestellte Klassifikation legt ein einfacheres Architekturmodell zugrunde, das nur aus Anwendungsebene und Datenbanksystem besteht. Entsprechend

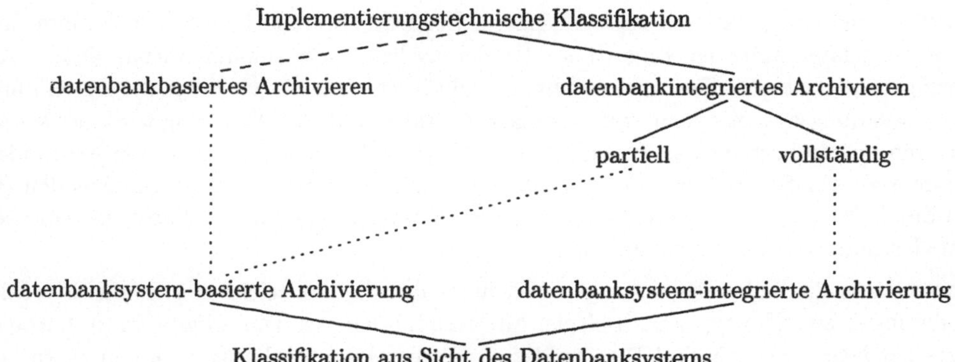

Abbildung 2.5: Klassifikationen der Archivierung im Datenbankumfeld

reduziert sich die Systemebene auf das Datenbanksystem. Es wird daher lediglich unterschieden, ob die Archivierung innerhalb oder außerhalb des Datenbanksystems realisiert ist.

Die implementierungstechnische Klassifikation betrachtet schwerpunktmäßig die Implementierung der Archivierungsfunktionalität. Bei der Klassifikation aus Sicht des Datenbanksystems werden dagegen das Datenbanksystem und die Gesamtarchitektur in den Vordergrund gestellt. Daraus ergibt sich die Möglichkeit, neben dem Ort der Implementierung von Archivierungsfunktionalität auch die Plazierung des Archivs mit einzubeziehen. Bei datenbanksystem-basierter Archivierung sind sowohl Funktionalität, als auch Archiv außerhalb des Datenbanksystems. Im integrierten Fall ist beides im Datenbanksystem. Die Klassifikation aus [Her96a] macht explizit keine Aussage über die Beziehung des Archivs zum Datenbanksystem. Nur beim vollständig datenbankintegrierten Archivieren ist implizit klar, daß ein Archiv, das unter Verwaltung eines um Archivierungsfunktionalität erweiterten DBMS steht, auch zum Datenbanksystem gehört.

In Abbildung 2.5 werden beide Klassifikationen gegenübergestellt. Die datenbanksystem-basierte Archivierung entspricht dem datenbankbasierten Archivieren. Letzteres ist aus den genannten Gründen und den Ausführungen in [Her96a] eigentlich nicht dem anwendungsorientierten DB-Archivieren zuzuordnen. Darüber hinaus findet die datenbanksystem-basierte Archivierung eine Entsprechung in Form des partiell datenbankintegrierten Archivierens. Die datenbanksystem-integrierte Archivierung ist mit vollständig datenbankintegriertem Archivieren gleichzusetzen.

2.4 Anwendungsbeispiele

Beispiele aus den verschiedenen Anwendungsgebieten der Archivierung (Abschnitt 1.3) sollen einen Eindruck über die Vielfalt der denkbaren Szenarien verschaffen. Später werden hieraus die Anforderungen an Archive und die zu unterstützende Archivierungsfunktionalität abgeleitet.

In Abschnitt 1.1 wurde die Archivierung als Möglichkeit eingeführt, die Datenbank zu entlasten und Daten langfristig aufzubewahren. Selten genutzte und daher nichtoperative

Daten eignen sich prinzipiell zum Auslagern. Ein Datenbestand läßt sich in Stamm- und Bewegungsdaten aufteilen. Eine Charakterisierung kann in bezug auf Aktualität und Änderungshäufigkeit getroffen werden. Mit Aktualität ist gemeint, wie lange die Daten durch die Anwendungssysteme genutzt werden, also operativ sind. Als Änderung wird hier sowohl das Ändern von bestehenden Daten als auch das Hinzufügen von neuen Daten verstanden. Betriebswirtschaftliche Anwendungen führen häufig keine Änderungen an bestehenden Daten durch, sondern erzeugen entsprechende Änderungsbelege, um die Nachvollziehbarkeit von Geschäftsvorfällen zu gewährleisten.

Stammdaten sind über einen langen Zeitraum aktuell und zeichnen sich durch wenige Änderungen aus. Ein typisches Beispiel für Stammdaten aus dem administrativ-betriebswirtschaftlichen Bereich sind Personaldaten. Bewegungsdaten besitzen nur in einen verhältnismäßig kurzen Zeitraum Relevanz für die operativen Anwendungen und werden sehr viel häufiger geändert. Bestelldaten sind ein betriebswirtschaftliches Beispiel für Bewegungsdaten. Bestellungen sind zu einem bestimmten Zeitpunkt erledigt, ihre Daten dann nicht mehr von operativem Interesse. Mitarbeiter hingegen können über viele Jahre einem Unternehmen angehören. In dieser Zeit sind die zugehörigen Personaldaten operativ. Offensichtlich werden von einem Unternehmen mehr Bestellungen entgegengenommen als neue Mitarbeiter eingestellt und in einen kurzen Zeitraum häufiger der Status einer Bestellung geändert als der Familienstand eines Mitarbeiters.

Eine echte Entlastung der Datenbank kann bei der Archivierung von Massendaten erreicht werden. Typischerweise wird man bei Bewegungsdaten einen großen Umfang erwarten. Welche Datenart umfangmäßig sehr groß ist, hängt jedoch auch vom Anwendungsgebiet ab. Beispielsweise kann die Branche eines Unternehmens dafür ausschlaggebend sein. Sehr personalintensive Unternehmen verfügen entsprechend über viele Personaldaten. Ist zudem die Fluktuationsrate hoch, sind viele der Stammdaten nichtoperativ.

Archivierung muß sich jedoch nicht auf das Auslagern selten genutzer Daten in Archive beschränken. Es ist daneben denkbar, Daten aus anderen Gründen in unterschiedlich aufbereiteter Form in Archiven aufzubewahren. Die folgenden kleinen Beispiele sollen einen Überblick geben:

1. Archiviere Finanz-, Vertriebs- und Personaldaten in einem betriebswirtschaftlichen Anwendungssystem. Verzichte dabei auf langfristig irrelevante Informationen.

2. Bewahre alle Daten, die die Spezifikation nicht mehr hergestellter Produkte betreffen, in unveränderlicher Form auf.

3. Zeichne die historische Entwicklung einer Datenbank durch die Archivierung gelöschter und geänderter Daten auf.

4. Lege Beobachtungs- und Meßdaten direkt im Archiv ab. Ergänze sie beim späteren Einlagern in die Datenbank gegebenenfalls um weitere Informationen.

5. Ergänze das Archiv jeweils zum Quartalsende um operative Daten ausgewählter Datenbanktabellen.

6. Baue eine Datenbasis für ein Vertriebsinformationssystem auf. Entferne unnötige Detailinformationen und aggregiere die Absatzentwicklung nach Produktgruppen und Regionen.

Die ersten zwei Beispiele entsprechen im wesentlichen dem eingangs beschriebenen Archivierungsbegriff. Voraussichtlich nicht mehr genutzte Daten müssen dabei aus betriebswirtschaftlichen oder rechtlichen Gründen aufgehoben werden. Ausgelagert werden Daten aus Basistabellen (möglicherweise projiziert), das Archivieren kann explizit oder regelbasiert erfolgen. Um Beziehungen zwischen den archivierten Daten zu erhalten, ist die Verwendung von Integritätsbedingungen denkbar, möglicherweise müssen zu diesem Zweck auch in der Datenbank noch benötigte Daten in das Archiv kopiert werden. Beispielsweise beziehen sich zu archivierende Vertriebsbelege auf gelieferte Waren. Letztere sind als Stammdaten noch wichtig für die Datenbank und können daher nicht gelöscht werden. Die archivierten Daten müssen natürlich auswertbar sein, in einigen Fällen, z.B. bei einem erneuten Bedarf an Produkten, deren Daten archiviert wurden, ist ein Wiedereinlagern in die Datenbank erforderlich. Der Zugriff auf archivierte Daten muß wie der auf Datenbankdaten durch Rechte geregelt werden, um zu schützende Daten nicht über den Umweg des Archivs sichtbar zu machen.

Dem Festhalten und Auswerten der historischen Entwicklung einer Datenbank (drittes Beispiel) haben sich temporale Datenbanken verschrieben [TCG$^+$93]. Mit dem vorliegenden Archivierungsansatz soll nicht deren funktionale Bandbreite imitiert werden. Bei der Archivierung werden Datenbank- und Archivdaten auf konzeptueller Ebene logisch und physisch voneinander getrennt, die Datenbank enthält die aktuellen Daten (Zustandssemantik), das Archiv alle anderen. Diese Abgrenzung ist in temporalen Datenbanken zwangsläufig so nicht gegeben. Unabhängig von diesem Beispielszenario könnte die Archivierung gerade bei temporalen Datenbanken eingesetzt werden. Der Datenbestand einer temporalen ist im Vergleich zu einer nichttemporalen Datenbank typischerweise größer, der Bedarf an Archivierung entsprechend auch (Abschnitte 2.5 und 9.3).

Bisher wurden unter Archivdaten in der Regel „veraltete" und daher ausgelagerte Datenbankdaten verstanden. Der umgekehrte Fall ist jedoch auch denkbar, wie das vierte Beispiel andeutet. Fallen in einem Anwendungsgebiet, als Beispiel aus dem naturwissenschaftlichen Bereich sei die Klimaforschung genannt [FJP90, LR97], große Mengen an Rohdaten an, die erst zu einem späteren Zeitpunkt zu verarbeiten sind oder vor der Verarbeitung eine gewisse Güte oder Vollständigkeit erreichen müssen, so ist das direkte Einfügen dieser Daten in ein Archiv eine Alternative zum Umweg über die Datenbank. Zur Auswertung können die Daten dann bei Bedarf in die Datenbank eingelagert werden. Eine entsprechende Funktion zum direkten Einfügen muß allerdings zusätzlich zu den bisher erforderlichen zur Verfügung gestellt werden.

Die letzten beiden Beispiele konzentrieren sich auf Archivanwendungen. Solche Anwendungen sind auf die Auswertung von Archivdaten spezialisiert und beziehen sich oft auch auf zeitbezogene Eigenschaften von Archivdaten (Abschnitt 4.4). Hier geht es also um Entscheidungsunterstützung im kleineren Maßstab. Data Warehousing soll damit natürlich nicht ersetzt werden. Die Intention des fünften Beispiels ist das Komplettieren von Archivdatenbeständen zu festgelegten Zeitpunkten, um alle für eine Auswertung erforderlichen Daten vollständig im Archiv zur Verfügung zu stellen. Nicht mehr benötigte Daten werden dabei aus der Datenbank in das Archiv verschoben, beispielsweise komplett bearbeitete Aufträge, andere Daten dürfen nur kopiert werden, etwa die zu den Aufträgen gehörenden Kundendaten. Neben dem verschiebenden muß dazu auch ein kopierendes Auslagern unterstützt werden. Im sechsten Beispiel wird schließlich ein Archiv aufgebaut, auf dem vorher bekannte Archivanwendungen aufsetzen sollen. Eine entsprechende Vorverarbeitung ließe sich durch die Archivierung von Sichten umsetzen.

Die hier vorgestellten Beispielszenarien werden in Abschnitt 4.2.3 benutzt, um auf allgemeine Weise Anwendungsfelder der Archivierung zu identifizieren. Diese werden dann hinsichtlich verschiedener Eigenschaften charakterisiert.

2.5 Stand der Forschung

Im folgenden soll das vorliegende Buch in den Stand der Forschung eingeordnet werden. Zunächst werden Arbeiten vorgestellt, die ebenfalls die Archivierung in Verbindung mit Datenbanken zum Thema haben. Darüber hinaus werden andere Forschungsansätze zum Umgang mit sehr großen Datenbanken betrachtet. Abschließend folgt ein kurzer Überblick zu Themen der Datenbankforschung, die Relevanz für diese Arbeit besitzen.

Archivierung in Verbindung mit Datenbanken

Das Thema der Archivierung fand in der Datenbankforschung bislang wenig Beachtung. Eine Ausnahme bilden die Arbeiten von Herbst, die auch den Anstoß zu der vorliegenden Arbeit gaben. Mit [Her96a] ist eine erste Arbeit vorhanden, welche die Brücke zwischen konventionellem Archivieren, Datenbanktechnologie und Tertiärspeichereinsatz schlägt. Auf der Grundlage einer ausführlichen Diskussion konventioneller Archivierungstechniken und verwandter Ansätze wird das in Abschnitt 2.2 bereits vorgestellte anwendungsorientierte DB-Archivieren definiert. Die damit verbundenen Konzepte werden anhand einer einfachen SQL-Erweiterung ausgehend von [HKS95] illustriert. Dabei aufgeworfene Fragen, stichwortartig seien Archivschema, Schemaänderungen, Integritätsbedingungen, Mehrfacharchivierung und Archivierungstrigger genannt, sind unter anderem Gegenstand des vorliegenden Buches. Als Schwerpunkt wird SDAI-integriertes Archivieren auf der Basis von EXPRESS behandelt [Her94, Her95]. Die Modellierungssprache EXPRESS und die Zugriffsschnittstelle SDAI sind Teile von STEP, einer Norm zum Austausch von Produktdaten. Beide Teile sind jedoch nicht auf Produktdatenanwendungen beschränkt. Konkret werden Erweiterungen von SDAI um Archivierungsfunktionalität vorgeschlagen und in einem prototypischen EXPRESS/SDAI-Datenbanksystem unter Nutzung des objektorientierten DBMS ObjectStore umgesetzt. Schließlich wird die Archivierung auf Tertiärspeicher untersucht. Hierfür werden verschiedene Tertiärspeichertypen und ihre Eigenschaften vorgestellt. Deren Heterogenität hinsichtlich Funktionalität und Leistungsverhalten führt zu der Empfehlung, ein log-strukturiertes Tertiärspeichersystem für die Archivierung einzusetzen. Die Anbindung eines solchen Tertiärspeichers an ein Datenbanksystem wird als Prototyp mit Hilfe von Postgres realisiert.

In [Mal96] steht die Langzeitarchivierung von Produktdaten im Vordergrund. Nach der Formulierung von Anforderungen an die Langzeitarchivierung erfolgt die Entwicklung eines Archivierungskonzepts, welches insbesondere rechtliche Aspekte berücksichtigt [HM95]. Hierfür werden Funktionalität und Architektur eines entsprechenden Archivierungssystems vorgeschlagen.

Integration von Tertiärspeicher in Datenbanksysteme

Ein Ansatz zur Verwaltung sehr großer Datenbanken ist in den Forschungsarbeiten zur Unterstützung von Tertiärspeichern zu finden. So wird in [SSU90] die Integration von Tertiärspeichern in Datenbanksysteme gefordert. Anforderungen und Probleme, die sich hieraus ergeben, werden in [CHL93] diskutiert. Insbesondere wird das Ziel verfolgt, Tertiärspeicher im gleichen Umfang wie Sekundärspeicher zu unterstützen, so daß eine transparente Verwendung möglich wird. Fragen der Anfrageverarbeitung und -optimierung bei Magnetbändern und optischen Medien behandeln [Sar95, SS96], während [HS96] speziell Bänder mit serpentinenförmiger Aufzeichnung untersucht. Join-Algorithmen, deren Daten auf Platte und Band verteilt sind, werden in [ML95] vorgestellt, in [ML97] befinden sich alle Daten auf Band. Aspekte der Speicherverwaltung im DBMS bei einer mehrstufigen Speicherhierarchie sind Gegenstand von [Sto87, Sto91, Ols92]. In [FM96] wird ein log-strukturiertes Tertiärspeichersystem entworfen, um von den spezifischen Eigenschaften verschiedener Arten von Tertiärspeichern, sowohl in bezug auf Medien als auch zugehörigen Geräten, zu abstrahieren. Systeme für das hierarchische Speichermanagement (HSM-Systeme) von Dateien sind hierzu vergleichbar [CRH95].

Partitionierung von Tabellen

Sehr große Datenbanken verfügen häufig über sehr große Tabellen [Bar98, Ora97b]. Eine Möglichkeit, den damit verbundenen Problemen zu begegnen, ist die Partitionierung der Datenbanktabellen [KN99]. Bereits in [LDE+84, DLW84] werden Daten einer temporalen Datenbank in aktuelle und historische getrennt. Dies bezeichnet [AS88] als temporale Partitionierung und diskutiert Varianten physischer Speicherungsstrukturen. In [Sno99] wird SQL benutzt, um Tabellen (logisch) temporal zu partitionieren. Die Anwendung der Tabellenpartitionierung für die effiziente Archivierung von Daten wird in [Now99] untersucht. Ein Überblick zu verschiedenen Fragen, die sich für die systemseitige Unterstützung partitionierter Tabellen ergeben, ist in [Moh93] zu finden.

Vacuuming in temporalen Datenbanken

Durch die Aufzeichnung alter Datenzustände werden temporale Datenbanken schnell zu sehr großen Datenbanken. Ein Löschen findet nur logisch durch das Anpassen von Zeitstempeln statt und führt daher zu keiner Entlastung, unter Umständen werden sogar Daten hinzugefügt. Physisches Löschen von Daten kann über *vacuuming* erfolgen. In [JM90] werden verschiedene Arten diskutiert, einen Sprachvorschlag beschreibt [Jen95]. Konzepte und Semantik für das *vacuuming* einer Transaktionszeit-Datenbank untersucht [SJ98]. Dabei wird eine Grundlage für die Korrektheit und nutzerfreundliche Verarbeitung von Anfragen und Modifikationen geschaffen. Als Weiterführung der Arbeit ist beabsichtigt, neben dem irreversiblen Löschen auch eine Form von Archivierung im Kontext einer Speicherhierarchie zu unterstützen. Ein so erweitertes *vacuuming* wird auf pragmatische Weise bereits in [Sto87] beschrieben.

Data Warehousing

Ein Ziel von Data Warehouses [Inm93] ist die Entlastung der operativen Datenbanken.
Im Unterschied zur Archivierung geht es dabei nicht um die Reduzierung des Daten-
bestands, sondern um die Trennung verschiedener Arten der Datenverarbeitung (OLTP
vs. OLAP). Typischerweise verfügt ein Data Warehouse über eine sehr große Datenbank.
Eine Beschreibung zum Stand der Technik ist in [CD97] zu finden. Die Übersichtsarbei-
ten [Wid95, WB97] geben einen Einblick in wichtige Fragestellungen für die Forschung.
Viele Arbeiten beschäftigen sich mit dem Einsatz materialisierter Sichten für Data Warehouses. Hierzu sei exemplarisch auf [GM95, ZGHW95] verwiesen. Damit in Verbindung
steht auch die Pflege der Daten in einem Data Warehouse. Ein bisher kaum beachtetes
Thema in diesem Bereich ist das Löschen von Daten aus einem Data Warehouse (*data
purging*). In [WB97] wird hierfür insbesondere die Archivierung alter Daten als Möglichkeit angesehen. Eine erste Arbeit zum Löschen ist mit [GMLY98] vorhanden. Bei diesem
Ansatz kann der Nutzer spezifizieren, welche Daten er als überflüssig betrachtet, und das
System löscht so viele Daten wie möglich. Daten werden nur dann gelöscht, wenn sie für
die Pflege betroffener Sichten nicht mehr benötigt werden.

Temporale Datenbanken

Das Gebiet der temporalen Datenbanken ist Gegenstand umfangreicher Forschungsakti-
vitäten [TCG$^+$93, Sno95, Sno99]. Mittlerweile sind sieben Bibliographien erschienen, hier
seien mit [TK96, WJW98] nur die beiden letzten erwähnt. Bemerkenswert sind die Be-
mühungen, eine vereinheitlichte Terminologie für die verschiedenen Konzepte temporaler
Datenbanken zu definieren [JCG$^+$92, JCE$^+$94, JD98]. Ein besonders aktiver Bereich ist die
Forschung zu temporalen Datenbanksprachen. Auf einem gewissen Konsens baut dabei das
zu SQL kompatible TSQL2 auf [SAA$^+$94a, SAA$^+$94b, Sno95, Myr97b]. Die Weiterentwicklung dieser Sprache [BJ96, SBJS98] bildet die Grundlage für Vorschläge zur Integration
von Zeit in SQL3 [SBJS96a, SBJS96b]. Die neue Norm erhält mit SQL/Temporal einen
gesonderten Teil [Mel99], der sich Zeitaspekten widmet. Das vorliegende Buch wird ein
temporales Datenmodell für Archive entwerfen. Als temporale Sprache wird ASQL die
temporalen Konzepte der Archivierung umsetzen. An den entsprechenden Stellen werden
weitere Arbeiten zu temporalen Datenbanken vorgestellt.

Schemaevolution und -versionierung

Die Forschung zu Änderungen an Datenbankschemata in Form von Schemaevolution und
-versionierung ist im Überblick in [Rod92a, Rod94, RAJB$^+$00] dargestellt. Die Arbeiten
sind bisher vor allem in den Bereichen temporaler und objektorientierter Datenbanksysteme angesiedelt. Letztere sind motiviert durch Erfordernisse technischer Anwendungen,
wie z. B. CAD, spielen aber für dieses Buch keine Rolle. Temporale Datenbanksysteme
propagieren im Gegensatz zur *Snapshot*-Semantik konventioneller Datenbanken eine zeitliche Sicht auf die Datenentwicklung, diese überträgt sich auf natürliche Weise auch auf
die Entwicklung von Datenbankschemata. Wesentliche Begriffe und Probleme der Schemamodifikation werden in [RCR94, RS95] diskutiert. Mehrere Arbeiten beschäftigen sich
mit Lösungen auf konzeptueller Ebene [MNA87, Ari91, CGS95, CGS97], während [DT87]

Implementierungsaspekte in den Vordergrund stellt. In [MS90] wird mit der Erweiterung der relationalen Algebra eine formale Herangehensweise gewählt. Auch die Erweiterung der Sprache SQL ist Gegenstand von Forschungsarbeiten [Rod92b, RS95, CGS95, CGS97]. Im Rahmen dieser Arbeit wird ein an die Bedürfnisse der Archivierung angepaßtes Versionierungskonzept für Archivschemata entwickelt [SL99] und dieses als Teil von ASQL verfügbar gemacht.

Aktive Datenbanksysteme

Mit der Entwicklung aktiver Funktionalität für Datenbanksysteme befassen sich vielfältige Forschungsarbeiten [JF95]. In [DGG96] werden grundlegende Eigenschaften aktiver Datenbanksysteme festgelegt. Ausführliche Darstellungen zu diesem Thema sind bereits mit [DG96, WC96, Pat99] vorhanden. Ein aktueller Überblick zum Stand der Forschung ist in [PD99] zu finden. Zur Beschreibung von aktivem Verhalten werden Regeln verwendet. Allgemein hat sich das Konzept der ECA-Regeln (*event-condition-action rules*), bestehend aus einem Ereignis, einer Bedingung und einer Aktion, durchgesetzt. ECA-Regeln werden in diesem Buch bei der regelbasierten Archivierung eingesetzt, wobei das entwickelte Regelkonzept lediglich Ereignis und Aktion benötigt. ASQL wird für die Archivierungsregeln entsprechende Sprachmittel bereitstellen.

Kapitel 3

Beispiele aus der Praxis

In diesem Kapitel werden zwei konkrete Archivierungslösungen der Praxis vorgestellt, die die Problematik der Archivierung im Sinne des Buches verstehen. Die Beispiele sind relevante Vertreter der beiden Architekturansätze. Die datenbanksystem-basierte Archivierung wird anhand des Archivierungskonzepts der Standardsoftware System R/3 dargestellt, die datenbanksystem-integrierte Archivierung durch den Row Archive Manager des Datenbanksystems DB2. Abschließend werden beide Lösungen verglichen und bewertet.

3.1 Archivierung im System R/3

Das System R/3 von SAP realisiert eine betriebswirtschaftliche Standardsoftware auf der Basis eines mehrstufigen Client/Server-Konzepts. Es läßt sich durch einige grundlegende Eigenschaften charakterisieren [BEG96]. R/3 ermöglicht eine ganzheitliche Sicht auf alle betrieblichen Vorgänge und gewährleistet zusammenhängende Daten über alle Prozeßstufen und Organisationseinheiten eines Unternehmens. Das betriebswirtschaftliche Gesamtmodell deckt folgende Anwendungsbereiche ab: Finanzwesen, Controlling, Anlagenwirtschaft, Führungsinformationssystem, Beschaffungslogistik, Materialwirtschaft, Produktionsplanung, Vertriebslogistik, Qualitätsmanagement, Instandhaltung, Projektplanung und Personalwirtschaft sowie Office- und Workflow-Funktionen. Die betrieblichen Anwendungen berücksichtigen unterschiedliche Branchen und Länder. Neben den Anwendungen verfügt R/3 über Werkzeuge zur Softwareentwicklung, die sowohl die Erstellung von individuellen Lösungen als auch von Erweiterungen der R/3-Standardanwendungen ermöglichen [KW96]. Außerdem wird die Steuerung und Überwachung des Systems im laufenden Betrieb durch eigene Werkzeuge unterstützt [WHSH96]. Diese Administrationswerkzeuge werden im CCMS (Computing Center Management System) zusammengeführt. Durch die Schichtenarchitektur von R/3 mit einer Anwendungsebene und einer Basisebene werden die Anwendungen von systemnahen Funktionen entkoppelt.

Die betriebswirtschaftlichen Anwendungen des R/3 arbeiten mit sehr großen Datenmengen. Stamm- und Bewegungsdaten belegen in der Regel viele Gigabyte Speicherplatz auf Magnetplatten. Zur Verwaltung dieser Daten werden im System R/3 relationale Datenbanksysteme eingesetzt. Unterstützt werden die Datenbanksysteme Oracle, Informix, DB2, ADABAS D und SQL Server. Mit zunehmender Einsatzdauer von R/3 gewinnt die Frage an Bedeutung, wie mit den einmal in einer Datenbank abgelegten Daten weiter verfahren werden soll. Die betriebswirtschaftlichen Anwendungen in R/3 löschen insbesondere kaum noch Daten aus der Datenbank. Die in Abschnitt 1.1 aufgezeigten Probleme sehr großer Datenbanken sind daher auch für den R/3-Betrieb von Bedeutung. Als Lösung hierfür bietet das System R/3 die Möglichkeit Daten zu archivieren. Das in einem System R/3 genutzte Datenbanksystem ist ein wichtiger Bestandteil, der insbesondere nicht von SAP selbst entwickelt wird. Die Erweiterung des Datenhaltungskonzepts erfolgt deshalb nach dem Ansatz der datenbanksystem-basierten Archivierung (Abschnitt 2.3.1).

Die Vorstellung wichtiger Aspekte der R/3-Archivierungslösung in den folgenden Abschnitten basiert auf [SR97][1]. Nach der Formulierung von Anforderungen an die Archivierung aus Sicht des System R/3 wird mit dem Archive Development Kit (ADK) das Werkzeug der R/3-Archivierung beschrieben. Es folgen die wichtigsten Konzepte der Archivierung im System R/3. Schließlich wird mit ArchiveLink die Schnittstelle zum Anschluß von optischen Archivsystemen an das System R/3 erläutert.

3.1.1 Anforderungen und Prinzip

Das System R/3 stellt eine Reihe von Anforderungen, die bei der Ablage von Daten in Archiven mit Hilfe der datenbanksystem-basierten Archivierung beachtet werden müssen [Röd96]. So sollen die Daten langfristig lesbar und interpretierbar sein. Daraus ergeben sich technische Anforderungen, die unabhängig von bestimmten R/3-Anwendungen sind. Es muß gewährleistet werden, daß die Archive auch nach einem Wechsel der Hardware noch verarbeitbar sind. Anforderungen nichttechnischer Art ergeben sich, wenn die Software im Laufe der Zeit weiterentwickelt wird. Archive, die mit einer alten Version erzeugt wurden, müssen weiterhin interpretiert werden können.

Die Daten der R/3-Anwendungen werden in einer Datenbank gehalten. Das um Archivierung erweiterte Datenhaltungskonzept soll ermöglichen, daß die Anwendungen auch Daten verarbeiten können, die die Datenbank durch Archivierung verlassen haben. Zum einen sollen Archivdaten direkt zugreifbar sein, zum anderen sollen Auswertungen auf Archiven möglich sein. Dafür müssen die zu archivierenden Daten geeignet zusammengestellt werden. Um eine spätere Auswertung zu unterstützen, können mehr Daten erforderlich sein, als durch die Archivierung entfernt werden sollen. Die Gründe dafür können sein, daß diese Daten unter Umständen selbst archiviert werden und zum Zeitpunkt der Auswertung nicht mehr verfügbar sind oder nicht garantiert werden kann, daß diese Daten zu einem späteren Zeitpunkt noch dieselbe Bedeutung haben. Beispielsweise sollten Konditionen für Lieferungen beim Archivieren von Lieferdaten mitarchiviert, aber nicht gelöscht werden. Die Konditionen können nicht gelöscht werden, da sie aktuell sind und operativ noch benötigt werden. Durch die zusätzliche Archivierung der Konditionen wird gewährleistet, daß bei einer späteren Auswertung von durchgeführten Lieferungen noch die Konditionen vorhanden sind, die zum Zeitpunkt einer Lieferung gültig waren.

Unter Archivierung im System R/3 wird das Verschieben von Daten aus einer Online-Umgebung in eine Offline-Umgebung verstanden. Offline bedeutet, daß die Daten nicht mehr unter direktem Zugriff stehen. Einmal archivierte Daten dürfen und können nicht

---

[1]Etwas ausführlicher ist [SR96].

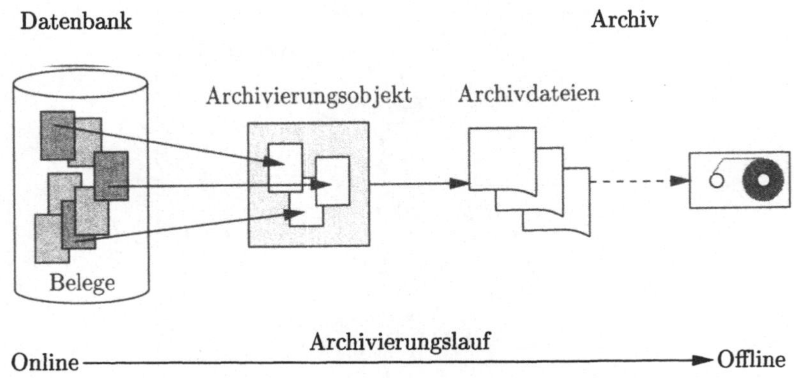

Abbildung 3.1: Prinzip der R/3-Archivierung

mehr geändert werden. Abbildung 3.1 zeigt das Prinzip der R/3-Archivierung. Daten, die aus Sicht der R/3-Anwendungen aus der Datenbank ausgelagert werden können, müssen durch einen Archivierungslauf bearbeitet werden. Jede Anwendung stellt für ihre Daten Archivierungsläufe in Form von Programmen zur Verfügung. In einem Archivierungslauf werden die zu archivierenden Daten (z. B. Buchhaltungsbelege) zunächst zu einem sogenannten Archivierungsobjekt zusammengefaßt. Mehrere Datenobjekte als Ausprägungen eines Archivierungsobjekts werden in Archivdateien geschrieben. Eine Anzahl von Archivdateien bildet das Archiv für einen Archivierungslauf. So entsteht mit jeder Durchführung eines Archivierungslaufs ein neues Archiv. Jedoch ist die Unterscheidung in mehrere Archive unerheblich, da Auswertungen auf dem Granulat Archivdatei durchgeführt werden und daher nicht auf einen Archivierungslauf beschränkt sind. Die erzeugten Archivdateien befinden sich zunächst auf Magnetplatte, können aber auf ein Tertiärspeichermedium migrieren.

3.1.2 Das ADK

Das ADK (Archive Development Kit) ist Bestandteil der Entwicklungsumgebung des System R/3 und stellt als Werkzeug für die Archivierung benötigte Funktionalität zur Verfügung. Jede Anwendung muß für ihre zu archivierenden Daten spezielle Archivierungsprogramme bereitstellen. Die zur Entwicklung von Archivierungsprogrammen erforderlichen Schnittstellen, Funktionsbausteine, Beispielprogramme und Dokumentation gehören zum Umfang des ADK. Abbildung 3.2 zeigt die Einbindung des ADK in das System R/3. Das ADK bildet eine Zwischenschicht für schreibende bzw. lesende ABAP[2]-Programme und Archivdateien. Die Auslagerung der Archivdateien auf einen Tertiärspeicher kann manuell (1) oder automatisch (2) mit Hilfe eines HSM-Systems erfolgen. Darüber hinaus ist es möglich, Archivdateien an ArchiveLink (3) zu übergeben (Abschnitt 3.1.8). Diese Schnittstelle dient zum Anschluß von optischen Archivsystemen an das System R/3. Alle in Zusammenhang mit der Archivierung stehenden administrativen Aufgaben werden über die Archivverwaltung abgewickelt [Mel97].

---

[2]ABAP steht für Advanced Business Application Programming und ist die Programmiersprache, die primär zur Entwicklung der R/3-Anwendungen eingesetzt wird.

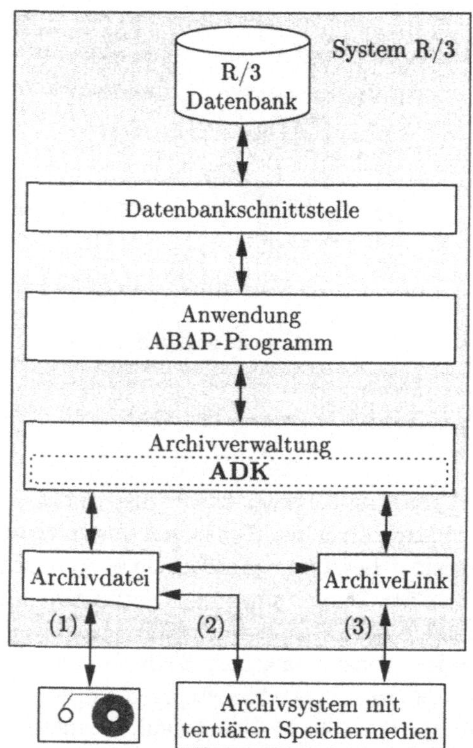

Abbildung 3.2: Einbindung des ADK in das System R/3

Darüber hinaus besteht eine Anbindung an das CCMS [Ste98]. Diese ermöglicht die Integration von Informationen der Archiv- und Datenbankverwaltung [Cas96]. Dadurch können Zusammenhänge zwischen Datenbanktabellen und Archivierungsobjekten angezeigt und Speicherplatzinformationen abgefragt werden. Diese Informationen helfen, die Erfordernis einer Datenarchivierung zu erkennen und geeignete Archivierungsobjekte zu finden. Außerdem kann durch einen Vergleich des Speicherplatzbedarfs vor und nach einer Archivierung die Reduzierung des Platzbedarfs kontrolliert werden.

In Abbildung 3.3 sind die wichtigsten Begriffe[3] der R/3-Archivierung und deren Beziehung aus Anwendersicht zusammengefaßt. Wie schon erwähnt, wird die Archivierung in die Archivverwaltung und das ADK gegliedert. Das ADK stellt Funktionsbausteine bereit, die eine Verarbeitung sowohl auf der Ebene von Datencontainern als auch von Datenobjekten ermöglichen. Darauf basierend wird die Standardklasse vom ADK zur Verfügung gestellt bzw. existieren unter Umständen Archivierungsklassen durch die Anwendungen. Ferner stellen die R/3-Anwendungen Archivierungsprogramme und die zentralen Archivierungsobjekte bereit. Letztere werden durch die Archivverwaltung und das ADK benutzt. Die Archivierungsprogramme werden mit Hilfe der Standardklasse und eventuell vorhandener Archivierungsklassen realisiert. Sie verarbeiten die Datenobjekte der Archivierung.

---

[3]Es soll darauf hingewiesen werden, daß die verwendete Terminologie der Objektorientierung nicht immer geeignet erscheint, sondern vielmehr historisch bedingt ist.

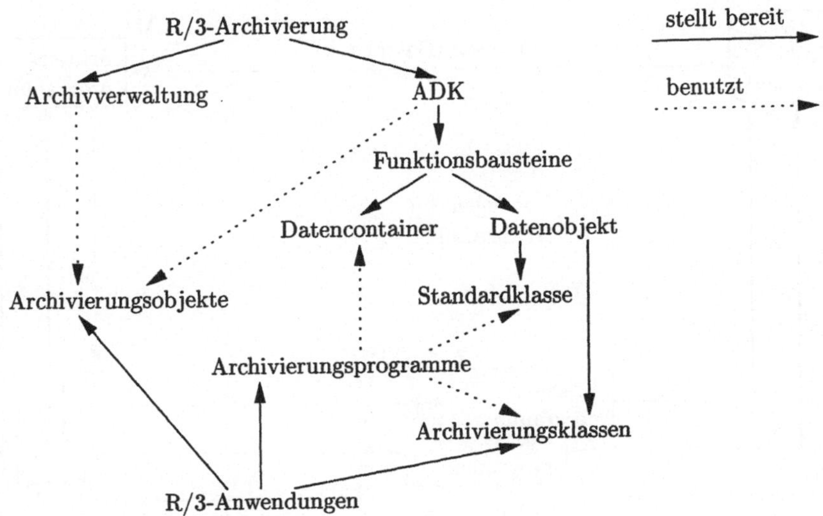

Abbildung 3.3: Begriffe der Archivierung im System R/3

Mit der Verfügbarkeit des ADK im System R/3 ab Release 3.0 wird die bis dahin verwendete Archivierungslösung abgelöst. Das ADK führt eine automatische Konvertierung alter Archivdateien durch, so daß ein Weiterverarbeiten dieser Daten möglich ist. Insbesondere müssen die Daten im allgemeinen nicht durch spezielle Umsetzprogramme bearbeitet werden. Beim Zugriff auf alte Archivdateien können zwischenzeitlich erfolgte Änderungen an Datenbanktabellen und plattformabhängigen Speicherformaten vom ADK behandelt werden. Dies erfolgt temporär beim Lesen einer Archivdatei. Im einzelnen finden folgende mögliche Änderungen bei der automatischen Konvertierung Berücksichtigung:

- Schema einer Datenbanktabelle (neue und gelöschte Attribute)

- Datentyp und Länge eines Attributs

- *code page* (ASCII, EBCDIC)

- Zahlenformat (z. B. Integer-Darstellung auf unterschiedlicher Hardware)

Werden in einer Anwendung Datenbanktabellen stärker verändert, als das ADK beim Lesen berücksichtigen kann, z. B. wenn Attribute von einer Tabelle in eine andere Tabelle verlegt werden oder eine Tabelle auf verschiedene andere verteilt wird, muß die Anwendung ein Programm für die dauerhafte Umsetzung bestehender Archivdateien zur Verfügung stellen.

3.1.3 Ablauf der Archivierung

Der Archivierungsvorgang gliedert sich im wesentlichen in zwei Programmläufe:

1. Schreiben der zu archivierenden Daten aus der Datenbank in Archivdateien

2. Löschen der Daten aus der Datenbank

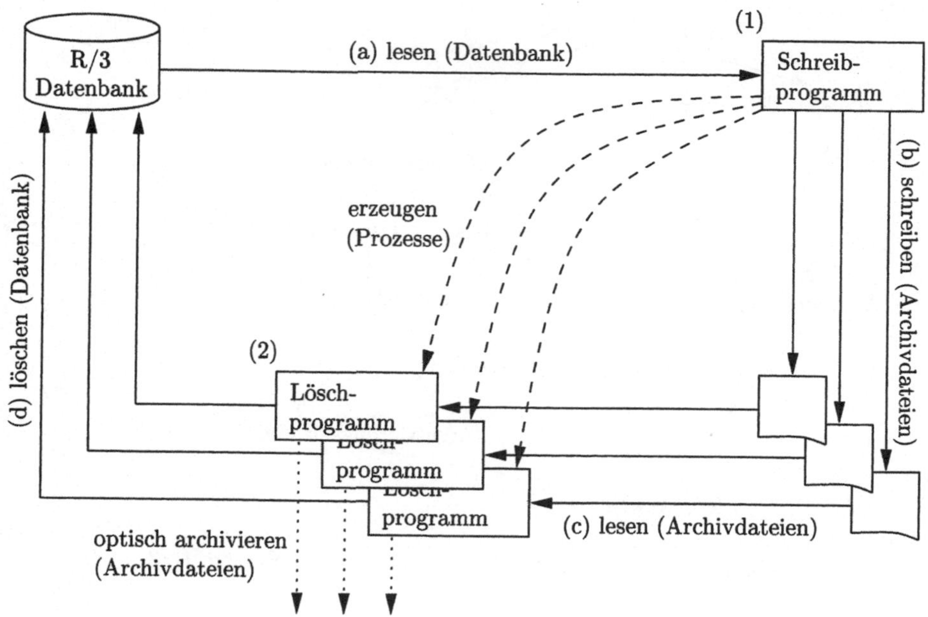

Abbildung 3.4: Ablauf einer Archivierung

Abbildung 3.4 beschreibt den Ablauf einer Archivierung schematisch. Das Schreibprogramm (1) läuft im Hintergrund, liest die zu archivierenden Daten aus der Datenbank
und schreibt diese in eine Archivdatei. Die Auswahl der zu archivierenden Daten erfolgt
nach anwendungsspezifischen Kriterien. Erreicht die Datei während des Schreibens eine
vom Administrator definierte Größe, dann wird sie geschlossen und eine weitere angelegt.
Während das Schreibprogramm weiterhin Daten in die neue Archivdatei schreibt, wird für
die zuvor geschlossene Archivdatei ein Löschprogramm (2) durch das Schreibprogramm
gestartet, welches die archivierten Daten aus der Archivdatei liest und diese aus der Datenbank löscht.

Diese zweistufige Vorgehensweise garantiert, daß nur die Daten aus der Datenbank gelöscht werden, die ordnungsgemäß in der Archivdatei abgelegt wurden. Fehler etwa bei
der Übertragung der Daten von der Datenbank über das Netzwerk in die Archivdatei werden hierdurch abgefangen. Im Falle eines Fehlers ist ein Wiederaufsetzen der Archivierung
möglich, da die Daten entweder noch in der Datenbank oder in einer Archivdatei stehen.
Zunächst werden die erfolgreich erzeugten Archivdateien durch Löschprogramme abgearbeitet (2). Nach Ablauf des letzten Löschprogramms kann die fehlgeschlagene Archivierung
wiederholt werden (1, 2). Das mehrfache Archivieren von Daten ist nicht möglich, da bis
zum Fehler erfolgreich archivierte Daten zunächst aus der Datenbank gelöscht werden und
beim erneuten Archivieren nicht mehr vorhanden sind.

Wenn über ArchiveLink ein Archivsystem angeschlossen ist, wird dieses jeweils am Ende
eines erfolgreichen Löschprogramms beauftragt, die abgearbeitete Archivdatei abzulegen.
Archivdateien lassen sich auch nachträglich manuell ablegen, wenn die automatische Ablage
nicht erwünscht ist. Falls ein HSM-System eingesetzt wird, ist es ausreichend, die Archiv-

dateien in den entsprechenden Pfad des Dateisystems zu schreiben. Eine Kommunikation mit dem Archivsystem über ArchiveLink ist dann nicht notwendig, da das HSM-System die Dateien selbständig je nach Zugriffshäufigkeit auf tertiäre Speichermedien auslagert.

3.1.4 Archivierungsobjekte

Das Archivierungsobjekt ist von zentraler Bedeutung im R/3-Archivierungskonzept. In ihm ist festgelegt, was und wie archiviert wird. Das Archivierungsobjekt beschreibt, welche Datenbankobjekte gebündelt werden müssen, um ein betriebswirtschaftlich abgeschlossenes Objekt zu erhalten, das unabhängig von den Gegebenheiten zum Zeitpunkt der Archivierung interpretierbar ist. Konkret wird festgelegt, aus welchen Datenbanktabellen Daten zur Archivierung herangezogen werden. Darüber hinaus enthält das Archivierungsobjekt die Programme, die für die Archivierung benötigt werden, also jeweils ein Programm zum Erzeugen von Archivdateien, zum Löschen der archivierten Daten aus der Datenbank und unter Umständen noch Programme zum Rückladen und zur Durchführung eines Vor- bzw. Nachlaufs (Abschnitt 3.1.5). Ein Beispiel für ein Archivierungsobjekt ist der Finanzbuchhaltungsbeleg mit all seinen Positionen, Änderungsbelegen und Langtexten (Abschnitt 3.1.4.3). Jedes Archivierungsobjekt stellt also Methoden in Form von Programmen zur Verfügung. Die Programme werden ihrerseits mit Hilfe der Funktionsbausteine des ADK realisiert.

Das zu archivierende bzw. aus der Archivdatei gelesene Datenobjekt wird in einem logischen Datencontainer übergeben. Auf diesen Datencontainer greifen die Funktionsbausteine (Methoden) der Standardklasse oder der Archivierungsklassen des jeweiligen Archivierungsobjekts zu. Beim Schreiben oder Lesen im Datencontainer durch das Schreib- bzw. Leseprogramm werden Datenobjekte verarbeitet. Im Falle der Standardklasse ist die kleinste erkennbare Einheit ein einzelner Datensatz (Tupel). Wird eine Archivierungsklasse eingesetzt, dann bilden komplexe Datenobjekte die kleinste Verarbeitungseinheit. Die Übergabe der Daten zwischen dem Datencontainer und der Archivdatei erfolgt durch die Methoden des Archivierungsobjekts.

3.1.4.1 Standardklasse

Die Standardklasse ist eine Sammlung von Funktionsbausteinen, die grundsätzlich für jedes Archivierungsobjekt zur Verfügung stehen. Die Funktionsbausteine ermöglichen allgemeine Zugriffe auf Archivierungsdaten. Die Funktionalität umfaßt das Schreiben und Lesen von Datensätzen in den bzw. aus dem Datencontainer. Beim Lesen werden einfache Umsetzungen, wie Änderung der *code page*, des Zahlenformats oder im Satzaufbau durchgeführt. Löschen von archivierten Daten in der Datenbank sowie Zurückladen von Daten ist nicht Teil der Standardklasse und muß daher eigens programmiert werden.

Da die Standardklasse allgemeingültig ist, muß sie über das spezifische Archivierungsobjekt informiert werden. Sie dient dem Datenaustausch mit dem Datencontainer des Archivierungsobjekts. Die Daten werden beim Archivieren als einzelne Datensätze transparent im Datencontainer des Archivierungsobjekts abgelegt. Die Datenbeschaffung aus der Datenbank muß hierbei das Archivierungsprogramm übernehmen.

Die Funktionsbausteine der Standardklasse werden immer dann verwendet, wenn keine spezifische Archivierungsklasse existiert. Dieses Vorgehen ist solange sinnvoll, wie die betroffenen Daten nur genau an einer Stelle im System verwendet werden. Wenn die zu archivierenden Daten Teilobjekte enthalten, die mehrfach im System Verwendung finden, bietet sich die Entwicklung einer speziellen Archivierungsklasse an.

3.1.4.2 Archivierungsklassen

Archivierungsklassen ermöglichen die objektweise Verarbeitung von zu archivierenden Daten. Sie dienen dazu, den Zugriff auf Daten betriebswirtschaftlicher Einheiten für die Archivierung zu vereinfachen. Eine Archivierungsklasse ist ein Satz von Funktionsbausteinen zu einem betriebswirtschaftlichen Objekt, das in der Regel nicht eigenständig archiviert wird, sondern als Teil von anderen Objekten mehrfach innerhalb des Systems verwendet und mitarchiviert wird. Ein Beispiel hierfür sind Änderungsbelege als Teil von Finanzbuchhaltungs- oder Vertriebsbelegen.

Neben der Möglichkeit, Daten mit dem Datencontainer auszutauschen, verfügen Archivierungsklassen noch über weitere Funktionsbausteine. Die Daten werden hierbei nicht transparent im Datencontainer abgelegt und können daher nur mit den Funktionsbausteinen der Archivierungsklasse verarbeitet werden. Bei den Daten handelt es sich typischerweise um komplexe Objekte, die aus Tupeln mehrerer Tabellen bestehen (z. B. Belegkopf und -positionen). Diese komplexen Objekte haben einen Schlüssel (z. B. Belegnummer), der die zusammengehörigen Daten identifiziert. Um diese Daten zu archivieren, reicht der Aufruf der Archivierungsmethode. Die Daten werden dann aus der Datenbank gelesen und als zusammengesetztes Datenobjekt an den Datencontainer weitergereicht.

Durch die Datenkapselung ist es für die aufrufenden Programme nicht nötig, die spezifischen Datenstrukturen und deren Zusammensetzung aus unterschiedlichen Datenbanktabellen zu kennen. Ein Archivierungsobjekt hat Kenntnis darüber, welche Archivierungsklassen Daten in den Datencontainer ablegen. So reicht ein einzelner Aufruf der Methode zum Löschen aus der Datenbank des Archivierungsobjekts aus, damit dieses die entsprechenden Methoden der betroffenen Archivierungsklassen aufruft. Dagegen muß bei Daten, die über die Standardklasse in den Datencontainer gestellt wurden, das Archivierungsprogramm das Löschen und Rückladen übernehmen.

3.1.4.3 Beispiel

Der Aufbau der Datenbeschreibung eines Archivierungsobjekts soll an einem Beispiel aus der Finanzbuchhaltung, dem FI-Beleg, erläutert werden. Um FI-Belege so zu archivieren, daß sie auch in Zukunft auswertbar bleiben, muß gewährleistet sein, daß das technische und betriebswirtschaftliche Umfeld mit in den Archivdateien abgelegt wird. Dies wird durch die Datenbeschreibung unterstützt. Das Archivierungsobjekt FI-Beleg (`FI_DOCUMNT`) setzt sich aus folgenden Datenbanktabellen zusammen:

- BKPF: Belegkopf Buchhaltung (61 Attribute)

- BSEG: Belegsegment Buchhaltung (258 Attribute)

- BSET: Belegsegment Steuerdaten (32 Attribute)

- BVOR: Buchungskreisabhängige Buchungsvorgänge (6 Attribute)

- BSEC: Belegsegment CPD[4]-Daten (30 Attribute)

- BSED: Belegsegment Wechseldaten (28 Attribute)

Finanzbuchhaltungsbelege gehören zu den einfachen Archivierungsobjekten und sind über die Standardklasse definiert. Es existiert ein Schreib-, Lösch- und Rückladeprogramm. Vorlauf- und Nachlaufprogramm werden nicht benötigt. Ferner sind mehrere Leseprogramme vorhanden. Erwähnenswert ist der Einzelbelegzugriff, mit dem es möglich ist, einen bestimmten Beleg aus dem Archiv anzuzeigen, ohne ihn in die Datenbank zurückzuladen.

Die FI-Belege sind nicht von anderen Daten im System abhängig und können daher unabhängig von anderen Archivierungsobjekten archiviert werden. Vor der Archivierung eines FI-Belegs sind jedoch verschiedene Kriterien zu erfüllen:

1. Der Beleg muß ausgeglichen sein.

2. Die Laufzeit der zugehörigen Belegart darf nicht verletzt werden.

3. Die Laufzeiten der betroffenen Konten müssen Berücksichtigung finden.

4. Der Beleg muß zusätzlich spezifizierbare Auswahlkriterien wie Buchungskreis, Kontonummer oder Stichtag erfüllen.

Die obige Datenbeschreibung des Archivierungsobjekts ist noch nicht vollständig. Dem FI-Beleg sind noch zwei Archivierungsklassen zugeordnet:

- CHANGEDOCU: Änderungsbelege

- TEXT: SAPscript-Texte

Die Änderungsbelege bestehen aus folgenden Tabellen:

- CDHDR: Änderungsbelegkopf (12 Attribute)

- CDPOS: Änderungsbelegposition (15 Attribute)

In der Archivierungsklasse für SAPscript-Texte sind folgende Tabellen enthalten:

- STXB: Texte, die nicht im Format von SAPscript sind (9 Attribute)

- STXH: SAPscript-Text Dateikopf (30 Attribute)

- STXL: SAPscript-Text Dateizeilen (9 Attribute)

Abbildung 3.5 zeigt die Gesamtstruktur des Archivierungsobjekts FI_DOCUMNT. Die Tabellen der Archivierungsklassen CHANGEDOCU und TEXT sind nicht aufgeführt, da sie dem Archivierungsobjekt FI_DOCUMNT nicht bekannt sind.

---

[4]Conto Pro Diverse.

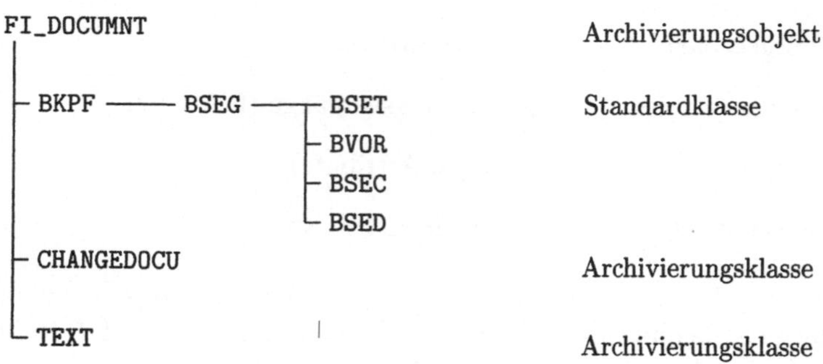

Abbildung 3.5: Archivierungsobjekt `FI_DOCUMNT`

3.1.5 Archivierungsprogramme

Für ein Archivierungsobjekt können mehrere Programme existieren. Notwendig sind das Schreib- und Löschprogramm, während Vorlauf-, Nachlauf-, Rücklade- und Auswertungsprogramm nicht immer vorhanden sein müssen. Die einzelnen Programme lassen sich wie folgt charakterisieren:

- Vorlaufprogramm

  Für ein Archivierungsobjekt kann ein Vorlaufprogramm erforderlich sein, das die Daten in der Datenbank für die Archivierung vorbereitet. Beispielsweise könnte es die zu archivierenden Daten markieren.

- Schreibprogramm

  Bei diesem Programm werden die zu archivierenden Daten in neu erstellte Archivdateien auf Magnetplatte geschrieben. Die Daten werden jedoch noch nicht aus der Datenbank entfernt.

- Löschprogramm

  In der Regel werden mit diesem Programm die Daten aus der Datenbank gelöscht. Es kann aber auch sein, daß die archivierten Daten in der Datenbank nur ein Archivierungskennzeichen erhalten. Grundlage für die Ausführung sind die bereits erzeugten Archivdateien, da ein Löschprogramm zunächst eine erzeugte Archivdatei liest und erst dann die enthaltenen Daten aus der Datenbank löscht.

- Nachlaufprogramm

  Das Nachlaufprogramm bearbeitet die Daten nach dem Archivierungslauf in der Datenbank. Es kann zeitlich versetzt zum Löschprogramm ablaufen. Der Nachlauf kann beispielsweise die Daten aus der Datenbank entfernen, wenn dies noch nicht durch das Löschprogramm geschehen ist.

- Rückladeprogramm

  Das Rückladeprogramm ermöglicht es, archivierte Daten aus den Archivdateien in die Datenbank zurückzuladen. Die Archivdaten können beim Rückladen gefiltert werden. Beim Filtern wird stets ein vollständiger Archivierungslauf bearbeitet. Die sich qualifizierenden Daten werden in die Datenbank zurückgeladen, die sich nicht qualifizierenden Daten werden in ein neues Archiv geschrieben, und das verwendete Archiv wird als rückgeladen gekennzeichnet.

- Auswertungsprogramm

  Mit dem Auswertungsprogramm ist es möglich, Auswertungen auf archivierten Daten durchzuführen, ohne die Daten in die Datenbank zurückladen zu müssen.

3.1.6 Archivdateien

Die aus der Datenbank ausgelagerten Daten werden in Archivdateien aufbewahrt. Eine Archivdatei enthält die archivierten Datenobjekte zu einem Archivierungsobjekt in komprimierter Form. Die Komprimierung erfolgt über einen Algorithmus, der im Kern des System R/3 verankert ist und systemweit genutzt werden kann. Für eine Datei kann zum einen die maximale Größe in Byte, zum anderen die maximale Anzahl der Datenobjekte spezifiziert werden. Die tatsächliche Größe ergibt sich daraus, welches Kriterium zuerst erfüllt wird. Auf Archivdateien wird mit Funktionsbausteinen des Archivierungsobjekts zugegriffen. Für diese Funktionsbausteine ist ein Datenobjekt die kleinste erkennbare Einheit.

Beim Schreiben in eine Archivdatei wird zugesichert, daß die spezifizierte maximale Dateigröße nicht überschritten wird. Eine neue Datei wird angelegt, wenn ein weiteres Datenobjekt die Anzahl der möglichen Datenobjekte oder die zulässige Dateigröße überschreiten würde. Alle Archivdateien zu einem Archivierungsobjekt innerhalb eines Archivierungslaufs werden wie eine logische Datei behandelt, bilden also ein Archiv. Für jeden Archivierungslauf wird eine eindeutige Archivierungslaufnummer festgelegt. Unter dieser Nummer werden die im jeweiligen Lauf angelegten Archivdateien angesprochen. Eine Archivdatei erhält zusätzlich eine Nummer im Archivierungslauf, wenn sie zum Schreiben geöffnet wird. So ist die Identifizierung sowohl von Archivierungsläufen als auch von Archivdateien innerhalb von Archivierungsläufen gewährleistet. Programme können daher ganze Archivierungsläufe, aber auch Dateien aus Archivierungsläufen verarbeiten. Die Nummern werden vom ADK vergeben und in der Archivverwaltung zusammen mit weiteren Daten, wie beispielsweise dem Status der Archivdateien, gespeichert.

3.1.7 Zugriff auf archivierte Daten

Das ADK unterscheidet für den Zugriff auf archivierte Daten im wesentlichen die Auswertung über eine Menge von Daten und den Zugriff auf einzelne Datenobjekte. Es ist grundsätzlich möglich, Archivdateien zu lesen, auszuwerten und gegebenenfalls Daten in die Datenbank zurückzuladen. Welche Operationen tatsächlich bei einem einzelnen Archivierungsobjekt möglich sind, hängt davon ab, welche Operationen durch entsprechende Programme zur Verfügung gestellt werden. Voraussetzung für den Zugriff ist, daß sich die zu lesende Archivdatei im Dateisystem befindet.

Neben der Möglichkeit, Archive beim Auswerten oder Zurückladen sequentiell abzuarbeiten, wird auch der Zugriff auf einzelne Datenobjekte im Archiv unterstützt. Dies könnte zum Beispiel dann nötig sein, wenn Datenobjekte aus Platzgründen archiviert werden, jedoch weiterhin direkt zugreifbar bleiben sollen. Der Zugriff auf einzelne Datenobjekte im

Archiv wird durch einen Index ermöglicht. Der Index stellt eine logische Verbindung zwischen Archivierungsobjekt, Datenobjekt und Archivdatei her. Diese Zuordnung, also der Aufbau des Indexes, findet während der Abarbeitung des Löschprogramms statt.

Der Index wird in Gestalt einer Datenbanktabelle abgelegt. Insbesondere werden Indexeinträge aller Archivierungsobjekte zu beliebigen Archivierungsläufen in dieser Tabelle gespeichert. Bei einer Million Einträgen belegt die Tabelle etwa 100 Megabyte in der Datenbank. Ob zu einem Archivierungsobjekt ein Index angelegt werden darf, wird in der Definition des Archivierungsobjekts festgelegt. Es soll damit gewährleistet werden, daß der Index nur mit solchen Einträgen gefüllt wird, die auch tatsächlich von Nutzen sind.

3.1.8 Einsatz von ArchiveLink

Über ArchiveLink kann das System R/3 Funktionsaufrufe an Archivsysteme absetzen. Innerhalb von R/3 stellt ArchiveLink die direkte Verbindung zwischen den betriebswirtschaftlichen Objekten im System (Belege für Bestellungen, Aufträge, Rechnungen) und den Objekten im Archivsystem (Abbilder von Eingangsrechnungen, Auftragsbelegen, Ausgangsrechnungen) her. Diese Integrationsfunktion steht unabhängig von Typ und Hersteller des Archivsystems zur Verfügung. ArchiveLink realisiert also die notwendige Softwarekomponente für den Anschluß von optischen Archivsystemen.

Zu ArchiveLink gehört eine Benutzerschnittstelle, eine Schnittstelle zu den R/3-Anwendungen und eine Schnittstelle zu optischen Archivsystemen. Den Anwendungen werden unter anderem folgende Funktionen zur Verfügung gestellt:

- Ablage eines Objekts in ein optisches Archiv

- Bereitstellen eines Objekts aus dem optischen Archiv

- Abfrage des Status eines archivierten Objekts

- Löschen eines Objekts aus dem optischen Archiv

ArchiveLink bietet Funktionalität, die völlig unabhängig von der Archivierung mit ADK-Mitteln ist. ArchiveLink kann aber eingesetzt werden, um durch das ADK erzeugte Archivdateien, die zunächst auf Magnetplatte stehen, an ein Archivsystem zu übergeben. In der Archivverwaltung des ADK kann zu diesem Zweck festgelegt werden, daß erzeugte Archivdateien automatisch an ArchiveLink übergeben werden. Die Übergabe der Archivdateien über ArchiveLink an ein angeschlossenes Archivsystem erfolgt nach der Abarbeitung des Löschprogramms (Abbildung 3.4).

Der Begriff Dokument wird in ArchiveLink für eine Folge logisch zusammenhängender Seiten verwendet. ArchiveLink verwaltet Dokumentklassen, denen je ein technischer Dokumenttyp zugeordnet ist. Der technische Dokumenttyp bezeichnet ein Ablageformat für das Archiv. Das Ablageformat kann vom ArchiveLink-Viewer interpretiert werden und ermöglicht gegebenenfalls die Anzeige von archivierten Objekten. Es folgen einige Beispiele für Dokumentklassen mit ihren technischen Dokumenttypen:

- eingehende Originalbelege: FAX

- ausgehende Originalbelege: OTF (Output Text Format)

- Drucklisten: ALF (Advanced List Format)

- Archivierungsdaten: REO[5]

Der technische Dokumenttyp REO ermöglicht die Ablage der von Archivierungsprogrammen erzeugten Archivdateien.

Das Archivieren von sehr großen Dokumenten oder einer Vielzahl von kleinen Dokumenten kann einige Zeit in Anspruch nehmen. ArchiveLink unterstützt daher neben der synchronen auch die asynchrone Archivierung. Zunächst erteilt ArchiveLink dem Ablagesystem einen Archivierungsauftrag, der bestätigt wird. Zu einem späteren Zeitpunkt wird über die Fertigstellung des Auftrags benachrichtigt. Da ArchiveLink nicht auf die Beendigung der Ablage wartet, sondern gleich nach der Auftragsbestätigung weiterarbeitet, spricht man von asynchroner Archivierung. Asynchron abgelegte Dokumente, hierzu gehören z. B. Drucklisten und ausgehende Belege, sind somit nicht sofort nach Erteilung des Archivierungsauftrags zugreifbar, sondern erst nachdem ihre Ablage durchgeführt ist. Bei Dokumenten, die synchron archiviert werden, wartet ArchiveLink auf die Beendigung des Ablagevorgangs.

3.2 DB2 Row Archive Manager

Die DB2-Produktfamilie der IBM umfaßt relationale Datenbanksysteme für verschiedene Hardware- und Betriebssystemplattformen. Mit *DB2 Universal Database for OS/390* wird der IBM-Großrechner S/390 unterstützt. Die folgenden Betrachtungen beziehen sich nur auf diese Variante von DB2. Interessant ist, daß die vier weltweit größten Datenbanken nach [WA98], darunter auch die in Abschnitt 1.1 erwähnten, dieses Großrechner-DB2 nutzen.

Der DB2 Row Archive Manager (RAM) ergänzt seit 1998 das Datenbanksystem DB2 um Möglichkeiten zur Archivierung von Daten [IBM98a, IBM98b]. DB2 ist deshalb ein Beispiel für ein Datenbanksystem mit datenbanksystem-integrierter Archivierung (Abschnitt 2.3.2). Die Unterstützung der Archivierungsfunktionalität wird mit den zunehmenden Problemen bei großen und immer weiter wachsenden Datenbanken begründet. Dazu zählen schlechte Antwortzeiten, aufwendige Administration und hohe Speicherkosten. Es wird allerdings auch festgestellt, daß Daten altern, sie also im Laufe der Zeit seltener von den Anwendungen benötigt werden.

Die Ziele des DB2 RAM bestehen nun darin, den Umfang der aktiven Daten unter Kontrolle zu halten, den Zugriff auf alte Daten zu gewährleisten und schließlich den Bedarf an teurem Sekundärspeicher zu beschränken. Hierfür ist es möglich, spezifische alte Daten aus den aktiven Tabellen zu entfernen und in andere Tabellen zu archivieren. Dabei wird mit dem DB2 RAM der Ansatz des anwendungsorientierten Archivierens verfolgt (Abschnitt 2.2), wie die folgenden Abschnitte zeigen werden.

Zunächst werden die vom DB2 RAM unterschiedenen Arten von Daten und die vom System zur Verfügung gestellten Komponenten eingeführt. Vor der Beschreibung der wichtigsten

---

[5]Die Abkürzung REO stammt noch aus dem System R/2 und steht für Reorganisation. Mit diesem Begriff werden in R/2 die Möglichkeiten bezeichnet, Daten zu entladen und wieder zurückzuladen, um die physische Datenverteilung auf der Magnetplatte zu optimieren. In R/2 können im Rahmen der Reorganisation auch Daten archiviert und gelöscht werden.

Komponenten erläutert ein Abschnitt noch die zugrundeliegenden Datenstrukturen und deren Verwendung.

3.2.1 Daten und Komponenten

In Abschnitt 1.1 wird bezüglich der Datenbank zwischen operativen und nichtoperativen Daten unterschieden, Daten des Archivs werden als Archivdaten bezeichnet. Bei der Archivierung mit Hilfe des DB2 RAM werden Daten grundsätzlich in zwei Kategorien eingeteilt:

- aktuelle Daten

  Hierunter wird die Menge der DB2-Tabellen verstanden, welche die aktuellsten und von den Anwendungen aktiv genutzten Daten enthalten. Diese Daten befinden sich typischerweise im direkten Zugriff und können auf die übliche Weise genutzt werden. Häufige Änderungen und Nutzung dieser Daten sind wahrscheinlich.

- archivierte Daten

  Mit diesem Begriff wird die Menge der DB2-Tabellen bezeichnet, die gealterte Daten enthalten. Für diese Daten können kostengünstige Speichermedien (Tertiärspeicher), beispielsweise Bänder, zum Einsatz kommen. Die Nutzung dieser Daten wird wahrscheinlich mit zunehmenden Alter immer weiter abnehmen. Der Wartungsaufwand ist minimal, da Änderungen nicht zulässig sind.

Wesentlich ist, daß die Archivierung von Daten nicht automatisch erfolgt. Mit dem DB2 RAM wird lediglich Funktionalität zur Verfügung gestellt, die speziell den Umgang mit alten Daten unterstützt. Die Entscheidung, welche Daten wie zu verwalten sind, obliegt dem Administrator (Benutzerveranlassung; Abschnitt 2.2). Dieser kann etwa die zeitlichen Intervalle der Archivierung und die Selektionskriterien für die zu archivierenden Daten festlegen.

Die zentralen Funktionen des DB2 RAM sind das Archivieren und Zurückholen von Daten. Diese allgemein zur Verfügung stehenden Funktionen können an die jeweilige Umgebung angepaßt werden, indem die beabsichtigte Verwendung spezifiziert wird. Zu einer Spezifikation gehören beispielsweise Angaben zum auszuführenden Kommando, der sogenannten Anwendungseinheit und deren Tabellen (Abschnitt 3.2.2). Das Erstellen einer Spezifikation für die Funktionen des Archivierens und Zurückholens erfolgt über die menübasierte Konsole des DB2 RAM. Die Spezifikation wird in dafür vorgesehene Katalogtabellen des DB2 RAM abgelegt und das System generiert aus ihr einen anwendungsspezifischen Ausführungsplan und erforderliche Tabellen. Für damit in Verbindung stehende administrative Aufgaben stehen weitere Funktionen zur Verfügung. Der DB2 RAM setzt sich aus vier Hauptbestandteilen zusammen:

- Archivierungsvorgang (*archive process*)

- Rückholvorgang (*retrieve process*)

- Speicherverwaltungsvorgang (*storage management process*)

- Dienstprogramme (*utilities*)

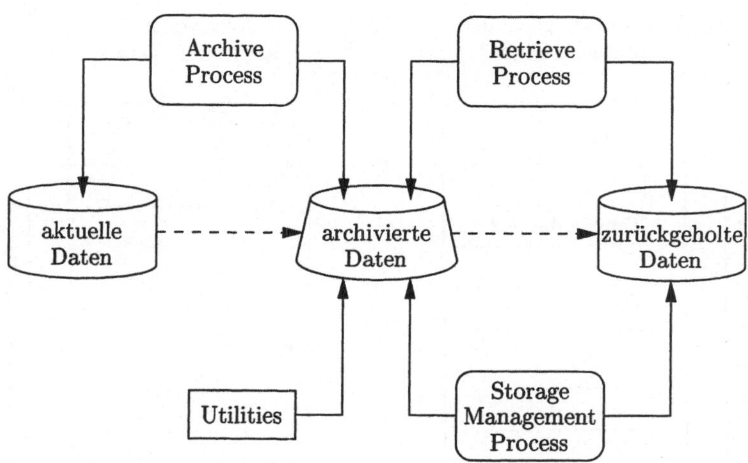

Abbildung 3.6: Komponenten des DB2 RAM

Abbildung 3.6 zeigt diese Komponenten und ihr Zusammenwirken. Der Archivierungsvorgang ist verantwortlich für das Verschieben, Kopieren und Zusammenstellen zu archivierender Daten und wirkt damit sowohl auf den aktuellen als auch auf den archivierten Datenbestand (Abschnitt 3.2.3). Zudem ist es möglich, in der Datenbank als irrelevant erachtete Daten auszuwählen und zu löschen. Der Rückholvorgang macht ausgewählte Archivdaten auf Anforderung verfügbar (Abschnitt 3.2.4). Die Daten werden im allgemeinen nicht in die Tabellen zurückgeholt, aus denen sie archiviert wurden. Daher wird von zurückgeholten Daten gesprochen. Von diesem Vorgang sind also archivierte und speziell die zurückgeholten Daten betroffen. Mit dem Speicherverwaltungsvorgang wird der physische Speicher für die archivierten und zurückgeholten Daten organisiert (Abschnitt 3.2.5). Diese Komponente des DB2 RAM verwaltet also die benötigten Speichereinheiten auf dem Sekundär- und Tertiärspeicher.

Die Dienstprogramme des DB2 RAM unterstützen den Administrator im Umgang mit den Archiven. Über das Löschprogramm lassen sich ganze Archive oder Teile eines Archivs entfernen (*remove utility*). Dabei werden auch die Katalogdaten des DB2 RAM aktualisiert. Das Dienstprogramm kann insbesondere genutzt werden, um ehemals benötigten Speicherplatz wiederzugewinnen. Weitere Programme ermöglichen das Erzeugen von Berichten aus den Katalogdaten des DB2 RAM und des Betriebssystems (*dump data set report utility*). Es wird so möglich, die vom DB2 RAM verwalteten und archivierten Daten (regelmäßig) zu überprüfen. Vor allem beim Einsatz von Magnetbändern und Bandbibliotheken wird dies empfohlen. Die verschiedenen Dienstprogramme spielen in den folgenden Betrachtungen keine Rolle mehr.

3.2.2 Datenstrukturen und Beziehungen

In Abbildung 3.7 sind die wesentlichen Datenstrukturen dargestellt, die für den DB2 RAM von Bedeutung sind bzw. über diesen bereitgestellt werden. Grundsätzlich wird zwischen einer Anwendungseinheit und einer Archiveinheit unterschieden. Eine Anwendungseinheit

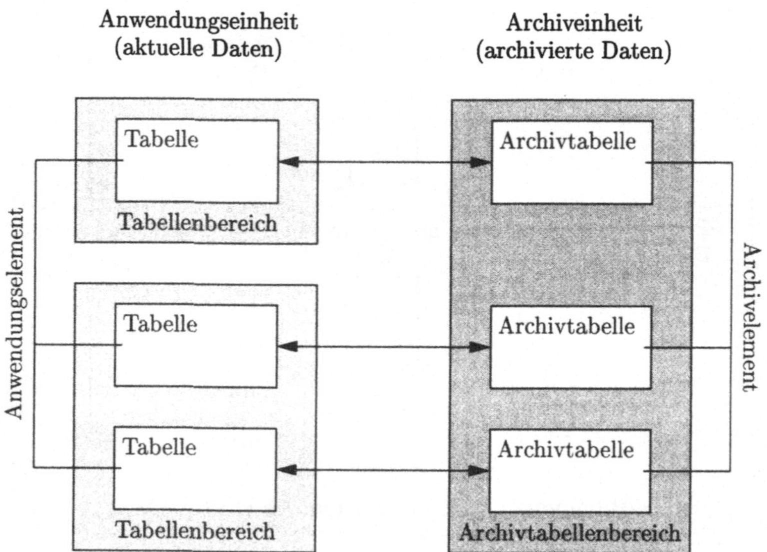

Abbildung 3.7: Datenstrukturen des DB2 RAM

umfaßt eine oder mehrere der Datenbanktabellen, die aktuelle Daten enthalten. Diese sogenannten Produktionstabellen stehen in einer logischen Beziehung zueinander und werden vom DB2 RAM verarbeitet. Eine Tabelle gehört zu einem Tabellenbereich (*table space*).

Eine Archiveinheit enthält die archivierten Daten und besteht aus einer oder mehreren Archivtabellen, die logisch verknüpft sind und eindeutig mit Tabellen der zugehörigen Anwendungseinheit korrespondieren. Eine Archivtabelle ist eine logische Einheit, der genau eine Produktionstabelle zugeordnet ist. Physisch kann eine Archivtabelle aus mehreren DB2-Tabellen bestehen. Archivtabellen werden in Archivtabellenbereichen (*archive table spaces*) zusammengefaßt. Mehrere Tabellenbereiche der Anwendungseinheit können einem Archivtabellenbereich zugeordnet sein.

Daten (einzelne Tupel) verschiedener Tabellen der Anwendungseinheit, die miteinander in Beziehung stehen, werden als Anwendungselemente bezeichnet. Inbesondere können Daten von Tabellen aus verschiedenen Tabellenbereichen ein Anwendungselement bilden. Ein Anwendungselement ist das kleinste Granulat, welches aus der Anwendungseinheit in die korrespondierende Archiveinheit verschoben oder kopiert werden kann. Daher befindet sich ein Anwendungselement nur komplett in der Anwendungseinheit oder (als Archivelement) in der Archiveinheit.

Eine Archiveinheit wird physisch aus einem oder mehreren Archivtabellenbereichen gebildet. Jeder Archivtabellenbereich enthält Daten der Anwendungseinheit auf einer bestimmten Archivierungsstufe. Für jede Tabelle der Anwendungseinheit existiert eine Archivtabelle in der Archiveinheit. Diese Eigenschaft gilt auf jeder Archivierungsstufe, so daß in jedem Archivtabellenbereich eine Archivtabelle für jede Tabelle der Anwendungseinheit vorhanden ist. In Abbildung 3.8 sind diese Beziehungen veranschaulicht.

Alle Anwendungselemente eines Archivierungslaufs sind in einem Archivtabellenbereich gespeichert. In Beziehung stehende Daten, also Daten die als Einheit aus einer oder mehreren

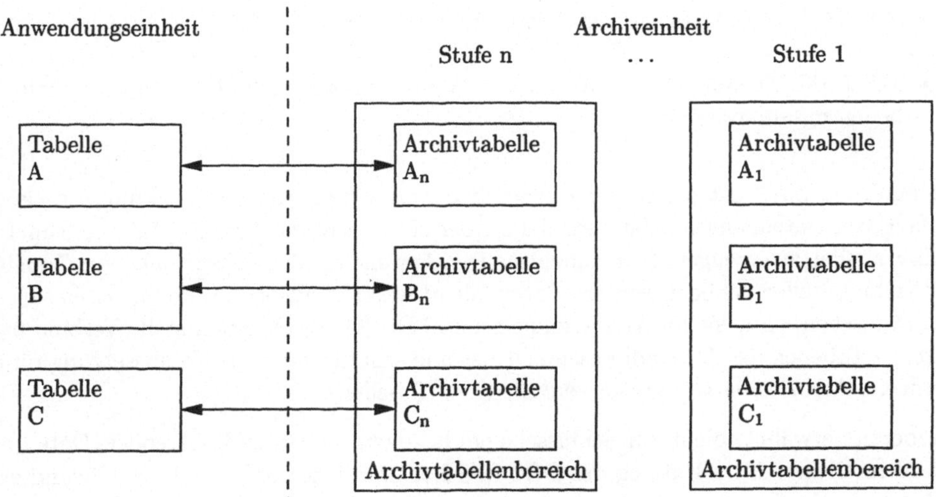

Abbildung 3.8: Stufen der Archivierung

Tabellen ausgelagert wurden, lassen sich so über ihre gesamte Lebensdauer zusammenhalten. Der Archivtabellenbereich der Stufe 1 ist der erste und älteste, in dem Anwendungselemente geschrieben wurden. Die höchste Stufennummer ist dem zuletzt angelegten, als aktiv bezeichneten, Archivtabellenbereich zugeordnet. Das Anlegen neuer und Schließen aktiver Archivtabellenbereiche ist Aufgabe der Speicherverwaltungsfunktion des DB2 RAM und wird in Abschnitt 3.2.5 erläutert.

3.2.3 Archivierungsvorgang

Die Archivierung von Daten durch den DB2 RAM erfolgt aufgrund einer Spezifikation. Eine Produktionstabelle muß dabei nicht als Ganzes archiviert werden. Es ist spezifizierbar, welche Attribute und Tupel einer Tabelle zu archivieren sind. Die Auswahl der Tupel geschieht über einen angegebenen Schlüsselkandidaten. Darüber hinaus lassen sich Daten in Beziehung stehender Tabellen als Einheit archivieren (Anwendungselemente). Hierfür wird eine der Produktionstabellen als Ausgangstabelle (*top*) ausgezeichnet. Alle anderen Tabellen sind Kindtabellen dieser Tabelle oder Kindtabellen anderer Kindtabellen. Ein Schlüsselkandidat dient auch hier dazu, die Tupel der ausgezeichneten Tabelle auszuwählen. Mit Hilfe sogenannter Verbindungsschlüssel (*connect keys*) zwischen den Eltern- und Kindtabellen wird festgelegt, welche Tupel der Kindtabellen ebenfalls für die Archivierung auszuwählen sind.

Ein Archivierungsvorgang wird mit einer spezifizierten Funktion auf den Tabellen der Anwendungseinheit ausgeführt. Folgende Funktionen stellt der DB2 RAM zur Verfügung:

- MOVE: kopiert Daten aus den Produktionstabellen in ihre korrespondierenden Archivtabellen und löscht die Daten aus den Produktionstabellen.

- COPY: kopiert Daten aus den Produktionstabellen in ihre korrespondierenden Archivtabellen, verändert die Produktionstabellen aber nicht.

- DELETE: löscht Daten aus den Produktionstabellen.

- REFER (REFERENCE): bearbeitet keine Daten, sondern verbindet zwei oder mehr Tabellen miteinander.

Die Funktion MOVE entspricht der eigentlichen Vorstellung von Archivierung, da sie den Umfang von Datenbanktabellen reduziert. Über COPY ist es möglich, Kopien von Tupeln in Archivtabellen zu erzeugen. Durch mehrmaliges Anwenden können Versionen von Tupeln in den Archivtabellen gebildet werden. Daten, die nicht mehr benötigt werden, lassen sich mit DELETE löschen, ohne sie im Archiv zu speichern. Die REFER-Funktion stellt Verbindungen zwischen Tabellen der Anwendungseinheit her und schafft damit die Voraussetzung für das synchrone Archivieren von Daten verschiedener Tabellen.

Wie bereits erwähnt, dient ein Schlüsselkandidat dazu, die zu archivierenden Daten auszuwählen. Dieser ist im Katalog des DB2 RAM zu spezifizieren. Vor oder zu Beginn eines Archivierungslaufs werden die Werte des Schlüsselkandidaten in einer Tabelle der Anwendungseinheit gespeichert. Für jedes Archiv muß eine solche Tabelle erzeugt werden. Da für jede Archiveinheit in der zugehörigen Anwendungseinheit nur eine Ausgangstabelle existiert, gibt es auch nur einen Schlüsselkandidaten. Die Schlüsselkandidattabelle enthält (nur) die Attribute des gewählten Schlüsselkandidaten der (einzigen) Ausgangstabelle und muß dem Eigner des Archivs gehören.

Die Ausgangstabelle ist über Verbindungsschlüssel mit ihren Kindtabellen verbunden. Eine Kindtabelle steht mit ihren Kindtabellen ebenfalls über Verbindungsschlüssel in Verbindung. Für jedes Paar aus einer Eltern- und einer Kindtabelle ist ein eigener Verbindungsschlüssel vorhanden. Eine Tabelle kann also keine, eine oder mehrere Kindtabellen haben, aber es gibt nur eine Elterntabelle für jede Kindtabelle. Die Spezifikation der Verbindungsschlüssel wird im Katalog abgelegt. Ein Verbindungsschlüssel kann, wie ein Schlüsselkandidat, aus mehreren Attributen bestehen. Diese Attribute definieren die Archivierungsbeziehung zwischen zwei Produktionstabellen.

Die Werte in der Schlüsselkandidattabelle bestimmen, welche Tupel der Ausgangstabelle zu archivieren sind. Die Werte in den Attributen der Verbindungsschlüssel der archivierten Tupel einer Elterntabelle legen die zu archivierenden Tupel ihrer Kindtabellen fest. Ist zwischen zwei Tabellen eine Fremdschlüsselbedingung definiert, so sollten die Attribute eines Verbindungsschlüssels in der Elterntabelle denen des (Primär-)Schlüssels und in der Kindtabelle denen des Fremdschlüssels entsprechen. Auf diese Weise wird gewährleistet, daß es im Zuge der Archivierung zu keinen Fehlern durch Verletzung der Fremdschlüsselbedingung kommt.

Eine konkrete Archivierungsanforderung wird in Form einer Spezifikation beschrieben. Diese wird in den Katalogtabellen des DB2 RAM gespeichert. Der Katalag zur Steuerung des Archivierungsvorgangs besteht aus 18 Tabellen. Für deren detaillierte Beschreibung sei auf [IBM98a] verwiesen. Zu den abgelegten Informationen zählen etwa die Beschreibung der Anwendungs- und Archiveinheit sowie die Definition der Anwendungselemente und Archivierungsfunktion. Aus einer abgelegten Spezifikation werden vom DB2 RAM Code und Tabellen generiert. Diese bilden das Archivierungsprogramm, welches bei einem Archivierungslauf ausgeführt wird.

Die Ausführung der Archivierung erfolgt im Stapelbetrieb (*batch job*). Bei der erstmaligen Ausführung eines Archivierungsvorgangs werden das Archivierungsprogramm generiert, eine neue Archivierungsstufe mit Archivtabellenbereich und Archivtabellen erzeugt und schließlich die ausgewählten Tupel archiviert. Bei einer wiederholten Ausführung wird zunächst geprüft, ob das schon generierte Programm verwendet kann. Ist das der Fall, dann werden die ausgewählten Tupel in die Tabellen der aktuellen Archivierungsstufe archiviert. Andernfalls werden das Archivierungsprogramm erneut generiert und eine neue Archivierungsstufe erzeugt, bevor es zur Archivierung von Tupeln kommt. Ein Archivierungsprogramm ist beispielsweise dann nicht verwendbar, wenn sich die zugrundeliegende Spezifikation geändert hat.

3.2.4 Rückholvorgang

Mit dem DB2 RAM ist auch das Zurückholen von archivierten Daten möglich. Bei diesem Vorgang werden zunächst die relevanten Archivdaten bestimmt, dann die daraus zurückzuholenden Daten ausgewählt und schließlich diese Daten in angegebene Tabellen abgelegt. Eine konkrete Rückholanforderung wird dem System über eine Spezifikation mitgeteilt und im Katalog des DB2 RAM gespeichert.

Bei einem Rückholvorgang können Daten aus mehreren Archiven (Archiveinheiten) zurückgeholt werden. Für ein Archiv müssen die zu verarbeitenden Tabellen unter Angabe der Namen der zugehörigen Produktionstabellen spezifiziert werden. Spezifizierbar sind alle Produktionstabellen, aus denen jemals Daten in das Archiv ausgelagert wurden. Dazu gehören auch die Produktionstabellen, welche aktuell nicht mehr in der Datenbank vorhanden sind. Bezüglich einer Produktionstabelle können mehrere Archivtabellen in verschiedenen Archivtabellenbereichen existieren. Für eine Produktionstabelle ist entsprechend angebbar, welche Archivierungsstufen bzw. Archivtabellenbereiche zu berücksichtigen sind. Beim Zurückholen müssen nicht alle Attribute der Archivtabellen einbezogen werden. Zur Auswahl stehen die Attribute und ihre Datentypen der aktuellen Produktionstabelle, außerdem die Varianten gleichnamiger Attribute aus der Historie des Archivs, die sich aufgrund verschiedener Datentypen ergeben. Die eigentliche Datenauswahl erfolgt für jede Tabelle durch Spezifikation einer SQL-WHERE-Klausel, allerdings nur mit eingeschränkter Mächtigkeit [IBM98a]. Schließlich sind neben den Angaben, die sich auf die archivierten Daten beziehen, Tabellen zur Aufnahme der zurückgeholten Daten zu spezifizieren. Hierbei lassen sich existierende Tabellen verwenden oder neue Tabellen erzeugen.

Ein Ziel bei der Spezifikation des Rückholvorgangs ist, die bei der Ausführung zu lesende Datenmenge klein zu halten. Dies wird durch die Festlegung der Archivtabellenbereiche unterstützt. Um ermitteln zu können, welche Archivtabellenbereiche für eine bestimmte Rückholanforderung von Interesse sind, stehen zwei Indexarten in Form von Tabellen zur Verfügung (*level indicator tables*). Ein Elementindex bezieht sich auf die Ausgangstabelle einer Anwendungseinheit und enthält Attribute der zugehörigen Schlüsselkandidattabelle; ein Tabellenindex bezieht sich auf eine untergeordnete Tabelle und kann beliebige Attribute berücksichtigen. Neben diesen ausgewählten Attributen enthält eine Indextabelle das spezielle Attribut LEVEL, welches die Archivierungsstufe anzeigt. Indextabellen müssen vom Administrator eigens angelegt und im Katalog des DB2 RAM als Teil des Archivierungsvorgangs spezifiziert werden. Beim Ausführen einer Archivierung werden die Indextabellen vom System aktualisiert. Die auf diese Weise erstellten Indexe werden allerdings vom Rückholvorgang nicht direkt benutzt, sondern helfen lediglich dem Administrator, die benötigten Archivtabellenbereiche einzugrenzen. Hierfür müssen Anfragen, außerhalb des DB2 RAM, an die Indextabellen gestellt werden.

Die Ausführung eines Rückholvorgangs erfolgt, wie die Archivierung, im Stapelbetrieb. Es ist möglich, bei einem Rückhollauf mehrere Rückholanforderungen gemeinsam zu verarbeiten. Dabei wird unterschieden, ob die zu verwendenden Spezifikationen zur Ausführungszeit aus den Einstellungen im Katalog vom DB2 RAM ermittelt werden oder vorher vom Administrator explizit zu benennen sind. Das Rückholprogramm prüft bei seiner Ausführung zunächst, ob die angefragten Archivtabellen verfügbar sind. Möglicherweise sind Archivtabellenbereiche vom DB2 RAM bereits auf Band ausgelagert worden. Diese müssen zuerst auf dem Sekundärspeicher verfügbar gemacht werden, bevor das eigentliche Zurückholen der Daten in die Zieltabellen beginnen kann.

3.2.5   Speicherverwaltungsvorgang

Der Speicherverwaltungsvorgang des DB2 RAM dient dazu, den für die Archivierung erforderlichen Speicherplatz zu organisieren. Beim Archivieren werden Daten aus den Produktionstabellen ausgewählt und in Archivtabellen gespeichert. Diese Archivtabellen befinden sich allerdings auf einem Sekundärspeicher (Magnetplatte). Mit zunehmendem Alter und Erreichen eines vom Administrator definierten Füllgrades können die Archivtabellen gegebenenfalls von ihrem ursprünglichen Medium auf ein kostengünstigeres Tertiärspeichermedium migrieren. Hierbei wird die Annahme gemacht, daß der Zugriff auf archivierte Daten vorhersehbar ist und daher eine sofortige Verfügbarkeit dieser Daten nicht erforderlich ist. Der DB2 RAM stellt Funktionalität zur Verfügung, die den Transport archivierter Daten von Platten auf Bänder, aber auch auf andere Platten bewerkstelligt (DUMP). Auch die umgekehrte Transportrichtung ist möglich (RESTORE). Hieraus ergeben sich die drei Speicherplatzbereiche Archivspeicher (*archive space*), Auslagerungsspeicher (*dump storage space*) und Rückholspeicher (*restore space*). Als Austauschgranulat zwischen diesen Speicherbereichen dienen jeweils ganze Archivtabellenbereiche, wie Abbildung 3.9 zeigt.

Die Spezifikation eines Archivierungsvorgangs umfaßt auch die Festlegung der Parameter des Archivspeicherplatzes. Dazu gehört die Angabe zur Größe eines Archivtabellenbereichs. Bei einem Archivierungslauf prüft der DB2 RAM, ob der aktuell aktive Archivtabellenbereich über genügend Speicherplatz verfügt, um die zu archivierenden Daten aufzunehmen. Ist das nicht der Fall, wird dieser Archivtabellenbereich geschlossen und ein neuer erzeugt. Für ein Archiv kann zusätzlich spezifiziert werden, wie geschlossene Archivtabellenbereiche zu behandeln sind. Zum einen kann für Archivtabellenbereiche angegeben werden, wieviele Tage sie online zu halten sind. Zum anderen ist die Anzahl geschlossener Archivtabellenbereiche im Archivspeicher definierbar. Archivtabellenbereiche, die sich noch im Archivspeicher befinden, können insbesondere mit einem Rückholvorgang bearbeitet werden.

Nach dem Schließen eines Archivtabellenbereichs und Erzeugen einer neuen Archivierungsstufe, aber noch vor der Archivierung, prüft der Speicherverwalter des DB2 RAM, ob die Zeit irgendeines Archivtabellenbereichs im Archivspeicher abgelaufen ist. Solche Archivtabellenbereiche werden dann ausgelagert. Anschließend ermittelt der Speicherverwalter

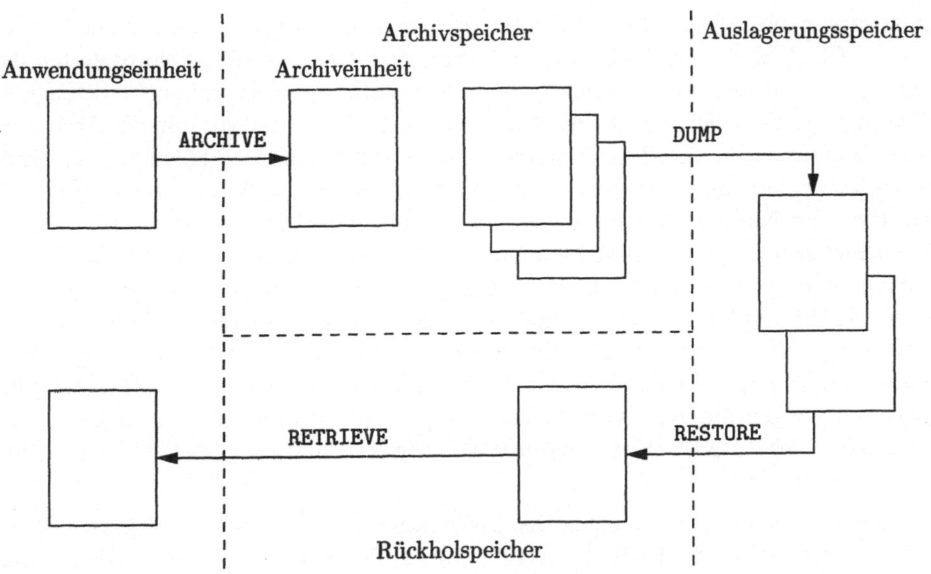

Abbildung 3.9: Speicherverwaltung

die Anzahl der online verfügbaren Archivtabellenbereiche. Ist hier die maximale Anzahl erreicht, erfolgt die Auslagerung des ältesten Archivtabellenbereichs. Beim Auslagern eines Archivtabellenbereichs werden vom DB2 RAM aus Sicherheitsgründen grundsätzlich mindestens zwei Kopien erzeugt. Falls für den Auslagerungsspeicher Bänder Verwendung finden, werden die Kopien auf verschiedenen Medien gespeichert. Befindet sich der Auslagerungsspeicher auf Platte, so schreibt das System die Primärkopie auf Platte, die Sekundärkopie auf Band. Tritt beim Einlagern von der Primärkopie ein Fehler auf, dann steht mindestens eine weitere Sicherungskopie zur Verfügung.

Ein Rückholvorgang kann nur Archivtabellenbereiche benutzen, die sich auf Platte befinden. Daher ist für bereits ausgelagerte Bereiche zunächst ein (temporäres) Einlagern in den Rückholspeicher erforderlich. Dies übernimmt der Speicherverwalter des DB2 RAM. Der benutzte Rückholspeicher kann eine bestimmte Anzahl wiedereingelagerter Archivtabellenbereiche aufnehmen. Beim Erreichen der spezifizierten Grenze werden die am längsten nicht genutzten Archivtabellenbereiche gelöscht, um Platz für neu angeforderte zu schaffen. Das Löschen wiedereingelagerter Archivtabellenbereiche ist unproblematisch, da im Auslagerungsspeicher weiterhin die Kopien existieren. Obwohl ein wiedereingelagerter Archivtabellenbereich zum temporären Rückholspeicher gehört, der unabhängig vom Archivspeicher verwaltet wird, zählt dieser Bereich zur Gesamtzahl der sich online befindlichen geschlossenen Archivtabellenbereiche.

3.3 Vergleich und Bewertung

Die vorgestellten Archivierungslösungen sollen zunächst bezüglich ihrer wichtigsten Konzepte miteinander verglichen werden. Beide Lösungen sind dem anwendungsorientierten

Archivieren zuzurechnen (Abschnitt 2.2). Der wesentliche Unterschied besteht in der Architektur. Die Archivierung im System R/3 verfolgt den datenbanksystem-basierten Architekturansatz. Archivierungsfunktionalität steht in Form des Entwicklungswerkzeugs ADK zur Verfügung. Beim DB2 RAM wird bestehende DB2-Technologie für die Archivierung benutzt und erweitert. Da Funktionalität und Archive zum Datenbanksystem gehören, sind die Voraussetzungen für die datenbanksystem-integrierte Archivierung erfüllt. Auch hinsichtlich der Nutzung unterscheiden sich die Lösungen. Die Archivierung im System R/3 zeichnet sich durch eine hohe Anwendungsintegration aus und erfordert die Erstellung von Archivierungsprogrammen. Diese Aufgabe fällt dem Anwendungsprogrammierer zu. Der DB2 RAM verfügt über eine menübasierte Schnittstelle, welche die Spezifikation von Archivierungsanforderungen ermöglicht. Hierfür ist der Administrator zuständig. Der Anwendungsbezug wird über das Datenbankschema hergestellt. Besondere Beachtung findet in beiden Lösungen das Archivieren zusammengehöriger Daten. Zu diesem Zweck lassen sich mit Hilfe des ADK Archivierungsobjekte definieren und im DB2 RAM Verbindungsschlüssel spezifizieren.

Auf Grundlage dieser vergleichenden Diskussion sollen die Lösungen im folgenden bewertet werden. Problematisch an der R/3-Archivierung ist die Tatsache, daß das ADK überhaupt zur Verfügung gestellt werden muß. Der damit verbundene Entwicklungs- und Wartungsaufwand erscheint ungerechtfertigt, berücksichtigt man, daß im System R/3 für die Datenhaltung ohnehin ein Datenbanksystem eingesetzt wird. Aus Sicht des Anwendungssystems könnte dieses die komplette Datenhaltung, also auch die Archivierung, übernehmen. Hier setzt der DB2 RAM an. Allerdings ist die dort erbrachte Funktionalität nicht ausreichend, um einen Archivierungsdienst für ein Anwendungssystem der Komplexität des System R/3 erbringen zu können. Hierfür fehlt es an einer Programmierschnittstelle, welche eine Anwendungsintegration der Archivierung ermöglichen würde.

Eine integrierte Unterstützung von Tertiärspeichern ist durch das ADK nicht gegeben. Die von einem Archivierungslauf erzeugten Archivdateien bedürfen einer gesonderten Behandlung. Es besteht die Möglichkeit, Archivdateien manuell auf Bänder auszulagern. Darüber hinaus ist der Einsatz zusätzlicher Technologie in Form eines HSM-Systems oder der Schnittstelle ArchiveLink erforderlich. Das Speicherverwaltungskonzept des DB2 RAM integriert dagegen Tertiärspeicher. Als Austauschgranulat zwischen Sekundär- und Tertiärspeicher werden Archivtabellenbereiche benutzt.

Aus den Betrachtungen läßt sich das folgende Fazit ziehen. Ein Archivierungsdienst sollte von der Komponente bereitgestellt werden, die bereits für Datenhaltung zuständig ist, also vom Datenbanksystem. Allerdings wird die Komplexität von Anwendungen, die auf einem gemeinsamen Datenbestand operieren, häufig dazu führen, daß die Archivierung nicht losgelöst von den Anwendungen ausschließlich auf Administrationsebene betrieben werden kann. Die Forderung nach Anwendungsorientierung der Archivierung wird durch Möglichkeiten unterstützt, Beziehungen zwischen Daten (anwendungsbezogen) festlegen zu können und dafür spezielle Archivanwendungen entwickeln zu können. Für die Akzeptanz einer datenbanksystem-integrierten Archivierungslösung ist jedoch, neben einer mächtigen Funktionalität, eine adäquate Sprachunterstützung zwingend erforderlich. Letztere ist beim DB2 RAM nicht gegeben. Abhilfe könnte hier eine (normierte) Erweiterung der Sprache SQL leisten (Kapitel 6).

Kapitel 4

Archivierung als Datenbankdienst

Gegenstand dieses Kapitels ist die konzeptuelle Integration der Archivierung als neuer Dienst in ein Datenbanksystem. Hierfür werden zunächst einige Anforderungen an den Datenbankdienst formuliert. Diese bilden den Rahmen für die Diskussion der Eigenschaften von Archiven und der als wichtig erachteten Archivierungsfunktionalität [LS98a]. Da Archive auch der langfristigen Aufbewahrung von Daten dienen, werden zusätzlich zeitliche Aspekte der Archivierung untersucht. Zum Abschluß werden an einem konkreten Beispiel Archivierungsprobleme und Lösungsmöglichkeiten vorgestellt, die mit Hilfe der in diesem Kapitel erarbeiteten Konzepte erreichbar sind.

4.1 Anforderungen

Für die Archivierung als neuen Datenbankdienst soll der datenbanksystem-integierte Ansatz zugrundegelegt werden. Zudem wird von der Integration der Archivierung in ein relationales Datenbanksystem ausgegangen. Die Konzentration auf relationale Systeme ergibt sich aus deren Dominanz in der Praxis. Aufgrund der in ihnen gespeicherten Datenmengen ist hier der größte Nutzen durch Archivierung zu erwarten. Die Vorzüge datenbanksystem-integrierter Archivierung wurden bereits dargestellt (Abschnitt 2.3.2). Sie ist durch zwei wesentliche Eigenschaften charakterisiert:

- Das Archiv wird vom DBMS kontrolliert.

- Die Archivierungsfunktionalität ist im DBMS integriert.

Das Datenhaltungskonzept von Datenbanksystemen wird auf diese Weise grundlegend erweitert. Die üblichen allgemeinen Eigenschaften von Datenbanksystemen (Abschnitt 2.1) in bezug auf Datenbanken lassen sich durch das gleiche Umfeld auf Archive übertragen. Dazu zählt insbesondere, daß Archive nicht unter Umgehung des DBMS manipulierbar sind.

Aus dem Ansatz der integrierten Archivierung und dem Verständnis des anwendungs-orientierten Archivierens (Abschnitt 2.2) werden Anforderungen an einen entsprechenden Datenbankdienst abgeleitet. Diese beziehen sich vor allem auf die konzeptuelle Integration der Archivierung. Die interne Realisierung und auf tieferen DBMS-Schichten [HR99] angesiedelte Fragestellungen, wie Zugriffspfade und Externspeicherverwaltung, spielen hierbei keine Rolle. Es ergeben sich zunächst die folgenden allgemeinen Anforderungen:

- Bezug zum Datenmodell

  Die Funktionalität zur Archivdefinition und -manipulation muß auf das Datenmodell des Datenbanksystems ausgerichtet sein.

- Benutzerveranlassung

  Archivierungsfunktionalität wird ausschließlich vom Nutzer über die Sprachschnittstelle des DBMS initiiert. Die Entscheidung zur Archivnutzung ist also nicht Aufgabe des DBMS.

- langfristige Nutzung

  Die Nutzbarkeit sämtlicher Archivdaten ist langfristig sicherzustellen. Durch die langfristige Aufbewahrung kommt Änderungen an Datenbank- und Archivstrukturen eine besondere Bedeutung zu.

Das Verhältnis von Datenbank und Archiv in einem Datenbanksystem ist wichtig für die Ausgestaltung des um Archivierung erweiterten Datenhaltungskonzepts und die Semantik archivierter Daten. Unter funktionalen Gesichtspunkten führen diese Aspekte zu weiteren Anforderungen:

- Relevanz der Datenbank

  Archive ergänzen Datenbanken und sollen diese nicht als primären Speicherort für Daten ersetzen. Sie dienen der Aufnahme von Daten aus der Datenbank, um diese zu entlasten. Ein Archiv ist damit niemals unabhängig von einer Datenbank zu sehen. Daher sollen die Strukturen eines Archivs auch nur abhängig von denen einer Datenbank definierbar sein.

- homogener Zugriff auf Archivdaten

  Archivstrukturen beziehen sich auf Datenbankstrukturen. Das legt eine möglichst homogene Identifizierung von Archivdaten über Begriffe der Datenbank nahe, also über logische Bezeichner von Datenbankstrukturen. Die logische und physische Abbildung zwischen Datenbank- und Archivstrukturen soll dem Benutzer dagegen verborgen bleiben.

- Authentizität von Archivdaten

  Ein Archiv nimmt Daten auf, die zeitweise oder überhaupt nicht mehr in Datenbankanwendungen Verwendung finden. Die Semantik dieser Daten soll bewahrt werden, so daß Archivdaten nicht änderbar sein dürfen.

- Autonomie der Datenbank

  Datenbanken sollen nicht von Archiven abhängen, um die durch die Archivierung erreichte Entlastung nicht zu beschneiden. Die Verteilung von Daten auf Datenbank und Archiv erfolgt in der Regel aufgrund der von den Datenbankanwendungen benötigten operativen Daten, da gerade diese Anwendungen von der Archivierung profitieren sollen. Die so erreichte Unabhängigkeit entspricht der Auffassung vom Archiv als Ergänzung der Datenbank.

Die hier formulierten Anforderungen an die Archivierung als Datenbankdienst dienen als Grundlage für die folgende Konzeption der konkreten Möglichkeiten von Archiven und der über ihnen zur Verfügung gestellten Funktionalität.

4.2 Archive

Der Begriff des Archivs kann nun unter Berücksichtigung der im letzten Abschnitt formulierten Anforderungen und in Anlehnung an die Definition der Datenbank (Abschnitt 2.1.1) festgelegt werden:

> Ein *Archiv* besteht aus einer Sammlung langfristig aufzubewahrender persistenter Daten. Die Struktur eines Archivs ist aus der Struktur einer Datenbank abgeleitet. Daten im Archiv sind nicht änderbar und zeichnen sich durch eine geringere Zugriffshäufigkeit als entsprechende Daten in der Datenbank aus.

Diese allgemeine Definition eines Archivs läßt sich ähnlich wie bei Datenbanken (Abschnitt 2.1.4) für das relationale Datenmodell und in bezug auf SQL konkretisieren.

4.2.1 Zuordnung von Archiven zu Datenbanken

Die Beziehung zwischen Datenbanken und Archiven ist bereits aus den Anforderungen an den Datenbankdienst ersichtlich. Zunächst ist aufgrund der Eigenschaften Datenbankrelevanz und -autonomie festzuhalten, daß Archive Datenbanken ergänzen und von ihnen abhängen. Insbesondere werden Archive abhängig von Datenbanken definiert. Es ist jedoch zu beachten, daß Archive unter dem Aspekt der langfristigen Aufbewahrung die entsprechenden Datenbanken überleben können. Die Implikationen daraus werden in Abschnitt 4.4.2 diskutiert. Ausgehend von der Abhängigkeit ist die Art der Zuordnung von Archiven zu Datenbanken zu klären. Wichtig für die Zuordnung erscheinen folgende Entwurfskriterien für Datenbanken:

- logischer Zusammenhalt von Daten
  Um Inkonsistenzen und Redundanz zu vermeiden, sollten alle miteinander in Beziehung stehenden Daten in *einer* Datenbank untergebracht werden. Durch das Datenbanksystem verwaltete Bedingungen und Regeln zur Sicherung semantischer Integrität gehören zur Datenbank und können ihre Grenzen nicht überschreiten.

- anwendungsorientierter Zusammenhalt von Daten
  Bei der Nutzung von Datenbanken kann man grob zwischen Routineanwendungen und Anwendungen zur Entscheidungsunterstützung unterscheiden. Routineanwendungen erfüllen sich ständig wiederholende, für die tägliche Arbeit einer Unternehmung wichtige, oft zeitkritische Aufgaben. Anwendungen zur Entscheidungsunterstützung werden dagegen seltener aufgerufen, nutzen oft aggregierte Daten, sind nicht zeitkritisch und erfordern nicht immer hochaktuelle Daten. Das spricht dafür, Daten für Routineanwendungen gemeinsam, also in *einer* Datenbank abzulegen, während das für Anwendungen zur Entscheidungsunterstützung nicht so wesentlich ist.

- Abgeschlossenheit bezüglich Anwendungen und Nutzern

  Nach der Definition des Begriffs der Datenbank sollen alle signifikanten Daten für
  ein Anwendungssystem in *einer* Datenbank untergebracht werden. Während die Unterbringung in einer einzigen Datenbank für logisch stark zusammenhängende Daten
  essentiell ist, kann man bei weniger eng zusammengehörigen Daten (etwa Personalwe-
  sen einerseits und Produktionssteuerung andererseits) über eine Aufweichung dieses
  Prinzips nachdenken, da sehr große Datenmengen unter Kontrolle eines einzelnen Datenbanksystems zu Leistungsproblemen und Schwierigkeiten mit der Datensicherheit
  führen können. Eine solche Entscheidung muß unter Berücksichtigung von Datenmengen und Anwendungsprofilen getroffen werden. Ein loser Zusammenhalt ist jedoch
  auch bei mehreren Datenbanken wichtig, um etwa eine gemeinsame Nutzerverwal-
  tung und datenbankübergreifende Transaktionen zu ermöglichen.

Diese Kriterien sollen auch Anhaltspunkt bei der Zuordnung von Archiven zu Datenbanken
sein. Ausgeschlossen werden soll die Zuordnung eines Archivs zu mehreren Datenbanken. In
einer Datenbank wird nach den genannten Entwurfskriterien ein bezüglich Anwendungen
und Nutzern abgeschlossener, logisch zusammenhängender Ausschnitt der realen Welt modelliert, und diese Sicht soll bei einer Ergänzung von Datenbanken um Archive beibehalten
werden. Ein Archiv bezieht sich somit auf *genau eine* Datenbank.

Zu klären ist noch, wieviele Archive zu einer Datenbank gehören können. Abgesehen davon, daß natürlich auch Datenbanken ohne Archive durch ein Datenbanksystem mit Archivierungsfunktionalität unterstützt werden sollen, lassen sich die Überlegungen aus Abschnitt 1.1 zur Leistungssteigerung und zur langfristigen Aufbewahrung von Daten durch
Verwendung eines einzigen Archivs je Datenbank umsetzen. In Anschnitt 2.4 wurde bereits
angeprochen, daß es neben der reinen Aufbewahrung auch sinnvoll sein kann, Daten unter
anderen Gesichtspunkten in unterschiedlich aufbereiteter Form zu archivieren. Ein Unternehmen könnte beispielsweise Daten nach Geschäftsjahren archivieren, also ein Archiv pro
Jahr anlegen, oder Daten unter organisatorischen Gesichtspunkten auf verschiedene Archive verteilen und damit betriebliche Abläufe auch durch die Verteilung von Archivdaten
widerspiegeln. Abgesehen von Verteilungsaspekten könnten Daten vor dem Auslagern auch
von aus langfristiger Sicht unwichtigen Informationen befreit werden, um Speicherplatz zu
sparen. Auch das Zusammenfassen von Daten verschiedener Datenbankobjekte oder die
Archivierung in aggregierter Form sind denkbar. Sind bestimmte Archivanwendungen, etwa eine umfangreiche Auswertung, bereits bekannt, kann auf diese Weise deren Leistung
erheblich verbessert werden. Die genannten Gründe sprechen dafür, *mehrere* Archive je
Datenbank zuzulassen (Abbildung 4.1).

Auch wenn ein einzelnes Archiv in vielen Fällen ausreichen wird, erlaubt die durch mehrere
Archive gewonnene Flexibilität die Umsetzung weiterer Archivierungskonzepte für unterschiedliche Anwendungsfelder. Abbildung 4.1 verdeutlicht auch, daß die einzelnen Archive
nicht untereinander in Beziehung stehen. Ein Archiv tauscht Daten ausschließlich mit seiner Datenbank aus, nicht mit anderen Archiven. Gemäß der Forderung nach Autonomie
der Datenbank, liegt die Initiative zum Datenaustausch so weiter auf seiten der Datenbank.
Die Unabhängigkeit der Datenbank ist daher auch bei mehreren Archiven gesichert. Die gewählte Architektur erleichtert zudem den geforderten homogenen Zugriff auf Archivdaten.
Da ein Archiv zu genau einer Datenbank gehört und die Archivdaten gewissen operati-

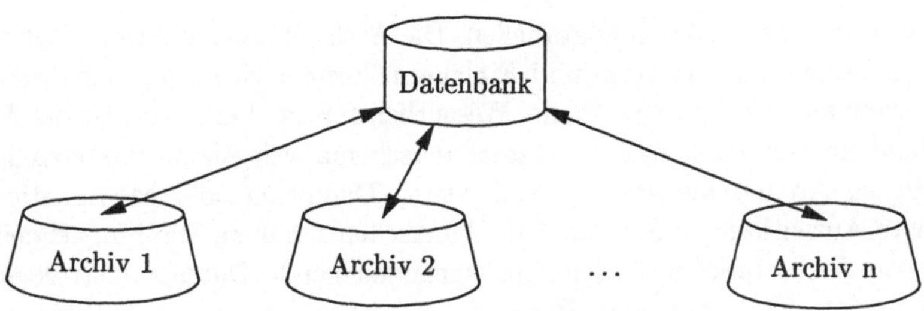

Abbildung 4.1: Zuordnung von Archiven zu Datenbanken

ven Datenbeständen zugeordnet sind, wird eine Identifizierung der Archivdaten über die Begriffe der Datenbank möglich.

Die Zuordnung eines Archivs zu einer Datenbank definiert eine Funktion. Sei $\mathcal{D} = \{db_i\}$ die Menge der Datenbanken und $\mathcal{A} = \{a_j\}$ die Menge der Archive. Die Funktion ζ beschreibt die Zuordnung eines Archivs zum Zeitpunkt t und ist wie folgt definiert:

$$\zeta(a_j, t) := \begin{cases} db_i & a_j \text{ ist } db_i \text{ zum Zeitpunkt } t \text{ zugeordnet} \\ \text{nicht definiert} & a_j \text{ ist zum Zeitpunkt } t \text{ keiner Datenbank zugeordnet} \end{cases} \quad (4.1)$$

Da ζ eine Funktion ist, kann ein Archiv zu einem Zeitpunkt maximal einer Datenbank zugeordnet sein. Daß ein Archiv nicht immer einer Datenbank zugeordnet sein muß, ergibt sich aus der Möglichkeit des Abtrennens von Archiven (Abschnitt 4.4.2). Zum Erzeugungszeitpunkt eines Archivs ist es immer einer Datenbank zugeordnet, da es von dieser abgeleitet wird.

4.2.2 Archivschema

Ein Datenbankschema ist die logische Repräsentation des Modells einer Miniwelt (Abschnitt 2.1.3). Es besteht aus Strukturen, Integritätsbedingungen und externen Schemata (Sichtdefinitionen). Die Menge der möglichen Schemaelemente ist durch das Datenmodell bestimmt. Sie werden mit Hilfe der DDL einer Datenbanksprache erzeugt und geändert. Für die datenbanksystem-integrierte Archivierung wird der Bezug zum Datenmodell des Datenbanksystems gefordert (Abschnitt 4.1). Ein Archiv verfügt deshalb wie eine Datenbank über ein Schema. Dieses *Archivschema* bezeichnet entsprechend die Menge der für ein Archiv definierten Schemaelemente.

Das wichtigste Merkmal des relationalen Datenmodells ist, daß Daten ausschließlich in Relationen dargestellt werden und daß Ergebnisse von Operationen auf diesen Relationen (relationale Ausdrücke) wieder Relationen sind (Abschnitt 2.1.4.1). Diese Abschlußeigenschaft soll entsprechend den Forderungen aus Abschnitt 4.1 auch auf den Datenbankdienst Archivierung ausgeweitet werden. Archivdaten werden also, zumindest auf logischer Ebene, in Archivrelationen gespeichert und auch der Datenaustausch zwischen Datenbank und Archiv findet über Relationen statt. Die Struktur einer Archivrelation wird im *Archivrelationsschema* festgelegt.

Aufgrund der Forderung nach Datenbankrelevanz sollen die Strukturen des Archivs abhängig von den Strukturen der Datenbank definiert werden. Die Definition der Archivtabellen erfolgt daher anhand der Datenbanktabellen. Die Archivierungsfunktionalität zum Datenaustausch, insbesondere zum Aus- und Einlagern, bezieht sich dann auf diese Beziehung zwischen Datenbank- und Archivtabelle. Wesentlich für das Verhältnis ist die Anforderung der Datenbankautonomie, so daß das Datenbankschema weitgehend unabhängig von eventuell definierten Archivschemata sein soll. Deren Definition oder Modifikation darf also nur begrenzte Auswirkungen auf das Datenbankschema haben. Die Möglichkeiten bei der Definition von Archivtabellen und ihnen zugrundeliegende Datenbankstrukturen werden in Abschnitt 4.3.1 näher behandelt. Besondere Eigenschaften wie die Schemaversionierung der Archivtabellen, die sich aus der Beziehung zur Datenbankseite ergeben, sind unter anderem Gegenstand von Kapitel 5.

Die Struktur eines relationalen Archivs läßt sich auf der Grundlage von Abschnitt 2.1.4.1 auch formal beschreiben. Wie eine Datenbank wird ein Archiv über einem Schema definiert. Ein Archivschema S^A wird aus einem Datenbankschema $S = \{R_i\}$ entsprechend der Zuordnung von Archiv zu Datenbank erzeugt und enthält eine endliche Menge von Relationsschemata R^A. Aus dem Datenbankschema S werden hierfür die ins Archiv zu übernehmenden Relationsschemata ausgewählt. Diese Menge wird mit S' bezeichnet, wobei gilt $S' \subseteq S$. Für ein Archivrelationsschema gilt $R_i^A = \alpha(R_i)$, wobei der α-Operator folgendermaßen definiert ist:

$$\alpha(R_i) := \begin{cases} R_i & \text{für } R_i \in S' \\ \text{nicht definiert} & \text{sonst} \end{cases} \tag{4.2}$$

Ein Relationsschema des Datenbankschemas wird also entweder unverändert oder nicht in das Archivschema übernommen. Somit entsprechen die im Archivschema vorhandenen Relationsschemata jeweils den korrespondierenden Relationsschemata im Datenbankschema. Diese Gleichheit gilt insbesondere auch für die enthaltenen Attribute und deren Domänen. Ein Archiv über einem Archivschema $S^A = \{R_i^A\}$ besteht aus einer Menge von Archivrelationen $a = \{r_i^A\}$. Für jedes Archivrelationsschema existiert eine Archivrelation, wobei $r_i^A(R_i^A)$ gilt.

Für Archive sind ähnlich wie für Datenbanken auch Integritätsbedingungen wie Schlüssel und Fremdschlüssel definierbar. Integritätsbedingungen für Archive werden in Kapitel 5 untersucht. Darüber hinaus zählen Archivregeln und Zugriffsrechte zu den Elementen eines Archivschemas. Archivregeln werden als Teil der Archivierungsfunktionalität in Abschnitt 4.3.5 vorgestellt. Die für den realen Betrieb wichtigen Zugriffsrechte werden im Rahmen der Sprache ASQL eingeführt (Kapitel 6).

4.2.3 Archiventwurf

Wie in Abschnitt 4.2.1 erläutert, können einer Datenbank mehrere Archive zugeordnet sein. Es wird damit möglich, Archive für verschiedene Zwecke zu nutzen. Beispiele hierfür wurden bereits in Abschnitt 2.4 genannt. Ein Archiv könnte so operativ nicht mehr benötigte Daten aufnehmen, ein anderes die historische Entwicklung der Datenbank aufzeichnen, in einem dritten mögen Daten zur Entscheidungsunterstützung aggregiert zusammengefaßt sein und schließlich könnte ein Archiv in sich abgeschlossene, semantisch zusammengehörige Gruppen von Daten aufbewahren. Beispielsweise wird im System R/3 die Archivierung solcher Gruppen betriebswirtschaftlich abgeschlossener, unabhängig interpretierbarer Daten durch die Definition von Archivierungsobjekten unterstützt (Abschnitt 3.1.4) und beim DB2 RAM ist die Archivierung zusammengehöriger Daten in Form von Anwendungselementen möglich, welche über Verbindungsschlüssel spezifiziert werden (Abschnitt 3.2.3).

An diesen Beispielen sieht man, daß die Gestaltung der Archivierung für eine konkrete Datenbank einer Reihe von Freiheitsgraden unterliegt. Der Entwurf eines Archivierungskonzepts ist daher wie die Datenbankmodellierung ein kreativer Prozeß, der sich am gewünschten Archivzweck orientieren muß und nicht automatisch aus dem Datenbankschema abgeleitet werden kann. Die Semantik von Archivdaten hängt vom Archiventwurf ab. Dieser gliedert sich in zwei Teilaufgaben [SL98]:

- struktureller Entwurf

- operationaler Entwurf

Beim *strukturellen Entwurf* wird entschieden, welche Objekte eines Datenbankschemas in ein Archiv zu übernehmen sind. Damit werden die Struktur von Archivdaten und Beziehungen zwischen ihnen modelliert. Durch den *operationalen Entwurf* wird bestimmt, welche Daten wann und wie zu archivieren sind. Dazu gehören die Festlegung geeigneter Archivierungsregeln und die Einschränkung der expliziten Archivierungsmöglichkeit (Abschnitt 4.3) auf bestimmte Nutzer bzw. Anwendungen. Die Archivtabellen und Integritätsbedingungen aus dem strukturellen Entwurf und die Regeln und Rechte aus dem operationalen Entwurf bilden schließlich ein Archivschema.

Ein adäquater Archiventwurf ist für die korrekte Interpretation der Archivdaten unerläßlich. Als Beispiel sei ein Archiv angeführt, das die Entwicklung eines Ausschnitts einer Datenbank aufzeichnen soll. Die erforderlichen Archivtabellen beziehen sich auf Basistabellen der Datenbank. Schlüssel und Fremdschlüssel werden übernommen, um Beziehungen zwischen den Daten zu erhalten. Für eine vollständige Aufzeichnung der Datenbankentwicklung müssen durch alle relevanten Änderungs- und Löschoperationen entsprechende Archivierungsregeln ausgelöst werden. Eine explizite Archivierung ist dagegen nicht erlaubt, entsprechende Rechte dürfen nicht vergeben werden.

Aus den in Abschnitt 2.4 aufgeführten Beispielen sollen schließlich fünf wichtige Anwendungsfelder der Archivierung herausgestellt werden [Luf98]:

1. Archivierung aus betriebswirtschaftlichen Gründen

2. Aufbewahrung rechtlich relevanter Daten

3. Festhalten der historischen Entwicklung einer Datenbank

4. Ablage von Rohdaten vor ihrer Verwendung

5. Aufbau einer Datenbasis zur Entscheidungsunterstützung

Anhand von Eigenschaften, die sich auf den Archiventwurf und die erwartete Nutzung archivierter Daten beziehen, sollen diese Anwendungsfelder in Tabelle 4.1 noch etwas näher beleuchtet werden. Man beachte jedoch, daß es sich dabei um Trendaussagen handelt, die beim Entwurf eines Archivs zu konkretisieren sind.

Tabelle 4.1: Trendaussagen zu den Eigenschaften von Archiven

	Anwendungsfeld				
	(1)	(2)	(3)	(4)	(5)
unveränderte Daten	ja	ja	ja	ja	ja
projizierte Daten	ja	eher nicht	denkbar	eher nicht	ja
aggregierte Daten	eher nicht	nein	eher nicht	nein	ja
funktionale Verteilung	ja	denkbar	eher nicht	ja	nein
zeitliche Verteilung	ja	denkbar	nein	eher nicht	nein
lesender Zugriff	selten	sehr selten	häufig	sehr selten	oft
zeitbezogene Anfragen	denkbar	kaum	oft	kaum	häufig

Die ersten Merkmale beziehen sich auf die zu archivierenden Daten und deren Struktur. So ist die unveränderte Ablage von Daten für eine authentische Aufbewahrung rechtlich relevanter Daten von besonderer Bedeutung, auf Schemaebene entspricht das der Archivierung von Basistabellen. Die Projektion von Daten ist im betriebswirtschaftlichen Umfeld von Interesse, um beispielsweise unwichtige Informationen von der Archivierung auszuschließen. Darüber hinaus können etwa Regelungen des Datenschutzes die langfristige Aufbewahrung bestimmter Daten verbieten. Eine aggregierte Archivierung bietet sich vor allem an, wenn entsprechende und zum Zeitpunkt des Archiventwurfs bereits bekannte Archivanwendungen von einer solchen Aufbereitung profitieren können.

Ein weiterer wichtiger Aspekt ist die Vorgehensweise bei der Verteilung von Daten auf mehrere Archive. Unter funktionaler Verteilung ist dabei die Trennung nach organisatorischen Gesichtspunkten zu verstehen, die betriebliche Abläufe widerspiegelt oder eine spätere Verwendung von Archiven berücksichtigt. Eine zeitliche Verteilung von Daten wäre z. B. nach Geschäftsjahren denkbar. Eine Verteilung von Daten auf mehrere Archive kann einem verbesserten Umgang mit ganzen Archiven zugute kommen, sowohl unter inhaltlicher Betrachtung, wie abgeschlossener Auswertbarkeit außerhalb einer Datenbank, als auch unter technischen Gesichtspunkten wie Archivgröße oder Wartung.

Große Unterschiede offenbaren die vorgestellten Anwendungsfelder der Archivierung im Hinblick auf den späteren Zugriff. So müssen Daten, die nur aus rechtlichen Gründen aufgehoben werden, möglicherweise nie mehr gelesen werden. Im Gegensatz dazu ist für eine Datenbasis zur Entscheidungsunterstützung gerade der spätere Zugriff wesentlich. Die voraussichtliche Zugriffshäufigkeit muß daher bei der Wahl eines entsprechenden Speichermediums berücksichtigt werden. Zeit spielt bei der Archivierung eine nicht zu unterschätzende Rolle, wie Abschnitt 4.4 zeigen wird. Die adäquate Unterstützung zeitbezogener Anfragen durch die Archivierungsfunktionalität ist vor allem dann wichtig, wenn sich die Entwicklung einer Datenbank im Archiv widerspiegeln soll.

4.3 Archivierungsfunktionalität

Bisher wurde unter Archivierungsfunktionalität primär das Aus- und Einlagern von Daten verstanden (Abschnitt 1.1). Bei der Beschreibung der Anwendungsgebiete (Abschnitt 2.4) und insbesondere der Vorstellung der fünf wesentlichen Anwendungsfelder der Archivie-

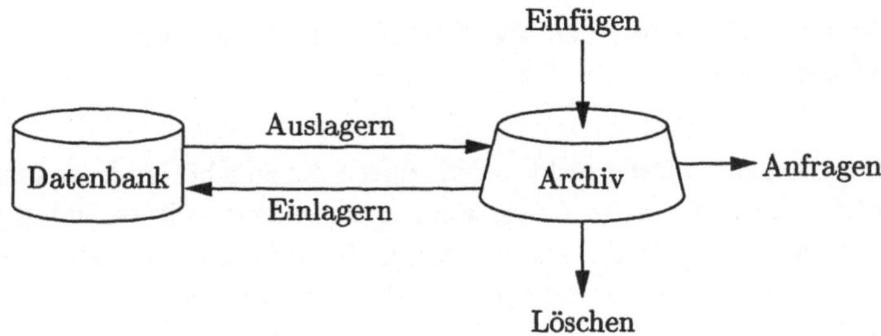

Abbildung 4.2: Manipulation von Archivdaten

rung (Abschnitt 4.2.3) wurde bereits zusätzliche Archivierungsfunktionalität gefordert. Die Funktionalität des neuen Datenbankdienstes Archivierung wird durch Erweiterung der bestehenden Datenbanksprache nutzbar gemacht. ASQL ist ein Beispiel für eine solche Erweiterung auf der Grundlage der Datenbanksprache SQL (Kapitel 6). Die Erweiterungen betreffen sowohl die DDL als auch die DML. Die Anwendung der Funktionalität der DDL schlägt sich im Archivschema nieder, wesentlich ist hierbei die Definition von Archivtabellen. Zu den Operationen der DML zählen das Aus- und Einlagern von Daten, das Einfügen und Löschen von Archivdaten sowie Anfragen an Archive (Abbildung 4.2).

Das Auslagern entspricht dem eigentlichen Archivieren von nichtoperativen Daten. Hier ist eine weitere Unterscheidung in explizite und implizite Archivierung möglich. Die explizite Archivierung meint die entsprechende Funktionalität als Teil der DML, während das Auslagern von Daten über Regeln als implizite Archivierung bezeichnet wird. Die implizite Form erfordert die Definition von Regeln und ist damit Teil der DDL. Für sie findet insbesondere der Begriff der regelbasierten Archivierung Verwendung. Daten können aber auch direkt in ein Archiv eingefügt werden. Das ist dann sinnvoll, wenn in einer Anwendungswelt Daten anfallen, die nicht zur sofortigen Verarbeitung anstehen. Archivdaten, die operativ benötigt werden, lassen sich in die Datenbank einlagern. Trotz ihrer potentiellen Langlebigkeit sind auch Archivdaten im allgemeinen nicht unbegrenzt aufzubewahren. Es wird daher ein Löschen unterstützt. Das Auswerten von Archivdaten soll schließlich direkt, also ohne ein Einlagern in die Datenbank, möglich sein.

Ein Ändern von Archivdaten wird nicht unterstützt und damit die Forderung nach Authentizität von Archivdaten erfüllt. Änderungen beziehen sich immer auf entsprechende Ereignisse in der durch die Datenbank modellierten Miniwelt. Die Aufgabe von Archiven ist dagegen das Aufbewahren von Daten, die in der modellierten Miniwelt aktuell nicht berücksichtigt werden. Änderungen spielen für Archive daher keine Rolle.

4.3.1 Definition von Archivtabellen

Archivtabellen sind die zentralen Elemente eines Archivschemas. Aus Abschnitt 4.2.2 ist bekannt, daß sie aufgrund der Forderung nach Datenbankrelevanz auf Datenbanktabellen basieren. Die Tabellen eines Archivs sollen daher anhand von Tabellen definiert werden, die durch relationale Ausdrücke über der Datenbank erzeugbar sind. Auf Datenbankseite stehen Basistabellen und Sichten zur Verfügung. Beide Tabellenarten sind damit vorerst die einzigen Datenbankobjekte, auf denen Archivtabellen basieren sollen. Zu beachten ist, daß

Archivdaten, die auf Sichten beruhen, beim Auslagern in die Archivtabelle materialisiert werden. Das Wiedereinlagern in die Datenbank ist nur möglich, wenn die Sicht änderbar ist.

Archivtabellen müssen sich *intern* nicht auf die durch die zugehörige Datenbanktabelle vorgegebene Struktur beschränken. In ihnen können ergänzend weitere Daten untergebracht werden, beispielsweise die Zeit der Archivierung der einzelnen Tupel (Abschnitt 4.4.3). Eine solche Information ist als zusätzliches Attribut der Tabelle abbildbar.

Es ist nun zu klären, inwieweit die Anwendungsfelder der Archivierung mit solchen Archivtabellen realisierbar sind. Wichtigster Grund der Archivierung ist die mögliche Auslagerung nichtoperativer Daten aus der Datenbank. Dies wird bereits durch Archivtabellen ermöglicht, die auf Basistabellen beruhen. Die strukturelle oder wertebedingte Verteilung von Daten auf verschiedene Archivtabellen wird ebenso wie Aggregierung und Zusammenfassen von Daten verschiedener Tabellen durch die Archivierung von Sichten unterstützt.

Die Archivierung nichtoperativer Daten unter Abtrennung von Informationen, die unwichtig sind oder die langfristig nicht gespeichert werden dürfen, ist durch das Auslagern von Projektionen von Basistabellen erreichbar. Unter rein strukturellen Erwägungen könnten projizierte Basistabellen auf entsprechend definierte Sichten zurückgeführt werden. Solche Sichten verhielten sich bezüglich des Wiedereinlagerns von Daten aus dem Archiv nicht schlechter als Projektionen. Die noch zu diskutierende Zuordnung von Integritätsbedingungen zu archivierten Basistabellen (Abschnitt 5.2) erfordert jedoch eine Trennung. Für Sichten der Datenbank sind insbesondere keine Integritätsbedingungen definierbar. Entsprechendes gilt gemäß dem Relevanzgedanken auch für Archivtabellen, die auf diesen Sichten basieren. Archivtabellen, denen eine Projektion einer Basistabelle zugrundeliegt, die über eine Sicht realisiert wurde, könnten so nicht in die Integritätssicherung einbezogen werden. Daher sollen Archivtabellen auch direkt auf projizierten Basistabellen beruhen können. Die Zuordnung von Integritätsbedingungen zu solchen Archivtabellen ist dann möglich.

Eine Archivtabelle kann somit auf einer Basistabelle, einer projizierten Basistabelle oder einer Sicht basieren. Im Unterschied zu Basistabellen lassen sich Sichten also nur komplett archivieren. Die Definition des α-Operators (4.2) zum Erzeugen eines Archivschemas (Abschnitt 4.2.2) muß nun entsprechend dieser Möglichkeiten erweitert werden. Die Menge S' der zu übernehmenden Relationsschemata wird aus dem Datenbankschema S und der Menge der virtuellen Relationsschemata S^v ausgewählt, es gilt also $S' \subseteq S \cup S^v$. Für ein Archivrelationsschema gilt weiterhin $R_i^A = \alpha(R_i)$, mit folgender erweiterten Definition des α-Operators:

$$\alpha(R_i) := \begin{cases} R_i(X_i) & \text{für } R_i \in S' \land R_i \in S \land \emptyset \subset X_i \subseteq R_i \\ R_i & \text{für } R_i \in S' \land R_i \in S^v \\ \text{nicht definiert} & \text{sonst} \end{cases} \qquad (4.3)$$

Die hier vorgestellte Art der Definition von Archivtabellen erfüllt auch die Anforderung des homogenen Zugriffs auf Archivdaten. Datenbank- und zugeordnete Archivtabelle verfügen nämlich über den gleichen Namen.

Bisher wurde das Erzeugen von Archivtabellen ausschließlich anhand von Datenbanktabellen diskutiert. Wird die Datenbank um Archive erweitert, könnten Archivtabellen auch auf relationalen Ausdrücken beruhen, die andere Archivtabellen einschließen. Aus der Unabhängigkeit verschiedener Archive einer Datenbank untereinander ergibt sich zunächst, daß eine Archivtabelle nicht auf Tabellen anderer Archive beruhen kann. Für Tabellen des gleichen Archivs gilt eine solche Einschränkung nicht grundsätzlich. So könnte es durchaus sinnvoll sein, den Inhalt von Archivtabellen im Rahmen einer Sichtdefinition als Referenz zu verwenden, um Datenbankdaten zur Archivierung auszuwählen oder um bereits archivierte Daten zusammen mit Datenbankdaten in einer anderen Archivtabelle abzulegen. Die weiter oben gemachte Aussage zur Definition von Archivtabellen wird daher dahingehend präzisiert, daß Basistabellen der Datenbank und Sichten der Datenbank, die ausschließlich auf Basistabellen der Datenbank und auf Archivtabellen des gleichen Archivs beruhen, die einzigen Objekte sind, zu denen eine Archivtabelle definierbar ist.

4.3.2 Aus- und Einlagern von Daten

Operationen zum Aus- und Einlagern betreffen sowohl Datenbank- als auch Archivdaten und beziehen sich auf eine zwischen Datenbank- und Archivtabelle definierte Zuordnung. Das Auslagern bezeichnet das eigentliche Archivieren, bei dem Daten einer Datenbanktabelle einer mit ihr verbundenen Archivtabelle hinzugefügt werden. Unterstützte Varianten sind das verschiebende Auslagern ($archive^m$), das kopierende Auslagern ($archive^c$) und das Auslagern von alten Zuständen geänderter Daten ($archive^u$).[1]

Das verschiebende Auslagern zielt auf die Grundidee der Archivierung ab. Daten, die in der Datenbank nicht mehr benötigt werden, also nicht mehr operativ sind, lassen sich in ein Archiv auslagern, um sie dort aufzubewahren. Die Operation setzt sich aus dem Einfügen der Daten in ein Archiv und dem Löschen der Daten aus der Datenbank zusammen. Durch das Löschen erfolgt die Bereinigung und Entlastung der Datenbank. Die Initiative für das verschiebende Auslagern liegt auf seiten der Datenbank. Eine Anwendung auf nicht änderbare Sichten ist wegen des Löschvorgangs nicht möglich.

Beim kopierenden Auslagern bleiben die Daten in der Datenbank, sie werden dort also potentiell noch gebraucht. Die Daten werden nur in das Archiv eingefügt, jedoch nicht aus der Datenbank gelöscht. Ein kopierendes Archivieren ist erforderlich, wenn operative Daten in einem Archiv zur Befriedigung von Integritätsbedingungen oder zur Vervollständigung von Datenbeständen benötigt werden. Dies fördert die Eigenständigkeit des Archivs, d. h. daß Auswertungen auf dem Archiv unabhängig von der Datenbank erfolgen können. Die Initiative liegt hier auf seiten des Archivs.

Beim Auslagern von alten Zuständen geänderter Daten findet auch ein Kopieren statt. Im Unterschied zum kopierenden Auslagern wird nicht der aktuelle Zustand, sondern der Vorzustand einer Änderung (*before image*) ins Archiv eingefügt. Die eigentliche Änderung wird erst durchgeführt, nachdem die Daten kopierend ausgelagert wurden. Eine Entlastung der Datenbank erfolgt nicht, hingegen ist die Aufzeichnung der Entwicklung von Daten möglich. Diese Form des Archivierens läßt sich konzeptuell auch auf andere Weise beschreiben. Das Ändern eines Tupels kann man nämlich auf das Einfügen des geänderten Tupels und das Löschen des ursprünglichen Tupels zurückführen. Anstelle den Vorzustand des Tupels nur zu löschen, wird dieser verschiebend ausgelagert, also ins Archiv eingefügt und aus der Datenbank gelöscht. Die Beschreibung mit Hilfe des kopierenden Auslagerns

---

[1]Die hochgestellten Indizes m, c und u stehen hier und im folgenden für move, copy und update.

Tabelle 4.2: Lokale Operationen beim Aus- und Einlagern

Operation	lokale Operationen	
	Datenbank	Archiv
archive^m	delete	insert^A
archive^c	–	insert^A
archive^u	update	insert^A
restore^m	insert	delete^A
restore^c	insert	–

wird allerdings bevorzugt, da man mit dem verschiebenden Auslagern eine Entlastung der
Datenbank assoziieren würde, die bezogen auf das Resultat der gesamten Operation nicht
stattfindet. In jedem Fall ist diese Archivierungsoperation bei nicht änderbaren Sichten
nicht möglich.

Werden Archivdaten operativ, also von Datenbankanwendungen benötigt, müssen sie aus
dem Archiv geholt und in die Datenbank eingefügt werden. Dieser Prozeß wird als Einlagern
bezeichnet. Unterscheidbar sind das verschiebende Einlagern (restore^m) und das kopierende
Einlagern (restore^c). Beim verschiebenden Einlagern werden die entsprechenden Daten aus
dem Archiv entfernt, während das kopierende Einlagern einmal archivierte Daten und ihre
Zusammenhänge im Archiv erhält. Ein Einlagern von Daten in die Datenbanktabelle ist
nur für Basistabellen und änderbare Sichten möglich.

In Tabelle 4.2 sind die Operationen zum Aus- und Einlagern zusammengefaßt. Es ist jeweils angegeben, welche Operationen lokal bezogen auf Datenbank und Archiv auszuführen
sind. Dazu zählen das Einfügen (insert), Löschen (delete) und Ändern (update) auf Datenbankseite, sowie das Einfügen (insert^A) und Löschen (delete^A) auf Archivseite.

Die beschriebenen Operationen zum Aus- und Einlagern bezogen sich jeweils auf eine einzelne Archivtabelle. Darüber hinaus wird die Berücksichtigung referentieller Beziehungen
zwischen Archivdaten unterstützt. Bei einer Fremdschlüsselbeziehung zwischen zwei Tabellen kann die referenzierende (abhängige) und referenzierte Tabelle unterschieden werden.
Der Fremdschlüssel gehört zur referenzierenden Tabelle (Abschnitt 5.1.3.3). Ein Tupel der
referenzierenden Tabelle *referenziert* ein Tupel der referenzierten Tabelle und ist von diesem (existentiell) *abhängig*. Ausgehend von einem Tupel einer referenzierten Tabelle lassen
sich die abhängigen Tupel bestimmen. Umgekehrt kann von einem Tupel einer referenzierenden Tabelle das referenzierte Tupel bestimmt werden. Wird dieses Vorgehen, soweit
Fremdschlüsselbeziehungen vorhanden sind, in die eine oder andere Richtung fortgesetzt,
dann werden auch die *transitiv* abhängigen oder referenzierten Tupel ermittelt. Damit ist
es möglich, von einem Tupel bzw. einer Menge von Tupeln einer Tabelle transitiv abhängige
oder referenzierte Datenbank- oder Archivdaten in ein und derselben Operation ebenfalls zu
erfassen. Voraussetzung hierfür ist, daß die entsprechenden Tabellen und Fremdschlüsselbedingungen im Archiv definiert sind. Zu beachten ist insbesondere die Transitivität, durch
die die mit einem Tupel zusammenhängenden Daten verschiedener Tabellen gewissermaßen
in einem Schritt behandelt werden können. Eine Operation kann also kaskadierend abhängige Tupel (*cascade*) und referenzierte Tupel (*with references*) erfassen.[2] Die genannten

---

[2]Die beiden Optionen werden im folgenden über die tiefgestellten Indizes c und wr für cascade und with
references dargestellt.

Möglichkeiten sind nur für archivierte Basistabellen von Bedeutung, da zwischen Sichten keine Fremdschlüsselbeziehungen bestehen können.

Beim Auslagern von Tupeln einer Datenbanktabelle in eine Archivtabelle werden im kaskadierenden Fall alle transitiv abhängigen Datenbankdaten ebenfalls ermittelt und auf diese die Archivierungsoperation angewendet. Berücksichtigt werden dabei allerdings nur Daten, die über Fremdschlüsselbeziehungen der Datenbank erreichbar sind, die auch im Archiv vorhanden sind. Das kaskadierende verschiebende Auslagern (archive_c^m) verschiebt entsprechend auch die abhängigen Daten. Bei den kaskadierenden Varianten des kopierenden Auslagerns (archive_c^c) und des Auslagerns des Vorzustands (archive_c^u) erfolgt ein Kopieren der abhängigen Tupel in die zugehörigen Archivtabellen. Beim kopierenden Auslagern entsprechen die zusätzlich angestoßenen Operationen der initiierten Operation, während sich beim Auslagern des Vorzustands natürlich nur der eigentliche Auslagerungsvorgang, also das Kopieren und nicht das Ändern, auf die abhängigen Daten überträgt.

Um ausgehend von abhängigen Tupeln auslagern zu können, werden die von diesen transitiv referenzierten Daten ermittelt und in das Archiv kopiert. Dieses Vorgehen ist insbesondere unabhängig davon, ob die initiierte Operation verschiebend (archive_{wr}^m), kopierend (archive_{wr}^c) oder alte Zustände (archive_{wr}^u) archiviert. Im Unterschied zum kaskadierenden Auslagern ist hier grundsätzlich kein Verschieben referenzierter Tupel möglich. Diese werden eventuell noch von anderen, nicht auszulagernden Tupeln referenziert, so daß sich ein Löschen verbietet. Die Option des referenzierenden Auslagerns dient vor allem der Erfüllung im Archiv definierter Integritätsbedingungen. Die Menge der referenzierten Daten wird über die Fremdschlüsselbeziehungen der Datenbank und des Archivs ermittelt. Im Archiv muß also jeweils eine korrespondierende Fremdschlüsselbedingung definiert sein, damit sich referenzierte Daten der Datenbank qualifizieren.

Gemeinsam ist dem kaskadierenden und dem referenzierenden Auslagern, daß zumindest konzeptuell zunächst die Menge aller auszulagernder Daten ermittelt wird, bevor tatsächlich das Einfügen der Daten in das Archiv erfolgt. Es ist auch möglich, beide Optionen in einer Operation (archive_{c+wr}^m, archive_{c+wr}^c, archive_{c+wr}^u) zu nutzen. In diesen Fällen wird zunächst für die Tabelle, auf der die Operation initiiert wurde, die Menge auszulagernder Tupel bestimmt. Davon ausgehend erfolgt die Ermittlung der transitiv abhängigen Daten. Bezüglich der Ursprungs- und abhängigen Daten werden schließlich die transitiv referenzierten Daten ermittelt. Von der Möglichkeit die transitive Hülle zu berücksichtigen wird abgesehen, da der Nutzen zu gering erscheint und es aufgrund der Komplexität für den Anwender sehr schwer ist, die Folgen einer solchen Operation abzuschätzen. Durch sinnvolle Kombination der vorgestellten Varianten mit dem richtigen Einstiegspunkt können zusammenhängende Daten relativ einfach auch im Rahmen der Auslagerung zusammengehalten werden.

Abbildung 4.3 illustriert die Konzepte des kaskadierenden und referenzierenden Auslagerns anhand von fünf Datenbanktabellen. Für diese sind die entsprechenden Archivtabellen definiert, auch die durch Pfeile angedeuteten Fremdschlüsselbeziehungen existieren im Archiv. Neben der auf der Datenbanktabelle C initiierten Auslagerungsoperation ist bei den betroffenen anderen Tabellen die jeweils logisch auszuführende Folgeoperation aufgeführt. Wird nun eine Variante des Auslagerns kaskadierend auf der Tabelle C initiiert (Abbildung 4.3(a)), dann werden auch abhängige Tupel der Tabelle D ausgelagert, im verschiebenden Fall verschiebend, sonst kopierend. Bei der Operation des referenzierenden

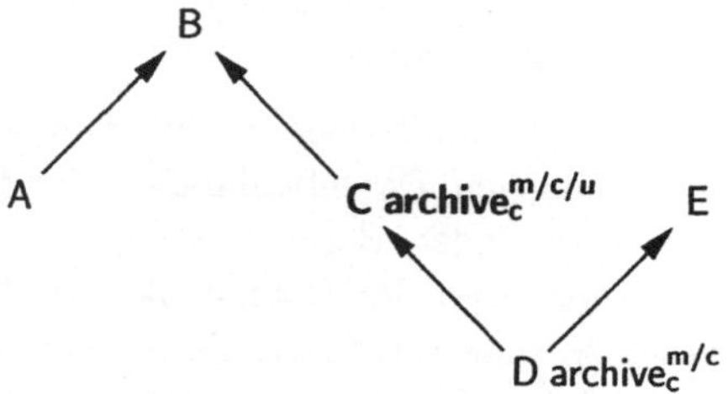

(a) $archive_c^m$, $archive_c^c$ oder $archive_c^u$

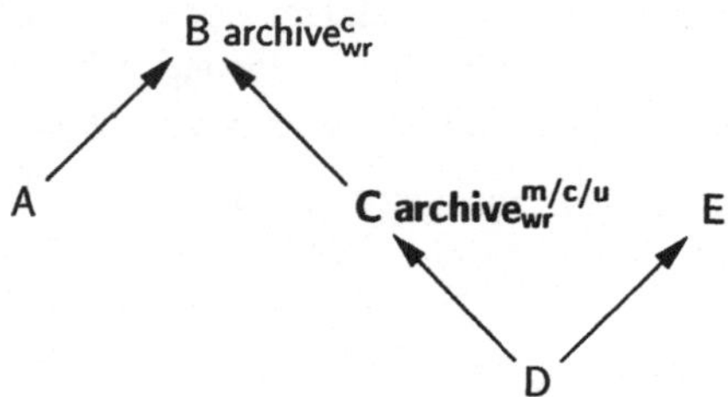

(b) $archive_{wr}^m$, $archive_{wr}^c$ oder $archive_{wr}^u$

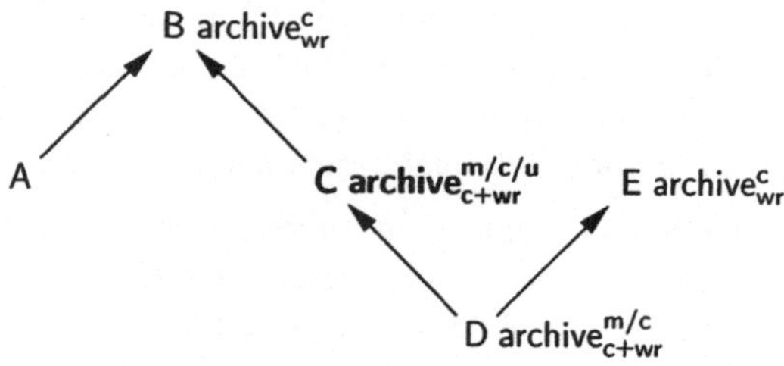

(c) $archive_{c+wr}^m$, $archive_{c+wr}^c$ oder $archive_{c+wr}^u$

Abbildung 4.3: Kaskadierendes und referenzierendes Auslagern

Auslagerns auf der Tabelle C (Abbildung 4.3(b)) folgt bei jeder Variante das kopierende Auslagern der referenzierten Tupel von Tabelle B. Die Nutzung beider Optionen beim Auslagern der Tabelle C (Abbildung 4.3(c)) führt zur Ermittlung zunächst der abhängigen Tupel in Tabelle D, dann der referenzierten Tupel in den Tabellen B und E. Tupel der Tabelle A sind beim Auslagern ausgehend von Tabelle C nicht betroffen, da abhängige Tabellen stets vor den referenzierten zur Auswertung kommen.

Analog wird beim Einlagern vorgegangen. Ohne Angabe der Optionen werden nur die spezifizierten Tupel einer Archivtabelle in die Datenbank eingelagert. In den kaskadierenden Fällen ($restore_c^m$, $restore_c^c$) wird die jeweilige Operation auch auf die transitiv abhängigen Archivdaten angewendet. Das referenzierende Einlagern ($restore_{wr}^m$, $restore_{wr}^c$) ermittelt die transitiv referenzierten Archivdaten und kopiert sie in die entsprechenden Datenbanktabellen. Auch die Kombination beider Optionen ist wieder möglich ($restore_{c+wr}^m$, $restore_{c+wr}^c$).

4.3.3 Einfügen und Löschen von Archivdaten

Daten können auch direkt in ein Archiv eingefügt werden, also ohne daß ein Auslagern aus der Datenbank stattfinden muß. Das ist sinnvoll, wenn in der Anwendungswelt Daten anfallen, die im Datenbanksystem verwaltet werden sollen, jedoch nicht zur sofortigen Verarbeitung anstehen. Als Beispiel seien Meßdaten aus dem technisch-wissenschaftlichen Bereich genannt. Es lassen sich zwei Möglichkeiten beim Einfügen unterscheiden, zum einen das Einfügen virtuell über die Datenbank ($insert^{A,v}$), zum anderen das Einfügen ohne Umweg über die Datenbank ($insert^{A}$).

Das Einfügen kann virtuell über die der Archivtabelle zugeordnete Datenbanktabelle erfolgen. Letztere muß eine Basistabelle oder änderbare Sicht sein, so daß ein Einfügen prinzipiell möglich ist. Die einzufügenden Daten werden gegebenenfalls, wenn vom Schema gefordert, um Defaultwerte ergänzt und insbesondere alle betroffenen Integritätsbedingungen der Datenbank geprüft. Solche Archivdaten stammen dann zwar nicht wirklich aus der Datenbank, hätten aber aus dieser hervorgehen können. Das Einfügen virtuell über die Datenbank erfüllt damit die Forderung nach Datenbankrelevanz. Beim Einfügen ohne Umweg über die Datenbank hat die Datenbank keine Bedeutung, einzufügende Daten müssen nur die Bedingungen des Archivs erfüllen. Diese Operation ist dann von Nutzen, wenn durch die einzufügenden Daten nicht unbedingt alle Integritätsbedingungen der Datenbank erfüllbar sind oder wenn Daten in eine archivierte, nicht änderbare Sicht eingefügt werden sollen. Darüber hinaus kann man bei den Varianten des Auslagerns die lokalen Operationen der Archivseite (Tabelle 4.2) jeweils auf diese Art des Einfügens zurückführen.

Potentiell können Archivdaten sehr lange existieren, eine Möglichkeit des Löschens ist jedoch auch für sie vorgesehen ($delete^{A}$). Auslöser für das Entfernen archivierter Daten können neben dem Überschreiten einer zu gewährleistenden Aufbewahrungsfrist auch Datenschutzgründe oder Maßnahmen zur Behandlung fehlerhafter Daten sein. Beim verschiebenden Einlagern entspricht die lokale Operation auf Archivseite dem Löschen (Tabelle 4.2). Im Gegensatz zum Löschen aus der Datenbank wird hier bei der Datenauswahl in der Regel die Archivierungszeit eine große Rolle spielen (Abschnitt 4.4.3).

Wie beim Aus- und Einlagern können auch bei den Operationen des Einfügens und Löschens Tupel anderer Tabellen einbezogen werden. Das virtuelle Einfügen über die Datenbank kann referenzierte Daten berücksichtigen ($insert^{A,v}_{wr}$). Von den eingefügten Daten beim Umweg über die Datenbank transitiv referenzierte Datenbankdaten werden dabei in das Archiv kopiert. Das Löschen von Archivdaten ist kaskadierend möglich ($delete^{A}_{c}$), dabei ermittelte transitiv abhängige Daten werden mitgelöscht.

4.3.4 Anfragen an Archive

Anfragen an Archive sollen direkt möglich sein ($select^{A}$). Wesentlich hierbei ist nach Abschnitt 4.1 der homogene Zugriff auf die Archivdaten. Unter Angabe eines Archivs soll man auf Archivtabellen wie auf die korrespondierenden Datenbanktabellen zugreifen können. Der Zugriff ist insbesondere nicht transparent, da ein Archiv explizit anzugeben ist, aber homogen, da für die Archivtabelle der gleiche Name wie für die zugeordnete Datenbanktabelle verwendet wird.

Neben Anfragen, die nur lokal auf einem Archiv Auswertungen durchführen, sollen auch solche unterstützt werden, die mehrere Archive und insbesondere auch Archive und Datenbank gemeinsam betreffen. Diese Flexibilität ist aus Anwendersicht durchaus wünschenswert, es besteht aber gerade bei Datenbank und Archiv verknüpfenden Anfragen die Gefahr, daß operative Daten durch die potentiell schlechteren Antwortzeiten beim Archivzugriff (Tertiärspeicher, mehr Daten) zu lange blockiert werden. Eine Implementierung solcher Funktionalität muß daher durch adäquate Optimierungskonzepte begleitet werden.

Bei der Verwendung von Archivtabellen in Anfragen spielen Zeitfragen eine herausgehobene Rolle (Abschnitt 4.4). Dazu gehören die Berücksichtigung verschiedener Versionen des Schemas der Archivtabelle und die Archivierungszeit der Archivdaten. Die Funktionalität muß daher Möglichkeiten bereitstellen, die Archivierungszeit eines Tupels und Tupel bezüglich eines Zeitpunkts oder Zeitraums zu ermitteln. Dabei muß auch der versionsübergreifende Zugriff auf Archivtabellen sichergestellt werden.

4.3.5 Regelbasierte Archivierung

Anwender können mit den vorgestellten Datenmodifikationsoperationen des Aus- und Einlagerns, Einfügens und Löschens Daten explizit auf Datenbank und Archive verteilen. Daneben ist auch eine regelbasierte Archivierung vorgesehen. Bei der Datendefinition spezifizierbare Regeln sollen es dem Datenbanksystem ermöglichen, aufgrund bestimmter von ihm erkennbarer Ereignisse Archivfunktionen auszulösen. Gedacht ist dabei nicht an die Verwendung allgemeiner Regelmechanismen aktiver Datenbanksysteme, sondern an die Bereitstellung eines einfachen Regelkonzepts, das den spezifischen Anforderungen der Archivierung gerecht wird.

Aktive Datenbanksysteme sind in der Lage, selbständig bestimmte Situationen in einer Datenbank zu erkennen und darauf zu reagieren [DG96]. Sie verwenden ECA-Regeln zur Spezifikation dieses Verhaltens, in der Aktionskomponente können Steueranweisungen der prozeduralen Programmierung vorkommen. Beispielsweise unterstützt SQL im Rahmen der Integritätssicherung bereits eine Reihe aktiver Konzepte, nicht jedoch derart allgemeine Mechanismen. Aktives Verhalten wird dabei vielmehr deskriptiv, also über spezialisierte sprachliche Mittel, ermöglicht. In viele auf SQL basierende Datenbanksysteme haben jedoch mit Triggern bereits allgemeinere, prozedurale Regelkonzepte Einzug gehalten [LSK97]. Diese sollen hier allerdings keine Rolle spielen.

Zunächst muß diskutiert werden, in welchen Situationen Regeln zur Archivierung nützlich sein könnten. Zur Illustration sollen einige Beispiele dienen:

- Eine Archivtabelle soll die Geschichte einer Datenbanktabelle enthalten und dazu von Anwendungen gelöschte Tupel und die alten Zustände geänderter Tupel aufnehmen. Ausgelöst wird eine solche Regel durch Operationen auf der Datenbank, auf Archivseite muß entschieden werden, ob die entsprechenden Tupel in die Archivtabelle aufzunehmen sind.

- Tupel der Datenbank sollen aufgrund zeitlicher Eigenschaften archiviert werden (Abschnitt 4.4.4). Definiert werden muß eine solche Regel bezüglich der Datenbanktabelle, auf seiten der verschiedenen Archive muß darüber entschieden werden, ob die genannten Daten in die jeweilige Archivtabelle aufgenommen werden.

- In einer Archivtabelle sollen an jedem Quartalsende alle relevanten Daten dieses Quartals vorhanden sein, um bestimmte Archivauswertungen zu ermöglichen. Diese zeitbezogene Regel ist für eine Archivtabelle definiert und muß eventuell noch nicht vorhandene Daten aus der Datenbank holen. Die Datenbankdaten sind dabei nicht zu löschen, sondern zu kopieren, um die Autonomie der Datenbank zu gewährleisten.

- Daten einer Archivtabelle können nach Ende der Aufbewahrungsfrist gelöscht werden. Eine solche zeitbezogene Regel betrifft nur die Archivtabelle.

Die Beispiele deuten bereits an, daß Regeln für das Auslagern von Daten aus der Datenbank und beim Löschen von Archivdaten interessant sind. Die Bedeutung für das Einlagern von Archivdaten in die Datenbank oder für das Einfügen von Daten in eine Archivtabelle (also ohne Umweg über die Datenbank) ist dagegen offenbar gering. Folgende Regelarten sollen also unterstützt werden:

1. Die Archivierung gelöschter oder geänderter Datenbankdaten (*history rule*).

2. Das zeitbezogene verschiebende Auslagern von Datenbankdaten (*move rule*).

3. Das zeitbezogene kopierende Auslagern von Datenbankdaten (*copy rule*).

4. Das zeitbezogene Löschen von Archivdaten (*delete rule*).

Tabelle 4.3 klassifiziert diese Regelarten nach verschiedenen Gesichtspunkten. Die Initiative zur Regelausführung (Ereignisort) liegt in den beiden ersten Fällen auf seiten der Datenbank, sonst beim Archiv. Wird eine Regel in einem Archiv ausgelöst, ist nur dieses Archiv betroffen, da Archive voneinander unabhängig sind (Abbildung 4.1, Seite 71). Von Ereignissen in der Datenbank können dagegen durchaus mehrere Archive betroffen sein. Regeln der zweiten Art löschen Datenbankdaten, alle anderen verändern nur Archivdaten. Man beachte, daß die erste Regelart nicht zur Veränderung von Datenbankdaten führt, sondern durch diese erst ausgelöst wird.

Die Regeln zur Archivierung können auf entsprechende, explizit anwendbare Operationen zurückgeführt werden. Im Falle der ersten Regelart sind es das verschiebende Auslagern, falls das Ereignis eine Löschoperation ist, und das Auslagern alter Zustände geänderter Daten, falls das Ereignis eine Änderungsoperation ist. Regeln der zweiten Art entsprechen dem verschiebenden Auslagern, die dritte Regelart dem kopierenden Auslagern. Die letzte Art basiert auf dem Löschen von Archivdaten. Bei allen Regelarten sind wie bei ihren korrespondierenden expliziten Operationen kaskadierende bzw. referenzierende Varianten möglich.

Die Unterstützung der regelbasierten Archivierung muß vor allem die Autonomie der Datenbank beachten. Nur auf Datenbankseite kann also darüber entschieden werden, welche Daten die Datenbank verlassen dürfen. Für die Datenbank ist dagegen uninteressant, in welche Archive diese Daten aufgenommen werden. Einer Datenbank können mehrere Archive zugeordnet sein, für jedes dieser Archive muß einzeln über die benötigten Daten entschieden werden. Auf seiten eines Archivs soll dagegen nicht über den Datenbestand der Datenbank oder anderer Archive entschieden werden.

Aus der Argumentation folgt, daß das Hinzufügen und Löschen von Archivdaten nicht durch Regeln erfolgen sollte, die der Datenbank zugeordnet sind. Durch Regeln, die für einzelne Archive definiert sind, soll aber auch nicht die Datenbank verändert werden. Pro-

Tabelle 4.3: Klassifikation regelbasierter Archivierung

Art	Ereignisort	Ereignisart	Datenbankaktion	Archivaktion	Archive
(1)	Datenbank	delete, update	–	insert[A]	n
(2)	Datenbank	Zeit	delete	insert[A]	n
(3)	Archiv	Zeit	–	insert[A]	1
(4)	Archiv	Zeit	–	delete[A]	1

blematisch ist das vor allem für die zweite Regelart, bei der sowohl Datenbank- als auch
Archivdaten verändert werden. Die Verantwortung wird daher verteilt; zu einer Regel können mehrere Teile gehören, wenn sowohl Datenbank als auch (mehrere) Archive betroffen
sind (Fälle 1 und 2). Durch den Datenbankteil kann darüber entschieden werden, welche
Daten die Datenbank verlassen dürfen, Regelteile in den verschiedenen Archiven legen fest,
welche Daten in das Archiv gehören.

Verteilte Regeln dieser Art folgen dem Ereignis-Abonnent-Prinzip, auch als *push rule* bezeichnet, da die Übergabe von Daten an (mehrere) Archive durch die Datenbank ausgelöst
wird. Sie sind für die beiden ersten Regelarten interessant; in den verschiedenen Archiven
kann unabhängig voneinander entschieden werden, ob auf ein auf der Datenbank ausgelö-
stes Ereignis zu reagieren ist, ob der entsprechende Ereignistyp „abonniert" ist. Die beiden
anderen Regelarten sind dagegen auf ein einzelnes Archiv beschränkt, eine Verteilung ist
hier nicht sinnvoll. Regelart 3 kann man als *pull rule* bezeichnen, da durch das Archiv eine
Abfrage von Datenbankdaten initiiert wird.

Die erste der obigen Regelarten wird durch Ausführen einer Lösch- bzw. Änderungsoperation auf einer Datenbanktabelle ausgelöst. Wenn die entsprechende Archivtabelle eines
Archivs gelöschte oder geänderte Daten aufnehmen soll, ist das durch eine Angabe bei
der Definition dieser Tabelle kenntlich zu machen. Die anderen Regelarten initiieren ihre
Aktionen automatisch, wenn ein Zeitereignis eintritt. Beim zeitbezogenen Auslagern von
Daten aus der Datenbank nach der zweiten Regelart ist das Zeitereignis auf Datenbankseite spezifiziert. Auf dieser wird einfach eine Löschoperation ausgelöst. In welche Archive
die auszulagernden Daten aufgenommen werden, muß dagegen wieder bei Definition der
Archivtabellen angegeben werden. Eine dort definierte Regel bezieht sich auf die Datenbankregel. Bei den beiden letzten Fällen ist das Zeitereignis der Archivseite zugehörig. Die
dritte Regelart resultiert in einem kopierenden Auslagern von Daten aus der Datenbank.
Die Datenbank ist davon nicht betroffen, die zu definierende Regel ist Teil der Definition der entsprechenden Archivtabelle. Das zeitbezogene Löschen von Archivdaten nach
der vierten Regelart beschränkt sich ebenfalls auf eine Archivtabelle und kann bei deren
Definition spezifiziert werden.

4.4   Zeitaspekte der Archivierung

Archive dienen der langfristigen Aufbewahrung von Daten. Vor diesem Hintergrund und
der Beziehung zwischen Datenbanken und Archiven werden im folgenden Zeitaspekte der
Archivierung untersucht. Ein wichtiger Gesichtspunkt der Archivierung ist der Erhalt des
Zugriffs auf alle archivierten Daten über lange Zeiträume. Fragen der Veränderung von Da-

tenbankschemata (Abschnitt 4.4.1) und der Lebenszeit von Datenbanken (Abschnitt 4.4.2)
spielen deshalb eine größere Rolle als beim konventionellen Datenbankbetrieb. Darüber
hinaus hat Zeit eine Bedeutung auf Ebene der archivierten Daten (Abschnitt 4.4.3) und
demzufolge für die Archivierungsfunktionalität (Abschnitt 4.4.4). Die grundlegenden zeitlichen Eigenschaften von Archiven werden schließlich in einem temporalen Datenmodell
zusammengefaßt (Abschnitt 4.4.5).

4.4.1 Schemaänderungen

Ein Datenbankschema umfaßt alle in einer Datenbank definierten Objekte wie z. B. Tabellen und Integritätsbedingungen. Datenbankschemata bleiben nach ihrer initialen Definition
in der Regel nicht stabil, sondern müssen im Laufe der Zeit veränderten Anforderungen angepaßt werden. Solche Schemaänderungen können zu Folgeänderungen in den Anwendungen, zu Datenverlusten und zu Problemen beim Zugriff auf ältere Daten führen. Aktuelle
Arbeiten, die sich mit solchen Fragen beschäftigen, wurden unter anderem durch die Forschung auf dem Gebiet temporaler Datenbanksysteme motiviert [RS95, CGS97]. Hier sind
verlustfreie Schemaänderungen und der Erhalt des Zugriffs auf Daten früherer Schemata
von besonderer Bedeutung. Relationale Datenbanken und ihre konkrete Umsetzung in SQL
haben im Gegensatz zu temporalen eine Zustandssemantik (*Snapshot*-Datenbanken); sie
enthalten nur aktuelle Daten, die sich wiederum auf ein aktuell gültiges Datenbankschema
beziehen. Bei Veränderungen des Datenbankschemas braucht daher das alte Schema nicht
aufgehoben zu werden, vorhandene Daten werden an das neue Schema angepaßt.

Für Archive ist das ungenügend. Archivdaten sollen lange aufbewahrt werden, müssen also möglicherweise viele Schemaänderungen überstehen. Der lesende Zugriff ist dabei zu
erhalten. Da Archive Datenbanken ergänzen, sollen sich zu archivierende Daten auf das
jeweils aktuelle Datenbankschema beziehen. Einmal archivierte Daten sollen jedoch nicht
mehr verändert werden, ein Datenverlust ist nicht tolerierbar. Aus diesen in Abschnitt 4.1
formulierten Forderungen nach langfristiger Nutzung, Datenbankrelevanz und Authentizität von Archivdaten folgt, daß die Zustandssemantik von Datenbankschemata nicht auf
Archivschemata übertragen werden kann. Während Datenbankschema und aktuelles Archivschema zueinander korrespondieren müssen, dürfen archivierte Daten nicht an neue
Schemata angepaßt werden. Die Archivierung führt daher ein *Versionierungskonzept für
Archivschemata* ein. Dies wird ausführlich in Kapitel 5 behandelt. Ein Archivschema enthält dann die Historie der Schemaänderungen der Datenbank. Als Hauptproblem erweist
sich dabei die für die Kompatibilität zur Datenbankseite erforderliche Verbindung mit der
Zustandssemantik von Datenbankschemata. Als Beispiel sei die Auflösung von Namenskonflikten genannt, die sich aus der Wiederverwendbarkeit von Namen für zuvor gelöschte
Datenbankobjekte ergeben. Derartige Fragen spielen in vorhandenen Arbeiten zur Schemaversionierung keine Rolle.

4.4.2 Abgetrennte Archive

Bei der datenbanksystem-integrierten Archivierung werden nach Abbildung 2.4(b), Seite 34
Datenbank und zugehörige Archive zusammen verwaltet, ein Datenbanksystem umfaßt
also neben dem DBMS und der obligatorischen Datenbank optional auch noch Archive.

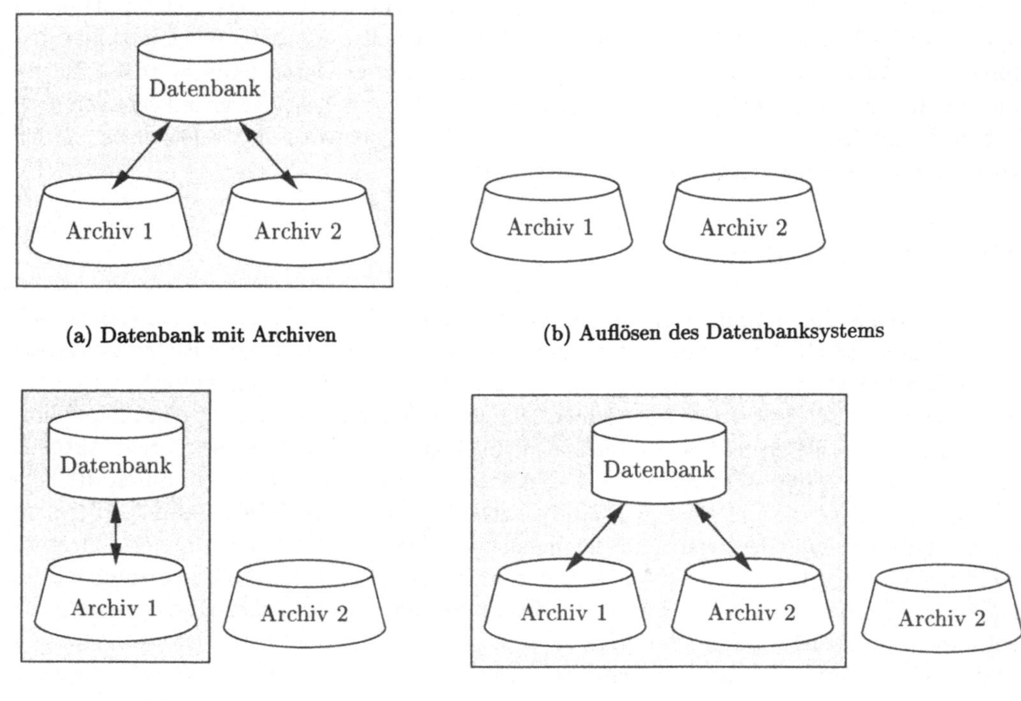

(a) Datenbank mit Archiven   (b) Auflösen des Datenbanksystems

(c) Entfernen eines Archivs   (d) Kopieren eines Archivs

Abbildung 4.4: Abgetrennte Archive

Abbildung 4.4(a) veranschaulicht den Zusammenhang zwischen Datenbank und Archiven innerhalb eines Datenbanksystems.

Ein Merkmal von Archiven ist ihre Langlebigkeit, sie kann die Nutzungszeit der Datenbank übertreffen. Wird eine Datenbank nicht mehr benutzt, ist zu entscheiden, ob sie gelöscht werden soll. Dabei ist zwischen dem Löschen aller Objekte einer Datenbank und dem Entfernen der Datenbank selbst zu unterscheiden. Das eine resultiert in einer leeren Datenbank, in der nur noch Metadaten vorhanden sind, das andere zieht die Auflösung des gesamten Datenbanksystems nach sich.[3] Die Entscheidung wird durch eventuell vorhandene Archive beeinflußt. Ein Archiv kann über das Datenbanksystem weiter genutzt werden, solange nur die Datenbankobjekte gelöscht werden, das Datenbanksystem aber erhalten bleibt. Wird jedoch auch das Datenbanksystem aufgelöst (Abbildung 4.4(b)), ein Archiv explizit aus dem Datenbanksystem entfernt (Abbildung 4.4(c)) oder herauskopiert (Abbildung 4.4(d)), geht der Archivzugriff über das Datenbanksystem verloren. Hieraus läßt sich die folgende Definition ableiten:

Ein *abgetrenntes Archiv* ist ein Archiv, das durch Auflösen des Datenbanksystems, Entfernen aus dem Datenbanksystem oder Kopieren entsteht. Es umfaßt neben den eigentlichen Archivdaten auch sämtliche für seine Nutzung erforderlichen Metadaten.

---

[3]Ein Datenbanksystem besteht aus DBMS, Datenbank und optionalen Archiven. Wird die Datenbank gelöscht und damit das Datenbanksystem aufgelöst, soll das natürlich nicht das physische Löschen des DBMS nach sich ziehen. Auch eventuell vorhandene Archive sollen in der Regel erhalten bleiben.

Zu den Metadaten gehört auch der Ausschnitt des zugrundeliegenden Datenbankschemas (Abschnitt 4.3.1), dem das Archivschema zum Zeitpunkt der Erzeugung eines abgetrennten Archivs zugeordnet ist. Es wird so möglich, diesen Teil des Datenbankschemas aus dem Archiv wiederherzustellen. Das Archivschema ist dafür nicht ausreichend, da die Rückabbildung von Archiv- auf Datenbankstrukturen nicht immer möglich ist. Bei einer Archivtabelle, die auf der Projektion einer Basistabelle basiert, kann nicht auf das Schema der unprojizierten Basistabelle geschlossen werden. Im Falle einer zugrundeliegenden Sicht ist lediglich die Struktur im Archivschema bekannt, nicht aber die Sichtdefinition der Datenbankseite. Von einer Aufbewahrung des kompletten Datenbankschemas wird abgesehen, da es für den angestrebten Archivzweck nicht von Interesse ist.

Um den Zugriff auf ein abgetrenntes Archiv wiederherzustellen, kann es in ein Datenbanksystem eingebunden werden. Daneben könnte auch die Möglichkeit geschaffen werden, auf Basis eines solchen Archivs ein neues Datenbanksystem zu erzeugen. Die Einbindung in das Ursprungssystem oder die Erzeugung eines neuen Datenbanksystems sind dabei als unproblematisch anzusehen. Das Eingliedern eines Archivs in ein anderes existierendes Datenbanksystem wirft dagegen eine Reihe interessanter Fragen auf, da die im Archiv verzeichnete Datenbankhistorie, also die aus den Metadaten des Archivs hervorgehende Historie der Schemaänderungen der Datenbank, in der Regel eine andere als die der Datenbank des neuen Datenbanksystems ist. Grund für eine solche Variante könnte die Forderung nach archivübergreifenden Auswertemöglichkeiten sein. Als sinnvoller Kompromiß ist die Möglichkeit anzusehen, Archive in Datenbanksysteme mit gleicher Datenbankhistorie einzubinden. Die Betonung der gleichen Datenbankhistorie verhindert insbesondere Widersprüche beim zeitbezogenen Archivzugriff (Abschnitt 5.6.5), der darauf angewiesen ist, daß zu jeder gegebenen Zeit der Name einer Datenbanktabelle eindeutig ist. Hieraus ergeben sich drei wesentliche Varianten für das Wiedereingliedern von Archiven in ein Datenbanksystem:

1. Bindung an das Ursprungssystem

   Das Archiv wird in das gleiche Datenbanksystem eingebunden, aus dem es einmal entfernt wurde. Die in den Metadaten des Archivs repräsentierte Datenbankhistorie (Archivhistorie) ist hier Teil der Datenbankhistorie.

2. Erzeugung eines neuen Datenbanksystems

   Beim Anlegen einer neuen (leeren) Datenbank wird das Archiv in das entstehende Datenbanksystem integriert. Die Archivhistorie wird zur Datenbankhistorie. Aus den Metadaten des Archivs kann das Datenbankschema wiederhergestellt werden, dem das Archivschema zum Zeitpunkt des Abtrennens zugeordnet war. Die manuelle Erzeugung von Datenbankstrukturen und deren explizite Zuordnung zu Archivstrukturen sind statt dessen auch möglich.

3. Bindung an ein durch ein Archiv der gleichen Datenbank erzeugtes Datenbanksystem

   Ein Archiv wird in ein nach obiger Variante erzeugtes Datenbanksystem integriert. Das ist möglich, wenn beide Archive derselben Datenbank zugeordnet waren. Die Zuordnung der Archivstrukturen zu den bereits vorhandenen Datenbankstrukturen muß explizit erfolgen. Die Historie des später eingebundenen Archivs ergänzt die Datenbankhistorie. Beim Ergänzen der Datenbankhistorie treten keine Widersprüche auf, da Strukturen verschiedener Archive, die auf dieselbe Weise aus dem gemeinsamen Datenbankschema abgebildet werden, vom Zeitpunkt ihrer Erzeugung an dieselbe Historie aufweisen. Für zwei Archive $a_1, a_2 \in \mathcal{A}$ und die Zeitpunkte t_1 und t_2 muß unter Verwendung der ζ-Funktion (4.1) folgendes gelten:[4]

$$\zeta(a_1, t_2) = \zeta(a_2, t_2) \ \wedge \ \zeta(a_1, t_2) \neq \perp \ \wedge \ t_1 \leq t_2$$
$$\implies \zeta(a_1, t_1) = \perp \ \vee \ \zeta(a_2, t_1) = \perp \ \vee \ \zeta(a_1, t_1) = \zeta(a_2, t_1) \quad (4.4)$$

Sind also zwei Archive zur gleichen Zeit einer Datenbank zugeordnet, so sind sie zu keinem früheren Zeitpunkt verschiedenen Datenbanken zugeordnet.

Abbildung 4.5 verdeutlicht das Einbinden eines Archivs in ein existierendes Datenbanksystem nach der dritten Möglichkeit. In Abbildung 4.5(a) ist zunächst der zeitliche Ablauf für die Existenz einer Datenbank und die Zuordnung zweier Archive dargestellt. Die Datenbank wurde zum Zeitpunkt t_1 erzeugt und zum Zeitpunkt t_8 gelöscht, was mit der Auflösung des Datenbanksystems einhergeht. Das Archiv 1 ist zwischen den Zeitpunkten t_2 und t_4 der Datenbank zugeordnet, in diesem Zeitraum werden Schemaänderungen der Datenbank an das Archiv propagiert. Archiv 2 wurde zum Zeitpunkt t_3 erzeugt und zum Zeitpunkt t_7 aus dem Datenbanksystem durch Entfernen abgetrennt. Im Zeitraum ihrer Zuordnung wird die Historie der Archive jeweils durch die Datenbankhistorie bestimmt.

Abbildung 4.5(b) zeigt ein neues Datenbanksystem, das aus dem Archiv 1 zum Zeitpunkt t_9 erzeugt wurde. Das Schema der neuen Datenbank entspricht dem Ausschnitt des Datenbankschemas, welcher dem Archivschema zum Zeitpunkt t_4 zugrundelag. Die sich auf diesen Teil des Schemas beziehenden Änderungen der urspünglichen Datenbank bis zum Zeitpunkt t_8 sind verloren, da sie natürlich nicht in den Metadaten zum Zeitpunkt des Abtrennens von Archiv 1 enthalten sind. Die Archivhistorie bestimmt also bis zum Zeitpunkt t_4 die Datenbankhistorie. Letztere wird allerdings nicht in den Metadaten der Datenbank 2 repräsentiert und stellt auch nur einen Teil der ursprünglichen Datenbankhistorie dar, da ein Archivschema nicht alle Datenbankstrukturen enthalten muß (Abschnitt 4.3.1). Nach dem Zeitpunkt t_9 werden die Schemaänderungen der Datenbank wieder in die zugeordneten Archive übernommen. Das Archiv 2 wird zum Zeitpunkt t_{10} in das Datenbanksystem eingebunden. Bezüglich des Zeitraums zwischen t_3 und t_7 wird die Datenbankhistorie aus der Historie von Archiv 2 ergänzt. Die umgekehrte Einbindung der Archive ist auch möglich. Das neue Datenbanksystem wird dann zum Zeitpunkt t_9 aus dem Archiv 2 erzeugt und Archiv 1 zum Zeitpunkt t_{10} eingebunden. Die Historie der neuen Datenbank 2 wird wieder aus beiden Archivhistorien gebildet. Im Unterschied zu Abbildung 4.5(b) ergibt sich das Datenbankschema aus dem für das Archivschema relevanten Schemaausschnitt der ursprünglichen Datenbank zum Zeitpunkt t_7.

Abbildung 4.5(c) verdeutlicht die Problematik beim Einbinden eines Archivs in ein Datenbanksystem, wenn die geforderte Eigenschaft (4.4) nicht erfüllt ist. Zum Zeitpunkt t_6 wird ein neues Datenbanksystem aus dem Archiv 1 erzeugt. Das Datenbankschema entspricht zu diesem Zeitpunkt dem Ausschnitt des Schemas der ursprünglichen Datenbank, welchem das Archivschema zum Zeitpunkt des Abtrennens von Archiv 1 zugeordnet war. Zum Zeitpunkt t_9 soll das Einbinden von Archiv 2 erfolgen. Dessen Archivhistorie muß die

---

[4]Das benutzte Symbol $\perp$ stehe für *nicht definiert.*

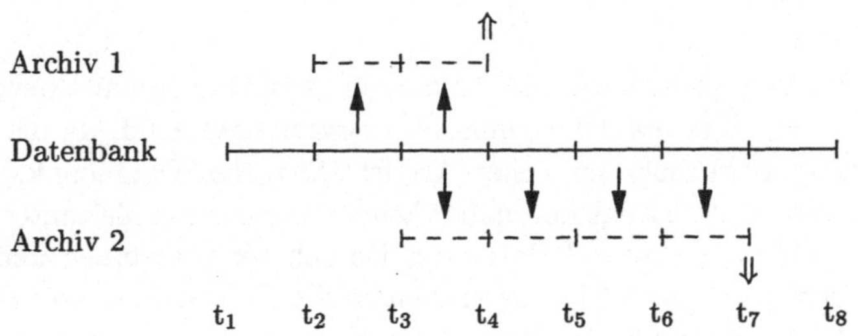

(a) Archive durch Entfernen abtrennen und Datenbank löschen

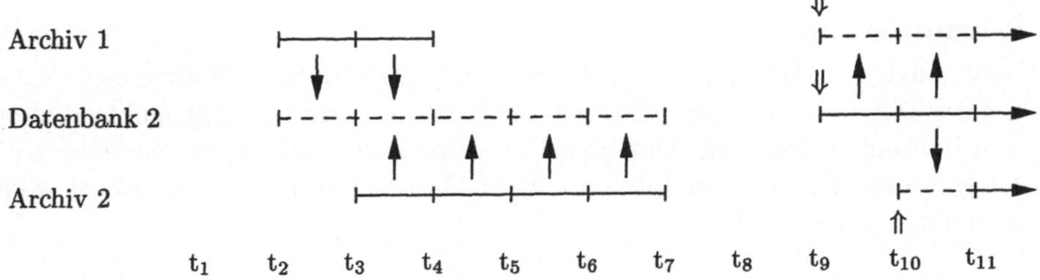

(b) Datenbank 2 aus Archiv 1 erzeugen und Archiv 2 erfolgreich einbinden

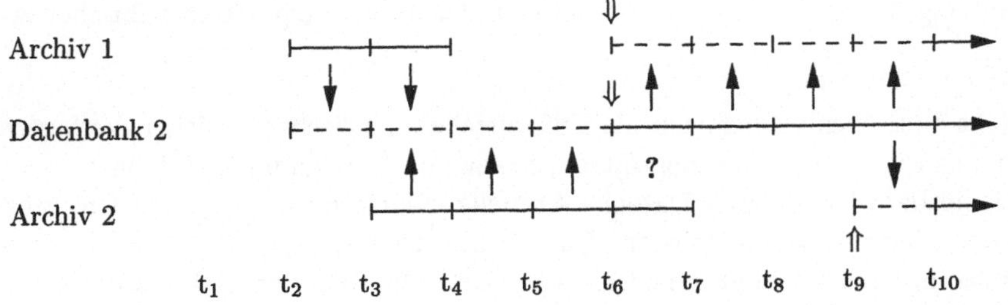

(c) Datenbank 2 aus Archiv 1 erzeugen und Archiv 2 nicht erfolgreich einbinden

Abbildung 4.5: Bindung eines Archivs an ein existierendes Datenbanksystem

bestehende Datenbankhistorie ergänzen. Unkritisch ist das Ergänzen der Historie zwischen den Zeitpunkten t_3 und t_6. Zwischen t_6 und t_7 kann es zu Konflikten kommen, da die Datenbank 2 in diesem Zeitraum bereits eine eigene Entwicklung vollzogen hat, die zumindest teilweise im Archiv 1 festgehalten ist. Der Grund dafür ist darin zu suchen, daß in diesem Zeitraum Archiv 1 schon der neuen Datenbank 2 und Archiv 2 noch der ursprünglichen Datenbank zugeordnet sind. Die Bedingung (4.4) schließt daher eine solche Möglichkeit aus.

Eine ganz andere Variante der Nutzung eines abgetrennten Archivs ist die Ausstattung des Archivs mit einem Dienstprogramm zum lesenden Zugriff. Eine derartige Laufzeitvariante könnte man als *eigenständiges Archiv* bezeichnen, da es unabhängig von einem Datenbanksystem benutzbar ist.

4.4.3 Archivdaten

Zeitaspekte spielen außer für Archivschemata und Archive insgesamt auch auf Ebene der Archivdaten eine wichtige Rolle. Dies erscheint zunächst etwas überaschend, da die dem Archiv zugrundeliegende Datenbank herkömmlicher Art ist (*Snapshot*-Datenbank), also lediglich über eine Zustandssemantik verfügt und daher keine systemseitige Zeitunterstützung bietet (Abschnitt 2.1.5). Ein Archiv soll Daten der Datenbank aufnehmen und authentisch aufbewahren. Zudem kann ein Archiv dazu dienen, die Entwicklung von Daten aufzuzeichnen (Abschnitt 4.2.3). Zumindest sollte es möglich sein, die Tatsache der Archivierung selbst über die *Archivierungszeit* festzuhalten. Das ist aus folgenden Gründen sinnvoll:

- Rekonstruierbarkeit

  Unabhängig von den Gründen der Archivierung (Inaktualität, Platzmangel, Aufzeichnen der Datenentwicklung, seltener Gebrauch usw.) wird ein Zeitpunkt erhalten, zu dem bestimmte Daten zur Datenbank gehörten und damit in der modellierten Welt gültig waren. Das ist von Interesse, wenn ihre Semantik im historischen Kontext verstanden werden soll.

- Auswahl von Archivdaten

  Archive können sehr groß werden. Eine systemunterstützte Ausweitung inhaltlicher Suchkriterien auf die Archivierungszeit ist daher sowohl aus logischen Gründen (Einschränkung durch Nutzer) als auch unter Effizienzgesichtspunkten wünschenswert.

- Mehrfacharchivierung

  Versteht man Archive nicht nur als Hilfsmittel zum zwischenzeitlichen Verlagern von Daten aus Platz- und Effizienzgründen, so kann es dazu kommen, daß durch Schlüssel identifizierbare Daten einer Datenbanktabelle mehrfach archiviert werden. Mögliche Gründe sollen hier keine Rolle spielen. Wichtig ist aber, daß damit der Datenbankschlüssel im Archiv seine Eindeutigkeit verliert. Mit Hilfe der Archivierungszeit kann dieser Mangel behoben werden.

Hierfür kann also die Aufzeichnung der Archivierungszeit dienlich sein. Beim Hinzufügen von Daten zu einer Archivtabelle wird daher der entsprechende Zeitpunkt in Form der Archivierungszeit festgehalten. Es bietet sich an, Archivtabellen für die Aufnahme dieser Zeitinformation zu erweitern. Wie die Archivierungszeit intern repräsentiert wird ist hier unerheblich. Konzeptuell soll die Archivierungszeit als implizites Attribut dargestellt werden. Damit wird betont, daß das Zeitattribut archivspezifisch zu jeder Archivtabelle gehört und nicht wie andere Attribute aus der zugeordneten Datenbanktabelle abgeleitet ist (Abschnitt 4.3.1). Abbildung 4.6 zeigt eine beliebige Archivtabelle mit dem impliziten Archivierungszeitattribut AT.

Mit der Anreicherung von Archivdaten um ihre Archivierungszeit wird das Archiven zugrundeliegende Datenmodell zum temporalen Datenmodell. Mögliche Alternativen und Implikationen für ein archivspezifisches temporales Datenmodell, unter Berücksichtigung von Varianten aus dem Bereich temporaler Datenbanken (Abschnitt 2.1.5), werden in Abschnitt 4.4.5 diskutiert.

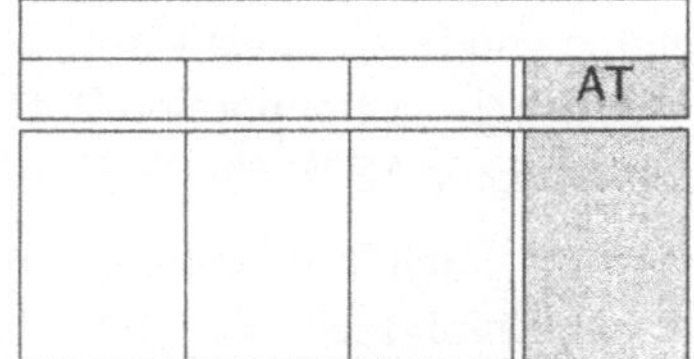

Abbildung 4.6: Archivtabelle mit impliziter Archivierungszeit

4.4.4 Archivierungsfunktionalität

Die in Abschnitt 4.3 eingeführte Archivierungsfunktionalität muß den erläuterten zeitlichen Eigenschaften von Archiven Rechnung tragen. Das gilt sowohl für die Schema- als auch die Datenebene. So ist bei der Definition einer Archivtabelle (Abschnitt 4.3.1) das implizite Attribut für die Archivierungszeit automatisch hinzuzufügen. Im Bereich der Datenmanipulation ist ein Zeitbezug im wesentlichen für das Auslagern und in Anfragen herzustellen. Wie bei Anfragen kann ein zeitbezogener Archivzugriff auch beim Einlagern und Löschen erfolgen, indem die Datenauswahl die Archivierungszeit als zusätzliches Kriterium erlaubt. Das Einfügen von Daten in ein Archiv (Abschnitt 4.3.3) ist nur insofern betroffen, als daß der Einfügezeitpunkt über die Archivierungszeit wie beim Auslagern festgehalten werden muß.

4.4.4.1 Zeitbezogenes Auslagern

Die im folgenden diskutierten Aspekte des zeitbezogenen Auslagerns von Daten aus der Datenbank beziehen sich auf tupelspezifische Eigenschaften. Dazu zählen Attribute mit zeitbezogenem Datentyp, auf temporalen Datenmodellen basierende Zeitinformation und die Zugriffsstatistik eines Tupels. Der Bezug auf solche Eigenschaften ist sowohl beim expliziten Auslagern (Abschnitt 4.3.2) als auch für die regelbasierte Archivierung (Abschnitt 4.3.5) von Bedeutung.

Die regelbasierte Archivierung soll bei zeitbezogenen Regeln die Angabe von absoluten und periodischen Zeitereignissen erlauben. Die Zeitereignisse sind als Literale zu spezifizieren und ohne Datenbankzugriff auszuwerten. So kann z. B. alle drei Monate eine Regel ausgelöst werden, die bestimmte Daten einer Tabelle auslagert. Das reicht für viele Anwendungsfälle aus, ist aber eine Einschränkung gegenüber den allgemeineren Konzepten aktiver Datenbanksysteme. Während Zeitereignisse, die sich auch auf Datenbankdaten beziehen, durchaus nützlich sind, wäre hier die Ereigniserkennung viel komplexer und soll daher nicht berücksichtigt werden. Nutzerdefinierte zeitbezogene Attribute von Datenbanktabellen können aber sowohl bei regelbasiertem als auch bei explizitem Auslagern im Rahmen von Suchbedingungen zur Datenauswahl genutzt werden.

Interessant ist das zeitbezogene Auslagern auch im Hinblick auf mögliche temporale Erweiterungen relationaler Datenbanken, wie sie bereits in Abschnitt 2.1.5 angesprochen wurden. Temporale Datenbanken und Archivierung könnten sich auf nutzbringende Weise ergänzen [Her96a]. So sind Regeln zum Auslagern denkbar, die Daten der Datenbank aufgrund ihrer Gültigkeits- oder Transaktionszeit archivieren und so z. B. die aktuell gültigen Tupel (*current*) in der Datenbank belassen, alle anderen Tupel (*history*) dagegen in ein Archiv verschieben. Eine solche Zweiteilung von temporalen Daten ist auch Gegenstand von Arbeiten, die sich mit Implementierungsaspekten temporaler Datenbanksysteme unter Nutzung einer Speicherhierarchie befassen [Ahn86, AS88, Sto87, EJK92, LS93].

Nicht vorgesehen ist die Archivierung durch Verwendung von Zugriffsstatistiken. Beispielsweise könnten Tupel aufgrund von Einfügezeit, Zeit der letzten Änderung und Zeit des letzten lesenden Zugriffs für die Archivierung ausgewählt werden; in [HKS95] werden hierfür Regeln vorgeschlagen. Ist ein solches Verhalten für eine Tabelle erwünscht, muß dies durch explizite Spezifikation entsprechender Attribute, die nutzerdefinierte Aktualisierung dieser Attribute und die Verwendung der oben genannten allgemeinen Archivierungsmöglichkeiten erreicht werden. Eine entsprechende Simulation der Regeln aus [HKS95] anhand eines kommerziell verfügbaren DBMS ist in [Luf96] zu finden. Temporale Datenmodelle können auf Basis von SQL bereits heute durch die Ergänzung von Tabellen um zusätzliche Attribute simuliert werden [TJB97, BS97, Myr97a, Sno98, Sno99]. Die Archivierung auf Grundlage dieser Attribute ist somit auch möglich.

4.4.4.2 Zeitbezogene Anfragen

Zeitbezogene Anfragen sind über die implizite Archivierungszeit möglich. Für die Ausnutzung der temporalen Eigenschaften von Archiven sind viele Funktionen denkbar, wie sie insbesondere in den vielen Arbeiten zu temporalen Datenbanken vorgestellt werden [Ari86, Sno87, Gad88, NA93, CCT94, Sno95, BJ96, LM97]. Wesentlich für die Auswertung von Archiven ist die Auswahl von Tupeln einer Archivtabelle bezüglich ihrer Archivierungszeit und umgekehrt die Ermittlung der Archivierungszeit gegebener Tupel. Die Archivierungszeit kann dabei als Wert in beliebigen Ausdrücken und Prädikaten Verwendung finden. Mit diesen Basisfunktionen lassen sich auch komplexere Anforderungen umsetzen.

Archivtabellen können mit solchen Funktionen zwar zeitbezogen ausgewertet werden, das *Ergebnis von Anfragen* auf (Datenbank und) Archiven unterliegt aber aus Kompatibilitätsgründen einer Zustandssemantik, die der von Datenbanktabellen entspricht. Das ist wichtig, damit Anfragen weiterhin, wie in Abschnitt 4.3.4 eingeführt, Datenbank und zugehörige Archive gemeinsam nutzen können. Im Anfrageergebnis ist die Archivierungszeit daher nicht mehr als implizites Attribut enthalten, die entsprechenden Funktionen sind auf dieser Ebene nicht mehr verwendbar. Ausdrücklich möglich ist aber das Extrahieren der Archivierungszeit eines Tupels und die Aufnahme in das Anfrageergebnis als normales Attribut mit zeitbezogenem Datentyp (*user-defined time*).

Alternativ dazu könnte man die Zugriffe auf Datenbanken und Archive strikt trennen oder die temporalen Eigenschaften der Archivtabellen auf die Datenbankseite übertragen. Beides erscheint jedoch nicht angemessen, zum einen würde die Mächtigkeit von Anfragen stark eingeschränkt, zum anderen müßte die Datenbankseite mit der Unterstützung von Archiven erweitert werden.

Ein Problem ganz anderer Art ergibt sich aus der Versionierung von Archivtabellen aufgrund von Schemaänderungen in der Datenbank (Abschnitt 4.4.1). Klar ist, daß trotz solcher Schemaänderungen der Zugriff auf alle archivierten Daten gewährleistet werden muß. Darüber hinaus soll man beim Archivzugriff über eine gewisse Flexibilität verfügen können. Dazu sind der versionsübergreifende Zugriff und verschiedene Formen der Schemakonversion vorgesehen. So lassen sich Archivdaten, auch verschiedener Versionen, über das Schema einer vom Nutzer spezifizierbaren Version ausgeben. Als Ausgabeschema von Archivdaten verschiedener Versionen können Vereinigung oder Durchschnitt der Attribute dieser Versionen festgelegt werden. Die Ausgabe von Archivdaten über das Schema einer anderen Version kann zur Verdeckung von Teilen dieser Daten führen, da eine Projektion auf Attribute des gewählten Schemas erfolgt. Attribute eines Ausgabeschemas sind für Archivdaten ohne diese Attribute undefiniert.

Versionierung und versionsübergreifender Datenzugriff sind Probleme, die nicht auf die Archivierung beschränkt sind, sondern schon in anderen Zusammenhängen untersucht wurden, genannt seien [Rod92b, RS95, CGS97]. Eine besondere Schwierigkeit gegenüber diesen Arbeiten ergibt sich für die Archivierung jedoch aus der erforderlichen Verbindung zwischen einem Datenbankschema mit Zustandssemantik und versionierten Archivschemata. Insbesondere Namenskonflikte spielen dabei eine Rolle. Eine detailliertere Untersuchung des versionsübergreifenden Archivzugriffs wird auf Kapitel 5 verschoben.

4.4.5   Ein temporales Datenmodell für Archive

Archive lassen sich ähnlich wie Datenbanken über ein Datenmodell (Abschnitt 2.1.2) beschreiben. Das Datenmodell des Archivs soll sich gemäß der Forderung nach Datenmodellbezug (Abschnitt 4.1) an dem der Datenbank orientieren. Ein Archiv auf Basis einer relationalen Datenbank wird entsprechend auf relationale Weise definiert. Eigenschaften der Struktur- und Manipulationskomponente für relationale Archive wurden in den Abschnitten 4.2.2 und 4.3 untersucht. Durch die Einbeziehung der Archivierungszeit (Abschnitt 4.4.3) wird das Datenmodell für Archive zum temporalen Datenmodell. Alle Komponenten des Datenmodells sind zeitbezogen. Die Strukturkomponente muß berücksichtigen, daß jeder Archivtabelle ein Attribut für die Archivierungszeit hinzuzufügen ist. Darüber hinaus ist die Versionierung der Archivschemata zu unterstützen. Eine ausführliche Diskussion dieses Teils der Strukturkomponente folgt in Kapitel 5. Es soll hier noch darauf hingewiesen werden, daß die zeitliche Entwicklung der Archivschemata orthogonal zum Aufzeichnen der Archivierungszeit von Daten ist. Die Operationen der Manipulationskomponente müssen die temporalen Eigenschaften von Schemata und Daten beachten (Abschnitt 4.4.4). Gleiches gilt für die bisher nicht näher betrachtete Integritätskomponente. Die durch sie zur Verfügung gestellten Integritätsbedingungen werden auch in Kapitel 5 behandelt. Im folgenden werden einige grundlegende Eigenschaften für ein archivspezifisches temporales Datenmodell festgelegt.

Charakteristisch für das betrachtete archivspezifische Datenmodell ist die Betonung der Archivierungszeitpunkte. Diese müssen für alle Tupel reproduzierbar sein. Das gilt insbesondere auch dann, wenn ein Tupel mehrfach archiviert wird. Die Ursache hierfür liegt in der Verbindung des Archivs zur Datenbank. Die Semantik des Archivs wird im wesentlichen durch die Datenbank bestimmt. Da die Datenbank nur einen, den aktuellen Zustand besitzt, sind im Archiv auch nur Aussagen bezüglich dieses Zustands möglich. Ein Auszug des Datenbankzustands wird im Zuge der Archivierung im Archiv gespeichert. Nur der Zeitpunkt dieses Vorgangs kann festgehalten werden. Ein Archiv enthält demnach eine Folge von archivierten Teilzuständen der Datenbank, die über die Archivierungszeit identifizierbar sind. Weitergehende zeitliche Interpretationen sind aus Mangel an zeitlicher Information über die Datenbank nur bedingt möglich. Jedes Tupel einer Archivtabelle erhält also als Zeitstempel den Zeitpunkt seiner Archivierung. Wenn wie hier nur Zeitpunkte und nicht Zeitintervalle als Zeitstempel repräsentiert werden, spricht man gemäß [BBJ98] von einem *punktbasierten* (temporalen) Datenmodell [Tom98]. Operationen mit temporalem Bezug basieren entsprechend auf Zeitpunkten. Grundsätzlich werden vorhandene Zeitstempel vom System nicht entfernt oder verändert. Nur beim vom Nutzer initiierten, physischen Löschen von Tupeln werden auch Zeitstempel entfernt. Das bei Intervalldarstellungen häufig anzutreffende Verschmelzen von Zeitstempeln (*coalescing* [BSS96]) spielt hier keine Rolle.

Daten sollen beim Einfügen in ein Archiv mit einem entsprechenden Zeitstempel versehen werden. Zu klären ist allerdings noch, welche Art von Zeit (Abschnitt 2.1.5) hierfür Verwendung finden soll. Zunächst wird die für Archivdaten geforderte Authentizität auf die Archivierungszeit übertragen. Das bedeutet, daß die Archivierungszeit auch wirklich dem Zeitpunkt des Einfügens von Daten entsprechen muß und nicht durch Nutzer manipuliert werden darf. Vor diesem Hintergrund bietet sich an, die *Transaktionszeit* zu verwenden, da die erforderlichen Zeitstempel ohne Nutzerbeeinflussung vom DBMS ermittelt und vergeben werden [SA85]. Alle in einer Transaktion in ein Archiv eingefügten Daten erhalten den gleichen Zeitstempel [TSJ97], der dem *Commit*-Zeitpunkt der Transaktion entspricht [LS93]. Die Genauigkeit der Zeitstempel wird vom DBMS festgelegt und muß ausreichend sein, Transaktionen zu unterscheiden. In [Sno98] wird hierfür der Bereich Mikrosekunde genannt.

Mit Hilfe der Archivierungsfunktionalität können Tupel in ein Archiv eingefügt werden. Änderungen an einzelnen Attributwerten sind im Archiv nicht möglich. Dementsprechend ist der beim Einfügen vom DBMS vergebene Zeitstempel *tupelbezogen*. Zeitstempel, die sich auf einzelne Attribute beziehen, würden keinen zusätzlichen Nutzen bringen.

Das Attribut für die Archivierungszeit ist *implizit* (Abbildung 4.6). Das bedeutet, daß die Archivierungszeit für den Anwender nicht wie ein normales Attribut sichtbar ist, sondern nur über eine spezielle Funktion ermittelt werden kann. Nach [SBJS98] ist die Transaktionszeit einer Tabelle nicht adäquat über ein explizites Attribut darstellbar, da Nutzer die vom System vergebenen Zeitstempel manipulieren könnten. Dieses Problem besteht für Archivtabellen nicht, auf ihnen sind ohnehin keine Änderungen möglich. Folglich kann die Archivierungszeit prinzipiell auch als explizites Attribut dargestellt werden. Die implizite Darstellungsweise wird allerdings aus mehreren Gründen weiterhin bevorzugt. So sind die aus einer Datenbanktabelle in die zugeordnete Archivtabelle übernommenen Attribute und das archivspezifische Zeitattribut klar zu unterscheiden (Abschnitt 4.4.3). Vor allem ist bei der Definition einer Archivtabelle nicht beeinflußbar, ob das Zeitattribut hinzugefügt wird. Jede Archivtabelle besitzt das Attribut für die Archivierungszeit. Ein weiterer Grund ist, daß die Zeitstempel der Archivierungszeit durch das DBMS vergeben werden, während für die Ausprägungen der normalen Attribute der Nutzer im Rahmen der Archivierung verantwortlich ist. Darüber hinaus wird die Verwendung des Archivs in Verbindung mit der Datenbank zumindest auf struktureller Ebene erleichtert. Beispielsweise kann der Gesamtdatenbestand aus einer Datenbanktabelle und zugehöriger Archivtabelle durch Vereinigung der beiden Tabellen bestimmt werden, ohne die Archivierungszeit berücksichtigen zu müssen. Schließlich verhält sich die Funktion des Einfügens ohne Umweg über die Datenbank (Abschnitt 4.3.3) bezüglich der Archivierungszeit wie das virtuelle Einfügen oder das Auslagern. Es müssen insbesondere keine Vorkehrungen getroffen werden, die zusichern, daß ein Nutzer nicht selbsttätig einen Zeitstempel vergeben kann.

In Abschnitt 4.4.4.2 wurde bereits darauf hingewiesen, daß das Ergebnis von Anfragen an Archive *kompatibel* zu Anfragen an die Datenbank sein muß. Die implizite Archivierungszeit ist daher in Anfrageergebnissen nicht mehr enthalten. Eine Konvertierung in ein normales Attribut mit zeitbezogenem Datentyp ist allerdings möglich.

Die Eigenschaften des temporalen Datenmodells für Archive können zusammenfassend wie folgt charakterisiert werden:

- punktbasiertes Datenmodell

  Der Zeitpunkt der Archivierung wird über einen Zeitstempel dargestellt. Operationen mit temporalem Bezug basieren daher auf Zeitpunkten und nicht Zeitintervallen.

- Transaktionszeit

  Die Archivierungszeit ergibt sich aus der vom DBMS vergebenen und verwalteten Transaktionszeit, Anwender haben keine Einflußmöglichkeiten. Der Zeitstempel eines Tupels entspricht dem *Commit*-Zeitpunkt der Transaktion, mit der das Tupel in das Archiv eingefügt wurde.

- tupelbezogener Zeitstempel

  Ein Zeitstempel zur Darstellung der Archivierungszeit bezieht sich auf ein ganzes Tupel, nicht auf einzelne Attributwerte.

- implizites Zeitattribut

  Jede Archivtabelle besitzt ein implizites Attribut zur Aufnahme der Archivierungszeit ihrer Tupel. Es ist für den Nutzer unsichtbar und daher nicht direkt ansprechbar. Der Zeitstempel eines Tupels kann über eine Funktion ermittelt und in Anfragen verwendet werden. Aus Gründen der Kompatibilität zur nichttemporalen Datenbank ist das implizite Zeitattribut nicht mehr im Anfrageergebnis verfügbar, die Übernahme als normales Attribut mit zeitbezogenem Datentyp ist jedoch möglich.

Das beschriebene Datenmodell ist als konzeptuelles Datenmodell zu verstehen [JSS95]. Das bedeutet, daß die interne Repräsentation der Archivierungszeit durchaus anders aussehen kann. So ist beispielsweise eine Implementierung denkbar, welche die Zeitstempel in einer separaten Tabelle speichert. Die redundante Speicherung mehrfach archivierter Tupel ist dann nicht erforderlich.

4.5 Beispiel

Ausgehend von einer praxisrelevanten Beispieldatenbank sollen zwei Archivierungsprobleme diskutiert werden, die mit Hilfe der in diesem Kapitel vorgestellten Konzepte lösbar sind. Die folgenden Ausführungen geben einen Teil der Beispiele aus [Sto99] wieder. Darüber hinaus sind in [Hin97] Beispiele zu finden. Zunächst wird in Abschnitt 4.5.1 die zugrundegelegte Datenbank entworfen. Die betrachteten Archivierungsszenarien folgen in den Abschnitten 4.5.2 und 4.5.3. Es werden jeweils das Archivierungskonzept beschrieben sowie ein struktureller und operationaler Archiventwurf durchgeführt (Abschnitt 4.2.3). Darüber hinaus werden die Nutzungsmöglichkeiten der Archive erläutert. Das Beispiel wird in Abschnitt 6.6 unter Verwendung von ASQL umgesetzt.

4.5.1 Beispiel einer Datenbank

Eine vereinfachte Lager- und Bestellverwaltung eines Handelsunternehmens soll die Miniwelt für das Beispiel bilden. Das Unternehmen betreibt eine Anzahl von Lagern und Filialen. Die Kunden der Filialen können Waren bestellen. Bestellungen werden aus den Beständen der Lager bedient. Das hier beschriebene Szenario ist recht allgemein gehalten und repräsentiert ein weites Anwendungsfeld. Es orientiert sich an [TPC98a], enthält aber einige Ergänzungen basierend auf [BS96, TPC98b]. Den bekannten Phasen des Datenbankentwurfs folgend [LL95], wird die Datenbank zunächst konzeptuell und anschließend logisch entworfen. Der konzeptuelle Entwurf stützt sich auf eine E-R-Modellierung. Beim logischen Entwurf erfolgt eine Abbildung auf das relationale Modell und eine Realisierung mit SQL.

4.5.1.1 Konzeptueller Entwurf

Abbildung 4.7 zeigt die Modellierung der Lager- und Bestellverwaltung als E-R-Diagramm. Die folgende Beschreibung enthält auch die nicht dargestellten Attribute, nicht berücksichtigt werden ihre Domänen.

Der Entitytyp **Lager** wird duch das Schlüsselattribut **LaNr** identifiziert. Mit dem Attribut **Name** wird das Lager bezeichnet, die Adresse des Lagers ist in den Attributen **Straße**, **PLZ** und **Ort** enthalten. Ein Lager beliefert die Kunden mehrerer Filialen. Im Entitytyp **Filiale** werden die Filialen des Unternehmens repräsentiert. Filialen werden über eine Filialnummer **FNr** identifiziert und besitzen einen Namen (**Name**). Eine Filiale ist an der angegebenen Adresse zu finden, diese ist analog zu der eines Lagers aufgebaut. Jede Filiale verwaltet die Bestellnummern für die von ihr zu bearbeitenden Bestellungen selbst. Um das Erfassen von neuen Bestellungen zu beschleunigen, wird im virtuellen Attribut **NeueBNr** vermerkt, welches die nächste zu vergebende Bestellnummer ist. Diese wird aus den Bestellungen der Filiale berechnet.

Die Filialen betreuen die Kunden des Unternehmens. Ein Kunde ist genau einer Filiale zugeordnet. Der Entitytyp **Kunde** hat eine Kundennummer **KNr** als Schlüsselattribut. Die Kunden unterteilen sich in Privat- und Geschäftskunden. Bei Privatkunden finden die Attribute **Name** und **Vorname** Verwendung, für Geschäftskunden wird das Attribut **Firma** als Name des Unternehmens benutzt. Die Adresse der Kunden wird in den Attributen **Straße**, **PLZ** und **Ort** vermerkt, die Telefonnummer im Attribut **Telefon**. Das Attribut **Seit** verwaltet, seit wann ein Kunde registriert ist. Für das Datum der letzten Bestellung ist das Attribut **LetzteBest** vorhanden. Darüber hinaus wird für einen Kunden verwaltet, wie hoch sein **Kreditlimit** ist, in welchem Umfang er **Rabatt** erhalten soll und in welcher Höhe er ein **Guthaben** besitzt. Wieviele Bestellungen von einem Kunden entgegengenommen wurden und wieviele Lieferungen an ihn erfolgten, wird in den Attributen **AnzBest** und **AnzLief** gespeichert. Zusätzliche Anmerkungen können im Attribut **Bemerkungen** notiert werden.

Auf der Seite der Geschäftskunden können mehrere Ansprechpartner existieren. Ansprechpartner sind Personen, über die der Schriftverkehr abgewickelt wird und die für Rückfragen zur Verfügung stehen. Für sie wird der Entitytyp **Kontakt** mit den Attributen **Name**, **Vorname** und **Telefon** bereitgestellt. Zudem beschreibt das Attribut **Funktion** die Aufgabe des

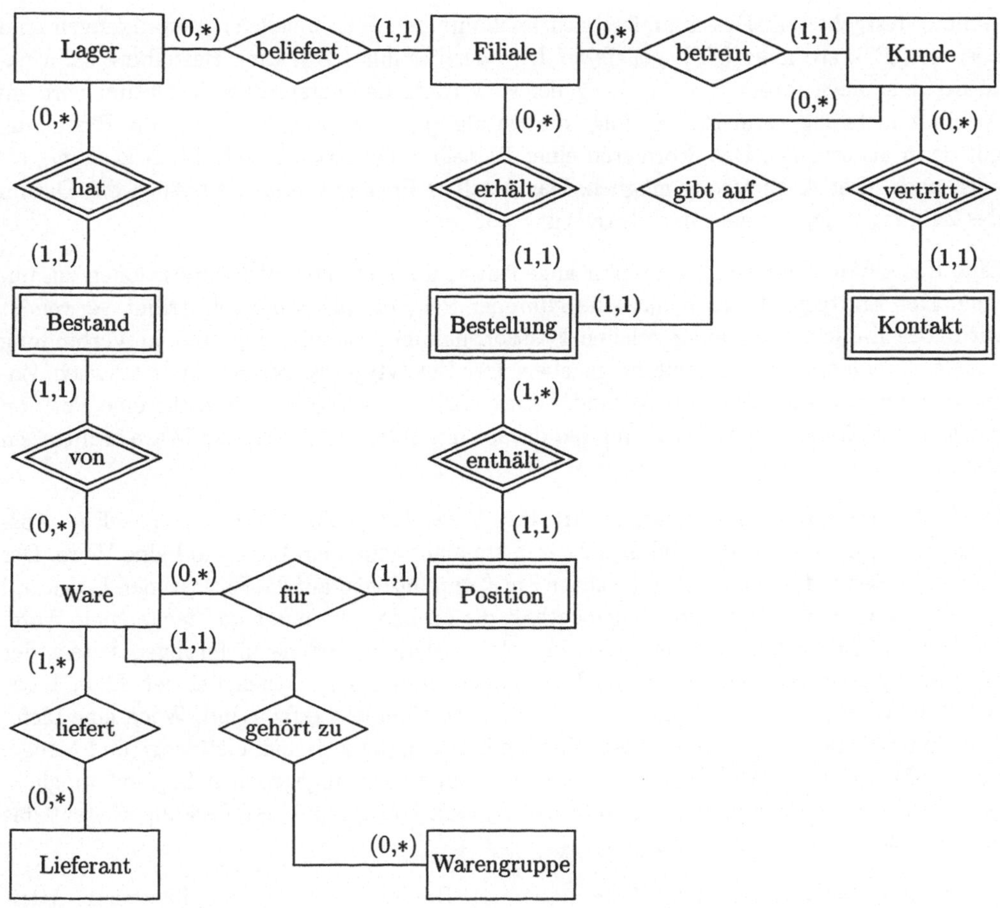

Abbildung 4.7: E-R-Diagramm für die Lager- und Bestellverwaltung

Ansprechpartners beim Kunden; ein Beispiel ist etwa die Zuständigkeit für Materialbeschaffung. Bezüglich einer Funktion gibt es höchstens eine Person, die auch Ansprechpartner ist. Die Funktion wird daher zur Identifikation der Kontakte eines Geschäftskunden herangezogen. Aufgrund der engen Bindung zum Entitytyp **Kunde** ist der Entitytyp **Kontakt** als schwacher Entitytyp modelliert.

Ein Kunde kann Bestellungen bei der für ihn zuständigen Filiale aufgeben. Jede **Bestellung** erhält eine Bestellnummer **BNr** die, aufgrund der Autonomie der Filialen, von der Filiale vergeben wird. Der Entitytyp **Bestellung** ist schwach modelliert, da eine Bestellung nur abhängig von einer Filiale existieren kann. Im Attribut **Eingang** wird das Datum registriert, an dem die Bestellung aufgenommen wurde. Der Rechnungsbetrag der Bestellung wird aus den Beträgen der einzelnen Positionen errechnet und im virtuellen Attribut **Gesamtbetrag** verzeichnet. Die Anzahl der Bestellpositionen wird im virtuellen Attribut **AnzPos** dokumentiert. Ein Kunde kann auf besonderen Wunsch einen **Lieferdienst** angeben, der für die Auslieferung die Verantwortung tragen soll. Macht ein Kunde keine Angabe, so wird der Lieferdienst von der Filiale bestimmt. Im Attribut **Status** wird der Status einer Bestellung festgehalten. Dieser ändert sich im Laufe der Zeit; mögliche Ausprägungen sind bestellt („B"), storniert („S"), geliefert („L") oder bezahlt („Z"). Eine Bestellung kann natürlich erst nach ihrem Eingang ausgeliefert werden, das entsprechende Datum wird im Attribut Lieferung vermerkt. Es folgt die Bezahlung durch den Kunden, eine Bestellung gilt dann als erledigt. Das Stornieren einer Bestellung ist sowohl nach ihrem Eingang, als auch nach ihrer Auslieferung möglich. Das Attribut Erledigt nimmt schließlich das Datum des Zahlungseingangs oder der Stornierung auf.

Eine Bestellung setzt sich, wie schon angedeutet, aus mehreren Bestellpositionen zusammen. Der Entitytyp Position hat eine Nummer PNr, die als Schlüsselattribut verwendet wird. Die Eindeutigkeit einer solchen Positionsnummer ist allerdings nur in Verbindung mit der übergeordneten Bestellung gegeben. Der Entitytyp Position ist somit schwach. Zusätzlich sind die Attribute Menge und Betrag vorhanden. Sie enthalten für eine Position die georderte Menge einer Ware und den daraus mit Hilfe des Preises der Ware ermittelten Betrag.

Die Waren werden in Lagern aufbewahrt, ihre Verwaltung erfolgt in Beständen. Eine Ausprägung des Entitytyps Bestand bezieht sich stets auf genau ein Lager und eine Ware. Der Entitytyp Bestand ist daher als schwacher Entitytyp bezogen auf die Entitytypen Lager und Ware modelliert. Das Attribut Menge enthält die im Lager vorhandene Menge einer Ware. Im Attribut LiefMenge wird vermerkt, in welchem Umfang offene Lieferungen seitens der Lieferanten erwartet werden. Offene Lieferungen bezeichnen aktuell bei den Lieferanten bestellte Waren, welche noch nicht im Lager eingetroffen und erfaßt sind. Wenn eine Lieferung eintrifft, dann erfolgt eine entsprechende Umbuchung zwischen LiefMenge und Menge. Das Auffinden einer Ware in einem Lager wird über den angegebenen Lagerort möglich. Diese Angabe ist nach einem lagerinternen System kodiert. Für Anmerkungen steht das Attribut Bemerkungen zur Verfügung.

Waren sind über den Entitytyp Ware modelliert. Dieser besitzt das identifizierende Attribut WNr für die Warennummer und das Attribut Name. Der Verkaufspreis für ein einzelnes Exemplar der Ware wird im Attribut Preis festgehalten. Das Attribut Bild ermöglicht das Speichern einer Abbildung. Besondere Eigenschaften können im Attribut Bemerkungen aufgenommen werden. Mehrere Waren werden zu einer Gruppe zusammengefaßt, wobei eine Ware zu genau einer Gruppe gehört. Der Entitytyp Warengruppe hat als identifizierendes Attribut eine Gruppennummer WGNr. Außerdem stehen die Attribute Name und Bemerkungen zur Verfügung. Eine Ware kann von mehreren Lieferanten geliefert werden. Die Lieferanten vertreiben ihre Waren zu ihren eigenen Preisen. Dem Beziehungstyp liefert ist daher das Attribut Einkaufspreis zugeordnet. Der Entitytyp Lieferant besitzt als Schlüsselattribut die Lieferantennummer LNr. Weitere Attribute sind für den Namen eines Lieferanten (Name), seine Adresse (Straße, PLZ, Ort) und Telefonnummer (Telefon) vorhanden. Anmerkungen und Hinweise lassen sich im Attribut Bemerkungen hinterlegen.

Aus der E-R-Modellierung gehen nicht alle Integritätsbedingungen unmittelbar hervor, so daß zusätzlich externe Integritätsbedingungen erforderlich sind. So ist beispielsweise die Bedingung, daß nur die Filiale, die einen Kunden betreut, auch dessen Bestellungen bearbeitet, nicht aus dem E-R-Diagramm ersichtlich. Für die Umsetzung dieser und weiterer Integritätsbedingungen sei auf die Realisierung des Datenbankschemas unter Verwendung von SQL im folgenden Abschnitt verwiesen.

4.5.1.2 Logischer Entwurf

Der E-R-Entwurf soll nun auf das relationale Modell abgebildet werden. Jeder Entity-typ wird in ein Relationsschema überführt, gleiches gilt für den m:n-Beziehungstyp liefert. Hieraus ergibt sich das folgende relationale Datenbankschema (Abschnitt 2.1.4.1). In den Relationsschemata sind die Primärschlüsselattribute unterstrichen, virtuelle Attribute werden zunächst nicht aufgeführt.

Lager (LaNr, Name, Straße, PLZ, Ort)

Filiale (FNr, Name, Straße, PLZ, Ort, LaNr)

Kunde (KNr, Firma, Name, Vorname, Straße, PLZ, Ort, Telefon, Seit, LetzteBest,
        Kreditlimit, Rabatt, Guthaben, AnzBest, AnzLief, Bemerkungen, FNr)

Kontakt (KNr, Funktion, Name, Vorname, Telefon)

Bestellung (FNr, BNr, Status, Eingang, Lieferung, Erledigt, Lieferdienst, KNr)

Position (FNr, BNr, PNr, Menge, Betrag, WNr)

Bestand (LaNr, WNr, Menge, LiefMenge, Lagerort, Bemerkungen)

Ware (WNr, Name, Preis, Bild, Bemerkungen, WGNr)

Warengruppe (WGNr, Name, Bemerkungen)

Lieferant (LNr, Name, Straße, PLZ, Ort, Telefon, Bemerkungen)

Liefert (WNr, LNr, Einkaufspreis)

Das Relationsschema Position besitzt einen weiteren, nicht markierten Alternativschlüssel mit den Attributen FNr, BNr, WNr. Dieser ergibt sich aus der Forderung nach der Eindeutigkeit von Warennummern innerhalb einer Bestellung. Die Abbildung der schwachen Entitytypen ist aus der Weitergabe der Primärschlüssel ersichtlich. Beispielsweise setzt sich der Primärschlüssel des Relationsschemas Bestellung aus der bezüglich einer Filiale (lokal) eindeutigen Bestellnummer BNr und der Filialnummer FNr der bearbeitenden Filiale zusammen. Um zu sichern, daß der übernommene Schlüsselteil FNr mit dem Primärschlüssel FNr der Filiale korrespondiert, muß ein Fremdschlüssel definiert werden. Darüber hinaus sind Fremdschlüssel bei der Abbildung der Beziehungstypen erforderlich. Alle im Datenbankschema definierten Fremdschlüssel sind in Abbildung 4.8 veranschaulicht. Fremdschlüssel sind durch Pfeile gekennzeichnet, referenziert wird jeweils der Primärschlüssel des übergeordneten Relationsschemas.

Nachfolgend sind noch die virtuellen Relationsschemata aufgeführt. Die Berechnungsvorschriften für die virtuellen Attribute sind den am Ende dieses Abschnitts angegebenen SQL-Sichtdefinitionen zu entnehmen.

Filiale_V (FNr, Name, Straße, PLZ, Ort, NeueBNr, LaNr)

Bestellung_V (FNr, BNr, Status, Eingang, Lieferung, Erledigt, Lieferdienst,
        Gesamtbetrag, AnzPos, KNr)

Das nun vollständige relationale Datenbankschema wird mit Hilfe von SQL implementiert. Die Attribute der Relationsschemata werden bei der Definition der SQL-Tabellen mit passenden Datentypen versehen. Komplexere und öfter verwendete Datentypen werden in Form von SQL-Domänen bereitgestellt. Die Definition der Tabellen umfaßt auch

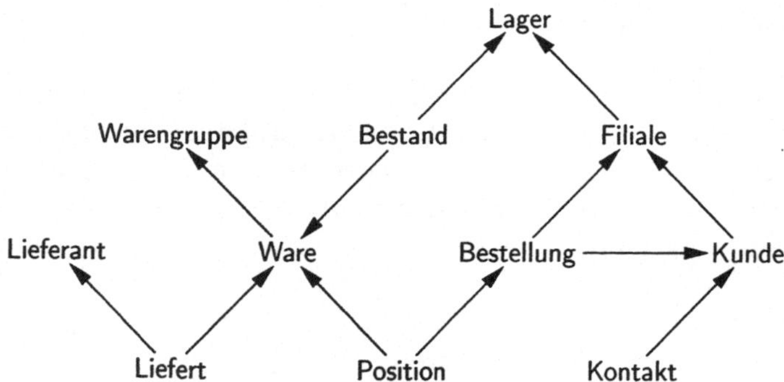

Abbildung 4.8: Fremdschlüssel im Datenbankschema der Lager- und Bestellverwaltung

die bisher festgelegten Schlüssel sowie zusätzlich wertebezogene Integritätsbedingungen und Defaultwerte für ausgewählte Attribute.

Alle Tabellen besitzen als Primärschlüssel Nummernattribute. Die identifizierenden Nummern sollen positiv sein; für sie wird die Domäne `Natural` erzeugt.

```
CREATE DOMAIN Natural
  AS INTEGER
    CONSTRAINT Natural_VALUE CHECK ( VALUE > 0 )
```

Postleitzahlen treten in Tabellen mit Adressen auf. Mögliche führende Nullen und die Einschränkung auf fünf Ziffern sind Gründe für die Einführung der neuen Domäne `Postleitzahl`.

```
CREATE DOMAIN Postleitzahl
  AS CHAR (5)
    CONSTRAINT Postleitzahl_VALUE
      CHECK ( SUBSTRING ( VALUE FROM 1 FOR 1 ) BETWEEN '0' AND '9' AND
              SUBSTRING ( VALUE FROM 2 FOR 1 ) BETWEEN '0' AND '9' AND
              SUBSTRING ( VALUE FROM 3 FOR 1 ) BETWEEN '0' AND '9' AND
              SUBSTRING ( VALUE FROM 4 FOR 1 ) BETWEEN '0' AND '9' AND
              SUBSTRING ( VALUE FROM 5 FOR 1 ) BETWEEN '0' AND '9' )
```

Geldbeträge sollen auf Werte kleiner als hundert Millionen Geldeinheiten und zwei Nachkommastellen beschränkt werden. Hierfür wird eine entsprechende Domäne `Geldbetrag` definiert.

```
CREATE DOMAIN Geldbetrag
  AS NUMERIC (10,2)
    CONSTRAINT Geldbetrag_VALUE CHECK ( VALUE >= 0.0 )
```

Es folgt die Definition aller Tabellen gemäß der Relationsschemata mit den genannten Ergänzungen.

```sql
CREATE TABLE Lager
  (
    LaNr                Natural,
    Name                VARCHAR (20)     NOT NULL,
    Strasse             VARCHAR (40)     NOT NULL,
    PLZ                 Postleitzahl     NOT NULL,
    Ort                 VARCHAR (20)     NOT NULL,
    CONSTRAINT Lager_PK PRIMARY KEY ( LaNr )
  )


CREATE TABLE Filiale
  (
    FNr                 Natural,
    Name                VARCHAR (20)     NOT NULL,
    Strasse             VARCHAR (40)     NOT NULL,
    PLZ                 Postleitzahl     NOT NULL,
    Ort                 VARCHAR (20)     NOT NULL,
    LaNr                Natural          NOT NULL,
    CONSTRAINT Filiale_PK PRIMARY KEY ( FNr ),
    CONSTRAINT Filiale_FK_Lager FOREIGN KEY ( LaNr )
      REFERENCES Lager ON DELETE NO ACTION ON UPDATE NO ACTION
  )


CREATE TABLE Kunde
  (
    KNr                 Natural,
    Firma               VARCHAR (20),
    Name                VARCHAR (20),
    Vorname             VARCHAR (20),
    Strasse             VARCHAR (40)     NOT NULL,
    PLZ                 Postleitzahl     NOT NULL,
    Ort                 VARCHAR (20)     NOT NULL,
    Telefon             VARCHAR (20),
    Seit                DATE             NOT NULL  DEFAULT CURRENT_DATE,
    LetzteBest          DATE,
    Kreditlimit         Geldbetrag       NOT NULL  DEFAULT 0.0,
    Rabatt              NUMERIC (3,1)    NOT NULL  DEFAULT 0.0
      CONSTRAINT Kunde_Rabatt_VALUE
        CHECK ( Rabatt >= 0.0 AND Rabatt <= 50.0 ),
    Guthaben            Geldbetrag       NOT NULL  DEFAULT 0.0,
    AnzBest             INTEGER          NOT NULL  DEFAULT 0
      CONSTRAINT Kunde_AnzBest_VALUE CHECK ( AnzBest >= 0 ),
    AnzLief             INTEGER          NOT NULL  DEFAULT 0
      CONSTRAINT Kunde_AnzLief_VALUE CHECK ( AnzLief >= 0 ),
    Bemerkungen         VARCHAR (5000),
    FNr                 Natural          NOT NULL,
```

```
    CONSTRAINT Kunde_PK PRIMARY KEY ( KNr ),
    CONSTRAINT Kunde_FK_Filiale FOREIGN KEY ( FNr )
      REFERENCES Filiale ON DELETE NO ACTION ON UPDATE NO ACTION
  )


CREATE TABLE Kontakt
  (
    KNr                    Natural,
    Funktion               VARCHAR (20),
    Name                   VARCHAR (20)      NOT NULL,
    Vorname                VARCHAR (20),
    Telefon                VARCHAR (20)      NOT NULL,
    CONSTRAINT Kontakt_PK PRIMARY KEY ( KNr, Funktion ),
    CONSTRAINT Kontakt_FK_Kunde FOREIGN KEY ( KNr )
      REFERENCES Kunde ON DELETE CASCADE ON UPDATE CASCADE
  )


CREATE TABLE Bestellung
  (
    FNr                    Natural,
    BNr                    Natural,
    Status                 CHAR (1)          NOT NULL  DEFAULT 'B'
      CONSTRAINT Bestellung_Status_VALUE
        CHECK ( Status IN ( 'B', 'L', 'Z', 'S' ) ),
    Eingang                DATE              NOT NULL  DEFAULT CURRENT_DATE,
    Lieferung              DATE,
    Erledigt               DATE,
    Lieferdienst           VARCHAR (20),
    KNr                    Natural           NOT NULL,
    CONSTRAINT Bestellung_PK PRIMARY KEY ( FNr, BNr ),
    CONSTRAINT Bestellung_FK_Filiale FOREIGN KEY ( FNr )
      REFERENCES Filiale ON DELETE NO ACTION ON UPDATE NO ACTION,
    CONSTRAINT Bestellung_FK_Kunde FOREIGN KEY ( KNr )
      REFERENCES Kunde ON DELETE NO ACTION ON UPDATE NO ACTION,
    CONSTRAINT Bestellung_Lieferung_nach_Eingang
      CHECK ( Eingang <= Lieferung ),
    CONSTRAINT Bestellung_Erledigt_nach_Lieferung
      CHECK ( Lieferung <= Erledigt ),
    CONSTRAINT Bestellung_Erledigt_Status
      CHECK ( Erledigt IS NULL OR Status IN ( 'Z', 'S' ) ),
    CONSTRAINT Bestellung_Filiale_gleich_Kunde_Filiale
      CHECK ( FNr IN
                ( SELECT FNr
                  FROM   Kunde AS k
                  WHERE  k.KNr = KNr ) ),
```

```
      CONSTRAINT Bestellung_mindestens_eine_Position
        CHECK ( EXISTS
                ( SELECT *
                  FROM   Position AS p
                  WHERE  p.BNr = BNr AND p.FNr = FNr ) )
  )


CREATE TABLE Position
  (
    FNr                 Natural,
    BNr                 Natural,
    PNr                 Natural,
    Menge               INTEGER         NOT NULL  DEFAULT 1,
    Betrag              Geldbetrag      NOT NULL,
    WNr                 Natural         NOT NULL,
    CONSTRAINT Position_PK PRIMARY KEY ( FNr, BNr, PNr ),
    CONSTRAINT Position_UNIQUE_WNr UNIQUE ( FNr, BNr, WNr ),
    CONSTRAINT Position_FK_Bestellung FOREIGN KEY ( FNr, BNr )
      REFERENCES Bestellung ON DELETE CASCADE ON UPDATE CASCADE,
    CONSTRAINT Position_FK_Ware FOREIGN KEY ( WNr )
      REFERENCES Ware ON DELETE NO ACTION ON UPDATE NO ACTION
  )


CREATE TABLE Bestand
  (
    LaNr                Natural,
    WNr                 Natural,
    Menge               INTEGER         NOT NULL  DEFAULT 0
      CONSTRAINT Bestand_Menge_VALUE CHECK ( Menge >= 0 ),
    LiefMenge           INTEGER         NOT NULL  DEFAULT 0
      CONSTRAINT Bestand_LiefMenge_VALUE CHECK ( LiefMenge >= 0 ),
    Lagerort            INTEGER         NOT NULL,
    Bemerkungen         VARCHAR (5000),
    CONSTRAINT Bestand_PK PRIMARY KEY ( LaNr, WNr ),
    CONSTRAINT Bestand_FK_Lager FOREIGN KEY ( LaNr )
      REFERENCES Lager ON DELETE NO ACTION ON UPDATE NO ACTION,
    CONSTRAINT Bestand_FK_Ware FOREIGN KEY ( WNr )
      REFERENCES Ware ON DELETE NO ACTION ON UPDATE NO ACTION
  )


CREATE TABLE Ware
  (
    WNr                 Natural,
    Name                VARCHAR (50)    NOT NULL,
    Preis               Geldbetrag      NOT NULL,
    Bild                BIT VARYING (20000),
```

```
      Bemerkungen             VARCHAR (5000),
      WGNr                    Natural         NOT NULL,
      CONSTRAINT Ware_PK PRIMARY KEY ( WNr ),
      CONSTRAINT Ware_FK_Warengruppe FOREIGN KEY ( WGNr )
        REFERENCES Warengruppe ON DELETE NO ACTION ON UPDATE NO ACTION,
      CONSTRAINT Ware_liefert_Lieferant
        CHECK ( EXISTS
                ( SELECT *
                  FROM   Liefert AS l
                  WHERE  l.WNr = WNr ) )
    )


  CREATE TABLE Warengruppe
    (
      WGNr                    Natural,
      Name                    VARCHAR (20)    NOT NULL,
      Bemerkungen             VARCHAR (5000),
      CONSTRAINT Warengruppe_PK PRIMARY KEY ( WGNr )
    )


  CREATE TABLE Lieferant
    (
      LNr                     Natural,
      Name                    VARCHAR (20)    NOT NULL,
      Strasse                 VARCHAR (40)    NOT NULL,
      PLZ                     Postleitzahl    NOT NULL,
      Ort                     VARCHAR (20)    NOT NULL,
      Telefon                 VARCHAR (20),
      Bemerkungen             VARCHAR (5000),
      CONSTRAINT Lieferant_PK PRIMARY KEY ( LNr )
    )


  CREATE TABLE Liefert
    (
      WNr                     Natural,
      LNr                     Natural,
      Einkaufspreis           Geldbetrag      NOT NULL,
      CONSTRAINT Liefert_PK PRIMARY KEY ( WNr, LNr ),
      CONSTRAINT Liefert_FK_Ware FOREIGN KEY ( WNr )
        REFERENCES Ware ON DELETE CASCADE ON UPDATE CASCADE,
      CONSTRAINT Liefert_FK_Lieferant FOREIGN KEY ( LNr )
        REFERENCES Lieferant ON DELETE CASCADE ON UPDATE CASCADE
    )
```

Abschließend erfolgt die Definition zweier Sichten zur Realisierung der entsprechenden virtuellen Relationsschemata. Das Attribut `NeueBNr` der Sicht `Filiale_V` wird mit Hilfe der Tabelle `Bestellung` bestimmt. Für die Berechnung der Attribute `Gesamtbetrag` und `AnzPos` der Sicht `Bestellung_V` wird die Tabelle `Position` herangezogen.

```
CREATE VIEW Filiale_V
    AS
        SELECT FNr, Name, Strasse, PLZ, Ort,
                COALESCE ( MAX (BNr) + 1, 1 ) AS NeueBNr, LaNr
        FROM    Filiale NATURAL LEFT OUTER JOIN Bestellung
        GROUP BY FNr


CREATE VIEW Bestellung_V
    AS
        SELECT FNr, BNr, Status, Eingang, Lieferung, Erledigt, Lieferdienst,
                SUM (Betrag) AS Gesamtbetrag, COUNT (*) AS AnzPos, KNr
        FROM    Bestellung NATURAL JOIN Position
        GROUP BY FNr, BNr
```

4.5.2 Archivierung zur Entlastung der Datenbank

Das im folgenden betrachtete Archivierungsszenario zeigt die Archivierung in ihrem zentralen Anwendungsgebiet, der Entlastung der Datenbank und langfristigen Aufbewahrung von Daten.

4.5.2.1 Beschreibung des Archivierungskonzepts

Eine Analyse der Daten ergibt, daß Bestellungen in der Datenbank das größte Wachstum aufweisen. Sie lassen sich als Bewegungs- und Massendaten einstufen, entsprechend ist durch ihre Archivierung am ehesten eine Entlastung zu erzielen (Abschnitt 2.4). Es gilt zu klären, ab wann eine Archivierung möglich ist, also wann Bestelldaten nichtoperativ werden. Bestellungen sind zumindest solange operativ, wie sie sich in Bearbeitung befinden. Ist diese abgeschlossen, werden die Daten nicht mehr geändert und haben nur noch eine untergeordnete Bedeutung für die operativen Anwendungen. Ausgehend von diesen Überlegungen sollen erledigte Bestellungen (Status „Z" oder „S") mit ihren Positionen in ein Archiv ausgelagert und aus der Datenbank entfernt werden. Dieser Vorgang soll sechs Monate nach der Erledigung einer Bestellung erfolgen. Bestelldaten gelten dann als nichtoperativ. Hier liegt die Annahme zugrunde, daß Bestelldaten nur in Ausnahmefällen, etwa aufgrund von Reklamationen, später als sechs Monate nach ihrer Erledigung noch benötigt werden. In diesen seltenen Fällen wird das Archiv benutzt.

Um im Archiv einen aussagekräftigen Datenbestand zu erhalten, sollen die Daten der Kunden, welche zu archivierende Bestellungen aufgegeben haben, in das Archiv als Kopie mit aufgenommen werden. Außerdem werden die Warendaten als wichtig angesehen und ins Archiv kopiert, weniger wichtig ist dagegen die zugehörige Warengruppe. Die wesentlichen Daten einer Bestellung lassen sich somit vollständig aus dem Archiv ermitteln. Insbesondere bleibt die Unabhängigkeit der Datenbank gewahrt. Der operative Betrieb der Datenbank kann ohne Rücksicht auf archivierte Bestellungen erfolgen, insbesondere ist ein Löschen von Kunden und Waren möglich, ohne die Auswertbarkeit des Archivs zu beeinträchtigen.

Das Archivieren von Daten, die für den laufenden Betrieb keine Rolle mehr spielen, ist auch
auf Kunden anwendbar. Für Kunden wird der pragmatische Ansatz verfolgt, daß ihre Daten
als nichtoperativ betrachtet werden, wenn länger als ein Jahr nichts bestellt wurde und
alle zugehörigen Bestellungen erledigt sind. Da Kontakte nur in Verbindung mit Kunden
von Bedeutung sind, bietet sich das Auslagern auch ihrer Daten an. Abgesehen davon wäre
es aufgrund des Fremdschlüssels nicht möglich, einen Kunden im Zuge seiner Archivierung
zu löschen, wenn noch referenzierende Kontakte existieren. Im Falle, daß ein Kunde eine
Bestellung aufgibt, dessen Daten bereits archiviert sind, sollen diese in die Datenbank
eingelagert werden.

4.5.2.2 Struktureller Entwurf

Für das Auslagern erledigter Bestellungen wird das Archiv **Bestellungen** angelegt. Es umfaßt die Tabellen **Bestellung**[A], **Position**[A], **Kunde**[A] und **Ware**[A]. Schlüssel und Fremdschlüssel
der Datenbank werden in das Archiv übernommen, soweit zugrundeliegende Attribute vorhanden sind. Es folgt das entsprechende Archivschema.

Bestellungen:

    Kunde[A] (<u>KNr</u>, Firma, Name, Vorname, Straße, PLZ, Ort, Telefon, Seit, FNr)

    Bestellung[A] (<u>FNr</u>, <u>BNr</u>, Status, Eingang, Lieferung, Erledigt, Lieferdienst, KNr)

    Position[A] (<u>FNr</u>, <u>BNr</u>, <u>PNr</u>, Menge, Betrag, WNr)

    Ware[A] (<u>WNr</u>, Name, Preis)

In diesem Archiv stehen Bestellungen und Positionen im Mittelpunkt. Die Schemata ihrer
Tabellen werden daher mit all ihren Attributen in das Archiv übernommen. Das Schema
der Kundentabelle wird hingegen projiziert, da einige Attribute für den Archivzweck keine
Relevanz besitzen. Die Attribute **LetzteBest**, **Kreditlimit**, **Rabatt**, **Guthaben**, **AnzBest**, **Anz-
Lief** und **Bemerkungen** werden nicht in das Archiv aufgenommen. Ihre Werte ändern sich
tendenziell häufig. Außer den Attributen, die einen Kunden eher statisch charakterisieren,
ist das Attribut **FNr** für die Filialnummer vorhanden. Es kann verwendet werden, um die
zuständige Filiale in der Datenbank zu ermitteln. Bei Waren wird auf die Attribute **Bild**,
Bemerkungen und **WGNr** verzichtet, sie sind für dieses Archiv nur von untergeordneter
Bedeutung.

Denkbar ist auch, daß eine Datenbanksicht, die Bestellungen und Positionen verbindet, zur
Archivierung herangezogen wird. Beim Auslagern werden die Daten im Archiv materialisiert. Das kann sich vorteilhaft auf Anfragen auswirken, da bereits eine Vorverarbeitung
erfolgt ist. Nachteilig ist der erhöhte Speicherbedarf durch die für jede Position redundant
gespeicherten Bestelldaten. Zudem gehen die Beziehungen der Bestellungen zu den Kunden
und die der Positionen zu den Waren auf Sichtebene verloren. Fremdschlüssel lassen sich
nämlich nicht für Sichten definieren. Insbesondere ist dann auch eine zusammenhängende
Archivierung nicht auf einfache Weise möglich (Abschnitt 4.3.2). Dieser Ansatz wird daher
verworfen.

Das Auslagern von nichtoperativen Kundendaten benötigt ein Archiv, welches alle Angaben
zu Kunden und deren Kontakten aufnehmen kann. Dieses Archiv wird zunächst mit **Kunden**
bezeichnet.

Kunden:

Kunde[A] (<u>KNr</u>, Firma, Name, Vorname, Straße, PLZ, Ort, Telefon, Seit, LetzteBest,
         Kreditlimit, Rabatt, Guthaben, AnzBest, AnzLief, Bemerkungen, FNr)
Kontakt[A] (<u>KNr</u>, <u>Funktion</u>, Name, Vorname, Telefon)

Es werden alle Attribute der Kunden und Kontakte ins Archiv übertragen. Dies erfolgt im
Hinblick auf das mögliche Einlagern der Daten in die Datenbank, sobald ein Kunde wieder
bestellt und damit auch seine Daten wieder operativ werden. Die angestrebte Archivierung ist grundsätzlich auf diese Weise in einem separaten Archiv möglich. Problematisch
erscheint daran, daß nichtoperative Kundendaten (Archiv **Kunden**) und zugehörige ausgelagerte Bestelldaten (Archiv **Bestellungen**) nur über Archivgrenzen hinweg wieder in Beziehung gesetzt werden können. Auswertungen dieser Art sind also nur archivübergreifend
möglich.

Eine Lösung bietet das Auslagern auch der inaktiven Kunden in das Archiv **Bestellungen**.
Allerdings ist die Struktur der Kundendaten nicht identisch zu der im Archiv **Kunden**, so
daß einige Angaben verloren gehen würden. Um nun die beiden Archivzwecke, nämlich die
Aufbewahrung erledigter Bestellungen und inaktiver Kunden, gemeinsam im Archiv **Bestellungen** verfolgen zu können, muß die Archivtabelle **Kunde**[A] um die fehlenden Attribute
ergänzt und die Archivtabelle **Kontakt**[A] zusätzlich angelegt werden. Verschiedene Gründe führen dann jedoch zum Einfügen von Daten in die Kundentabelle. Zum einen ist es
die Verbindung zu erledigten Bestellungen, zum anderen ist es die Tatsache, daß Kundendaten selbst nichtoperativ sind. Eine Unterscheidung ist aber mit Hilfe von Bestellungen
möglich. Existieren für einen Kunden zu einem bestimmten Archivierungszeitpunkt keine
Bestellungen, so wurden seine Daten ausgelagert, weil sie in der Datenbank nichtoperativ waren. Werden Kunden in Verbindung mit erledigten Bestellungen ausgelagert, haben
die Werte der bisher nicht berücksichtigten Kundenattribute nur insofern eine Bedeutung,
als daß sie den Zustand eines Kunden in der Datenbank zum Zeitpunkt der Archivierung
der zugehörigen Bestellungen beschreiben. Im Falle der Archivierung nichtoperativer Kundendaten sind die Attribute relevant, da sie den letzten Datenbankzustand eines Kunden
wiedergeben. Zusätzlich besteht eine Korrelation zwischen der Anzahl der Bestellungen im
Archiv und dem Attribut **AnzBest**, vorausgesetzt das Archiv enthält alle Bestellungen des
Kunden.

Die integrierte Auswertbarkeit der inaktiven Kunden mit ihren erledigten Bestellungen
wird wichtiger erachtet, als die Trennung der Archivdaten hinsichtlich der Ursache ihres
Entstehens. Daher soll das Archiv **Bestellungen**, wie erläutert, beide Archivzwecke vereinen.
Das Archivschema gestaltet sich schließlich wie folgt.

Bestellungen:

Kunde[A] (<u>KNr</u>, Firma, Name, Vorname, Straße, PLZ, Ort, Telefon, Seit, LetzteBest,
         Kreditlimit, Rabatt, Guthaben, AnzBest, AnzLief, Bemerkungen, FNr)
Kontakt[A] (<u>KNr</u>, <u>Funktion</u>, Name, Vorname, Telefon)
Bestellung[A] (<u>FNr</u>, <u>BNr</u>, Status, Eingang, Lieferung, Erledigt, Lieferdienst, KNr)
Position[A] (<u>FNr</u>, <u>BNr</u>, <u>PNr</u>, Menge, Betrag, WNr)
Ware[A] (<u>WNr</u>, Name, Preis)

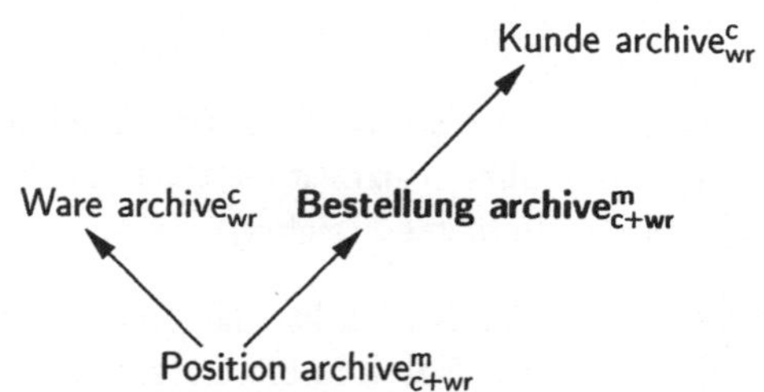

Abbildung 4.9: Operationen für erledigte Bestellungen

4.5.2.3 Operationaler Entwurf

Es gilt im folgenden festzulegen wie der Betrieb des Archivs Bestellungen ablaufen soll. Dafür wird untersucht, welche Operationen der Archivierungsfunktionalität auf welchen Datenbank- und Archivtabellen anzuwenden sind, um dem beabsichtigten Archivzweck zu genügen.

Die erwartete Entlastung der Datenbank wird erreicht, wenn erledigte Bestellungen mit ihren Positionen verschiebend ausgelagert werden (archive^{m}). Die jeweils referenzierten Kunden- und Warendaten werden in der Datenbank noch benötigt und daher lediglich kopiert (archive^{c}). Eine Archivierung dieser zusammenhängenden Daten ist über die Operation archive$^{m}_{c+wr}$ auf der Tabelle Bestellung initiierbar (Abbildung 4.9), da im Archiv die erforderlichen Fremdschlüssel vorhanden sind. Es gilt hierbei noch zu beachten, daß die Sicht Filiale_V für jede Filiale die nächste zu vergebende Bestellnummer aus den bisherigen Bestellungen berechnet. Um diese Berechnung nicht zu verfälschen, darf die letzte Bestellung einer jeden Filiale nicht ausgelagert werden.

Das Auslagern aller Daten, die in Verbindung zu einer Bestellung stehen, kann auf die beschriebene Weise manuell erfolgen. Dabei ist sicherzustellen, daß eine Bestellung seit sechs Monaten erledigt ist. Die Attribute Status („Z" oder „S") und Erledigt (Datum) enthalten die notwendigen Informationen. Eine automatisierte Behandlung durch das DBMS mit Hilfe der regelbasierten Archivierung ist auch möglich (Abschnitt 4.3.5). Verwendung findet hierfür das zeitbezogene verschiebende Auslagern von Datenbankdaten (*move rule*). Die Regel kann so definiert werden, daß die obige Archivierungsoperation einmal im Monat ausgeführt wird. Alle Bestellungen, die dann mindestens sechs Monate erledigt sind, werden ausgelagert. Ausgenommen ist, wie oben beschrieben, die letzte Bestellung einer Filiale.

Inaktive Kunden werden zur Entlastung der Datenbank mit den eventuell vorhandenen Kontakten verschiebend ausgelagert (archive^{m}). Abbildung 4.10(a) zeigt, daß hierfür lediglich die Operation archive$^{m}_{c}$ auf der Tabelle Kunde anzuwenden ist. Das verschiebende Auslagern nichtoperativer Kundendaten kann jedoch nur dann erfolgreich ablaufen, wenn keine referenzierenden Bestelldaten mehr existieren, da sonst das Löschen nicht möglich ist. Kundendaten sind nichtoperativ, wenn der Kunde länger als ein Jahr nichts bestellt hat (Attribut LetzteBest) und alle bisherigen Bestellungen erledigt sind. Irgendwann sind alle Bestellungen eines Kunden erledigt und im Rahmen der oben beschriebenen Archivierung aus der Datenbank entfernt worden. Die Archivierung der Kundendaten kann, wie die der Bestelldaten, regelbasiert erfolgen. Wieder wird eine Regel für das zeitbezogene verschie-

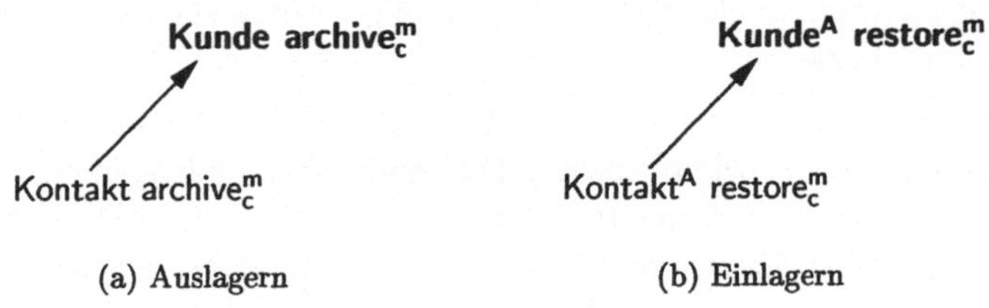

Abbildung 4.10: Operationen für Kunden

bende Auslagern definiert, die einmal im Monat zur Ausführung kommt. Es werden also monatlich die Kunden archiviert, die seit einem Jahr keine Bestellungen mehr aufgegeben haben und deren sämtliche Bestellungen bereits im Archiv sind.

Falls ein Kunde nach seiner Archivierung wieder bestellt, erlangen seine Daten wieder operativen Status und sind in die Datenbank manuell einzulagern. Das Einlagern von Kunden und Kontakten erfolgt verschiebend (restore^m). In Abbildung 4.10(b) ist die auf der Archivtabelle Kunde^A zu initiierende Operation restore$_c^m$ dargestellt. Einzulagern sind stets die zuletzt archivierten Daten eines Kunden. Diese waren zum Archivierungszeitpunkt in der Datenbank nichtoperativ und wurden daher unabhängig von Bestellungen ausgelagert. Deshalb gibt es im Archiv keine Bestelldaten, die diese nichtoperativen Kundendaten referenzieren, das verschiebende Einlagern ist somit immer möglich.

4.5.2.4 Nutzungsmöglichkeiten

Die langfristig aufzubewahrenden Archivdaten können auf verschiedene Arten genutzt werden. Dies sollen einige Beispiele zeigen. Von zentraler Bedeutung sind die Bestellungen mit ihren Positionen. Reklamiert beispielsweise ein Kunde nach einem dreiviertel Jahr eine eigentlich erledigte Bestellung, so müssen zu der von ihm angegebenen Bestellnummer alle Daten über eine Anfrage (select^A) aus dem Archiv ermittelt werden.

Mit Hilfe der Archivierungszeit läßt sich unter anderem feststellen, welche Bestellungen zu einem bestimmten Zeitpunkt archiviert wurden. Das monatliche Auslagern führt dazu, daß zum Archivierungszeitpunkt Bestellungen ausgelagert werden, die seit mindestens sechs und höchstens sieben Monaten erledigt sind. Bestellungen, die länger erledigt sind, wurden bereits im Monat zuvor ausgelagert.

Eine wichtige Aufgabe des Unternehmens besteht darin, neue Kunden zu finden. Genauso wichtig ist aber, vorhandene Kundenbeziehungen zu pflegen. Hierzu zählen insbesondere auch die Kunden, die ausgelagert wurden, weil sie länger als ein Jahr nichts bestellt haben. Aus dem Archiv lassen sich solche, ab einem bestimmten Zeitpunkt als inaktiv eingestufte, Kunden ermitteln.

Für interne Zwecke sind die Archivdaten ebenfalls verwendbar. Beispielsweise möchte das Unternehmen die Qualität seiner Geschäftsprozesse beurteilen. Ein Bewertungsmaß ist etwa die Bearbeitungsdauer von Bestellungen. Das Archiv bietet hierfür mit den Zeitangaben über Eingang und Lieferung von Bestellungen eine umfangreiche Datenbasis. Verschiedenste Auswertungen sind denkbar. So kann die durchschnittliche Bearbeitungsdauer einer

Bestellung ermittelt werden. Diese kann sich auf alle vorhandenen Bestellungen oder einen zeitlichen Abschnitt beziehen.

Die Bedeutung der Archivdaten zeigt sich z. B., wenn ein Konstruktionsfehler an einer ausgelieferten Ware entdeckt wird. In diesem Fall sind alle Kunden, die diese Ware gekauft haben, über den Mangel zu informieren. Aus den Bestellungen in Datenbank und Archiv lassen sich mit Hilfe einer übergreifenden Anfrage diejenigen bestimmen, welche die fragliche Ware enthalten. Die jeweils zugehörigen Kunden und eventuell vorhandenen Kontakte ergeben sich unmittelbar.

4.5.3 Archivierung zum Festhalten der Datenbankentwicklung

Ein interessantes Anwendungsfeld der Archivierung ist das Festhalten der historischen Entwicklung einer Datenbank. Die Historie von Daten wird häufig für Revisionszwecke benötigt und bildet oft auch die Grundlage für Anwendungen der Entscheidungsunterstützung. Archive bieten aufgrund ihrer impliziten temporalen Datenhaltung eine einfache Möglichkeit, entsprechende Auswertungen vorzubereiten und Nachweise über die Datenentwicklung zu führen.

4.5.3.1 Beschreibung des Archivierungskonzepts

Die Einkaufspreise der Waren können sich im Laufe der Zeit ändern, das Festhalten ihrer Entwicklung ist von Nutzen. Auf Grundlage einer solchen Datenbasis können Preisänderungen nachvollzogen und Tendenzen erkannt werden. Ein Preisvergleich für eine Warengruppe über einen größeren Zeitraum bietet die Möglichkeit, Marktentwicklungen aufzudecken und vorauszusehen. Bezogen auf Lieferanten sind Preisvergleiche für eine Ware von Interesse. Mit Hilfe der Archivierung lassen sich Änderungen an den Einkaufspreisen aufzeichnen. Der jeweilige Vorzustand der Preisdaten wird archiviert. Die zugehörigen Lieferanten- und Warendaten sind ebenfalls in das Archiv aufzunehmen, um von der Datenbank unabhängige Auswertungen durchführen zu können. Gleiches gilt für die in diesem Zusammenhang wichtigen Warengruppen.

Hohe Lagerbestände binden finanzielle Mittel des Unternehmens und stellen somit einen wichtigen Kostenfaktor dar. Sie verdecken auch Probleme im Bereich der Disposition und der Bedarfsermittlung [Sch95]. Basierend auf den Bestelldaten kann die Anzahl der georderten Waren in einem festgelegten Zeitraum, aufgeschlüsselt nach Filialen, bestimmt werden. Die Planung der notwendigen Bestände für die Lager wird mit diesem Wissen erleichtert.

Das Reduzieren der Lagerbestände ist ein Ziel, welches durch Archivierung und Aufbau einer Datenbasis unterstützt werden kann. Ein Archiv soll daher die Angaben zu Beständen im wöchentlichen Abstand festhalten. Ein Vergleich der wöchentlichen Bestände mit der Anzahl der in der gleichen Woche ausgelieferten Waren gibt Aufschluß darüber, welche Bestände zu groß (oder zu knapp) bemessen sind. Das Kaufverhalten der Kunden kann auch herangezogen werden, um die erforderliche Bestellmenge bei den Lieferanten abschätzen zu können. So ist für jedes Lager außer dem Bestand wochenweise auch die ausgelieferte Menge einer jeden Ware zu bestimmen und ins Archiv aufzunehmen. Auswertungen auf diesen Daten belasten die Datenbank nicht.

4.5.3.2 Struktureller Entwurf

Um Veränderungen an den Einkaufspreisen aufzeichnen zu können, ist die Datenbanktabelle Liefert zwingend in das Archiv Preise aufzunehmen. Für Auswertungen sind außerdem die Archivtabellen Lieferant[A], Ware[A] und Warengruppe[A] vorhanden. Soweit möglich, werden Schlüssel und Fremdschlüssel der Datenbank übernommen. Daraus ergibt sich das folgende Archivschema.

Preise:

Ware[A] (<u>WNr</u>, Name, Preis, Bemerkungen, WGNr)

Warengruppe[A] (<u>WGNr</u>, Name)

Lieferant[A] (<u>LNr</u>, Name, Straße, PLZ, Ort, Telefon)

Liefert[A] (<u>WNr</u>, <u>LNr</u>, Einkaufspreis)

In diesem Archiv ist das Attribut Bild im Schema der Warentabelle unwichtig und wird daher nicht übernommen. Das gleiche trifft für das Attribut Bemerkungen der Warengruppen und Lieferanten zu. Bemerkungen zu Waren werden hingegen mitarchiviert, da sie Hinweise enthalten könnten, die sich auf den Preis einer Ware beziehen. Das Schema der Tabelle Liefert[A] umfaßt alle Attribute der zugehörigen Datenbanktabelle.

Für die Optimierung der Lagerhaltung sind die Daten der Bestände und Bestellpositionen von Bedeutung. Aus den Positionen kann ermittelt werden, welche Ware in welcher Menge bestellt wurde. Über die zugehörige Bestellung läßt sich die verantwortliche Filiale bestimmen. Da für jede Filiale genau ein Lager zuständig ist, ergibt sich, welche Bestellposition von welchem Lager geliefert wurde. Die Sicht Lager_Auslieferung_V realisiert dieses Vorgehen. Sie enthält für jedes Lager und jede Ware die ausgelieferte Menge der letzten sieben Tage. Die Sicht hat folgendes Schema.

Lager_Auslieferung_V (LaNr, WNr, Menge)

Es schließt sich die Definition der Sicht mit Hilfe von SQL an. Zuerst wird die Sicht Auslieferung_V angelegt. Sie summiert die Menge der ausgelieferten Waren innerhalb der letzten sieben Tage (einschließlich dem aktuellen) lagerbezogen auf. Die Sicht Lager_Auslieferung_V baut darauf auf und stellt die Verbindung zu den Beständen eines Lagers her. Jedem Bestand einer Ware wird deren ausgelieferte Menge zugeordnet, insbesondere wird für Bestände, aus denen keine Bestellungen bedient wurden die ausgelieferte Menge mit dem Wert 0 angesetzt.

```
CREATE VIEW Auslieferung_V
  AS
     SELECT LaNr, WNr, SUM (Menge) AS Menge
     FROM   Position NATURAL JOIN Filiale
     WHERE  ( FNr, BNr ) IN
              ( SELECT FNr, BNr
                FROM   Bestellung
                WHERE  Lieferung >= CURRENT_DATE - INTERVAL '6' DAY )
     GROUP BY LaNr, WNr
```

```
CREATE VIEW Lager_Auslieferung_V
   AS
      SELECT b.LaNr, b.WNr, COALESCE ( a.Menge, 0 ) AS Menge
      FROM   Bestand AS b LEFT OUTER JOIN
             Auslieferung_V AS a USING ( LaNr, WNr )
```

Die Sicht Lager_Auslieferung_V und die Tabelle Bestand werden in das Archiv Bestände aufgenommen. Eine Integration in das Archiv Preise wird nicht angestrebt, da beide Archivzwecke verschieden sind. Das Archivschema für die Bestandsentwicklung gestaltet sich nun wie nachfolgend dargestellt.

Bestände:

   Lager_Auslieferung_V^A (LaNr, WNr, Menge)

   Bestand^A (<u>LaNr</u>, <u>WNr</u>, Menge, LiefMenge)

Das Schema einer Sicht wird grundsätzlich mit allen Attributen in ein Archiv übernommen (Abschnitt 4.3.1), das gilt auch für die obige Sicht. Die Attribute Lagerort und Bemerkungen der Bestandstabelle spielen für die mengenmäßige Entwicklung keine Rolle und werden daher weggelassen.

4.5.3.3 Operationaler Entwurf

Für das Festhalten der Preisänderungen von Waren im Archiv Preise, muß jede Modifikation an den Daten registriert werden. Sobald eine Änderung der Einkaufspreise auftritt, sind die Vorzustände der betroffenen Daten in das Archiv zu kopieren (archive^u). Die Archivierung aufgrund geänderter Lieferdaten in der Tabelle Liefert erfordert ein kopierendes Auslagern der referenzierten Lieferanten- und Warendaten (archive^c), um die Fremdschlüsselbedingungen im Archiv zu erfüllen. Deshalb ist auch die von einer Ware referenzierte Warengruppe zu kopieren. Durch dieses Vorgehen wird gewährleistet, daß das Archiv beim Ändern eines Preises alle in Zusammenhang stehenden Daten vollständig aufnimmt. Der entsprechende Vorgang wird über die Operation archive$^u_{wr}$ auf der Tabelle Liefert ausgelöst. Abbildung 4.11 zeigt die Implikationen dieser Operation. Zu beachten ist, daß Änderungen an den Daten von Lieferanten, Waren und Warengruppen nicht unmittelbar im Archiv verzeichnet werden, sondern ein kopierendes Auslagern nur dann erfolgt, wenn es durch Änderungen an Daten der Liefert-Tabelle initiiert wird. Änderungen gehen möglicherweise verloren.

Soll im Archiv zusätzlich die Datenentwicklung von Lieferanten und Waren vollständig festgehalten werden, sind weitere Operationen erforderlich (archive^u). Für Änderungen auf der Tabelle Lieferant ist lediglich die Operation archive^u auszuführen, bei der Tabelle Ware ist die referenzierte Tabelle Warengruppe zu berücksichtigen und deshalb die Operation archive$^u_{wr}$ anzuwenden. In Abbildung 4.12(a) sind die beiden Operationen dargestellt. Um auch Änderungen an den Daten der Warengruppen aufzeichnen zu können, ist schließlich die Operation archive^u auf der Tabelle Warengruppe auszuführen, wie Abbildung 4.12(b) zeigt.

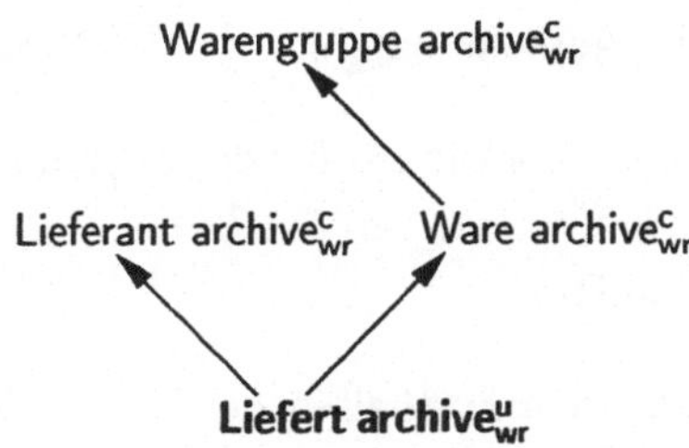

Abbildung 4.11: Operationen für die Entwicklung der Einkaufspreise

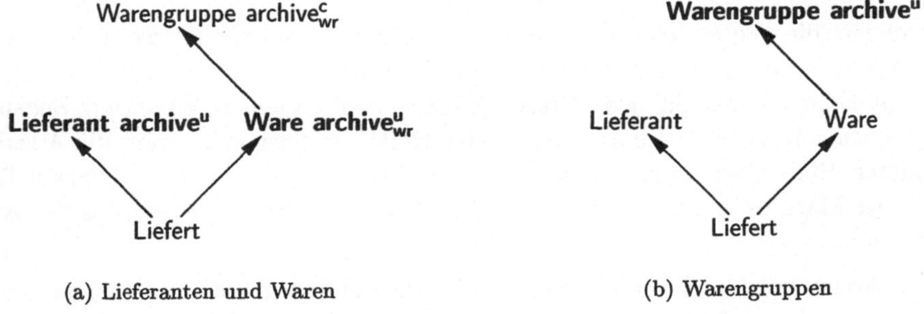

(a) Lieferanten und Waren   (b) Warengruppen

Abbildung 4.12: Operationen für die Entwicklung der Lieferanten und Waren

Die bisher beschriebenen Operationen berücksichtigen lediglich das Ändern, aber nicht das Löschen von Datenbankdaten. Bei der Aufzeichnung der Datenentwicklung soll jedoch aus Gründen der Vollständigkeit auch der jeweils letzte Zustand dokumentiert werden. Im Falle des Löschens von Daten ist deshalb die Operation archive^{m} zu benutzen. Sie wird auf den Tabellen **Liefert**, **Lieferant**, **Ware** und **Warengruppe** mit den gleichen Parametern wie bei der Operation archive^{u} angewendet. Die implizierten Folgeoperationen sind ebenfalls gleich und entsprechen denen der Abbildungen 4.11 und 4.12.

Um nun sicherzustellen, daß das Archiv **Preise** die komplette Historie in allen Tabellen aufzeichnet, müssen stets die beschriebenen Operationen auf den genannten Tabellen ausgeführt werden. Es bietet sich daher an, daß die Archivierung durch Regeln erfolgt (Abschnitt 4.3.5). Für jede Archivtabelle sind Regeln zu definieren, welche die Aufnahme gelöschter oder geänderter Datenbankdaten übernehmen (*history rule*). Auf diese Weise wird die vollständige Aufzeichnung der Datenentwicklung automatisch garantiert.

Im Archiv **Bestände** soll eine Datenbasis zur Beurteilung der Lagerbestände aufgebaut werden. Hierfür sind die Daten der Sicht **Lager_Auslieferung_V** und der Tabelle **Bestand** in das Archiv zu kopieren (archive^{c}). Die Sicht ist bereits darauf ausgelegt, daß sie die Daten der ausgelieferten Waren der letzten sieben Tage aufbereitet. Daher ist sie in einem wöchentlichen Turnus kopierend auszulagern. Um die Vergleichbarkeit mit den Lagerbeständen zu gewährleisten, muß mit diesen entsprechend verfahren werden. Die erforderlichen Archivierungsoperationen sind in Abbildung 4.13 dargestellt. Mit Hilfe der regelbasierten Archivierung werden die Handhabung vereinfacht und Fehler vermieden. Einsatz finden Regeln für das zeitbezogene kopierende Auslagern (*copy rule*).

archive^c Lager_Auslieferung_V   **Bestand archive^c**

Abbildung 4.13: Operationen für die Bestandsentwicklung

4.5.3.4 Nutzungsmöglichkeiten

Das Archiv **Preise** dient primär dem Festhalten der Entwicklung der Einkaufspreise. Die so aufgebaute Datenbasis kann beispielsweise dazu benutzt werden, gezielt zu ermitteln, wie sich die Preise für eine bestimmte Ware in einem vorgegebenen Zeitraum verändert haben. Da verschiedene Lieferanten die gleiche Ware liefern können, ist auch von Interesse, welcher Lieferant welchen Preis verlangt hat.

Auswertungen, die sich auf eine Warengruppe beziehen, also mehrere Waren berücksichtigen, ermöglichen Aussagen über die Entwicklung eines Marktes im betrachteten Zeitraum. Hier ist im Ergebnis weniger jede Preisänderung einer einzelnen Ware von Bedeutung, vielmehr spielen aggregierte Informationen eine Rolle. Beispielsweise kann die Anzahl der verzeichneten Preisänderungen von Waren einer Warengruppe als eine Kennzahl für die Dynamik des Marktes dienen. Weitere komplexe Auswertungen in diesem Zusammenhang sind vorstellbar.

In diesem Archiv wird auch die Entwicklung der Daten von Waren und Lieferanten vollständig aufgezeichnet. So kann, ähnlich wie für die Einkaufspreise, die Veränderung des Verkaufspreises einer Ware über einen Zeitraum nachvollzogen werden. Die Historie der Lieferanten ist beispielsweise dann von Nutzen, wenn eine alte Adresse eines Lieferanten benötigt wird.

Mit dem Archiv **Bestände** wird das Ziel verfolgt, die Bestandsentwicklung wochenweise zu dokumentieren. Auf einfache Weise kann die im Laufe einer Woche von einem Lager ausgelieferte Menge einer Ware mit dem Lagerbestand der Ware am Ende der Woche verglichen werden. Über einen längeren Zeitraum betrachtet, ergibt sich so ein genaues Bild von einer Ware, was Bedarf und Bestand betrifft. Auf dieser Grundlage läßt sich beispielsweise ermitteln, ob ein Lagerbestand häufig einen festgelegten Schwellwert überschreitet. Die erforderliche Menge an einer Ware wird so besser abschätzbar. Mit diesem Wissen kann dann die bei den Lieferanten zu bestellende Menge der Ware optimiert werden, um den Lagerbestand zu reduzieren.

4.6 Zusammenfassung

Mit der Einführung von Archivierung als Datenbankdienst wurde in diesem Kapitel das Datenhaltungskonzept von Datenbanksystemen grundlegend erweitert. Wesentlich dabei ist, daß ein Archiv stets als Ergänzung zur Datenbank und nicht als deren Ersatz gesehen werden soll. Als allgemeine Anforderungen an einen solchen integrierten Dienst wurden der Bezug zum Datenmodell, die Benutzerveranlassung und die Sicherstellung der langfristigen Nutzbarkeit der Archivdaten formuliert. Die untersuchte konzeptuelle Integration von Archiven und Archivierungsfunktionalität orientierte sich, insbesondere mit Blick auf die Beziehung von Datenbank und Archiv, an den zusätzlichen Forderungen nach Datenbankrelevanz, homogenem Zugriff auf Archivdaten, Authentizität von Archivdaten und Autonomie der Datenbank.

Ein Archiv wird ähnlich wie eine Datenbank über ein Schema strukturiert. Die Struktur eines Archivs wird aus der einer Datenbank abgeleitet. Ein Archiv ist von einer Datenbank abhängig und dieser zugeordnet; einer Datenbank können mehrere Archive zugeordnet sein. Für jedes Archiv ist im Hinblick auf den gewünschten Archivzweck ein Archiventwurf durchzuführen. In diesem wird die Struktur und die anzuwendenden Operationen festgelegt. Die von einem DBMS zur Verfügung zu stellende Archivierungsfunktionalität umfaßt neben der Definition von Archivtabellen das Aus- und Einlagern von Daten, das Einfügen und Löschen von Archivdaten sowie Anfragen an Archive. Darüber hinaus wurde ein Konzept für eine regelbasierte Archivierung vorgeschlagen. In Kapitel 6 wird mit ASQL eine Sprache für die beschriebene Funktionalität vorgestellt.

Zeitfragen spielen für die Archivierung vor dem Hintergrund der langfristigen Aufbewahrung eine herausgehobene Rolle. Ein Aspekt sind dabei Schemaänderungen der Datenbank, die im Archiv zur Schemaversionierung führen sollen. Das nächste Kapitel befaßt sich unter anderem mit dieser Thematik genauer. Aufgrund ihrer potentiellen Langlebigkeit kann die Nutzungszeit der Archive die der zugehörigen Datenbank übertreffen. Hierfür wurde ein Ansatz zum Abtrennen und Wiedereingliedern von Archiven bezüglich des Datenbanksystems erläutert. Auf Ebene der Archivdaten wurde die Aufzeichnung der Archivierungszeit motiviert. Diese Ergänzung muß in der Archivierungsfunktionalität Berücksichtigung finden. Die zeitlichen Eigenschaften wurden in einem temporalen Datenmodell für Archive zusammengefaßt.

Schließlich konnte an einem Beispiel der Einsatz der Archivierung gezeigt werden. Bezogen auf eine Beispieldatenbank wurden zwei Archivierungsszenarien behandelt. Gegenstand und Archivzweck war zum einen das vorherrschende Anwendungsfeld zur Datenbankentlastung, zum anderen die Ausnutzung der temporalen Datenhaltung zum Festhalten der Datenbankentwicklung. Das Beispiel wird in Verbindung mit ASQL wieder aufgegriffen.

Kapitel 5

Datenbank und Archiv

Dieses Kapitel untersucht die Beziehungen zwischen Datenbank und Archiv auf Daten- und Schemaebene. Für Archive soll wie für Datenbanken eine gewisse Qualität der Daten zusicherbar sein. Hierfür werden bekannte Konzepte der Integritätssicherung von Datenbanken eingeführt. Vor diesem Hintergrund folgt eine Untersuchung, inwieweit und in welcher Form sich diese Möglichkeiten auf Archive, unter Berücksichtigung der Beziehung zur Datenbank, übertragen lassen. Das Schema eines Archivs ist eng an das der zugehörigen Datenbank angelehnt, muß aber auch die Authentizität von Archivdaten gewährleisten. Daraus ergeben sich verschiedene Probleme bei Änderungen von Datenbank- oder Archivschema. Im Rahmen der Diskussion werden zunächst die SQL-Konzepte für Datenbankschemata vorgestellt, ausgehend von möglichen Schemaänderungen wird dann die Brücke zwischen Datenbank- und Archivschema geschlagen [LS98b]. Die notwendige Beziehung zwischen beiden Schemata führt zur Entwicklung eines Versionierungskonzepts für Archivschemata, das den spezifischen Eigenschaften von Archiven genügt und die besonderen Probleme löst, die sich aus der Verbindung zur Datenbank ergeben.

5.1 Datenintegrität und Datenbanken

Der folgende Abschnitt definiert zunächst grundlegende Begriffe der Datenintegrität in Verbindung mit Datenbanken. Vor diesem Hintergrund werden anschließend Integritätsbedingungen hinsichlich verschiedener Kriterien klassifiziert. Eine Vorstellung der Integritätsbedingungen des relationalen Datenmodells rundet die Darstellung ab.

5.1.1 Konsistenz von Datenbanken

Wesentlich für eine sinnvolle Verarbeitung von Daten ist deren Qualität [Rei96, Her96b]. Wichtig dafür sind Widerspruchsfreiheit und Vollständigkeit der Datenbank bezüglich der Miniwelt. Das bedeutet, daß die Daten die interessanten Aspekte vollständig widerspiegeln und keine Widersprüche dazu auftreten. Die Datenbank soll zu jedem Zeitpunkt ein Abbild (Modell) einer gegebenen Miniwelt sein. Diese Forderung nach Inhaltsbezogenheit wird als *Kongruenz* bezeichnet [LL95]. Die erhobene Forderung nach vollständiger Übereinstimmung mit der realen Welt ist jedoch nicht erfüllbar. Nur selten kann ein Datenbanksystem die Kontrolle darüber ausüben, ob die von ihm entgegengenommenen Daten sich mit der Miniwelt decken. Für praktische Zwecke soll daher eine schwächere Forderung eingeführt werden.

Die Vorgänge in der Miniwelt laufen üblicherweise nicht nach einem Zufallsprinzip ab, sondern unterliegen gewissen Gesetzmäßigkeiten. Wenn man dem Datenbanksystem über Bedingungen mitteilt, welche Auswirkungen diese Gesetzmäßigkeiten auf Zustand und Zustandsübergänge der Datenbank haben können, welche Zustände und Übergänge also als gesetzesgemäß anzusehen sind, kann das System die Einhaltung dieser Bedingungen überwachen. Allgemein bezeichnet man die Ausdrucksmittel, welche die *erlaubten* Zustände und Zustandsübergänge von den *möglichen* trennen, als Integritätsbedingungen. Eine *Integritätsbedingung* ist eine Abstraktion einer durch die Miniwelt gegebenen Einschränkung.

Integritätsbedingungen sind also Beschreibungen, die angeben, welche Datenwerte wo, unter welchen Umständen und in welchem zeitlichen Ablauf zulässig sein sollen. Die Menge aller Integritätsbedingungen beschreibt die Semantik der Daten in der Datenbank und repräsentiert Wissen über die Daten. Dieses Wissen kann nicht direkt aus dem Inhalt der Datenbank abgeleitet werden. Es stellt innere Zusammenhänge zwischen den Daten der Datenbank dar. Die Forderung nach Kongruenz läßt sich auf dieser Grundlage zu einer Forderung nach *Konsistenz* abschwächen [LL95]. Hierfür muß eine Datenbank zu jedem Zeitpunkt den Integritätsbedingungen für ein Modell einer gegebenen Miniwelt folgen. Datenbankzustände, die diese Forderung erfüllen werden *konsistent* genannt. Da hier die Semantik der Daten eine wichtige Rolle spielt, wird anstelle von Konsistenz auch von semantischer *Integrität* gesprochen.

Eng verbunden mit der Forderung nach Konsistenz ist der Begriff der Transaktion. Eine *Transaktion* als eine Folge von Operationen ist eine konsistenzerhaltende Einheit. Sie läßt die Datenbank in einem konsistenten Zustand zurück, wenn diese vor Beginn der Transaktion konsistent war. Einzelne Operationen sind nicht notwendigerweise konsistenzerhaltend. Es gelten die folgenden vier grundlegenden Eigenschaften, die unter dem Akronym *ACID* zusammengefaßt werden [HR83]:

1. Atomarität (*Atomicity*)

   Eine Transaktion wird entweder vollständig oder gar nicht ausgeführt.

2. Konsistenz (*Consistency*)

   Eine Transaktion überführt die Datenbank von einem konsistenten in einen, nicht notwendigerweise verschiedenen, wiederum konsistenten Zustand.

3. Isolation (*Isolation*)

   Für eine Transaktion sind Änderungen noch nicht erfolgreich abgeschlossener nebenläufiger Transaktionen nicht sichtbar.

4. Dauerhaftigkeit (*Durability*)

   Änderungen einer erfolgreich abgeschlossenen Transaktion gehen nicht mehr verloren.

Die ACID-Eigenschaften werden vom DBMS garantiert. Dieses führt alle Operationen im Rahmen von Transaktionen aus. Der Zeitpunkt eines Zustandsübergangs der Datenbank wird daher nicht durch eine einzelne Änderungsoperation bestimmt, sondern durch den erfolgreichen Abschluß einer Transaktion, welche eine oder mehrere Änderungsoperationen enthält. Entsprechend müssen die Integritätsbedingungen auch nur zu diesen Zeitpunkten sichtbarer Zustandsübergänge erfüllt sein.

5.1.2 Klassifikation von Integritätsbedingungen

Im folgenden werden verschiedene Kriterien zur Klassifikation von Integritätsbedingungen erläutert. Die Kriterien basieren auf der Darstellung in [Her96b] und sind weitgehend, aber nicht vollständig orthogonal.

1. Verhältnis zum Datenmodell

   - modellinhärente Integritätsbedingungen (implizit, explizit)
   - modellexterne Integritätsbedingungen

   In Abhängigkeit von der Mächtigkeit des Datenmodells sind die Bedingungen aus der Miniwelt durch das Datenmodell abgedeckt oder müssen extern spezifiziert werden. Allgemeine Datenmodelle sind nicht mächtig genug, alle Typen von Integritätsbedingungen, die in einer abzubildenden beliebigen Miniwelt auftreten könnten, zu repräsentieren.

   Modellinhärente Integritätsbedingungen sind im Datenbankschema verankert. Sie lassen sich weiter in implizite und explizite Bedingungen unterteilen:

   - Implizite Bedingungen ergeben sich aus der *Strukturkompomente* des Datenmodells. Bereits beim Definieren einer Struktur sind solche Bedingungen implizit vorhanden und zwar unabhängig von der konkreten Struktur. Beispiele dafür sind die erste Normalform, die Eindeutigkeit von Tupeln und das Einhalten von Wertebereichen im relationalen Datenmodell.
   - Explizite Bedingungen sind durch die Möglichkeiten der *Integritätskomponente* des Datenmodells bestimmt. Diese Bedingungen müssen bei der Definition eines Datenbankschemas explizit spezifiziert werden. Beispiele im relationalen Datenmodell sind Schlüssel und Fremdschlüssel.

   Modellexterne Integritätsbedingungen sind nicht durch das Datenmodell gegeben. Sie können aber Anfragen der *Manipulationskomponente* des Datenmodells als Beschreibungsmittel nutzen. Externe Bedingungen werden vom DBMS oder in den Anwendungsprogrammen geprüft. Im Falle des DBMS gehören solche Bedingungen dem Datenbankschema an.

2. Semantische Eigenschaften

   - Wertebereichs-Integritätsbedingungen
   - Eindeutigkeits-Integritätsbedingungen (Schlüssel, Objektidentität)
   - Existenz-Integritätsbedingungen (Fremdschlüssel, Referenzwerte)
   - Mehrwertige Abhängigkeiten (funktionale Abhängigkeiten)
   - Inklusions- und Exklusionsbeziehungen

   Dieses Klassifikationskriterium beschreibt die Art der semantischen Eigenschaften, die mittels Integritätsbedingungen ausgedrückt werden.

3. Menge der betroffenen Objekte

   - Ein-Objekt-Integritätsbedingungen
   - Mehr-Objekt-Integritätsbedingungen

   Dabei betreffen die Integritätsbedingungen

   - ein Merkmal eines Objekts,
   - ein Merkmal mehrerer Objekte eines Typs,
   - mehrere Merkmale eines Objekts,
   - mehrere Merkmale mehrerer Objekte eines Typs,
   - mehrere Merkmale mehrerer Objekte verschiedenen Typs.

   Merkmal, Objekt und Objekttyp entsprechen Attribut, Tupel und Relationsschema im relationalen Datenmodell.

4. Geltungsbereich bezüglich der Transaktion

   - unmittelbar geltende Integritätsbedingungen
   - verzögert geltende Integritätsbedingungen
   - nutzergesteuert geltende Integritätsbedingungen

   Unmittelbar geltende Integritätsbedingungen (*immediate constraints*) müssen nach jeder Datenbankoperation gelten. Hingegen müssen verzögert geltende Integritätsbedingungen (*deferred constraints*) erst nach Ende der Transaktion gelten. Da die Erfüllung der Konsistenz der Datenbank und damit die Gültigkeit aller Integritätsbedingungen erst zum Ende der Transaktion gefordert wird (ACID), sind grundsätzlich alle Integritätsbedingungen verzögert testbar. Unmittelbar geltende Integritätsbedingungen nehmen Bezug auf Fälle, in denen ihre Verletzung in der Regel nicht mehr korrigiert werden kann (z. B. Wertebereichsbedingungen). Sie können daher unmittelbar nach der Operation getestet werden. Verzögert geltende Integritätsbedingungen können nach einer Operation verletzt sein und im Laufe der Transaktion von weiteren Operationen wieder gültig gemacht werden. Nutzergesteuert geltende Integritätsbedingungen brauchen nur dann zu gelten, wenn der Benutzer den Test über einen expliziten Prüfbefehl ausgelöst hat.

5. Art der Fehlerreaktion

   - strenge Integritätsbedingungen
   - schwache Integritätsbedingungen
   - selbstkorrigierende Integritätsbedingungen

   Strenge Integritätsbedingungen müssen durch sämtliche Transaktionen eingehalten werden, schwache Bedingungen können zeitweise verletzt sein (z. B. Ausnahmefälle in praktischen Anwendungen). Bei selbstkorrigierenden Integritätsbedingungen werden automatisch Änderungen in der Datenbank vorgenommen, so daß die verletzte Integritätsbedingung wieder erfüllt ist. Durch dieses aktive Verhalten bezeichnet man solche Bedingungen auch als Integritätsregeln.

6. Anzahl der zu betrachtenden Datenbankzustände

- statische Integritätsbedingungen
- transitionale Integritätsbedingungen
- dynamische Integritätsbedingungen

Statische Integritätsbedingungen (Zustandsbedingungen) beziehen sich auf einen Datenbankzustand, während sich transitionale Integritätsbedingungen (Übergangsbedingungen) auf zwei direkt aufeinanderfolgende und dynamische Integritätsbedingungen auf zwei beliebige, aber verschiedene Datenbankzustände beziehen.

7. Gültigkeitsdauer

- immer gültige Integritätsbedingungen
- zeitweilig gültige Integritätsbedingungen

Aufgrund von Anwendungserfordernissen kann es sinnvoll sein, Integritätsbedingungen deaktivieren und wieder aktivieren zu können.

8. Syntaktischer Aufbau

- Aggregat-Integritätsbedingungen
- Nichtaggregat-Integritätsbedingungen

Aggregat-Integritätsbedingungen enthalten mindestens eine Aggregatfunktion wie Summe, Mittelwert, Maximum, Minimum oder Aufzählung. Außerdem sind berechenbare Prädikate, also Prädikate mit arithmetischen Operationen bzw. Vergleichsoperatoren ($=$, $\neq$, $<$, $>$, $\leq$, $\geq$) möglich.

Es werden im folgenden nur statische, immer gültige und strenge Integritätsbedingungen betrachtet.

5.1.3 Integritätsbedingungen im relationalen Datenmodell

Das relationale Datenmodell (Abschnitt 2.1.4.1) erfaßt Integritätsbedingungen im Zusammenhang mit Attributen und Domänen sowie Schlüssel und Fremdschlüssel. Andere allgemeine Integritätsbedingungen sind modellextern. Es folgt die Erläuterung der modellinhärenten Integritätsbedingungen. Außerdem wird die Komplexität der Integritätsprüfung in relationalen Datenbanken untersucht.

5.1.3.1 Attribute und Domänen

Um die Integritätsbedingungen, die im Zusammenhang mit Attributen und Domänen stehen, benennen zu können, muß zunächst der Begriff der *Domäne* in Ergänzung zu Abschnitt 2.1.4.1 etwas näher beleuchtet werden. Gerade hier gab es eine Reihe von Entwicklungen, die sich auf das Verständnis des relationalen Datenmodells und auf seine Integritätskomponente auswirken. Auf der Basis verschiedener Domänenbegriffe werden im folgenden drei etwas voneinander abweichende Definitionen für Relationen und Relationsschemata angegeben und die Bedeutung für Integritätsbedingungen erläutert.

Tabelle 5.1: Varianten des Domänenbegriffs

Domäne	statisch	dynamisch
Wertebereich	Definition 1	Definition 2
Datentyp	Definition 3	(SQL)

Unter Domäne kann man einen *Wertebereich* verstehen, also eine endliche Menge von Werten, auf denen oft eine gewisse Ordnung definiert ist. Denkbar ist aber auch die Gleichsetzung mit dem Begriff des (abstrakten) *Datentyps*, der neben einem Wertebereich noch eine Menge von Operationen auf diesen Werten umfaßt. Die Werte eines solchen Datentyps können intern im Prinzip beliebig komplex strukturiert sein, ohne das Gebot der Atomarität (erste Normalform) zu verletzen [DD95]. Unterschieden werden kann auch, ob die Menge von Werten einer Domäne zeitlich veränderbar (*dynamisch*) ist oder nicht (*statisch*). Diese Eigenschaft bezieht sich im Zusammenhang mit Datenbanken darauf, ob der Wertebereich einer Domäne von den aktuellen Daten abhängt. Den Wertebereich einer dynamischen Domäne kann man als eine durch Integritätsbedingungen beschränkte Teilmenge eines maximalen Wertebereichs auffassen. Tabelle 5.1 vergleicht die Verwendung des Domänenbegriffs in den im Anschluß folgenden drei Definitionen. In SQL wird, wenn auch sehr eingeschränkt, die verbleibende Variante umgesetzt [DD97].

Die erste Definition von Relationen und Relationsschemata betont in Anlehnung an [Cod70] den mathematischen Hintergrund. Als Domänen sind statische Wertebereiche gegeben. Eine Relation ist eine Teilmenge des kartesischen Produkt über einer Reihe nicht notwendigerweise verschiedener Domänen. Das impliziert, daß die Werte der einzelnen Tupel einer Relation den entsprechenden Domänen entstammen, zusätzliche Integritätsbedingungen sind nicht erforderlich. Die Folge der Domänennamen des Kreuzprodukts bildet die Signatur einer Relation; die Reihenfolge ist signifikant. Ein Relationsschema ist ein Platzhalter für Relationen mit der gleichen Signatur.

Eine zweite Definition bricht die starre Reihenfolge der Attribute einer Relation durch die Vergabe von Attributnamen auf. Diese für die praktische Anwendung wichtige Entscheidung hat den interessanten Effekt, daß Tupel als Funktionen definiert sind. Es existiert genau eine Domäne D, die alle von einer Datenbank benötigten Werte umfaßt. Ein Relationsschema R ist eine benannte Menge von Attributen (A, P_A), bestehend aus Attributname A und einer Integritätsbedingung P_A. Eine Relation r über R, kurz $r(R)$, ist eine Menge von Tupeln t. Jedes Tupel ist eine Funktion $t : R \mapsto D$ von der Menge der Attribute auf D, $d = t(A, P_A)$ heißt Attributwert von A und genügt der Bedingung P_A, d.h. $P_A(d)$ ist wahr. Abhängig davon, ob P_A auf vorhandene Relationen Bezug nimmt[1] oder nicht, ist der Wertebereich dynamisch oder statisch. Diese Definition kommt der aus Abschnitt 2.1.4.1 am nächsten. Allerdings sind dort mehrere Domänen erlaubt, ein Attribut bezieht sich auf jeweils eine dieser Domänen, die Bildmenge der Abbildung t besteht aus der Vereinigung der Domänen aller Attribute des zugehörigen Relationsschemas. Wesentlicher Unterschied ist, daß ein Attribut nicht zusätzlich durch eine explizite Integritätsbedingung P_A charakterisiert wird und daher die zugrundeliegende Domäne statisch ist.

---

[1]Einfachstes Beispiel ist eine Domäne, die durch die Werte einer einattributigen Relation bestimmt ist. Die zeitliche Änderbarkeit der Relation überträgt sich dann auf die Domäne.

Eine dritte Definition basiert auf [DD95] und betont den Begriff des *Typs* einer Relation. Als Domänen dienen statische Datentypen, zusätzliche Maßnahmen zur Integritätssicherung sind für sie nicht erforderlich. Ein Tupel t ist eine Menge geordneter Tripel (A, D, d), wobei A der in t eindeutige Attributname, D eine Domäne und $d \in D$ der Attributwert von A in t ist. Die Menge T geordneter Paare (A, D), die durch Elimination der Attributwerte von t entsteht, ist der Typ (*heading*) von t. Eine Relation ist eine Menge von Tupeln des gleichen Typs. Ein Relationsschema (*relational variable*) vom Typ T ist eine Variable, der Relationen (Werte) mit Tupeln vom Typ T zugewiesen werden können. Die Attribute und Domänen des Typs werden auch als Attribute und Domänen der Relation bezeichnet. Die Anlehnung an in Programmiersprachen übliche Bezeichnungen (Typ, Variable, Wert) erleichtert das Verständnis des Relationenmodells und ist auch auf Datenbankschema (Variable vom Typ Menge von Relationsschemata) und Datenbank (dem Datenbankschema zugewiesener Wert) übertragbar.

In Abhängigkeit des verwendeten Domänenbegriffs und den daraus resultierenden Definitionen für Relationen und Relationsschemata sind schließlich zwei Arten von Integritätsbedingungen für Attribute und Domänen zu unterscheiden. Implizit sind im relationalen Datenmodell die Attribut-Integritätsbedingungen (*attribute constraints*). Sie enthalten die Forderung, daß die Attributwerte eines Tupels immer Werte der entsprechenden Domänen sein müssen. Die Unterstützung dynamischer Domänen erfordert die explizite Definition entsprechender Domänen-Integritätsbedingungen (*domain constraints*). Letzteres ist im relationalen Datenmodell gemäß Abschnitt 2.1.4.1 nicht möglich. Neben der Unterscheidung in implizite und explizite modellinhärente Integritätsbedingungen (Abschnitt 5.1.2), kann hier allgemein von Wertebereichs-Integritätsbedingungen gesprochen werden. Im statischen Fall ist immer nur ein Merkmal eines Objekts betroffen und die Integritätsbedingung muß unmittelbar gelten.

5.1.3.2 Schlüssel

Tupel beschreiben die Objekte der Miniwelt (Abschnitt 2.1.4.1). Eine Menge von Tupeln bildet als Ausprägung eines Relationsschemas eine Relation. Mengen im mathematischen Sinne erlauben keine Duplikate ihrer Elemente. Daher können im relationalen Datenmodell nur unterscheidbare Objekte erfaßt werden. Schlüssel modellieren identifizierende Eigenschaften von Objekten der Miniwelt. Die Tupel einer Relation können daher über Schlüssel eindeutig identifiziert werden. Ein *Schlüssel K* des Relationsschemas R ist eine Teilmenge der Attribute von R, geschrieben $R(K)$. Für alle gültigen Ausprägungen des Relationsschemas gilt, daß keine zwei verschiedenen Tupel in $r(R)$ denselben Wert für K haben (Eindeutigkeit), also $\forall\, t_1, t_2 \in r(R) : t_1(K) \neq t_2(K) \lor t_1 = t_2$, und keine echte Teilmenge von K ebenfalls eindeutig ist (Minimalität).

Die Semantik eines Schlüssels entspricht der einer Eindeutigkeits-Integritätsbedingung (Abschnitt 5.1.2). Durch einen Schlüssel sind mehrere Merkmale mehrerer Objekte eines Typs betroffen. Jedes Tupel von $r(R)$ wird also durch die Attribute von K eindeutig identifiziert. Das bedeutet, daß jede Kombination von Werten, die mit den Attributen aus K gebildet werden kann, maximal einmal in $r(R)$ vorkommt. Damit wird das Objekt der Miniwelt als solches durch den Schlüssel repräsentiert.

Jedes Relationsschema hat mindestens einen Schlüssel, da eine zugehörige Relation keine
Duplikate von Tupeln enthält. Aus der Eindeutigkeit von Tupeln folgt, daß mindestens die
Kombination *aller* Attribute des Relationsschemas die Eindeutigkeitseigenschaft erfüllt.
Diese Kombination erfüllt entweder bereits die Minimalitätseigenschaft und ist damit der
(einzige) Schlüssel oder es existiert mindestens eine echte Teilmenge, die die Eindeutigkeitseigenschaft erfüllt und nicht weiter reduziert werden kann, also auch minimal ist. Aus
historischen Gründen wird genau einer der Schlüssel eines Relationsschemas als *Primärschlüssel* (vornehmlich zu verwendender Schlüssel) ausgezeichnet. Funktional ergeben sich
jedoch keine Unterschiede zu den anderen Schlüsseln [Dat95b], die auch als *Alternativschlüssel* bezeichnet werden.

5.1.3.3 Fremdschlüssel

Im relationalen Datenmodell werden Datenbestände ausschließlich in Form von Relationen
repräsentiert. Um nun Beziehungen zwischen Tupeln (Objekten) verschiedener Relationen
darstellen zu können, bietet das relationale Datenmodell die Möglichkeit der Definition von
Fremdschlüsseln. Ein *Fremdschlüssel* F eines Relationsschemas S ist eine Teilmenge der
Attribute von S, die einen Schlüssel K eines (nicht notwendigerweise von S verschiedenen)
Relationsschemas R referenziert. Dieser Zusammenhang wird mit $S(F) \to R(K)$ bezeichnet, dabei ist S das referenzierende und R das referenzierte Relationsschema. Zu jedem
Zeitpunkt existiert für jeden Wert von F in einem Tupel der Relation $r(S)$ der gleiche Wert
für K in einem Tupel der Relation $r(R)$. Es gilt: $\forall\, t_S \in r(S) : \exists\, t_R \in r(R) : t_S(F) = t_R(K)$.
Die Anzahl der Attribute des Fremdschlüssels ist dabei gleich der des referenzierten Schlüs-
sels. Zudem sind die Domänen der paarweise in Beziehung stehenden Attribute vergleichbar.

Nach Definition muß also für jeden gegebenen Wert des Fremdschlüssels ein passender
Wert des Schlüssels in einem Tupel der referenzierten Relation existieren. Man kann daher bei einem Fremdschlüssel auch von einer Existenz-Integritätsbedingung sprechen (Abschnitt 5.1.2), wobei mehrere Merkmale mehrerer Objekte verschiedenen Typs betroffen
sind. Die Umkehrung der Fremdschlüsselbedingung gilt jedoch nicht. Einem Schlüssel, auf
den ein Fremdschlüssel referenziert, dürfen Werte zugeordnet sein, die *nicht* für den Fremdschlüssel existieren. Eng verbunden mit dem Konzept des Fremdschlüssels ist der Begriff
der *referentiellen Integrität*. Darunter versteht man, daß die Datenbank keine unzulässigen
Fremdschlüsselwerte enthalten darf. Unzulässig ist ein Fremdschlüsselwert dann, wenn kein
passender Wert für den referenzierten Schlüssel existiert. Referentielle Integrität bedeutet
also, daß alle Fremdschlüsselbedingungen einer Datenbank erfüllt sind.

Die ursprüngliche Definition des Fremdschlüssels [Cod70] erlaubt als Referenzziel ausschließlich den Primärschlüssel der referenzierten Relation. Hier sind auch Alternativschlüssel zulässig, da die Beschränkung auf Primärschlüssel nicht erforderlich ist und keinen zusätzlichen Nutzen bringt [Dat95b]. Das Konzept des Fremdschlüssels und der Begriff der
referentiellen Integrität haben sich im Laufe der Jahre weiterentwickelt [Cod70, Cod79,
Dat81, Mar90, Dat95a]. Einen Überblick dazu liefert [Rei93, Rei96]. Erweiterungen der
referentiellen Integrität im Hinblick auf mögliche Reaktionen bei Verletzung der Integrität werden hier nicht betrachtet (selbstkorrigierende Integritätsbedingungen). Diese sogenannten referentiellen Aktionen [Dat81, LML97] verlassen den Rahmen des ursprünglichen
relationalen Datenmodells. Sie finden aber Beachtung in Verbindung mit SQL [DD97].

Tabelle 5.2: Komplexität der Integritätsprüfung

Integritätsbedingung	Tupel	Relationen	Klasse
Attribut und Domäne	1	1	(1)
Schlüssel	n	1	(3)
Fremdschlüssel	n	2	(4)
allgemeine Bedingung	n	m	(1) – (4)

5.1.3.4 Komplexität der Integritätsprüfung

Die Überprüfung von Integritätsbedingungen ist unterschiedlich aufwendig [Her96b]. In relationalen Datenbanken lassen sich vier Klassen von Integritätsbedingungen in bezug auf ihre Auswertungskomplexität unterscheiden. Das Komplexitätsmaß ist dabei die Anzahl der Tupel, auf die zur Auswertung zugegriffen werden muß:

1. Ein Attributwert eines Tupels: Die Überprüfung der Integritätsbedingung erfordert den Zugriff auf einen Attributwert eines Tupels (Attribut-Integritätsbedingung).

2. Ein Tupel: Die Überprüfung der Integritätsbedingung erfordert den Zugriff auf mehrere Attributwerte eines Tupels (Tupel-Integritätsbedingung).

3. Eine Menge von Tupeln einer Relation: Die Überprüfung der Integritätsbedingung erfordert den Zugriff auf mehrere Tupel einer Relation (Relation-Integritätsbedingung).

4. Tupel mehrerer Relationen: Die Überprüfung der Integritätsbedingung erfordert den Zugriff auf die Tupel mehrerer Relationen (Datenbank-Integritätsbedingung).

Zur Klasse der Attribut-Integritätsbedingungen zählen die Integritätsbedingungen für Attribute und Domänen, soweit sie sich auf statische Wertebereiche beziehen. Die Integritätskomponente des Datenmodells stellt keine Bedingungen zur Verfügung, die auf Tupelebene geprüft werden können. Schlüssel gehören zu den Relation-Integritätsbedingungen, insbesondere gehen alle Tupel der Relation in die Prüfung ein. Datenbank-Integritätsbedingungen umfassen Fremdschlüssel. Allgemeine, modellexterne Bedingungen sind nicht eindeutig einer Klasse zuordenbar. Ihre Komplexität ergibt sich aus dem zugrundeliegenden Prädikat. Beispielsweise ist der Vergleich von Attributwerten eines Tupels als Tupel-Integritätsbedingung anzusehen.

Zusammenfassend zeigt Tabelle 5.2 für relationale und allgemeine Integritätsbedingungen die bei der Integritätsprüfung betroffene Anzahl von Tupeln und Relationen sowie die Klasse der Auswertungskomplexität. Im Falle eines Schlüssels entspricht n der Kardinalität der Relation.

5.2 Datenintegrität und Archive

Archive in Datenbanksystemen bieten die Möglichkeit, Daten langfristig aufzubewahren. Typischerweise wird die Datenmenge eines Archivs im Laufe der Zeit wachsen. Doch allein die Tatsache, daß ein großer Datenbestand existiert, der (normalerweise) aus einer Datenbank hervorgegangen ist, läßt noch keine sinnvolle Verwendung des Archivs zu. Denn nur wenn das Archiv, ähnlich wie eine Datenbank (Abschnitt 5.1.1), eine gewisse Qualität seiner Daten zusichert, ist es von Nutzen. Bei der datenbanksystem-integrierten Archivierung bietet es sich an, das Konzept der Integritätsbedingungen auf Archive zu übertragen. Überhaupt können Archive erst durch den Ansatz der datenbanksystem-integrierten Archivierung in die Integritätssicherung des Datenbanksystems einbezogen werden. Dies ist ein Vorteil gegenüber der datenbanksystem-basierten Archivierung, wo die Aufgabe der Integritätssicherung auf Anwendungsebene angesiedelt ist.

Der folgende Abschnitt definiert die Konsistenz von Archiven. Dann wird untersucht, welche Arten von Integritätsbedingungen für Archive von Bedeutung sind. Auf diesen Grundlagen werden schließlich die vom temporalen Datenmodell für Archive unterstützten Integritätsbedingungen definiert.

5.2.1 Konsistenz von Archiven

Die der datenbanksystem-integrierten Archivierung zugrundeliegende Welt ist die Datenbank. Die Miniwelt des Archivs ist durch zeitliche Ausschnitte der Datenbank bestimmt. Der Archivzustand wird durch Operationen zum Einfügen (insert^A) und Löschen (delete^A) geändert. Die Operationen werden auf dem Archiv ausgeführt und sind Teil des Aus- und Einlagerns von Daten (Abschnitt 4.3.2). In der folgenden Diskussion wird im wesentlichen das Auslagern eine Rolle spielen.

Die Entscheidung über das Auslagern von Daten wird aufgrund von Ereignissen in der Miniwelt der Datenbank getroffen. Ausgelagert werden *Teilzustände* der Datenbank, also Teilmengen ihrer Daten. Eine Folge von ausgelagerten Teilzuständen ergibt den Archivzustand. Dieser wird geändert, wenn eine Transaktion dem Archiv einen Teilzustand der Datenbank hinzufügt. Ein Teilzustand wird im Rahmen einer Transaktion, welche eine oder mehrere Auslagerungsoperationen enthält, gebildet und bezieht sich insbesondere auf den konsistenten Datenbankzustand zu Beginn der Transaktion. Durch die Transaktionsbezogenheit des Teilzustands ist ein einzelner Teilzustand über die Transaktionszeit identifizierbar. Die Archivierungszeit der zu diesem Teilzustand gehörenden Daten entspricht eben dieser Transaktionszeit (Abschnitt 4.4.5).

Ein ausgelagerter Teilzustand war also Teil eines konsistenten Datenbankzustands und lieferte demnach einen Beitrag zur Erfüllung der Integritätsbedingungen der Datenbank. Allerdings wird nicht grundsätzlich gefordert, daß alle Integritätsbedingungen auch vom Teilzustand selbst erfüllt werden. Im allgemeinen ist es nicht möglich, von einem konsistenten Datenbankzustand auf die Erfüllung aller Integritätsbedingungen in irgendeinem Teilzustand zu schließen. Als Beispiel sei eine relationale Aggregatbedingung genannt, die fordert, daß die Summe der Werte eines Attributs einer Tabelle einen bestimmten Wert übersteigt. Hier ist für eine beliebige Auswahl von Tupeln der Tabelle (Teilzustand) nicht zwangsläufig gewährleistet, daß diese Tupel auch die Integritätsbedingung erfüllen, also die sich ergebende (Teil-)Summe den geforderten Wert übersteigt.

In Abbildung 5.1 ist der Zusammenhang zwischen Datenbank- und Archivzustand dargestellt; konkret wird ein Teilzustand der Datenbank ausgelagert. Daten verschiedener Teilzustände im Archiv stehen untereinander nicht in Beziehung. Dies liegt darin begründet, daß aus der nichttemporalen Datenbank Zustandsübergänge im nachhinein nicht ersichtlich sind. Die Datenbank besitzt zu jedem Zeitpunkt nur einen Zustand. Aus einem solchen

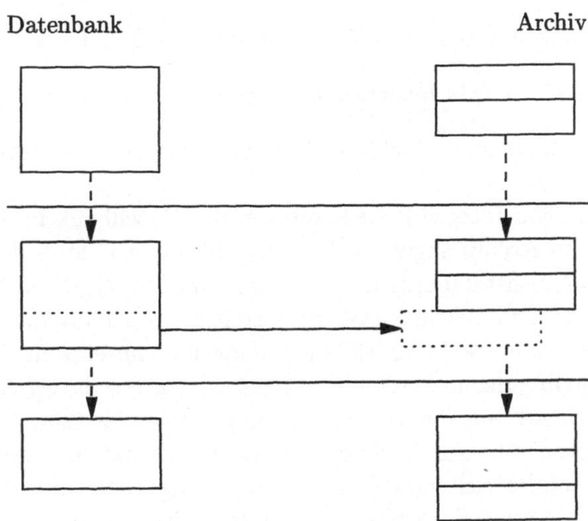

Abbildung 5.1: Datenbank- und Archivzustand

Zustand werden Daten in das Archiv als Teilzustand ausgelagert. Zu bereits vorhandenen Teilzuständen kann eine Verbindung nicht ohne zusätzliches Wissen, etwa aus dem operationalen Archiventwurf (Abschnitt 4.2.3), hergestellt werden.

Die Semantik eines Archivs kann durch das Konzept der *Integritätsbedingungen* angereichert werden. Vor diesem Hintergrund ist die *Konsistenz* eines Archivs analog zur Konsistenz einer Datenbank definierbar. Ein Archiv muß entsprechend zu jedem Zeitpunkt die Integritätsbedingungen erfüllen. Archivzustände, die diese Forderung erfüllen, werden konsistent genannt. Ein konsistenter Archivzustand setzt sich aus ausgelagerten Teilzuständen der Datenbank zusammen. Dies gilt zumindest solange kein Löschen von Archivdaten, also Teilen ausgelagerter Teilzustände, stattfindet bzw. nur komplette Teilzustände entfernt werden.

Wegen der Beziehung zur Datenbank sind Integritätsbedingungen, die sich auf einzelne Teilzustände beziehen, von besonderer Bedeutung (Abschnitt 5.2.2). Sind im Archiv nur solche Integritätsbedingungen definierbar, dann ist ein Archivzustand konsistent, wenn jeder einzelne Teilzustand unabhängig von den anderen zu jedem Zeitpunkt die Integritätsbedingungen des Archivs erfüllt. Die Beschränkung auf nur diese Art von Integritätsbedingungen wirkt sich positiv auf den Aufwand der Integritätprüfung aus. Beim Auslagern eines Teilzustands muß sich die Prüfung der Integritätsbedingungen im Archiv nur auf die durch die zugehörige Transaktion einzufügenden Daten beziehen. Insbesondere müssen Daten bereits ausgelagerter Teilzustände nicht berücksichtigt werden. Im Falle des verschiebenden Auslagerns dürfen zusätzlich die Integritätsbedingungen der Datenbank durch das Löschen in der Datenbank nicht verletzt werden.

5.2.2 Integritätsbedingungen für Archive

Die Konsistenz von Archiven wurde unter Einbeziehung von Integritätsbedingungen definiert. Prinzipiell sind für Archive drei Arten von Integritätsbedingungen vorstellbar:

- aus der Datenbank in das Archiv übernommene Integritätsbedingungen

- sich speziell auf ein Archiv beziehende Integritätsbedingungen

- sowohl Datenbank als auch Archiv einbeziehende Integritätsbedingungen

Durch die Übernahme von Integritätsbedingungen der Datenbank in das Archiv kann die Semantik der Daten im Archiv enger an die Semantik der Daten in der Datenbank angelehnt werden. Aus der nichttemporalen Datenbanksemantik ergibt sich, daß ausgelagerte Teilzustände nicht untereinander in Verbindung stehen. Im Archiv muß sich demnach eine aus der Datenbank stammende Integritätsbedingung nur auf einzelne Teilzustände beziehen. Die Integritätsbedingungen werden zu diesem Zweck um die Archivierungszeit angereichert und entsprechend von der Integritätskomponente des temporalen Datenmodells für Archive (Abschnitt 4.4.5) zur Verfügung gestellt. Die *aktivierbaren* Integritätsbedingungen einer Datenbank bezeichnen die Integritätsbedingungen, die auch in einem Archiv definierbar sind. Das ist möglich, wenn die einer Integritätsbedingung zugrundeliegenden Tabellen und Attribute vorhanden sind. Im Falle einer Fremdschlüsselbedingung muß auch die referenzierte Schlüsselbedingung aktiviert sein. Die Definition dieser Art von Integritätsbedingungen erfolgt also wie für Strukturen abhängig von der Datenbank, sie erfüllen damit auch die Forderung nach Datenbankrelevanz (Abschnitt 4.1). Für eine Datenbanktabelle muß keine korrespondierende Tabelle im Archiv existieren. Entsprechend muß eine aktivierbare Integritätsbedingung nicht aktiviert werden.

Archivspezifische Integritätsbedingungen können dazu dienen, aus Sicht des Archivs wichtige Einschränkungen auszudrücken. Hierbei kann man unterscheiden zwischen Integritätsbedingungen, welche sich wie übernommene Bedingungen auf einzelne Teilzustände beziehen, und solchen, die den Archivzustand insgesamt betreffen, also mehrere Teilzustände einbeziehen. Bei der zweiten Variante ginge allerdings der Vorteil verloren, die Integritätsbedingungen nur für die in einer Transaktion auszulagernden Daten prüfen zu müssen. Die Nutzung solcher Integritätsbedingungen würde darüber hinaus eine Aufweichung der Forderung nach Datenbankrelevanz bedeuten.

Mit Integritätsbedingungen, die Datenbank und Archiv gleichermaßen betreffen, kann eine stärkere Bindung zwischen den Daten in Datenbank und Archiv hergestellt werden. Ein Beispiel hierfür ist eine übergreifende Schlüsselbedingung. Integritätsbedingungen, die sich auf mehrere Archive beziehen, sind ohne Bedeutung, da Archive untereinander nicht in Beziehung stehen (Abschnitt 4.2.1). Ein Datenaustausch findet nur zwischen Datenbank und Archiv statt. Durch die Unterstützung übergreifender Integritätsbedingungen würde die Autonomie der Datenbank (Abschnitt 4.1) eingeschränkt. Dies zeigt sich daran, daß die Definition der Datenbankkonsistenz (Abschnitt 5.1.1), wie die der Archivkonsistenz (Abschnitt 5.2.1), als Integritätsbedingungen auch die übergreifenden zulassen müßte. Modifikationsoperationen, die ausschließlich auf der Datenbank wirken, könnten als Folge aufgrund der Datenlage im Archiv zurückgewiesen werden. Der operative Betrieb einer Datenbank wäre nicht mehr unabhängig von zuhörigen Archiven, mit denen übergreifende Bedingungen vereinbart sind.

Die folgende Diskussion wird die zweite und dritte Art der Integritätsbedingungen nicht näher untersuchen und sich auf die erste Art konzentrieren. Integritätsbedingungen im Archiv basieren also auf Integritätsbedingungen der Datenbank und müssen von einzelnen archivierten Teilzuständen erfüllt werden. Aus dieser von der Datenbank abhängigen Definition folgt, daß die Integritätsbedingungen eines Archivs niemals restriktiver sind, als die Integritätsbedingungen der zugehörigen Datenbank. Anders ausgedrückt soll ein Archiv die Auslagerung von Daten nach Möglichkeit nicht verhindern. Das bedeutet natürlich nicht, daß es nicht möglich ist, Integritätsbedingungen im Archiv zu verletzen.

Zu klären ist noch, welche Integritätsbedingungen der relationalen Datenbank auf Archivseite eigentlich relevant sind. Zunächst darf mit der Einführung der datenbanksystemintegrierten Archivierung aus Gründen der Kompatibiltät keine Einschränkung in bezug auf Integritätsbedingungen für die Datenbank gemacht werden. Die modellinhärenten Integritätsbedingungen des relationalen Datenmodells (Abschnitt 5.1.3) sind also weiterhin verwendbar. Das gilt auch für die modellexternen Bedingungen.

Ein Archiv hat wie eine Datenbank zu jedem Zeitpunkt einen Zustand. Dieser ergibt sich aus den Tabellen des Archivs, welche die archivierten Teilzustände der Datenbank enthalten. Der Archivzustand wird geändert, wenn Tupel in das Archiv eingefügt oder aus dem Archiv gelöscht werden. Im Archiv ist im Unterschied zur Datenbank ein Ändern von Attributwerten nicht möglich (Abschnitt 4.3). Archive haben somit als kleinstes Änderungsgranulat das Tupel und nicht wie Datenbanken das Attribut. Tupel bzw. projizierte Tupel werden aus der Datenbank unverändert in das Archiv übernommen und sind nicht änderbar. Sie erfüllen bereits die Attribut- und Tupel-Integritätsbedingungen der Datenbank (Abschnitt 5.1.3.4). Die Prüfung solcher Bedingungen ist daher im Archiv nicht erforderlich. Zu den Attribut-Integritätsbedingungen zählen die Bedingungen für Attribute und Domänen im relationalen Datenmodell (Abschnitt 5.1.3.1). Die Klasse der Tupel-Integritätsbedingungen spielt im relationalen Modell keine Rolle, allenfalls modellexterne Bedingungen gehören ihr an.

Die übrigen modellinhärenten Integritätsbedingungen des relationalen Datenmodells, also Schlüssel und Fremdschlüssel, sind für Archive relevant. Mit ihnen können Einschränkungen und Beziehungen der Datenbank auf das Archiv übertragen werden. Die Integritätskomponente des temporalen Datenmodells für Archive berücksichtigt zusätzlich die Archivierungszeit. Dies ist gerade bei den modellinhärenten Bedingungen möglich, da ihre Semantik vom Modell selbst bestimmt ist und daher auch vom Modell erweitert werden kann. Ein gültiger Archivzustand erfüllt die modellinhärenten Integritätsbedingungen mit Hilfe der Archivierungszeit für jeden einzelnen archivierten Teilzustand.

Modellexterne Integritätsbedingungen werden auf Archivseite nicht unterstützt. Sie werden von der Integritätskomponente des temporalen Datenmodells für Archive genauso wenig erfaßt, wie im relationalen Modell der Datenbank. Hier sind überhaupt nur die Bedingungen von Interesse, die im Datenbankschema verankert und damit dem Datenbanksystem bekannt sind. Modellexterne Bedingungen, die durch Anwendungslogik realisiert sind, spielen ohnehin keine Rolle. Prinzipiell ist die Übernahme beliebiger modellexterner Integritätsbedingungen in das Archiv und ihre Einschränkung auf Teilzustände mit Hilfe der Archivierungszeit möglich. Allerdings ist die Semantik solcher Bedingungen dem Datenbanksystem nicht bekannt, so daß das System keine Unterstützung geben kann, inwieweit eine sinnvolle Anwendung auf Teilzustände im Archiv möglich ist. Darüber hinaus scheint der Nutzen beliebiger Integritätsbedingungen der Datenbank für Archive auch gering. Bedingungen dieser Art sind charakterisiert durch ihre Anwendungsbezogenheit zu den Daten, auch unter Verwendung von Aggregatfunktionen, arithmetischen und Vergleichsoperationen. Sie haben insbesondere eine Bedeutung für Datenbanken, auf denen operative Anwendungen arbeiten, die viele Einfügungen, Löschungen und Änderungen durchführen. Archive hingegen erlauben keine Änderungen, auf ihnen arbeiten auch keine operativen Anwendungen im eigentlichen Sinne.

5.2.3 Integritätsbedingungen im temporalen Datenmodell für Archive

Die Integritätskomponente des temporalen Datenmodells für Archive stellt Integritätsbedingungen zur Verfügung, die sich auf einzelne Teilzustände beziehen. Im folgenden werden die unterstützten Bedingungsarten Schlüssel und Fremdschlüssel definiert. Die Definitionen ergeben sich direkt aus der Übernahme der Bedingungen aus der nichttemporalen Datenbank in das temporale Archiv. Die Integritätsbedingungen im Archiv werden dabei um die Archivierungszeit angereichert. Als temporale Integritätsbedingungen sind sie gemäß dem temporalen Datenmodell für Archive (Abschnitt 4.4.5) zeitpunktbasiert. Im Umfeld anderer temporaler Datenmodelle können Schlüssel und Fremdschlüssel durchaus anders definiert sein [MKB96, SBJS98].

5.2.3.1 Schlüssel

Durch die Aktivierung von Schlüsseln im Archiv soll die Eindeutigkeit von Tupeln gesichert werden. Allerdings ist im Archiv zu berücksichtigen, daß Tupel mit gleichen Schlüsselwerten mehrfach archivierbar sein sollen (Abschnitt 4.4.3). Gründe hierfür sind das kopierende Auslagern, aber auch die Tatsache, daß wegen der Zustandssemantik auf Datenbankseite im Laufe der Zeit gleiche Schlüsselwerte wieder vergeben werden können, sofern sie aktuell nicht existieren. Im Rahmen einer Transaktion wird ein Teilzustand der Datenbank in das Archiv eingefügt und mit der Archivierungszeit versehen. Die Mehrfacharchivierung von Tupeln würde durch Schlüssel verhindert werden, die sich auf alle archivierten Tupel und damit verschiedene Teilzustände beziehen. Eine Mehrfacharchivierung von Tupeln ist möglich, wenn die Eindeutigkeit von Tupeln nur bezogen auf einen Teilzustand gefordert wird. Von der Eindeutigkeit im archivierten Teilzustand kann dann insbesondere auf die Eindeutigkeit im Datenbankzustand zum Zeitpunkt der Archivierung geschlossen werden. Als Folge der abgeschwächten Forderung wird eine Schlüsselbedingung der Datenbank im Archiv um die Archivierungszeit erweitert. Diese basiert auf der Transaktionszeit, so daß eine Mehrfacharchivierung in verschiedenen Transaktionen möglich ist.

Ein Schlüssel K des Relationsschemas R wird durch Aktivierung im zugeordneten Archivrelationsschema R^A in Verbindung mit der Archivierungszeit zum *temporalen Schlüssel* TK, geschrieben $R^A(TK)$. Ein temporaler Schlüssel TK setzt sich aus einer Teilmenge der expliziten Attribute von R^A und dem impliziten Attribut der Archivierungszeit AT zusammen. Die expliziten Attribute des Schlüssels entsprechen der Attributkombination des übernommenen Schlüssels K, es gilt daher $TK = \{K, AT\}$. Für jede Archivrelation $r^A(R^A)$ gilt dann eine Eindeutigkeitseigenschaft, die besagt, daß keine zwei verschiedenen Tupel in $r^A(R^A)$ denselben Wert für TK besitzen, also $\forall\, t_1, t_2 \in r^A(R^A)$: $t_1(TK) \neq t_2(TK) \lor t_1 = t_2$. Löst man TK in seine Komponenten auf, ergibt sich $\forall\, t_1, t_2 \in r^A(R^A) : t_1(K) \neq t_2(K) \lor t_1(AT) \neq t_2(AT) \lor t_1 = t_2$. Hieraus ist ersichtlich, daß für Tupel eines Teilzustands, also Tupel mit gleicher Archivierungszeit ($t_1(AT) = t_2(AT)$), die aus der Datenbank bekannte Schlüsselbedingung gilt (Abschnitt 5.1.3.2). Wie für Datenbankschlüssel gilt auch beim temporalen Schlüssel im Archiv die Minimalität, so daß keine echte Teilmenge von K in Verbindung mit AT die Eindeutigkeitseigenschaft erfüllt. Die Minimalitätseigenschaft von TK ergibt sich aus der Minimalität des übernommenen Datenbankschlüssels K. Die Hinzunahme des Zeitattributs AT verletzt die Minimalität nicht. Das Attribut ist wie erwähnt erforderlich, um die Eindeutigkeit im Falle der Mehrfacharchivierung von Tupeln mit gleichem Schlüsselwert herzustellen.

Schlüssel im Archiv, die sich auf Teilzustände beziehen, dokumentieren also Einschränkungen der Datenbank. Ein Tupel, welches zum Zeitpunkt einer Archivierung nur einmal in der Datenbank vorhanden war, darf im archivierten Teilzustand auch nur höchstens einmal existieren. Darüber hinaus bilden Archivschlüssel die Basis, um Beziehungen der Datenbank im Archiv zu erhalten, sie dienen als Referenzziel von temporalen Fremdschlüsseln.

5.2.3.2 Fremdschlüssel

Im Archiv aktivierte Fremdschlüssel dienen der Darstellung von Beziehungen zwischen Tupeln. Aus der Einführung temporaler Schlüssel im vorigen Abschnitt folgt nun unmittelbar auch die Zeitbezogenheit der Fremdschlüsselbedingungen, die sich auf sie beziehen.

Ein aktivierter Fremdschlüssel F des Relationsschemas S wird im zugeordneten Archivrelationsschema S^A in Verbindung mit der Archivierungszeit zum *temporalen Fremdschlüssel TF*. Dieser besteht aus expliziten Attributen, welche sich aus dem übernommenen Fremdschlüssel F ergeben, und dem impliziten Zeitattribut AT, es gilt $TF = \{F, \text{AT}\}$. Ein temporaler Fremdschlüssel TF des Archivrelationsschemas S^A referenziert einen temporalen Schlüssel TK eines (nicht notwendigerweise von S^A verschiedenen) Archivrelationsschemas R^A desselben Archivs. Dieser Zusammenhang wird mit $S^A(TF) \rightarrow R^A(TK)$ ausgedrückt, dabei ist S^A das referenzierende und R^A das referenzierte Archivrelationsschema. Für jeden Wert von TF in einem Tupel der Archivrelation $r^A(S^A)$ existiert genau ein referenzierter Wert für TK in einem Tupel der Archivrelation $r^A(R^A)$. Es gilt: $\forall\, t_S \in r^A(S^A) : \exists\, t_R \in r^A(R^A) : t_S(TF) = t_R(TK)$. Werden temporaler Fremdschlüssel TF und Schlüssel TK in ihre Komponenten zerlegt, ergibt sich $\forall\, t_S \in r^A(S^A) : \exists\, t_R \in r^A(R^A) : t_S(F) = t_R(K) \wedge t_S(\text{AT}) = t_R(\text{AT})$. Man sieht, daß für Tupel, die einem Teilzustand angehören und folglich in der gleichen Transaktion in das Archiv eingefügt wurden $(t_S(\text{AT}) = t_R(\text{AT}))$, die Bedingung des Fremdschlüssels aus der Datenbank gilt (Abschnitt 5.1.3.3).

Über Fremdschlüssel im Archiv lassen sich Beziehungen zwischen Tupeln innerhalb eines archivierten Teilzustands darstellen. Beim Auslagern kann insbesondere garantiert werden, daß die im Archiv hergestellten Beziehungen denen der Datenbank entsprechen. Zudem dienen Fremdschlüssel als Grundlage, um in einer Operation auch abhängige und referenzierte Tupel aus- und einzulagern (Abschnitt 4.3.2).

5.3 Datenbankschema

Ausgehend von der grundlegenden Diskussion in Abschnitt 2.1.3 soll der Begriff des Datenbankschemas anhand von SQL konkretisiert werden. Eine Klassifikation der von SQL unterstützten Schemaelemente vertieft die Beschreibung.

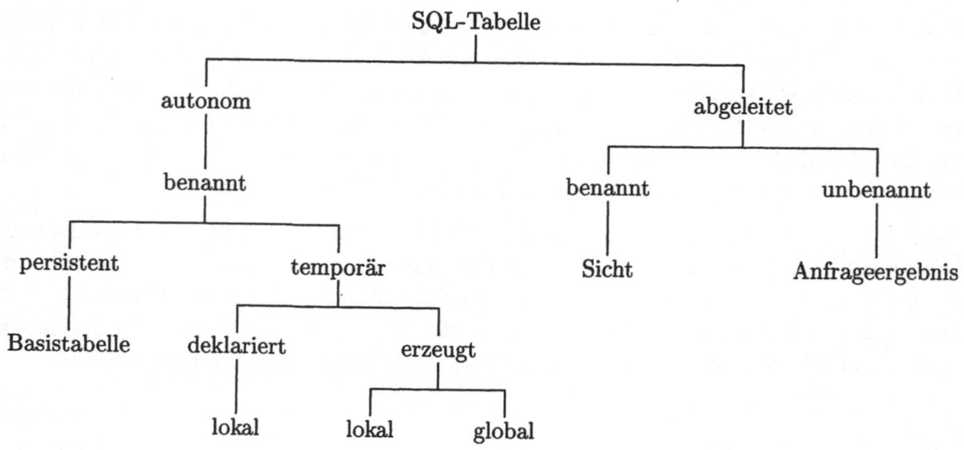

Abbildung 5.2: Klassifikation von SQL-Tabellen

5.3.1 Datenbankschema in SQL

Ein SQL-Datenbankschema kann nach Abschnitt 2.1.4.2 mit dem Begriff des SQL-Katalogs
gleichgesetzt werden und enthält, aufgeteilt in SQL-Schemata, Zeichensätze, Vergleichs-
und Transformationsregeln für Zeichensätze, Tabellendefinitionen, Domänen, Integritätsbedingungen und Rechte. Die Anweisungen zum Erzeugen, Verändern und Löschen der
Schemaelemente bilden den Datendefinitionsteil von SQL.

Zeichensätze (*character sets*), Vergleichsregeln für Zeichensätze (*collations*) und Regeln zur
Transformation von Zeichensätzen ineinander (*translations*) bilden die Grundlage für zeichenorientierte Datentypen, sind aber im weiteren von untergeordneter Bedeutung. SQL^2
stellt nur eine begrenzte Anzahl numerischer, zeichenorientierter und zeitbezogener Datentypen zur Verfügung; im folgenden SQL-Datentypen genannt, sofern es zur Unterscheidung
vom allgemeinen Datentypbegriff erforderlich ist. Diese können bei ihrer Verwendung geeignet parametrisiert werden (Länge, Präzision, Zeichensatz usw.). Domänen (*domains*) sind
in SQL im Prinzip nur benannte parametrisierte SQL-Datentypen, für die zudem Defaultwerte und Integritätsbedingungen definierbar sind. Im Gegensatz zur üblichen Definition
abstrakter Datentypen sind zwei Werte verschiedener Domänen miteinander vergleichbar,
wenn diese auf dem gleichen SQL-Datentyp beruhen. Der Begriff des abstrakten Datentyps
ist für SQL-Domänen daher nur bedingt verwendbar. Integritätsbedingungen für Domänen (*domain constraints*) können Tabellen der Datenbank referenzieren, SQL-Domänen
sind also dynamisch (Abschnitt 5.1.3.1).

SQL-Tabellen setzen das relationale Datenmodell nur bedingt um. Im Gegensatz zu Relationen können sie z. B. Duplikate enthalten, sind also Multimengen von Tupeln. Für eine
Diskussion weiterer Abweichungen sei auf [DD92, DD95] verwiesen. SQL kennt autonome
Tabellen (*base tables*[3]) und abgeleitete Tabellen (*derived tables*). Autonome Tabellen sind
benannt und bauen nicht auf anderen Tabellen auf. Ihre Attribute beziehen sich auf ei-

---

[2]SQL3 erlaubt auch nutzerdefinierte Datentypen [ISO99a, EM99].

[3]Man beachte, daß in diesem Buch der Begriff der Basistabelle keine temporären Tabellen umfaßt und
daher nicht mit dem SQL-Begriff *base table* gleichgesetzt werden kann.

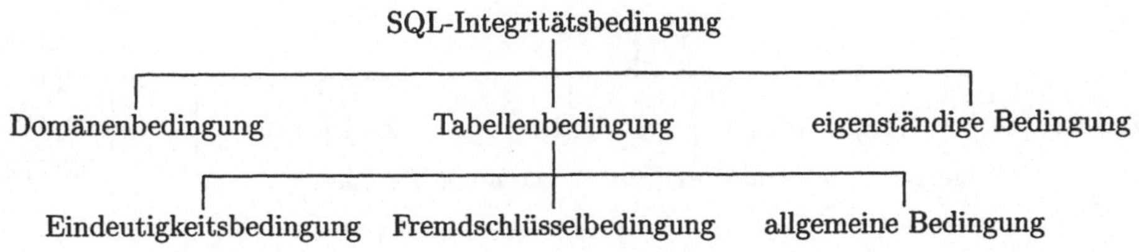

Abbildung 5.3: Klassifikation von SQL-Integritätsbedingungen

ne Domäne oder direkt auf einen parametrisierten Datentyp. Zu den autonomen Tabellen gehören Basistabellen (*persistent base tables*) und drei Arten temporärer Tabellen (*temporary tables*). Die Basistabellen bilden die eigentliche Datenbank. Temporäre Tabellen werden dagegen anwendungsspezifisch verwendet. Während die Definitionen erzeugter globaler (*global*) und lokaler (*created local*) temporärer Tabellen Teil des Datenbankschemas sind, werden deklarierte lokale temporäre Tabellen (*declared local*) direkt in den Anwendungen spezifiziert. Abgeleitete Tabellen entstehen als Ergebnis von Anfragen. Benannte abgeleitete Tabellen heißen Sichten (*viewed tables, views*) und dürfen nur Tabellen des Datenbankschemas, also keine deklarierten temporären Tabellen, referenzieren. Abbildung 5.2 gibt einen Überblick über die verschiedenen Tabellenarten.

Für autonome Tabellen sind drei Arten von Integritätsbedingungen (*table constraints*) spezifizierbar, nämlich Eindeutigkeitsbedingungen (*unique constraints*), Fremdschlüsselbedingungen (*referential constraints*) und allgemeine Bedingungen (*check constraints*). Eindeutigkeitsbedingungen (Primär- und Alternativschlüssel) sind keine Schlüssel im relationalen Sinne (Abschnitt 5.1.3.2), da sie die Minimalitätseigenschaft nicht erfüllen müssen. Fremdschlüssel referenzieren Eindeutigkeitsbedingungen, allerdings kann die Semantik von der im relationalen Datenmodell abweichen (Abschnitt 5.1.3.3). Unterschiede ergeben sich aus zwei Gründen, zum einen erlaubt SQL in Alternativ- und Fremdschlüsseln NULL, zum anderen ist in SQL die Formulierung von sogenannten referentiellen Aktionen möglich. Letztere dienen der aktiven Sicherung der referentiellen Integrität und gehen über das einfache Zurückweisen von Operationen hinaus [Hor92, CPM96, LMR96]. Fremdschlüssel werden so zu selbstkorrigierenden Integritätsbedingungen (Abschnitt 5.1.2). Allgemeine Bedingungen für eine Tabelle sind durch alle Tupel der Tabelle zu erfüllende Prädikate über der Datenbank.

Neben Domänen- und Tabellenbedingungen kennt SQL noch eigenständige Integritätsbedingungen (Zusicherungen, *assertions*), die unabhängig von einzelnen Tabellen definiert werden. Welche Tabellen in Integritätsbedingungen referenzierbar sind, hängt von der Tabellenart ab. Domänenbedingungen, Bedingungen von Basistabellen und Zusicherungen dürfen nur Basistabellen (und Sichten darüber) nutzen, temporäre Tabellen referenzieren sich, mit weiteren Einschränkungen, nur untereinander. In Abbildung 5.3 sind die verschiedenen Arten von Integritätsbedingungen zusammengefaßt.

Durch Rechte (*privileges*) kann der Zugriff auf die Elemente eines Datenbankschemas beschränkt werden. SQL erlaubt neben der Definition von Nutzungsrechten für Domänen, Zeichensätze, Vergleichs- und Transformationsregeln die Vergabe verschiedener Rechtearten für Tabellen und einzelne Attribute von Tabellen. Mit diesen kann angegeben werden, welche Anwender Daten einer Tabelle lesen, einfügen, ändern, löschen oder in Integri-

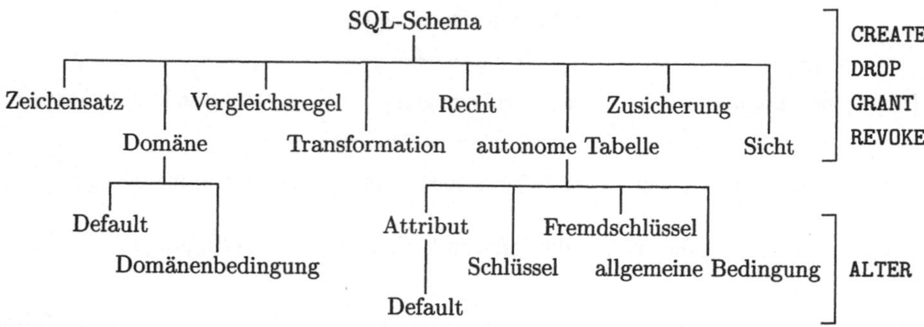

Abbildung 5.4: Gliederung der selektiv veränderbaren Teile eines SQL-Schemas

tätsbedingungen referenzieren dürfen. Dem Eigner eines SQL-Schemas gehören auch die darin enthaltenen Elemente, er erhält alle Rechte für sie und kann sie an andere Nutzer weitergeben. Optional kann angegeben werden, ob ein solcher Nutzer seinerseits die bekommenen Rechte weitergeben kann. Durch diese Möglichkeit können vergleichsweise komplexe baumartige Strukturen von Zugriffsrechten entstehen. Neben der expliziten Rechtevergabe können durch den speziellen Nutzer _SYSTEM im Rahmen von Schemaänderungen Rechte implizit vergeben oder entzogen werden.

Die Elemente eines Datenbankschemas (SQL-Katalogs) sind auf SQL-Schemata verteilt und, bis auf die Rechte, mit Namen ansprechbar. Es gibt verschiedene Namensräume für Zeichensätze, Vergleichs- und Transformationsregeln, Tabellen und Integritätsbedingungen. Die durch SQL-Schema (und SQL-Katalog) qualifizierten Namen sind in diesen Namensräumen eindeutig. Betrachtet man die vorgestellten Schemaelemente mit Blick auf die in Abschnitt 2.1.3 angesprochene Drei-Ebenen-Schema-Architektur, so kann man die verschiedenen Zeichensatzaspekte, Domänen, Domänenbedingungen, Basistabellen, Bedingungen für Basistabellen und Zusicherungen zusammen mit Rechten zur Datendefinition (Nutzungs-, Lese- und Referenzrechte) dem konzeptuellen Schema zuordnen. Temporäre Tabellen mit ihren Integritätsbedingungen und Sichten sind dagegen auf der externen Ebene anzusiedeln, ebenso Rechte zur Datenmanipulation (Schreib- und Leserechte).

5.3.2 Klassifikation von Schemaelementen in SQL

Der bisher verwendete Begriff des Schemaelements ist gerade in SQL nur ungenau faßbar und soll daher anhand von

- logischer und syntaktischer Zugehörigkeit,

- selektiver Änderbarkeit per DDL,

- Funktion (Typ, Art) und

- Namensraum

noch etwas genauer diskutiert werden. Abbildung 5.4 kann man alle über DDL-Anweisungen selektiv ansprechbaren Teile eines SQL-Datenbankschemas entnehmen, gegliedert nach ihrer Zugehörigkeit zu anderen Teilen. So gehört der Defaultwert eines Attributs

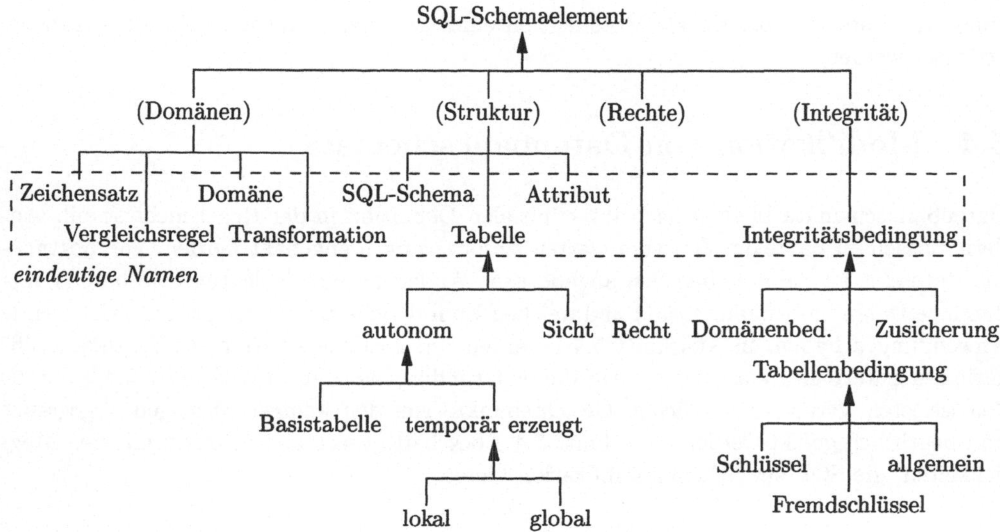

Abbildung 5.5: Funktionale Klassifikation und Namensräume von SQL-Schemaelementen

logisch (existentiell) und syntaktisch (DDL) zu diesem Attribut, dieses wiederum zu einer autonomen Tabelle und diese zu einem SQL-Schema. Zu beachten ist, daß SQL im Rahmen von Folgeänderungen auch Modifikationen an Teilen des Datenbankschemas erlaubt, die mit DDL-Anweisungen nicht erreichbar sind (Abschnitte 5.4.1 und 5.4.3).

An Abbildung 5.4 läßt sich auch ein Problem bei der Definition des Elementbegriffs auf dieser Grundlage verdeutlichen. Der Defaultwert eines Attributs ist, rein intuitiv, kein eigenes Schemaelement, sondern eine Eigenschaft des Schemaelements Tabellenattribut. Eine gewisse Eigenständigkeit ist jedoch auch kein Kriterium für Schemaelemente, denn ein Attribut oder eine Tabellenbedingung sind ohne Tabelle sinnlos, eine Tabelle kann nicht ohne SQL-Schema existieren. Könnte man bei Attributen noch diskutieren, ob es sich um Schemaelemente handelt, oder nur um einen Teil (eine Eigenschaft) des Schemaelements autonome Tabelle,[4] liegt das bei Tabellenbedingungen oder gar Tabellen selbst anders. Ein anderes Unterscheidungsmerkmal wären die verwendeten Modifikationsoperationen; CREATE, DROP, GRANT und REVOKE für Schemaelemente, ALTER für deren Eigenschaften. Das ist in SQL wiederum im Hinblick auf Domänen- und Tabellenbedingungen problematisch, wie Abbildung 5.5 anhand von Funktionen und Namensräumen verdeutlicht.

Die Spezialisierungshierarchie in Abbildung 5.5 unterscheidet vier Kategorien: Grundlagen von Datentypen und Domänen, Datenbankstruktur, Zugriffsrechte und Integritätsbedingungen. Diese funktionale Verteilung erscheint angemessener als eine syntaktische Einteilung. Der Begriff des *Schemaelements* in SQL und später in ASQL (Kapitel 6) soll daher auf eine derartige funktionale Sichtweise angewendet werden, die auch durch Namensräume von SQL gestützt wird. Ein Schemaelement läßt sich (explizit oder implizit) erzeugen oder löschen, unter der Modifikation eines Schemaelements wird eine Veränderung seiner Eigenschaften verstanden. Im Hinblick auf das erste der zu Beginn dieses Abschnitts genannten Kriterien kann das Erzeugen, Modifizieren oder Löschen bestimmter Schemaelemente, z. B.

---

[4]Im übrigen hat auch eine Sicht Attribute, die jedoch nicht individuell modifizierbar sind.

eines Attributs, gleichzeitig als Modifikation eines anderen Elements, z. B. einer Tabelle, gedeutet werden.

5.4   Modifikation von Datenbankschemata

Datenbankschemata bleiben nach ihrer initialen Definition in der Regel nicht stabil, sondern müssen im Laufe der Zeit veränderten Anforderungen angepaßt werden. Von besonderem Interesse ist dabei neben den angebotenen Änderungsmöglichkeiten, wie bereits vorhandene Daten zu behandeln sind und welchen Einfluß Schemaänderungen auf existierende Anwendungen haben. In Abschnitt 5.4.1 werden verschiedene Ansätze zur Schemamodifikation erläutert und klassifiziert. Auf dieser Grundlage können in Abschnitt 5.4.2 die für den weiteren Verlauf wesentlichen Gesichtspunkte von den weniger wichtigen abgegrenzt und begrifflich gefaßt werden. Abschnitt 5.4.3 beschäftigt sich anschließend mit den Möglichkeiten, die SQL zur Schemamodifikation bietet.

5.4.1   Klassifikation von Schemaänderungen

Bei der Modifikation von Datenbankschemata sind zwei wesentliche Problemkreise identifizierbar. Der eine betrifft die Frage, welche Änderungen möglich sind, der andere die Behandlung vorhandener Daten und Anwendungen. Für reale Datenbanksysteme spielen auch andere Erwägungen eine Rolle, etwa Leistungseinbußen durch die Behandlung alter Daten, Nichtverfügbarkeit bei der Datenreorganisation oder der Aufwand für die Anpassung von Programmen. Die folgenden Betrachtungen konzentrieren sich jedoch entsprechend der Definition des Schemabegriffs in Abschnitt 2.1.3 auf logische Gesichtspunkte, wobei einige der diskutierten Fragen allgemeiner Natur sind, während sich andere speziell auf relationale Datenbankschemata bzw. SQL beziehen.

Möglichkeiten für Schemaänderungen

Die Beschreibung von Datenbankschemata erfolgt über Metadaten (Abschnitt 7.1). Änderungen eines Datenbankschemas kann man im Prinzip als Modifikation dieser Metadaten auffassen. Zunächst erfolgt eine Erläuterung der Änderungsmöglichkeiten anhand verschiedener, nicht immer orthogonaler Kriterien.

1. Art der Schemaänderung

   - Erzeugen, Modifizieren und Löschen eines Elements
   - Verändern der Nutzungsmöglichkeiten eines Elements
   - Deaktivieren und Aktivieren eines Elements
   - Zusammensetzen mehrerer Elemente zu einem (*join, coalesce, nest*)
   - Aufspalten eines Elements in mehrere (*split, partition, unnest*)

Ein Datenbankschema kann um ein neues Schemaelement ergänzt, bereits existierende Elemente können modifiziert oder gelöscht werden. Weniger gebräuchlich sind explizite, rechteunabhängige Veränderungen der Nutzbarkeit von Schemaelementen, z. B. die Festlegung, daß eine Tabelle nur noch lesbar ist. Besonders für temporale Da-

tenbanken spielen Möglichkeiten zum Deaktivieren von Schemaelementen eine Rolle.
Auf diese kann über das aktuelle Schema nicht zugegriffen werden. Neben diesen
Änderungsarten, die jeweils genau ein Schemaelement betreffen, sind auch Möglich-
keiten zum Verschmelzen mehrere Elemente zu einem neuen und die entsprechenden
Umkehrungen denkbar.

2. Abhängigkeiten

- isolierte (lokale) Schemaänderung
- kaskadierende Ausführung von Folgeänderungen

Insbesondere das Modifizieren und Löschen von Schemaelementen kann Auswirkungen auf andere Schemaelemente haben, weitere implizite Schemaänderungen können
die Folge sein.

3. Benutzerveranlassung (selektive Änderbarkeit)

- Änderung nur explizit durch Nutzer veranlaßbar
- Änderung explizit durch Nutzer oder implizit als Folge anderer Änderungen
  möglich
- Änderung tritt nur als Folge anderer Änderungen auf

In Anlehnung an das zweite Kriterium kann zwischen Änderungen unterschieden werden, die direkt per DDL auslösbar sind, und solchen, die als Folge anderer Schemaänderungen stattfinden, ohne daß ein äquivalentes Sprachkonstrukt existiert. Nicht alle
direkt auslösbaren Änderungen kommen zudem als Folgeänderungen in Betracht.

4. Ebene der Änderung

- konzeptuelles Schema
- externes Schema

Änderungen am konzeptuellen Schema können, wie später im Abschnitt ausgeführt
wird, Auswirkungen auf existierende Daten haben, externe Schemaänderungen können dagegen nur Anwendungsprobleme verursachen. Dieser Unterschied wird in SQL
etwas verwischt, da Anwendungen auch direkt auf Basistabellen (konzeptuell) zugreifen können.

5. Typ des betroffenen Schemaelements

- Informationsträger
- Repräsentation von Werten
- Daten- und Zugriffsorganisation

Informationstragend sind Datenstrukturen und Integritätsbedingungen auf konzeptueller Ebene, in SQL also Basistabellen und Integritätsbedingungen, die auf Basistabellen Einfluß haben. Die Modellierung informationstragender Schemaelemente ist
in der Regel zwar relativ stabil, Änderungen sind aber wegen möglicher Informationsverluste auch besonders kritisch. Unter Wertenrepräsentation sind die Konzepte zu
verstehen, welche die tatsächliche Speicherung von Daten betreffen. In SQL wären das

die vorhandenen Basisdatentypen und zeichenbezogene Schemaelemente (Zeichensätze, Vergleichs- und Transformationsregeln). Sie bilden eine sehr stabile Grundlage für ein Datenbankschema, Änderungen an ihnen dürfen sich nur in engen Grenzen auf die gespeicherten Daten auswirken. Veränderungen in der Daten- und Zugriffsorganisation sind dagegen häufiger. In SQL betrifft das z. B. Rechte, Sichten und temporäre Tabellen, interessanterweise aber auch das Domänenkonzept, da SQL-Domänen nur Datentyp, Vergleichsregel, Defaultwerte und Domänenbedingungen zusammenfassen.

6. Elementzahl je DDL-Anweisung

   - genau ein betroffenes Element
   - mehrere Elemente je Anweisung änderbar

In der Regel können mehrere Änderungen je Anweisung, z. B. das Erzeugen von Tabelle und Tabellenbedingungen mit **CREATE TABLE** in SQL, auf eine Sequenz von Einzeländerungen zurückgeführt werden. Auch Schemaänderungen sind normalerweise in das Transaktionskonzept des betrachteten Systems eingebunden, werden daher erst zum Transaktionsende sichtbar. Mehrfachänderungen sind daher nur eine syntaktische Bequemlichkeit.

Als besonders wichtig für die Archivierung wird sich das fünfte Kriterium erweisen. Der vierte und sechste Punkt werden keine Rolle mehr spielen; die Ebene einer Änderung ist durch das betroffene Schemaelement gegeben, von Mehrfachänderungen in einer Operation wird abstrahiert. Für die Betrachtung von SQL (Abschnitt 5.4.3) sind nur noch die erlaubten Änderungsarten für Schemaelemente von Interesse, Abhängigkeiten kann man über Graphen oder Tabellen (z. B. Tabelle 5.3, Seite 143) sichtbar machen.

Folgen von Schemaänderungen

Anhand der folgenden Kriterien soll untersucht werden, welche Folgen Schemaänderungen für existierende Daten und Anwendungen haben. Vorhandene Daten sind dabei im wesentlichen von Modifikationen des konzeptuellen Schemas betroffen, Probleme für Anwendungen können sich aus Änderungen externer Schemata ergeben.

1. Informationsverlust

   - Datenverlust durch Strukturveränderungen
   - Semantikverlust durch veränderte Integritätsbedingungen
   - verlustlos

Änderungen an den Datenstrukturen des konzeptuellen Schemas können, sofern nur noch die neue Struktur verfügbar ist, zu Datenverlusten und damit zu Verlust an Information führen. Der Begriff läßt sich dabei unterschiedlich interpretieren, wie hier am relationalen Fall verdeutlicht werden soll, wo Tabellen gleichartige Tupel umfassen, Tupel Objekte oder Beziehungen der realen Welt widerspiegeln und Attribute deren Eigenschaften. Eine mögliche Position ist, jegliches Löschen von Daten durch eine Schemaänderung als Datenverlust aufzufassen, also etwa das Entfernen einer gefüllten Tabelle. Die Entwurfsentscheidung, die besagt, daß Daten eines durch die Tabellendefinition gegebenen Typs nicht mehr benötigt werden, wird dabei jedoch nicht genügend berücksichtigt; letztlich kann man das Entfernen einer Tabelle als Entfernen von Integritätsbedingungen (möglicher Semantikverlust), Löschen aller Daten (Datenmanipulation) und Zerstören der leeren Tabelle auffassen. Eine andere Position, die im folgenden zugrundegelegt wird, betont die *Authentizität* vorhandener Daten und bezieht sich darauf, wie und mit welchen Eigenschaften Objekte und Beziehungen der realen Welt in der Datenbank modelliert werden. Zu Datenverlusten können dann Schemaänderungen führen, bei denen sich diese Modellierung verändert. Das Löschen einer Datenbanktabelle ist hier verlustlos, da die betroffenen Objekte oder Beziehungen nicht länger von Interesse sind. Zu Problemen kann dagegen das Löschen, Modifizieren oder Hinzufügen von Attributen einer Tabelle führen, wenn dabei vorhandene Tupel an die neue Struktur angepaßt und damit ohne explizite Datenmodifikation verändert werden. Eine letzte Position zu Datenverlusten betont die Dominanz der aktuellen Datenbankmodellierung und sieht auch solche Anpassungen nicht als Datenverlust an.

Werden Integritätsbedingungen gelöscht, geht Information über vor der Änderung geltende Zusammenhänge zwischen den Daten verloren. Das Hinzufügen von Integritätsbedingungen ist dagegen weniger kritisch, falls ein System prüft, ob die vorhandenen Daten diesen Bedingungen genügen.

2. Behandlung vorhandener Daten

- Anpassen an neue Datenstrukturen (sofort oder verzögert)
- Erhalten der alten Datenstrukturen, keine Anpassung

Datenbanksprachen wie SQL kennen grundsätzlich nur das aktuelle Datenbankschema, alle vor einer Änderung vorhandenen Daten müssen diesem angepaßt werden. Das kann mit Informationsverlusten verbunden sein. Ob die Anpassung im Rahmen der Schemaänderung geschieht oder erst beim nächsten Zugriff auf die Daten, ist aus logischer Sicht uninteressant und nur für Leistungsbetrachtungen eines realen Systems von Bedeutung. Eine Alternative zu diesem Ansatz ist die Versionierung von Schemaelementen, die Daten enthalten. Vorhandene Daten bleiben unverändert, der Zugriff auf sie muß gesichert sein. Die Ablage neuer Daten bezieht sich in der Regel auf die neue Version des Schemaelements.

3. Zugriffsverlust

- gelöschte Schemaelemente
- kein Zugriff auf alte Versionen von Schemaelementen
- Zugriffsbeschränkungen

Anwendungen sind von Schemaänderungen betroffen, wenn von ihnen benutzte Schemaelemente gelöscht oder verändert wurden. Auch der Entzug von Rechten kann zum Verlust des Zugriffs auf Elemente des Datenbankschemas führen. Möglicherweise muß eine Anwendung nach einer Schemaänderung nur neu gebunden oder leicht verändert werden. Sie kann aber bei gravierenden Änderungen auch völlig wertlos werden.

Im weiteren sind vor allem die ersten beiden Punkte von Interesse, Anwendungsprobleme durch Zugriffsverluste werden keine Rolle mehr spielen.

5.4.2 Schemaevolution und -versionierung

Potentiell problematisch sind Schemaänderungen natürlich nur, wenn bereits Daten vorhanden sind, also bei einer gefüllten Datenbank. Zum Beispiel haben frühere Versionen von SQL Modifikationen am Datenbankschema nach der initialen Definition auch gar nicht erlaubt [ISO89], weder Veränderungen noch das Löschen von Schemaelementen. In realen, auf SQL basierenden Systemen wurde diese Beschränkung nicht aufrechterhalten und auch die aktuelle SQL-Version erlaubt nun das Löschen von Schemaelementen und in sehr begrenztem Umfang auch Änderungen an ihnen, wie Abschnitt 5.4.3 zeigen wird. Für das Ausmaß, in dem Datenbanksysteme bzw. Datenbanksprachen Schemaänderungen erlauben, sollen drei Definitionen angegeben werden:

- *Schemamodifikation*: Änderungen am Schema einer gefüllten Datenbank sind möglich, altes Schema und vorhandene Daten werden jedoch nicht notwendigerweise erhalten.

- *Schemaevolution*: Änderungen am Schema einer gefüllten Datenbank sind möglich. Das alte Schema muß nicht erhalten werden, vorhandene Daten werden bei Bedarf an das neue Schema angepaßt.

- *Schemaversionierung*: Änderungen am Schema einer gefüllten Datenbank sind möglich. Sowohl alte Schemata als auch vorhandene Daten können erhalten werden. Auf alle Daten kann über nutzerdefinierbare Versionsschnittstellen zugegriffen werden.

Aus den Definitionen geht hervor, daß Schemaversionierung eine Art der Schemaevolution und Schemaevolution wiederum ein Spezialfall der Schemamodifikation ist. Eine Spielart wäre die Abgrenzung der drei Begriffe voneinander, so daß z. B. mit Schemamodifikation genau die Systeme beschrieben werden, die Änderungen am Schema einer gefüllten Datenbank zwar erlauben, aber nicht unter den Begriff der Schemaevolution fallen [CGS97]. Die genannten Begriffe sind mit den meisten Arbeiten auf diesem Gebiet im wesentlichen konsistent [RCR94, RS95, JD98]. Im Hinblick auf das Anpassen von Daten an ein neues Schema gibt es jedoch Interpretationsspielräume, die sich an der Diskussion zu Informationsverlusten aus Abschnitt 5.4.1 orientieren. So fordert [RCR94], daß bei Schemaevolution und -versionierung die Semantik aller Daten erhalten bleiben muß (*without loss of the semantic content of existing data*), in [RS95] ist nur noch von Datenverlusten die Rede (*without loss of existing data*), andere Autoren beschränken sich wie in obigen Definitionen auf das eventuell erforderliche Anpassen betroffener Daten [CGS97] und betonen damit die Dominanz des aktuellen Schemas als jeweils gültige Modellierung der realen Welt. Die Unterschiede stammen möglicherweise daher, daß im Umfeld temporaler Datenmodelle versionierte Daten unverändert erhalten bleiben, also nicht geändert oder gelöscht werden sollen. Es sei jedoch betont, daß Schemaevolution und besonders Schemaversionierung unabhängig von der Versionierung von Daten behandelt werden kann [Ari91].

Der Begriff der Schemaversionierung ist bei genauerer Betrachtung nicht sehr scharf definiert. Verschiedene Varianten sind vorstellbar, die anhand der folgenden Merkmale veranschaulicht werden sollen:

- Datenmodifikation

  Für Anfragen ist der Zugriff im allgemeinen über alle Versionen gestattet, Modifikationsmöglichkeiten können jedoch auf das aktuelle Schema beschränkt werden [RS95], da dieses die augenblicklich gültige Modellierung der realen Welt ausdrückt. Ist die Datenmodifikation nur über das aktuelle Schema möglich, wird das auch *partielle* Schemaversionierung genannt. *Volle* Schemaversionierung erlaubt die Datenmodifikation ohne eine solche Restriktion, mit allen damit verbundenen Problemen. Ein sinnvoller Kompromiß erlaubt das Einfügen und Ändern von Daten nur über das aktuelle Schema, zum Löschen ist auch der Zugriff über andere Versionen möglich.

- Erzeugen von Versionen

  Nicht jede Änderung eines Datenbankschemas muß zu einer neuen Version führen. Systeme können sich darin unterscheiden, ob mit jeder Änderung versioniert wird, ob das von der Art der Änderung oder der betroffenen Schemaelemente abhängt, oder ob der modifizierende Nutzer über die Versionierung von Fall zu Fall entscheiden kann. In letzterem Fall hat ein ändernder Nutzer die freie Entscheidung darüber, welche Informationsverluste tolerierbar sind. Wird keine neue Version erzeugt, müssen betroffene Daten angepaßt werden.

- Granulat der Versionierung

  Bisher wurde davon ausgegangen, daß das Schema einer Datenbank als Ganzes versioniert wird. Wenn man dies dagegen in Anbetracht des vorigen Punktes auf bestimmte Arten von Schemaelementen beschränkt, etwa Datenstrukturen oder auch Integritätsbedingungen, ist auch eine isolierte Versionierung dieser Elemente sinnvoll. Eine Konsequenz daraus ist, daß sich die Versionen verschiedener Schemaelemente zeitlich überschneiden können. Das aktuelle Datenbankschema ergibt sich aus den aktuellen Versionen aller Elemente.

- Zugriff über Versionen

  Ein wichtiger Aspekt der Versionierung ist, wie erzeugte Versionen für den Datenzugriff verwendet werden können. Versionen könnten so nutzbar sein, wie sie im Laufe der Zeit erzeugt wurden, möglich ist aber auch, daß Versionsschnittstellen explizit durch Nutzer oder einen Datenbankadministrator definiert werden müssen. Denkbar ist auch das Kombinieren von Versionen. Im relationalen Fall könnte etwa das Resultat einer Anfrage, die Daten mehrerer Versionen einer Tabelle betrifft, alle Attribute aller dieser Versionen oder nur die allen Versionen gemeinsamen Attribute umfassen.

Die Archivierung wird, wie spätere Abschnitte genauer erläutern werden, die Versionierung von Archivschemata unterstützen. Dabei werden nur informationstragende Elemente, also Archivtabellen mit ihren Integritätsbedingungen, versioniert, nicht das ganze Archivschema. Ob eine Version erzeugt wird, hängt von der Änderungsoperation und den betroffenen Schemaelementen ab. Das Einfügen von Daten wird nur in aktuelle Versionen von Archivtabellen möglich sein, Lesen und Löschen ist versionsunabhängig. Erzeugte Versionen können ohne Einschränkungen zum Datenzugriff genutzt werden, auch die Kombination von Versionen ist möglich.

Nach der Definition im vorigen Abschnitt, die die mit Schemaänderungen möglicherweise verbundenen Informationsverluste als Modellierungsentscheidungen akzeptiert, ist SQL in der derzeitigen Fassung unter dem Begriff der Schemaevolution einzuordnen. Es existiert immer nur das aktuelle Schema, ältere Fassungen werden nicht erhalten, vorhandene Daten werden an das neue Schema angepaßt. Die Änderungsmöglichkeiten sind jedoch begrenzt, wie der nächste Abschnitt zeigen wird. Will man weitergehende Änderungen bewerkstelligen, etwa den Datentyp eines Attributs verändern, so ist dieser Prozeß (nicht die Sprache selbst) mit Schemaevolution nicht mehr vereinbar, da der ändernde Nutzer selbst für die Sicherung und Anpassung der betroffenen Daten sorgen muß. Zum Ändern des Datentyps eines Attributs einer Tabelle wäre zum Beispiel das Hinzufügen eines neuen Attributs nötig, in das tupelweise die Werte des alten Attributs kopiert werden. Vom alten Attribut abhängige Integritätsbedingungen müßten durch solche ersetzt werden, die das neue Attribut referenzieren, danach kann das alte Attribut entfernt werden. Alles in allem ist das eine Kombination aus Datendefinition und -manipulation, die typisch für Schemamodifikation, aber nicht für Schemaevolution ist.

5.4.3   Schemamodifikation in SQL

Ein SQL-Datenbankschema kann durch das Erzeugen, Modifizieren oder Löschen von Schemaelementen verändert werden. Die DDL-Anweisungen { CREATE | DROP } { SCHEMA | CHARACTER SET | COLLATION | TRANSLATION | DOMAIN | TABLE | VIEW | ASSERTION } und ALTER { DOMAIN | TABLE } sollen hier nur angedeutet werden. Aus ihrer Definition gehen die *kleinsten Einheiten* eines Datenbankschemas hervor, die direkt anlegbar oder zerstörbar sind (selektive Änderbarkeit; Abschnitt 5.3.2). Beim Erzeugen und Löschen von Zeichensätzen (CS^5), Vergleichsregeln (CC), Transformationen für Zeichensätze (CT), Sichten (V) und Zusicherungen (AI) decken sich diese mit den entsprechenden Anweisungen. Teil der Definition autonomer Tabellen (T) sind Attribute (TC) mit ihren Defaultwerten (TCD) und Tabellenbedingungen (Schlüssel (UI), Fremdschlüssel (RI) und allgemeine Bedingungen (CI)). Sie können beim Erzeugen einer Tabelle, aber auch später definiert werden. Die Modifikation einer Tabellendefinition kann damit auf das Erzeugen und Löschen der entsprechenden Teile der Tabellendefinition zurückgeführt werden. Ähnliches gilt für Domänen (D). Die kleinsten veränderbaren Einheiten innerhalb einer Domäne sind Defaultwert (DD) und Domänenbedingung (DI). Das Modifizieren von Defaultwerten (TCD, DD) ist unproblematisch und wird im folgenden ignoriert. Ein SQL-Schema (S) gliedert andere Schemaelemente innerhalb eines SQL-Katalogs. Bei seiner Definition können andere Schemaelemente miterzeugt werden.

Das Erteilen und Entziehen von Rechten (P) durch die DDL-Anweisungen GRANT und REVOKE soll trotz seiner Wichtigkeit nur am Rande erwähnt werden. Rechte sind sowohl zur Datendefinition als auch zur Datenmanipulation erforderlich. Die entsprechenden SQL-Konzepte sind jedoch sehr komplex.[6] Das liegt, wie in Abschnitt 5.3.1 bereits angedeutet,

---

[5]Die Kürzel werden in einer Reihe von Tabellen verwendet.

[6]Die Komplexität wird sicherlich durch die Tatsache unterstrichen, daß die ursprüngliche Definition [ISO92] zahlreiche Korrekturen nach sich zog [ISO98b].

Tabelle 5.3: Definition von SQL-Schemaelementen auf Basis anderer Elemente

		Definition potentiell abhängig von											
		S	*CS*	*CC*	*CT*	*D*	*DI*	*T*	*TC*	*UI*	*RI*	*CI*	*AI*	*V*
	S		•											
	CS	•	•	•	•									
	CC	•	•	•	•									
	CT	•	•		•									
	D	•	•	•										
	DI		•	•	•	•		•	•					•
	T	•												
	TC		•	•		•		•						
	UI								•					
	RI								•	•				
	CI		•	•	•	•		•	•					•
	AI	•	•	•	•	•		•	•					•
	V	•	•	•	•	•		•	•					•

zum einen daran, daß erteilte Rechte auch weitergegeben werden können, zum anderen führen viele DDL-Anweisungen zur impliziten Vergabe oder zum Entzug von Rechten. Der (explizite oder implizite) Entzug von Rechten kann wiederum zum Löschen anderer Schemaelemente führen, für deren Definition das Recht erforderlich war.

Die Definition von Schemaelementen kann unter Nutzung anderer Schemaelemente erfolgen, eine Sicht beruht z. B. auf anderen Tabellen, eine Domänendefinition kann eine Vergleichsregel referenzieren. Tabelle 5.3 gibt einen Überblick über die direkten Abhängigkeiten zwischen Schemaelementen in SQL. Nicht berücksichtigt sind dabei Rechte. Kein Schemaelement kann ohne gewisse Rechte erzeugt werden, die Definition von Schemaelementen zieht immer auch die implizite Definition von Rechten nach sich. Zu beachten ist, daß die meisten der dargestellten Abhängigkeiten die Grenzen eines SQL-Katalogs überschreiten können. Aus der in Abschnitt 2.1.4.2 ausführlich diskutierten Gleichsetzung von Datenbankschema und SQL-Katalog folgt die ungewöhnliche Tatsache, daß ein Datenbankschema in SQL nicht in sich abgeschlossen sein muß. Voneinander abhängige Schemaelemente sind jedoch zumindest auf den gleichen Cluster von Katalogen beschränkt.

Schemaänderungen müssen die aufgeführten Abhängigkeiten natürlich berücksichtigen. Beim Hinzufügen von Elementen zu einem existierenden (möglicherweise gefüllte Tabellen enthaltenden) SQL-Schema müssen benötigte Schemaelemente bereits vorhanden sein. Bei der Definition eines SQL-Schemas selbst gilt diese Einschränkung nur bedingt. In diesem Rahmen erzeugte Schemaelemente können sich unabhängig von ihrer Reihenfolge gegenseitig referenzieren. Dadurch werden zirkuläre Bezüge möglich, die ansonsten gar nicht oder nur über Folgeanweisungen (`ALTER ...`) spezifizierbar wären.

Das Hinzufügen von Elementen zu einem Datenbankschema kann nicht zu Daten- oder Zugriffsverlusten führen. Veränderungen in der Semantik vorhandener Daten sind jedoch möglich. Zum einen werden beim Hinzufügen neuer Attribute zu Tabellen vorhandene

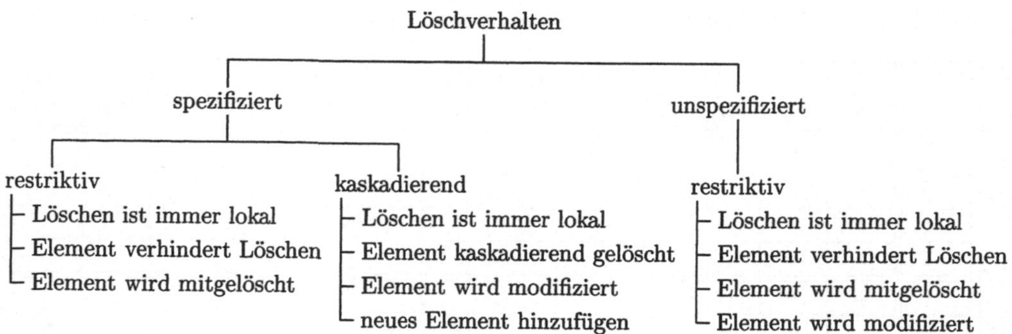

Abbildung 5.6: Klassifikation des Löschverhaltens von SQL-Schemaelementen

Tupel um Defaultwerte oder NULL ergänzt. Inwieweit diese Werte für existierende Daten sinnvoll sind, muß von Fall zu Fall entschieden werden. Zum anderen suggerieren hinzugekommene Integritätsbedingungen, daß vorhandene Daten immer die durch sie ausgedrückte Semantik hatten, was nicht der Fall sein muß. Abgeschwächt wird dieses Problem jedoch durch die Forderung, daß die existierenden Daten zum Zeitpunkt der Schemaänderung den neuen Bedingungen genügen müssen.

Komplizierter als das Hinzufügen von Elementen zu einem Datenbankschema gestaltet sich das Löschen. Abbildung 5.6 ist ein grundsätzlicher Überblick über die verschiedenen Reaktionen zu entnehmen, die ein Löschversuch in SQL nach sich ziehen kann. Beim Löschen mancher Schemaelemente muß angegeben werden, ob abhängige Elemente das Löschen verhindern sollen (restriktiv) oder mitgelöscht werden (kaskadierend). Andere Schemaelemente erlauben diese Wahl nicht, ein restriktives Verhalten wird vorausgesetzt.

Tabelle 5.4 listet das Verhalten von SQL beim Löschen verschiedener Arten von Schemaelementen genauer auf. Modifizierende oder gar hinzufügende Folgeänderungen beziehen sich auf das Löschen von Domänen und Vergleichsregeln. Das Modifizieren von Vergleichseigenschaften ist dabei die einzige Änderung, für die es kein DDL-Äquivalent gibt, die also nur als Folge anderer Änderungen auftreten kann. Zu erwähnen ist, daß das kaskadierende Löschen weiterer Elemente über das Entziehen von Rechten realisiert wird.

Nach Tabelle 5.4 sind einige Schemaelemente auch ohne Auswirkungen auf andere Elemente löschbar (lokales Löschen). Es handelt sich dabei um Domänen-, Fremdschlüssel- und allgemeine Tabellenbedingungen sowie um Zusicherungen (DI, RI, CI, AI).[7] Das Entfernen von Schlüsseln (UI) kann bei kaskadierendem Löschverhalten maximal das Löschen von Fremdschlüsselbedingungen zur Folge haben. Das Entfernen beliebiger Integritätsbedingungen kann in SQL damit nur Semantikverluste, aber weder Datenverlust noch den Verlust des Zugriffs auf Daten hervorrufen.

Wichtig für das Verhindern von Datenverlusten ist, daß das Entfernen von Domänen (D) und ihren zeichenorientierten Grundlagen (CS, CC, CT) relativ wenig Einfluß auf die Definition autonomer Tabellen (T, TC) hat. Datentyp, Defaultwert, Vergleichsregel und Integritätsbedingungen gelöschter Domänen werden in die Definition der betroffenen At-

---

[7]Für die Tabellenbedingungen RI und CI muß aus syntaktischen Gründen dennoch ein Löschverhalten spezifiziert werden; die beiden Varianten haben aber die gleiche Wirkung.

Tabelle 5.4: Löschverhalten von SQL-Schemaelementen

löschen	Verhalten	Reaktion	betroffene Schemaelemente
S	restriktiv	Löschen verhindert durch	CS, CC, CT, D, T, AI, V
	kaskadierend	mitgelöscht wird	CS, CC, CT, D, T, AI, V
CS	unspezifiziert	Löschen verhindert durch	$S, CC, CT, D, DI, TC, CI, AI, V$
		mitgelöscht wird	CS^1
CC	unspezifiziert	Löschen verhindert durch	DI, CI, AI, V
		modifiziert[2] wird	CS, CC, D, TC
CT	unspezifiziert	Löschen verhindert durch	$CC^1, CT^1, DI, CI, AI, V$
		modifiziert[2] wird	CS, CC^1
D	restriktiv	Löschen verhindert durch	DI, TC, CI, AI, V
		mitgelöscht[3] wird	DI
	kaskadierend	kaskadierend gelöscht wird	DI, CI, AI, V
		modifiziert wird	TC^4
		hinzugefügt wird	CI^5
DI	unspezifiziert	lokales Löschen	–
T	restriktiv	Löschen verhindert durch	DI^1, RI, CI, AI^1, V
		mitgelöscht[3] wird	TC, UI, RI, CI
	kaskadierend	kaskadierend gelöscht wird	$DI, TC, UI, RI, CI, AI, V$
TC	restriktiv	Löschen verhindert durch	DI, UI, RI, CI, AI, V
		mitgelöscht[3] wird	UI, RI, CI
	kaskadierend	kaskadierend gelöscht wird	DI, UI, RI, CI, AI, V
UI	restriktiv	Löschen verhindert durch	RI
	kaskadierend	kaskadierend gelöscht wird	RI
RI	restriktiv	lokales Löschen	–
	kaskadierend	lokales Löschen	–
CI	restriktiv	lokales Löschen	–
	kaskadierend	lokales Löschen	–
AI	unspezifiziert	lokales Löschen	–
V	restriktiv	Löschen verhindert durch	DI, CI, AI, V
	kaskadierend	kaskadierend gelöscht wird	DI, CI, AI, V

[1]Unklarheiten in der Norm [ISO92].
[2]Vergleichsregel ersetzt durch Default.
[3]Mitlöschen, wenn nur das zu löschende Schemaelement betroffen ist.
[4]Übernommen werden Datentyp und gegebenenfalls Defaultwert und Vergleichsregel der Domäne.
[5]Domänenbedingungen werden in Tabellenbedingungen umgewandelt.

tribute übernommen, Semantikverluste ergeben sich dadurch nicht. Auch das Löschen von Zeichensätzen und Transformationsregeln hat keinen Einfluß auf vorhandene autonome Tabellen. Eine Ausnahme von dieser Regel ist, daß das Entfernen einer Vergleichsregel in den betroffenen Schemaelementen, darunter auch Attributen, das Ersetzen durch eine Defaultregel nach sich zieht. Vorhandene Daten werden zwar nicht modifiziert, die Semantik von Anfragen über ihnen kann sich aber verändern.

Mit Datenverlust ist dagegen das Löschen von Attributen (TC) einer Basistabelle verbunden. Die durch sie ausgedrückten Eigenschaften vorhandener Tupel der Tabelle werden in der Datenbank nicht mehr reflektiert, die Tupel selbst repräsentieren jedoch weiterhin bestimmte Objekte oder Beziehungen der modellierten Miniwelt. Den Begriff Datenverlust sollte man dagegen nach nach der Diskussion von Abschnitt 5.4.1 nicht auf das Löschen ganzer Tabellen (T) anwenden. Kaskadierend mitgelöschte Integritätsbedingungen (DI, RI, CI, AI) können dagegen zu Verlusten in der Semantik vorhandener Daten anderer Tabellen führen.

Sichten (V), die auf autonomen Tabellen oder anderen Sichten beruhen, werden bei einem kaskadierenden Löschen dieser Tabellen entfernt. Auf den Sichten basierende Integritätsbedingungen werden mitgelöscht. Semantik- und Zugriffsverluste können die Folge sein. Interessant ist dabei, daß auch das Entfernen von Domänen zum Löschen bestimmter Sichten und Integritätsbedingungen führen kann. Anders als bei Attributen werden die Eigenschaften der Domäne nicht in die Definitionen der betroffenen Schemaelemente übernommen.

Modifikationen am Schema einer SQL-Datenbank können somit zu Daten-, Semantik- und Zugriffsverlusten führen. Welche Auswirkungen solche Änderungen auf Archivschemata und Archivdaten haben, soll im weiteren Verlauf untersucht werden.

5.5 Beziehung zwischen Datenbank- und Archivschema

Ein Archivschema wird abhängig von einem Datenbankschema definiert (Abschnitt 4.2.2). Es gilt nun die Beziehung zwischen beiden Schemata unter Einbeziehung der im vorigen Abschnitt untersuchten Möglichkeiten zur Änderung von Datenbankschemata zu beurteilen. Darüber hinaus sind direkte Änderungen an den Archivschemata von Interesse. Bereits in Abschnitt 4.4.1 wurde unter zeitlichen Gesichtspunkten auf die Bedeutung von Schemaänderungen hingewiesen. Wesentlich für die folgende Diskussion sind die Anforderungen Datenbankrelevanz, Authentizität von Archivdaten und Datenbankautonomie (Abschnitt 4.1).

Zunächst ist festzuhalten, daß die Zustandssemantik der Datenbankschemata aus Gründen der Autonomie und Kompatibilität nicht angetastet werden darf. Operationen, die das Datenbankschema verändern, sind weiterhin ohne Einschränkung anwendbar. Ihre Auswirkungen auf das Datenbankschema werden also nicht durch vorhandene Archive beeinflußt. Kombiniert man die genannten Anforderungen, so folgt, daß die Zustandssemantik nicht auf Archivschemata übertragen werden kann. Während Änderungen eines Datenbankschemas wegen der Datenbankrelevanz an zugeordnete Archive weitergeleitet werden müssen, dürfen bereits archivierte Daten aus Authentizitätsgründen nicht an dieses neue Schema angepaßt werden. Ein analoges Argument bezieht sich auch auf explizite Änderungen des Archivschemas selbst.

Neben der Authentizität gibt es im übrigen auch wichtige technische Gründe, das Anpassen von Archivdaten an ein neues Schema zu vermeiden. Archive können sehr groß werden und liegen möglicherweise auf langsamen Speichermedien; das erhöht den Umsetzungsaufwand und kann zu Problemen bei der Systemverfügbarkeit führen. Für Archive an sich gut geeignete WORM-Medien (*write once, read many*) ließen sich aufgrund der Änderungen kaum noch einsetzen. Nicht verschwiegen werden soll jedoch, daß die funktionalen Vorteile, die sich aus der unveränderlichen Aufbewahrung von Archivdaten ergeben, durch entsprechend höhere Zugriffskomplexität und einen größeren Verwaltungs- und Abbildungsaufwand erkauft werden. Zumindest der erste dieser Nachteile kann allerdings durch entsprechende Defaultwerte in der Anfragesprache abgeschwächt werden.

Vor diesem Hintergrund wird ein *Versionierungskonzept für Archivschemata* entwickelt. Es sichert den Zusammenhang zwischen Datenbank- und (aktuellen) Archivschemata und schützt bereits archivierte Daten vor Schemaänderungen. Die Möglichkeiten zur Definition und Modifikation von Datenbankschemata werden dabei nicht beschnitten. Mit den Einzelheiten dieses Konzepts befaßt sich der folgende Abschnitt.

5.6 Versionierung von Archivschemata

Als Archivschema wird die Menge der für ein Archiv definierten Schemaelemente bezeichnet. Nach Abschnitt 4.2.2 ist die Definition von Archivtabellen, Integritätsbedingungen, Archivregeln und Zugriffsrechten möglich. Ein zugehöriges Datenbankschema basiert auf den in Abschnitt 5.3 vorgestellten Möglichkeiten von SQL; dies erleichtert die spätere Umsetzung der neuen Konzepte in der Sprache ASQL. Integritätsbedingungen, Regeln und Rechte beziehen sich jeweils auf Tabellen. Archivtabellen sind also die zentralen Elemente eines Archivschemas (Abschnitt 4.3.1). Die Attribute und Integritätsbedingungen (Abschnitt 5.2.3) einer Archivtabelle werden aus Attributen, Schlüsseln und Fremdschlüsseln der zugeordneten Datenbanktabelle abgeleitet (Datenbankrelevanz), man spricht daher auch vom *Aktivieren* und *Deaktivieren*, nicht vom Erzeugen und Löschen dieser Attribute und Integritätsbedingungen. Den Attributen eventuell zugrundeliegende (SQL-)Domänen werden auf Basisdatentypen zurückgeführt.[8]

Auf dieser Grundlage wird im folgenden die im vorigen Abschnitt motivierte Versionierung der Archivschemata untersucht. In den Abschnitten 5.6.1 und 5.6.2 wird das eigentliche Versionierungskonzept vorgestellt, Abschnitt 5.6.3 befaßt sich mit der Auflösung von Namenskonflikten beim Zugriff auf Archive. Die Abschnitte 5.6.4 und 5.6.5 beschäftigen sich schließlich mit sogenannten logischen Attributen und dem versionsübergreifenden Zugriff auf Archivtabellen.

5.6.1 Versionierung von Archivtabellen

Die Versionierung von Archivschemata soll unter anderem anhand der in Abschnitt 5.4.2 diskutierten Varianten der Schemaversionierung veranschaulicht werden. Die dort genannten Merkmale bezogen sich auf die Datenmodifikationsmöglichkeiten, das Erzeugen von Versionen, das Granulat der Versionierung und den versionsbezogenen Datenzugriff. Wichtig ist auch die in Abschnitt 5.4.1 angesprochene Unterscheidung zwischen informationstragenden Schemaelementen, Elementen zur Werterepräsentation und Elementen zur Daten- und Zugriffsorganisation.

---

[8]Zu Domänen gehörige Domänenbedingungen und Defaultwerte sind im Archiv nicht relevant, da Daten aus der Datenbank unverändert in das Archiv übernommen und nicht mehr verändert werden (Abschnitt 5.2.2).

Archivschemata werden nicht als Ganzes versioniert, die Versionierung bleibt vielmehr auf informationstragende Schemaelemente beschränkt, also Archivtabellen mit den dazugehörigen Integritätsbedingungen. Das ist ausreichend, um archivierte Daten ohne Informationsverluste zu erhalten. Die Versionierung von Archivtabellen erfolgt individuell, nicht schemabezogen. Versionen verschiedener Archivtabellen können sich daher in ihrer Gültigkeit überschneiden. Als Elemente zur Daten- und Zugriffsorganisation kann man Archivregeln und Rechte für Archivtabellen bezeichnen. Sie werden nicht versioniert; von Interesse sind nur aktuelle Regeln und Rechte. Um die Autonomie der Datenbank zu gewährleisten, werden zur Definition der Attribute von Archivtabellen benötigte Zeichensätze und Vergleichsregeln in die jeweiligen Archive kopiert. Archivdaten können unter Zuhilfenahme dieser Schemaelemente zur Wertereprräsentation authentisch dargestellt werden, ohne die Modifikation des Datenbankschemas zu verhindern. Die Verwaltung dieser Elemente eines Archivschemas kann allerdings nicht beeinflußt werden und soll hier keine weitere Rolle spielen.

Das Erzeugen neuer Versionen von Archivtabellen wird automatisch durch bestimmte, in Abschnitt 5.6.2 genauer identifizierte Datendefinitionsanweisungen angestoßen. Die Entscheidung über das Erzeugen einer neuen Version wird dabei ausschließlich aufgrund einer solchen Anweisung und der betroffenen Tabellen getroffen; ein Nutzer kann nicht individuell darüber entscheiden, ob versioniert wird oder nicht.

Die Zuordnung von Archivtabellen zu Datenbanktabellen kann durch Schemaänderungen unterbrochen werden. Eine Archivtabelle hat genau dann eine *aktuelle* Version, wenn sie einer Datenbanktabelle zugeordnet ist. Die Attribute und Integritätsbedingungen einer aktuellen Tabellenversion beziehen sich auf Attribute, Schlüssel und Fremdschlüssel der zugehörigen Datenbanktabelle. Das Hinzufügen von Daten zur Archivtabelle durch Auslagern oder Einfügen ist auf die aktuelle Version beschränkt (Datenbankrelevanz). Das Auswerten und Löschen von Archivdaten ist dagegen versionsübergreifend möglich. In diesem Zusammenhang können Versionen einer Archivtabelle durch einen beliebigen Zeitpunkt im Zeitraum ihrer Aktualität (Gültigkeit) identifiziert werden. Die Struktur einer in versionsübergreifenden Anfragen genutzten Archivtabelle kann Attribute verschiedener Versionen umfassen, wie Abschnitt 5.6.5 zeigen wird.

Die zentralen, informationstragenden Objekte eines Archivschemas sind, wie schon erwähnt, Archivtabellen. Sie haben *versionsunabhängige* Merkmale, zu denen der Tabellenname und bei der Definition angebbare, später aber auch veränderbare Optionen gehören, die das Einfügen von Daten, das in Abschnitt 5.6.4 näher behandelte Gruppieren von Attributen verschiedener Versionen zu logischen Attributen und den versionsübergreifenden Zugriff auf archivierte Daten regeln. *Versionsabhängige* Eigenschaften sind Attribute, Integritätsbedingungen und die Zuordnung der Archivtabelle zu einer Datenbanktabelle. Es gehören alle Attribute direkt zur Archivtabelle, Versionen beziehen sich jeweils auf gewisse Untermengen dieser Attributmenge. Attribute können daher mehreren Versionen zugewiesen sein, was für den versionsübergreifenden Zugriff auf sie von Bedeutung ist. Tabelle 5.5, Seite 155 verdeutlicht dieses Vorgehen in einem anderen Zusammenhang. Schlüssel und Fremdschlüssel gehören dagegen direkt zu den Versionen einer Archivtabelle. Man beachte insbesondere, daß solche Integritätsbedingungen nicht unabhängig von der Archivtabelle versioniert werden.

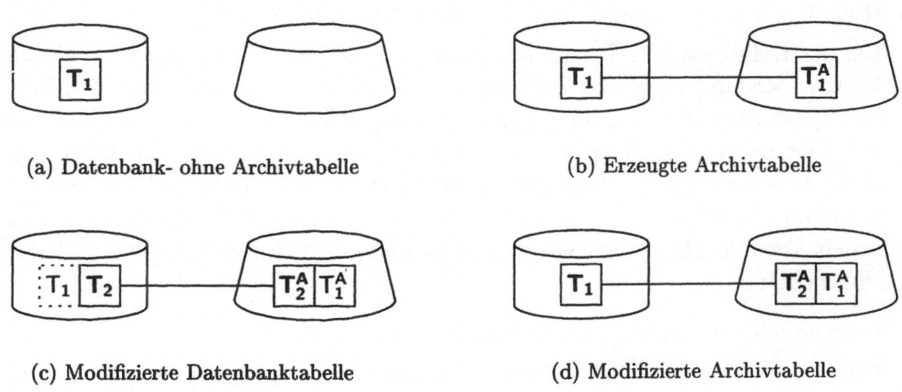

(a) Datenbank- ohne Archivtabelle

(b) Erzeugte Archivtabelle

(c) Modifizierte Datenbanktabelle

(d) Modifizierte Archivtabelle

Abbildung 5.7: Modifikation von Datenbank- und Archivtabellen

Archivregeln und Rechte für Archivtabellen werden zwar nicht versioniert, können allerdings zwischenzeitlich unanwendbar werden, wenn die Archivtabellen, zu denen sie gehören, von den zugehörigen Datenbanktabellen getrennt werden (*detach*). Da Archivtabellen ohne Zuordnung keine aktuelle Version haben, können keine Daten eingefügt werden. Rechte zum Einfügen und bestimmte Archivregeln sind dann irrelevant. Man beachte jedoch, daß sie nicht entfernt werden. Nach einer erneuten Zuordnung der Archivtabelle (*attach*) sind sie vielmehr wieder anwendbar.

Über Operationen zur Datendefinition soll in Anlehnung an die Zustandssemantik der Datenbankseite immer nur das *aktuelle* Archivschema modifizierbar sein, bestehend aus den nicht versionierten Elementen (Regeln und Rechte), den versionsunabhängigen Merkmalen von Archivtabellen und den aktuellen Versionen der verschiedenen Archivtabellen mit ihren Attributen und Integritätsbedingungen.

5.6.2 Erzeugen von Versionen

Das Erzeugen einer Archivtabelle T^A für eine Datenbanktabelle T ordnet diese Tabellen einander zu, wie die Abbildungen 5.7(a) und 5.7(b) verdeutlichen.[9] Die Versionierung von Archivtabellen bezieht sich auf diese Zuordnung. Aus der Forderung nach Datenbankrelevanz folgt, daß die Definitionen der beiden Tabellen zueinander passen müssen. Änderungen von Datenbank- oder Archivschema werden daher durch die Versionierung betroffener Archivtabellen ausgeglichen, wie die Abbildungen 5.7(c) und 5.7(d) illustrieren. Die in beiden Fällen erzeugte neue Tabellenversion besteht aus den aktuell in T^A aktivierten Untermengen der Attribute und Integritätsbedingungen von T.

Für die Versionierung relevante Schemaänderungen der Datenbank sind das Hinzufügen und Entfernen von Attributen und Integritätsbedingungen bezogen auf Basistabellen und die Modifikation des Datentyps von Attributen:

---

[9] T und T^A bezeichnen in den Abbildungen Datenbank- und Archivtabellen, fette Buchstaben stehen für Aktualität und Änderbarkeit. Zusammenhängende Symbole deuten die Versionen einer Tabelle an, gepunktet umrandete Symbole gelöschte Tabellen. Bei gleichen Bezeichnern wird die Reihenfolge der Entstehung durch Indizes angedeutet.

- Hinzufügen von Attributen oder Integritätsbedingungen zu T

  Bei der Definition von T^A soll angebbar sein, daß neue Attribute bzw. aktivierbare Integritätsbedingungen von T automatisch zu übernehmen sind. *Aktivierbar* bedeutet dabei, daß die durch eine Integritätsbedingung referenzierten Attribute und (im Falle von Fremdschlüsselbedingungen) Schlüsselbedingungen bereits im Archiv aktiviert sind (Abschnitt 5.2.2), also zu aktuellen Versionen von Archivtabellen gehören. Das automatische Aktivieren von Attributen oder Integritätsbedingungen führt zu einer neuen Version. Ohne die genannten Optionen erfolgt dagegen keine automatische Übernahme.

- Löschen von Attributen oder Integritätsbedingungen von T

  Werden Attribute oder Integritätsbedingungen von T gelöscht, so führt das zu einer neuen Version von T^A, wenn sie in deren aktueller Version aktiviert waren. In der neuen Version sind die gelöschten Attribute und Integritätsbedingungen nicht mehr enthalten.

- Ändern des Datentyps eines Attributs von T

  In SQL sind Änderungen eines Datentyps nach Abschnitt 5.4.3 auf Modifikationen der Vergleichseigenschaften beschränkt, die aus dem Löschen einer Vergleichsregel resultieren. Ist ein betroffenes Attribut von T in T^A aktiviert, wird eine neue Version erzeugt. Das modifizierte Attribut wird T^A als neues Attribut hinzugefügt und anstelle des alten aktiviert. Man beachte also insbesondere, daß ein in T modifiziertes Attribut in T^A durch *zwei* Attribute beschrieben wird. Das Verfahren kann im übrigen ohne weiteres auf andere als die von SQL unterstützten Typänderungen ausgedehnt werden. Anzumerken ist, daß Domänenänderungen in diesem Zusammenhang uninteressant sind, da Attribute von Archivtabellen nur auf den zugrundeliegenden Basisdatentypen beruhen.

Die Versionierung einer Archivtabelle kann jedoch auch von Änderungen des Archivschemas ausgelöst werden, die explizit durch Datendefinitionsanweisungen oder implizit als Folge anderer Änderungen erfolgen. Das betrifft allerdings nur archivierte Basistabellen, da für Sichten keine Integritätsbedingungen definierbar sind und Attribute archivierter Sichten nicht individuell (de-)aktivierbar sind:

- explizites (De-)Aktivieren von Attributen oder Integritätsbedingungen von T^A

  Die Definition von Archivtabellen soll unter anderem durch das Hinzufügen und Entfernen von Attributen und Integritätsbedingungen veränderbar sein. In der aktuellen Version von T^A nicht aktivierte Attribute oder Integritätsbedingungen von T können aktiviert werden, aktivierte Attribute oder Integritätsbedingungen sind deaktivierbar. In beiden Fällen wird eine neue Version für T^A erzeugt.

- implizites (De-)Aktivieren von Integritätsbedingungen von T^A (Folgeänderung)

  Schlüssel- und Fremdschlüsselbedingungen von T beziehen sich auf Attribute von T und referenzieren im Fall von Fremdschlüsseln Schlüsselbedingungen anderer, nicht unbedingt von T verschiedener Datenbanktabellen. Wie erwähnt ist eine solche Integritätsbedingung für T^A genau dann aktivierbar, wenn die referenzierten Attribute und Integritätsbedingungen im Archiv aktiviert sind. Wird eine bisher nicht akti-

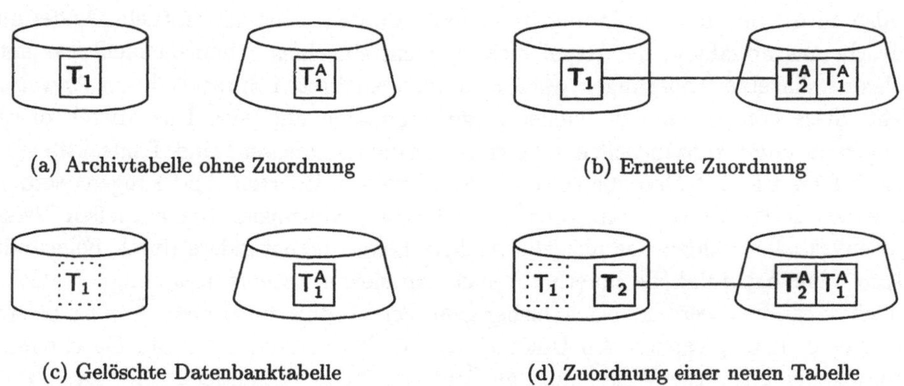

Abbildung 5.8: Änderungen in der Zuordnung von Archivtabellen

vierbare Integritätsbedingung durch Änderungen am Archivschema aktivierbar und geht aus der Definition von T^A hervor, daß solche Bedingungen automatisch zu übernehmen sind, so wird eine entsprechende neue Version erzeugt. Entfallen durch eine Änderung des Archivschemas die Grundlagen für eine aktivierte Integritätsbedingung von T^A, so wird diese deaktiviert. Es soll neben diesem kaskadierenden Verhalten analog zu SQL (Abschnitt 5.4.3) auch ein restriktives Deaktivieren erlaubt werden, bei dem die auslösende Änderung des Archivschemas durch abhängige Integritätsbedingungen verhindert wird.

- implizites Versionieren wegen der Versionierung einer referenzierten Archivtabelle

  Referenziert eine für T^A aktivierte Fremdschlüsselbedingung eine andere Archivtabelle und wird diese versioniert, so wird aus pragmatischen Gründen auch T^A versioniert. Die neue Version von T^A unterscheidet sich im allgemeinen nicht von der alten, durch dieses Vorgehen wird jedoch vermieden, daß Tupel einer Version von T^A verschiedene Versionen einer anderen Archivtabelle referenzieren.

Neben den bisher betrachteten Schemaänderungen verdient die Zuordnung zwischen Datenbank- und Archivtabelle genauere Aufmerksamkeit. Diese Zuordnung kann explizit aufgelöst werden (*detach*) oder durch Rücknahme von Rechten für den Archiveigner verloren gehen (Abbildung 5.8(a)). Eine Archivtabelle ohne Zuordnung hat keine aktuelle Version; alle Attribute und Integritätsbedingungen sind deaktiviert, das Auslagern oder direkte Einfügen von Daten ist ebensowenig möglich wie ein Einlagern in die Datenbank. Eine erneute Zuordnung zur gleichen Datenbanktabelle (*attach*; Abbildung 5.8(b)) führt zu einer neuen aktuellen Version von T^A, auch wenn sich die Definition von T nicht geändert hat. Die Zuordnung zwischen T und T^A geht natürlich auch verloren, wenn T gelöscht wird, wie Abbildung 5.8(c) verdeutlicht. T^A kann jedoch zu einem späteren Zeitpunkt einer neuen Datenbanktabelle mit gleichem Namen und gleichem Typ (archivierte Basistabelle oder archivierte Sicht) zugeordnet werden (Abbildung 5.8(d)). Ob eine solche Zuordnung semantisch auch sinnvoll ist, muß der Archiveigner entscheiden.

Die Ursache von Schemaänderungen liegt in gegenüber dem zugrundeliegenden Datenbank- oder Archiventwurf geänderten Anforderungen begründet. Ein vorhandenes Archivschema muß also an die neuen Anforderungen angepaßt werden. Eine konzeptuelle Änderung des Archivschemas umfaßt in der Regel nicht nur ein einzelnes Schemaelement, sondern ist komplexer. Einzelne Änderungen werden in einer konkreten Sprache durch Anweisungen bewirkt, diese können implizit wieder Folgeänderungen auslösen. Das Mittel, diese Anweisungen zu *einer* konzeptuellen Änderung zusammenzufassen, sind Transaktionen (Abschnitt 5.1.1). Die auf Datenbank- oder Archivseite initiierten Änderungen werden wie beschrieben durch Versionierung der Archivtabellen vollzogen. Die aktuellen Versionen der Archivtabellen bilden das aktuelle Archivschema. Insbesondere durch Folgeänderungen kann eine Archivtabelle innerhalb einer komplexen Schemaanpassung (Transaktion) mehrfach verändert werden. Nach bisherigem Verständnis führt jede Änderung zur Erzeugung einer neuen Version. Im Unterschied zur Zustandssemantik der Datenbank werden im Archiv auf diese Weise einzelne Änderungen dokumentiert. Dies kann zu einer ungewollten Inflation von Versionen führen, wenn man davon ausgeht, daß im Ergebnis nur die insgesamt an einer Archivtabelle vorgenommenen Änderungen interessieren und Zwischenzustände in Form von Versionen unbedeutend sind. Nur das Archivschema am Transaktionsende ist wirklich von Bedeutung. Deshalb sollen alle möglichen während einer Transaktion direkt durch Datendefinitionsoperationen oder durch Folgeänderungen erzeugten Versionen einer Archivtabelle zum Transaktionsende zu einer einzigen neuen Version zusammengefaßt und nach außen sichtbar werden. Dieses Verhalten gleicht dem der Datenbank (Abschnitt 5.4.1). Einzelne Schemaänderungen einer Transaktion sind nach außen nicht sichtbar, am Transaktionsende steht nur der letzte Zustand zur Verfügung. Der Unterschied zwischen Datenbank und Archiv besteht diesbezüglich lediglich darin, daß das Archiv zusätzlich den Zustand des Schemas zu Beginn einer Transaktion aufbewahrt. Da nun höchstens eine neue Version einer Archivtabelle pro Transaktion erzeugt wird, kann die Transaktionszeit (Abschnitt 4.4.5) dazu benutzt werden, eine bestimmte Schemaversion zu ermitteln. Dieses Vorgehen auf Schemaebene ist vergleichbar mit dem Auslagern von Teilzuständen auf Datenebene (Abschnitt 5.2.1). Für die Diskussion weiterer Implikationen, die sich aus der Konsolidierung von Versionen in Transaktionen ergeben, sei auf [Sto99] verwiesen.

5.6.3 Auflösung von Namenskonflikten

Archivtabellen und Integritätsbedingungen behalten im Archiv die Namen der Datenbankelemente, von denen sie abgeleitet wurden und können über diese angesprochen werden. Der Vorteil dieses Ansatzes für den Anwender ist ein homogener Zugriff zu korrespondierenden Elementen von Datenbank- und Archivschema. Die Zusammenführung der destruktiven Änderungen eines Datenbankschemas mit der Versionierung von Archivschemata birgt dabei jedoch Probleme in sich, da die Namen gelöschter Elemente eines Datenbankschemas wiederverwendet werden können.

Angenommen, eine Archivtabelle T^A ist einer Datenbanktabelle T zugeordnet (Abbildung 5.9(a)). Wird die Tabelle T aus dem Datenbankschema entfernt, so entfällt auch die Zuordnung. Die Archivtabelle T^A existiert weiter, hat aber keine aktuelle Version (Abbildung 5.9(b)). Nach Abschnitt 5.6.2 kann T^A einer später erzeugten Datenbanktabelle gleichen Namens zugeordnet werden. Das ist sinnvoll, wenn die Bedeutung beider Tabellen übereinstimmt, was aber nicht sein muß. Eine solche Datenbanktabelle kann im allgemeinen völlig andere Daten enthalten als zuvor (Abbildung 5.9(c)). Eine für sie definierte

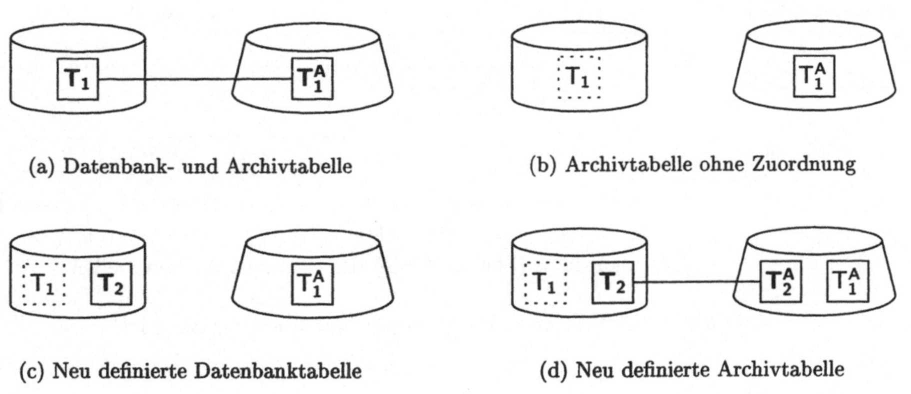

(a) Datenbank- und Archivtabelle   (b) Archivtabelle ohne Zuordnung

(c) Neu definierte Datenbanktabelle   (d) Neu definierte Archivtabelle

Abbildung 5.9: Auflösen von Namenskonflikten

Archivtabelle hat daher auch keine Verbindung zur alten Archivtabelle gleichen Namens (Abbildung 5.9(d)).

Beide der in Abbildung 5.9(d) vorhandenen Archivtabellen können wegen des homogenen Zugriffs über die gleiche Kombination von Tabellen- und Archivnamen angesprochen werden. Eine Unterscheidung zwischen ihnen ist möglich, wenn ein Zeitpunkt angegeben wird, zu dem die gewünschte Tabelle eine aktuelle Version hatte. Defaultwert ist dabei natürlich die aktuelle Zeit. Da aktuelle Versionen und Zuordnung übereinstimmen und zu jedem Zeitpunkt zu einer gegebenen Datenbanktabelle je Archiv maximal eine Archivtabelle gehören kann, reicht dies für eine eindeutige Identifizierung aus.

Abbildung 5.10 illustriert dieses Vorgehen an einem Beispiel mit drei Archivtabellen gleichen Namens. Diese gehören zum selben Archiv und sind (zu verschiedenen Zeiten) Datenbanktabellen gleichen Namens zugeordnet. Diese müssen allerdings nicht identisch sein, ein zwischenzeitliches Löschen und Neuerzeugen ist möglich. In den Zeiten, in denen keine der Archivtabellen eine aktuelle Version besitzt, braucht eine entsprechende Datenbanktabelle nicht einmal zu existieren. Die erste Archivtabelle wurde zum Zeitpunkt t_1 erzeugt, nach mehrmaliger Versionierung wurde die Zuordnung in einer Transaktion mit der Transaktionszeit t_5 zurückgenommen. In der gleichen Transaktion wurde eine neue Archivtabelle erzeugt, die der Datenbanktabelle mit einer Unterbrechung bis zum Zeitpunkt t_{10} zugeordnet war. Nach Erzeugung einer dritten Archivtabelle wurde der Datenbanktabelle zur Zeit t_{15} erneut die erste Archivtabelle zugeordnet, nach zwei Versionen und einer Unterbrechung wurde dann die zum aktuellen Zeitpunkt t_{21} immer noch gültige Version der dritten Archivtabelle begonnen.

Wesentlich ist, daß zu jedem Zeitpunkt maximal eine der Archivtabellen gleichen Namens eine aktuelle Version besitzt. Namenskonflikte lassen sich daher immer mit Hilfe der Zeit auflösen. So kann z. B. die erste Archivtabelle mit einem beliebigen Zeitpunkt aus den Intervallen $[t_1, t_5)$[10] und $[t_{15}, t_{18})$ angesprochen werden, die Transaktionszeitpunkte t_8 oder t_{11} verweisen dagegen auf keine der Archivtabellen. Man beachte, daß die in die Abbildung aufgenommenen Zahlen, die die Reihenfolge der Erzeugung der einzelnen Archivtabellen

---

[10]Intervall einschließlich t_1 und ausschließlich t_5.

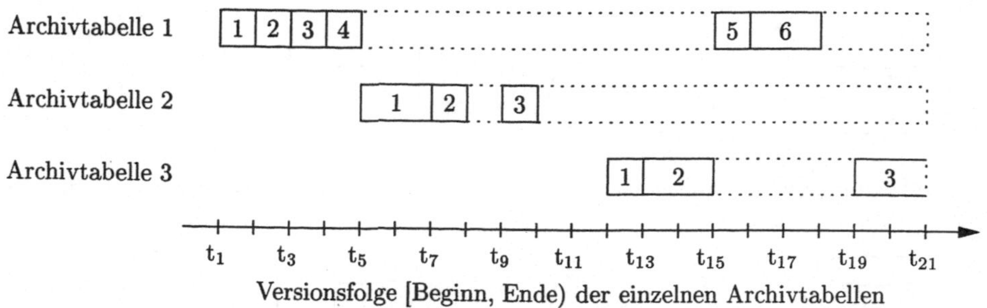

Versionsfolge [Beginn, Ende) der einzelnen Archivtabellen

Abbildung 5.10: Entwicklung von Archivtabellen (Beispiel)

und die Reihenfolgen ihrer Versionen bezeichnen, für den eigentlichen Archivzugriff ohne Belang sind.

5.6.4   Logische Attribute

Im vorigen Abschnitt wurden Namenskonflikte und ihre Behandlung auf Tabellenebene diskutiert. Ähnliche Probleme treten auch auf Attributebene auf, da z. B. ein neues Attribut einer Datenbanktabelle den Namen eines zuvor entfernten Attributs erhalten kann. Ob gleichnamige Attribute auch die gleiche Bedeutung haben, kann durch das Datenbanksystem nicht ohne Nutzerhilfe festgestellt werden. Namens- und Typinformation reichen dazu nicht aus. Im Gegenteil, die Datentypen semantisch äquivalenter Attribute können sich sehr wohl unterscheiden, notwendige Typveränderungen wie das Verlängern von Zeichenketten sind möglicherweise sogar der Auslöser für eine Schemaänderung.

In zugehörigen Archivtabellen gehören derartige Attribute natürlich zu verschiedenen Versionen. Eine Anfrage, die Daten beider Versionen betrifft, sollte jedoch beide als *ein* Attribut behandeln, falls sie *bedeutungsgleich* sind. Das hat große Auswirkungen auf eine sinnvolle Auswertung von Archivdaten, insbesondere sei hier auf aggregierende Operationen hingewiesen. Diese Beobachtung führt zum Begriff der *logischen Attribute*. Attribute verschiedener Versionen einer Archivtabelle können zu logischen Attributen gruppiert werden, die dann in Anfragen genutzt werden. Welche Forderungen dabei zu erfüllen sind und wie eine solche Gruppierung erreicht wird, soll im folgenden näher erläutert werden.

Man erinnere sich zunächst, daß Attribute direkt zu Archivtabellen gehören, nicht zu einzelnen Versionen. Attributnamen sind zwar innerhalb von Versionen eindeutig, nicht jedoch innerhalb der Archivtabelle selbst. Attribute werden mit ihrer Aktivierung der Archivtabelle hinzugefügt. Sie können nicht entfernt, nur deaktiviert werden und bilden das *vollständige, ungruppierte Schema* der Tabelle. Auf ähnliche Weise wird in [RS95] die Vereinigung aller Attribute, die während der Lebenszeit einer Tabelle definiert wurden, als *completed schema* bezeichnet. Hier umfaßt die Aktivierung auch die Zuordnung zu einem logischen Attribut, wie Tabelle 5.5 anhand verschiedener Situationen zeigt. Die Versionsfolge bezieht sich dabei im übrigen auf die erste der drei Archivtabellen von Abbildung 5.10. Die Menge der logischen Attribute einer Tabelle wird auch als deren *gruppiertes Schema* bezeichnet.

Die erste der hier aufgeführten Versionen wird beim Erzeugen der Archivtabelle zum Zeitpunkt t_1 angelegt, die drei aktivierten Attribute werden natürlich verschiedenen Gruppen

Tabelle 5.5: Attribute von Archivtabellen (Beispiel)

Entwicklung einer Archivtabelle $\longrightarrow_t$									
Attributposition	1	2	3	4	5	6	7	8	9
Attributname	A	B	C	A	B	B	A	B	C
Logisches Attribut	A^1	B^1	C^1	A^1	B^2	B^2	A^2	B^1	C^1

Entwicklung der Versionen $\downarrow_t$										
Beginn	Ende	Versionsattribute								
t_1	t_2	A	B	C						
t_2	t_3			C						
t_3	t_4			C	A	B				
t_4	t_5			C	A		B			
t_{15}	t_{16}							A	B	C
t_{16}	t_{18}							A	B	C

zugeordnet. Dem Deaktivieren zweier Attribute zur Zeit t_2 folgt die Aktivierung von Attributen gleichen Namens zum Zeitpunkt t_3. Man beachte, daß diese nicht mit den zuvor deaktivierten Attributen identisch sein müssen; sie könnten gelöscht und neu definiert worden sein. Im Beispiel wird A einem existierenden logischen Attribut zugeordnet, während B eine neue Attributgruppe bildet. Das Ändern des Attributtyps von B zum Zeitpunkt t_4 resultiert ebenfalls in einer neuen Version, die Zuordnung zur gleichen Attributgruppe legt eine kompatible Änderung nahe. Es sei darauf hingewiesen, daß derartige Typänderungen durch SQL auf das Anpassen von Vergleichsregeln zeichenorientierter Attribute beschränkt sind (Abschnitt 5.4.3). Der Effekt läßt sich jedoch verallgemeinern auf das Modifizieren anderer Parameter eines Datentyps und auf den zugrundeliegenden Typ selbst. Das Abkoppeln der Archivtabelle zum Zeitpunkt t_5, möglicherweise durch das Löschen der entsprechenden Datenbanktabelle, hinterläßt eine Lücke in der Versionsfolge bis zur erneuten Zuordnung zum Zeitpunkt t_{15}. Die dabei aktivierten Attribute werden im Beispiel auf verschiedene existierende Gruppen logischer Attribute verteilt. Die Versionierung zum Zeitpunkt t_{16} hat keine Auswirkungen auf die verfügbaren Attribute und könnte durch Änderungen bei den Integritätsbedingungen ausgelöst worden sein. Ab Zeitpunkt t_{18} ist die Tabelle schließlich ohne Zuordnung, alle Attribute sind deaktiviert, eine aktuelle Version ist nicht vorhanden.

Letztlich muß jedes für eine Archivtabelle zu aktivierende Attribut bei der Aktivierung je nach seiner Bedeutung einem logischen Attribut zugeordnet werden. Die Zuordnung kann durch eine bei der Definition einer Archivtabelle anzugebende, später aber auch veränderbare Option gesteuert werden, die auf der Typähnlichkeit von Attributen basiert. Minimale Forderungen an ein logisches Attribut sind dabei die Gleichnamigkeit und die Vergleichbarkeit aller zugehörigen Attribute der Archivtabelle nach den Regeln von SQL. So sind z. B. Attribute mit den parametrisierten Datentypen `VARCHAR[15]` und `CHAR[20]` vergleichbar, wenn beide Attribute auf demselben Zeichenrepertoire beruhen. Eine stärkere Option ist bei zeichenorientierten Datentypen die Beschränkung auf die gleiche Vergleichsregel. Noch strenger sind die Einschränkung auf denselben Basisdatentyp, z. B. `CHAR` und auf dieselben Parameter, etwa `CHAR[20]`. Schließlich ist es möglich, das Gruppieren überhaupt zu verhindern.

5.6.5 Zugriff auf versionierte Archivtabellen

Archivtabellen sollen in Anfragen direkt zugreifbar sein (Abschnitt 4.3.4). Besondere Berücksichtung muß dabei die Nutzung temporaler Eigenschaften von Archivdaten und die Behandlung von Effekten der Tabellenversionierung finden (Abschnitt 4.4.4.2). Auf den zweiten Punkt soll in diesem Abschnitt näher eingegangen werden. Der lesende Zugriff auf Archivtabellen ist auf folgende Weise zu ermöglichen:

- aktuelle Sicht auf Daten durch das aktuelle Schema

- authentische Sicht auf Daten über deren jeweilige Schemata

- historische Sicht auf Daten durch beliebige Schemata

- versionsübergreifende Sicht auf Daten durch Kombination von Schemata

Die ersten beiden Varianten sind dabei wichtige Spezialfälle der dritten. Die aktuelle Sicht auf beliebige Daten einer Archivtabelle paßt diese Daten an die aktuelle Version an und bezieht sich damit auf die gültige Datenbankmodellierung. Mit der authentischen Sicht auf die Daten einer Tabellenversion über die Attributstruktur dieser Version wird der originalgetreue Zugriff auf archivierte Daten ermöglicht. Als Verallgemeinerung erlaubt die historische Sichtweise den Zugriff auf die Daten bezüglich der Struktur einer beliebigen Tabellenversion. Neben der Beschränkung auf die Struktur einer einzelnen Version kann darüber hinaus auch deren Kombination (Vereinigung oder Durchschnitt ihrer Attribute) Vorteile bringen.

In [CGS97] wird für auf Transaktionszeit basierende Schema- und Datenversionierung aus Konsistenzgründen nur ein *synchroner* Umgang als zulässig angesehen. Das bedeutet, daß temporale Daten nur unter Verwendung der zugehörigen Schemaversion gespeichert, abgefragt oder verändert werden dürfen. Bezüglich des Auslagerns oder Einfügens verhält sich das hier beschriebene Versionierungskonzept genauso, nur die jüngste Schemaversion einer Archivtabelle, welche zum aktuellen Schema der zugehörigen Datenbanktabelle korrespondiert, ist von Bedeutung. Die Anfragemöglichkeiten sind jedoch nicht auf den synchronisierten Zugriff beschränkt, also die authentische Sicht auf die Daten einer Tabellenversion. Möglich wird die größere Flexibilität durch die archivierungsspezifische Semantik der Transaktionszeit (Abschnitt 4.4.5), die sich aus der Beziehung von Datenbank und Archiv ergibt. Die Transaktionszeit bezieht sich jeweils auf den aktuell gültigen Zustand der Datenbank und ist nur bedingt geeignet, eine lückenlose Aufzeichnung im Archiv zu garantieren. Beispielsweise beschreibt die Darstellung der Daten einer Archivtabelle über deren aktuelles Schema einerseits zwar einen Zustand, den es möglicherweise so nie in der Datenbank gegeben hat, andererseits ist es eine Sicht auf die Daten, die dem Zustand entspricht, als seien die Daten im Rahmen von entsprechenden Schemaevolutionen in der Datenbank angepaßt worden.

Nach Abschnitt 5.6.3 läßt sich eine Archivtabelle durch Tabellennamen, Archivnamen und eine Angabe zur Zeit der Gültigkeit eindeutig bestimmen. Als Beispiel soll im weiteren

T_1^A: $[t_{12}, t_{13})$		
A^1	B^1	AT
a_1	b_1	t_{12}

T_2^A: $[t_{13}, t_{15})$				
A^1	B^1	C^1	D^1	AT
a_2	b_2	c_2	d_2	t_{13}
a_2'	b_2'	c_2'	d_2'	t_{14}

T_3^A: $[t_{19}, UC]$			
A^1	C^2	D^1	AT
a_3	c_3	d_3	t_{20}

Abbildung 5.11: Versionen einer Archivtabelle T^A

T^A: $[t_{14}, UC]$					
A^1	B^1	C^1	C^2	D^1	AT
a_2'	b_2'	c_2'	–	d_2'	t_{14}
a_3	–	–	c_3	d_3	t_{20}

Abbildung 5.12: Schritt 1: Beschränkung von T^A auf $[t_{14}, UC]$

die dritte der in Abbildung 5.10 gezeigten Tabellen dienen, identifizierbar durch einen
beliebigen Zeitpunkt aus $[t_{12}, t_{15}) \cup [t_{19}, UC]$. UC steht dabei für den im temporalen
Datenbankumfeld in Verbindung mit Transaktionszeit gebräuchlichen Begriff *until chan-
ged* [CDI$^+$97]. Hier beschreibt UC die aktuelle Zeit (im Beispiel t_{21}) und die aktuelle
Schemaversion der Archivtabelle, die bis zur nächsten Schemaänderung Gültigkeit besitzt.
Bei einer Schemaänderung wird UC durch die entsprechende Transaktionszeit ersetzt. Die
(nur) im Fall von UC anwendbare eckige Klammer deutet an, daß das Intervall den aktuellen Zeitpunkt einschließt.

Beispiele für die drei Versionen (logische Attribute und Daten) der Archivtabelle zeigt
Abbildung 5.11. Im Tabellenkopf ist jeweils das Intervall angegeben, zu dem die Daten
der Version gehören. Wird eine solche Archivtabelle T^A in einer Anweisung referenziert, so
wird die in der Anfrage *effektiv genutzte Tabelle* (Struktur und Daten) konzeptuell in zwei
Schritten bestimmt.

Im ersten Schritt kann ein Zeitintervall spezifiziert werden, auf das sowohl Versionen als
auch Daten der Archivtabelle beschränkt werden. So mag ein Nutzer beispielsweise nur an
Archivdaten aus dem Jahr 1998 interessiert sein. Im ersten Schritt wird also eine Tabelle
erzeugt, die alle Daten des spezifizierten Intervalls umfaßt. Ihre Struktur besteht aus den
Attributen aller im genannten Zeitraum aktuellen Versionen der Archivtabelle, gruppiert
zu logischen Attributen. Tupel, die sich nicht auf all diese Attribute beziehen, werden mit
einer speziellen Markierung (–) komplettiert. Abbildung 5.12 illustriert die Auswahl von
Attributen und Daten der drei Versionen von T^A, die auf die Zeit nach Zeitpunkt t_{14}, also
$[t_{14}, UC]$ eingeschränkt wird.

Die endgültige Struktur der in einer Anfrage referenzierten Archivtabelle wird in einem
zweiten Schritt festgelegt. Es soll neben dem Verwenden aller im ersten Schritt ermittelten
Attribute (*all*) die Projektion auf die allen genutzten Versionen gemeinsamen logischen
Attribute (*common*) und die Auswahl der Attributmenge einer beliebigen Version der Archivtabelle erlaubt werden. Eine solche Version kann durch einen Zeitpunkt während ihrer
Gültigkeit spezifiziert werden. Ein oft genutzter Spezialfall ist dabei die Wahl der aktuell
gültigen Version (*current*). Die Wahl aller Attribute bietet sich an, wenn alle Eigenschaften der ausgewählten Tupel aus dem Ergebnis ersichtlich sein sollen. Bei der Beschränkung
auf gemeinsame Attribute werden zusätzliche Markierungen aufgrund nicht vorhandener

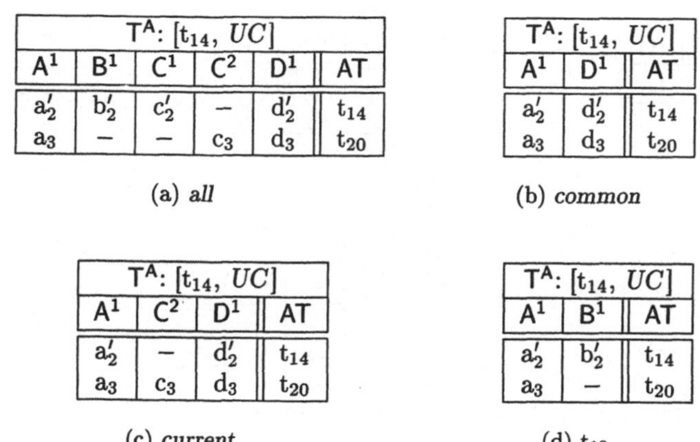

Abbildung 5.13: Schritt 2: Endgültige, in der Anfrage genutzte Form von $\mathsf{T^A}$

Attributwerte vermieden, die Daten sind versionsunabhängig interpretierbar. Der Bezug
auf das aktuelle Schema ist mit Blick auf die Frage der Datenbankrelevanz von besonderer
Bedeutung, sie stellt die Archivdaten unter dem Blickwinkel der aktuellen Datenbankmodellierung dar. Die Wahl beliebiger anderer Versionen wird dagegen seltener von Interesse
sein. Abbildung 5.13 zeigt die verschiedenen Ergebnisse. Die zeitliche Kombination der beiden vorgestellten Schritte muß dabei nicht unbedingt plausibel sein, wie Abbildung 5.13(d)
anhand von $t_{12} \notin [t_{14},\, UC]$ verdeutlicht.

5.7 Zusammenfassung

In diesem Kapitel wurden verschiedene sich aus der Beziehung zwischen Datenbank und
Archiv ergebende Fragen behandelt. Ergebnisse der Untersuchungen sind auf Datenebene
die Definition eines Konsistenzbegriffs für Archive und auf Schemaebene die Entwicklung
eines Versionierungskonzepts für Archivschemata.

Archive sollen ähnlich wie Datenbanken eine gewisse Qualität ihrer Daten garantieren. Mit
diesem Ziel wurden zunächst wesentliche Konzepte der Integritätssicherung von Datenbanken vorgestellt. Hierbei wurden, neben der Definition der Konsistenz von Datenbanken,
Integritätsbedingungen hinsichtlich verschiedener Kriterien klassifiziert und für das relationale Datenmodell diskutiert. Auf dieser Grundlage konnte die Konsistenz von Archiven
untersucht und begrifflich gefaßt werden. Nach einer Betrachtung verschiedener Arten von
Integritätsbedingungen für Archive wurden schließlich Schlüssel und Fremdschlüssel im
temporalen Datenmodell für Archive definiert.

Als wesentlich für die Verbindung von Datenbank und Archiv erwiesen sich die transaktionsbezogenen Zustandsübergänge beim Auslagern von Daten der Datenbank in ein
Archiv. Im Rahmen einer Transaktion, die eine oder mehrere Auslagerungsoperationen
enthält, wird ein Teilzustand der Datenbank ermittelt und dem Archiv hinzugefügt. Dabei bezieht sich der Teilzustand auf den konsistenten Datenbankzustand zu Beginn der

Transaktion. Ein Archivzustand besteht daher aus einer Folge von ausgelagerten Teilzuständen der Datenbank, welche durch die Transaktionszeit identifizierbar sind. Wenn im Archiv Integritätsbedingungen aktiviert sind, dann muß ein konsistenter Archivzustand diese Integritätsbedingungen erfüllen. Integritätsbedingungen im Archiv werden aus der Datenbank übernommen (Datenbankrelevanz) und um die Archivierungszeit angereichert. Als temporale Integritätsbedingungen beziehen sie sich auf einzelne ausgelagerte Teilzustände. Die Prüfung dieser Bedingungen muß daher beim Auslagern nur für die in der zuhörigen Transaktion einzufügenden Daten erfolgen.

Neben der Datenebene ist für Beziehungen zwischen Datenbank und Archiv die Schemaebene aufgrund der vom Datenbankschema abhängigen Definition eines Archivschema von Bedeutung. Hierfür wurden zunächst die Möglichkeiten zur Definition von Datenbankschemata anhand von SQL vorgestellt. Im Rahmen einer allgemeinen Klassifikation von Schemaänderungen einer Datenbank wurden zwei Problemkreise angesprochen, die zum einen die Änderungsmöglichkeiten und zum anderen die Behandlung vorhandener Daten und Anwendungen betreffen. Als wichtigste Merkmale einer Schemaänderung wurden dabei mit Blick auf die Archivierung der Typ des betroffenen Schemaelements (informationstragend, Repräsentation von Werten, Daten- und Zugriffsorganisation) und mögliche Informationsverluste (Daten- und Semantikverluste) identifiziert. In Anlehnung an Arbeiten auf dem Gebiet temporaler Datenbanken, bei denen sich die Aufzeichnung der historischen Entwicklung einer Datenbank von der Daten- auf die Schemaebene übertragen läßt, wurden die Begriffe Schemamodifikation, Schemaevolution und Schemaversionierung eingeführt. Die Konzepte der Schemaversionierung wurden anhand verschiedener Merkmale weiter vertieft. Eine eingehende Analyse der Modifikationsmöglichkeiten für SQL-Datenbankschemata, die in funktional beschränktem Umfang dem Begriff der Schemaevolution genügen, diente als Grundlage für eine Untersuchung der Auswirkungen solcher Änderungen auf Archivschemata.

Eine Datenbank beschreibt zu jeder Zeit einen Zustand der modellierten Miniwelt, die Datenbank wird durch destruktive Änderungen aktualisiert (Zustandssemantik). Diese Eigenschaft gilt auch für das Datenbankschema. Daten beziehen sich immer auf das aktuelle Schema, dieses kann daher ebenfalls durch destruktive Veränderungen reorganisiert werden. Für Archive ist diese Sichtweise nicht übernehmbar. Aus den Forderungen nach Datenbankrelevanz und Authentizität von Archivdaten folgt, daß einmal archivierte Daten nicht mehr zu ändern sind, daß sich das jeweils aktuelle Archivschema aber immer am zugehörigen Datenbankschema orientieren soll. Änderungen am Schema einer Datenbank müssen also auf dessen Archive übertragen werden, ohne daß bereits archivierte Daten anzupassen sind. Darüber hinaus zwingt die geforderte Autonomie der Datenbank dazu, daß Archive keine Rückwirkungen auf die Datenbank haben dürfen. Aus diesen Gründen wurde die Notwendigkeit eines Versionierungskonzepts für Archivschemata abgeleitet.

Die Versionierung von Archivschemata beschränkt sich auf informationstragende Schemaelemente, also Archivtabellen mit ihren Integritätsbedingungen. Archivregeln und Rechte bleiben davon unberührt. Die Versionierung wird dabei implizit durch Veränderungen des Datenbankschemas oder durch explizite Änderung des Archivschemas ausgelöst. Besondere Lösungen macht das Zusammenspiel von zustandsbezogenen Datenbankschemata mit versionierten Archivschemata erforderlich, insbesondere unter dem Aspekt des homogenen Zugriffs auf beide Datenarten, der das Ansprechen von Elementen eines Archivschemas in Begriffen (Namen) des aktuellen bzw. ehemals gültigen Datenbankschemas impliziert. Die Auflösung von Namenskonflikten, die durch die Wiederverwendbarkeit von Namen auf Datenbankseite entstehen, wird über die Versionen einer Archivtabelle identifizierende Transaktionszeit geregelt. Das Konzept der logischen Attribute ermöglicht bei der Auswertung von Anfragen das Zusammenfassen semantisch äquivalenter Attribute verschiedener Versionen einer Archivtabelle. Während sich Daten aus Gründen der Datenbankrelevanz nur in die jeweils aktuellen Versionen von Archivtabellen einfügen lassen, muß man auf archivierte Daten auch in ihrem historischen Kontext zugreifen können. Die Behandlung von Archivtabellen in Anfragen, insbesondere der versionsübergreifende Zugriff und die Ermittlung der effektiv genutzten Attribute und Daten, wurden konzeptuell erläutert.

Kapitel 6

Die Sprache ASQL

In diesem Kapitel wird die Sprache *Archive SQL* (ASQL) als Erweiterung von SQL vorgestellt [Luf98, Sch99a]. Der Sprachentwurf basiert auf den in den vorherigen Kapiteln diskutierten allgemeinen und spezielleren Konzepten für die Archivierung als Datenbankdienst. Nach der Formulierung von Anforderungen an den Sprachentwurf folgt die Beschreibung der neuen Anweisungen zur Datendefinition und -manipulation. In beiden Fällen erfolgt die Einführung der neuen Sprachelemente mittels abstrakter Syntaxbeispiele. Darüber hinaus wird erläutert, welche Aspekte ASQL nicht näher spezifiziert, sondern konkreten Implementierungen überläßt. Schließlich wird die Verwendung von ASQL anhand der Umsetzung des aus Abschnitt 4.5 bekannten Beispiels gezeigt. Zwei Anhänge ergänzen dieses Kapitel. In Anhang A ist die formale Sprachspezifikation von ASQL zu finden. Anhang C faßt abschließend alle neuen Syntaxelemente der Sprache zusammen.

6.1 Umsetzung der Konzepte

Die in den vorherigen Kapiteln entwickelten Konzepte für die Archivierung in Datenbanksystemen sollen über eine Sprache verfügbar gemacht werden. Die wichtigste (normierte) Sprache zum Zugriff auf relationale Datenbanken ist SQL in der Fassung von 1992 [ISO92]. Eine Beachtung dieser Norm ist für eine sinnvolle Integration der Archivierung in relationale Datenbanksysteme unumgänglich. SQL soll daher um Archivierung erweitert werden, die erweiterte Sprache erhält die Bezeichnung ASQL. Die Vorstellung der neuen Sprachelemente erfolgt auf übliche Weise getrennt in Datendefinition und -manipulation. Auf einige Aspekte der Umsetzung der Konzepte im Rahmen des Sprachentwurfs soll hier noch kurz eingegangen werden.

Für die strukturellen Konzepte, dazu zählen Archive, Archivschemata, Archivtabellen und Integritätsbedingungen, werden in ASQL Sprachmittel als Teil der DDL zur Verfügung gestellt. Die Versionierung von Archivtabellen wird in ASQL konzeptnah umgesetzt und in verschiedenen Anweisungen implizit berücksichtigt. Mit Mitteln der DDL lassen sich Parameter der Versionierung einstellen. Neben den strukturellen sind auch die operationalen Konzepte umzusetzen. Die expliziten Operationen zum Aus- und Einlagern sowie zum Einfügen und Löschen sind als Anweisungen Teil der DML. Auch den Zugriff auf versionierte Archivtabellen ermöglicht die DML. Zu den operationalen Konzepten gehört darüber hinaus die regelbasierte Archivierung. ASQL stellt über die DDL die verschiedenen Regelarten zur Verfügung, insbesondere wird auch die auf Datenbank und Archiv verteilte Regeldefinition unterstützt.

Im Konzept spielt Zeit auf verschiedenen Ebenen eine Rolle. Die Transaktionszeit wird bei der Schemaversionierung und als Archivierungszeit verwendet. Außerdem dient Zeit als Ereignis zeitbezogener Regeln. Die Umsetzung erfolgt in ASQL unter Nutzung des vergleichsweise einfachen Zeitkonzepts von SQL. Das ist hinreichend für die Umsetzung der genannten Konzepte und ermöglicht eine einfache Integration mit SQL. Konkret werden ein zeitbezogener Datentyp und zugehörige Zugriffsfunktionen benutzt. Insbesondere wird auf diese Weise in ASQL das implizite Attribut für die Archivierungszeit bereitgestellt.

Die Sprache ASQL umfaßt neben den bislang betrachteten auch einige darüber hinausgehende Konzepte. Die Ursache hierfür liegt in der Erweiterung von SQL begründet. Einige der SQL-Konzepte wurden in Kapitel 5 vorgestellt. Mit der Einführung von Archivierung in SQL muß auf bestehende Konzepte Bezug und Rücksicht genommen werden. Als Beispiel seien Zeichensätze und Vergleichsregeln erwähnt, deren Nutzung ASQL für die Archivierung spezifiziert. Konzeptuell nicht behandelt wurden Zugriffsrechte, da durch die Archivierung keine Besonderheiten zu erwarten sind. Auf ihre Bedeutung für den realen Betrieb der Archivierung wurde in Abschnitt 4.2.2 allerdings hingewiesen. Da SQL über ein Rechtekonzept verfügt, wird dies auf die Archivierung ausgedehnt.

Die entwickelten Konzepte lassen sich nicht in allen Fällen ohne Einschränkungen bzw. Kompromisse umsetzen. Der Sprachentwurf ASQL muß die Kompatibilität zu SQL beachten. Entsprechend werden vorhandene SQL-Konzepte gegenüber neuen Archivierungskonzepten vorrangig behandelt. Ein Beispiel ist die Integritätssicherung von Datenbank und Archiv. ASQL gibt dabei die konzeptuelle Transaktionssicht, also das Auslagern von Teilzuständen, zugunsten der aus SQL stammenden Operationssicht auf (Abschnitt 6.3.5). Das Konzept zum Abtrennen von Archiven wird in ASQL, unter Berücksichtigung gegebener Eigenschaften von SQL, nicht mit Syntax unterlegt (Abschnitt 6.5). Vor dem Hintergrund der Kompatibilität werden im nächsten Abschnitt einige Anforderungen an den Sprachentwurf formuliert.

6.2   Anforderungen an den Sprachentwurf

In Abschnitt 4.1 wurden als allgemeine Anforderungen an den neuen Datenbankdienst Archivierung der Bezug zum Datenmodell, die Benutzerveranlassung und die langfristige Nutzung abgeleitet. Unter funktionalen Gesichtspunkten wurden zusätzlich die Datenbankrelevanz, der homogene Zugriff auf Archivdaten, die Authentizität von Archivdaten und die Autonomie der Datenbank herausgestellt. Diese Aspekte müssen in die Sprache ASQL einfließen, darüber hinaus sind für den eigentlichen Sprachentwurf weitere Forderungen von Bedeutung. Vergleichbar ist diese Ausgangssituation mit dem Entwurf von Spracherweiterungen für temporale Datenbanken [Sno87, Sno95, BBJS97, Dar98].

ASQL basiert, wie in Abschnitt 6.1 diskutiert, auf SQL. Kompatibilitätsfragen spielen für die Akzeptanz neuer Konzepte in der Praxis eine wichtige Rolle [BBJS97] und werden daher auch für ASQL betont. Die neue Sprachnorm SQL3 [ISO99a, EM99] wird dagegen nicht berücksichtigt. Sie würde im Hinblick auf die grundlegenden Konzepte der Archivierung wenig Neues bringen und aufgrund ihrer Komplexität und der noch nicht vollständigen Form die eigentliche Diskussion nur behindern. Für ASQL ergeben sich als Erweiterung von SQL schließlich noch folgende Forderungen:

- Kompatibilität zu SQL

  Anweisungen aus SQL sind auch in ASQL gültig und haben die gleiche Semantik. Da SQL sowohl Datendefinition als auch Datenmanipulation umfaßt, bedeutet das insbesondere, daß existierende Datenbankschemata auch unter ASQL ihre Gültigkeit behalten und vorhandene Anwendungen (*legacy code*) weiterhin laufen und die gleichen Ergebnisse liefern.

- Kompatibilität der Archivierung

  ASQL soll eine evolutionäre Einführung der Archivierung in bestehende Systeme ermöglichen. So sollen existierende Datenbankobjekte um korrespondierende Archivobjekte erweiterbar sein, ohne daß vorhandene Anwendungen angepaßt werden müssen oder ihre Semantik verändern. Die inkrementelle Einführung neuer Funktionen erlaubt die Koexistenz von konventionellen und Archivanwendungen auf einem Datenbanksystem.

- Minimalität und Erweiterbarkeit

  Notwendige Zusätze zu SQL sollen sich syntaktisch und semantisch an vorhandenen Sprachelementen orientieren. Eine Weiterentwicklung von ASQL, etwa durch eine Zusammenführung mit temporalen Ansätzen [BJ96, SBJS98, Mel99], ist denkbar. Solchen Aspekten soll daher möglichst frühzeitig Rechnung getragen werden.

Die Kompatibilität ist jedoch nicht uneingeschränkt erreichbar. Neue reservierte ASQL-Schlüsselwörter können mit Bezeichnern in vorhandenen Datenbanken und Anwendungen in Konflikt geraten. Änderungen sind dann nicht zu vermeiden. Diese Einschränkung stellt allerdings kein gesondertes Problem von ASQL dar; auch die verschiedenen Versionen von SQL sind unter diesem Gesichtspunkt nicht kompatibel [BJ96].

6.3 Datendefinition

Ausgangspunkt für die strukturelle Erweiterung von SQL um Archive ist die Diskussion über die Zuordnung von Archiven zu Datenbanken aus Abschnitt 4.2.1. Danach gehört ein Archiv zu genau einer Datenbank, einer Datenbank können mehrere Archive zugeordnet sein. In ASQL werden folglich SQL-Kataloge (Abschnitt 2.1.4.2) um Archive ergänzt. Aufgrund der Kompatibilität zu SQL verändern sich die Möglichkeiten zur Definition eines Datenbankschemas in ASQL nur unwesentlich, die Bereitstellung von Archiven erfordert jedoch neue Arten von Schemaelementen. Als Archivschema[1] wird nach Abschnitt 4.2.2 die Menge der für ein Archiv definierten Schemaelemente bezeichnet. Ein ASQL-Katalog umfaßt als Erweiterung des SQL-Katalogs damit nicht nur ein in ASQL-Schemata gegliedertes Datenbankschema, sondern möglicherweise auch eine Reihe von Archivschemata. Die entsprechend erweiterte SQL-Architektur wird in Abschnitt 7.3.2 behandelt.

---

[1] Man beachte, daß Datenbank- und Archivschema nicht dem Schemabegriff in SQL entsprechen.

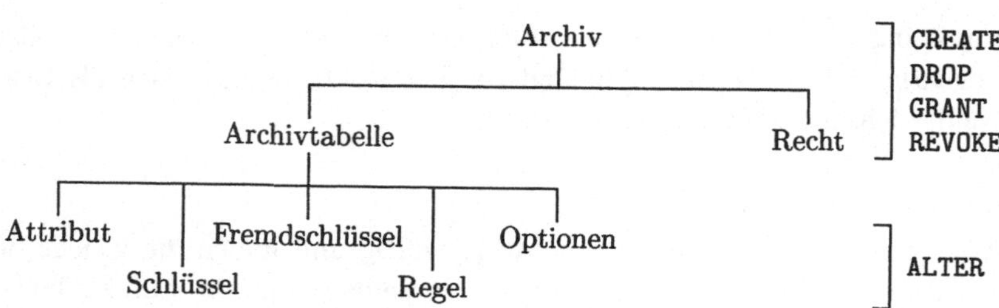

Abbildung 6.1: Möglichkeiten zur Definition von Archivschemata

Für ein Datenbankschema relevante Anforderungen an ASQL sind nach dem vorigen Abschnitt Kompatibilität zu SQL und Kompatibilität der Archivierung. Damit ist zum ersten jedes SQL-Datenbankschema auch ein ASQL-Datenbankschema, zum zweiten soll ein Datenbankschema weitgehend unabhängig von eventuell definierten Archivschemata sein, deren Definition oder Modifikation darf also nur sehr begrenzte Auswirkungen auf das Datenbankschema haben. In ASQL können Veränderungen an einem Archivschema auf Datenbankseite maximal das Löschen von Sichten, die das Archiv referenzieren, bewirken. Die nichttemporale Semantik (Zustands-, *Snapshot*-Semantik) einer SQL-Datenbank bleibt in ASQL ebenfalls erhalten. Die Datenbank beschreibt also zu jeder Zeit einen Zustand der modellierten Miniwelt, zu jeder Zeit existiert genau ein Datenbankschema, modifizierte oder gelöschte Schemaelemente sind verloren.

ASQL erlaubt die Definition von Archiven, Archivtabellen, Integritätsbedingungen für Archive, Datenbank- und Archivregeln sowie zusätzlichen Rechten auf Datenbank- und Archivseite. Die Erweiterung von Datenbankschemata um Regeln und Rechte ist dabei unproblematisch, die Elemente von Archivschemata sollen dagegen unter Einbeziehung des in Abschnitt 5.6 vorgestellten Versionierungskonzepts zunächst anhand verschiedener Kriterien vorgestellt werden.

Abbildung 6.1 zeigt, auf welche Weise ein Archivschema explizit geändert werden kann. Archive, Archivtabellen und Rechte können definiert und gelöscht werden. Archivtabellen lassen sich durch das Aktivieren und Deaktivieren von Attributen und Integritätsbedingungen, das Hinzufügen und Entfernen von Archivregeln sowie das Ändern gewisser, später näher erläuterter Optionen modifizieren. Zu erkennen ist, daß Versionen von Archivtabellen und in das Archiv kopierte Zeichensätze und Vergleichsregeln in ASQL nicht direkt ansprechbar sind. Diese Archivschemaelemente werden durch das Datenbanksystem verwaltet und nur als Folge verschiedener DDL-Anweisungen erzeugt, modifiziert und gelöscht. Mit Abbildung 6.2 sollen die Beziehungen und Abhängigkeiten zwischen den einzelnen Elementen eines Archivschemas verdeutlicht werden.

Die neuen Schemaelemente von ASQL werden in den nächsten Abschnitten näher vorgestellt. Dabei sind analog zur SQL-Norm jeweils *Deskriptoren* angegeben, die die einzelnen Elementtypen näher beschreiben und letztlich durch die ASQL-Metadaten dokumentiert werden. Die hierarchische Darstellung in Abbildung 6.2 drückt dabei das Enthaltensein dieser Deskriptoren ineinander aus. Die anderen dargestellten Beziehungen erkennt man an Verweisen der verschiedenen Deskriptoren aufeinander. Abbildung 6.2 illustriert nur die wichtigsten Zusammenhänge; für eine formale Beschreibung von existentiellen Abhängig-

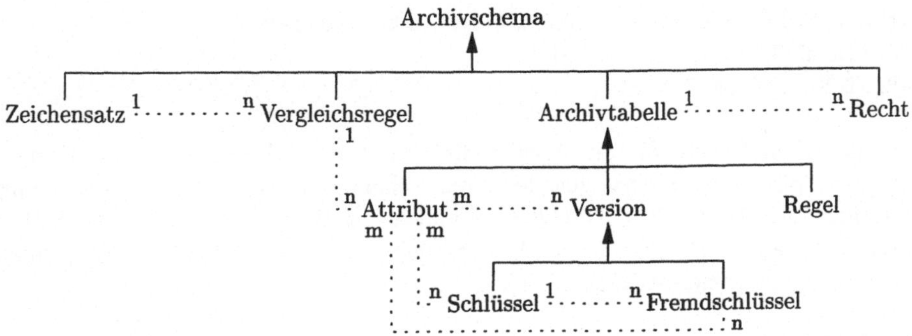

Abbildung 6.2: Beziehungen zwischen den Elementen eines Archivschemas

keiten, optionalen oder notwendigen Beziehungen der verschiedenen Schemaelemente, die Verbindung zum (aktuellen) Datenbankschema und zusätzlich zu erfüllende Bedingungen sei dagegen auf das in Abschnitt 7.3.3 beschriebene und in Anhang B spezifizierte Metadatenschema von ASQL verwiesen. Neben der Beschreibung der verschiedenen Schemaelemente werden in den folgenden Abschnitten die neuen Anweisungen zur Datendefinition an Beispielen eingeführt. Eine genaue Spezifikation der in der Form `<syntax element>` aufgeführten Syntaxelemente ist in Abschnitt A.4 zu finden.

6.3.1 Archive

Ein Archiv ist eine Sammlung von Daten, die sich bezüglich Struktur, Semantik, Zugriffs- und Manipulationsmöglichkeiten am Schema des Archivs orientieren. Ein *Archivschema* wird durch einen Deskriptor beschrieben, der

- den Archivnamen,

- den Bezeichner des Nutzers, dem das Archiv gehört (Archiveigner) und

- den Deskriptor jeder Komponente des Archivschemas

umfaßt. Komponenten eines Archivschemas sind Archivtabellen und Rechte für diese, daneben auch Zeichensätze und Vergleichsregeln, die jedoch nicht per DDL beeinflußbar sind (Abschnitt 6.3.4). Zu den Elementen eines Archivschemas gehören diese Komponenten und alle im Rahmen ihrer Definition erzeugten Schemaelemente. Alle Elemente eines Archivschemas werden unter der Autorisation des Archiveigners erzeugt und gehören diesem Nutzer. Der Archiveigner ist dafür verantwortlich, daß die aus der Interaktion aller Schemaelemente hervorgehende Semantik der Archivdaten einem gewissen Entwurfszweck genügt.

Der Archivname besteht aus dem Katalognamen und einem Bezeichner, der innerhalb dieses Katalogs eindeutig ist. Das Erzeugen eines Archivschemas `<create archive statement>` kann die Definition von Tabellen und Rechten umfassen. Diese können sich im Gegensatz zu späteren Änderungen reihenfolgeunabhängig referenzieren und erlauben so unter anderem die Definition zirkulärer Integritätsbedingungen in einer Anweisung:

```
CREATE ARCHIVE Archive1 AUTHORIZATION ArchiveOwner ...
  CREATE ARCHIVE TABLE Table1 ...
  GRANT SELECT ON Table1 ...
```

Die erforderlichen Rechte für die Archivdefinition sind implementierungsabhängig (Abschnitt 6.5). Spätere Veränderungen des Archivschemas müssen unter Autorisierung des Archiveigners stattfinden. Ein Archiveigner muß nicht angegeben werden, implizit ist es dann der aktuelle Nutzer, unter dessen Autorisation das Archiv erzeugt wird. Die einfachste Form der Archivdefinition ist damit:

```
CREATE ARCHIVE Archive2
```

Das Archivschema kann mit DDL-Anweisungen zum Erzeugen, Modifizieren oder Entfernen von Archivtabellen sowie zum Vergeben oder Entziehen von Rechten verändert werden, implizit aber auch durch die Versionierung von Archivtabellen. Ein Archiv kann mit allen seinen Daten und Schemaelementen gelöscht werden <drop archive statement>:

```
DROP ARCHIVE Archive1 CASCADE
```

In Anlehnung an SQL ist dabei neben dem kaskadierenden Löschen (CASCADE) auch ein restriktives Verhalten (RESTRICT) spezifizierbar, bei dem das Entfernen des Archivs im Fall vorhandener Archivtabellen verhindert wird.

6.3.2　Archivtabellen

Archivtabellen sind die zentralen Elemente eines Archivschemas (Abschnitt 4.3.1). Für sie definierte Attribute, Eindeutigkeits- und Fremdschlüsselbedingungen werden aus dem zugehörigen Datenbankschema abgeleitet und unterliegen der Versionierung. Alle Archivdaten werden in diesen Tabellen gespeichert und erfüllen die angegebenen Integritätsbedingungen. Archivtabellen haben aber auch eine Reihe zeitinvarianter Eigenschaften, im Rahmen ihrer Definition lassen sich zudem Archivregeln angeben. Der Deskriptor einer *Archivtabelle* enthält

- Namen und Typ der Datenbanktabelle, für die sie definiert wurde,

- den Zeitpunkt ihrer Erzeugung,

- Angaben zu aktueller Zuordnung und Einlagerbarkeit,

- eine Indikation, ob aktivierbare Attribute bzw. Integritätsbedingungen automatisch zu übernehmen sind,

- die Beschreibung des Verhaltens beim Einfügen,

- die Art der Gruppierung von Attributen zu logischen Attributen,

- die bei Konflikten zu verwendende Vergleichsregel für zeichenorientierte Attribute,

- eine Defaultangabe zur Auswahl von Attributen beim versionsübergreifenden Zugriff,

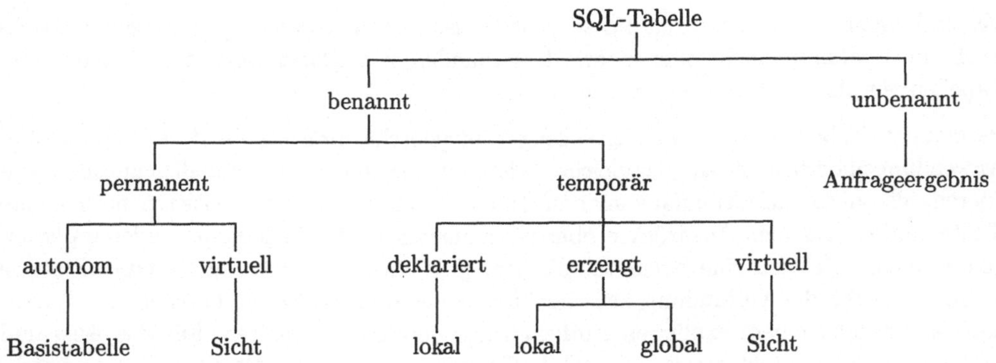

Abbildung 6.3: Klassifikation von SQL-Tabellen

- die Deskriptoren aller Attribute der Tabelle,

- die Deskriptoren aller Versionen der Tabelle und

- die Deskriptoren der definierten Archivregeln.

Nach Abschnitt 4.3.1 ist die Datenbanktabelle, auf der eine Archivtabelle basiert, eine Basistabelle, eine projizierte Basistabelle oder eine Sicht. Zu klären ist nun, welche Arten von SQL-Datenbanktabellen für dieses Konzept in Frage kommen. In Abbildung 6.3 werden hierfür die Tabellenarten klassifiziert.[2]

Eine erste Forderung ist, daß nur benannte Tabellen zur Archivdefinition genutzt werden. Die Verwendung unbenannter Tabellen würde dazu führen, daß direkt nach Definition der Archivtabelle die Verbindung zur entsprechenden Datenbanktabelle verlorengeht, ein späteres Aus- oder Einlagern also nicht mehr möglich ist. Das Verwenden benannter Tabellen erfüllt zudem die Forderung nach homogenem Archivzugriff. Die Archivtabellen sind durch die Namen der zugehörigen Datenbanktabellen identifizierbar, ein Nutzer braucht nur diese zu kennen, um auf das Archiv zuzugreifen.

Temporäre Tabellen werden in einzelnen Anwendungen zum Speichern von Zwischenergebnissen genutzt. Lokale temporäre Tabellen existieren nur während der Laufzeit einer Anwendung, globale temporäre Tabellen während einer SQL-Sitzung. Die Struktur deklarierter temporärer Tabellen wird in der entsprechenden Anwendung festgelegt, die erzeugter temporärer Tabellen wird im Informationsschema (Abschnitt 7.2.1) beschrieben. Als temporäre Sichten sollen Sichten bezeichnet werden, die mindestens eine temporäre Tabelle referenzieren. Dabei ist es egal, ob Attribute solcher Tabellen in der Sicht auftauchen oder ob temporäre Tabellen nur über Unteranfragen in die Sichtdefinition involviert sind. Anwendungen bzw. SQL-Sitzungen instanziieren ihre private Version temporärer Tabellen bei der ersten Referenz darauf. Wesentlich ist, daß temporäre Tabellen anwendungsspezifisch definiert werden, ihr Inhalt nicht global zur Verfügung steht und ihre Lebenszeit auf die Anwendung beschränkt ist. Archivtabellen ließen sich für erzeugte temporäre Tabellen oder temporäre Sichten aufgrund der Beschreibung im Informationsschema zwar erzeugen, ihre

---

[2]Die Klassifikation bezieht sich auf die aktuelle Diskussion. Für die Begriffsbildung des Normdokuments sei auf Abbildung 5.2, Seite 132 verwiesen.

Verbindung zu realen Instanzen dieser Tabellen ist jedoch anwendungsspezifisch, sie kann wechseln, überhaupt nicht oder mehrfach vorhanden sein. Daher werden auch temporäre Tabellen von der Archivierung ausgeschlossen.

Permanente Tabellen werden explizit erzeugt und gelöscht, ihr Inhalt ist für alle Nutzer und Anwendungen der Datenbank der gleiche. Während permanente Basistabellen autonom existieren, also nicht auf Grundlage anderer Tabellen definiert werden, basieren permanente Sichten auf relationalen Ausdrücken über permanenten Basistabellen oder anderen permanenten Sichten.[3] Wird eine Archivtabelle bezüglich einer permanenten Datenbanktabelle definiert, bleibt die Verbindung zwischen ihnen bis zum expliziten Löschen der Datenbanktabelle oder einem expliziten Aufheben der Zuordnung erhalten. Für das Aus- und Einlagern von Daten ist damit eine stabile Grundlage vorhanden. Basistabellen und Sichten sind also die SQL-Tabellenarten, auf denen Archivtabellen in ASQL basieren können. Die in Abschnitt 4.3.1 geführte Diskussion in bezug auf Projektionen ist auf diese Tabellenarten übertragbar, so daß ASQL auch projizierte Basistabellen als Definitionsgrundlage für Archivtabellen unterstützt.

Beim Erzeugen einer Archivtabelle wird diese der angegebenen Datenbanktabelle zugeordnet. Die Archivtabelle wird grundsätzlich über deren Namen zuzüglich des Archivnamens angesprochen (homogener Zugriff). Aufgrund von Mehrdeutigkeiten durch Schemaänderungen kann es nach Abschnitt 5.6.3 zu einem späteren Zeitpunkt erforderlich sein, diesen Namen noch einen Zeitstempel hinzuzufügen, der Default bezieht sich jedoch immer auf die aktuelle Zeit. Der Typ der zugeordneten Datenbanktabelle (Basistabelle oder Sicht) darf sich in ASQL auch bei späteren Veränderungen in der Zuordnung nicht ändern.

Zuordnung zu einer Datenbanktabelle und Existenz einer aktuellen Version einer Archivtabelle sind äquivalent, die Attribute und Integritätsbedingungen einer aktuellen Version sind aus denen der zugeordneten Datenbanktabelle ableitbar (Datenbankrelevanz). Archivierte Sichten werden grundsätzlich mit allen Attributen übernommen, ein projiziertes Archivieren wird hier nicht unterstützt. Da Sichten in SQL keine Schlüssel oder Fremdschlüssel haben, können ihnen zugeordnete Archivtabellen ebenfalls keine Integritätsbedingungen besitzen. Anders ist das bei archivierten Basistabellen. Hier ist sowohl das Weglassen von Attributen (Projektion) als auch von Integritätsbedingungen möglich.

Daten sind aus einer Datenbanktabelle immer in eine zugeordnete Archivtabelle auslagerbar. Beim Auslagern aus einer Sicht werden die Daten in der Archivtabelle materialisiert. Das Einlagern ist dagegen nicht immer möglich. In ASQL wird die Einlagerbarkeit auf die Änderbarkeit einer Sicht zurückgeführt, die analog zur Archivtabelle definierbar wäre. Wären Daten nach den Regeln von SQL in eine solche Sicht einfügbar, dann ist auch das Einlagern von Daten aus der Archivtabelle in die zugeordnete Datenbanktabelle möglich.

Archivtabellen können erzeugt, modifiziert und gelöscht werden. Beim Erzeugen und Modifizieren der Tabelle sind drei Arten von Aktionen zu unterscheiden, nämlich Aktionen mit Bezug auf Attribute, Integritätsbedingungen und Zuordnung, Möglichkeiten zum Einstellen zeitinvarianter Eigenschaften (Optionen) der Archivtabelle und die Regeldefinition. Aufgrund von Defaulteinstellungen ist der einfachste Weg zum Erzeugen einer Archivtabelle folgende Anweisung `<create archive table statement>`:

---

[3]Die Begriffe Basistabelle und Sicht beziehen sich im folgenden, sofern nicht ausdrücklich anders erwähnt, ausschließlich auf *permanente* Tabellen.

```
CREATE ARCHIVE TABLE Table1 ARCHIVE Archive1
```

Selbst die Angabe des Archivnamens kann noch weggelassen werden, wenn die Tabelle im Rahmen einer Archivdefinition erzeugt wird (Abschnitt 6.3.1). Obige Anweisung ist, falls `Table1` eine Basistabelle ist, äquivalent zu der nachstehenden (vollständigen) Anweisung:

```
CREATE ARCHIVE TABLE Table1 ARCHIVE Archive1
   ACTIVATE COLUMNS ALL
   ACTIVATE CONSTRAINTS ALL
   INSERT CHECK ALL CONSTRAINTS
   GROUP COLUMNS BY TYPE
   COLLATE FROM DEFAULT
   SELECT CURRENT COLUMNS
```

Für archivierte Sichten können die ersten beiden Angaben aus den bereits genannten Gründen nicht spezifiziert werden. Die letzten vier Angaben zur Einstellung zeitinvarianter Eigenschaften der Tabelle bestimmen das Verhalten beim Einfügen in die Tabelle (`INSERT CHECK ...`), die Gruppierung von Attributen zu logischen Attributen (`GROUP ...`), die bei Konflikten zu verwendende Vergleichsregel für zeichenorientierte Attribute (`COLLATE FROM ...`) und die Defaultattributliste beim versionsübergreifenden Zugriff auf die Archivtabelle (`SELECT ...`). Auf die Bedeutung dieser Eigenschaften wird erst in Abschnitt 6.3.7 näher eingegangen. Regeln wurden bei obiger Anweisung nicht definiert.

Die aktivierten Attribute und Integritätsbedingungen beziehen sich auf die erzeugte aktuelle Version der Archivtabelle. Von Aktivieren wird dabei gesprochen, weil die Eigenschaften der Attribute und Integritätsbedingungen aus dem Datenbankschema übernommen werden, es müssen also nur deren Namen angegeben werden. Analog dazu wird vom Deaktivieren gesprochen, wenn diese Attribute und Bedingungen aufgrund der Tabellenversionierung nicht mehr zur aktuellen Version gehören sollen. Ihr Bezug zu älteren Versionen bleibt dann dennoch erhalten, sie werden nicht gelöscht. Für nähere Angaben zu Attributen, Versionen und Integritätsbedingungen sei auf die folgenden Abschnitte verwiesen. Hier interessieren zunächst nur die Möglichkeiten, sie zu (de-)aktivieren.

Im obigen Beispiel wurden mit `ALL` alle Attribute der Datenbanktabelle und alle aktivierbaren Integritätsbedingungen (Abschnitt 5.2.2) ausgewählt. Außerdem können künftige Schemaänderungen zur automatischen Aktivierung weiterer Attribute oder Integritätsbedingungen führen (Abschnitt 5.6.2). Damit läßt sich eine weitgehende Korrespondenz von Datenbank- und Archivschema sichern. Neben `ALL` ist auch `CURRENT` angebbar, hier werden zwar auch alle aktuellen Attribute bzw. Integritätsbedingungen aktiviert, die automatische Aktivierung weiterer Attribute oder Bedingungen wird jedoch ausgeschlossen. Der Archiveigner hat damit unter Umständen eine größere Kontrolle über die Änderungen des Archivschemas. Schließlich ist es noch möglich, die Namen der zu aktivierenden Attribute bzw. Integritätsbedingungen explizit anzugeben, nicht erwähnte Elemente werden auch nicht aktiviert. Im folgenden Beispiel werden eine Reihe von Attributen explizit ausgewählt, aktiviert werden außerdem alle derzeit aktivierbaren Integritätsbedingungen. Daneben werden auch noch zwei Archivregeln definiert, deren genauere Betrachtung jedoch auf Abschnitt 6.3.8 verschoben wird:

```
CREATE ARCHIVE TABLE Table2 ARCHIVE Archive1
  ACTIVATE COLUMNS ( Column2, Column5, Column3 )
  ACTIVATE CONSTRAINTS CURRENT
  RULE ArchiveRule1 ...
  RULE ArchiveRule2 ...
```

Die Definition von Archivtabellen kann sich implizit verändern (Abschnitt 5.6), mit ASQL
sind jedoch auch explizite Änderungen möglich <alter archive table statement>. Sie
beziehen sich jeweils auf eine der drei oben erwähnten Arten von Aktionen. Zur ersten
Art gehören das explizite Aktivieren neuer Attribute oder Integritätsbedingungen, das
Deaktivieren von Attributen oder Integritätsbedingungen der aktuellen Version, das Aufheben der Zuordnung zu einer Datenbanktabelle und das spätere erneute Zuordnen, wie
die folgenden Beispiele andeuten. Die Angabe von CASCADE oder RESTRICT besagt dabei
jeweils, ob von der Änderung betroffene Integritätsbedingungen (anderer) Archivtabellen
kaskadierend deaktiviert werden oder die Aktion verhindern:

```
ALTER ARCHIVE TABLE Table1 ARCHIVE Archive1
  DEACTIVATE COLUMNS ( Column1 ) RESTRICT
  DEACTIVATE CONSTRAINTS ( Constraint1, Constraint3 ) CASCADE

ALTER ARCHIVE TABLE Table1 ARCHIVE Archive1
  ACTIVATE COLUMNS ALL
  ACTIVATE CONSTRAINTS ( Constraint3 )

ALTER ARCHIVE TABLE Table1 ARCHIVE Archive1
  DETACH CASCADE

ALTER ARCHIVE TABLE Table2 ARCHIVE Archive1 SCHEMA '1998-03-01 12:30:00'
  ATTACH
  ACTIVATE CONSTRAINTS CURRENT
```

Im folgenden Beispiel zur zweiten Aktionsart werden einige der Eigenschaften einer Archivtabelle verändert, man beachte hier die Zeitangabe, durch die eventuelle Mehrdeutigkeiten
aufgelöst werden können. Hier wird die Tabelle modifiziert, die zur angegebenen Zeit eine
aktuelle Version hatte. In einem Beispiel zur dritten Art von Aktionen werden für eine Archivtabelle mit aktueller Zuordnung (keine Zeitangabe) Regeln gelöscht und hinzugefügt:

```
ALTER ARCHIVE TABLE Table1 ARCHIVE Archive1 SCHEMA '1998-03-01'
  INSERT CHECK ...
  SELECT ...

ALTER ARCHIVE TABLE Table2 ARCHIVE Archive1
  DROP RULE ArchiveRule2 ...
  ADD RULE ArchiveRule3 ...
```

Schließlich kann eine Archivtabelle mit allen ihren Daten aller Versionen gelöscht werden <drop archive table statement>. Ein restriktives Verhalten weist dieses Löschen

zurück, wenn dadurch Integritätsbedingungen irgendwelcher Versionen anderer Archivtabellen betroffen wären, also auch solche nicht mehr aktueller Versionen. Ein kaskadierendes Löschen entfernt auch solche Integritätsbedingungen, man muß sich jedoch im klaren darüber sein, daß das zu Informationsverlusten führen kann:

```
DROP ARCHIVE TABLE Table2 ARCHIVE Archive1
  RESTRICT
```

```
DROP ARCHIVE TABLE Table1 ARCHIVE Archive1 SCHEMA '1998-04-01 17:58:00'
  CASCADE
```

6.3.3 Attribute

Attribute gehören direkt zu Archivtabellen, nicht zu deren einzelnen Versionen. Das hat den Vorteil, daß Attribute in mehreren Versionen genutzt werden können, was den versionsübergreifenden Zugriff erleichtert. Bei der Übernahme von Attributen aus einer zugeordneten Datenbanktabelle (Aktivierung; Abschnitt 6.3.2) werden der Archivtabelle die entsprechenden Informationen hinzugefügt. Hervorzuheben ist dabei, daß nur ein Teil der Attributdefinition aus der Datenbank übernommen wird, nämlich der Attributname, der Datentyp mit dessen Parametern und bei zeichenorientierten Attributen Zeichensatz und Vergleichseigenschaften. Nicht übernommen werden eventuell vorhandene Domänen, Defaultwerte oder attributbezogene Integritätsbedingungen. Defaultwerte werden in Archiven nicht benötigt, da Archivdaten (in der Regel) aus der Datenbank stammen. ASQL unterstützt neben Schlüsseln und Fremdschlüsseln keine weiteren Integritätsbedingungen (Abschnitt 6.3.5), für Datenbankattribute definierte Bedingungen werden daher ignoriert. Gleiches gilt für Domänen, die in SQL nichts anderes sind als eine Zusammenfassung von parametrisiertem Datentyp, Vergleichsregel, Defaultwert und Domänenbedingungen. Da die Vergleichbarkeit in (A)SQL auf Datentypebene und nicht auf der von Domänen angesiedelt ist, würde man durch eine Übernahme von Domänen in das Archivschema auch nichts gewinnen. Der Deskriptor für ein *Attribut* einer Archivtabelle enthält

- den Attributnamen und die Position im vollständigen Schema der Archivtabelle,

- eine Angabe zum logischen Attribut, zu dem es gehört,

- Angaben zum parametrisierten Datentyp des Attributs und

- im Falle eines zeichenorientierten Attributs eine Referenz auf den Deskriptor der zugehörigen Vergleichsregel.

Einmal übernommene Attribute bleiben in der Archivtabelle auch nach ihrer Deaktivierung erhalten, da sich bereits archivierte Daten auf sie beziehen können. Deaktivierte Attribute einer Archivtabelle können nicht wieder aktuell werden. Das spätere Aktivieren eines gleichnamigen Attributs der zugehörigen Datenbanktabelle führt zum Erzeugen eines neuen Attributs der Archivtabelle, selbst wenn sich das bereits vorhandene Archivattribut auf das gleiche Datenbankattribut bezog. Auf diese Weise lassen sich Inkonsistenzen vermeiden, die sich aus den destruktiven Schemaänderungen der Datenbank ergeben können und durch das System nicht ohne weiteres erkennbar sind.

Das *vollständige, ungruppierte Schema* einer Archivtabelle umfaßt damit alle während der Lebenszeit der Tabelle aktivierten Attribute, ihre Position wird durch die Reihenfolge der Aktivierung festgelegt. Für den Zugriff auf das Archiv werden allerdings die in Abschnitt 5.6.4 eingeführten logischen Attribute verwendet. Die Zuordnung eines Attribute zu einem logischen Attribut erfolgt bei der Aktivierung und wird durch die in Abschnitt 6.3.7 vorgestellte Gruppierungsoption gesteuert. Die Menge der logischen Attribute wird auch als das *gruppierte Schema* der Archivtabelle bezeichnet, in den Metadaten wird jede Gruppe durch das älteste seiner Attribute identifiziert.

Abschließend sei noch einmal bemerkt, daß sich die in Abschnitt 6.3.2 aufgeführte Syntax zum Aktivieren und Deaktivieren von Attributen immer auf die aktuelle Version einer Archivtabelle bezieht. Angegeben werden muß daher nur der Attributname, alle anderen Eigenschaften werden automatisch ermittelt.

6.3.4   Zeichensätze und Vergleichsregeln

Zeichenbezogene Attribute von Datenbanktabellen basieren auf Zeichensätzen und Vergleichsregeln. Die darauf beruhenden Eigenschaften von Zeichenumfang und Vergleichbarkeit sollen bei der Übernahme solcher Attribute in Archivtabellen aus Authentizitätsgründen erhalten bleiben. Um Abhängigkeiten zwischen Datenbank- und Archivschema zu vermeiden, wird das Archivschema um Kopien der benötigten Zeichensätze und Vergleichsregeln ergänzt. Dadurch lassen sich die entsprechenden Schemaelemente der Datenbank verändern oder löschen, ohne daß das Auswirkungen auf Archive hat bzw. durch diese verhindert werden muß (Datenbankautonomie). Der Deskriptor eines in ein Archiv kopierten *Zeichensatzes* enthält

- den qualifizierten Namen des Datenbankzeichensatzes, aus dem er abgeleitet wurde,

- ein zusätzliches Ordnungskriterium für gleichnamige Zeichensätze,

- das interne Kodierungsschema (*form of use*; z. B. ASCII) und

- eine Indikation, welche Zeichen zum Zeichensatz gehören.

Die Eigenschaften des Zeichensatzes werden dabei aus denen des Datenbankzeichensatzes abgeleitet. Schemaänderungen der Datenbank und die daraus resultierende Wiederverwendbarkeit von Namen machen ein zusätzliches Ordnungskriterium erforderlich. Dabei bietet sich die in den Metadaten dokumentierte Reihenfolge der Übernahme in das Archiv an. Der Deskriptor einer in ein Archiv kopierten *Vergleichsregel* enthält analog dazu

- den qualifizierten Namen der Datenbankvergleichsregel, aus der sie abgeleitet wurde,

- ein zusätzliches Ordnungskriterium für gleichnamige Vergleichsregeln,

- eine Referenz auf den Deskriptor des zugehörigen, ebenfalls in das Archiv kopierten Zeichensatzes,

- das Verhalten beim Vergleich verschieden langer Zeichenketten (*pad attribute*) und

- eine Indikation, wie Vergleiche durchgeführt werden.

Zeichensätze und Vergleichsregeln eines Archivschemas können nicht per DDL beeinflußt werden, ihre Bereitstellung, Nutzung und Manipulation ist ausschließlich Sache des Datenbanksystems. Ihre Eigenschaften werden allerdings durch entsprechende Metadaten beschrieben (Abschnitt 7.3.3.2). Anzumerken bleibt, daß die zu Attributen von Archivtabellen gehörenden Vergleichsregeln analog zu SQL bei deren Auswertung im Rahmen der Datenmanipulation durchaus explizit ersetzt werden können. Dafür kommen dann aber nur *aktuelle* Vergleichsregeln des Datenbankschemas in Frage.

6.3.5 Integritätsbedingungen

Wie für Attribute gilt die Forderung nach Datenbankrelevanz auch für Integritätsbedingungen im Archiv (Abschnitt 5.2.2), ASQL schränkt daher die Möglichkeiten ihrer Definition auf die Übernahme von Datenbankbedingungen ein. Für archivierte Daten gelten damit keine schärferen Bedingungen als für die zugehörigen Datenbankdaten. Eine Integritätsbedingung ist natürlich nur dann aktivierbar, wenn alle durch sie referenzierten Archivtabellen, Attribute und Integritätsbedingungen auch zum Archivschema gehören. Einmal übernommen bleiben Integritätsbedingungen auch in nicht mehr aktuellen Versionen erhalten. Nur Eindeutigkeits- und Fremdschlüsselbedingungen sind in ASQL für Archive definierbar, ASQL stützt sich dabei auf die in Abschnitt 5.2.2 geführte Diskussion.

Eindeutigkeitsbedingungen können im Archiv unter Verwendung der Archivierungszeit Beziehungen zwischen Daten einer einzelnen Tabelle verdeutlichen und als Referenzziel von Fremdschlüsselbedingungen dienen (Abschnitt 5.2.3.1). Der Deskriptor einer *Eindeutigkeitsbedingung* enthält

- den qualifizierten Namen der Eindeutigkeitsbedingung der Datenbank, aus der sie abgeleitet wurde,

- den Bedingungstyp (Primär- oder Alternativschlüssel) und

- Referenzen auf die Deskriptoren der zur Bedingung gehörenden Attribute.

Fremdschlüsselbedingungen garantieren mit Hilfe der Archivierungszeit, daß im Archiv Beziehungen zwischen Daten auch verschiedener Tabellen erhalten bleiben (Abschnitt 5.2.3.2). Der Deskriptor einer *Fremdschlüsselbedingung* enthält

- den qualifizierten Namen der Fremdschlüsselbedingung der Datenbank, aus der sie abgeleitet wurde,

- Referenzen auf die Deskriptoren der zur Bedingung gehörenden Attribute,

- eine Referenz auf die zugehörige Eindeutigkeitsbedingung und

- die Angabe, wie NULL im Fremdschlüssel zu behandeln ist (SQL: *match type*).

Im Rahmen der Integritätssicherung von ASQL wird dafür gesorgt, daß bei Modifikationen im Archiv die Eindeutigkeits- und Fremdschlüsselbedingungen eingehalten werden. Beispielsweise wird beim Löschen von Archivdaten sichergestellt, daß bezüglich der vorhande-

nen Fremdschlüsselbeziehungen keine unerwünschten Waisen entstehen. Einige technische
Einzelheiten der Integritätssicherung sollen hier kurz angedeutet werden:

- Behandlung von NULL

  Fremdschlüsselbedingungen können in SQL mit drei verschiedenen Varianten zur
  Behandlung von NULL in den referenzierenden Attributen definiert werden. Diese
  Varianten werden auch bei den zugehörigen Archivbedingungen berücksichtigt, sollen
  im folgenden jedoch keine weitere Rolle spielen.

- Zeitpunkt der Bedingungsprüfung

  In SQL ist der Prüfzeitpunkt von Integritätsbedingungen spezifizierbar (SQL: *constraint mode*). Möglich sind die sofortige (IMMEDIATE) und verzögerte (DEFERRED) Bedingungsprüfung. Ist der Prüfmodus für eine Integritätsbedingung IMMEDIATE, dann
  folgt deren Prüfung unmittelbar nach der Ausführung von SQL-Anweisungen. Bei
  DEFERRED wird die Prüfung bis zum Transaktionsende verzögert. In ASQL wird der
  Prüfmodus einer Integritätsbedingung, die zur aktuellen Version einer Archivtabelle gehört, durch den Prüfmodus der korrespondierenden Integritätsbedingung auf
  Datenbankseite bestimmt. Integritätsbedingungen nicht aktueller Versionen werden
  sofort geprüft.

Die von ASQL gesicherte Konsistenz von Archiven folgt allerdings nicht der konzeptuellen Definition in Abschnitt 5.2.1. So führt in ASQL die Mehrfacharchivierung von Tupeln
in einer Transaktion zur Verletzung von Eindeutigkeitsbedingungen. Konzeptuell werden
hingegen ganze Teilzustände ausgelagert, so daß das Problem der Mehrfacharchivierung
innerhalb einer Transaktion nicht auftritt. Ein weiteres Problem ist, daß in ASQL aus einer Transaktion heraus Fremdschlüsselbeziehungen entstehen können, die zu Beginn der
Transaktion in der Datenbank nicht vorhanden waren. Durch den Bezug auf einen Teilzustand ist auch dies konzeptuell nicht möglich. Die Ursache für die genannten Probleme
ist darin zu suchen, daß sich in ASQL eine Operation als Teil einer Transaktion auf den
für sie sichtbaren Zustand bezieht, während konzeptuell nur der Zustand zu Beginn einer
Transaktion berücksichtigt wird. Der Unterschied besteht also in der aus SQL stammenden
Operationssicht einerseits und konzeptuellen Transaktionssicht andererseits. Zu Möglichkeiten einer Annäherung sollten weitere Überlegungen angestellt werden (Abschnitt 9.3).
In diesem Zusammenhang sollte auch der oben beschriebene pragmatische Ansatz für den
Zeitpunkt der Bedingungsprüfung auf seine Tauglichkeit untersucht werden.

6.3.6 Versionen

Versionen einer Archivtabelle spiegeln die Veränderungen in den Attributen und Integritätsbedingungen einer Archivtabelle wider (Abschnitt 5.6.1). Eine Archivtabelle hat zu
jeder Zeit maximal eine aktuelle Version, der Zeitraum, zu dem eine Version aktuell war
oder ist, wird auch als ihr Gültigkeitszeitraum bezeichnet und spielt beim Zugriff auf die
Archivtabelle eine wichtige Rolle, wie Abschnitt 5.6.5 gezeigt hat. Während Attribute einer Archivtabelle in ASQL zu mehreren (aufeinanderfolgenden) Versionen gehören können,
werden Integritätsbedingungen versionsbezogen definiert. Der Deskriptor von *Versionen*
einer Archivtabelle enthält demgemäß

- den Gültigkeitszeitraum [Beginn, Ende) bzw. [Beginn, *UC*] der Version,[4]

- Referenzen auf die Deskriptoren der für die Version aktivierten Attribute,

- die Deskriptoren der für die Version aktivierten Eindeutigkeitsbedingungen und

- die Deskriptoren der für die Version aktivierten Fremdschlüsselbedingungen.

Die Versionierung berücksichtigt, daß eine Fremdschlüsselbedingung Versionsgrenzen respektiert. Das bedeutet, daß sich die referenzierenden Tupel einer Version einer Archivtabelle auf Tupel genau einer Version einer anderen Archivtabelle beziehen. Damit werden versionsbedingte Inkonsistenzen beim Datenzugriff vermieden.

6.3.7 Weitere Eigenschaften von Archivtabellen

Mit den vier bisher nicht näher erläuterten Optionen, die man beim Erzeugen oder Modifizieren einer Archivtabelle angeben kann, lassen sich verschiedene Eigenschaften individuell einstellen. Diese Eigenschaften sind zeitinvariant, also nicht versionsgebunden. Defaultwerte erlauben das Weglassen bei der Tabellendefinition, spezifizierte Eigenschaften gelten bis zu ihrer expliziten Änderung.

Durch `INSERT CHECK` <insert check option> wird das Verhalten beim Einfügen von Daten in die Archivtabelle (Abschnitt 6.4.6) festgelegt. <insert check option> kann dabei folgende Werte annehmen, wobei die in eckigen Klammern angegebenen syntaktischen Zusätze nicht erforderlich sind:

- `ALL [ CONSTRAINTS ]` (Default): Das Einfügen erfolgt virtuell über die zugeordnete Datenbanktabelle. Dabei werden nicht angegebene Attribute mit entsprechenden Defaultwerten vervollständigt, die Daten müssen sowohl die Integritätsbedingungen der Datenbank als auch die des Archivs erfüllen. Die auf diese Weise erreichte Einbeziehung des Datenbankzustands erlaubt eine weitgehende Kontrolle über die einzufügenden Daten.

- `ARCHIVE [ CONSTRAINTS ]`: Die Daten werden ohne Überprüfung des Datenbankzustands direkt in die Archivtabelle eingefügt. Sie müssen vollständig sein, da für die Attribute der Archivtabelle keine Defaultwerte definiert sind, und brauchen nur die Integritätsbedingungen auf Archivseite erfüllen. Die dadurch erreichte Flexibilität muß allerdings auch verantwortungsvoll genutzt werden.

Durch `GROUP` <column group option> wird die Gruppierung neuer Attribute der Archivtabelle zu logischen Attributen gesteuert, wie sie in Abschnitt 5.6.4 eingeführt wurden. Ein neues Attribut wird dabei einer Gruppe zugeordnet, deren Attribute alle denselben Namen haben und die nach den Regeln von SQL miteinander vergleichbar sind. Durch <column group option> können weitere Forderungen spezifiziert werden, aus der Menge der passenden Attributgruppen wird die mit dem am frühesten aktivierten Attribut gewählt. Kann das neue Attribut keiner vorhandenen Attributgruppe zugeordnet werden, bildet es eine neue. Eine einmal getroffene Zuordnung kann allerdings nicht mehr verän-

---

[4]In ASQL ist *UC* mit `CURRENT_TIMESTAMP` ermittelbar.

dert werden, auch nicht durch Ändern der hier beschriebenen Option. `<column group option>` kann folgende Werte annehmen:

- `COMPARABLE [ COLUMNS ]`: Passend sind alle Attributgruppen mit Attributen gleichen Namens, deren Typen nach den Regeln von SQL miteinander vergleichbar sind, z. B. `VARCHAR` mit `CHAR` oder `INTEGER` mit `DECIMAL`. Bei zeichenorientierten Datentypen gehört zur Vergleichbarkeit im übrigen auch die Nutzung des gleichen Zeichenrepertoires.

- `[ COLUMNS ] BY TYPE` (Default): Zusätzlich stimmen die nicht parametrisierten Datentypen aller Attribute der Gruppe mit dem des neuen überein, sind also z. B. alle vom Typ `CHAR`. Diese Option ist beispielsweise nützlich, wenn im Laufe der Zeit die Länge von Attributen der zugehörigen Datenbanktabelle vergrößert werden muß.

- `[ COLUMNS ] BY LENGTH`: Neben dem Datentyp stimmen bei allen Attributen einer Gruppe auch die Parameter überein, alle Attribute sind also beispielsweise vom Typ `CHAR[20]`.

- `[ COLUMNS ] BY COLLATION`: Bei zeichenorientierten Attributen stimmen neben den bisherigen Eigenschaften auch die Vergleichseigenschaften überein, alle Attribute einer Gruppe haben also dieselbe Vergleichsregel.

- `NO [ COLUMNS ]`: Bei Angabe dieser Option bildet ein neues Attribut grundsätzlich seine eigene Gruppe.

Durch `COLLATE FROM` `<collation default option>` wird die Vergleichsregel von zeichenorientierten logischen Attributen festgelegt, für die es beim versionsübergreifenden Zugriff zu Konflikten bei den Vergleichseigenschaften kommt, die nicht im Rahmen der entsprechenden Datenmanipulationsoperation ausgeräumt werden. Für eine genauere Erläuterung sei auf die formale Spezifikation verwiesen. `<collation default option>` kann folgende Werte annehmen:

- `DEFAULT` (Default): Verwendet wird im Konfliktfall die Defaultreihenfolge des allen Attributen einer Gruppe zugrundeliegenden Zeichenrepertoires.

- `CURRENT [ COLUMNS ]`: Verwendet wird im Konfliktfall die Vergleichsregel des zur betroffenen Gruppe gehörenden Attributs der aktuellen Version der Archivtabelle. Ist kein derartiges Attribut vorhanden, so steht der Gruppe keine Defaultvergleichsregel zur Verfügung.

Durch `SELECT` `<select default option>` wird angegeben, welche Attributliste beim (versionsübergreifenden) Zugriff auf eine Archivtabelle zu verwenden sind, wenn diese in der entsprechenden Operation nicht explizit festgelegt wurde. Erläutert wurde das Vorgehen beim Zugriff auf eine Archivtabelle ausführlich in Abschnitt 5.6.5 (dort der zweite Schritt). `<select default option>` kann folgende Werte annehmen:

- `CURRENT [ COLUMNS ]` (Default): Die Defaultattributliste ist die der aktuellen Version der Archivtabelle, soweit vorhanden.

- `COMMON [ COLUMNS ]`: Die Defaultattributliste ergibt sich aus den logischen Attributen, die in allen beim Zugriff genutzten Versionen der Archivtabelle auftreten.

- **ALL [COLUMNS]**: Die Defaultattributliste ergibt sich aus den logischen Attributen, die in mindestens einer der beim Zugriff genutzten Versionen der Archivtabelle auftreten.

Mit den hier vorgestellten Möglichkeiten stehen dem Eigner eines Archivs einige Mittel zur Steuerung der Eigenschaften von Archivtabellen zur Verfügung. Denkbar sind weitere solcher Konzepte, die den korrekten Archiventwurf unterstützen bzw. die Verwender von Archiven durch die Angabe sinnvoller Defaultwerte entlasten.

6.3.8 Regeln

Regeln für die Archivierung ermöglichen das automatische Auslösen von Archivfunktionen und sind damit ein wichtiges Mittel für einen adäquaten Archiventwurf. In Abschnitt 4.3.5 wurden bereits die Grundlagen für das ASQL-Regelkonzept gelegt. Identifiziert wurden vier Regelarten, nämlich die Archivierung gelöschter oder geänderter Datenbankdaten, das zeitbezogene verschiebende Auslagern, das zeitbezogene kopierende Auslagern und das zeitbezogene Löschen von Archivdaten. Aus Gründen der Datenbankautonomie wurde für die Umsetzung dieser Regeln ein verteiltes Regelkonzept entwickelt, bei dem Datenbankregeln für die Modifikation der Datenbank zuständig sind und Archivregeln für die Modifikation eines Archivs sorgen. Vergleichbares gibt es in SQL nicht, der hier vorgestellte, auf die Archivierung spezialisierten Syntaxentwurf berücksichtigt jedoch auch die Möglichkeit späterer Erweiterungen.

ASQL-Regeln sind deklarative ECA-Regeln, spezifizierbar sind dabei nur Ereignis E und Aktion A. Die für die Ausführung einer Aktion erforderlichen Bedingungen C werden von ASQL implizit festgelegt und beziehen sich im wesentlichen auf erforderliche Rechte und die für das Auslagern von Daten nötige Zuordnung zwischen Datenbank- und Archivtabellen. Ereignisse von ASQL-Regeln sind ohne Zugriff auf Datenbank oder Archiv auswertbar, insbesondere können absolute und periodische Zeitereignisse nur als Literale spezifiziert werden. Das verringert nach Abschnitt 4.4.4.1 die Komplexität der Ereigniserkennung, es ist jedoch denkbar, daß spätere Erweiterungen von ASQL von dieser Einschränkung abrücken.

Datenbankregeln sind für Basistabellen spezifizierbar, Archivregeln beziehen sich auf Archivtabellen. Die Deskriptoren von *Datenbank- und Archivregeln* werden denen der Tabellen zugeordnet und enthalten jeweils

- den Namen der Regel,

- eine Beschreibung des Ereignisses, das die Regel auslöst und

- eine Beschreibung der Regelaktion.

Die Regelnamen sind dabei in Anlehnung an die Namenskonventionen von SQL in Datenbank- bzw. Archivschema eindeutig. Für die Unterstützung der identifizierten Anwendungsgebiete zur impliziten Archivierung sind vier Arten von Archivregeln erforderlich, auf Datenbankseite reicht dagegen eine Regelart aus. Das Definieren und Löschen dieser Regeln erfolgt dabei syntaktisch im Rahmen der jeweiligen Anweisungen zur Tabellendefinition und -modifikation, wie die folgenden Beispiele verdeutlichen:

```
CREATE TABLE Table1
  ( ... , RULE Rule1 ... , RULE Rule2 ... , ... )

ALTER TABLE Table1
  ADD RULE Rule3 ...

ALTER TABLE Table1
  DROP RULE Rule1 CASCADE

CREATE ARCHIVE TABLE Table1 ARCHIVE Archive1
  ...
  RULE ArchiveRule1 ...
  RULE ArchiveRule2 ...

ALTER ARCHIVE TABLE Table1 ARCHIVE Archive1 SCHEMA DATE '1998-03-01'
  ADD RULE ArchiveRule3 ...
  DROP RULE ArchiveRule1 RESTRICT
  DROP RULE ArchiveRule2 CASCADE
```

Datenbankregeln werden dabei als zusätzliche Elemente der Tabellendefinition behandelt, die Syntax ist der von SQL angepaßt. Eine Besonderheit auf Archivseite ist, daß beim Ändern der Tabellendefinition mehr als eine Änderung angegeben werden kann, möglich ist auch das Hinzufügen und Löschen von Regeln in der gleichen Anweisung. An der Angabe eines Referenzzeitpunkts im letzten Beispiel ist zu erkennen, daß sich Archivregeln als zeitinvariante Schemaelemente nicht auf aktuelle Archivtabellen beschränken müssen. Modifikationsmöglichkeiten und Existenz einer Archivregel sind also im Gegensatz zu ihrer Ausführung (Bedingung C) nicht von der aktuellen Zuordnung der Archivtabelle abhängig. Das Löschverhalten (RESTRICT, CASCADE) ist für Archivregeln ohne Bedeutung und wird, wie in einigen Fällen bei SQL, nur aus Gründen der Einheitlichkeit unterstützt. Von Datenbankregeln können dagegen im Rahmen des verteilten Regelkonzepts Archivregeln abhängen. Hier sind restriktives und kaskadierendes Löschen von Bedeutung.

Anhand einiger Beispiele soll nun noch gezeigt werden, wie Regeln für die verschiedenen Anwendungsgebiete genutzt werden können. Die vorgestellten Möglichkeiten zur Ereignis- und Aktionsdefinition sind dabei relativ frei kombinierbar, für Einzelheiten sei auf die formale Spezifikation in Abschnitt A.4 verwiesen. Die automatische *Übernahme geänderter oder gelöschter Daten* einer Datenbanktabelle kann wie folgt initiiert werden:

```
ALTER ARCHIVE TABLE Table1 ARCHIVE Archive1
  ADD RULE ArchiveRule1
    ON UPDATE
    COPY WITH REFERENCES
  ADD RULE ArchiveRule2
    ON DELETE
    COPY CASCADE WITH REFERENCES
```

Die erste Regel besagt, daß die alten Zustände geänderter Tupel einer Datenbanktabelle Table1 in die ihr zugeordnete Archivtabelle des Archivs Archive1 übernommen werden sollen. Statt `COPY` kann man dabei im übrigen auch `COPY CORRESPONDING ROWS` schreiben, das ist jedoch nur ein optionaler Zusatz, der in den Beispielen weggelassen wurde. Außerdem werden von den geänderten Daten referenzierte Tupel anderer Datenbanktabellen in die entsprechenden Archivtabellen kopiert, sofern die dazugehörigen Fremdschlüsselbedingungen im Archiv aktiviert sind. Die Bedeutung von `CASCADE` und `WITH REFERENCES` wird genauer in Abschnitt 6.4.1 beschrieben; an dieser Stelle werden diese Möglichkeiten zum ersten Mal angewandt. Mit der zweiten Regel werden gelöschte Daten in das Archiv übernommen, von ihnen abhängige bzw. referenzierte Daten werden (transitiv) mitkopiert. Zu beachten ist, daß die Angabe von `CASCADE` dabei wegen der verteilten Verantwortung für Datenbank und Archive nur ein Kopieren ausdrückt. Ob auf der Datenbank auch kaskadierend *gelöscht* wird, hängt ausschließlich von den dort spezifizierten referentiellen Aktionen ab, nicht von Archivregeln.

Das *zeitbezogene verschiebende Auslagern* erfordert Datenbank- und Archivregeln. Durch die Datenbankregel wird einfach ein Löschen auf der Datenbank ausgelöst, im vorliegenden Fall alle drei Monate:

```
ALTER TABLE Table2
   ADD RULE Rule1
      ON DATE '1998-01-01' INTERVAL '3' MONTH
      DELETE WHERE ...
```

Referenzzeitpunkt und Intervall werden also durch Angabe entsprechender (A)SQL-Literale festgelegt, eine Suchbedingung kann wie üblich gewählt werden. Um die gelöschten Daten in Archiven zu sichern, kann diese Datenbankregel Archivregeln auslösen:

```
ALTER ARCHIVE TABLE Table2 ARCHIVE Archive1
   ADD RULE ArchiveRule3
      ON RULE Rule1
      COPY WITH REFERENCES

ALTER ARCHIVE TABLE Table2 ARCHIVE Archive2
   ADD RULE ArchiveRule1
      ON RULE Rule1
      COPY CASCADE
```

In das Archiv `Archive1` werden neben den gelöschten Daten im Beispiel noch von ihnen referenzierte Daten kopiert, in `Archive2` werden neben den gelöschten auch von ihnen abhängige Daten aufgenommen. Referenzen und Abhängigkeiten werden dabei wieder bezüglich der in den Archiven aktivierten Integritätsbedingungen bestimmt. Das Beispiel zeigt die durch ASQL erreichbare Flexibilität bei der Auswahl von Archiven und der dabei zu nutzenden Optionen.

Das *zeitbezogene kopierende Auslagern* modifiziert keine Datenbankdaten, es kann allein durch Archivregeln gesteuert werden. Im Beispiel werden zu einem festgesetzten Zeitpunkt bestimmte Tupel von `Table3` in die zugehörige Archivtabelle von `Archive1` kopiert. Die Aktion erfolgt diesmal lokal, also ohne `CASCADE` oder `WITH REFERENCES` und wird nur ein einziges Mal ausgelöst:

```
ALTER ARCHIVE TABLE Table3 ARCHIVE Archive1
   ADD RULE ArchiveRule4
      ON TIMESTAMP '1998-04-18 13:05:00'
      COPY WHERE ...
```

Schließlich soll noch das *zeitbezogene Löschen* von Daten einer Archivtabelle vorgestellt werden. Die Archivregel ähnelt der entsprechenden Datenbankregel, sinnvoll nutzbar ist für Archivdaten im übrigen ein Bezug auf die Archivierungszeit:

```
ALTER ARCHIVE TABLE Table4 ARCHIVE Archive1
   ADD RULE ArchiveRule5
      ON DATE '1998-01-01' INTERVAL '6' MONTH
      DELETE WHERE ...
```

6.3.9 Rechte

In Abschnitt 4.2.2 wurde bereits auf die Bedeutung von Zugriffsrechten für den Betrieb von Datenbanken *und* Archiven hingewiesen. SQL kennt Rechte zum lesenden und schreibenden Zugriff auf Datenbanktabellen (SELECT, INSERT, UPDATE, DELETE), zur Verwendung von Tabellen in Integritätsbedingungen (REFERENCES) und zur Nutzung anderer Schemaelemente (USAGE). Relevant für die Datendefinition sind dabei die Rechtetypen USAGE, REFERENCES und SELECT, auf die Datenmanipulation beziehen sich USAGE, SELECT, INSERT, UPDATE und DELETE. Die Rechtetypen REFERENCES, INSERT und UPDATE sind nicht nur auf ganze Tabellen, sondern auch auf einzelne Attribute von Tabellen anwendbar (Tabellen- und Spaltenrechte) und erlauben damit eine sehr spezifische Rechteverteilung. SELECT steht nur als Tabellenrecht zur Verfügung.

Die Bedeutung der verschiedenen Rechtetypen für den Datenbankentwurf soll noch etwas näher beleuchtet werden. USAGE-Rechte beschreiben den Nutzerkreis für Schemaelemente und erlauben damit deren kontrollierte Verwendung bei Datendefinition und -manipulation. Der Rechtetyp REFERENCES ist für den Datenbankentwurf von besonderer Bedeutung. Erlaubt der Eigner einer Tabelle anderen Nutzern das Referenzieren dieser Tabelle in einer Integritätsbedingung, so gibt er damit einen Teil der Kontrolle über die Modifikationsmöglichkeiten der Tabelle aus der Hand. SELECT-Rechte beschränken den lesenden Datenzugriff und dienen damit als Schutz vor dem Ausspähen von Daten, also dem Datenschutz im eigentlichen Sinne. Die Rechtetypen INSERT, UPDATE und DELETE für die Datenmodifikation sind dagegen eher für die Integritätssicherung von Interesse; ihre Erteilung stellt, auf anderer Ebene als Integritätsbedingungen, eine Art Zeugnis für die „Vertrauenswürdigkeit" von Nutzern aus.

ASQL ergänzt das Rechtekonzept von SQL um einen neuen Rechtetyp ARCHIVE für archivierbare Datenbanktabellen und die Rechtetypen SELECT, INSERT und DELETE für den lesenden und schreibenden Zugriff auf Archivtabellen. Der Einfluß existierender Rechtearten für Datenbanktabellen wird auf die Möglichkeiten zur Manipulation von Archivdaten ausgedehnt. Das ARCHIVE-Recht für eine Datenbanktabelle ist für die Zuordnung von Archivtabellen zu ihr erforderlich. Der Eigner eines Archivs muß es besitzen, um eine entsprechende Archivtabelle zu erzeugen und die Zuordnung aufrechtzuerhalten. Eine

Verbindung zwischen Datenbank- und Archivtabelle ist Voraussetzung für das Ein- und Auslagern sowie das Einfügen von Daten in die Archivtabelle. Das Recht ist wie andere Datenbankrechte vergebbar und entziehbar, mit

```
GRANT ARCHIVE ON Table1 TO User1 WITH GRANT OPTION
```

kann es der angegebene Nutzer z. B. sogar weitergeben. Der Eigner einer Datenbanktabelle hat damit die Kontrolle darüber, welche Nutzer sich in ihnen gehörenden Archiven überhaupt auf die Datenbanktabelle, ihre Attribute und zu ihr gehörende Integritätsbedingungen beziehen dürfen.[5] Das Entziehen des ARCHIVE-Rechts löst die Zuordnung zwischen Datenbank- und Archivtabelle, die aktuelle Version der Archivtabelle wird inaktuell. Die Archivtabelle selbst wird dagegen im Gegensatz zur üblichen Semantik beim Entzug von SQL-Rechten nicht gelöscht.

Die anderen neuen Rechtetypen regeln den Zugriff auf Archivtabellen, vergebene Rechte gehören zum gleichen Archivschema wie die Tabelle. Das SELECT-Recht erlaubt den lesenden Zugriff und ist damit auch für die Definition von Sichten erforderlich, in denen die Archivtabelle referenziert wird. INSERT-Rechte werden für das Hinzufügen von Daten zu einer Archivtabelle gebraucht, DELETE ist für das Löschen von Archivdaten nötig. UPDATE- und REFERENCES-Rechte gibt es für Archivtabellen nicht, da Archivdaten nicht änderbar sind und Integritätsbedingungen für Archive auf ein Archiv beschränkt sind, das mit allen seinen Elementen ohnehin einem einzigen Nutzer gehört. USAGE-Rechte spielen für Archive aus dem gleichen Grund keine Rolle.

SELECT-Rechte dienen dem eigentlichen Datenschutz; welche Nutzer INSERT- und DELETE-Rechte erhalten, muß beim Archiventwurf entschieden werden (Abschnitt 4.2.3). Das Löschen von Archivdaten dürfte dabei in vielen Fällen dem Archiveigner vorbehalten bleiben und eventuell durch Archivregeln unterstützt werden. Auch die Vergabe des INSERT-Rechts ist in vielen Fällen restriktiv zu handhaben. Soll ein Archiv z. B. die zeitliche Entwicklung einer Datenbank widerspiegeln, werden durch Archivregeln gelöschte oder geänderte Datenbankdaten übernommen. Ein explizites Einfügen von Daten würde diese Semantik gefährden, das Erteilen von INSERT-Rechten wäre hier sogar kontraproduktiv.

Rechte für Archivtabellen betreffen alle Attribute und Versionen; genauere Abstufungen bei der Rechtevergabe werden von ASQL nicht unterstützt. Ob ein Recht weitergegeben werden kann, wird bei der Rechtevergabe entschieden, durch diese Möglichkeit können relativ komplexe Abhängigkeiten entstehen. Der Deskriptor eines *Archivrechts* enthält

- den Bezeichner des Nutzers, der das Recht vergibt,

- den Bezeichner des Nutzers, der das Recht erhält,

- den Typ des vergebenen Rechts,

- eine Referenz auf die betroffene Archivtabelle und

- eine Indikation, ob das Recht weitergebbar ist.

---

[5] Diese Kontrolle kann indirekt sein, wenn der Tabelleneigner weitergebbare ARCHIVE-Rechte erteilt.

Zum Erteilen und Entziehen von Archivrechten werden die GRANT- und REVOKE-Anweisungen von SQL auf natürliche Weise ergänzt. Archivtabellen gehören dem Eigner des Archivs, dieser erhält automatisch sämtliche Rechte und kann sie, wie von SQL gewohnt, an andere Nutzer weitergeben <archive grant statement>:

```
GRANT SELECT, INSERT
  ON Table1 ARCHIVE Archive1 SCHEMA DATE '1998-03-01'
  TO User2, User3, User4
  WITH GRANT OPTION
```

Im Beispiel erteile der Eigner von Archiv Archive1 drei Nutzern Rechte für die am 1. März 1998 aktuelle Archivtabelle mit Namen Table1. Bei Rechtevergabe und -entzug können damit auch Archivtabellen angesprochen werden, die gerade keine aktuelle Version besitzen. Man beachte jedoch, daß in eine solche Tabelle trotz des vergebenen INSERT-Rechts keine Daten einfügbar sind, solange sie inaktuell ist. Unter Ausnutzung seines Weitergaberechts könnte User2 nun die erhaltenen Rechte weitergeben. Will er z.B. alle ihm gehörenden Rechte ohne Erlaubnis zur Weitergabe vergeben, so ist das analog zu SQL wie folgt möglich:

```
GRANT ALL PRIVILEGES
  ON Table1 ARCHIVE Archive1 SCHEMA DATE '1998-03-02'
  TO User4, User5
```

Man beachte, daß die unterschiedliche Datumsangabe unerheblich ist, solange dadurch dieselbe Tabelle identifiziert wird. ALL PRIVILEGES ist im übrigen einfach eine bequeme Abkürzung für alle durch User2 vergebbaren Rechte, also SELECT und INSERT.

Das Entziehen von Archivrechten <archive revoke statement> erfolgt in ähnlicher Weise. Der Archiveigner kann z.B. nach obiger Rechtevergabe einigen Nutzern das INSERT-Recht entziehen:

```
REVOKE INSERT
  ON Table1 ARCHIVE Archive1 SCHEMA DATE '1998-03-01'
  FROM User3, User4
  RESTRICT
```

RESTRICT spezifiziert dabei wie gewohnt ein restriktives Verhalten, der Rechteentzug wird zurückgewiesen, wenn Abhängigkeiten von entzogenen Rechten existieren, das können auch weitere Rechte sein. Man beachte, daß User4 trotz des Rechteentzugs mit Umweg über User2 noch das Einfügerecht besitzt, allerdings ohne die Möglichkeit der Weitergabe. Entzogen werden kann im übrigen wie in SQL auch das Weitergaberecht allein:

```
REVOKE GRANT OPTION FOR SELECT
  ON Table1 ARCHIVE Archive1 SCHEMA DATE '1998-03-01'
  FROM User2
  CASCADE
```

Tabelle 6.1: Voraussetzungen für die Datendefinition

Operation	Voraussetzung
Anlegen eines Archivs	implementierungsabhängige Rechte
Zerstören eines Archivs	aktueller Nutzer ist Archiveigner
Anlegen, Modifizieren oder Löschen einer Archivtabelle	aktueller Nutzer ist Archiveigner
Zuordnung zu einer Datenbanktabelle	`ARCHIVE`-Recht
Rechtevergabe für Archivtabellen	Weitergaberecht

`User2` kann danach das Leserecht nicht mehr weitergeben, `User4` und `User5` werden die von ihm gewährten Leserechte kaskadierend entzogen, eventuell auf diesen Rechten basierende Sichten werden ebenfalls gelöscht. `User2` selbst behält jedoch das Leserecht, und `User4` kann aufgrund der Vergabe dieses Rechts an ihn durch einen anderen Nutzer ebenfalls noch auf die Archivtabelle zugreifen.

6.3.10 Erforderliche Rechte für ASQL-Anweisungen

In einem kurzen Überblick sollen nun noch die Voraussetzungen und Rechte zusammengestellt werden, die für die verschiedenen ASQL-Anweisungen zur Datendefinition und -manipulation erforderlich sind. Sie werden in der formalen Spezifikation als Zugriffsregeln (SQL: *access rules*) umgesetzt. Für die erfolgreiche Ausführung muß der Nutzer, unter dessen Autorisation eine Anweisung ausgeführt wird, alle nötigen Rechte besitzen, daneben können noch andere Voraussetzungen nötig sein, wie zu sehen sein wird. Tabelle 6.1 stellt die im Zusammenhang mit der Archivierung wichtigen Rechte zur Datendefinition zusammen. Für jede, hier verbal beschriebene, Operation sind die durch den aktuellen Nutzer zu erfüllenden Voraussetzungen aufgeführt.

Für die in Abschnitt 6.4 zusammengestellten neuen Anweisungen zur Datenmanipulation sind in der Regel Rechte für einander zugeordnete Tabellen auf Datenbank- und Archivseite erforderlich. Auf Datenbankseite können das neben Tabellen- auch Spaltenrechte sein, das wird in Tabelle 6.2 nicht weiter unterschieden. Für das Löschen und Auswerten von Archivdaten sind weder Zuordnung noch Datenbankrechte erforderlich.

Zum Abschluß sollen nun noch die für die Ausführung von Archivregeln erforderlichen Rechte erwähnt werden, die aus Gründen der geforderten Datenbankautonomie gewisse Besonderheiten aufweisen. Zunächst einmal ist die Definition von Archivregeln, die in Tabelle 6.1 unter die Modifikation von Archivtabellen einzuordnen ist, unabhängig von Datenbankrechten oder aktueller Zuordnung zu einer Datenbanktabelle und damit unabhängig von ihrer (dynamisch bestimmten) Ausführbarkeit. Erst beim Auslösen einer Regel durch irgendein Ereignis werden die erforderlichen Rechte geprüft. Archivregeln werden unter der Autorisation des Archiveigners vom System ausgelöst. Auf Archivseite sind daher auch keine Rechte erforderlich. Für das tatsächliche Ausführen der Regelaktion sind dann die Voraussetzungen zu erfüllen, die für eine analoge Datenmodifikationsoperation nötig wären, beim Auslagern also Zuordnung zu einer Datenbanktabelle und Leserecht auf dieser. Schließlich soll eine durch eine Datenbankoperation ausgelöste Archivregel den Erfolg der auslösenden Operation nur gefährden dürfen, wenn dem Archiveigner ausdrücklich ent-

Tabelle 6.2: Voraussetzungen für die Manipulation von Archivdaten

Operation	Zuordnung	Datenbankrecht	Archivrecht
kopierendes Auslagern	ja	SELECT	INSERT
verschiebendes Auslagern	ja	SELECT, DELETE	INSERT
Auslagern beim Ändern	ja	SELECT, UPDATE	INSERT
kopierendes Einlagern	ja	INSERT	SELECT
verschiebendes Einlagern	ja	INSERT	SELECT, DELETE
Einfügen über die Datenbank	ja	INSERT	INSERT
Einfügen direkt in das Archiv	ja		INSERT
Löschen aus dem Archiv			DELETE
Auswerten von Archivdaten			SELECT

sprechende Rechte gewährt wurden. Damit wird die Forderung nach Datenbankautonomie umgesetzt, im konkreten Fall sollen also Integritätsbedingungen für Archive Datenbank-operationen nur beeinflussen können, wenn das der Eigner der betroffenen Datenbanktabelle explizit erlaubt. Einschränkungen durch Integritätsbedingungen werden auf Datenbankseite durch REFERENCES-Rechte ermöglicht; deren Wirkung wird so erweitert, daß ein Archiveigner dieses Recht besitzen muß, damit eine unter seiner Autorisation ausgelöste Archivregel den Erfolg einer auslösenden Operation verhindern kann.

Dieses Verhalten soll zum Schluß dieses Abschnitts noch durch ein kleines Beispiel verdeutlicht werden. Angenommen, ein Nutzer möchte Daten aus einer Datenbanktabelle Table1 mit einer entsprechenden Operation in ein Archiv Archive1 verschieben. Die für diesen Nutzer erforderlichen Rechte sind DELETE für Table1 und INSERT für die zugehörige Archivtabelle in Archive1. Voraussetzung für die Zuordnung ist zudem, daß der Eigner von Archive1 ARCHIVE-Recht für Table1 besitzt. Angenommen sei weiter, daß der Eigner eines anderen Archivs Archive2 eine Regel definiert hat, die gelöschte Daten von Table1 automatisch übernimmt. Diese Regel wird durch die beschriebene Operation ausgelöst, wenn eine Zuordnung zwischen Table1 und der entsprechenden Archivtabelle in Archive2 besteht und der Eigner von Archive2 SELECT-Recht auf Table1 besitzt. Das Einfügen der gelöschten Daten in die beiden Archive umfaßt das Prüfen aller Integritätsbedingungen. Ist eine Datenbankbedingung oder eine Bedingung in Archive1 verletzt, wird die Operation zurückgewiesen. Wir nehmen an, daß das nicht passiert, daß jedoch eine Bedingung in Archive2 verletzt wird. Besitzt der Eigner von Archive2 REFERENCES-Recht auf Table1, so wird die auslösende Operation zurückgewiesen. Ist das dagegen nicht der Fall, werden die aus Table1 gelöschten Daten in Archive1 eingefügt, nicht jedoch in Archive2. Auf diese Weise lassen sich die Effekte kontrollieren, die die regelbasierte Archivierung auf die Manipulation der Datenbank haben kann.

6.4 Datenmanipulation

Der Datenmanipulationsteil von SQL wird in ASQL um Anweisungen zur Manipulation von Archivdaten erweitert. In Abschnitt 4.3 wurden bereits die entsprechenden Operationen zum Auslagern, Einlagern, Einfügen, Löschen und Auswerten konzeptuell beschrieben. In diesem Abschnitt sollen nun die neuen Sprachmittel vorgestellt und anhand einfacher Beispiele erläutert werden. Für die formale Spezifikation der in der Form <syntax element> aufgeführten Sprachelemente sei allerdings auf Abschnitt A.5 verwiesen.

Abschnitt 6.4.1 beschäftigt sich zunächst mit der Auswertung von Fremdschlüsselbeziehungen für die gemeinsame Manipulation von miteinander in Beziehung stehenden Daten innerhalb einer Operation. In Abschnitt 6.4.2 wird erläutert, wie auf Archivtabellen und ihre Daten zugegriffen werden kann und wie die Einbindung in die üblichen Anweisungen zum lesenden Datenzugriff (SELECT-Anweisungen) erfolgt. Dieses Thema wird in Abschnitt 6.4.3 durch die Einführung von Sprachmitteln zur Verwendung der Archivierungszeit ergänzt. Den Zusammenhang zwischen Datenbank und Archiven stellen die in den Abschnitten 6.4.4 und 6.4.5 vorgestellten Anweisungen zum Auslagern von Daten aus der Datenbank und zum Einlagern von Archivdaten in die Datenbank her. Abschnitt 6.4.6 schließt mit Anweisungen zum Einfügen und zum Löschen von Archivdaten.

6.4.1 Auswertung von Fremdschlüsselbeziehungen

In Abschnitt 5.2.3.2 wurden die Prinzipien temporaler Fremdschlüssel für Archivtabellen vorgestellt. Diese basieren auf Fremdschlüsselbedingungen der Datenbank und können wahlweise in Archiven aktiviert werden. Sie referenzieren ebenfalls in das Archiv übernommene, temporale Schlüssel. Die Definition und Aspekte der Sicherung von Integritätsbedingungen wurden bereits in Abschnitt 6.3.5 behandelt. ASQL erlaubt daneben die Ausnutzung von Fremdschlüsselbeziehungen in Datenmodifikationsoperationen.

Die verschiedenen Datenmodifikationsoperationen von ASQL beziehen sich im einfachsten Fall analog zu SQL auf einzelne Archivtabellen. In Abschnitt 4.3.2 wurde die Möglichkeit vorgestellt, von einem Tupel bzw. einer Menge von Tupeln einer Tabelle transitiv *abhängige oder referenzierte Datenbank- oder Archivdaten* in ein und derselben Operation ebenfalls zu berücksichtigen. Diese abhängigen bzw. referenzierten Daten werden dabei aufgrund der für ein Archiv definierten Fremdschlüsselbedingungen ermittelt. ASQL stellt hierfür die optionale Angabe der Schlüsselworte CASCADE und WITH REFERENCES zur Verfügung.

Konkret bedeutet das beim Auslagern von Tupeln einer Datenbanktabelle in eine Archivtabelle (Abschnitt 6.4.4), daß bei Angabe von CASCADE alle von diesen Tupeln transitiv abhängigen Datenbankdaten ebenfalls ermittelt und in die zugehörigen Archivtabellen kopiert werden. Dabei werden allerdings nur die Daten berücksichtigt, die über Fremdschlüsselbeziehungen der Datenbank erreichbar sind, die auch in das Archiv übernommen wurden und dort zu aktuellen Versionen von Archivtabellen gehören. Die Angabe von WITH REFERENCES bewirkt, daß von den auszulagernden Tupeln transitiv referenzierte Daten ermittelt und in das Archiv kopiert werden. Bei Nutzung beider Optionen werden zunächst alle von einer gegebenen Tupelmenge abhängigen Datenbankdaten ermittelt (CASCADE), danach wird WITH REFERENCES sowohl auf die Ursprungs- als auch auf die ermittelten abhängigen Daten angewandt. Ein wichtiger Effekt der Nutzung von WITH REFERENCES ist im übrigen, daß damit automatisch die beschriebenen Integritätsbedingungen auf Archivseite erfüllt werden. Abbildung 4.3, Seite 80 gibt Beispiele für das Anwenden der Optionen beim Auslagern. Zu beachten ist noch, daß die genannten Möglichkeiten nur für archivierte Basistabellen von Bedeutung sind, da zwischen Sichten keine Fremdschlüsselbeziehungen bestehen können. ASQL verbietet im letzteren Fall auch die Angabe der entsprechenden Optionen.

Wesentlich ist, daß das im Zuge des verschiebenden Auslagerns ausgeführte Löschen von Tupeln in den von diesen abhängigen Tupeln kompensiert werden muß, um die Integrität der Datenbank zu wahren. SQL bietet hierfür bereits das Konzept der referentiellen Aktionen [DD97]. Erfolgt das verschiebende Auslagern kaskadierend, ist es naheliegend, wie in Abschnitt 4.3.2 beschrieben auch die abhängigen Tupel verschiebend auszulagern und dabei insbesondere zu löschen. Die Integrität der Datenbank ist so automatisch gesichert. In ASQL könnte dieses Vorgehen allerdings in Konflikt zu bestehenden Kompensationsoperationen stehen. Vor allem sollen diese aufgrund der Datenbankautonomie Vorrang vor archivspezifischen Lösungen haben. Folglich werden in ASQL, wie erwähnt, beim kaskadierend verschiebenden Auslagern transistiv abhängige Tupel nur kopiert und nicht gelöscht.

Das Einlagern erlaubt die gleiche Vorgehensweise (Abschnitt 6.4.5). Ohne Angabe der Optionen werden nur die spezifizierten Tupel einer Archivtabelle in die Datenbank eingelagert, bei Angabe von `CASCADE` auch die von ihnen abhängigen Archivdaten. `WITH REFERENCES` ermittelt wiederum die von diesen Daten transitiv referenzierten Archivdaten. Im Unterschied zum Auslagern, bei dem nichttemporale Datenbankbeziehungen ausgewertet werden, sind beim Einlagern temporale Archivbedingungen von Interesse, die wie die einzulagernden Daten auch nicht zur aktuellen Version einer Archivtabelle gehören müssen.

Beim Einfügen von Archivdaten kann aus naheliegenden Gründen nur `WITH REFERENCES` angegeben werden, und auch das nur beim virtuellen Einfügen über die Datenbank (Abschnitt 6.4.6). Von den eingefügten Daten beim Umweg über die Datenbank referenzierte Datenbankdaten werden dabei in das Archiv kopiert. Beim Löschen von Archivdaten kann dagegen nur `CASCADE` genutzt werden, dabei ermittelte abhängige Daten werden mitgelöscht (Abschnitt 6.4.6).

6.4.2 Zugriff auf Archivtabellen

Der Zugriff auf eine Archivtabelle muß deren Versionierung berücksichtigen und folgt dem in Abschnitt 5.6.5 vorgestellten Konzept, wonach neben Tabellen- und Archivnamen optional ein die Archivtabelle eindeutig identifizierender Zeitpunkt, ein Auswahlzeitraum zur Einschränkung der relevanten Versionen und Daten und die endgültige Struktur der *effektiv genutzten Tabelle* <effective archive table> festgelegt werden können.

Die Kombination aus Tabellen- und Archivnamen muß bekanntlich nicht eindeutig sein, durch Angabe eines beliebigen Zeitpunkts, zu dem eine Archivtabelle eine aktuelle Version hatte, wird eine *Identifikation* erreicht. Im ersten der beiden folgenden Beispiele sind nur Tabellen- und Archivname angegeben, Default ist in diesem Fall die aktuelle Zeit; genutzt wird die der Datenbanktabelle `Table1` in Archiv `Archive1` aktuell zugeordnete Archivtabelle. Im zweiten Fall wird die Archivtabelle gewählt, die am 1. März 1998 um 13 Uhr einer Datenbanktabelle mit Namen `Table1` zugeordnet war. Man beachte, daß verschiedene Zeitpunkte durchaus dieselbe Archivtabelle identifizieren können. Die implizite oder explizite Angabe eines Zeitpunkts, zu der keine Tabelle mit der angegebenen Namenskombination gültig war, führt zu einem Fehler.

```
Table1 ARCHIVE Archive1
```

```
Table1 ARCHIVE Archive1 SCHEMA '1998-03-01 13:00:00'
```

Nächster Schritt ist die optionale Angabe eines *Auswahlzeitraums*, auf den die für den Datenzugriff relevanten Versionen und Daten anhand von Versionsgültigkeit und Archivierungszeit beschränkt werden.[6] In den folgenden Beispielen werden drei Varianten dafür vorgestellt. Im ersten Fall werden nur 1997 archivierte Daten einer Archivtabelle und Attribute der in diesem Jahr gültigen Versionen für die weitere Auswertung berücksichtigt. Im zweiten Fall werden alle vor mehr als sechs Monaten archivierten Daten, im dritten Fall nur die in den vergangenen Stunden archivierten Daten gewählt, wobei die Stundenzahl aus der Datenbank ermittelt wird. Die Beispiele zeigen damit auch, daß Systemfunktionen und im Prinzip beliebige SQL-Zeitausdrücke <datetime value expression> bei der Festlegung des Auswahlzeitraums Verwendung finden können. Ein Auswahlzeitraum muß im übrigen nicht angegeben werden, eine zeitliche Beschränkung findet dann nicht statt (Default).

```
PERIOD BETWEEN '1997-01-01' AND '1998-01-01'

PERIOD BEFORE CURRENT_TIMESTAMP - '6' MONTH

PERIOD AFTER CURRENT_TIME - ( SELECT Hours FROM Table2 WHERE ... )
```

Im letzten Schritt wird schließlich unter Berücksichtigung der Attribute, die zu den im Auswahlzeitraum gültigen Versionen der Tabelle gehören, die *endgültige Struktur der Tabelle* festgelegt. Ausgangspunkt ist die aus der bestimmten Versionsmenge hervorgehende Liste der logischen Attribute der Archivtabelle (Abschnitt 5.6.4). Die folgenden vier Beispiele verdeutlichen die verschiedenen Varianten. Im ersten Fall werden alle ermittelten logischen Attribute verwendet, im zweiten Fall nur die, die allen im vorigen Schritt ausgewählten Versionen gemeinsam sind. Im dritten Beispiel erfolgt eine Projektion auf die Attribute der Version der Archivtabelle, die zum angegebenen Zeitpunkt aktuell war, das vierte Beispiel bezieht sich als Spezialfall davon auf die gerade aktuelle Tabellenversion, soweit vorhanden. Die Abbildung erfolgt durch Projektion, Auffüllen unvollständiger Tupel mit NULL und Datentypanpassung, für Einzelheiten sei auf die formale Sprachspezifikation verwiesen. Wird keine der vier Varianten angegeben, ist die bei Definition der Archivtabelle gewählte Defaultvariante <select default option> implizit (Abschnitt 6.3.7).

```
WITH ALL COLUMNS

WITH COMMON COLUMNS

WITH COLUMNS BY '1998-03-01'

WITH CURRENT COLUMNS
```

Zum Abschluß sollen durch Kombination der vorgestellten Syntaxelemente noch zwei komplette Beispiele zur Angabe einer effektiv genutzten Archivtabelle angegeben werden. Im

---

[6]Die Gültigkeit von Versionen ist eine Eigenschaft des Archivschemas, die Archivierungszeit eine der Daten (Abschnitt 6.4.3). Da beide Arten von Zeit in ASQL jedoch die gleiche Granularität TIMESTAMP haben, ergeben sich daraus keine Inkonsistenzen.

ersten Beispiel werden nur Defaultwerte verwendet, also die der Datenbanktabelle `Table1` in Archiv `Archive1` aktuell zugeordnete Archivtabelle, alle ihre Daten und die bei der Tabellendefinition festgelegte Struktur. Im zweiten Beispiel werden aus der am 1. März 1998 um Mitternacht aktuellen Archivtabelle alle bis zu einem Jahr vorher archivierten Daten gewählt und auf die allen diesen Daten gemeinsamen logischen Attribute projiziert. Man beachte im übrigen, daß nicht alle wählbaren Kombinationen unbedingt sinnvoll sein müssen, in der Praxis werden oft die Defaultangaben oder sehr einfache Ausdrücke ausreichen.

```
Table1 ARCHIVE Archive1


Table1 ARCHIVE Archive1 SCHEMA '1998-03-01'
   PERIOD BETWEEN '1998-03-01' - '1' YEAR AND '1998-03-01'
   WITH COMMON COLUMNS
```

Nach einzelnen Archivtabellen soll nun deren Kombination beim Zugriff mit anderen Datenbank- und Archivtabellen diskutiert werden (Abschnitt 4.4.4.2). Eine wichtige Eigenschaft von ASQL ist die integrierte Auswertbarkeit von Datenbank- und Archivdaten innerhalb einer `SELECT`-Anweisung. Der gemeinsame Zugriff auf beide Arten von Daten wird durch eine Kopplung auf relativ tiefer Ebene erreicht, nämlich auf der von *Tabellenreferenzen* `<table reference>`. SQL-Tabellenreferenzen sind die Ausdrücke, die in der `FROM`-Klausel einer Anfrage oder als Argument eines Verbundes (*join*) verwendet werden können. ASQL erlaubt hier nun neben Datenbanktabellen, abgeleiteten Tabellen (Unteranfragen) und Verbundtabellen auch die Nutzung der oben diskutierten effektiven Archivtabellen.

Analog zu den datenbankbezogenen Tabellenreferenzen ist für Archivtabellen und Verbunde aus ihnen die Definition von Bereichsvariablen und Attributnamenslisten möglich, die in der weiteren Anfragebearbeitung, z. B. in `WHERE`-Klausel oder `SELECT`-Liste, Verwendung finden können. Im Gegensatz zu Datenbanktabellen, die auch ohne Bereichsvariable über ihre Namen ansprechbar sind, *muß* für Archivtabellen eine Bereichsvariable definiert werden, wenn sonst die eindeutige Auflösung von Referenzen auf ihre Attribute oder die Archivierungszeit nicht möglich ist. Mit der für Archivtabellen eindeutigen Kombination auf Tabellenname, Archivname und identifizierendem Zeitpunkt kann aus praktischen Gründen außerhalb der `FROM`-Klausel nicht mehr operiert werden. Die bereits von SQL bekannte optionale Ergänzung der Bereichsvariablen um eine Attributnamensliste empfiehlt sich insbesondere dann, wenn die Attributnamen der effektiv genutzten Archivtabelle aufgrund der Versionierung nicht eindeutig sind. Das folgende Beispiel illustriert die Kombination mehrerer Datenbank- und (effektiver) Archivtabellen in einer `FROM`-Klausel, wobei eine der Archivtabellen einer der Datenbanktabellen derzeit sogar zugeordnet ist:

```
SELECT ...
FROM   Table1,
       Table2 AS Range1 ( Col1, Col2 ),
       Table1 ARCHIVE Archive1 AS Range2,
       Table1 ARCHIVE Archive1 SCHEMA '1998-03-01',
       Table3 ARCHIVE Archive2 PERIOD BEFORE '1998-04-01'
          WITH ALL COLUMNS AS Range3 ( Col2, Col3, Col4 )
WHERE  ...
```

Das Beispiel sollte ausreichen, um zu zeigen, daß im Prinzip beliebige Auswertungen von Datenbank- und Archivdaten möglich sind, daß diese sogar mehrere Archive betreffen können. Auf diesen Anfragen können wiederum Sichten der Datenbank basieren, wobei deren Nutzung etwa in Integritätsbedingungen von ASQL nicht ausdrücklich erlaubt wird und daher nicht möglich ist. ASQL erlaubt allerdings die erneute Archivierung solcher Sichten, sofern die referenzierten Archivtabellen aus demselben Archiv stammen (Abschnitt 4.3.1).

6.4.3 Zugriff auf die Archivierungszeit

In ASQL wird für die Archivierungszeit die Genauigkeit von einer Mikrosekunde verwendet (Abschnitt 4.4.5), dies entspricht der Defaultgenauigkeit des SQL-Datentyps TIMESTAMP (Format 'YYYY-MM-DD HH:MM:SS.xxxxxx'). Auf die Archivierungszeit eines Tupels einer Archivtabelle kann in ähnlicher Weise zugegriffen werden wie auf seine Attribute, nämlich über die Angabe der für die (effektive) Archivtabelle definierten Bereichsvariablen in Kombination mit dem neuen Schlüsselwort ARCHIVED:

```
Range1.ARCHIVED
```

Die dabei ermittelten Werte werden in ASQL wie ganz normale Ausdrücke vom Typ TIMESTAMP behandelt, das explizit temporale Umfeld der Archivtabellen wird verlassen (Abschnitt 4.4.4.2). Für den SQL gewohnten Nutzer ist dieses Vorgehen intuitiv nachvollziehbar, er kann die gewonnenen Werte in beliebig komplexen Ausdrücken und Prädikaten verwenden. Durch Nutzung etwa in der WHERE-Klausel einer Anfrage lassen sich Tupel bezüglich ihrer Archivierungszeit selektieren, die Verwendung in der SELECT-Liste einer Anfrage macht die Archivierungszeit eines Tupels nach außen sichtbar.

Einige einfache Beispiele sollen die Verwendung der Archivierungszeit verdeutlichen. Im ersten der folgenden Beispiele wird lediglich eine Projektion einer Archivtabelle durchgeführt. Im Anfrageergebnis sind zwei Attribute und die Archivierungszeit enthalten. Bereichsvariablen sind nicht erforderlich, da nur eine Tabelle genutzt wird:

```
SELECT Col1, Col2, ARCHIVED
FROM   Table1 ARCHIVE Archive1
```

Das zweite Beispiel selektiert alle Tupel einer Archivtabelle, die nach dem 9. November 1998 archiviert wurden. Dabei ist zu beachten, daß sich die Angabe von * in der SELECT-Liste nur auf die (expliziten) Attribute, nicht auf die (implizite) Archivierungszeit bezieht:

```
SELECT *
FROM   Table2 ARCHIVE Archive1
WHERE  CAST ( ARCHIVED AS DATE ) > DATE '1998-11-09'
```

Im dritten Beispiel sollen aus einen Verbund von Archivtabellen die Tupelkombinationen ausgewählt werden, die zur gleichen Zeit archiviert wurden:

```
SELECT Range1.*, Range2.Col3, Range2.ARCHIVED
FROM   Table1 ARCHIVE Archive1 AS Range1 NATURAL JOIN
       Table2 ARCHIVE Archive1 AS Range2
WHERE  Range1.ARCHIVED = Range2.ARCHIVED
```

Mit dem vierten und letzten Beispiel sollen eine Datenbanktabelle und eine zugeordnete
Archivtabelle zusammengeführt werden; als Pseudoarchivierungszeit ist für die Datenbankdaten die aktuelle Zeit anzugeben. Alle Zeiten sollen dabei auf den Datumsteil begrenzt
werden, entstehende Duplikate sind explizit zu erhalten:

```
SELECT Col1, Col2, CAST ( ARCHIVED AS DATE ) AS ATime
FROM   Table1 ARCHIVE Archive1 WITH CURRENT COLUMNS
UNION ALL
SELECT Col1, Col2, CURRENT_DATE AS ATime
FROM   Table1
```

6.4.4 Auslagern von Daten

Daten einer Datenbanktabelle können in eine zugeordnete Archivtabelle ausgelagert werden. ASQL erlaubt dabei im Gegensatz zu den in den folgenden Abschnitten vorgestellten
Operationen aus Kompatibilitätsgründen neben dem mengenorientierten Auslagern über
Suchbedingungen auch das positionierte Auslagern über einen Cursor. Möglich ist das kopierende Auslagern, bei dem die ausgewählten Daten in der Datenbank erhalten bleiben,
das verschiebende Auslagern, bei dem die Datenbankdaten gelöscht werden, und das Auslagern alter Datenzustände bei Änderungen in der Datenbank (Abschnitt 4.3.2). In ASQL
ergibt das insgesamt sechs Anweisungen, die im folgenden vorgestellt werden.

Allen Anweisungen gemeinsam ist, daß ein Auslagern gleichzeitig in mehrere Archive möglich ist. Voraussetzung ist dabei natürlich, daß in allen diesen Archiven eine entsprechende
Archivtabelle definiert wurde und eine aktuelle Version besitzt. Welche Daten tatsächlich
in die jeweiligen Archivtabellen eingefügt werden, ist dabei archivspezifisch und hängt von
den in den einzelnen Archiven aktivierten Attributen und Integritätsbedingungen sowie
den optionalen Angaben `CASCADE` und `WITH REFERENCES` ab. Wird durch die Operation in
irgendeinem der angegebenen Archive eine Integritätsbedingung verletzt, wird die gesamte
Operation zurückgesetzt.

Beim mengenorientierten *kopierenden Auslagern* `<archive copy statement: searched>`
werden alle durch die optional angegebene Suchbedingung ausgewählten Daten in die aktuellen Versionen der Archivtabellen der angegebenen Archive eingefügt und mit der für
die laufende Transaktion einheitlichen Archivierungszeit versehen (Abschnitt 4.4.5):

```
COPY FROM Table1
  INTO ARCHIVE Archive1, Archive2 CASCADE
  WHERE ...
```

Im Beispiel werden die Tupel der Datenbanktabelle `Table1`, für die die Suchbedingung
wahr ist, auf die in den aktuellen Versionen der zugehörigen Archivtabellen aus Archiv
`Archive1` und Archiv `Archive2` jeweils aktivierten Attribute projiziert und in die Archivtabellen eingefügt. In der Datenbank bleiben sie erhalten. Für `Archive2` ist `CASCADE` angegeben, unter Beschränkung auf die in `Archive2` aktuell aktivierten Integritätsbedingungen
werden daher in der Datenbank die von den ausgelagerten Daten transitiv abhängigen
Tupel anderer Datenbanktabellen ermittelt und in die ihnen zugeordneten Archivtabellen

von `Archive2` kopiert. Man beachte, daß es dabei durch zirkuläre Integritätsbedingungen auch zu Selbstreferenzen kommen kann; konzeptuell wird daher zunächst die Menge aller auszulagernden Daten ermittelt, bevor tatsächlich Daten in das Archiv eingefügt werden. Für `Archive1` bleibt das Auslagern lokal. Anschließend werden noch die für die Archive definierten Integritätsbedingungen überprüft.

Während das kopierende Auslagern durch ein neues ASQL-Schlüsselwort eingeleitet wird, ist das mengenorientierte *verschiebende Auslagern* `<archive delete statement: searched>` als Erweiterung der SQL-Löschanweisung zu verstehen, man beachte jedoch, daß die formale Spezifikation getrennt von dieser erfolgt:

```
DELETE FROM Table1
  WHERE ...
  ARCHIVE INTO Archive2 WITH REFERENCES, Archive3 CASCADE
```

Konzeptuell läßt sich das verschiebende Auslagern auf ein kopierendes Auslagern und das anschließende Löschen aus der Datenbank zurückführen. Die ausgewählten Daten von Datenbanktabelle `Table1` werden also zunächst in die beiden angegebenen Archive kopiert, mit ihnen im Fall von Archiv `Archive2` auch alle bezüglich der dort aktivierten Fremdschlüsselbedingungen transitiv referenzierten Datenbankdaten. In das andere Archiv werden die von den ausgewählten Daten transitiv abhängigen Daten mitkopiert. Anschließend werden die gewählten Daten aus `Table1` analog zu SQL gelöscht. Hervorzuheben ist zum einen, daß durch die Angabe von `WITH REFERENCES` in `Archive2` die Prüfung der Fremdschlüsselbedingungen ausgehend von `Table1` entfallen kann. Die auf Archivseite entstehenden Beziehungen entsprechen den in der Datenbank gültigen, angereichert um die Archivierungszeit. Anzumerken ist zum zweiten, daß die durch `CASCADE` ermittelten Daten, wie bereits erwähnt, kopiert und nicht etwa verschoben werden (Abschnitt 6.4.1). Ob die entsprechenden Daten aus der Datenbank auch entfernt werden, wird durch die referentiellen Aktionen entschieden, die für die entsprechenden Fremdschlüsselbedingungen auf Datenbankseite definiert wurden (Autonomie der Datenbank).

Auch das *Auslagern alter Datenzustände* bei Änderungsoperationen wird durch Erweiterung der entsprechenden SQL-Anweisung erreicht. Im Beispiel werden die geänderten Tupel einer Datenbanktabelle `Table1` mengenorientiert in ein Archiv `Archive1` ausgelagert `<archive update statement: searched>`:

```
UPDATE Table1
  SET ...
  WHERE ...
  ARCHIVE INTO Archive1 CASCADE WITH REFERENCES
```

SET-Klausel und Suchbedingung sind dabei wie in SQL verwendbar, konzeptuell handelt es sich bei der Operation wieder um ein kopierendes Auslagern, gefolgt von der eigentlichen Änderung auf der Datenbank. Daraus folgt auch, daß die durch `CASCADE` ermittelten Datenbankdaten *vor* der Änderung in das Archiv kopiert werden, eventuelle referentielle Aktionen (`ON UPDATE ...`) haben keinen Einfluß auf das Auslagern. Im Beispiel sind sowohl `CASCADE` als auch `WITH REFERENCES` angegeben, für alle geänderten und von diesen transitiv abhängige Daten werden daher die transitiv von ihnen bezüglich im Archiv aktivierter Fremdschlüsselbedingungen referenzierten Datenbankdaten ermittelt und in die entsprechenden Archivtabellen kopiert. Die Integrität auf Archivseite ist damit bezüglich der Fremdschlüsselbedingungen wieder automatisch gesichert.

Das *positionierte Auslagern* unterscheidet sich vom mengenorientierten nur dadurch, daß statt der optionalen Suchbedingung ein Cursor angegeben ist und sich das Auslagern auf das durch diesen Cursor gegebene Tupel bezieht. Zu beachten ist, daß von diesem Tupel abhängige oder referenzierte Daten bei Angabe von `CASCADE` oder `WITH REFERENCES` als Menge in das Archiv kopiert werden; der Cursor bezieht sich nur auf das Ausgangstupel. Ohne weitere Erläuterung werden im folgenden die obigen Beispiele noch als positionierte Variante angegeben (<archive copy statement: positioned>, <archive delete statement: positioned>, <archive update statement: positioned>):

```
COPY FROM Table1
  INTO ARCHIVE Archive1, Archive2 CASCADE
  WHERE CURRENT OF Cursor1


DELETE FROM Table1
  WHERE CURRENT OF Cursor2
  ARCHIVE INTO Archive2 WITH REFERENCES, Archive3 CASCADE


UPDATE Table1
  SET ...
  WHERE CURRENT OF Cursor3
  ARCHIVE INTO Archive1 CASCADE WITH REFERENCES
```

Positionierte Operationen wurden in ASQL nur für das Auslagern berücksichtigt, um die Übernahme positioniert gelöschter oder geänderter Datenbankdaten in ein Archiv überhaupt zu ermöglichen. Für die anderen, in den folgenden Abschnitten behandelten Operationen wurde davon abgesehen.

6.4.5 Einlagern von Archivdaten

Das Einlagern von Daten einer Archivtabelle in die zugeordnete Datenbanktabelle kann kopierend oder verschiebend erfolgen (Abschnitt 4.3.2) und bezieht sich im Gegensatz zum Auslagern immer nur auf ein Archiv. Voraussetzung ist neben der vorhandenen Zuordnung zwischen Datenbank- und Archivtabelle auch die Änderbarkeit der Datenbanktabelle nach den Regeln von SQL. Zu beachten ist, daß die für das Einlagern ausgewählten Daten aus beliebigen Versionen der Archivtabelle stammen können, diese werden vor dem Einfügen in die Datenbank auf die Attribute der aktuellen Version der Archivtabelle abgebildet. ASQL ermöglicht die Ermittlung der einzulagernden Daten unter Zuhilfenahme der in Abschnitt 6.4.2 vorgestellten Mechanismen zur Bestimmung einer effektiv genutzten Archivtabelle. Das folgende Beispiel zum *kopierenden Einlagern* soll dies verdeutlichen <restore copy statement>. Man beachte, daß ASQL dabei dasselbe Schlüsselwort verwendet, wie beim kopierenden Auslagern:

```
COPY INTO Table1
  FROM ARCHIVE Archive1· PERIOD BETWEEN '1997-03-01' AND '1998-03-01'
  CASCADE
  WHERE ...
```

Im Beispiel werden aus der Tabelle `Table1` im Archiv `Archive1` aktuell zugeordneten Archivtabelle zunächst die Daten ausgewählt, die zwischen dem 1. März 1997 und dem 1. März 1998 archiviert wurden. Diese werden auf die in der aktuellen Version der Archivtabelle aktivierten Attribute abgebildet; das entspricht der Angabe `WITH CURRENT COLUMNS`, die hier jedoch implizit ist. Auf der dadurch entstehenden Tabelle wird dann die Suchbedingung ausgewertet, die ermittelten Tupel werden in die Datenbanktabelle kopiert. Nicht aktivierte Attribute der Datenbanktabelle werden dabei mit den für sie definierten Defaultwerten belegt. Durch die Angabe von `CASCADE` im Beispiel werden alle von den einzulagernden Daten transitiv abhängigen Daten anderer Archivtabellen durch die Auswertung der im Archiv vorhandenen (temporalen) Integritätsbedingungen ermittelt und ebenfalls in die Datenbank kopiert. Dabei werden alle Integritätsbedingungen, nicht nur die der aktuellen Versionen berücksichtigt. Erforderlich ist, daß alle abhängigen Archivtabellen auch eine aktuelle Version besitzen, über die sie mit den zugeordneten Datenbanktabellen kommunizieren können. Nach dem Einlagern aller Daten werden die Integritätsbedingungen der Datenbank geprüft, eine Verletzung führt zum Zurücksetzen der Operation.

Neben dem kopierenden erlaubt ASQL auch das *verschiebende Einlagern* von Archivdaten <restore move statement>. Die mit dem neuen Schlüsselwort `RESTORE` eingeleitete Anweisung läßt sich auf ein kopierendes Einlagern mit anschließendem Löschen aus dem Archiv (Abschnitt 6.4.6) zurückführen. Im folgenden Beispiel werden Daten aus einer zu Archiv `Archive2` gehörenden Archivtabelle in die ihr zugeordnete Datenbanktabelle eingelagert. Ein Auswahlzeitraum (`PERIOD ...`) ist nicht angegeben, die Suchbedingung wird daher auf Daten aller Versionen der Tabelle ausgewertet:

```
RESTORE INTO Table1
  FROM ARCHIVE Archive2 CASCADE WITH REFERENCES
  WHERE ...
```

Für die einzulagernden Tupel werden zudem aufgrund der angegebenen Option `CASCADE` alle transitiv abhängigen Tupel anderer Archivtabellen ermittelt. Alle diese Tupel werden in die entsprechenden Datenbanktabellen kopiert und schließlich aus dem Archiv gelöscht. Von ihnen referenzierte Tupel der Archivtabelle werden zwar in die Datenbank kopiert (`WITH REFERENCES`), aber *nicht* aus dem Archiv gelöscht; von ihnen könnten noch andere Archivdaten abhängen. Erneut ist für alle einzulagernden Daten die Zuordnung zwischen Datenbank- und Archivtabellen erforderlich. Anzumerken bleibt, daß das verschiebende Einlagern von Daten ohne Angabe von `CASCADE` zu einem Fehler führt, wenn abhängige Daten existieren.

Man beachte beim Einlagern, daß die Integritätsbedingungen der Datenbank aufgrund ihrer Zustandssemantik restriktiver wirken, als die eines Archivs. Während das mehrfache Auslagern von Daten einer Datenbank in ein Archiv wegen der temporalen Bedingungen durchaus möglich ist, wirken Schlüssel für Datenbanktabellen dem mehrfachen Einlagern von Daten entgegen. Gerade die Option `WITH REFERENCES` sollte in diesem Zusammenhang mit Bedacht genutzt werden.

6.4.6 Einfügen und Löschen von Archivdaten

Das Einfügen von Daten in eine Archivtabelle ist auf zwei Arten möglich, nämlich virtuell über die Datenbank und ohne diesen Umweg (Abschnitt 4.3.3). Welche Variante zu nutzen ist, wird in ASQL bei der Definition der Archivtabelle festgelegt (Abschnitt 6.3.7), für die DML-Anweisung ergeben sich keine (syntaktischen) Unterschiede. In beiden Fällen muß die betroffene Archivtabelle eine aktuelle Version haben, auch die Integritätsbedingungen auf Archivseite werden gleichermaßen geprüft. Beim *virtuellen Einfügen über die Datenbank* geschieht folgendes:

1. Nicht angegebene Attribute werden mit entsprechenden Defaultwerten der Datenbanktabelle vervollständigt.

2. Die Daten werden in die Datenbanktabelle eingefügt und alle unmittelbar zu prüfenden Integritätsbedingungen der Datenbank werden ausgewertet. Eine nicht erfüllte Bedingung führt zum Zurückweisen der Operation.

3. Die Daten werden, eventuell unter Angabe der Option WITH REFERENCES, in die zugeordnete Archivtabelle kopiert und anschließend wieder aus der Datenbank gelöscht.

Das Einfügen von Daten in die Datenbanktabelle muß dabei prinzipiell möglich sein (Basistabelle oder änderbare Sicht). Der Vorteil dieser Variante ist, daß die neuen Archivdaten weitestgehend kompatibel zum aktuellen Datenbankzustand sind. Im folgenden Beispiel <insert archive statement> sei für die Archivtabelle das virtuelle Einfügen über die Datenbank spezifiziert:

```
INSERT INTO Table1 ARCHIVE Archive1 WITH REFERENCES
  ( Col1, Col3 )
  VALUES ...
```

Neben VALUES ... ist dabei auch ein beliebiger anderer Ausdruck <query expression> angebbar, der ein zur angegebenen Attributliste von Tabelle Table1 kompatibles Ergebnis liefert, also auch SELECT ... oder SELECT ... UNION SELECT ... oder ähnliches. Im Beispiel werden die dadurch bestimmten zweiattributigen Tupel wie bei einer entsprechenden SQL-Anweisung in die Datenbanktabelle Table1 eingefügt. Bei Weglassen der Attributliste sind alle Attribute von Table1 implizit. Sind alle sofort zu prüfenden Integritätsbedingungen der Datenbank erfüllt, werden die eingefügten Daten in die zugeordnete Archivtabelle kopiert, ebenso alle von ihnen in der Datenbank referenzierten Daten (WITH REFERENCES), soweit diese Beziehungen für das Archiv relevant sind. Danach werden die in die Datenbank eingefügten Daten wieder entfernt. Man beachte dabei, daß das Einfügen und Löschen der Daten nicht über entsprechende (A)SQL-Anweisungen definiert ist, sondern tatsächlich nur virtuell zum Zweck der Bestimmung von Defaultwerten, referenzierten Daten und zur Integritätsprüfung erfolgt. Regeln oder referentielle Aktionen werden durch das Entfernen der Daten aus der Datenbank daher nicht ausgelöst.

Das *Einfügen ohne Umweg über die Datenbank* hat dann Vorteile, wenn durch die einzufügenden Daten nicht unbedingt alle Integritätsbedingungen der Datenbank erfüllbar sind oder wenn Daten in eine archivierte, nicht änderbare Sicht eingefügt werden sollen. Die Daten werden dann direkt in die aktuelle Version der Archivtabelle eingefügt, alle dort aktivierten Attribute müssen auch angegeben sein, Defaultwerte stehen nicht zur Verfügung, die Option `WITH REFERENCES` ist nicht nutzbar. Die Syntax der Einfügeanweisung `<insert archive statement>` ist ansonsten die gleiche:

```
INSERT INTO Table2 ARCHIVE Archive2
   SELECT ...
```

Im Beispiel wurde die Attributliste weggelassen, das Resultat von `SELECT ...` muß Attribute haben, die zu den in der aktuellen Version der Archivtabelle aktivierten kompatibel sind. Bei Angabe einer Attributliste müßten alle diese Attribute ebenfalls vorhanden sein, nur die Reihenfolge ließe sich ändern.

Als letzte der neuen DML-Anweisungen von ASQL soll nun noch das *Löschen von Archivdaten* vorgestellt werden `<delete archive statement>`. Es ermöglicht das wahlfreie Löschen von Daten (Abschnitt 4.3.3) beliebiger Versionen einer Archivtabelle, möglich ist für archivierte Basistabellen auch das kaskadierende Löschen abhängiger Archivdaten durch Angabe der Option `CASCADE`. Die Zuordnung zu einer Archivtabelle ist für das Löschen im Gegensatz zu den anderen Datenmodifikationsoperationen nicht erforderlich. Die zu löschenden Daten der Archivtabelle werden wie beim lesenden Zugriff durch das optionale Anwenden einer Suchbedingung auf eine nach Abschnitt 6.4.2 ermittelte Tabelle `<effective archive table>` ausgewählt, wie die beiden Beispiele verdeutlichen:

```
DELETE FROM Table1 ARCHIVE Archive1 SCHEMA '1998-03-01'
   PERIOD BEFORE '1998-01-01' WITH ALL COLUMNS
   AS Range1 ( Col1, Col2, ... )
   WHERE ...


DELETE FROM Table2 ARCHIVE Archive2 CASCADE
```

Im ersten Beispiel werden aus einer am 1. März 1998 der damals existierenden Datenbanktabelle `Table1` zugeordneten Archivtabelle des Archivs `Archive1` diejenigen Daten gelöscht, die vor dem Jahr 1998 archiviert wurden und für die die angegebene Suchbedingung wahr ist. Die hier gezeigte Nutzung von Bereichsvariable und Attributliste ist dann sinnvoll, wenn alle Attribute der ausgewählten Versionen für die Suchbedingung benötigt werden (`ALL COLUMNS`) und die entsprechenden Attributnamen eindeutig gemacht werden müssen.[7] Die ausgewählten Daten werden gelöscht, wenn keine Archivdaten von ihnen bezüglich der Integritätsbedingungen des Archivs abhängig sind.

Im zweiten Beispiel werden alle Daten aller Versionen einer der Datenbanktabelle `Table2` im Archiv `Archive2` aktuell zugeordneten Archivtabelle gelöscht. Wegen der Angabe von `CASCADE` werden transitiv auch alle abhängigen Daten anderer Archivtabellen gelöscht, die Integritätsbedingungen des Archivs werden automatisch erfüllt.

6.5 Implementierungsabhängige Konzepte

Eine Reihe von Datenbankaspekten werden von SQL zwar erläutert, die eigentliche Spezifikation wird aber den Implementierungen der Norm überlassen. SQL unterscheidet, wie andeutungsweise in Abschnitt 2.1.4.2 erwähnt, dabei noch zwischen Merkmalen, die von jeder

---

[7]Das war beim Einlagern wegen des Bezugs auf die Attributliste der aktuellen Version nicht erforderlich.

Implementierung spezifiziert und dokumentiert werden müssen (*implementation-defined*), und solchen, für die das nicht erforderlich ist (*implementation-dependent*). Zur ersten Gruppe gehören etwa die Maximallänge von Zeichenketten, die Rundung von Zahlen, die Entscheidung, ob ein Katalog zu mehreren Clustern gehören darf oder die Syntax zum Anlegen von Katalogen. Insgesamt werden in [ISO92, Anhang B] 149 derartige Merkmale aufgelistet. Zur zweiten Gruppe gehören die physische Repräsentation von Daten im Speicher, die Objekte des Definitionsschemas oder die Frage, ob Datenbankänderungen außerhalb eines Cursors auch im Cursor sichtbar werden. [ISO92, Anhang C] zählt 75 Merkmale dieser Art auf. Implementierungsabhängig sind leider auch Merkmale, die aus Gründen der Portabilität von Anwendungen besser normiert wären. Zurückzuführen ist dies vermutlich auf das Interesse wichtiger Hersteller von DBMS, die Kompatibilität existierender Produkte zur Norm zu wahren. Im Ergebnis unterscheiden sich reale Implementierungen von SQL in vielen Punkten.

In SQL gibt es keine Anweisungen zum Erzeugen und Löschen von Katalogen, von Implementierungen wird nur eine entsprechende Funktionalität verlangt. In ASQL umfaßt ein Katalog neben der Datenbank nun auch noch Archive. Auch das Abtrennen von Archiven durch das Löschen von Katalogen bzw. durch explizites Entfernen oder Kopieren nach Abschnitt 4.4.2 soll deshalb nicht mit ASQL-Syntax unterlegt werden. Gleiches gilt für die Einbindung abgetrennter Archive in einen existierenden ASQL-Katalog und die Erzeugung eines ASQL-Katalogs bezüglich eines abgetrennten Archivs. Implementierungen sollten die genannten Möglichkeiten bereitstellen, ASQL spezifiziert entsprechende Konzepte jedoch nicht näher.

Die Entscheidung, welche Rechte für das Erzeugen von Archiven erforderlich sind, wird ebenfalls Implementierungen überlassen. Das geschieht in Anlehnung an SQL, wo die Rechte zum Erzeugen von SQL-Schemata implementierungsabhängig sind.

6.6 Beispiel

Die neuen Sprachelemente von ASQL wurden anhand abstrakter Syntaxbeispiele eingeführt. Nun soll auf der Grundlage von Abschnitt 4.5 ein konkretes Beispiel mit Hilfe von ASQL realisiert werden. Die dem Beispiel zugrundeliegende Datenbank wurde in Abschnitt 4.5.1.2 bereits mit SQL umgesetzt. Die dort verwendeten Anweisungen sind wegen der Kompatibilität auch in ASQL gültig. Daher sollen im folgenden nur noch die für die Archive relevanten Anweisungen betrachtet werden. Ziel ist dabei nicht, alle möglichen neuen Sprachelemente erneut vorzustellen, sondern einen Überblick über die Verwendung der Spracherweiterung zu geben [Sto99]. Aus den strukturellen und operationalen Entwürfen werden jeweils die anzuwendenden DDL- und DML-Anweisungen abgeleitet. Darüber hinaus zeigen einige Anfragen die Nutzung der Archive.

6.6.1 Archivierung zur Entlastung der Datenbank

Das folgende ASQL-Archivierungsszenario realisiert das Archiv **Bestellungen** aus Abschnitt 4.5.2. Neben den dort diskutierten Eigenschaften werden in ASQL erforderliche Rechte erläutert.

6.6.1.1 Struktur und Operationen

Zunächst soll basierend auf dem strukturellen Entwurf das Archiv `Bestellungen` erzeugt werden. Für das Erzeugen des Archivs sind implementierungsabhängige Rechte erforderlich (Abschnitt 6.5). Es sei angenommen, daß der Nutzer `Stolze` über diese Rechte verfügt und somit der Archiveigner ist. Um Archivtabellen erzeugen zu können, benötigt er das `ARCHIVE`-Recht für die entsprechenden Datenbanktabellen. Der Nutzer `Schaar`, als Eigner der Datenbanktabellen, erteilt `Stolze` die Rechte für diese Tabellen, allerdings ohne die Möglichkeit die Rechte weiterzugeben.

```
GRANT ARCHIVE ON Kunde TO Stolze
GRANT ARCHIVE ON Kontakt TO Stolze
GRANT ARCHIVE ON Bestellung TO Stolze
GRANT ARCHIVE ON Position TO Stolze
GRANT ARCHIVE ON Ware TO Stolze
```

Der Benutzer `Stolze` kann nun das Archiv mit seinen Archivtabellen erzeugen. Als Archiveigner besitzt er dann alle Rechte (`SELECT`, `INSERT`, `DELETE`), vergeben vom DBMS, für die Tabellen des Archivs. Diese darf er auch an andere Nutzer weitergeben. Beim Erzeugen der Archivtabellen werden automatisch alle Attribute und die möglichen Eindeutigkeits- und Fremdschlüsselbedingungen übernommen. Lediglich für die Archivtabelle `Ware ARCHIVE Bestellungen` ist eine Attributliste explizit angegeben, so daß die zugehörige Datenbanktabelle projiziert archiviert wird.

```
CREATE ARCHIVE Bestellungen
   CREATE ARCHIVE TABLE Kunde
   CREATE ARCHIVE TABLE Kontakt
   CREATE ARCHIVE TABLE Bestellung
   CREATE ARCHIVE TABLE Position
   CREATE ARCHIVE TABLE Ware
      ACTIVATE COLUMNS ( WNr, Name, Preis )
```

Nutzern, denen es möglich sein soll, Manipulationsoperationen auf Archivdaten auszuführen, müssen bestimmte Rechte für Datenbank und Archiv erhalten. Für das verschiebende Auslagern sind die Datenbankrechte `SELECT` und `DELETE` auf den betroffenen Tabellen erforderlich. Der Eigner der Datenbanktabellen `Schaar` erteilt den Nutzern `Stolze` und `Lufter` diese Rechte. Da Daten der Tabelle `Ware` nur kopierend ausgelagert werden, wird das Löschrecht an die beiden Nutzer für diese Tabelle nicht erteilt, sondern nur das Recht `SELECT`.

```
GRANT SELECT, DELETE ON Kunde TO Stolze, Lufter
GRANT SELECT, DELETE ON Kontakt TO Stolze, Lufter
GRANT SELECT, DELETE ON Bestellung TO Stolze, Lufter
GRANT SELECT, DELETE ON Position TO Stolze, Lufter
GRANT SELECT ON Ware TO Stolze, Lufter
```

Auf Archivseite muß ein Nutzer für das verschiebende Auslagern das `INSERT`-Recht auf den entsprechenden Tabellen besitzen. Für den Nutzer `Stolze` ist dies als Archiveigner

ohnehin gegeben. Der Nutzer Lufter erhält daher von Stolze noch das Einfügerecht für
alle Archivtabellen.

```
GRANT INSERT ON Kunde ARCHIVE Bestellungen TO Lufter
GRANT INSERT ON Kontakt ARCHIVE Bestellungen TO Lufter
GRANT INSERT ON Bestellung ARCHIVE Bestellungen TO Lufter
GRANT INSERT ON Position ARCHIVE Bestellungen TO Lufter
GRANT INSERT ON Ware ARCHIVE Bestellungen TO Lufter
```

Um Archivdaten auswerten zu können, muß ein Nutzer über das Archivrecht SELECT verfügen. Der Archiveigner Stolze erteilt den Nutzern Lufter und Nowitzky dieses Recht für
alle Archivtabellen, mit der Möglichkeit es weiterzugeben.

```
GRANT SELECT ON Kunde ARCHIVE Bestellungen TO Lufter, Nowitzky
  WITH GRANT OPTION
GRANT SELECT ON Kontakt ARCHIVE Bestellungen TO Lufter, Nowitzky
  WITH GRANT OPTION
GRANT SELECT ON Bestellung ARCHIVE Bestellungen TO Lufter, Nowitzky
  WITH GRANT OPTION
GRANT SELECT ON Position ARCHIVE Bestellungen TO Lufter, Nowitzky
  WITH GRANT OPTION
GRANT SELECT ON Ware ARCHIVE Bestellungen TO Lufter, Nowitzky
  WITH GRANT OPTION
```

Gemäß dem operationalen Archiventwurf gelten Bestellungen sechs Monate nach ihrer
Erledigung, also entweder dem Zahlungseingang oder der Stornierung, als nichtopera-
tive Daten und können ausgelagert werden. Die letzte Bestellung einer Filiale ist da-
von jedoch ausgenommen. Diese Bedingungen lassen sich als ASQL-Ausdrücke formulie-
ren. Die Prüfung des Status über den Ausdruck Status IN ('Z', 'S') kann beim
Auslagern entfallen, da die Datenbanktabelle Bestellung über die Integritätsbedingung
Bestellung_Erledigt_Status verfügt (Abschnitt 4.5.1.2). Eine entsprechende explizite
Auslagerungsanweisung ist wie folgt formulierbar. Sie kann von den Nutzern Stolze und
Lufter ausgeführt werden, da beide die notwendigen Rechte besitzen.

```
DELETE FROM Bestellung
  WHERE Erledigt <= CURRENT_DATE - INTERVAL '6' MONTH AND
        ( FNr, BNr ) NOT IN
        ( SELECT FNr, NeueBNr - 1
          FROM   Filiale_V )
  ARCHIVE INTO Bestellungen CASCADE WITH REFERENCES
```

Dieses Vorgehen ist problematisch, da nicht garantiert werden kann, daß immer genau diese Anweisung ausgeführt wird. Der explizite Ansatz wird daher verworfen. Eine Lösung
bietet die regelbasierte Archivierung. Um zu sichern, daß gelöschte Daten in das Archiv
kopiert werden, wird die Archivregel Kopiere_Bestellung_ARULE für die Archivtabelle
Bestellung ARCHIVE Bestellungen definiert. Diese Regel wird vom Nutzer Stolze definiert und deshalb stets unter dessen Autorisation abgearbeitet.

```
ALTER ARCHIVE TABLE Bestellung ARCHIVE Bestellungen
  ADD RULE Kopiere_Bestellung_ARULE
    ON DELETE COPY CORRESPONDING ROWS CASCADE WITH REFERENCES
```

Die Entlastung der Datenbank ist somit durch ein einfaches Löschen der erledigten Bestellungen erreichbar. Die folgende Löschoperation, welche von den Nutzern Schaar, Stolze und Lufter ausgeführt werden darf, löst die obige Regel aus.

```
DELETE FROM Bestellung
  WHERE Erledigt <= CURRENT_DATE - INTERVAL '6' MONTH AND
      ( FNr, BNr ) NOT IN
      ( SELECT FNr, NeueBNr - 1
        FROM   Filiale_V )
```

Allerdings ist es auf diese Weise schwierig, das geforderte monatliche Archivierungsintervall genau einzuhalten. Daher wird auch dieser Ansatz nicht weiter verwendet. Die bereits definierte Regel wird vom Nutzer Stolze gelöscht.

```
ALTER ARCHIVE TABLE Bestellung ARCHIVE Bestellungen
  DROP RULE Kopiere_Bestellung_ARULE CASCADE
```

Um zu sichern, daß erledigte Bestellungen regelmäßig einmal im Monat archiviert werden, lassen sich verteilte ASQL-Regeln einsetzen. Löschvorgänge müssen dann nicht mehr von Nutzern ausgelöst werden, sondern das DBMS übernimmt diese Aufgabe. Hierfür wird zunächst die Löschregel Loesche_Bestellung_RULE für die Datenbanktabelle durch den Nutzer Schaar definiert. Diese Regel wird unter der Autorisation des Nutzers Schaar ausgeführt und sorgt dafür, daß jeweils zum Ersten eines Monats alle dann als erledigt einzustufenden Bestellungen gelöscht werden. Auf die Datenbankregel bezieht sich die vom Nutzer Stolze definierte Archivregel Uebernehme_Bestellung_ARULE, welche für das Archivieren der betroffenen Tupel, unter der Berechtigung des Nutzers Stolze, sorgt.

```
ALTER TABLE Bestellung
  ADD RULE Loesche_Bestellung_RULE
    ON DATE '1998-01-01' INTERVAL '1' MONTH
    DELETE
      WHERE Erledigt <= CURRENT_DATE - INTERVAL '6' MONTH AND
          ( FNr, BNr ) NOT IN
          ( SELECT FNr, NeueBNr - 1
            FROM   Filiale_V )


ALTER ARCHIVE TABLE Bestellung ARCHIVE Bestellungen
  ADD RULE Uebernehme_Bestellung_ARULE
    ON RULE Loesche_Bestellung_RULE
    COPY CORRESPONDING ROWS CASCADE WITH REFERENCES
```

Nun sind die operationalen Archivierungsanforderungen erfüllt. Bei diesem Vorgehen ist allerdings noch darauf zu achten, daß kein Datenbanknutzer außer Schaar Löschrechte für die Datenbanktabelle besitzt. Löschoperationen, die nicht durch die Regel Loesche_

Bestellung_RULE ausgelöst werden, bleiben nämlich im Archiv unberücksichtigt. Daher wird den Nutzern Stolze und Lufter das Löschrecht für die Datenbanktabellen entzogen. Außerdem besteht kein Grund mehr, daß der Nutzer Lufter Daten in die Archivtabellen einfügen können muß. Das SELECT-Recht auf den Datenbanktabellen bleibt beiden Nutzern jedoch erhalten.

```
REVOKE DELETE ON Kunde FROM Stolze, Lufter RESTRICT
REVOKE DELETE ON Kontakt FROM Stolze, Lufter RESTRICT
REVOKE DELETE ON Bestellung FROM Stolze, Lufter RESTRICT
REVOKE DELETE ON Position FROM Stolze, Lufter RESTRICT


REVOKE INSERT ON Kunde ARCHIVE Bestellungen FROM Lufter RESTRICT
REVOKE INSERT ON Kontakt ARCHIVE Bestellungen FROM Lufter RESTRICT
REVOKE INSERT ON Bestellung ARCHIVE Bestellungen FROM Lufter RESTRICT
REVOKE INSERT ON Position ARCHIVE Bestellungen FROM Lufter RESTRICT
REVOKE INSERT ON Ware ARCHIVE Bestellungen FROM Lufter RESTRICT
```

Die Anweisungen zum Auslagern der inaktiven Kunden gestalten sich ähnlich. Es ist zu beachten, daß nicht nur die Angabe des Attributs LetzteBest ausschlaggebend ist, sondern auch geprüft werden muß, daß in der Datenbank keine die auszulagernden Kunden referenzierenden Bestellungen mehr existieren. Es werden wieder zwei Regeln, die Regel Loesche_Kunde_RULE für die Datenbanktabelle und die Regel Uebernehme_Kunde_ARULE für die Archivtabelle, definiert.

```
ALTER TABLE Kunde
  ADD RULE Loesche_Kunde_RULE
    ON DATE '1998-01-01' INTERVAL '1' MONTH
    DELETE
      WHERE LetzteBest <= CURRENT_DATE - INTERVAL '12' MONTH AND
            KNr NOT IN
            ( SELECT KNr
              FROM   Bestellung )

ALTER ARCHIVE TABLE Kunde ARCHIVE Bestellungen
  ADD RULE Uebernehme_Kunde_ARULE
    ON RULE Loesche_Kunde_RULE
    COPY CASCADE
```

Die Regel Uebernehme_Kunde_ARULE benötigt nicht die Angabe von WITH REFERENCES, da keine Tabelle im Archiv Bestellungen existiert, die von der Tabelle Kunde ARCHIVE Bestellungen referenziert wird. Die Angabe CORRESPONDING ROWS ist optional und wurde bei dieser Regeldefinition nicht mit angegeben.

6.6.1.2 Nutzungsmöglichkeiten

Die in Abschnitt 4.5.2.4 angedachten Nutzungsmöglichkeiten für das Archiv Bestellungen werden nun mit ASQL umgesetzt. Die nachfolgend angegebenen Tabellen stellen einen für die Betrachtungen relevanten Auszug des Datenbankzustands dar. Einige Attribute wurden aus Platzgründen weggelassen. Es sind auch nur die Tabellen aufgeführt, soweit sie für das Archiv von Bedeutung sind. Das Auftreten von NULL wird in allen Tabellen mit einem Minuszeichen (-) dargestellt.

Kunde

```
KNr  Firma        Name    Seit        LetzteBest  FNr ...
---- ------------ ------  ----------  ----------  --- ---
3579 Kahne GmbH   -       1996-08-07  1999-01-20  12 ...
3987 -            Maier   1993-10-12  1998-09-29   6 ...
```

Kontakt

```
KNr  Funktion   Name    ...
---- ---------- ------  ---
3579 Disponent  Schulz ...
```

Bestellung

```
FNr BNr    Status Eingang     Lieferung  Erledigt   KNr  ...
--- ------ ------ ----------  ---------- ---------- ---- ---
 12 690909 Z      1998-09-29 1998-10-05 1998-10-10 3579 ...
 12 821374 Z      1999-01-20 1999-01-22 -          3579 ...
```

Position

```
FNr BNr    PNr Menge Betrag  WNr
--- ------ --- ----- ------- ----
 12 690909  1      4 5196.00 2317
 12 821374  1      3 1499.97 3236
 12 821374  2      1  798.00 1223
```

Ware

```
WNr  Name     Preis    ...
---- -------- -------  ---
1223 Monitor   798.00 ...
2317 Drucker  1299.00 ...
3236 Computer  499.99 ...
```

Es folgt noch der Ausgangszustand des Archivs. Auch hier wurden unwichige Attribute weggelassen. Als Granularität für die Archivierungszeit (Attribut ARCHIVED) wird, aus Gründen der Übersichtlichkeit, eine Genauigkeit von Sekunden verwendet, auch wenn ASQL, den Datentyp TIMESTAMP zugrundelegt, der standardmäßig über eine Genauigkeit von Mikrosekunden verfügt.

Kunde ARCHIVE Bestellungen

```
KNr   Firma        Name    Seit        LetzteBest FNr ... ARCHIVED
----  -----------  ------  ----------  ---------- --- --- ===================
 328  Barese AG    -       1989-01-01  1997-12-30  11 ... 1998-09-01 00:00:32
 328  Barese AG    -       1989-01-01  1997-12-30  11 ... 1999-01-01 00:02:48
1275  -            Berger  1994-09-01  1997-09-20  11 ... 1998-05-01 00:05:13
1275  -            Berger  1994-09-01  1997-09-20  11 ... 1998-10-01 00:01:25
3579  Kahne GmbH   -       1996-08-07  1999-01-20  12 ... 1998-05-01 00:05:13
8751  -            Ritter  1993-11-25  1997-11-03   6 ... 1998-02-01 00:01:02
8751  -            Ritter  1993-11-25  1997-11-03   6 ... 1998-03-01 00:10:29
8751  -            Ritter  1993-11-25  1997-11-03   6 ... 1998-12-01 00:00:50
```

Kontakt ARCHIVE Bestellungen

```
KNr   Funktion   Name    ... ARCHIVED
----  ---------  ------  --- ===================
 328  Disponent  Thiele  ... 1999-01-01 00:02:48
 328  Lagerwart  Busch   ... 1999-01-01 00:02:48
```

Bestellung ARCHIVE Bestellungen

```
FNr BNr     Status Eingang     Lieferung   Erledigt    KNr
--- ------  ------ ----------  ----------  ----------  ----
  6 10763   Z      1997-06-29  1997-07-01  1997-07-10  8751
 11 251350  Z      1997-09-20  1997-09-24  1997-10-29  1275
  6 393831  Z      1997-08-10  1997-08-12  1997-08-14  8751
 11 439287  S      1997-12-30  1998-01-10  1998-02-20   328
 12 511109  Z      1997-09-01  1997-09-04  1997-10-12  3579
```

```
                                                  ... ARCHIVED
                                                  --- ===================
                                                  ... 1998-02-01 00:01:02
                                                  ... 1998-05-01 00:05:13
                                                  ... 1998-03-01 00:10:29
                                                  ... 1998-09-01 00:00:32
                                                  ... 1998-05-01 00:05:13
```

Position ARCHIVE Bestellungen

```
FNr BNr     PNr Menge Betrag   WNr  ARCHIVED
--- ------  --- ----- -------  ---- ===================
  6 10763   1     2 2837.70    2317 1998-02-01 00:01:02
 11 251350  1     1  599.99    3236 1998-05-01 00:05:13
  6 393831  1     3 2937.30    1223 1998-03-01 00:10:29
 11 439287  1     2 1958.20    1223 1998-09-01 00:00:32
```

```
11 439287   2     2 1049.98   3236 1998-09-01 00:00:32
12 511109   1     1 1600.00   2317 1998-05-01 00:05:13
```

Ware ARCHIVE Bestellungen

```
WNr  Name      Preis   ...  ARCHIVED
----  --------  -------  ---  ====================
1223 Monitor   979.10 ...  1998-03-01 00:10:29
1223 Monitor   979.10 ...  1998-09-01 00:00:32
2317 Drucker  1418.85 ...  1998-02-01 00:01:02
2317 Drucker  1418.85 ...  1998-05-01 00:05:13
3236 Computer  499.99 ...  1998-05-01 00:05:13
3236 Computer  499.99 ...  1998-09-01 00:00:32
```

Im folgenden sei davon ausgegangen, daß alle der vorgestellten Anfragen am 26. Januar 1999 ausgeführt werden.

Die Ermittlung der Bestelldaten zu einer gegebenen Bestellnummer gestaltet sich relativ einfach. Da bekannt ist, daß die Bestellung bereits archiviert wurde, muß nicht auf die Datenbank zugegriffen werden. In der folgenden Anfrage wird eine Bestellung gesucht, die bei der Filiale mit der Nummer 12 aufgegeben wurde und von dieser die lokale Bestellnummer 511109 zugewiesen bekam.

```
SELECT FNr, BNr, Status, Eingang, Erledigt, KNr, PNr, Menge, Betrag, WNr
FROM   Bestellung ARCHIVE Bestellungen AS b NATURAL JOIN
       Position ARCHIVE Bestellungen AS p
WHERE  b.FNr = 12 AND b.BNr = 511109 AND
       b.ARCHIVED = p.ARCHIVED
```

```
FNr BNr    Status Eingang     Erledigt    KNr  PNr Menge Betrag  WNr
---  ------  ------  ----------  ----------  ----  ---  -----  -------  ----
12 511109 Z      1997-09-01 1997-10-12 3579   1    1  798.00 2317
```

Die Archivierungszeit ist im Ergebnis der Anfrage nicht von Interesse. Jede Bestellung wird auch nur einmal archiviert.

Soll bestimmt werden, welche Bestellungen am 1. Mai 1998 archiviert wurden, muß auf die Archivierungszeit zugegriffen werden. Die entsprechende Anfrage ist wie folgt formulierbar.

```
SELECT FNr, BNr, Status, Eingang, Erledigt, KNr, ARCHIVED
FROM   Bestellung ARCHIVE Bestellungen
WHERE  CAST ( ARCHIVED AS DATE ) = DATE '1998-05-01'
```

```
FNr BNr    Status Eingang     Erledigt    KNr  ARCHIVED
---  ------  ------  ----------  ----------  ----  --------------------
11 251350 Z      1997-09-20 1997-10-29 1275 1998-05-01 00:05:13
12 511109 Z      1997-09-01 1997-10-12 3579 1998-05-01 00:05:13
```

Die für jedes Tupel gespeicherte Archivierungszeit wird in der Anfrage mit Hilfe eines CAST-Ausdrucks auf Tagesgenauigkeit transformiert und daraus alle am 1. Mai 1998 archivierten Bestellungen ermittelt. Es ist also insbesondere nicht erforderlich, den Archivierungszeitpunkt exakt (mikrosekundengenau) zu kennen. Zum Vergleich wird die Archivierungszeit im Ergebnis mit ausgegeben. Hierfür mußte das implizite Attribut ARCHIVED explizit gemacht werden.

Möchte man versuchen, die Kunden, die seit einem bestimmten Zeitpunkt als inaktiv eingestuft wurden, zu erneuten Bestellungen anzuregen, so kann das Archiv herangezogen werden, um die entsprechenden Daten abzufragen. Nachfolgende Anfrage ermittelt alle Stammdaten und die zugehörigen Kontakte von Kunden, die seit dem 1. Dezember 1998 als inaktiv eingestuft und daher archiviert wurden.

```
SELECT ku.KNr, ku.Firma, ku.Name, LetzteBest, Funktion,
       ko.Name AS Kontakt, CAST ( ARCHIVED AS DATE ) AS Archiviert
FROM   Kunde ARCHIVE Bestellungen AS ku LEFT OUTER JOIN
       Kontakt ARCHIVE Bestellungen AS ko ON
          ( ku.KNr = ko.KNr AND ku.ARCHIVED = ko.ARCHIVED )
WHERE  NOT EXISTS
       ( SELECT *
         FROM   Bestellung ARCHIVE Bestellungen AS b
         WHERE  b.KNr = ku.KNr AND b.ARCHIVED = ku.ARCHIVED ) AND
       CAST ( ku.ARCHIVED AS DATE ) >= DATE '1998-12-01'
```

KNr	Firma	Name	LetzteBest	Funktion	Kontakt	Archiviert
328	Barese AG	-	1997-12-30	Disponent	Thiele	1999-01-01
328	Barese AG	-	1997-12-30	Lagerwart	Busch	1999-01-01
8751	-	Ritter	1997-11-03	-	-	1998-12-01

Im Ergebnis wird das Datum der Archivierung mit dem Attributnamen Archiviert und der Genauigkeit des Datentyps DATE ausgegeben. Über die erste Bedingung der Anfrage werden nur die Kundendaten im Archiv ausgewählt, mit denen zeitgleich keine Bestellungen archiviert wurden, d. h. die Daten der inaktiven Kunden. Die Anfrage demonstriert deshalb auch, wie die Kundendaten hinsichtlich der Ursache ihres Entstehens unterschieden werden können. Die zweite Bedingung beschreibt die geforderte zeitliche Einschränkung.

Um die Bearbeitungsdauer von erledigten Bestellungen bestimmen zu können, muß zunächst festgelegt werden, welche Bestellungen einzubeziehen sind. Stornierte Bestellungen sind dabei nur interessant, wenn sie bereits ausgeliefert waren. Liegt die Bearbeitung länger als sechs Monate zurück, muß die Auswertung im Archiv erfolgen. Andernfalls ist eine entsprechende Anfrage übergreifend auch an die Datenbank zu richten. Es wird davon ausgegangen, daß das dritte Quartal 1998 betrachtet werden soll und alle Bestellungen dieses Zeitraums bereits archiviert sind. Bei der Bearbeitungsdauer wird unterschieden in die Dauer vom Bestelleingang bis zur Lieferung (DauerL) und von der Lieferung bis zur

Zahlung (`DauerZ`). Die Gesamtbearbeitungsdauer (`DauerG`) ist ebenfalls von Interesse. Die folgende Anfrage bestimmt für jeden Kunden die verschiedenen durchschnittlichen Bearbeitungszeiten seiner Bestellungen.

```
SELECT KNr, Status, COUNT (*) AS AnzBest,
       CAST ( AVG (Lieferung - Eingang) AS INTERVAL DAY ) AS DauerL,
       CAST ( AVG (Erledigt - Lieferung) AS INTERVAL DAY ) AS DauerZ,
       CAST ( AVG (Erledigt - Eingang) AS INTERVAL DAY ) AS DauerG
FROM   Bestellung ARCHIVE Bestellungen
WHERE  ( Eingang, Erledigt ) OVERLAPS
       ( DATE '1998-07-01', DATE '1998-09-30' ) AND
       Lieferung IS NOT NULL
GROUP BY KNr, Status
```

KNr	Status	AnzBest	DauerL	DauerZ	DauerG
1275	Z	1	4	35	39
3579	Z	1	3	39	42
8751	Z	2	2	5	7

Man beachte, daß das Attribut `Lieferung` einen Datumswert enthält, wenn eine Bestellung ausgeliefert wurde. Diese Angabe ist unabhängig davon, ob die Bestellung nach der Auslieferung vom Kunden storniert wurde oder nicht. Eine Anfrage, die anstatt der kundenbezogenen eine warenbezogene Auswertung vornimmt, ist ähnlich formulierbar. In diesem Fall sind die Bestellpositionen heranzuziehen, um zu bestimmen, welche Waren in den Bestellungen ausgeliefert wurden.

Abschließend soll eine komplexere Anfrage vorgestellt werden. Es wird ein Fehler an einer ausgelieferten Ware entdeckt und die betroffenen Kunden sollen darüber informiert werden. Die entsprechenden Kundendaten sind daher zu ermitteln. Hierfür ist wichtig, daß nicht nur die Bestellungen im Archiv, sondern auch die der Datenbank zu berücksichtigen sind. Zudem sind nicht nur die aktiven, sondern auch die inaktiven Kunden von Bedeutung. Auch an letztere können Lieferungen mit der mangelhaften Ware erfolgt sein. Bei der folgenden Anfrage wird angenommen, daß die Ware mit der Nummer 3236 den Mangel besitze und die früheste Auslieferung am 6. August 1997 erfolgte. Bestellungen der Ware, die vorher ausgeliefert wurden, sind also nicht betroffen.

```
SELECT ku.KNr, Firma, ku.Name, LetzteBest, FNr, Funktion,
       ko.Name AS Kontakt
FROM   Kunde AS ku LEFT OUTER JOIN
       Kontakt AS ko ON ( ku.KNr = ko.KNr )
WHERE  ku.KNr IN
       ( SELECT KNr
         FROM   Bestellung NATURAL JOIN Position
         WHERE  WNr = 3236 AND Lieferung >= DATE '1997-08-06' ) OR
```

```
              ku.KNr IN
              ( SELECT KNr
                FROM    Bestellung ARCHIVE Bestellungen AS b NATURAL JOIN
                        Position ARCHIVE Bestellungen AS p
                WHERE   WNr = 3236 AND Lieferung >= DATE '1997-08-06' AND
                        b.ARCHIVED = p.ARCHIVED )
       UNION ALL
       SELECT ku.KNr, Firma, ku.Name, LetzteBest, FNr, Funktion,
              ko.Name AS Kontakt
       FROM   Kunde ARCHIVE Bestellungen AS ku LEFT OUTER JOIN
              Kontakt ARCHIVE Bestellungen AS ko ON
                ( ku.KNr = ko.KNr AND ku.ARCHIVED = ko.ARCHIVED )
       WHERE  ku.KNr IN
              ( SELECT KNr
                FROM    Bestellung ARCHIVE Bestellungen AS b NATURAL JOIN
                        Position ARCHIVE Bestellungen AS p
                WHERE   WNr = 3236 AND Lieferung >= DATE '1997-08-06' AND
                        b.ARCHIVED = p.ARCHIVED ) AND
              NOT EXISTS
              ( SELECT *
                FROM    Bestellung ARCHIVE Bestellungen AS b
                WHERE   b.KNr = ku.KNr AND
                        b.ARCHIVED = ku.ARCHIVED )
```

KNr	Firma	Name	LetzteBest	FNr	Funktion	Kontakt
328	Barese AG	-	1997-12-30	11	Disponent	Thiele
328	Barese AG	-	1997-12-30	11	Lagerwart	Busch
1275	-	Berger	1997-09-20	6	-	-
3579	Kahne GmbH	-	1999-01-20	12	Disponent	Schulz

Obige Anfrage verarbeitet die Kundendaten in der Datenbank und im Archiv getrennt.
Betroffene Kunden, deren Daten sich in der Datenbank befinden, werden ermittelt, indem
ihre Bestellungen sowohl in der Datenbank als auch im Archiv nach der mangelhaften Ware
durchsucht werden. Aus dem Archiv werden ausschließlich Daten betroffener inaktiver
Kunden bestimmt. Das sichert die letzte Bedingung der Anfrage (NOT EXISTS ...). Wurde
die Jahresfrist seit der ersten Auslieferung der mangelhaften Ware nicht überschritten,
existieren keine inaktiven Kunden, die informiert werden müßten und der zweite Teil der
Anfrage kann entfallen.

6.6.2   Archivierung zum Festhalten der Datenbankentwicklung

Ausgehend von Abschnitt 4.5.3 soll im folgenden das Archiv Preise mit ASQL realisiert
werden. In Ergänzung zu den dortigen Ausführungen werden auch für dieses Archivierungsszenario die erforderlichen ASQL-Rechte angegeben.

6.6.2.1 Struktur und Operationen

Das Archiv `Preise` kann basierend auf dem strukturellen Entwurf erzeugt werden. Aus dem
operationalen Entwurf ergibt sich, daß eine regelbasierte Archivierung der expliziten vorzu-
ziehen ist. Nur so ist eine vollständige Aufzeichnung der Datenentwicklung gesichert. Auf
die Darstellung der von Nutzern bei Änderungen oder Löschungen explizit auszuführenden
Anweisungen wird daher verzichtet. Stattdessen werden beim Erzeugen des Archivs gleich
die erforderlichen Regeln mit vereinbart. Jede der vier Archivtabellen erhalten Regeln, die
gelöschte oder geänderte Daten der korrespondierenden Datenbanktabelle kopieren.

```
CREATE ARCHIVE Preise
  CREATE ARCHIVE TABLE Lieferant
    ACTIVATE COLUMNS ( LNr, Name, Strasse, PLZ, Ort, Telefon )
    RULE Kopiere_geloeschten_Lieferant_ARULE ON DELETE COPY
    RULE Kopiere_geaenderten_Lieferant_ARULE ON UPDATE COPY
  CREATE ARCHIVE TABLE Liefert
    RULE Kopiere_geloeschten_Preis_ARULE ON DELETE COPY WITH REFERENCES
    RULE Kopiere_geaenderten_Preis_ARULE ON UPDATE COPY WITH REFERENCES
  CREATE ARCHIVE TABLE Ware
    ACTIVATE COLUMNS ( WNr, Name, Preis, Bemerkungen, WGNr )
    RULE Kopiere_geloeschte_Ware_ARULE ON DELETE COPY WITH REFERENCES
    RULE Kopiere_geaenderte_Ware_ARULE ON UPDATE COPY WITH REFERENCES
  CREATE ARCHIVE TABLE Warengruppe
    ACTIVATE COLUMNS ( WGNr, Name )
    RULE Kopiere_geloeschte_Warengruppe_ARULE ON DELETE COPY
    RULE Kopiere_geaenderte_Warengruppe_ARULE ON UPDATE COPY
```

Mit dieser Definition ist das Archiv bereits vollständig funktionsfähig. Weitere Anweisungen, die sich auf das Archiv beziehen, sind nicht erforderlich. Um Löschungen oder
Änderungen in der Datenbank vornehmen zu können, benötigt ein Nutzer die entsprechenden Rechte für die jeweiligen Datenbanktabellen. Das gilt natürlich auch, wenn keine
Archivierung impliziert wird. Da die Archivierung regelbasiert erfolgt, müssen im Archiv
keine weiteren Rechte vergeben werden. Der Eigner des Archivs benötigt zum Erzeugen der
Archivtabellen das `ARCHIVE`-Recht für die zugehörigen Datenbanktabellen. Die von ihm definierten Regeln werden unter seiner Autorisation ausgeführt. Daher muß der Archiveigner
auch das `SELECT`-Recht für die Datenbanktabellen besitzen.

6.6.2.2 Nutzungsmöglichkeiten

Das Archiv `Preise` bietet vielfältige Nutzungsmöglichkeiten, einige davon wurden in Abschnitt 4.5.3.4 andeutungsweise beschrieben und sollen als ASQL-Anfragen formuliert werden. Einführend wird noch die Wirkung der Regeln zur Archivierung gelöschter oder geänderter Daten anhand einer Preisänderung gezeigt, insbesondere werden dabei referenzierte Daten ebenfalls ausgelagert. Folgender Datenbankausschnitt wird vor der Änderung
zugrundegelegt. Die Tabellen zeigen allerdings nur die Attribute, soweit sie in den entsprechenden Archivtabellen aktiviert sind.

```
Ware

WNr  Name      Preis   WGNr ...
---- --------- ------- ---- ---
1223 Monitor   870.10    1 ...


Warengruppe

WGNr Name ...
---- ---- ---
   1 EDV  ...
```

Auch die zugehörigen Archivtabellen enthalten bereits Daten. Diese sind beispielsweise
durch Änderungen an den Einkaufspreisen in der Tabelle `Liefert` entstanden, welche allerdings nicht dargestellt ist. Die Archivierungszeiten sind wieder mit einer Genauigkeit
von Sekunden angegeben.

```
Ware ARCHIVE Preise

WNr  Name      Preis   WGNr ... ARCHIVED
---- --------- ------- ---- --- ===================
1223 Monitor   870.10    1 ... 1998-09-29 00:02:00
1223 Monitor   870.10    1 ... 1998-10-29 07:48:57


Warengruppe ARCHIVE Preise

WGNr Name ... ARCHIVED
---- ---- --- ===================
   1 EDV  ... 1998-09-29 00:02:00
   1 EDV  ... 1998-10-29 07:48:57
```

Am 15. Januar 1999 wird der Preis der Ware mit der Warennummer 1223 von 870.10 auf
798.00 gesetzt. Die folgende Anweisung führt diese Änderung durch.

```
UPDATE Ware
SET    Preis = 798.00
WHERE  WNr = 1223
```

Durch die Änderungsanweisung wird die Regel `Kopiere_geaenderte_Ware_ARULE` der Archivtabelle `Ware ARCHIVE Preise` ausgelöst. Diese kopiert den Vorzustand, also die alten
Warendaten, in die Archivtabelle. Da die Regel mit der Option `WITH REFERENCES` definiert
wurde, werden auch die Daten der referenzierten Warengruppe in die zugehörige Archivtabelle kopiert. Das Kopieren erfolgt in derselben Transaktion wie die auslösende Änderung.
Der `COMMIT`-Zeitpunkt der Transaktion (12:42:00 Uhr) wird für die in die Archivtabellen
eingefügten Tupel als Archivierungszeit verwendet. Die Datenbank- und Archivtabellen
stellen sich nun folgendermaßen dar.

`Ware`

```
WNr  Name      Preis    WGNr ...
---- -------- -------- ---- ---
1223 Monitor   798.10    1 ...
```

`Warengruppe`

```
WGNr Name ...
---- ---- ---
   1 EDV  ...
```

`Ware ARCHIVE Preise`

```
WNr  Name      Preis    WGNr ... ARCHIVED
---- -------- -------- ---- --- ===================
1223 Monitor   870.10    1 ... 1998-09-29 00:02:00
1223 Monitor   870.10    1 ... 1998-10-29 07:48:57
1223 Monitor   870.10    1 ... 1999-01-15 12:42:00
```

`Warengruppe ARCHIVE Preise`

```
WGNr Name ... ARCHIVED
---- ---- --- ===================
   1 EDV  ... 1998-09-29 00:02:00
   1 EDV  ... 1998-10-29 07:48:57
   1 EDV  ... 1999-01-15 12:42:00
```

Der folgende erweiterte Ausschnitt des Archivs dient als Grundlage für die anschließend
beschriebenen Anfragen. Diese werden jeweils am 2. Juni 1999 gestellt.

`Lieferant ARCHIVE Preise`

```
LNr Name      Ort        ... ARCHIVED
--- --------- --------- --- ===================
652 ATEC GmbH Karlsruhe ... 1998-03-15 06:00:58
652 ATEC GmbH Karlsruhe ... 1998-08-09 21:30:51
652 ATEC GmbH Karlsruhe ... 1998-09-29 00:02:00
652 ATEC GmbH Karlsruhe ... 1998-10-29 07:48:57
652 ATEC GmbH Karlsruhe ... 1998-11-07 06:42:06
652 ATEC GmbH Karlsruhe ... 1999-03-10 04:53:50
652 ATEC GmbH Karlsruhe ... 1999-04-06 19:03:07
791 IDBS AG   Jena      ... 1998-02-13 23:22:05
791 IDBS AG   Frankfurt ... 1998-07-07 18:14:10
791 IDBS AG   Frankfurt ... 1998-07-13 10:30:26
791 IDBS AG   Frankfurt ... 1999-04-30 03:55:51
```

Liefert ARCHIVE Preise

```
 WNr  LNr Einkaufspreis ARCHIVED
 ---- --- ------------- ====================
 1223 652        918.76 1998-03-15 06:00:58
 1223 652        880.23 1998-08-09 21:30:51
 1223 652        780.23 1998-09-29 00:02:00
 1223 652        702.76 1998-10-29 07:48:57
 1223 652        653.89 1999-04-06 19:03:07
 2317 652       1218.50 1998-11-07 06:42:06
 2317 652        924.83 1999-03-10 04:53:50
 1223 791        590.60 1999-04-30 03:55:51
 3236 791        300.12 1998-02-13 23:22:05
```

Ware ARCHIVE Preise

```
 WNr  Name      Preis   WGNr ... ARCHIVED
 ---- --------- ------- ---- --- ====================
 1223 Monitor    979.10    1 ... 1998-03-15 06:00:58
 1223 Monitor    979.10    1 ... 1998-07-19 06:02:26
 1223 Monitor    870.10    1 ... 1998-08-09 21:30:51
 1223 Monitor    870.10    1 ... 1998-09-29 00:02:00
 1223 Monitor    870.10    1 ... 1998-10-29 07:48:57
 1223 Monitor    870.10    1 ... 1999-01-15 12:42:00
 1223 Monitor    798.00    1 ... 1999-04-06 19:03:07
 1223 Monitor    798.00    1 ... 1999-04-30 03:55:51
 2317 Drucker   1418.85    1 ... 1998-07-25 22:10:42
 2317 Drucker   1418.85    1 ... 1998-08-27 09:44:47
 2317 Drucker   1299.00    1 ... 1998-11-07 06:42:06
 2317 Drucker   1299.00    1 ... 1999-03-10 04:53:50
 3236 Computer   499.99    1 ... 1998-02-13 23:22:05
 9532 Antenne     20.31   12 ... 1998-07-13 14:50:42
```

Warengruppe ARCHIVE Preise

```
 WGNr Name ARCHIVED
 ---- ---- ====================
    1 EDV  1998-02-13 23:22:05
    1 EDV  1998-03-15 06:00:58
   12 Funk 1998-07-13 14:50:42
    1 EDV  1998-07-19 06:02:26
    1 EDV  1998-07-25 22:10:42
    1 EDV  1998-08-09 21:30:51
    1 EDV  1998-08-27 09:44:47
    1 EDV  1998-09-29 00:02:00
    1 EDV  1998-10-29 07:48:57
```

```
1 EDV   1998-11-07 06:42:06
1 EDV   1999-01-15 12:42:00
1 EDV   1999-03-10 04:53:50
1 EDV   1999-04-06 19:03:07
1 EDV   1999-04-30 03:55:51
```

Über eine Anfrage kann ermittelt werden, wie sich die Einkaufspreise einer Ware in einem bestimmten Zeitraum entwickelt haben. Die folgende Anfrage wertet das Archiv für die Ware mit der Warennummer 1223 und das dritte Quartal 1998 aus. Das Ergebnis wird nach Lieferanten und Archivierungszeiten sortiert, so daß chronologisch nachvollziehbar ist, bis wann ein Einkaufspreis in der Datenbank gültig war.

```
SELECT 11.LNr, 11.Einkaufspreis, 11.ARCHIVED
FROM   Liefert ARCHIVE Preise AS 11
WHERE  11.WNr = 1223 AND
       CAST ( 11.ARCHIVED AS DATE ) >= DATE '1998-07-01' AND
       11.ARCHIVED <=
       ( SELECT MIN (12.ARCHIVED)
         FROM   Liefert ARCHIVE Preise AS 12
         WHERE  CAST ( 12.ARCHIVED AS DATE ) >= DATE '1998-10-01' AND
                12.LNr = 11.LNr AND
                12.WNr = 11.WNr )
ORDER BY 11.LNr, 11.ARCHIVED
```

```
LNr Einkaufspreis ARCHIVED
--- ------------- -------------------
652        880.23 1998-08-09 21:30:51
652        780.23 1998-09-29 00:02:00
652        702.76 1998-10-29 07:48:57
791        590.60 1999-04-30 03:55:51
```

Die Anfrage liefert für die betreffende Ware die Einkaufspreise, die zu den jeweiligen Archivierungszeitpunkten in der Datenbank geändert wurden. Ein Archivierungszeitstempel entspricht dem Endzeitpunkt der Gültigkeit eines Tupels in der Datenbank. Konkret bedeutet das z. B., daß der Preis von 780.23 der durch den Lieferanten mit der Nummer 652 gelieferten Ware vom 9. August 1998 bis zum 29. September 1998 in der Datenbank verzeichnet war. Es kann keine Aussage darüber getroffen werden, in welchem Zeitraum derselbe Lieferant die Ware zum Preis von 880.23 verkauft hat, da kein Tupel mit einer vorher gelegenen Archivierungszeit existiert. Das Gleiche gilt für den Preis 590.60 des Lieferanten mit der Nummer 791. Betont werden soll noch einmal, daß sich die Quartalsbetrachtung der Anfrage auf die Gültigkeit der Daten in der Datenbank bezieht. Im Ergebnis sind daher auch Tupel enthalten, deren Archivierungszeitpunkte nach dem Quartalsende (30. September 1998) liegen. Zum Beispiel wurde das Tupel mit dem Einkaufspreis 702.76 am 29. Oktober 1998 archiviert. Der Archivierungszeitpunkt liegt also nicht mehr im dritten Quartal, aber das Tupel existierte vom 29. September 1998 bis zum 29. Oktober 1998 in der Datenbank. Der Einkaufspreis war damit im dritten Quartal gültig.

Die nächste Anfrage bezieht sich auf archivierte Warengruppen. Als Kennzahl für die Dynamik des Marktes wird die Häufigkeit der Preisänderungen der Waren einer Warengruppe ermittelt. Konkret erfolgt eine Einschränkung der Anfrage auf die Warengruppe mit der Nummer 1 und das Jahr 1998.

```
SELECT WGNr, Name, SUM (AnzPreisaendWare) AS AnzPreisaendGruppe
FROM   Warengruppe ARCHIVE Preise NATURAL JOIN
       ( SELECT WNr, WGNr,
                COUNT (DISTINCT Preis) - 1 AS AnzPreisaendWare
         FROM   Ware ARCHIVE Preise
         WHERE  CAST ( ARCHIVED AS DATE ) >= DATE '1998-01-01' AND
                CAST ( ARCHIVED AS DATE ) <= DATE '1998-12-31'
         GROUP BY WNr, WGNr )
WHERE  WGNr = 1
GROUP BY WGNr, Name


WGNr Name AnzPreisaendGruppe
---- ---- ------------------
   1 EDV                   2
```

Die innere Anfrage summiert die Anzahl der unterschiedlichen Preise und damit der Preisänderungen warenbezogen auf. Allerdings ist dieser Teil der Anfrage nicht exakt, wenn eine Ware im betrachteten Zeitabschnitt mehrmals den gleichen Preis hat und somit Preisänderungen nicht erkannt werden. Die ermittelten Preisänderungen der inneren Anfrage werden im äußeren Teil gruppenweit aufsummiert. Die beiden angegebenen Preisänderungen wurden im betrachteten Zeitraum bei der Ware mit der Nummer 1223 am 19. Juli 1998 und bei der Ware mit der Nummer 2317 am 27. August 1998 verzeichnet.

Abschließend wird noch eine einfache Archivanfrage gezeigt, um alte Adressen eines Lieferanten zu erhalten. Über die Archivierungszeit kann der betrachtete Zeitraum eingeschränkt werden. Die folgende Anfrage bestimmt für den Lieferanten mit der Lieferantennummer 791 die Adressen (Ort), die im Laufe des Jahres 1998 archiviert wurden.

```
SELECT DISTINCT Name, Ort
FROM   Lieferant ARCHIVE Preise
WHERE  LNr = 791 AND
       CAST ( ARCHIVED AS DATE ) >= DATE '1998-01-01' AND
       CAST ( ARCHIVED AS DATE ) <= DATE '1998-12-31'


Name    Ort
------- ---------
IDBS AG Jena
IDBS AG Frankfurt
```

Im Ergebnis sind die jeweiligen Vorzustände der im Jahr 1998 durchgeführten Änderungen enthalten. Die in diesem Jahr zuletzt gültige Adresse ist nicht zwangsläufig im Anfrageergebnis berücksichtigt. Ersichtlich ist eine Adreßänderung (vom 13. Februar 1998) des gewählten Lieferanten.

6.7 Zusammenfassung

Die Vorstellung der Sprache ASQL war Gegenstand dieses Kapitels. Grundlage von ASQL sind die in den vorherigen Kapiteln eingeführten Konzepte der Archivierung. Neben den dort berücksichtigten Anforderungen wurden speziell für den Sprachentwurf weitere formuliert. Diese Forderungen an ASQL sind die Kompatibilität zu SQL, die Kompatibilität der Archivierung sowie die Minimalität und Erweiterbarkeit. Die Sprache ASQL erweitert SQL in den Bereichen Datendefinition, Datenmanipulation und Metadaten. Letztere werden im nächsten Kapitel behandelt.

In ASQL ist neben den bekannten SQL-DDL-Anweisungen die Definition von Archiven, Archivtabellen, Integritätsbedingungen für Archive, Datenbank- und Archivregeln sowie zusätzlichen Rechten auf Datenbank- und Archivseite möglich. Zentrale Bedeutung kommt den Archivtabellen zu. Ihre Attribute, Eindeutigkeits- und Fremdschlüsselbedingungen können nur in Abhängigkeit vom zugehörigen Datenbankschema definiert werden und unterliegen der Versionierung. Der DML-Teil von SQL ist in ASQL um Anweisungen zur Manipulation von Archivdaten erweitert. Außer der Möglichkeit Archivanfragen zu stellen, existieren Anweisungen zum Auslagern von Daten, Einlagern von Archivdaten sowie zum Einfügen und Löschen von Archivdaten. Im Rahmen von Auswertungen kann der Zugriff auf bestimmte Versionen und Daten einer Archivtabellen eingeschränkt werden. Daneben stehen Mittel zur Verfügung, die (implizite) Archivierungszeit zu nutzen. Die neuen Modifikationsoperationen erlauben es, ausgehend von einem Tupel bzw. einer Menge von Tupeln einer Tabelle, transitiv abhängige oder referenzierte Datenbank- oder Archivdaten ebenfalls zu berücksichtigen.

ASQL unterlegt nicht alle vorgestellten Archivierungskonzepte mit Syntax. So wird das Abtrennen und Einbinden von Archiven nicht näher spezifiziert, sondern ist implementierungsabhängig. Abschließend wurde die Nutzung von ASQL anhand des aus Kapitel 4 bekannten Beispiels erläutert. Die strukturellen und operationalen Archiventwürfe zweier Archivierungsszenarien wurden jeweils mit ASQL-Mitteln realisiert. Als besonders hilfreich erwies sich dabei der Einsatz von ASQL-Regeln. Verschiedene Nutzungsmöglichkeiten für die Archive wurden unter Verwendung konkreter Datenbank- und Archivauszüge gezeigt.

Dieses Kapitel wird durch zwei Anhänge ergänzt. In Anhang A ist die formale Spezifikation der Sprache ASQL enthalten. Eine Zusammenfassung der ASQL-Syntax ist in Anhang C zu finden.

Kapitel 7

Metadaten in ASQL

Dieses Kapitel befaßt sich mit dem Metadatenkonzept von ASQL. Archive sollen wie Datenbanken durch Metadaten beschrieben werden [LS98c, Sch99a]. Einigen allgemeinen Worten zur Beschreibung von Datenbankschemata durch Metadaten folgt eine Vorstellung des Metadatenkonzepts von SQL. Die SQL-Metadaten sind in ASQL als Erweiterung von SQL weiterhin von Bedeutung. Sie werden durch das anschließend diskutierte Metadatenschema für Archive ergänzt. Anhang B spezifiziert das zugehörige Definitions- und Informationsschema formal.

7.1 Datenbankschema und Metadaten

Ein Datenbanksystem verwaltet in der Datenbank neben den eigentlichen Daten, die sich auf Fakten des modellierten Teils der realen Welt (Miniwelt) beziehen, in der Regel auch Metadaten (Abschnitt 2.1.1). Diese „Daten über Daten" dienen der Dokumentation und der Verwaltung der Datenbank durch das DBMS, können aber auch von Anwendungen genutzt werden.

Metadaten im engeren Sinne beziehen sich auf das Datenbankschema (Abschnitt 2.1.3). Die Art und Weise, wie Zusammenhänge einer Miniwelt durch ein Datenbankschema modelliert werden können, wird entscheidend durch das zugrundeliegende Datenmodell bestimmt, das auf abstrakter Ebene die Struktur der Daten, die Art des Datenzugriffs und grundlegende Möglichkeiten der Integritätssicherung festlegt (Abschnitt 2.1.2). Die Metadaten beschreiben das Datenbankschema. Ihre Struktur, das Metadatenschema, muß also die relevanten Teile des Datenmodells widerspiegeln. Gehören die Metadaten zur Datenbank, ist das Metadatenschema Teil des Datenbankschemas und definiert das Datenmodell bzw. einen Teil desselben in seinen eigenen Begriffen. Außerdem beschreiben die Metadaten das Metadatenschema und damit ihre eigene Struktur. Abbildung 7.1 illustriert diese zwei Ebenen der Selbstbeschreibung.

Das Datenmodell legt jedoch nur einen Teil der tatsächlich erforderlichen Datenbankkonzepte fest. Von realen Datenbanksystemen müssen auch Nutzer- und Anwendungsverwaltung, konkurrierender Datenbankzugriff, physische Ablage der Daten, Leistungs- und andere Fragen adressiert werden. Abbildung 7.2 unterscheidet anhand relationaler Daten-

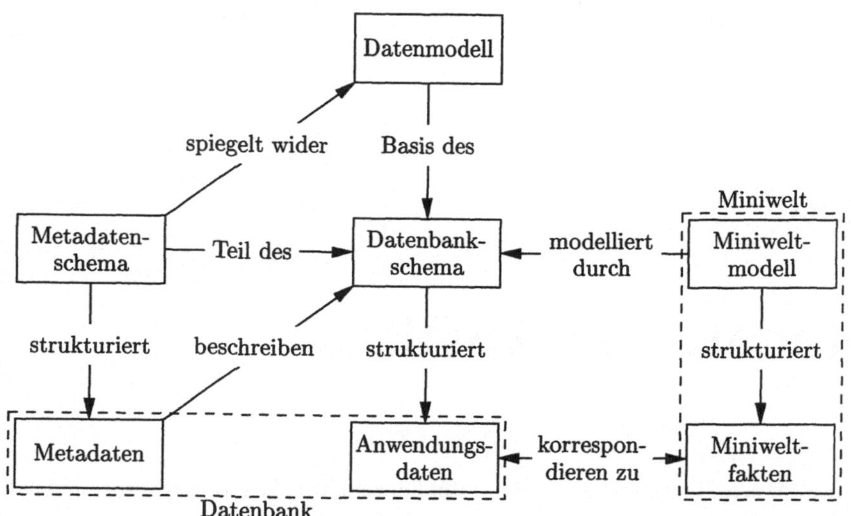

Abbildung 7.1: Daten und Metadaten

banksysteme verschiedene Grade der Abstraktion. Im relationalen Datenmodell (1) ist
eine Datenbank eine Menge von Relationen, auf die mengenorientiert zugegriffen werden
kann und die gewisse Integritätsbedingungen erfüllen muß. SQL (2) basiert auf dem relationalen Datenmodell, spezifiziert aber auch eine Systemarchitektur für relationale Datenbanksysteme und normiert Datentypen, Datenschutz, Programmierschnittstellen und
andere logische Datenbankkonzepte. Reale, SQL implementierende Datenbanksysteme (3)
müssen sich daneben mit physischen Fragen von Datensicherheit und Speichermedien befassen, unerläßlich ist auch die Optimierung auf logischer und physischer Ebene. Einige
der hinzukommenden Konzepte führen zur Definition weiterer Metadaten, für die Optimierung sind beispielsweise Statistiken über den Datenzugriff sinnvoll, der Datenschutz
verlangt ein Nutzerkonzept und die Vergabe von Rechten. Sollen diese Metadaten in der
Datenbank gehalten werden, muß das Metadatenschema entsprechend erweitert werden. In
komplexen, datenbankbasierten Anwendungssystemen (4) ist auch die Ablage von ergän-
zenden Informationen zu Datenbankschema, Anwendungen, Anwendungsentwicklung und
Systemaufbau in der Datenbank denkbar. Als Beispiel sei das betriebliche Informations-
system System R/3 [WHSH96] genannt, das selbst Bildschirmmasken, Hilfetexte und den
Programmcode aller Anwendungen über die Datenbank verwaltet. Eine derart umfassende
Sammlung von Metadaten wird auch Datenkatalog[1] oder *data dictionary* genannt.

7.2 Metadaten für Datenbanken

SQL normiert logische Konzepte relationaler Datenbanksysteme, basiert also auf dem relationalen Datenmodell, abstrahiert jedoch von physischen Aspekten und Anwendungen (Abbildung 7.2). Bestandteil von SQL ist auch das Grundgerüst eines Metadatenschemas. Es

---

[1]Um Verwechslungen mit dem SQL-Katalog zu vermeiden, wird dieser Begriff nicht weiter verwendet.

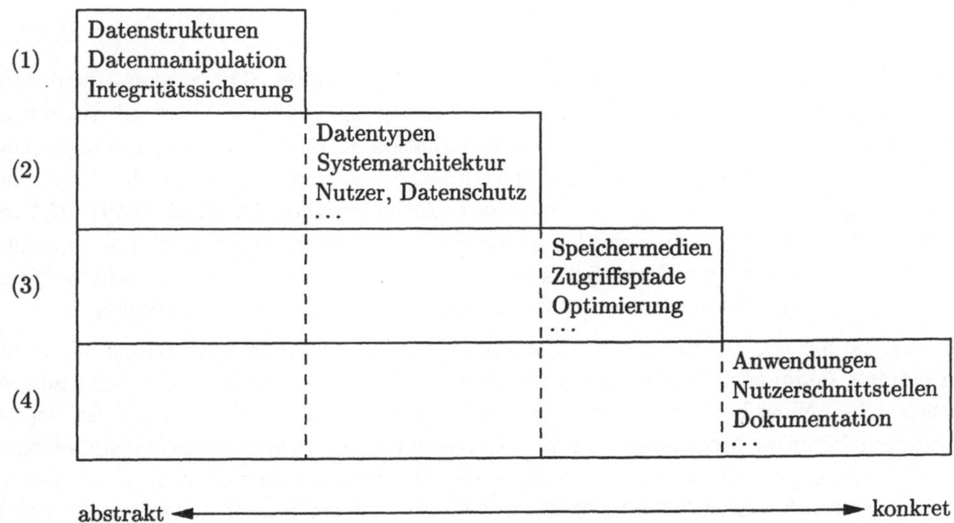

Abbildung 7.2: Quellen von Metadaten am Beispiel relationaler Datenbanksysteme

muß von allen Implementierungen zur Verfügung gestellt, kann aber beliebig erweitert werden. Dieses *Informationsschema* ist ein in jedem SQL-Katalog vorhandenes SQL-Schema. Die über die Tabellen dieses Schemas zugreifbaren Daten beschreiben alle Elemente der SQL-Schemata des Katalogs. Das in Abschnitt 7.2.1 näher betrachtete Informationsschema soll damit einen einheitlichen, implementierungsunabhängigen Zugriff von Benutzern und Anwendungen auf wichtige Metadaten ermöglichen.

SQL legt nicht fest, wie Metadaten tatsächlich zu speichern sind. Eine Implementierung von SQL benötigt die Metadaten möglicherweise in anders aufbereiteter Form. Das Informationsschema besteht daher im wesentlichen aus Sichten über den hypothetischen Basistabellen des sogenannten *Definitionsschemas*[2] (Abschnitt 7.2.2). Der einzige Zweck des Definitionsschemas ist die Bereitstellung einer Grundlage zur Festlegung des Informationsschemas; es ist dem Nutzer nicht zugänglich und kann somit auch nicht von einem normgerechten DBMS gefordert werden. Gefordert wird lediglich, daß sich die Sichten des Informationsschemas so verhalten, also seien sie auf dem hypothetischen Definitionsschema aufgesetzt worden.

Um die Anpassung realer Datenbanksysteme an die Norm zu erleichtern, unterscheidet SQL drei Konformitätsstufen für Implementierungen. *Full SQL* umfaßt die komplette Norm, *Intermediate SQL* eine Untermenge davon, *Entry SQL* einen noch kleineren Teil. Das Informationsschema braucht auf der untersten Ebene nicht implementiert zu werden, das ist (mit Einschränkungen) erst für *Intermediate SQL* erforderlich. Eine Reihe von Datenbanksystemen unterstützt heute *Entry SQL*, es ist dagegen kein Datenbanksystem bekannt, das bereits das Informationsschema in der normierten Form bereitstellt. In [Ska98, SSPK99, SSPK00] wird eine erste prototypische Implementierung für das Datenbanksystem DB2 beschrieben.

---

[2]In SQL3 wird die Struktur des Definitionsschemas als eine Repräsentation des SQL-Datenmodells bezeichnet [ISO99b].

7.2.1 Informationsschema

Jeder SQL-Katalog enthält ein `INFORMATION_SCHEMA` genanntes SQL-Schema, für das drei
Domänen (*domains*), eine Basistabelle, eine Zusicherung (*assertion*) und 23 Sichten auf
das Definitionsschema normiert sind. Das Informationsschema wird beim Erzeugen eines
Katalogs automatisch angelegt und ist nicht löschbar. Alle Nutzer haben das Recht zum
lesenden Zugriff auf die Tabellen des Informationsschemas (`PUBLIC WITH GRANT OPTION`).
Da dieses Recht weitergegeben werden kann, sind durch einen Nutzer auch eigene Sichten
definierbar, die das Informationsschema referenzieren. Weitere Rechte sind nicht vergeben,
die Metadaten sind also nicht über Datenmodifikationsoperationen veränderbar.

Die über die Sichten des Informationsschemas zugreifbaren Daten beschreiben alle in diesem Katalog definierten SQL-Schemata und deren Elemente, also auch das Informationsschema selbst. Nicht beschrieben wird das Definitionsschema. Für Nutzer und Anwendungen werden damit die Metadaten aller mit SQL definierbaren Schemaelemente implementie-
rungsunabhängig dokumentiert. Die Sichten des Informationsschemas sind unter Verwendung der Systemfunktion `CURRENT_USER` so definiert, daß ein Nutzer nur Informationen zu
denjenigen Elementen eines Katalogs erhält, für die er auch Rechte besitzt.

Implementierungen steht es frei, das Informationsschema zu erweitern. Dabei besteht zum
einen die Möglichkeit zur Erweiterung existierender Tabellen um zusätzliche Attribute und
zum Vergrößern des Wertevorrats vorhandener Attribute, zum anderen sind zusätzliche
Informationsschemaelemente, z. B. neue Sichten oder Domänen, definierbar. Erweiterungen
sind sinnvoll, um physische Aspekte von Implementierungen zu dokumentieren und die
Optimierung zu unterstützen (Abbildung 7.2), sie sind aber auch erforderlich, wenn in
einem vorliegenden DBMS-Produkt über die SQL-Norm hinausgehende Konzepte, etwa
Trigger, unterstützt werden.

Alle Elemente des Informationsschemas werden in der Norm mit SQL-Anweisungen zur
Datendefinition spezifiziert (`CREATE ...`). Die drei Domänen `SQL_IDENTIFIER`, `CHARACTER_`
`DATA` und `CARDINAL_NUMBER` für SQL-Bezeichner, Zeichenketten und natürliche Zahlen werden in Definitions- und Informationsschema verwendet. Die Basistabelle `INFORMATION_`
`SCHEMA_CATALOG_NAME` enthält ein einzelnes Attribut `CATALOG_NAME` und wird durch die
Zusicherung `INFORMATION_SCHEMA_CATALOG_NAME_CARDINALITY` auf genau ein Tupel beschränkt. Der einzelne auf diese Weise dargestellte Wert enthält den Namen des SQL-
Katalogs. Da das Definitionsschema ganze Cluster von SQL-Katalogen beschreibt, wird
der Katalogname bei den Sichtdefinitionen des Informationsschemas zur Beschränkung
auf Elemente dieses Katalogs genutzt. Die Sicht `SQL_LANGUAGES` beschreibt die durch die
Implementierung unterstützten Versionen und Konformitätsebenen von SQL, ebenso die
verwendbaren Programmiersprachen. Die restlichen 22 Sichten kann man in die vier Kategorien (Abbildung 5.5, Seite 135) Struktur, Domänen, Integrität und Rechte einord-
nen. In Tabelle 7.1 sind diese Sichten entsprechend aufgeführt. Für eine detailliertere Beschreibung sei jedoch auf [SSPK99] verwiesen, die eigentlichen Tabellendefinitionen sind
in [ISO92, ISO98b] zu finden.

7.2.2 Definitionsschema

Definitionsgrundlage für die Sichten des Informationsschemas sind 24 Basistabellen und
drei Zusicherungen in einem `DEFINITION_SCHEMA` genannten SQL-Schema. Implementie-

Tabelle 7.1: Sichten im SQL-Informationsschema

Kategorie	Sicht
Struktur	`SCHEMATA`
	`TABLES`
	`COLUMNS`
	`VIEWS`
	`VIEW_TABLE_USAGE`
	`VIEW_COLUMN_USAGE`
Domänen	`CHARACTER_SETS`
	`COLLATIONS`
	`TRANSLATIONS`
	`DOMAINS`
	`COLUMN_DOMAIN_USAGE`
Integrität	`DOMAIN_CONSTRAINTS`
	`TABLE_CONSTRAINTS`
	`ASSERTIONS`
	`KEY_COLUMN_USAGE`
	`REFERENTIAL_CONSTRAINTS`
	`CHECK_CONSTRAINTS`
	`CONSTRAINT_TABLE_USAGE`
	`CONSTRAINT_COLUMN_USAGE`
Rechte	`TABLE_PRIVILEGES`
	`COLUMN_PRIVILEGES`
	`USAGE_PRIVILEGES`

rungen von SQL müssen dessen Existenz nur soweit simulieren, daß die Metadaten durch die Sichten des Informationsschemas korrekt repräsentiert werden. Der einzige Zweck des Definitionsschemas ist also die Bereitstellung eines Modells, auf dem das Informationsschema in der Norm aufbauen kann, die tatsächliche Ablage und Verwaltung von Metadaten ist implementierungsabhängig.

Die in der Norm angegebenen SQL-Anweisungen für das Erzeugen des Definitionsschemas und seiner Elemente dienen nur als Referenz und Erläuterung. Sie führen nicht zu Einträgen im Informationsschema, das Definitionsschema selbst wird also nicht durch Metadaten beschrieben. Ein Zugriff auf das Definitionsschema ist nicht möglich. Der Bezeichner `DEFINITION_SCHEMA` ist jedoch ein reservierter Schemaname, kann also durch Nutzer nicht vergeben werden.

Ein Definitionsschema bezieht sich auf ein ganzes Cluster von SQL-Katalogen. Im Gegensatz dazu ist, wie schon erwähnt, ein Informationsschema nur für einen Katalog zuständig, dessen Name in der Basistabelle `INFORMATION_SCHEMA_CATALOG_NAME` des Informationsschemas festgehalten ist. Dieser Name dient dazu, die clusterbezogenen Daten des Definitionsschemas auf die entsprechenden katalogbezogenen Daten in den Sichten des Informationsschemas zu beschränken.

Die Tabellendefinitionen des Definitionsschemas verwenden ausschließlich die drei im Informationsschema definierten Domänen `SQL_IDENTIFIER`, `CHARACTER_DATA` und `CARDINAL_`

NUMBER. Erwähnenswert ist neben den meist gleichnamigen Grundlagen für die Sichten des Informationsschemas die Basistabelle USER, welche die bekannten Nutzer (*authorization identifiers*) enthält. Nur diese können bei der Vergabe von Rechten referenziert werden oder Eigner eines SQL-Schemas sein. Die drei Zusicherungen des Definitionsschemas überwachen, daß die Namen von Integritätsbedingungen im Schema eindeutig sind, daß Schlüssel mindestens ein Attribut und daß Fremdschlüssel die korrekte Zahl von Attributen haben.

7.3 Metadaten für Archive

Auch Archive sollen bei ihrer Integration in Datenbanksysteme durch Metadaten beschrieben werden. In Ergänzung und Präzisierung der allgemeinen Anforderungen an ASQL aus Abschnitt 6.2 wird für Archivmetadaten folgendes gefordert:

- Archivdefinition und -entwicklung spiegeln sich in den Metadaten adäquat wider.

- Archivmetadaten werden durch das DBMS verwaltet; analog zu den Datenbankmetadaten (SQL-Metadaten) ist ihre interne Ablage implementierungsabhängig.

- ASQL stellt eine einheitliche Sicht auf die Archivmetadaten zur Verfügung.

- Der Zusammenhang von Datenbank und Archiven drückt sich durch die Integration beider Arten von Metadaten in ASQL aus.

- Das ASQL-Informationsschema ist kompatibel zum SQL-Informationsschema.

Auf Basis dieser Forderungen werden im folgenden die konzeptuelle Einbindung von Archivmetadaten in ASQL diskutiert und schließlich das ASQL-Informationsschema beschrieben. Als Ergänzung enthält Anhang B noch die formale Spezifikation des Definitions- und Informationsschemas.

7.3.1 Arten

Die Archivmetadaten müssen alle zur Archivierung erforderlichen Informationen beinhalten. Wichtige Fragen sind unter anderem:

- Welche Datenbankobjekte sind archiviert?

- Welche impliziten Regeln zum Auslagern gibt es?

- Welche Integritätsbedingungen und welche Rechte sind für die Archivdaten definiert?

- Auf welchen Speichermedien liegen die Archivdaten?

- Wie sieht die Zugriffsstatistik aus?

In SQL sind nicht alle für den Datenbankbetrieb interessanten Metadaten normiert, SQL beschränkt sich wie in der ganzen Norm auf logische Aspekte (Abschnitt 7.2). Zugriffspfade, Statistiken für die Anfrageoptimierung und andere für reale Systeme wichtige Fragen spielen dagegen keine Rolle. Die für ASQL festzulegenden Arten von Metadaten sollen daher analog zu SQL auf logische, in der Sprache definierte Konzepte beschränkt sein. Physische, implementierungs- oder anwendungsspezifische Fragen (Abbildung 7.2) wie die Verteilung von Daten auf Speichermedien oder die Zugriffsstatistik werden nicht betrachtet und bleiben Implementierungen von ASQL vorbehalten. Für ASQL ergeben sich somit Metadaten aus den folgenden Bereichen:

- Datendefinition (Archivstruktur, Integrität, Regeln, Rechte)

- Zuordnung und Versionierung von Archivtabellen

In Abschnitt 6.3 wurden die ASQL-Anweisungen zur Datendefinition vorgestellt. Mit ihnen werden die Konzepte zur Integration von Archiven in Datenbanksysteme umgesetzt. Aus den Metadaten müssen die vorhandenen Archive, die enthaltenen Archivtabellen, Integritätsbedingungen, definierte Regeln zur impliziten Archivierung und die Rechte zur Archivdefinition und -manipulation ersichtlich sein. Eine Archivtabelle kann mit einer Datenbanktabelle verbunden sein, die Verbindung kann aber auch verloren gehen. Eine solche Zuordnung muß in den Metadaten dokumentiert sein. In SQL beschreiben Metadaten immer nur den aktuellen Zustand eines Datenbankschemas. Das Ändern von Datenbank- oder Archivschemata kann aber zur Versionierung von Archivtabellen führen. Alte Versionen einer Archivtabelle müssen weiterhin zugreifbar sein, die Metadaten müssen in ASQL daher potentiell die gesamte Datenbankhistorie (Historie der Schemaänderungen) beschreiben. Über ASQL braucht nur der für existierende Archive relevante Teil der Datenbankhistorie zugreifbar zu sein; ob mehr aufbewahrt wird, ist implementierungsabhängig.

7.3.2 Architekturaspekte

ASQL ergänzt SQL-Kataloge um Archive. Die für ihre Bereitstellung erforderlichen Schemaelemente wurden in Abschnitt 6.3 eingeführt. Abbildung 7.3 zeigt einen Auszug aus der um Archive erweiterten SQL-Architektur (Abbildung 2.3, Seite 29). Im Gegensatz zu Datenbanktabellen sind Archivtabellen nicht Teil eines ASQL-Schemas. Eine solche Gruppierung innerhalb eines Archivs ist für ASQL als Benutzerschnittstelle nicht wesentlich, wenn auf das Archiv, wie in Abschnitt 6.2 gefordert, ausschließlich in Begriffen der Datenbank zugegriffen wird.

ASQL ist eine kompatible Erweiterung von SQL, auf die SQL-Metadaten soll daher wie gewohnt zugegriffen werden können. Der implementierungsunabhängige Zugriff auf alle Elemente eines SQL-Katalogs erfolgt durch das Informationsschema dieses Katalogs (Abschnitt 7.2.1). Um weiterhin einen einheitlichen Zugriff auf alle Metadaten zu gewährleisten, soll das Informationsschema in ASQL auch Archive und deren Elemente beschreiben. Dabei ist auf Kompatibilität zu achten; alle SQL-Anfragen an das Informationsschema sollen in ASQL ebenfalls ausführbar sein und, sofern keine Archive definiert sind, die gleichen Ergebnisse liefern. Das Informationsschema kann nach Abschnitt 7.2.1 durch weitere Schemaelemente, durch neue Attribute existierender Tabellen und durch Vergrößern des Wertevorrats vorhandener Attribute ergänzt werden. Aufgrund der letzten Möglichkeit kann

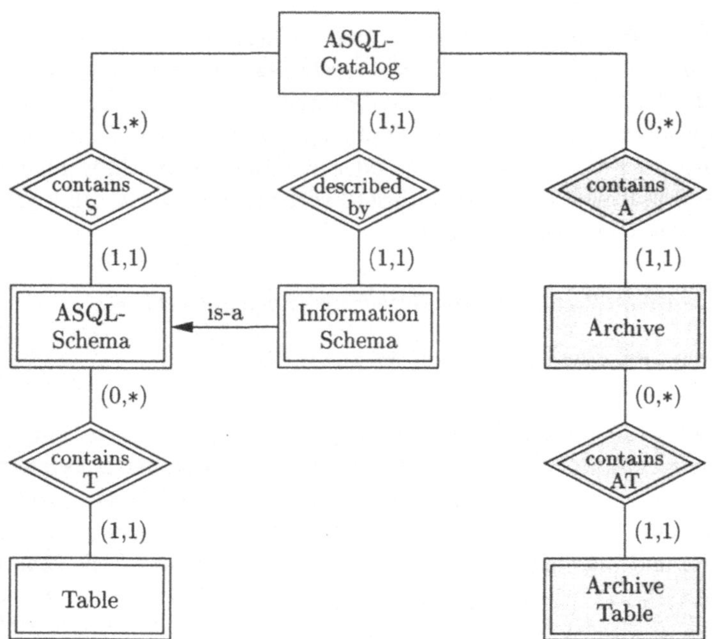

Abbildung 7.3: Erweiterung der SQL-Architektur um Archive

eine ASQL-Anfrage an das Informationsschema eine Obermenge der gleichen Anfrage in
SQL liefern, falls Archive vorhanden sind.

Als Basis des ASQL-Informationsschemas kommen ein erweitertes Definitionsschema (DS)
oder zusätzliche, an die einzelnen Archive gebundene Archivdefinitionsschemata (ADS) in
Frage (Abbildung 7.4). Für die dezentrale Unterbringung der Archivmetadaten (Abbildung 7.4(a)) sprechen die Unabhängigkeit der Archive untereinander, also eine gewisse Eigenständigkeit, und die Möglichkeit des Herauslösens von Archiven aus einem Katalog. Eine
Ergänzung des SQL-Definitionsschemas (Abbildung 7.4(b)) erscheint dagegen übersichtlicher und berücksichtigt die Clusterbezogenheit des Definitionsschemas (Abschnitt 7.2.2).
Ein Teil der neuen Metadaten, etwa bestimmte Rechte zur Archivdefinition oder die Angabe der zu einem SQL-Katalog gehörenden Archive, kann auch nicht auf Archivdefinitionsschemata verteilt werden. ASQL wird daher das Definitionsschema erweitern bzw.
verändern[3] und von der Spezifikation eigenständiger Archivdefinitionsschemata absehen.
Für den Nutzer ergeben sich daraus keine Konsequenzen, da das Definitionsschema nach
Abschnitt 7.2.2 ohnehin nur als hypothetische Basis des Informationsschemas dient. Wie
eine Implementierung die Metadaten tatsächlich verwaltet, kann durch ASQL nicht beeinflußt werden.

Archive können nach Abschnitt 4.4.2 aus Datenbanksystemen herausgelöst werden. Entsprechende Funktionen sind nicht Teil von ASQL, sondern müssen implementierungsabhängig definiert werden (Abschnitt 6.5). Archive ohne Datenbankzuordnung müssen die
für sie relevanten Metadaten umfassen, Anfragen an sie sind jedoch nicht erforderlich,

---

[3]Eine Kompatibilität ist für das Definitionsschema zwar anstrebenswert, aber nicht zwingend.

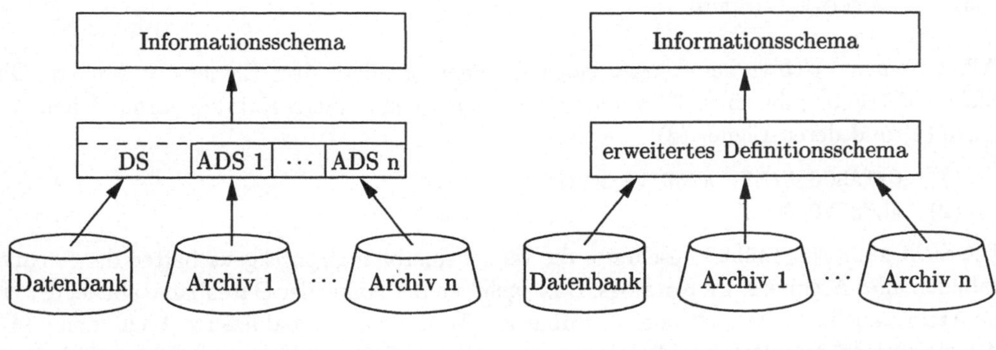

(a) Nutzung von Archivdefinitionsschemata   (b) Erweiterung des Definitionsschemas

Abbildung 7.4: Varianten für das Definitionsschema

solange ein Archiv nicht zugreifbar ist. Die tatsächliche Speicherung von Metadaten in einem Datenbanksystem wird nicht von ASQL geregelt, sondern ist, wie in SQL, implementierungsabhängig. Die Übernahme von Metadaten beim Abtrennen, die Speicherung im abgetrennten Archiv und das Zusammenführen mit den Metadaten eines anderen SQL-Katalogs beim Einbinden in diesen werden daher ebenfalls nicht von ASQL geregelt. Das besagt nicht, daß ein implementierungsunabhängiges Format von Daten (und Metadaten) in abgetrennten Archiven nicht erstrebenswert wäre, es kann jedoch nach Lage der Dinge nicht von ASQL zur Verfügung gestellt werden.

7.3.3 Informationsschema

ASQL erweitert das SQL-Informationsschema um 15 zusätzliche Sichten auf das ASQL-Definitionsschema. Die neuen Sichten werden im folgenden vorgestellt. Für die formale Spezifikation des Informationsschemas und des zugrundeliegenden Definitionsschemas sei auf Anhang B verwiesen.

Die allgemeinen Eigenschaften des Informationsschemas bleiben in ASQL erhalten. So wird das Informationsschema beim Erzeugen eines ASQL-Katalogs automatisch angelegt. Alle Nutzer haben das Recht zum lesenden Zugriff (`PUBLIC WITH GRANT OPTION`), weitere Rechte werden nicht vergeben. Das Informationsschema beschreibt sich selbst, nicht jedoch das Definitionsschema. Nutzer sehen nur Informationen zu den Elementen von Datenbank- oder Archivschemata, für die sie auch Rechte besitzen.[4]

Es sei darauf hingewiesen, daß weitere Sichten für die Beschreibung von Archivschemata denkbar und sinnvoll wären. Als Beispiel sei eine Sicht genannt, die die logischen Attribute von Archivtabellen näher beschreibt. Implementierungen steht es frei, das Informationsschema um derartige Sichten zu ergänzen. Entsprechende Erweiterungen sind jedoch auch aus den hier vorgestellten Sichten ableitbar, einzelne Nutzer können daher spezialisierte Sichten auf das Informationsschema selbst definieren. Diese sind dann natürlich nicht Teil des Informationsschemas.

---

[4]Das ist teilweise weniger restriktiv als von SQL gewohnt (Abschnitt B.2).

7.3.3.1 Archivstruktur

Alle zu einem Archivschema gehörenden Elemente gehören dem Eigner des Archivs. Die Sicht ARCHIVES[5] gibt einen Überblick über die in einem ASQL-Katalog vorhandenen Archive (1) und deren Eigner (2):

    (1) CATALOG_NAME, ARCHIVE_NAME,
    (2) ARCHIVE_OWNER

Die Sicht ARCHIVE_TABLES beschreibt die versionsunabhängigen Eigenschaften der Archivtabellen aller Archive eines Katalogs. Dazu gehören der Name der Datenbanktabelle, der eine Archivtabelle zugeordnet oder zuordbar ist (3), und der unqualifizierte Archivname (4), der zusammen mit dem Katalognamen den vollständigen Archivnamen bildet. Tabellen- und Archivname genügen jedoch nicht zur Identifikation, für Archivtabellen gleichen Namens sind daher Reihenfolge und Zeit der Erzeugung angegeben (5). Neben dem Typ der archivierten Datenbanktabelle (Basistabelle oder Sicht) ist angegeben, ob die Archivtabelle einer Datenbanktabelle zugeordnet ist, und ob Archivdaten in einer zugeordnete Datenbanktabelle einlagerbar sind (6). Für Archivtabellen kann außerdem festgelegt werden, ob neue Attribute und Integritätsbedingungen zugeordneter Basistabellen automatisch zu übernehmen sind (7), ob das Einfügen von Daten virtuell über die Datenbanktabelle erfolgt (8), wie neue Attribute zu logischen Attributen zu ordnen sind (9) und welche Vergleichsregeln und Attribute beim versionsübergreifenden Zugriff auf die Archivtabelle als Default verwendet werden (10, 11):

     (3) TABLE_CATALOG, TABLE_SCHEMA, TABLE_NAME,
     (4) ARCHIVE_NAME,
     (5) CREATING_ORDER, CREATING_TIME,
     (6) TABLE_TYPE, IS_ATTACHED, IS_RESTORABLE,
     (7) COLUMN_ADD, CONSTRAINT_ADD,
     (8) INSERT_CHECK,
     (9) COLUMN_GROUP,
    (10) COLLATION_DEFAULT,
    (11) SELECT_DEFAULT

Die Sicht ARCHIVE_COLUMNS liefert detaillierte Angaben zu den Attributen von Archivtabellen. Zu beachten ist, daß die Attribute zu Archivtabellen gehören (12), nicht zu einzelnen Versionen dieser Tabellen. Angegeben sind die Position des Attributs im vollständigen, ungruppierten Schema[6] der Archivtabelle und der (nicht eindeutige) Attributname (13), dazu die Position des Attributs, das die Attributgruppe repräsentiert, zu der das Attribut gehört (14). Hinzu kommen Angaben zum Datentyp des Attributs (15) und zu dessen Parametern (16):

    (12) TABLE_CATALOG, TABLE_SCHEMA, TABLE_NAME,
    (12) ARCHIVE_NAME, CREATING_ORDER,
    (13) COLUMN_POSITION, COLUMN_NAME,
    (14) COLUMN_GROUP,

---

[5]Für die neuen Sichten des Informationsschemas werden jeweils alle Attribute aufgeführt. Die Numerierung bezieht sich auf die Reihenfolge der Beschreibung im Text. Mehrfach verwendete Zahlen weisen auf gleiche oder vergleichbare Semantik hin.
[6]Siehe Abschnitt 5.6.4.

```
(15)  DATA_TYPE,
(16)  CHARACTER_MAXIMUM_LENGTH, CHARACTER_OCTET_LENGTH,
(16)  NUMERIC_PRECISION, NUMERIC_PRECISION_RADIX, NUMERIC_SCALE,
(16)  DATETIME_PRECISION, INTERVAL_TYPE, INTERVAL_PRECISION,
(16)  COLLATION_CATALOG, COLLATION_SCHEMA, COLLATION_NAME, COLLATION_ORDER
```

7.3.3.2 Zeichensätze und Vergleichsregeln

Zur Definition zeichenorientierter Attribute gehören Zeichensatz und Vergleichsregel. Attribute von Archivtabellen beziehen sich jedoch nicht auf Zeichensätze und Vergleichsregeln der Datenbank; deren Veränderung soll die Attributdefinition nicht beeinflussen. Die Sicht `ARCHIVE_COLLATIONS` gibt einen Überblick über die aus diesem Grund in das Archiv (1) kopierten Zeichensätze und Vergleichsregeln. Zur Identifikation einer Vergleichsregel ist aufgrund möglicher Namenskonflikte im Rahmen von Schemaänderungen neben dem ursprünglichen Namen noch die Angabe eines zusätzlichen Ordnungsmerkmals erforderlich (2), daneben wird beschrieben, wie verschieden lange Zeichenketten verglichen werden (3). Für den Zeichensatz, auf den sich die Vergleichsregel bezieht (4), sind Codierungsschema und Zeichenzahl dokumentiert (5).

```
(1)  ARCHIVE_CATALOG, ARCHIVE_NAME,
(2)  COLLATION_CATALOG, COLLATION_SCHEMA, COLLATION_NAME, COLLATION_ORDER,
(3)  PAD_ATTRIBUTE,
(4)  CHARACTER_SET_CATALOG, CHARACTER_SET_SCHEMA, CHARACTER_SET_NAME,
(4)  CHARACTER_SET_ORDER,
(5)  FORM_OF_USE, NUMBER_OF_CHARACTERS
```

7.3.3.3 Versionen von Archivtabellen

Versionen von Archivtabellen entstehen durch explizite Veränderung der Tabellendefinition und durch Änderungen an zugeordneten Datenbanktabellen. Die Sicht `ARCHIVE_VERSIONS` beschreibt für alle Archivtabellen (1) Reihenfolge und Gültigkeitszeitraum der zugehörigen Versionen (2):

```
(1)  TABLE_CATALOG, TABLE_SCHEMA, TABLE_NAME,
(1)  ARCHIVE_NAME, CREATING_ORDER,
(2)  VERSION_ORDER, VERSION_BEGIN, VERSION_END
```

Die zur Version einer Archivtabelle gehörenden Attribute bilden eine Untermenge der Attributmenge der Archivtabelle. Die Sicht `ARCHIVE_VERSION_COLUMNS` führt für alle Attribute einer Version (3) Attributnamen und Position in der Version auf (4), dazu seine Position im vollständigen Schema der Archivtabelle und die Attributgruppe, zu der es gehört (5). Die Beschreibung wird durch die Angabe des parametrisierten Datentyps (6) vervollständigt:

```
(3)  TABLE_CATALOG, TABLE_SCHEMA, TABLE_NAME,
(3)  ARCHIVE_NAME, CREATING_ORDER,
(3)  VERSION_ORDER,
(4)  COLUMN_NAME, ORDINAL_POSITION,
(5)  COLUMN_POSITION, COLUMN_GROUP,
```

```
(6)  DATA_TYPE,
(6)  CHARACTER_MAXIMUM_LENGTH, CHARACTER_OCTET_LENGTH,
(6)  NUMERIC_PRECISION, NUMERIC_PRECISION_RADIX, NUMERIC_SCALE,
(6)  DATETIME_PRECISION, INTERVAL_TYPE, INTERVAL_PRECISION,
(6)  COLLATION_CATALOG, COLLATION_SCHEMA, COLLATION_NAME, COLLATION_ORDER
```

Die Sicht ARCHIVE_CONSTRAINTS beschreibt Eindeutigkeits- und Fremdschlüsselbedingungen für Archive. Diese sind Versionen von Archivtabellen zugeordnet (3), angegeben sind Name[7] und Bedingungstyp (7):

```
(3)  TABLE_CATALOG, TABLE_SCHEMA, TABLE_NAME,
(3)  ARCHIVE_NAME, CREATING_ORDER,
(3)  VERSION_ORDER,
(7)  CONSTRAINT_NAME, CONSTRAINT_TYPE
```

Die Attributlisten der übernommenen Eindeutigkeits- und Fremdschlüsselbedingungen (8) werden in der Sicht ARCHIVE_CONSTRAINT_COLUMNS durch Angabe der dazugehörigen Attributnamen und der Position im Schlüssel (9) näher beschrieben:

```
(8)  TABLE_CATALOG, TABLE_SCHEMA, TABLE_NAME,
(8)  ARCHIVE_NAME, CREATING_ORDER,
(8)  VERSION_ORDER,
(8)  CONSTRAINT_NAME,
(9)  COLUMN_NAME, CONSTRAINT_POSITION
```

Die Sicht ARCHIVE_REFERENTIAL_CONSTRAINTS gibt für Fremdschlüsselbedingungen (10) an, auf welche Eindeutigkeitsbedingung (11) eines Archivs sie sich jeweils beziehen und wie NULL im Fremdschlüssel zu behandeln ist (12):

```
(10)  TABLE_CATALOG, TABLE_SCHEMA, TABLE_NAME,
(10)  ARCHIVE_NAME, CREATING_ORDER,
(10)  VERSION_ORDER,
(10)  CONSTRAINT_NAME,
(11)  UNIQUE_TABLE_CATALOG, UNIQUE_TABLE_SCHEMA, UNIQUE_TABLE_NAME,
(11)  UNIQUE_ARCHIVE_NAME, UNIQUE_CREATING_ORDER, UNIQUE_VERSION_ORDER,
(11)  UNIQUE_CONSTRAINT_NAME
(12)  MATCH_OPTION
```

Das Aus- und Einlagern sowie das Einfügen in eine Archivtabelle erfolgt über deren aktuelle Version, die Attribute und Integritätsbedingungen einer aktuellen Version leiten sich aus denen der zugehörigen Datenbanktabelle ab. Die folgenden Sichten fassen daher die wichtigsten Informationen zu solchen aktuellen Versionen zusammen. Der Sicht CURRENT_VERSIONS sind Name und Typ von Datenbanktabelle (13), Archivtabelle (13, 14) und Version (15) zu entnehmen. Angegeben ist daneben, ob ein Einlagern in die Datenbanktabelle möglich ist und ob das Einfügen in die Archivtabelle virtuell über die Datenbanktabelle erfolgt (16):

---

[7]Integritätsbedingungen für Archive sind während der Gültigkeit einer Version übernommene Tabellenbedingungen der in diesem Zeitraum zugeordneten Datenbanktabelle. Da Tabellenbedingungen dem gleichen (A)SQL-Schema wie die zugehörigen Tabellen angehören, spielt nur der unqualifizierte Name der Bedingung eine Rolle.

    (13) TABLE_CATALOG, TABLE_SCHEMA, TABLE_NAME, TABLE_TYPE,
    (14) ARCHIVE_NAME, CREATING_ORDER,
    (15) VERSION_ORDER, VERSION_BEGIN,
    (16) IS_RESTORABLE, INSERT_CHECK

Die Sicht CURRENT_COLUMNS enthält für aktuelle Versionen von Archivtabellen (17) die
Namen und Positionen der Attribute (18) und die Angaben zu ihrem Datentyp (19):

    (17) TABLE_CATALOG, TABLE_SCHEMA, TABLE_NAME,
    (17) ARCHIVE_NAME, CREATING_ORDER,
    (17) VERSION_ORDER, VERSION_BEGIN,
    (18) COLUMN_NAME, ORDINAL_POSITION,
    (19) DATA_TYPE,
    (19) CHARACTER_MAXIMUM_LENGTH, CHARACTER_OCTET_LENGTH,
    (19) NUMERIC_PRECISION, NUMERIC_PRECISION_RADIX, NUMERIC_SCALE,
    (19) DATETIME_PRECISION, INTERVAL_TYPE, INTERVAL_PRECISION,
    (19) COLLATION_CATALOG, COLLATION_SCHEMA, COLLATION_NAME, COLLATION_ORDER

Die Sicht CURRENT_CONSTRAINTS zählt schließlich die für aktuelle Versionen von Archivtabellen (17) definierten Integritätsbedingungen (20) auf:

    (17) TABLE_CATALOG, TABLE_SCHEMA, TABLE_NAME,
    (17) ARCHIVE_NAME, CREATING_ORDER,
    (17) VERSION_ORDER, VERSION_BEGIN,
    (20) CONSTRAINT_NAME, CONSTRAINT_TYPE

7.3.3.4 Regeln

Regeln sind in ASQL für Datenbank- und Archivtabellen spezifizierbar. Die Sicht RULES
enthält für Datenbankregeln den Regelnamen (1), den Namen der zugehörigen Datenbanktabelle (2) sowie Angaben zu Typ und Spezifikation von Regelereignis (3) und Regelaktion (4):

    (1) RULE_CATALOG, RULE_SCHEMA, RULE_NAME,
    (2) TABLE_CATALOG, TABLE_SCHEMA, TABLE_NAME,
    (3) EVENT, EVENT_DATETIME, EVENT_INTERVAL,
    (4) ACTION, SELECTED_ROWS

Analog dazu beschreibt die Sicht ARCHIVE_RULES für Archivregeln Regelnamen (5), zugehörige Archivtabelle (6), Regelereignis (7) und Regelaktion (8); man beachte, daß die
zur näheren Beschreibung des Regelereignisses erforderlichen Attribute vom Ereignistyp
abhängen:

    (5) RULE_CATALOG, RULE_ARCHIVE, RULE_NAME,
    (6) TABLE_CATALOG, TABLE_SCHEMA, TABLE_NAME,
    (6) ARCHIVE_NAME, CREATING_ORDER,
    (7) EVENT, EVENT_DATETIME, EVENT_INTERVAL,
    (7) EVENT_RULE_CATALOG, EVENT_RULE_SCHEMA, EVENT_RULE_NAME,
    (8) ACTION, ACTION_CASCADE, ACTION_WITH_REFERENCES, SELECTED_ROWS

7.3.3.5 Rechte

Das in ASQL neue `ARCHIVE`-Recht für Datenbanktabellen ist aus der von SQL übernommenen Sicht `TABLE_PRIVILEGES` (Tabelle 7.1) ersichtlich. Die neue Sicht `ARCHIVE_PRIVILEGES`
beschreibt die für Archivtabellen erteilten Rechte. Sie enthält Informationen zu Erteiler
und Empfänger eines Rechts (1), zur Archivtabelle, auf die sich das Recht bezieht (2), zum
Rechtetyp (3) und zur Weitergebbarkeit (4):

(1) `GRANTOR, GRANTEE,`
(2) `TABLE_CATALOG, TABLE_SCHEMA, TABLE_NAME,`
(2) `ARCHIVE_NAME, CREATING_ORDER,`
(3) `PRIVILEGE_TYPE,`
(4) `IS_GRANTABLE`

7.4 Zusammenfassung

Nach einigen grundsätzlichen Anmerkungen zur Verwendung von Metadaten wurde in diesem Kapitel zunächst das Metadatenkonzept von SQL vorgestellt. SQL definiert mit dem
Informationsschema eine einheitliche, implementierungsunabhängige, selbstbeschreibende
und nutzerspezifische Sicht auf die zur Beschreibung eines SQL-Katalogs erforderlichen
Metadaten. Die Sichten des Informationsschemas basieren auf einem hypothetischen Definitionsschema, das jedoch nur als Erläuterung und Referenz dient. SQL legt nicht fest, wie
Metadaten tatsächlich zu speichern sind, ihre Abbildung auf das Informationsschema ist
Sache der Implementierungen. Implementierungen können zudem das Informationsschema
ergänzen, um neben Metadaten zu den in SQL normierten logischen Konzepten (Struktur,
Domänen, Integrität, Rechte) weitere Aspekte von Datenbanksystemen zu beschreiben. Dabei sind die Definition neuer Schemaelemente, die Erweiterung existierender Tabellen um
zusätzliche Attribute und das Vergrößern des Wertevorrats vorhandener Attribute möglich.

ASQL ergänzt SQL-Kataloge um Archive, auch diese müssen adäquat durch Metadaten
beschrieben werden. Ein einheitlicher Zugriff auf die Metadaten von Datenbank und Archiven wird dabei durch eine kompatible Erweiterung des SQL-Informationsschemas sichergestellt. ASQL stellt 15 zusätzliche Sichten zur Verfügung. Grundlage dieses ASQL-
Informationsschemas ist ein erweitertes Definitionsschema; wie Archivmetadaten jedoch
tatsächlich abgelegt werden, ist wie in SQL implementierungsabhängig. Ebenfalls implementierungsabhängig sind Metadatenstrukturen für Archive ohne Datenbankzuordnung.
Die Erweiterungen von ASQL am Definitions- und Informationsschema werden in Anhang B formal spezifiziert.

Kapitel 8

Realisierung eines Systems zur Archivierung

Dieses Kapitel stellt eine prototypische Implementierung der entwickelten Archivierungs-konzepte und Sprache ASQL vor. Zunächst wird geklärt, welche Ziele mit dem Prototyp verfolgt werden und welche Architektur dafür geeignet ist. In diesem Rahmen ist das Archive Management System entstanden [Sch97, Now97, Sto99], dessen Entwurf und Implementierung anschließend in wesentlichen Punkten beschrieben wird.

8.1 Ein Prototyp für die Archivierung

In diesem Buch wird die datenbanksystem-integrierte Archivierung zugrundegelegt (Abschnitt 2.3.2). Für die Implementierung ergibt sich daraus, daß Archiv und Archivierungs-funktionalität vollständig in ein Datenbanksystem zu integrieren sind. Eine prototypische Implementierung kann davon jedoch abweichen. Die folgenden Abschnitte erläutern daher die Entwurfsziele für die Umsetzung der Archivierung in einem Prototyp und wählen eine Implementierungsarchitektur aus.

8.1.1 Entwurfsziele

Konzept und Sprache der Archivierung sollen in einer prototypischen Implementierung umgesetzt werden. Das generelle Ziel ist hierbei, die Realisierbarkeit der erarbeiteten Lösungsansätze zu zeigen. Darüber hinaus soll der Prototyp eine Basis zur Validierung von Konzept und Sprache ASQL bieten.

Die Untersuchungen dieses Buches konzentrieren sich auf die konzeptuelle Integration der Archivierung in Datenbanksysteme (Abschnitt 4.1). Die DBMS-interne Realisierung der Konzepte wird nicht betrachtet. Hierzu zählen Fragestellungen, die auf tieferen Schichten im DBMS angesiedelt sind, wie beispielsweise Zugriffspfade und Externspeicherverwaltung. Entsprechend sollen solche Aspekte auch bei der prototypischen Implementierung keine Rolle spielen. Insbesondere ist die für die Archivierung interessante integrierte Unterstützung von Tertiärspeichern nicht Gegenstand der Implementierung. Hierfür sei auf Arbeiten verwiesen, die sich speziell mit der Realisierung von Archivierungsfunktionalität unter Einsatz von Tertiärspeichern beschäftigen [Win96, Her96a, BSK+96, SBH+98]. Unabhängig von der Archivierung ist die Integration von Tertiärspeichern in Datenbanksysteme ein eigenes Forschungsgebiet (Abschnitt 2.5).

Bei der Implementierung des Prototyps steht also die (neue) Archivierungsfunktionalität im Vordergrund. Konkret soll die Sprache ASQL verfügbar gemacht werden. Hierfür werden in Anlehnung an [TJB97, TJS98b] einige spezielle Entwurfsziele formuliert:

- Aufwärtskompatibilität bei möglichst geringem Programmieraufwand

- stufenweise Verfügbarkeit der Archivierungsfunktionalität

- Beibehalten der Eigenschaften konventioneller Datenbanksysteme

- adäquate Performance

Mit Aufwärtskompatibilität ist gemeint, daß sich die Umsetzung der neuen Konzepte homogen in bekannte Datenbanktechnologien einfügen soll. Der Aufwand der Implementierung ist dabei möglichst gering gehalten werden. Für ASQL gilt bereits die Kompatibilität zu SQL (Abschnitt 6.2). Die prototypische Implementierung von ASQL muß daher gewährleisten, daß (alte) SQL-Anwendungen weiterhin ohne Anpassung lauffähig bleiben. Durch die stufenweise Verfügbarkeit der Archivierungsfunktionalität wird erreicht, daß frühzeitig und fortlaufend Ergebnisse aus der Implementierung entstehen. Allerdings ist der Entwurfsphase des Prototyps erhöhte Aufmerksamkeit zu widmen, um dessen schrittweise Erweiterbarkeit zu sichern. Wichtige Eigenschaften konventioneller Datenbanksysteme, als Beispiel seien ACID-Transaktionen [GR93] genannt, sollen erhalten bleiben. Damit wird gesichert, daß die neue Funktionalität nicht im Widerspruch zu existierender Technologie steht. Das Ziel der adäquaten Performance bedeutet, daß die Implementierung auch unter Performance-Gesichtspunkten erfolgen soll. Da der Prototyp die Archivierungsfunktionalität auf den tiefen DBMS-Schichten nicht besonders berücksichtigt, sind realitätsnahe Aussagen in bezug auf Performance allerdings nicht möglich. Dies gilt auch wegen des Nichteinbeziehens von Tertiärspeichern.

8.1.2 Architektur

Für die prototypische Implementierung der Archivierungsfunktionalität muß eine Architektur festgelegt werden. Grundsätzlich sind für die Implementierung folgende Architekturansätze möglich:[1]

- von Grund auf

- integriert

- als Schicht

Ein DBMS mit Archivierungsfunktionalität könnte von Grund auf, d. h. einschließlich aller für den normalen, archivierungsunabhängigen Betrieb erforderlichen Teile, entwickelt werden. Dieser Ansatz führt zu einem extrem hohen Implementierungsaufwand. Dafür

---

[1]In [DG96] werden auf ähnliche Weise Architekturansätze von aktiven DBMS unterschieden.

bestehen allerdings alle notwendigen Freiheiten, ein mächtiges und effizientes System zu entwickeln. Unterstützt wird ein solches Vorgehen durch die Verwendung eines Datenbank-„Werkzeugkastens" wie beispielsweise EXODUS [CDG$^+$90]. Ein Rahmensystem stellt hierbei eine gewisse Grundfunktionalität (z. B. Speicherverwaltung) zur Verfügung, die zum Bau eines DBMS benutzt werden kann. Die vollständige Implementierung eines um Archivierungsfunktionalität erweiterten DBMS erscheint jedoch wegen des immensen Aufwands und im Verhältnis dazu nur geringen zusätzlichen Erkenntnisgewinns als nicht angemessen. Auch die Nutzung von vorgefertigter Basistechnologie kann hier nur wenig Abhilfe schaffen. Der Prototyp soll insbesondere ASQL implementieren, dazu gehört auch das bekannte SQL. Letzteres ist im allgemeinen nicht Teil von verfügbaren Rahmensystemen und müßte daher unter erheblichem Aufwand ebenfalls implementiert werden. Der eigentliche Vorteil des Ansatzes, sämtliche DBMS-Internas festlegen und mit der Archivierung abstimmen zu können, kommt nicht zum Tragen, da die prototypische Implementierung ohnehin nicht auf die Untersuchung tiefer DBMS-Schichten in bezug auf Archivierung abzielt.

Der integrierte Ansatz ist eine natürliche Möglichkeit, datenbanksystem-integrierte Archivierung zu realisieren. Diese Lösung setzt in aller Regel die Verfügbarkeit des Quellcodes, aber auch eine geeignete Architektur des verwendeten DBMS voraus. Besonders geeignet erscheinen dafür erweiterbare Datenbanksysteme, die von vornherein auf das Austauschen und Hinzufügen von Komponenten ausgelegt sind. Als Beispiel für ein solches experimentelles System sei Postgres [SR86] genannt. Ein großer Schwachpunkt dieser Systeme ist allerdings häufig die Wartbarkeit der vorhandenen Quellen. Um Erweiterungen vornehmen zu können, müssen diese verständlich, modifizierbar und testbar sein. In [Win96, Her96a] wurden außerdem die geringe Stabilität und unzureichende Dokumentation von internen Schnittstellen bemängelt.

Beim Schichtenansatz wird die Archivierungsfunktionalität modular auf einem existierenden DBMS aufgesetzt. Diesbezüglich ist die sich ergebene prototypische Architektur mit der datenbanksystem-basierten Archivierung vergleichbar. Die Implementierung der Archivierungsfunktionalität kann also nur mit den Mitteln erfolgen, die das DBMS als externe Schnittstelle zur Verfügung stellt. Anwendungen, welche die Möglichkeiten der Archivierung nutzen möchten, müssen auf die Zusatzschicht zugreifen. Abhängig davon, wie vollständig diese Zusatzschicht die ursprüngliche Schnittstelle des DBMS adaptiert, sind von den Anwendungen unter Umständen direkte Zugriffe auf das DBMS notwendig. Bei einer Schichtenarchitektur muß geklärt werden, ob und in welchem Umfang sich Konzepte und Funktionalität umsetzen lassen. Die Grenze der Machbarkeit ist insbesondere dann erreicht, wenn Erweiterungen an tiefen Systemschichten unumgänglich werden. Schichtenarchitekturen werden gerade für Forschungsprototypen häufig bevorzugt, da sie vergleichsweise zügige und mit geringem Aufwand verbundene Implementierungen erlauben [TJB97].

Vor diesem Hintergrund soll die prototypische Umsetzung der datenbanksystem-integrierten Archivierung über einen Schichtenansatz erfolgen. Als Implementierungsplattform wird ein kommerzielles SQL-DBMS benutzt. Der Prototyp kann sich so im wesentlichen auf die neue Funktionalität konzentrieren. Die in Abschnitt 8.1.1 formulierten Entwurfsziele sind mit diesem Ansatz erreichbar. Die Aufwärtskompatibilität wird direkt durch die SQL-Schnittstelle des verwendeten DBMS unterstützt. Von der Zusatzschicht sind nur noch die Erweiterungen bereitzustellen, die ASQL gegenüber SQL vornimmt. Da ein voll ausgestattetes DBMS als Grundlage dient, darf erwartet werden, daß die Archivierungsfunktionalität stufenweise verfügbar gemacht werden kann und frühzeitig Ergebnisse zur Verfügung stehen. Das Ziel die bekannten Eigenschaften konventioneller Datenbanksysteme beizubehalten, wird dadurch unterstützt, daß sich die Entwicklung der neuen Funktionalität mit den vorhandenen Konzepten auseinandersetzen muß. Eine adäquate Performance ist mit bekannten Implementierungstechniken erzielbar. Insbesondere müssen tiefe DBMS-Schichten nicht berücksichtigt werden.

Neben dem geringeren Implementierungsaufwand gibt es nach [TJB97] einen weiteren Vorteil des Schichtenansatzes gegenüber der Implementierung von Grund auf bzw. dem integrierten Ansatz. Es besteht die Möglichkeit, alte Anwendungen auf ihre nahtlose Migration in das neue, erweiterte Umfeld zu untersuchen. Dies ist insbesondere dann interessant, wenn ein kommerzielles DBMS Einsatz findet. Mit der Kompatibilität der Archivierung wird im übrigen eine entsprechende Forderung bereits an ASQL gestellt (Abschnitt 6.2). Nachteilig am Schichtenansatz ist, daß die Erweiterungsschicht keinen Einfluß auf die internen Abläufe des untenliegenden DBMS hat. Wie erwähnt, lassen sich Problemstellungen, die auf tiefen Schichten im DBMS angesiedelt sind, nicht direkt realisieren. Hierfür sind spezifische Untersuchungen oder Simulationen unter Umgehung des DBMS erforderlich. In Anbetracht der Entwurfsziele soll diese Einschränkung jedoch nicht als wesentlich empfunden werden.

Abschließend sollen mit der Entscheidung für den Schichtenansatz in Ergänzung zu Abschnitt 8.1.1 zwei weitere Entwurfsziele formuliert werden:

- umfangreiche Wiederverwendung vorhandener Datenbanktechnologie

- Plattformunabhängigkeit

Durch die Schichtenarchitektur und die Benutzung eines vollständigen DBMS als Basis wird es möglich, vorhandene Datenbanktechnologie wiederzuverwenden. Davon soll umfangreich Gebrauch gemacht werden. Plattformunabhängigkeit bedeutet, daß das DBMS prinzipiell austauschbar sein soll. Dies ist möglich, soweit normierte Schnittstellen genutzt werden. Insbesondere basiert das zu implementierende ASQL auf der Sprachnorm SQL. Allerdings ist die SQL-Norm in keinem realen DBMS vollständig umgesetzt. Die Abhängigkeiten vom spezifischen DBMS sollen daher zumindest auf das Notwendigste beschränkt bleiben.

8.2 Das Archive Management System

Die folgenden Abschnitte beschreiben das *Archive Management System* (AMS). Dieser Prototyp simuliert die datenbanksystem-integrierte Archivierung als Schicht auf einem kommerziellen DBMS und stellt die Sprache ASQL zur Verfügung. Zunächst wird diskutiert, in welcher Weise eine Simulation durch das AMS erfolgt. Nach der Vorstellung von Architektur und Komponenten des AMS wird die Verarbeitung von Operationen im AMS anhand verschiedener Szenarien erläutert. Schließlich wird der Einsatz von DB2 [Cha98, JS97] als untenliegendes DBMS betrachtet.

8.2.1 Simulation

Das AMS wird als separate Schicht über dem DBMS realisiert. Diese Schicht stellt die neue Archivierungsfunktionalität zur Verfügung und bildet sie auf die vorhandene Datenbank-

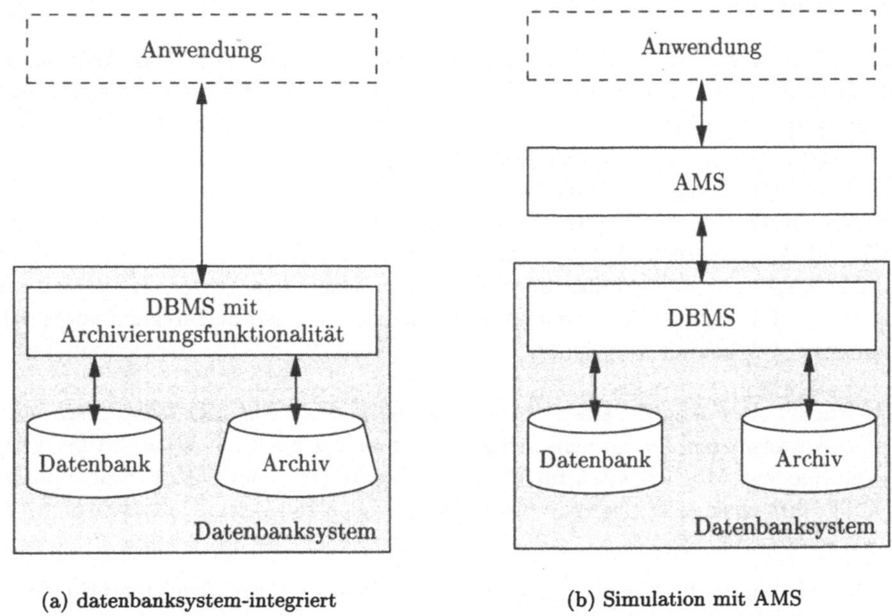

(a) datenbanksystem-integriert   (b) Simulation mit AMS

Abbildung 8.1: AMS simuliert datenbanksystem-integrierte Archivierung

funktionalität ab. Anwendungen greifen nun über die zusätzliche Schicht auf das DBMS zu. Einschränkend sei jedoch erwähnt, daß das AMS nicht darauf abzielt, für beliebige Anwendungen eingesetzt zu werden. Vielmehr ist als Anwendung ein Nutzer aufzufassen, welcher Archivierungsanweisungen an das AMS übergibt.

Abbildung 8.1 stellt die angestrebte datenbanksystem-integrierte Archivierung und die Simulation derselben durch das AMS gegenüber. Es lassen sich zwei wesentliche Unterschiede zwischen gewünschtem Lösungsansatz und Simulation feststellen. Erstens ist nach Abbildung 8.1(a) die Archivierungsfunktionalität im DBMS integriert. In der Simulation entsprechend Abbildung 8.1(b) wird die Archivierungsfunktionalität im AMS als Anwendung auf dem DBMS implementiert. Zweitens unterstützt der Prototyp nur die Archivierung auf Sekundärspeicher, während die datenbanksystem-integrierte Archivierung auch die Unterstützung von Tertiärspeichern einbezieht. Eine vollständige Integration von Tertiärspeichern in Datenbanksysteme ist in heutigen Produkten jedoch nicht gegeben, so daß der Prototyp auf entsprechende Funktionalität nicht zurückgreifen kann. Erwähnenswert ist noch, daß bei der gewählten Architektur das Archiv Bestandteil des Datenbanksystems ist. Das simulierte Archiv befindet sich also unter Kontrolle des DBMS. Die Simulation der datenbanksystem-integrierten Archivierung fällt daher nicht in die Kategorie der datenbanksystem-basierten Archivierung (Abbildung 2.4(a), Seite 34), bei der sowohl Archiv als auch Archivierungsfunktionalität nicht zum Datenbanksystem gehören. Verschiedene Möglichkeiten zur Simulation eines Archivs unter Kontrolle eines kommerziellen DBMS werden in [Now97] diskutiert. Die im Rahmen der Implementierung realisierte Variante wird in Abschnitt 8.2.4 vorgestellt.

8.2.2   Architektur und Komponenten

Abbildung 8.2 zeigt die Architektur und Komponenten des AMS. Das AMS ist in drei
Schichten strukturiert. Die oberste Schicht beinhaltet den *ASQL-Parser*. Dieser steht in
Verbindung mit dem *Archive Kernel* (AK) in der zweiten Schicht. Der AK steuert die
gesamte Verarbeitung im AMS. Speziell für die aktiven Eigenschaften des AMS existiert
der *Archive Rule Manager* (ARM). Beide nutzen die Komponenten der untersten Schicht.
Zu dieser gehören der *Archive Transaction Manager* (ATM), der *Archive Data Manager*
(ADM) und der *Archive Schema Manager* (ASM). Die Komponenten des AMS stehen,
wie in der Abbildung dargestellt, untereinander und mit dem DBMS in Verbindung. Die
Aufgaben und Funktionen der einzelnen Komponenten werden nachfolgend vorgestellt, ihr
Zusammenspiel dabei nur angedeutet.

ASQL-Parser Der ASQL-Parser übernimmt die lexikalische und syntaktische Analyse
von Anweisungen der Sprache ASQL. Dazu gehört auch die Verarbeitung von SQL.
Verschiedene Möglichkeiten für Parser-Architekturen einer SQL-Erweiterung werden
in [TJB97] diskutiert. Der ASQL-Parser erzeugt eine interne Datenstruktur, die vom
AK verarbeitet wird.

AK Der AK steuert die Verarbeitung im AMS. Die auszuführenden Operationen werden
durch die vom ASQL-Parser übergebene Datenstruktur beschrieben. Bei deren Verarbeitung nutzt der AK die ihm zur Verfügung stehenden Manager (ATM, ADM,
ASM und ARM).

ARM Der ARM ist für die Abarbeitung von Regeln verantwortlich. Dies umfaßt die Regeln zur automatischen Übernahme gelöschter oder geänderter Daten im Rahmen
von Lösch- oder Änderungsanweisungen, außerdem die zeitbezogenen Regeln in Datenbank und Archiv. Die Spezifikation einer Regel wird mit Hilfe des ASM verwaltet,
für die Regelausführung wird der AK benutzt.

ATM Der ATM sorgt für die transaktionale Verarbeitung der Archivierungsfunktionalität.
Beim erfolgreichen Abschluß einer Transaktion wird die Transaktions- bzw. Archivierungszeit ermittelt. Unter Nutzung des ADM werden die in einer Transaktion dem
Archiv hinzugefügten Daten um entsprechende Zeitstempel ergänzt. Der ASM wird
verwendet, um Versionen von Archivtabellen mit Zeitstempeln zu versehen.

ADM Der ADM verarbeitet die archivbezogenen Datenmanipulationsoperationen. Dazu zählen das Aus- und Einlagern, das Einfügen und Löschen sowie Anfragen. Für
die Ausführung dieser Funktionalität wird der ASM herangezogen, um erforderliche
Schemainformationen zu erhalten.

ASM Der ASM ist für die Datendefinitionsoperationen in Verbindung mit Archiven zuständig. Diese Komponente verwaltet sämtliche Archivmetadaten unter Verwendung
des Definitions- und Informationsschemas von ASQL.

Für einen objektorientierten Entwurf der einzelnen AMS-Komponenten sei auf [Sto99] verwiesen. Dabei wird die *Unified Modeling Language* (UML) eingesetzt [Oes98]. Die Implementierung des AMS erfolgt unter Verwendung von C++ [Str97, ISO98a] und eingebette-
tem SQL. Der ASQL-Parser wird mit Hilfe der Werkzeuge `lex` und `yacc` realisiert [LMB92].

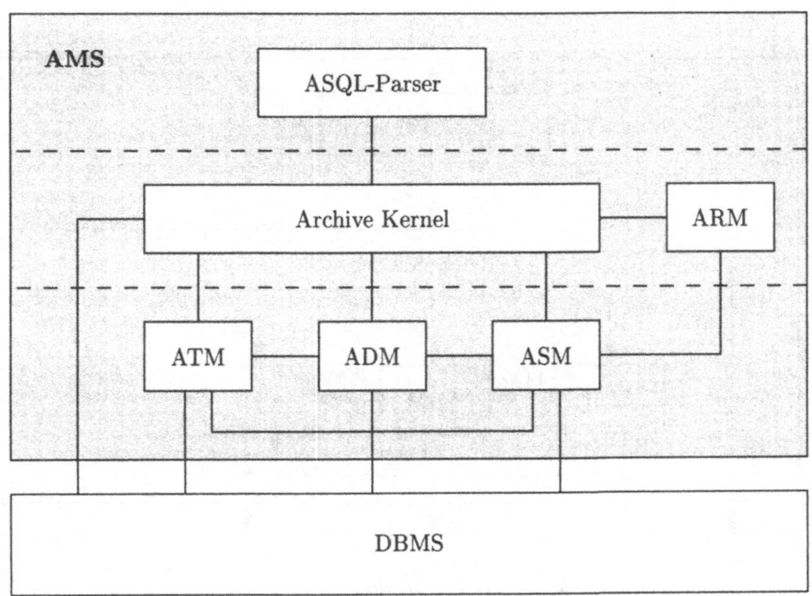

Abbildung 8.2: Architektur und Komponenten des AMS

Als Grundlage dienen die in Backus-Naur-Form (BNF) vorliegende Sprachbeschreibung von SQL [ISO92] und die entsprechend in ASQL zusätzlich spezifizierten Sprachelemente (Anhänge A und C).

8.2.3 Operationsverarbeitung

Im AMS wird die ASQL-Funktionalität unter Verwendung von SQL-Funktionalität realisiert. Das Transaktionsmanagement wird dabei vom zugrundeliegenden DBMS übernommen und erweitert (ATM). Einzelne archivierungsspezifische Anweisungen zur Datendefinition und -manipulation werden in (mehrere) SQL-Anweisungen transformiert. Bei der Datendefinition kommt noch hinzu, daß die Metadaten des ASQL-Katalogs gewartet werden müssen.

Für die einzelnen ASQL-Anweisungen werden Szenarien durchgespielt, um die Zusammenarbeit der einzelnen AMS-Komponenten zu erläutern. Szenarien dienen bei der objektorientierten Softwareentwicklung dazu, die Sequenz von Nachrichten in einem System nachzuvollziehen. Jede Nachricht ist im allgemeinen mit der Übertragung von Daten von einem Objekt an ein anderes verbunden. Die Daten können dabei unterschiedliche Strukturen aufweisen. Die Nachrichtenübertragung wird über Methodenaufrufe realisiert [Bal96]. Anhand von Abbildung 8.3 werden die einzelnen Szenarien der Operationsverarbeitung erläutert. Auf eine separate graphische Darstellung mit Hilfe von Sequenzdiagrammen [Oes98] wird verzichtet. Die Pfeile in der Abbildung geben an, welchen Weg die Nachrichten zwischen den Komponenten nehmen. Rückgabewerte, die aus dem Aufruf einer Methode entstehen, werden in umgekehrter Richtung übertragen. Dieser Fluß ist nicht eingezeichnet, da er sich implizit aus den gesendeten Nachrichten ergibt. Neben der internen Kommunikation

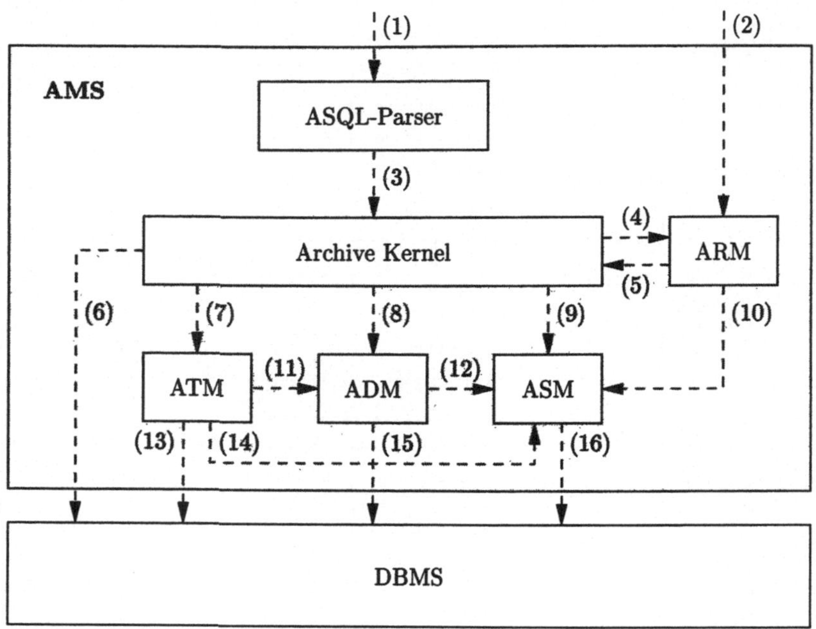

Abbildung 8.3: Nachrichten im AMS

ist auch die externe dargestellt. Dazu gehören die Nachrichten, die das AMS von außerhalb in Form von ASQL oder Zeitsignalen erreichen und die Nachrichten, die vom AMS an das DBMS geschickt werden, um die Archivierungsoperationen mit Hilfe von SQL zu simulieren.

Die Operationsverarbeitung im AMS kann auf zwei Arten initiiert werden. Zum einen können Nutzer ASQL-Anweisungen eingeben (1), zum anderen können Zeitereignisse Regeln auslösen (2). Grundsätzlich werden dabei die Operationen im Rahmen einer Transaktion ausgeführt. Im ersten Fall (1) werden die Anweisungen als Eingabestrom an den ASQL-Parser übergeben. Es handelt sich dabei um eine Transaktion, deren Operationen in Textform aufgelistet sind. Für jede einzelne Anweisung der Transaktion erfolgt eine lexikalische und syntaktische Analyse. Hierbei baut der ASQL-Parser eine Baumstruktur auf [Now97], welche die Anweisungen in einem AMS-internen Format repräsentiert. Dieser Baum wird dem AK zur Verarbeitung übergeben (3). Im zweiten Fall (2) erhält der ARM ein Zeitsignal vom Betriebssystem und löst eine zeitbezogene Regel aus. Die zugehörige Regelaktion entspricht einer Transaktion.

Nach der Initiierung liegt die Kontrolle über die Ausführung der Operationen einer Transaktion beim AK oder ARM. Hier setzen die nachfolgend betrachteten Szenarien für einzelne ASQL-Anweisungen auf. Die Szenarien werden dabei in Gruppen zusammengefaßt. Unterschieden werden Datendefinition, Datenmanipulation, zeitbezogene Regeln und Transaktionsende. Diese Einteilung beruht darauf, daß die Verarbeitung der Anweisungen einer Gruppe ähnlich abläuft, insbesondere sind die gleichen AMS-Komponenten involviert. Innerhalb der einzelnen Manager erfolgt die Auswertung der Anweisungen, auf die hier nur kurz eingegangen werden soll. Eine detailliertere Beschreibung ist [Sto99] zu entnehmen.

8.2.3.1 Datendefinition

Eine Datendefinitionsanweisung, die dem AK übergeben wurde, muß zunächst auf ihre Relevanz für Archive untersucht werden. Bezieht sich die Anweisung auf die Datenbank, so wird mit Hilfe des ASM bestimmt, ob auch Archivtabellen betroffen sind (9). Hierfür werden vom ASM die Metadaten zu den Schemaelementen der Datenbank ermittelt (16). Im Falle, daß Archivtabellen implizit geändert werden müssen, generiert der AK entsprechende ASQL-Anweisungen, welche die notwendigen Änderungen an den Archivtabellen beschreiben. Außerdem kann eine Datenbankanweisung Datenbankregeln betreffen, welche vom ASM verwaltet werden. Der AK erzeugt auch hierfür entsprechende ASQL-Anweisungen und informiert zusätzlich den ARM (4). Nach diesen eventuell erforderlichen Vorbereitungen wird die ursprüngliche SQL-Anweisung an das DBMS weitergereicht (6) und dort verarbeitet. Zusätzlich erzeugte ASQL-Anweisungen werden anschließend an den ASM übergeben (9). Die Ausführung dieser Anweisungen läuft ab, wie nachfolgend beschrieben, als wären sie explizit auf ein Archiv angewendet worden. Tritt dabei ein Fehler auf, wird der gesamte Vorgang, also auch die bereits ausgeführte Datenbankanweisung, zurückgesetzt.

ASQL-Anweisungen, die sich auf Schemaelemente eines Archivs beziehen, müssen im AK vervollständigt werden. Defaultwerte nicht spezifizierter Optionen (Abschnitt 6.3) werden hierbei den Datendefinitionsanweisungen hinzugefügt. Für die eigentliche Ausführung dieser Anweisungen ist der ASM zuständig. Hierfür werden vom AK einzelne Anweisungen an den ASM übergeben (9). Vom ASM werden mit SQL-Mitteln zum einen die betroffenen Schemaelemente erzeugt, modifiziert oder gelöscht und zum anderen die Metadaten aktualisiert (16). Fehler, die sich beim Verarbeiten einer Anweisung ergeben, werden an den AK zurückgemeldet. Das schließt auch die vom DBMS gelieferten SQL-Fehler mit ein.

Im Rahmen der Datendefinition werden auch die Anweisungen für die Vergabe und den Entzug von Rechten in Datenbank und Archiv behandelt. Da ASQL auf Datenbankseite den Rechtetyp ARCHIVE hinzufügt (Abschnitt 6.3.9), werden sowohl datenbank- als auch archivbezogene Rechteanweisungen im ASM verarbeitet (9, 16). Mit Hilfe von SQL werden die Rechte für Datenbank- und Archivtabellen vergeben bzw. entzogen. Ausgenommen ist hierbei das ARCHIVE-Recht, da es kein Bestandteil von SQL ist. Dieses Recht wird ausschließlich vom ASM verwaltet und geprüft. Neben der Ausführung der Rechteanweisung aktualisiert der ASM auch die entsprechenden Metadaten.

8.2.3.2 Datenmanipulation

Der AK prüft, ob von einer Datenmanipulationsanweisung Archive betroffen sind. Direkt auf ein Archiv beziehen sich Anweisungen zum Aus- und Einlagern, Einfügen und Löschen sowie Anfragen. Darüber hinaus sind Anweisungen von Interesse, die Archivregeln (*history rules*) auslösen können. Mögliche Auslöser solcher nicht zeitbezogener Regeln sind das Löschen und Ändern in der Datenbank, aber auch das verschiebende Auslagern und das Auslagern alter Datenzustände, da sie auch zum Löschen bzw. Ändern in der Datenbank führen (Abschnitt 6.4).

Falls der AK eine normale DELETE- oder UPDATE-Anweisung feststellt, erhält der ARM eine Kopie dieser SQL-Anweisung (4). Hiermit bestimmt der ARM unter Nutzung des

ASM, ob Regeln auszulösen sind (10). Ist das der Fall, so werden ebenfalls über den ASM die Daten der anzuwendenden Regeln ermittelt. Aus diesen Daten generiert der ARM für jede Regel die auszuführende Regelaktion als ASQL-Anweisung (COPY) und übergibt diese dem AK zur Verarbeitung (5). Die Verarbeitung dieser Anweisung erfolgt so, als ob sie als explizite Archivmanipulationsanweisung initiiert wurde. Sobald alle Regelaktionen abgearbeitet sind, übergibt der ARM die Kontrolle wieder an den AK. Dieser führt dann die initiierende Lösch- oder Änderungsanweisung aus, indem die ursprüngliche SQL-Anweisung an das DBMS weitergeleitet wird (6).

Der AK prüft bei einer Archivmanipulationsanweisung zunächst, ob sie Auslöser einer Regel sein kann. Ist das der Fall, dann wird die Anweisung an den ARM geschickt (4). Wie oben beschrieben wird auch hier festgestellt, ob Regeln auszuführen sind. Nach deren Verarbeitung durch den AK kann die ursprüngliche ASQL-Anweisung ausgeführt werden. Diese wird vom AK unter Umständen noch um Defaultwerte ergänzt (Abschnitt 6.4). Die eigentliche Ausführung der Anweisung übernimmt dann der ADM (8). Dieser verwendet den ASM, um die notwendigen Schemainformationen für die zu nutzenden Archivtabellen zu erhalten (12, 16). Daraus erzeugt der ADM SQL-Anweisungen und läßt sie vom DBMS ausführen (15).

8.2.3.3 Zeitbezogene Regeln

Eine Form von Regeln (*history rules*) wurden bereits im vorigen Abschnitt erläutert. Hier soll noch auf die zeitbezogenen Regelarten (Abschnitt 6.3.8) und ihre Verarbeitung eingegangen werden. Auslöser dieser Regeln sind Zeitereignisse, welche dem ARM signalisiert werden (2). Der ARM bestimmt zunächst mit Hilfe des ASM, welche Regeln auszuführen sind (10, 16). Für jede dieser Regeln wird anschließend eine entsprechende Transaktion vorbereitet. Im Falle einer Archivregel zum kopierenden Auslagern oder zum Löschen von Archivdaten erhält die Transaktion die jeweils zugehörige Regelaktion als ASQL-Anweisung. Handelt es sich bei einer Regel um eine Datenbankregel, dann werden, wieder unter Verwendung des ASM, die zugeordneten Archivregeln bestimmt. Der ARM erzeugt für jedes Paar aus Datenbank- und Archivregel eine Transaktion, welche die Löschanweisung der Datenbankregelaktion und die Anweisung zum kopierenden Auslagern der Archivregelaktion enthält. Ist einer Datenbankregel keine Archivregel zugeordnet, dann besteht die erzeugte Transaktion nur aus der Löschanweisung. Jeder erzeugten Transaktion wird vom ARM noch eine abschließende COMMIT-Anweisung hinzugefügt. Zur Verarbeitung werden die Transaktionen an den AK übergeben (5). Dieser verarbeitet die Anweisungen einer Transaktion, wie es das Szenario zur Datenmanipulation beschreibt. Sollte dabei ein Fehler auftreten, wird dieser vom ARM an den Datenbankadministrator gemeldet.

8.2.3.4 Transaktionsende

Eine Transaktion kann über die ASQL-Anweisungen COMMIT oder ROLLBACK beendet werden. Der AK übermittelt dem ATM eine entsprechende Nachricht in Form eines parameterlosen Methodenaufrufs (7). Beim Beenden der laufenden Transaktion mit COMMIT, ermittelt der ATM die zugehörige Transaktionszeit. Diese wird an den ADM übergeben (11). Vom ADM wird die Transaktionszeit als Archivierungszeit den Daten hinzugefügt (15), welche in der laufenden Transaktion in ein Archiv eingefügt wurden. Die Transaktionszeit wird auch an den ASM geschickt (14), damit dieser die Metadaten für in der Transaktion erzeugte Versionen von Archivtabellen vervollständigen kann (16). Sind alle Zeitstempel hinzugefügt, dann wird ein SQL-COMMIT an das DBMS abgesetzt (13). Falls die laufende Transaktion mit ROLLBACK zurückgesetzt werden soll, löst der ATM unmittelbar ein SQL-ROLLBACK aus (13). Das DBMS macht dann alle Änderungen der laufenden Transaktion rückgängig. Davon betroffen sind Datenbank, Archiv und zugehörige Metadaten. All diese Daten stehen unter Verwaltung des untenliegenden DBMS. Im AMS selbst werden keine Daten gehalten, so daß keine weiteren Aktionen erforderlich sind.

Für weiterführende Fragen der Transaktionsverwaltung in temporalen Datenbanken, sei auf [VLG95, VLG98, Gal98] verwiesen. Speziell mit der Vergabe von Zeitstempeln im Rahmen von Transaktionen beschäftigt sich [TSJ97]. Von Interesse sind hier insbesondere die vorgestellten Implementierungsansätze, soweit sie als Schicht auf einem kommerziellen DBMS aufsetzen.

8.2.4 Einsatz von DB2

Als Basis für die Implementierung des AMS wurde *DB2 Universal Database for AIX* in der Version 5.2 [IBM98c, IBM98d] ausgewählt. DB2 setzt die SQL-Norm, wie andere Produkte auch, nicht vollständig um. Die Abdeckung der Norm ist bei DB2 allerdings relativ hoch. Das AMS konzentriert sich bei Umsetzung der Sprache ASQL auf die gegenüber SQL neuen Sprachelemente, so daß SQL lediglich in Form von DB2-SQL zur Verfügung steht. Der Schwerpunkt der folgenden Betrachtungen liegt auf Aspekten, welche die Simulation von Archiven unter Einsatz von DB2 betreffen.

Eine DB2-Datenbank besteht aus einer Menge von DB2-Schemata[2]. In einem Schema können Tabellen und Sichten erzeugt werden. Auf physischer Ebene lassen sich Tabellen Tabellenbereichen (*table spaces*) zuordnen. Ein Archiv ist eine Sammlung von Archivtabellen. Eine Möglichkeit zur Simulation von Archiven ist die Abbildung auf DB2-Schemata als Teil einer DB2-Datenbank. Alternativen hierzu werden in [Now97] untersucht. Für jedes Archiv wird ein eigenes Schema angelegt. Nicht als Archiv ausgezeichnete Schemata bilden die Datenbank. In einer DB2-Datenbank werden also eine Datenbank und ihr zugeordnete Archive simuliert. Eine Datenbank kann mehrere Schemata umfassen, während ein Archiv genau einem Schema entspricht. Mit dieser Form der Abbildung sind keine Nachteile verbunden, ASQL sieht nämlich für Archive im Gegensatz zu Datenbanken keine Unterteilung in ASQL-Schemata vor (Abschnitt 7.3.2). Durch die Verwendung von DB2-Schemata wird die logische Trennung von Archiven untereinander und zur Datenbank vollzogen. Zur physischen Trennung von Datenbank- und Archivdaten werden Tabellenbereiche eingesetzt.

In Abbildung 8.4 ist eine DB2-Datenbank dargestellt, deren Schemata Datenbank und Archive simulieren. Schemata, die Archive repräsentieren, stehen in keiner Beziehung zu anderen Schemata, während das bei Schemata, die zur Datenbank gehören, durchaus der Fall sein kann. Für die Metadaten sind bezogen auf Datenbank und Archive jeweils ein eigenes Schema (Meta) vorhanden. Für die Datenbank wird der DB2-Katalog (Schema SYSCAT) verwendet. Die Beschreibung der Archive erfolgt über den ASQL-Katalog. Das

---

[2]Der Schemabegriff von DB2 entspricht dem in SQL.

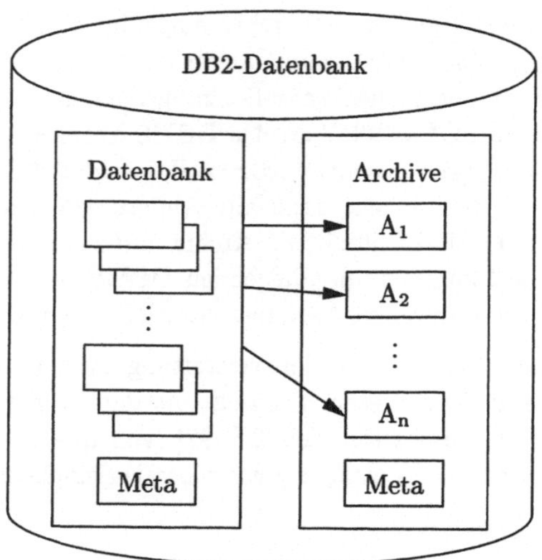

Abbildung 8.4: Simulation der Archive durch DB2-Schemata

zugehörige Definitions- und Informationsschema wird auf Grundlage von Anhang B mit DB2-SQL realisiert [Sto99]. Die Umsetzung nutzt dabei Erkenntnisse aus [Ska98, SSPK99], wo bereits ein SQL-konformes Informationsschema für DB2 implementiert wurde.

Eine DB2-Datenbank und der zugehörige Katalog werden über die folgende Anweisung erzeugt. Hierbei steht `<database name>` für den Namen der DB2-Datenbank.

```
CREATE DATABASE <database name>
```
(DB2-SQL)

Das Erzeugen eines Archivs erfolgt in ASQL mit der nachfolgenden Anweisung. Dabei bezeichnet `<archive name>` den Namen des zu erzeugenden Archivs und `<user>` den Namen des Archiveigners. Ist kein Archiveigner angegeben, dann ist dies der aktuelle Nutzer implizit (Abschnitt 6.3.1).

```
CREATE ARCHIVE <archive name> [ AUTHORIZATION <user> ]
```
(ASQL)

Die ASQL-Anweisung zum Erzeugen eines Archivs wird im ASM auf die DB2-Anweisung zum Erzeugen eines Schemas abgebildet. Dabei erhält das Schema den Namen des Archivs `<archive name>`, welches es repräsentiert. Die Bedeutungen von `<archive name>` und `<user>` sind die gleichen wie oben. Der Nutzer wird vom ASM ermittelt und eingesetzt, falls dieser in der ASQL-Anweisung nicht angegeben wurde.

```
CREATE SCHEMA <archive name> AUTHORIZATION <user>
```
(DB2-SQL)

Durch die Verwendung von Schemata ergeben sich zwangsläufig Einschränkungen für die Datenbank. Die DB2-Schemata, welche als Archive genutzt werden, stehen der Datenbank nicht zur Verfügung. Im AMS wird daher dafür gesorgt, daß auf solche Schemata nur Archivoperationen anwendbar sind. Beispielsweise sei das Löschen von DB2-Schemata (`DROP`

SCHEMA) erwähnt. Hier trifft das AMS Vorkehrungen, so daß Schemata, die als Archive fungieren, nur über die ASQL-Anweisung zum Löschen eines Archivs (DROP ARCHIVE) gelöscht werden können.

Die physische Trennung von Datenbank- und Archivdaten wird durch Tabellenbereiche bewerkstelligt. Nach der Erzeugung eines DB2-Schemas für ein Archiv, wird ein Tabellenbereich angelegt, der auch den Namen des Archivs trägt. In diesem Tabellenbereich werden alle zu diesem Archiv gehörenden Archivtabellen abgelegt. In der nachfolgend gezeigten DB2-Anweisung steht <archive name> wiederum für den Namen des zu erzeugenden Archivs. Die USING-Klausel gibt an, wo die Daten physisch im Dateisystem des Betriebssystems gelagert werden sollen. Mit Hilfe einer Umgebungsvariablen wird festgelegt in welchem Verzeichnis Archive zu speichern sind. Der ASM ermittelt hieraus <archive directory>. Dieses Verzeichnis enthält für jede DB2-Datenbank, die Archive aufnimmt, ein Unterverzeichnis mit Namen <database name>. Schließlich werden noch die Archive einer Datenbank unter Angabe von <archive name> getrennt. Durch dieses Verfahren ist es möglich, die Datenbank und jedes zugehörige Archiv auf unterschiedlichen Speichermedien abzulegen.

```
CREATE TABLESPACE <archive name>                                  (DB2-SQL)
   MANAGED BY SYSTEM USING
   ( '<archive directory>/<database name>/<archive name>' )
```

Archivtabellen können mehrere Versionen umfassen. Für jede Version einer Archivtabelle wird eine eigene DB2-Tabelle erzeugt. Die Namen dieser Tabellen werden AMS-intern verwaltet. Der ASM vergibt für jede DB2-Tabelle, die eine Version darstellt, einen innerhalb des DB2-Schemas eindeutigen Namen. Mit der folgenden Anweisung wird eine Version einer Archivtabelle erzeugt. Dabei steht <archive name> für den Archivnamen und <archive table version name> für den AMS-internen Namen der Version der Archivtabelle. Der Archivname dient zum einen der Qualifizierung des internen Versionsnamens, damit die Tabelle dem gewünschten DB2-Schema bzw. Archiv zugeordnet wird, zum anderen der Festlegung des zugehörigen Tabellenbereichs, in welchem die Tabelle physisch abgelegt werden soll.

```
CREATE TABLE <archive name>.<archive table version name>          (DB2-SQL)
   (
      ...
      TRANSACTION_ID        INTEGER          NOT NULL,
      ...
      FOREIGN KEY ( TRANSACTION_ID )
         REFERENCES COMMIT_TIME ON DELETE NO ACTION
   )
   IN <archive name>
```

Für die Version einer Archivtabelle werden die jeweils aktivierten Attribute und Integritätsbedingungen erzeugt. Die entsprechende DB2-Tabelle verfügt allerdings nicht über das (implizite) Attribut ARCHIVED zur Aufnahme der Archivierungszeit (Abschnitt 6.4.3). Stattdessen enthält die Tabelle das Attribut TRANSACTION_ID und eine Referenz auf die

AMS-Tabelle `COMMIT_TIME`. Über dieses Attribut wird die Transaktion identifiziert mit der ein Tupel in die Tabelle eingefügt wurde. Die Tabelle `COMMIT_TIME` besteht aus den Attributen `TRANSACTION_ID` und `ARCHIVED`. Sie verzeichnet also für jede Transaktion die zugehörige Transaktions- bzw. Archivierungszeit. Der Wert für `TRANSACTION_ID` wird bereits zu Beginn einer Transaktion ermittelt und mit jedem eingefügten Tupel gespeichert. Zum `COMMIT`-Zeitpunkt der Transaktion ist dann lediglich der entsprechende Wert von `ARCHIVED` in der Tabelle `COMMIT_TIME` zu setzen. Für die Aktualisierung der Tabelle und den transparenten Zugriff auf die Archivierungszeit sorgt der ADM.

8.3   Zusammenfassung

In diesem Kapitel wurde die prototypische Umsetzung von Konzept und Sprache der Archivierung in Datenbanksystemen vorgestellt. Mit dem Prototyp wird das Ziel verfolgt, die Realisierbarkeit der entwickelten Archivierungskonzepte zu zeigen und die Sprache ASQL zur Verfügung zu stellen. Darüber hinaus bildet die Implementierung eine Umgebung für die Validierung der erarbeiteten Lösungsansätze.

Der Prototyp konzentriert sich wie das gesamte Buch auf die konzeptuelle Integration von Archiv und Archivierungsfunktionalität in ein Datenbanksystem. Demnach spielen Implementierungsaspekte, welche auf tiefen DBMS-Schichten angesiedelt sind, keine Rolle. Insbesondere werden Tertiärspeicher nicht unterstützt. Vor diesem Hintergrund wurden verschiedene Entwurfsziele formuliert und als Architektur ein Schichtenansatz gewählt. Die konkrete prototypische Implementierung erfolgt mit dem AMS als Schicht über einem existierenden SQL-DBMS. Das AMS simuliert die datenbanksystem-integrierte Archivierung, indem die gegenüber SQL neuen Sprachelemente von ASQL durch eine Abbildung auf bekanntes SQL realisiert werden. Der Prototyp besteht aus den Komponenten ASQL-Parser, AK, ARM, ATM, ADM und ASM. Ihr Zusammenspiel bei der Verarbeitung der ASQL-Anweisungen wurde anhand verschiedener Szenarien (Datendefinition, Datenmanipulation, zeitbezogene Regeln, Transaktionsende) erläutert.

Der Entwurf des AMS erfolgte unabhängig von einem bestimmten DBMS. Es wurde lediglich angenommen, daß das DBMS als Datenbanksprache SQL unterstützt. Die Implementierung des AMS verwendet DB2 als untenliegendes DBMS. Archive werden mit Hilfe von DB2-Schemata und -Tabellenbereichen simuliert. Auf diese Weise erfolgt eine logische und physische Trennung der Archive untereinander und zur Datenbank. Jede Version einer Archivtabelle erhält eine eigene DB2-Tabelle. Die zugehörige Archivierungszeit ist allerdings nicht Teil solcher DB2-Tabellen, sondern wird über eine spezielle Tabelle realisiert.

Kapitel 9

Zusammenfassung und Ausblick

Den Abschluß des Buches bildet eine Zusammenstellung der erreichten Ergebnisse. Darüber hinaus werden in einem Ausblick offene Fragen und Anknüpfungspunkte für weiterführende Arbeiten diskutiert.

9.1 Ausgangspunkt

Ausgangspunkt des vorliegenden Buches war die Tendenz zu immer größeren Datenbanken, die in Datenbanksystemen verwaltet werden müssen. Damit sind eine Reihe von Problemen verbunden. Folgen der ständig wachsenden Datenbanken sind hohe Speicherkosten, Schwierigkeiten bei der Administration und Leistungsprobleme bei der Verarbeitung der Daten. Bestehende Technologie von Datenbanksystemen gelangt angesichts dieser Probleme an ihre Grenzen. Für zukünftige Datenbanksysteme sind daher neue Ansätze zum Umgang mit *sehr großen Datenbanken* gefragt.

Der Ansatz dieser Arbeit beruht auf der Beobachtung, daß nicht alle Daten einer Datenbank ständig und mit gleich hoher Intensität genutzt werden. Ein Datenbestand ist daher unter Einbeziehung von Anwendungswissen logisch in zwei Datenmengen unterteilbar. *Operative Daten* zeichnen sich durch hohe Aktualität und häufige Nutzung aus. *Nichtoperative Daten* hingegen werden nur selten benötigt, sollen aber langfristig zur Verfügung stehen, wodurch sich ein Löschen verbietet. Hier setzt die *Archivierung in Datenbanksystemen* an, um sehr große Datenbanken zu entlasten. Durch Auslagern nichtoperativer Daten in ein Archiv kann die Größe einer Datenbank reduziert werden. Dabei wird auch die physische Trennung beider Datenmengen vollzogen.

Das Ziel der Arbeit bestand darin, die Archivierung von Daten, die in einem Datenbanksystem verwaltet werden, zu ermöglichen. Hieraus folgte die grundlegende Erweiterung des Datenhaltungskonzepts von Datenbanksystemen um Archive und die Bereitstellung von Archivierungsfunktionalität durch das DBMS. Konkret sollte also für die Archivierung in Datenbanksystemen ein *Konzept* und eine *Sprache* erarbeitet werden. Die Betrachtungen, soweit nicht von allgemeiner Art, konzentrierten sich auf relationale Datenbanksysteme aufgrund ihrer Bedeutung für die Praxis.

9.2 Ergebnisse

Das vorliegende Buch liefert mit dem vorgestellten Konzept und der Sprache ASQL für die Archivierung in Datenbanksystemen einen aktuellen Beitrag zur Datenbankforschung und -praxis. Im einzelnen wurden die nachfolgend beschriebenen Ergebnisse erzielt.

Einordnung

Nach der Einführung von grundlegenden Aspekten der Datenhaltung in Datenbanksystemen wurde der Begriff des *anwendungsorientierten Archivierens* nach [Her96a] vorgestellt. Dessen Eigenschaften bilden den Ausgangspunkt für das Verständnis von Archivierung in diesem Buch. Hinsichtlich der Anbindung von Archivierung an Datenbanksysteme wurden zwei Architekturen (datenbanksystem-basiert und -integriert) unterschieden. Bei der *datenbanksystem-integrierten Archivierung* sind Archiv und Archivierungsfunktionalität Teil des Datenbanksystems. Archivdaten können so weiter von den Möglichkeiten einer Datenhaltung im Datenbanksystem profitieren. Diese Architekturvariante wurde daher für den Rest des Buches zugrundegelegt. Außerdem wurden verschiedene *Einsatzmöglichkeiten der Archivierung* mit Hilfe von Anwendungsbeispielen erläutert. Schließlich wurde ein Überblick zum Stand der Forschung gegeben.

Praxisrelevanz

Die Bedeutung der Archivierung für die Praxis wurde anhand zweier Beispiele verdeutlicht. Die *Archivierungslösung im System R/3* verfolgt den datenbanksystem-basierten Architekturansatz, während der *DB2 Row Archive Manager* datenbanksystem-integriert ist. Als Ergebnis der Vorstellung dieser Lösungen wurde herausgearbeitet, daß ein Archivierungsdienst von der Komponente bereitgestellt werden sollte, die für die Datenhaltung ohnehin zuständig ist, also vom Datenbanksystem. Die Komplexität von Anwendungssystemen wird jedoch häufig dazu führen, daß die Archivierung nicht losgelöst von den Anwendungen nur auf Administrationsebene betrieben werden kann. Die geforderte Anwendungsorientierung ist dann über spezielle Archivanwendungen erreichbar.

Neuer Datenbankdienst

Für die Archivierung als Datenbankdienst galt es zu untersuchen, wie die konzeptuelle Integration von Archiv und Archivierungsfunktionalität erfolgen kann. Die *grundlegende Erweiterung des Datenhaltungskonzepts* von Datenbanksystemen findet Ausdruck in der Beziehung zwischen Datenbank und Archiv. Diese wurde in den Anforderungen nach Datenbankrelevanz, homogenem Zugriff auf Archivdaten, Authentizität von Archivdaten und Autonomie der Datenbank berücksichtigt. Vor diesem Hintergrund wurde ein *Konzept für Archive* entwickelt. Dieses sieht vor, daß ein Archiv über ein Schema strukturiert wird, welches aus einer Datenbank abgeleitet ist. Ein Archiv ist einer Datenbank zugeordnet, während einer Datenbank mehrere Archive zugeordnet sein können. Als wesentlich wurde herausgestellt, daß für ein Archiv ähnlich wie für eine Datenbank ein Entwurf durchgeführt werden muß. Unterschieden wurde in einen *strukturellen und operationalen Archiventwurf.*

Zur Orientierung wurden fünf wichtige Anwendungsfelder der Archivierung und ihre charakteristischen Eigenschaften beschrieben. Für den Umgang mit den Archiven wurde eine *das DBMS erweiternde Archivierungsfunktionalität* vorgeschlagen. Diese umfaßt, neben der Definition von Archivtabellen, das Aus- und Einlagern von Daten, das Einfügen und Löschen von Archivdaten sowie Anfragen an Archive. Hervorzuheben sind hier die Möglichkeiten, kaskadierend abhängige und referenzierte Tupel in einer Operation zu berücksichtigen. Darüber hinaus steht eine regelbasierte Form der Archivierung zur Verfügung. Die vier Regelarten erlauben die Archivierung gelöschter oder geänderter Daten, das zeitbezogene kopierende Auslagern von Datenbankdaten und das zeitbezogene Löschen von Archivdaten. Eine Besonderheit ist hier die auf Datenbank und Archive verteilte Regeldefinition im Falle der zweiten Regelart.

Zeitaspekte

Aufgrund der langfristigen Aufbewahrung von Archivdaten wurden verschiedene Zeitaspekte der Archivierung untersucht. Archive sollen aufgrund ihrer potentiellen Langlebigkeit die Nutzungszeit der zugehörigen Datenbank übertreffen können. Hierfür wurde ein Ansatz zum *Abtrennen und Wiedereingliedern von Archiven* bezüglich des Datenbanksystems erläutert. Auf Ebene der Archivdaten wurde die Aufzeichnung der *Archivierungszeit* motiviert. Sie dient der Rekonstruierbarkeit von Teilzuständen der Datenbank, der Auswahl von Archivdaten und ermöglicht die Mehrfacharchivierung. Die zeitlichen Eigenschaften wurden in einem *temporalen Datenmodell für Archive* zusammengefaßt. Dessen charakteristische Eigenschaften sind sein Zeitpunktbezug, die Nutzung der Transaktionszeit, sich auf Tupel beziehende Zeitstempel und die Verwendung eines impliziten Zeitattributs.

Archivdaten

Für Archive sollte in Anlehnung an Datenbanken ein geeigneter Konsistenzbegriff bestimmt werden. Dabei war insbesondere die Beziehung zwischen Datenbank und Archiv zu berücksichtigen. Zu diesem Zweck wurden wesentliche Konzepte der Integritätssicherung von Datenbanken vorgestellt. Neben der Definition der Konsistenz von Datenbanken wurden Integritätsbedingungen bezüglich verschiedener Kriterien klassifiziert und für das relationale Datenmodell beschrieben. Mit diesen Grundlagen konnte die *Konsistenz von Archiven* untersucht und begrifflich gefaßt werden. Außerdem wurden verschiedene Arten von *Integritätsbedingungen für Archive* betrachtet und hinsichtlich ihrer Relevanz diskutiert. In diesem Zusammenhang wurden Schlüssel und Fremdschlüssel im temporalen Datenmodell für Archive definiert. Als wesentlich für die Verbindung von Datenbank und Archiv erwiesen sich die transaktionsbezogenen Zustandsübergänge beim Auslagern von Daten der Datenbank in ein Archiv. Im Rahmen einer Transaktion, welche eine Menge von Auslagerungsoperationen enthält, wird dem Archiv ein Teilzustand der Datenbank hinzugefügt. Eine Folge solcher durch die Transaktionszeit identifizierbaren Teilzustände bildet den Archivzustand. Dieser ist konsistent, wenn die im Archiv aktivierten Integritätsbedingungen erfüllt sind. Integritätsbedingungen werden aus der Datenbank übernommen und um die Archivierungszeit angereichert. Als *temporale Integritätsbedingungen* beziehen sie sich auf einzelne ausgelagerte Teilzustände und beachten so die Zustandssemantik der Datenbank.

Archivschema

Neben der Datenebene wurde für die Beziehung zwischen Datenbank und Archiv auch die Schemaebene, aufgrund der vom Datenbankschema abhängigen Definition eines Archivschemas, vertiefend untersucht. Aufgabe war es, Schemaänderungen auf Datenbank- oder Archivseite zu behandeln. Hierfür wurde zunächst anhand von SQL der Begriff des Datenbankschemas konkretisiert. Anschließend wurden mögliche *Schemaänderungen* klassifiziert und auf ihre Folgen für existierende Daten und Anwendungen untersucht. Im Hinblick auf die Archivierung wurden der Typ des betroffenen Schemaelements und eventuelle Informationsverluste als wichtigste Merkmale einer Schemaänderung herausgearbeitet. Als weitere Grundlagen wurden die Begriffe Schemamodifikation, Schemaevolution und Schemaversionierung eingeführt und abgegrenzt. Eine umfangreiche Analyse der Änderungsmöglichkeiten für SQL-Datenbankschemata diente schließlich als Ausgangspunkt, um die Auswirkungen auf Archivschemata zu diskutieren. Hierbei führte die Berücksichtigung der Forderungen an die Archivierung zum Ergebnis, daß Änderungen am Schema einer Datenbank auf dessen Archive übertragen werden müssen (Relevanz), bereits archivierte Daten nicht angepaßt werden dürfen (Authentizität) und Archive keine Rückwirkungen auf Datenbanken haben sollen (Autonomie). Als Folge davon wurde ein *Versionierungskonzept für Archivschemata* entwickelt. Die Versionierung bezieht sich auf Archivtabellen mit ihren Integritätsbedingungen und wird implizit durch Änderung des Datenbankschemas oder explizit durch Änderung des Archivschemas ausgelöst. Die Verbindung von zustandsbezogenen Datenbankschemata und versionierten Archivschemata erforderte spezielle Konzepte, um wie gefordert Elemente eines Archivschemas mit Namen des aktuellen bzw. ehemals gültigen Datenbankschemas ansprechen zu können (homogener Zugriff). *Namenskonflikte*, die durch die Wiederverwendung von Namen auf Datenbankseite entstehen können, werden über die Versionen einer Archivtabelle identifizierende Transaktionszeit aufgelöst. *Logische Attribute* dienen bei Anfragen zum Zusammenfassen semantisch äquivalenter Attribute verschiedener Versionen einer Archivtabelle. Während das Einfügen von Daten nur in die jeweils aktuellen Versionen von Archivtabellen möglich ist, kann der Zugriff auf archivierte Daten auch in ihrem historischen Kontext und versionsübergreifend erfolgen.

Sprache

Das Konzept der Archivierung in Datenbanksystemen sollte über eine Sprache nutzbar gemacht werden. Aufgrund ihrer Bedeutung wurde die normierte Datenbanksprache SQL in der Version von 1992 als Grundlage ausgewählt. Mit *ASQL* wurde eine Sprache geschaffen, die SQL enthält und basierend auf dem Konzept zusätzlich über Mittel zur Archivierung verfügt. Dem Entwurf der Sprache ASQL lagen die Forderungen nach Kompatibilität zu SQL, Kompatibilität der Archivierung sowie Minimalität und Erweiterbarkeit zugrunde. Erweiterungen von SQL fanden in den Bereichen Datendefinition, Datenmanipulation und Metadaten statt. ASQL verfügt neben den bekannten SQL-DDL-Anweisungen über Möglichkeiten zur Definition von Archiven, Archivtabellen, Integritätsbedingungen für Archive, Datenbank- und Archivregeln sowie zusätzlichen Rechten. Der DML-Teil von SQL wurde ergänzt um Sprachmittel zum Auslagern von Daten, Einlagern von Archivdaten sowie zum Einfügen und Löschen von Archivdaten. Außerdem werden Archivanfragen unter Einbeziehung von Versionierung und der Zugriff auf die (implizite) Archivierungszeit unterstützt.

Die neuen Sprachelemente wurden anhand abstrakter Syntaxbeispiele eingeführt. Darüber hinaus wurde eine *formale Sprachspezifikation* für ASQL erstellt.

Metadaten

Bestandteil von SQL ist auch ein Metadatenschema. Für ASQL galt es daher, dieses um Aspekte der Archivierung zu erweitern. Nach einer allgemeinen Diskussion zur Beschreibung von Datenbankschemata durch Metadaten wurde das Metadatenkonzept von SQL (Informations- und Definitionsschema) vorgestellt. In ASQL wurden *SQL-Kataloge um Archive erweitert*. Diese sollten wie Datenbanken durch Metadaten beschrieben werden. Hierfür wurde das SQL-Informationsschema um *zusätzliche Sichten* ergänzt, so daß ein einheitlicher Zugriff auf die Metadaten von Datenbank und zugehörigen Archiven möglich wird. Grundlage dieses ASQL-Informationsschemas ist ein erweitertes Definitionsschema. Die neuen Sichten des Informationsschemas wurden verbal beschrieben, die am Definitions- und Informationsschema vorgenommenen *Erweiterungen formal spezifiziert*.

Beispiel

An einem ausführlichen Beispiel konnte die *Einsatztauglichkeit von Archivierungskonzept und Sprache ASQL validiert* werden. Bezüglich einer praxisrelevanten Beispieldatenbank wurden zwei Archivierungsszenarien diskutiert. Archivzweck war zum einen das vorherrschende Anwendungsfeld zur Datenbankentlastung, zum anderen die Ausnutzung der temporalen Datenhaltung zum Festhalten der Datenbankentwicklung.

Prototyp

Die prinzipielle Realisierbarkeit der erarbeiteten Lösungen sollte anhand einer prototypischen Implementierung gezeigt werden. Wie im gesamten Buch sollte dabei die konzeptuelle Integration von Archiv und Archivierungsfunktionalität im Vordergrund stehen, also Implementierungsaspekte tiefer DBMS-Schichten unbeachtet bleiben. Eine Unterstützung von Tertiärspeichern wurde daher nicht angestrebt. Für den Prototyp wurden zunächst einige Entwurfsziele festgelegt und alternative Architekturen diskutiert. Als Architektur wurde ein *Schichtenansatz* ausgewählt. Konkret wurde mit dem *AMS* eine Schicht über einem existierenden SQL-DBMS implementiert, die ASQL zur Verfügung stellt. Bezogen auf den *Entwurf* des AMS wurden Aspekte der Simulation der datenbanksystem-integrierten Archivierung, Architektur und Komponenten sowie verschiedene Szenarien der Operationsverarbeitung diskutiert. Bei der *Implementierung* kam DB2 als DBMS zum Einsatz. Die Umsetzung von Archivierungskonzepten mit DB2-Mitteln wurde abschließend vorgestellt.

9.3 Weiterführende Arbeiten

Im folgenden soll auf noch offene Fragen dieses Buches und anknüpfende Problemstellungen für zukünftige Arbeiten eingegangen werden.

Konzept

Für Archive wurde drei Arten von Integritätsbedingungen vorgestellt (Abschnitt 5.2.2). Unterstützung fanden schließlich aus der Datenbank in das Archiv übernommene Integritätsbedingungen. Konkret ist die Übernahme von Schlüsseln und Fremdschlüsseln möglich. Prinzipiell könnten auch beliebige modellexterne Integritätsbedingungen in ein Archiv übernommen werden. Die Frage, ob und in welchen Fällen dies sinnvoll ist, sollte eingehender analysiert werden. Die beiden anderen Arten, archivspezifische und übergreifende Integritätsbedingungen, wurden aufgrund der Forderungen nach Datenbankrelevanz und -autonomie nicht näher diskutiert. Durch solche Bedingungsarten wäre es möglich, zum einen aus Sicht des Archivs wichtige Einschränkungen zu formulieren, zum anderen Daten in Datenbank und Archiv enger aneinander zu binden. Hier könnten weitere Untersuchungen ansetzen.

Mit dem Versionierungskonzept für Archivschemata ist ein mächtiges Mittel vorhanden, um die Beziehung zwischen Datenbank und Archiv auf Schemaebene bei Schemaänderungen zu erhalten. Versionsübergreifende Anfragen werden über logische Attribute (Abschnitt 5.6.4) unterstützt. Attribute werden bei ihrer Aktivierung einer Gruppe (einem logischen Attribut) zugeordnet, die Zuordnung ist unveränderlich und wird für alle Attribute einer Archivtabelle über die entsprechende Tabelleneigenschaft gesteuert. Denkbar sind verschiedene Varianten, diesen Ansatz flexibler zu gestalten. Beispielsweise könnten die Zuordnungseigenschaften individuell für logische Attribute statt für die gesamte Tabelle festgelegt werden, die Zuordnung eines Attributs statisch oder dynamisch beim Zugriff auf die Archivtabelle veränderbar sein. Die Konsequenzen, insbesondere für den konsistenten Archivzugriff (gleiche Anfrage – gleiches Ergebnis), müssen dazu zunächst genauer untersucht werden und gegen die gewünschte Flexibilität abgewogen werden.

Die regelbasierte Archivierung ist Teil der Archivierungsfunktionalität. In den betrachteten Archivierungsszenarien erwies sich ihr Einsatz als sehr hilfreich (Abschnitte 4.5 und 6.6). Hier sollten Untersuchungen im Hinblick auf weitere Regelarten ansetzen. Beispielsweise könnten mit Regeln, deren Regelaktion mehr als eine Archivierungsoperation enthalten darf, noch komplexere Archivierungsanforderungen bewältigt werden.

Sprache

Die Sprache ASQL zeichnet sich durch umfangreiche Möglichkeiten im Bereich der DDL aus. Für Anfragen als Teil der DML sind nur die notwendigsten Sprachkonstrukte vorhanden. Aus dem Beispiel in Abschnitt 6.6 ist ersichtlich, daß bei Anfragen, die einen Verbund (`JOIN`) im Archiv herstellen, häufig Ausdrücke der Form `x.ARCHIVED = y.ARCHIVED` in der `WHERE`-Klausel auftreten. Verschiedene Varianten eines speziellen Archivverbunds (`ARCHIVE JOIN`), welche die Archivierungszeit implizit berücksichtigen, könnten hier zu einer Vereinfachung führen.

Zeitbezogene Regeln werden nicht von einem Nutzer oder einer Anwendung initiiert, sondern vom Datenbanksystem selbst. Auch die dadurch ausgelösten Datenbankoperationen müssen natürlich in das Transaktionskonzept eingebunden werden. Noch nicht gelöst ist dabei in ASQL das Problem der Ausnahmebehandlung; im Fehlerfall wird die entsprechende Transaktion einfach zurückgesetzt. Fehlerprotokollierung, Nutzerbenachrichtigung oder Wiederholung der Transaktion sind noch nicht vorgesehen. Hier müssen weitergehende Konzepte entwickelt werden, die allerdings recht tiefgreifende Auswirkungen auf das SQL-Transaktionsmodell haben könnten.

Die konzeptuelle Definition der Konsistenz von Archiven ist in ASQL nicht umgesetzt. In ASQL bezieht sich eine Operation als Teil einer Transaktion auf den für sie sichtbaren Zustand, während konzeptuell aus einer Transaktion ein Teilzustand der Datenbank ausgelagert wird, welcher sich auf den Zustand der Datenbank zu Beginn der Transaktion bezieht. Für die Konsistenz von Archiven in ASQL gilt es also zu klären, in welcher Weise die konzeptuelle Transaktionssicht auf die aus SQL stammende Operationssicht von ASQL übertragbar ist. Damit in Verbindung steht auch das nun folgende Problem.

Eine Mehrfacharchivierung von Tupeln (mit denselben Schlüsselwerten) innerhalb einer Transaktion wird in ASQL bei einer entsprechend aktivierten Eindeutigkeitsbedingung zurückgewiesen. Dies ist insbesondere dann problematisch, wenn die Operation des referenzierenden Auslagerns mehrfach in einer Transaktion angewendet wird. In verschiedenen Operationen können so Tupel der referenzierten Tabelle mehrfach ermittelt und ausgelagert werden. Gerade die Option, referenzierte Tupel mit auszulagern, soll eigentlich dazu dienen, im Archiv Integritätsverletzungen zu vermeiden. Ein ähnliches Problem ergibt sich für Regeln zum Archivieren gelöschter oder geänderter Daten (*history rules*). Diese können auch durch die Operationen zum expliziten Auslagern ausgelöst werden. Ein Tupel kann auf diese Weise in einer Transaktion sowohl explizit als auch implizit zum Auslagern erfaßt werden. Hier sollten Überlegungen angestellt werden, ob das Problem der transaktionsbezogenen Mehrfacharchivierung anders als durch Zurückweisen behandelt werden kann. Ein Ansatz ist das Zusammenfassen von in einer Transaktion auszulagernden Daten. Dieses Verhalten ist vergleichbar mit dem Zusammenfassen von Versionen in einer Transaktion auf Schemaebene. Für das Zusammenfassen auf Datenebene ist denkbar, daß es sich auf Tupel mit gleichen Werten in allen Attributen oder auf Tupel mit nur gleichen Schlüsselwerten bezieht. Im ersten Fall würde bei völlig identischen Tupeln nur eines dieser Tupel ausgelagert, Tupel mit nur gleichen Schlüsselwerten müßten zu einem Fehler führen. Im zweiten Fall könnte das zuerst oder zuletzt ermittelte Tupel zum Auslagern benutzt werden. Von Interesse sind hier die Implikationen dieser Möglichkeiten und die Frage, inwieweit das Zusammenfassen von Tupeln auch eine Annäherung an das oben diskutierte Auslagern von Teilzuständen darstellt.

ASQL basiert auf der SQL-Norm von 1992. Diese wurde als SQL3 weiterentwickelt und steht nun in Form von SQL:1999, bestehend aus mehreren Teilen, zur Verfügung [EM99]. Bei einer Anpassung von ASQL an SQL:1999 wäre zunächst zu prüfen, ob aus der neuen SQL-Version konzeptuelle oder Kompatibilitätsprobleme erwachsen. Im Hinblick auf die Verteilung der neuen Norm auf mehrere Dokumente könnte ASQL als weiterer SQL-Teil definiert werden, die Sprachspezifikation wäre entsprechend anzupassen. Ein noch nicht verabschiedeter Teil von SQL (SQL/Temporal) befaßt sich mit der Behandlung zeitbezogener Daten [Mel99]. Gegebenenfalls ließe sich hier eine Verbindung zum Transaktionszeitbezug von ASQL herstellen.

Implementierung

Implementierungsaspekte spielten in diesem Buch nur am Rande eine Rolle. Mit der prototypischen Implementierung wurde lediglich das Ziel verfolgt, die Realisierbarkeit von Kon-

zept und Sprache zu zeigen (Kapitel 8). Neben der angebotenen Funktionalität sind aber
Kostenfragen und Effizienz letztlich entscheidene Faktoren für die Akzeptanz der datenbanksystem-integrierten Archivierung. Daher sollten in weiterführenden Arbeiten, auf der
geschaffenen konzeptuellen Basis, implementierungstechnische Fragen im Vordergrund stehen. Wichtige Themen sind hier die Auswirkungen von Tertiärspeichercharakteristika auf
die Archivierung, Varianten der internen Ablage von Archivdaten und die Optimierung des
Archivzugriffs. Besonderes Augenmerk sollte dabei darauf liegen, wie der Einfluß von Archivierungsfunktionalität auf die Verfügbarkeit operativer Daten minimiert werden kann.
Aufgrund großer Datenmengen und möglicherweise langsamer Speichermedien kann der
lesende und schreibende Zugriff auf Archive recht zeitaufwendig sein. Das wird zum Problem, wenn durch entsprechende Transaktionen auch die Datenbank lange blockiert wird.
Die Untersuchung neuer Strategien zur Kopplung von Datenbank- und Archivzugriff wäre
in diesem Zusammenhang sinnvoll, ebenso die Entwicklung neuer Transaktionsablaufvari-
anten für den Archivzugriff. In [Sto99] wurde bereits ein erster Ansatz zum asynchronen
Auslagern unter Nutzung eines Zwischenspeichers untersucht.

Tertiärspeicher

In diesem Buch ist die für Archive einzusetzende Speichertechnologie nur von untergeordneter Bedeutung, sowohl Sekundär- als auch Tertiärspeicher werden als möglich angesehen.
Eine Entlastung der Datenbank ist durch die Archivierung unabhängig vom verwendeten
Archivspeicher erzielbar. Aus Kostengründen sind allerdings Tertiärspeicher zu bevorzu-
gen. Für die Archivierung als Datenbankdienst bietet sich eine integrierte Unterstützung
von Tertiärspeichern im Datenbanksystem an. In [SSU90] wurde auf die Bedeutung von
Tertiärspeichern für die Verwaltung sehr großer Datenbanken hingewiesen und deren Integration in Datenbanksysteme gefordert. Abschnitt 2.5 erwähnt eine Reihe von Arbeiten,
welche sich auf technischer Ebene mit dieser Thematik befassen. Der Datenbankdienst
Archivierung könnte DBMS-intern als Nutzer solcher Lösungen auftreten. In zukünftigen
Arbeiten sollten daher die Umsetzung und das Zusammenspiel der (logischen) Archivierungsfunktionalität einerseits und der (physischen) Einbindung von Tertiärspeichern andererseits untersucht werden. Die Anforderungen an die Archivierung und das spezifische
Zugriffsprofil für Archivdaten (selten und nicht zeitkritisch) lassen ein großes Optimie-
rungspotential erwarten. Als Ausgangspunkt dieser Arbeiten kann die Untersuchung zum
Einsatz von Tertiärspeichern für die Archivierung in [Her96a] dienen. Im Unterschied zu
der hier vorgeschlagenen Vorgehensweise der Tertiärspeicherintegration wird die Verwendung eines log-strukturierten Tertiärspeichersystems präferiert. Der Vorteil dieses Ansatzes besteht in der Abstraktion von konkreten Tertiärspeichertypen und daher geringeren
Komplexität des DBMS. Als Nachteil ist zu sehen, daß eine optimale Verbindung der Archivierungsfunktionalität mit dem Tertiärspeicher nicht möglich ist. Auf dieser Grundlage
sollten vergleichende Betrachtungen beider Ansätze angestellt werden.

Temporale Datenbanken

Die erarbeiteten Konzepte für die Archivierung in Datenbanksystemen legen eine konventionelle (nichttemporale) Datenbank zugrunde. Die Beobachtung ständig wachsender
Datenmengen trifft in noch viel größerem Maße auf temporale Datenbanken zu. Das Lö-

schen von temporalen Daten wird im allgemeinen logisch, durch die Modifikation von Zeitstempeln, realisiert. Eine Entlastung der Datenbank findet nicht statt, unter Umständen kann das Löschen sogar zum Hinzufügen von Daten führen. Ein physisches Löschen, welches die temporalen Eigenschaften berücksichtigt, ist lediglich über den Ansatz des *vacuuming* [SJ98] möglich. Überlegungen, die den Datenbankdienst Archivierung auf temporale Datenbanken übertragen, erscheinen vor diesem Hintergrund lohnenswert. Eine zentrale Fragestellung dieses Buches war das Problem, wie eine nichttemporale Datenbank im Zuge der Archivierung auf eine temporale Datenbank (das Archiv) abzubilden ist. Die Abbildung einer temporalen Datenbank auf ein Archiv führt zu einer Reihe neuer Fragen. So muß die temporale Semantik des Archivs geklärt werden. Hierfür sind die bisherigen Eigenschaften der Archivierungszeit auf ihre Anwendbarkeit zu überprüfen, insbesondere ist ihre Beziehung zur Gültigkeits- und Transaktionszeit der temporalen Datenbank von Interesse. Möglicherweise kann auf die Archivierungszeit ganz verzichtet werden. Nicht zuletzt ist die Archivierungsfunktionalität in das temporale Umfeld einzubetten. Während bisher prinzipiell beliebige Daten auslagerbar sind, sofern keine Integritätsbedingungen verletzt werden, müssen in temporalen Datenbanken zusätzlich die verzeichneten zeitlichen Gegebenheiten gewahrt bleiben. Beispielsweise muß aus einer Transaktionszeit-Datenbank immer die vollständige Entwicklung der Daten nachvollziehbar sein. Schließlich könnten Untersuchungen angestellt werden, inwieweit sich Konzepte der Sprache ASQL auf vorhandene temporale SQL-Erweiterungsvorschläge, wie zum Beispiel TSQL2 [Sno95], ATSQL [BJ96] und SQL/Temporal [Mel99], übertragen lassen.

Anhang A

Formale Spezifikation von ASQL

Die Sprache ASQL wurde in Kapitel 6 anhand abstrakter Syntaxbeispiele und einer verbalen Beschreibung der Semantik ausführlich vorgestellt. Dieser Anhang enthält die zugehörige formale Spezifikation von Syntax und Semantik aller über SQL hinausgehenden Sprachelemente. Existierende Sprachelemente werden zudem in geringem Umfang ergänzt. Die formale Spezifikation basiert auf [Luf98, Kapitel 5] und den in [Sch99a] dokumentierten Änderungen am dortigen Sprachentwurf. Die Form, in der Syntax und Semantik angegeben sind, ist [ISO92] entlehnt, Abschnitt A.1 beinhaltet eine kurze Einführung dazu. Abschnitt A.2 stellt die Verbindung zu SQL her; hier werden neue Schlüsselworte, Anweisungen und verwendete SQL-Syntaxelemente aufgelistet. Anschließend führt Abschnitt A.3 allgemein verwendete Syntaxelemente ein. Abschnitt A.4 beschäftigt sich mit der Spezifikation von Syntaxelementen zur Datendefinition, in Abschnitt A.5 folgen die zur Datenmanipulation. Behandelt werden dabei nur die Veränderungen gegenüber SQL, für ein genaues Verständnis ist daher eine gewisse Vertrautheit mit dem Normdokument erforderlich.

A.1   Notation und Konventionen

Die Beschreibung der neuen Sprachkonstrukte von ASQL orientiert sich am SQL-Normdokument [ISO92, Kapitel 3]. Für die neuen Syntaxelemente folgt nach einer kurzen Beschreibung jeweils das *Format* in Backus-Naur-Form (BNF). Danach werden *Syntax-*, *Zugriffs-* und *allgemeine Regeln* angegeben. Die Syntaxregeln spezifizieren Eigenschaften und Bedingungen, die durch die Syntaxelemente zu erfüllen sind und nicht durch die BNF-Notation ausgedrückt wurden. Die in den Zugriffsregeln angegebenen Bedingungen müssen erfüllt sein, bevor die allgemeinen Regeln angewandt werden können. Die allgemeinen Regeln spezifizieren den Effekt, den das angegebene Syntaxelement zur Laufzeit hat. Ihre Reihenfolge ist daher signifikant.

Zu beachten ist, daß die Formulierung der verschiedenen Regeln in diesem Buch weniger formal ist, als in der Norm selbst. Insbesondere werden die vielen dort formulierten Hilfsterme, soweit möglich, ignoriert, es wird auch nicht jede für die Einbindung in das SQL-Umfeld formal erforderliche Regel angegeben. Diese Beschränkung soll die Konzentration auf wesentliche Aspekte ermöglichen.

Die verwendete BNF-Version wird in [ISO92, Abschnitt 3.2] beschrieben. Danach werden die Namen von Syntaxelementen in '<>' eingeschlossen, Schlüsselworte sind groß geschrieben, '::=' separiert in einer Produktionsregel das definierte Element von der Definition. Eckige Klammern '[]' spezifizieren optionale Elemente, geschweifte Klammern '{}' gruppieren Syntaxelemente. Alternativen werden durch '|' getrennt, drei Punkte '...' sind eine Abkürzung für Listen und besagen, daß das vorherstehende Element bzw. die durch geschweifte Klammern eingeschlossene Elementgruppe beliebig oft wiederholt werden kann.

Zusätzlich zu den Konventionen in [ISO92, Abschnitt 3.3] werden für die ASQL-Spezifikation noch folgende Begriffe eingeführt. Die *Transaktionszeit* einer erfolgreich abgeschlossenen Transaktion ergibt sich aus deren COMMIT-Zeitpunkt. Während einer laufenden Transaktion wird die Transaktionszeit einer Operation aus dem Wert von CURRENT_TIMESTAMP ermittelt. Die *Archivierungszeit* von Archivdaten ergibt sich aus der Transaktionszeit der Transaktion, in der die Daten in das Archiv eingefügt wurden.

Eine Richtlinie bei der Definition neuer ASQL-Syntaxelemente ist die relativ lockere Verbindung mit SQL-Syntaxelementen, auch bei Verwendung gleicher Schlüsselworte. So erfolgt etwa die Trennung zwischen Datenbank- und Archivrechten auf der Ebene der ASQL-Anweisung (<grant statement> und <archive grant statement>), obwohl sich beide Anweisungen sehr ähnlich sind und die Unterscheidung auf einer tieferen Ebene der BNF-Struktur stattfinden könnte. Dadurch kann eine Ergänzung vorhandener Elemente um neue Syntaxoptionen und Regeln weitgehend vermieden werden, die Präsentation gestaltet sich übersichtlicher. Es soll jedoch nicht verschwiegen werden, daß für einen ASQL-Parser eine stärker verzahnte Definition möglicherweise sinnvoller ist, wenn damit die Zahl der Syntaxelemente oder der bei der Syntaxanalyse jeweils zu verwaltende Kontext reduziert wird.

A.2   Verbindung zu SQL

ASQL ergänzt die SQL-Anweisungen für die Datendefinition (*SQL-schema statements*; [ISO92, Abschnitt 4.22]) im wesentlichen um Anweisungen zur Definition von Archivschemata. Zu den Anweisungen für den Datenbankzugriff (*SQL-data statements*; [ISO92, Abschnitt 4.22]) kommen solche zur Modifikation von Archivdaten, der lesende Archivzugriff wird dagegen auf einer tieferen Ebene in die aus SQL bekannten Anweisungen integriert. Tabelle A.1 gibt einen Überblick über die neuen Anweisungen, die genaue Spezifikation bleibt den angegebenen Abschnitten dieses Anhangs vorbehalten.

Zur Sprachdefinition werden auch Syntaxelemente verwendet, die im SQL-Normdokument definiert sind. Tabelle A.2 führt diese Syntaxelemente auf, für ihre formale Spezifikation sei auf die entsprechenden Abschnitte in [ISO92] verwiesen.

Syntax und Semantik einer Reihe von SQL-Syntaxelementen muß in ASQL ergänzt werden, um eine Verbindung zwischen Datenbank und Archiv herzustellen. Tabelle A.3 führt diese Syntaxelemente mit den entsprechenden Referenzen zum Normdokument [ISO92] auf, dazu den Abschnitt dieses Buches, in dem die Veränderungen spezifiziert sind.

ASQL benutzt eine Reihe neuer Schlüsselworte, deren Verwendung für Datendefinition und -manipulation aus den Tabellen A.4 und A.5 ersichtlich ist. Zu jedem neuen Schlüsselwort sind die Syntaxelemente aufgeführt, in denen sie Verwendung finden, dazu der Abschnitt,

Tabelle A.1: Neue ASQL-Anweisungen

Syntaxelement	Abschnitt
<create archive statement>	A.4.1.1
<drop archive statement>	A.4.1.2
<create archive table statement>	A.4.2.1
<alter archive table statement>	A.4.2.2
<drop archive table statement>	A.4.2.3
<archive grant statement>	A.4.4.2
<archive revoke statement>	A.4.4.3
<archive copy statement: searched>	A.5.4.1
<archive delete statement: searched>	A.5.4.2
<archive update statement: searched>	A.5.4.3
<archive copy statement: positioned>	A.5.4.4
<archive delete statement: positioned>	A.5.4.5
<archive update statement: positioned>	A.5.4.6
<restore copy statement>	A.5.5.1
<restore move statement>	A.5.5.2
<insert archive statement>	A.5.6.1
<delete archive statement>	A.5.6.2

Tabelle A.2: Verwendete SQL-Syntaxelemente

Syntaxelement	SQL
<left paren>	5.1
<right paren>	5.1
<comma>	5.1
<period>	5.1
<datetime literal>	5.3
<interval literal>	5.3
<identifier>	5.4
<catalog name>	5.4
<qualified name>	5.4
<authorization identifier>	5.4
<correlation name>	5.4
<cursor name>	5.4
<constraint name>	5.4
<column name list>	6.3
<datetime value expression>	6.14
<query expression>	7.10
<search condition>	8.12
<grantee>	10.3
<drop behavior>	11.2
<set clause list>	13.9

Tabelle A.3: In ASQL veränderte SQL-Syntaxelemente

Syntaxelement	SQL	Abschnitt
<table reference>	6.3	A.5.2.2
<value expression primary>	6.11	A.5.3.2
<action>	10.3	A.4.4.1
<table element>	11.3	A.4.3.1
<alter table action>	11.10	A.4.3.1
<add column definition>	11.11	A.4.5.5
<drop column definition>	11.15	A.4.5.3
<add table constraint definition>	11.16	A.4.5.6
<drop table constraint definition>	11.17	A.4.5.4
<drop collation statement>	11.31	A.4.5.2
<revoke statement>	11.37	A.4.5.1

Tabelle A.4: Nutzung neuer Schlüsselworte für die Datendefinition

Schlüsselwort	Syntaxelement	Abschnitt
ACTIVATE	<activate columns clause>	A.4.2.8
	<activate constraints clause>	A.4.2.10
ARCHIVE	<archive table name>	A.3.1
	<create archive statement>	A.4.1.1
	<drop archive statement>	A.4.1.2
	<create archive table statement>	A.4.2.1
	<alter archive table statement>	A.4.2.2
	<drop archive table statement>	A.4.2.3
	<insert check option>	A.4.2.12
	<action>	A.4.4.1
ATTACH	<attachment clause>	A.4.2.4
COLUMNS	<activate columns clause>	A.4.2.8
	<deactivate columns clause>	A.4.2.9
	<column group option>	A.4.2.13
	<collation default option>	A.4.2.14
	<select default option>	A.4.2.15
COMMON	<select default option>	A.4.2.15
COMPARABLE	<column group option>	A.4.2.13
COPY	<archive history rule>	A.4.3.9
	<archive move rule>	A.4.3.10
	<archive copy rule>	A.4.3.11
DEACTIVATE	<deactivate columns clause>	A.4.2.9
	<deactivate constraints clause>	A.4.2.11
DETACH	<detachment clause>	A.4.2.5
RULE	<rule definition>	A.4.3.2
	<drop rule definition>	A.4.3.4
	<archive rule definition>	A.4.3.6
	<drop archive rule definition>	A.4.3.8
	<archive move rule>	A.4.3.10

Tabelle A.5: Nutzung neuer Schlüsselworte für die Datenmanipulation

Schlüsselwort	Syntaxelement	Abschnitt
AFTER	`<archive table period>`	A.5.2.1
ARCHIVE	`<archive copy statement: searched>`	A.5.4.1
	`<archive delete statement: searched>`	A.5.4.2
	`<archive update statement: searched>`	A.5.4.3
	`<archive copy statement: positioned>`	A.5.4.4
	`<archive delete statement: positioned>`	A.5.4.5
	`<archive update statement: positioned>`	A.5.4.6
	`<restore copy statement>`	A.5.5.1
	`<restore move statement>`	A.5.5.2
ARCHIVED	`<archive time reference>`	A.5.3.1
BEFORE	`<archive table period>`	A.5.2.1
COLUMNS	`<archive table columns>`	A.5.2.1
COMMON	`<archive table columns>`	A.5.2.1
COPY	`<archive copy statement: searched>`	A.5.4.1
	`<archive copy statement: positioned>`	A.5.4.4
	`<restore copy statement>`	A.5.5.1
PERIOD	`<archive table period>`	A.5.2.1
RESTORE	`<restore move statement>`	A.5.5.2

in dem das Element definiert wird. Aus Gründen der Minimalität und der Nutzerfreundlichkeit ist die Menge der neuen Schlüsselworte nicht sehr groß; existierende Worte werden bei ähnlicher Semantik bevorzugt genutzt.

Eine Reihe der in [ISO92, Abschnitt 5.2] aufgezählten SQL-Schlüsselworte wird auch bei der Spezifikation neuer Syntaxelemente verwendet. Es handelt sich dabei um ADD, ALL, ALTER, AND, AS, AUTHORIZATION, BETWEEN, BY, CASCADE, CHECK, COLLATE, COLLATION, CONSTRAINTS, CORRESPONDING, CREATE, CURRENT, DEFAULT, DELETE, DROP, FOR, FROM, GRANT, GROUP, INSERT, INTO, LENGTH, NO, OF, ON, OPTION, PRIVILEGES, REFERENCES, REVOKE, ROWS, SCHEMA, SELECT, SET, TABLE, TO, TYPE, UPDATE, WHERE und WITH.

A.3 Allgemein verwendete Syntaxelemente

A.3.1 Namen und Bezeichner

Das Namenskonzept von SQL [ISO92, Abschnitt 5.4] wird um Mittel zur Identifikation von Archiven, Archivtabellen, Listen von Integritätsbedingungen und Regeln erweitert.

Format

```
<archive name> ::=
    [ <catalog name> <period> ] <unqualified archive name>

<unqualified archive name> ::=
    <identifier>
```

```
<archive table name> ::=
   <schema table name> [ ARCHIVE <unqualified archive name> ]

<schema table name> ::=
   <qualified name>

<archive table id> ::=
   <archive table name> [ SCHEMA <archive schema time> ]

<archive schema time> ::=
   <datetime value expression>

<archive constraint name list> ::=
   <constraint name> [ { <comma> <constraint name> ... } ]

<rule name> ::=
   <qualified name>

<archive rule name> ::=
   [ <archive name> <period> ] <identifier>
```

Syntaxregeln

1. Nicht angegebene Namensteile qualifizierter Namen (Katalogname, Schemaname)
   werden nach [ISO92, Abschnitt 5.4] ermittelt.

2. In `<archive table name>` ergibt sich der volle Archivname `<archive name>` des
   Archivs, zu dem eine Archivtabelle gehört, aus dem unqualifizierten Archivnamen
   `<unqualified archive name>` und dem explizit oder implizit in `<schema table
   name>` angegebenen Katalognamen der Datenbanktabelle.

3. Enthält `<archive table name>` keinen Archivnamen `<unqualified archive na-
   me>`, so wird `<archive table name>` im Rahmen einer Archivdefinition `<create
   archive statement>` verwendet. Der dort spezifizierte Archivname ist implizit.

4. Für die Identifikation einer Archivtabelle `<archive table id>` ohne Zeitspezifika-
   tion ist der durch `CURRENT_TIMESTAMP` spezifizierte Zeitpunkt implizit.

5. Sei `ASTV` der Wert von `<archive schema time>`. Ist der Datentyp von `ASTV` `DATE`
   oder `TIME`, dann ist der effektiv genutzte Wert für `<archive schema time>`

   ```
   CAST ( ASTV AS TIMESTAMP )
   ```

6. Der Name `<constraint name>` einer Integritätsbedingung wird in `<archive con-
   straint name list>` nicht mehr als einmal spezifiziert. Bei allen angegebenen In-
   tegritätsbedingungen handelt es sich um Tabellenbedingungen.

Allgemeine Regeln

1. `<archive name>` identifiziert den Namen eines Archivs.

2. Der Name <archive table name> einer Archivtabelle wird durch den Namen einer Datenbanktabelle und einen Archivnamen des gleichen Katalogs gebildet.

   Hinweis: Die Kombination aus Tabellen- und Archivname ist nicht eindeutig.

3. Eine Archivtabelle <archive table id> läßt sich durch ihren Namen und einen Zeitpunkt identifizieren, zu dem die Archivtabelle der angegebenen Datenbanktabelle zugeordnet war.

4. <archive schema time> liefert einen für die Identifikation von Archivtabellen und deren Versionen erforderlichen Zeitpunkt.

5. <archive constraint name list> ist eine Liste von Tabellenbedingungen.

6. <rule name> identifiziert eine Datenbankregel, <archive rule name> eine Archivregel.

A.3.2 Auswahl- und Ereigniszeit

Von den für die Identifikation von Schemaelementen erforderlichen Zeitangaben (Abschnitt A.3.1) sind datenbezogene Zeitangaben zur Auswahl von Daten nach ihrer Archivierungszeit und zum Auslösen von Zeitereignissen zu unterscheiden.

Hinweis: ASQL unterstützt für datenbezogene Zeitangaben nur ein Granulat, dessen Genauigkeit der Defaultgenauigkeit des SQL-Datentyps TIMESTAMP entspricht (eine Mikrosekunde; Format 'YYYY-MM-DD HH:MM:SS.xxxxxx', [ISO92, Abschnitt 6.1, Syntaxregel 25]).

Format

```
<archive time> ::=
    <datetime value expression>


<time event> ::=
    <single time event>
  | <periodic time event>


<single time event> ::=
    <datetime literal>


<periodic time event> ::=
    <datetime literal> <interval literal>
```

Syntaxregeln

1. Sei ATV der Wert von <archive time>. Ist der Datentyp von ATV DATE oder TIME, dann ergibt sich der effektiv genutzte Wert für <archive time> aus

   ```
   CAST ( ATV AS TIMESTAMP )
   ```

2. In <periodic time event> enthält das Intervall <interval literal> nur Felder
(Tag, Minute usw.), die auch in <datetime literal> enthalten sind.

Allgemeine Regeln

1. <archive time> liefert einen für die zeitbezogene Auswahl von Archivdaten erforderlichen Zeitpunkt mit der Defaultgenauigkeit des Datentyps TIMESTAMP.

2. <time event> spezifiziert absolute oder periodische Zeitereignisse für zeitbezogene
Datenbank- und Archivregeln. Sei DL der Wert von <datetime literal>. Im Fall
periodischer Zeitereignisse <periodic time event> sei IL der Wert von <interval
literal>.

   (a) Eine mit <single time event> spezifizierte Regel wird ausgelöst, sobald gilt:

   CAST (DL AS TIMESTAMP) = CURRENT_TIMESTAMP

   (b) Eine mit <periodic time event> spezifizierte Regel wird immer dann ausgelöst, wenn für einen ganzzahligen Wert $K \geq 0$ gilt:

   CAST (DL + (K * IL) AS TIMESTAMP) = CURRENT_TIMESTAMP

A.4   Datendefinition

ASQL ergänzt SQL um neue Anweisungen zur Datendefinition und erweitert existierende Anweisungen. Abschnitt A.4.1 spezifiziert zunächst Anweisungen zum Erzeugen und
Löschen von Archiven. Abschnitt A.4.2 beschäftigt sich als umfangreichster Abschnitt mit
dem Anlegen, Modifizieren und Löschen von Archivtabellen. Die Konzepte von Datenbank-
und Archivregeln werden in Abschnitt A.4.3 in ASQL-Anweisungen umgesetzt. In Abschnitt A.4.4 wird neben den Anweisungen zum Erteilen und Entziehen von Rechten für Archivtabellen auch ein neuer Rechtetyp für Datenbanktabellen eingeführt. Abschnitt A.4.5
beschäftigt sich schließlich damit, welche Veränderungen in der Semantik existierender Anweisungen zur Datendefinition aufgrund der Archivierungsfunktionalität erforderlich sind.

A.4.1   Archive

A.4.1.1   Archivdefinition

Beim Anlegen eines Archivs wird das Archivschema erzeugt, das alle bei der Definition
angegebenen Archivelemente umfaßt. Alle erzeugten Archivelemente gehören dem explizit
oder implizit spezifizierten Eigner des Archivs. Im Unterschied zu späteren Veränderungen
am Archivschema können alle angegebenen Archivelemente reihenfolgeunabhängig aufeinander Bezug nehmen. Analog zum Anlegen eines SQL-Schemas sind damit auch zirkuläre
Integritätsbedingungen möglich.

Format

```
<create archive statement> ::=
   CREATE ARCHIVE <archive name>
      [ AUTHORIZATION <authorization identifier> ]
      [ <archive element> ... ]
```

```
<archive element> ::=
    <create archive table statement>
  | <archive grant statement>
```

Syntaxregeln

1. Ohne `AUTHORIZATION` ist der durch den aktuellen Nutzer spezifizierte `<authoriza-tion identifier>` implizit.

2. `<archive name>` referenziert kein bereits vorhandenes Archiv.

Zugriffsregeln

1. Die erforderlichen Rechte zur Archivdefinition sind implementierungsabhängig.

Allgemeine Regeln

1. Ein Archiv wird erzeugt, sein Deskriptor enthält den Namen `<archive name>` und den explizit oder implizit angegebenen Eigner `<authorization identifier>` des Archivs.

2. Die Rechtebestimmung bei Erzeugung der spezifizierten Archivelemente `<archive element>` bezieht sich auf den Eigner des Archivs.

3. Die angegebenen Archivelemente können sich ohne Beachtung einer Reihenfolge gegenseitig referenzieren. Ihre Deskriptoren werden dem Archivdeskriptor hinzugefügt.

A.4.1.2 Löschen von Archiven

Das Entfernen eines Archivs löscht alle darin enthaltenen Daten und zerstört das Archivschema.

Format

```
<drop archive statement> ::=
    DROP ARCHIVE <archive name> <drop behavior>
```

Syntaxregeln

1. Das durch `<archive name>` identifizierte Archiv A existiert.

2. Ist `RESTRICT` angegeben, enthält A keine Archivtabelle.[1]

Zugriffsregeln

1. Der aktuelle Nutzer ist der Eigner von Archiv A.

---

[1]Das Löschverhalten `<drop behavior>` entspricht in den neuen ASQL-Anweisungen im wesentlichen dem von SQL (Abschnitt 5.4.3). Im Falle von `RESTRICT` verhindern abhängige Schemaelemente das Löschen, bei `CASCADE` werden sie durch Anwendung der allgemeinen Regeln mitgelöscht.

Allgemeine Regeln

1. Sei AT irgendeine Archivtabelle in A, identifiziert durch ID. Ausgeführt wird dann:
   DROP ARCHIVE TABLE ID CASCADE

2. Das Archiv und sein Deskriptor werden zerstört.

A.4.2 Archivtabellen

A.4.2.1 Definition von Archivtabellen

Eine Archivtabelle wird mit den angegebenen Eigenschaften erzeugt und der spezifizierten Datenbanktabelle zugeordnet. Die explizit oder implizit spezifizierten Attribute und Integritätsbedingungen bilden die aktuelle Version der Archivtabelle.

Format

```
<create archive table statement> ::=
    CREATE ARCHIVE TABLE <archive table name>
        [ <activate columns clause> ]
        [ <activate constraints clause> ]
        [ <insert check clause> ]
        [ <column group clause> ]
        [ <collation default clause> ]
        [ <select default clause> ]
        [ <archive rule definition> ... ]
```

Syntaxregeln

1. Sei ATN der Wert von `<archive table name>`. Seien T die durch ATN identifizierte Datenbanktabelle und A das entsprechend gegebene Archiv. A und T existieren und T ist entweder eine Basistabelle oder eine archivierbare Sicht. T ist keiner Archivtabelle aus A zugeordnet.

   Hinweis: Archivierbar sind Basistabellen (eventuell projiziert) und Sichten, die transitiv (SQL: *leaf generally underlying table*) auf Basistabellen oder Archivtabellen des gleichen Archivs beruhen.

2. Ist T eine Sicht, dann ist weder `<activate columns clause>` noch `<activate constraints clause>` spezifiziert. Für `<activate columns clause>` ist ACTIVATE COLUMNS CURRENT implizit.

   Hinweis: Eine Attributliste kann nicht angegeben werden, es werden alle Attribute von T übernommen. Es gibt keine Integritätsbedingungen für archivierte Sichten.

3. Ist T eine Basistabelle und `<activate columns clause>` ist nicht angegeben, so ist ACTIVATE COLUMNS ALL implizit.

4. Ist T eine Basistabelle und `<activate constraints clause>` ist nicht angegeben, so ist ACTIVATE CONSTRAINTS ALL implizit.

5. Fehlt `<insert check clause>`, so ist INSERT CHECK ALL CONSTRAINTS implizit.

6. Fehlt `<column group clause>`, so ist `GROUP COLUMNS BY TYPE` implizit.

7. Fehlt `<collation default clause>`, so ist `COLLATE FROM DEFAULT` implizit.

8. Fehlt `<select default clause>`, so ist `SELECT CURRENT COLUMNS` implizit.

Zugriffsregeln

1. Der aktuelle Nutzer U ist Eigner von Archiv A.

2. U besitzt das `ARCHIVE`-Recht für T.

Allgemeine Regeln

1. Mit `<create archive table statement>` wird eine Archivtabelle AT erzeugt und der Datenbanktabelle T zugeordnet. Der Typ von AT leitet sich aus dem Typ von T ab (archivierte Basistabelle oder archivierte Sicht).

2. Für AT wird eine aktuelle Version ATV erzeugt. Deren Deskriptor vermerkt die Transaktionszeit des Beginns ihrer Gültigkeit, referenziert die Deskriptoren der durch `<activate columns clause>` explizit oder implizit identifizierten Attributliste CL und enthält im Fall einer archivierten Basistabelle die Deskriptoren der durch `<activate constraints clause>` identifizierten Integritätsbedingungen.

3. Daten aus AT sind in T genau dann einlagerbar, wenn folgende Sicht änderbar wäre:
   `CREATE VIEW V AS SELECT ( CL ) FROM T`

4. Der für AT angelegte Archivtabellendeskriptor enthält

   - den Namen der Datenbanktabelle, den Archivnamen und die Transaktionszeit bei Erzeugung,
   - die Angaben zu Typ, Zuordnung und Einlagerbarkeit,
   - die durch `<insert check clause>`, `<column group clause>`, `<collation default clause>` und `<select default clause>` gegebenen Eigenschaften,
   - die Deskriptoren der aktivierten Attribute,
   - den Deskriptor der aktuellen Version und
   - die Deskriptoren der spezifizierten Regeln `<archive rule definition>`.

5. Durch einen Nutzer '_SYSTEM' werden mit folgender Anweisung drei Rechtedeskriptoren für U erzeugt:
   `GRANT SELECT, INSERT, DELETE ON ID TO U`

A.4.2.2 Modifikation von Archivtabellen

Die Eigenschaften einer Archivtabelle sind veränderbar. Änderungen von Zuordnung, Attributen oder Integritätsbedingungen können zur Versionierung führen, das Ändern anderer Eigenschaften oder von Regeln dagegen nicht. Im Gegensatz zu SQL-ALTER-Anweisungen sind mehrere Änderungen gleichzeitig möglich.

Format

```
<alter archive table statement> ::=
    ALTER ARCHIVE TABLE <archive table id>
        <alter archive table action>


<alter archive table action> ::=
    <attachment clause>
  | <detachment clause>
  | <activate clause>
  | <deactivate clause>
  | <property modification>
  | <archive rule modification>


<property modification> ::=
    [ <insert check clause> ]
    [ <column group clause> ]
    [ <collation default clause> ]
    [ <select default clause> ]


<archive rule modification> ::=
    { <add archive rule definition> | <drop archive rule definition> } ...
```

Syntaxregeln

1. Sei ID der Wert von `<archive table id>`. Die durch ID identifizierte Archivtabelle AT existiert.

2. Für `<property modification>` ist mindestens eine Option angegeben.

3. Ist `<archive rule modification>` spezifiziert, so haben alle darin referenzierten Regeln verschiedene Namen.

Zugriffsregeln

1. Der aktuelle Nutzer ist der Eigner von Archivtabelle AT.

Allgemeine Regeln

1. Mit `<alter archive table statement>` werden die Eigenschaften von AT modifiziert. `<attachment clause>` ordnet AT einer Datenbanktabelle zu, `<detachment clause>` hebt eine Zuordnung auf. `<activate clause>` erlaubt das Hinzufügen von Attributen und Integritätsbedingungen zu archivierten Basistabellen, `<deactivate clause>` deren Entfernen. Mit `<property modification>` können die versionierungsunabhängigen Eigenschaften von AT verändert werden, `<archive rule modification>` ermöglicht das Addieren und Löschen von Archivregeln.

2. Der Deskriptor von **AT** wird entsprechend der spezifizierten Aktion <alter archive table action> modifiziert.

3. Die Modifikation einer Archivtabelle kann zur Versionierung führen. Wurden während der laufenden Transaktion bereits Daten in die Archivtabelle eingefügt, so wird ein Fehler „invalid archive table modification" gemeldet.

4. Im Deskriptor einer nicht mehr aktuellen Version wird die Transaktionszeit des Endes ihrer Gültigkeit vermerkt. Im Deskriptor einer neuen Version wird die Transaktionszeit des Beginns ihrer Gültigkeit vermerkt.

A.4.2.3 Löschen von Archivtabellen

Eine Archivtabelle kann mit allen Versionen und Attributen, den darin befindlichen Daten und den auf sie bezogenen Integritätsbedingungen gelöscht werden.

Hinweis: Zu den entfernten Integritätsbedingungen können insbesondere auch solche älterer Versionen anderer Archivtabellen gehören. Änderungen in der Semantik der entsprechenden Archivdaten sind zu berücksichtigen.

Format

```
<drop archive table statement> ::=
    DROP ARCHIVE TABLE <archive table id> <drop behavior>
```

Syntaxregeln

1. Sei **ID** der Wert von <archive table id>. Die durch **ID** identifizierte Archivtabelle **AT** existiert.

2. Ist **RESTRICT** spezifiziert, dann wird **AT** weder in Definitionen von Datenbanksichten noch in aktivierten oder deaktivierten Integritätsbedingungen anderer Archivtabellen referenziert.

   Hinweis: Aktivierte Integritätsbedingungen sind solche aktueller Versionen.

   Hinweis: Ist **CASCADE** spezifiziert, werden abhängige Sichten durch den in der allgemeinen Regel 1 angegebenen Rechteentzug gelöscht.

Zugriffsregeln

1. Der aktuelle Nutzer **U** ist der Eigner von Archivtabelle **AT**.

Allgemeine Regeln

1. Die folgende Anweisung wird unter der Autorisation eines Nutzers '_SYSTEM' ausgeführt:

   ```
   REVOKE ALL PRIVILEGES ON ID FROM U
   ```

2. Der Deskriptor von **AT** wird zerstört. Die Deskriptoren aller Integritätsbedingungen, die Versionen von **AT** referenzieren, werden zerstört.

A.4.2.4   Zuordnung zu einer Datenbanktabelle

Eine nicht zugeordnete Archivtabelle kann unter im folgenden näher spezifizierten Bedingungen einer Datenbanktabelle zugeordnet werden. Die explizit oder implizit spezifizierten Attribute und Integritätsbedingungen bilden eine neue Version der Archivtabelle.

Format

```
<attachment clause> ::=
    ATTACH
    [ <activate columns clause> ]
    [ <activate constraints clause> ]
```

Syntaxregeln

1. Sei AT die zuzuordnende Archivtabelle, T die durch `<archive table id>` identifizierte Datenbanktabelle. AT ist keiner Datenbanktabelle zugeordnet. T existiert und ist keiner Archivtabelle des betrachteten Archivs zugeordnet.

2. T ist eine Basistabelle oder eine archivierbare Sicht. Die Typen von T und AT stimmen überein.

   Hinweis: Der Typ einer Archivtabelle ist unveränderlich; eine archivierte Basistabelle kann keiner Sicht zugeordnet werden, eine archivierte Sicht keiner Basistabelle.

3. Ist T eine Sicht, dann ist weder `<activate columns clause>` noch `<activate constraints clause>` spezifiziert. Für `<activate columns clause>` ist ACTIVATE COLUMNS CURRENT implizit.

4. Ist T eine Basistabelle und `<activate columns clause>` ist nicht angegeben, so ist ACTIVATE COLUMNS ALL implizit.

5. Ist T eine Basistabelle und `<activate constraints clause>` ist nicht angegeben, so ist ACTIVATE CONSTRAINTS ALL implizit.

Zugriffsregeln

1. Der aktuelle Nutzer besitzt das ARCHIVE-Recht auf T.

Allgemeine Regeln

1. Die Archivtabelle AT wird der Datenbanktabelle T zugeordnet.

2. Für AT wird eine aktuelle Version ATV erzeugt. Deren Deskriptor umfaßt die Deskriptoren der durch `<activate columns clause>` explizit oder implizit identifizierten Attributliste CL und im Fall einer archivierten Basistabelle die Deskriptoren der durch `<activate constraints clause>` identifizierten Integritätsbedingungen.

3. Daten aus AT sind in T genau dann einlagerbar, wenn folgende Sicht änderbar wäre:
   ```
   CREATE VIEW V AS SELECT ( CL ) FROM T
   ```

4. Dem Deskriptor von AT wird der Deskriptor der neuen Version hinzugefügt. Die Angaben zu Zuordnung und Einlagerbarkeit werden angepaßt.

5. Sei ATA eine Archivtabelle des gleichen Archivs, die einer Datenbanktabelle zugeordnet ist und deren Deskriptor zu entnehmen ist, daß aktivierbare Integritätsbedingungen automatisch zu übernehmen sind. IDA identifiziere ATA. Folgende Anweisung wird dann implizit ausgeführt:

```
ALTER ARCHIVE TABLE IDA ACTIVATE CONSTRAINTS ALL
```

Hinweis: Die Anweisung erzeugt nur dann eine neue Version von ATA, wenn tatsächlich Integritätsbedingungen aktiviert werden.

A.4.2.5 Aufheben der Zuordnung zu einer Datenbanktabelle

Die Zuordnung einer Archivtabelle zu einer Datenbanktabelle kann aufgehoben werden. Die aktuelle Version der Archivtabelle wird ungültig.

Format

```
<detachment clause> ::=
    DETACH <drop behavior>
```

Syntaxregeln

1. Sei AT die Archivtabelle, deren Zuordnung aufzuheben ist. ID identifiziere die Archivtabelle. AT ist einer Datenbanktabelle zugeordnet.

2. Ist RESTRICT spezifiziert, dann wird AT nicht durch aktivierte Integritätsbedingungen anderer Archivtabellen referenziert.

Allgemeine Regeln

1. Hat AT aktivierte Integritätsbedingungen, so sei ACNL eine Liste dieser Integritätsbedingungen. Ausgeführt wird dann implizit:
```
ALTER ARCHIVE TABLE ID DEACTIVATE CONSTRAINTS ( ACNL ) CASCADE
```

2. Die aktivierten Attribute von AT werden deaktiviert. Die aktuelle Version von AT wird ungültig, die Zuordnung zur Datenbanktabelle wird aufgehoben. Der Deskriptor von AT indiziert die verlorene Zuordnung und Einlagerbarkeit.

A.4.2.6 Aktivieren von Attributen und Integritätsbedingungen

Attribute und Integritätsbedingungen können im Rahmen der Modifikation einer Archivtabelle explizit aktiviert werden.

Format

```
<activate clause> ::=
    [ <activate columns clause> ]
    [ <activate constraints clause> ]
```

Syntaxregeln

1. Sei `AT` die Archivtabelle, für die <activate clause> spezifiziert ist. `AT` ist einer Basistabelle der Datenbank zugeordnet.

2. Mindestens eine der zwei Optionen <activate columns clause> bzw. <activate constraints clause> ist angegeben.

Allgemeine Regeln

1. Wurden mit <activate columns clause> oder <activate constraints clause> neue Attribute oder Integritätsbedingungen aktiviert, wird für `AT` eine neue Version angelegt. Diese umfaßt die Attribute und Integritätsbedingungen der aktuellen Version und die im Rahmen der betrachteten ASQL-Anweisung aktivierten Attribute und Integritätsbedingungen.

2. Wurde die aktuelle Version von `AT` während der laufenden Transaktion erzeugt, so wird ihr Deskriptor durch den der neuen Version ersetzt. Andernfalls wird der Deskriptor der neuen Version dem Deskriptor von `AT` hinzugefügt. Die neue Version wird zur aktuellen Version von `AT`.

   Hinweis: Nur die letzte der innerhalb einer Transaktion erzeugten Versionen einer Archivtabelle wird effektiv nach außen sichtbar.

3. Sei `ATA` eine Archivtabelle des gleichen Archivs, die einer Datenbanktabelle zugeordnet ist und deren Deskriptor zu entnehmen ist, daß aktivierbare Integritätsbedingungen automatisch zu übernehmen sind. `IDA` identifiziere `ATA`. Wurde für `AT` eine neue Version erzeugt, so wird folgende Anweisung implizit ausgeführt:

   `ALTER ARCHIVE TABLE IDA ACTIVATE CONSTRAINTS ALL`

   Hinweis: Die Anweisung erzeugt nur dann eine neue Version von `ATA`, wenn tatsächlich Integritätsbedingungen aktiviert werden.

4. Sei `ATR` eine Archivtabelle, deren aktuelle Version eine Fremdschlüsselbedingung umfaßt, die `AT` referenziert. Für `ATR` wird eine neue Version mit unveränderten Attributen und Integritätsbedingungen angelegt. Wurden während der laufenden Transaktion bereits Daten in `ATR` eingefügt, die aktuelle Version von `ATR` aber nicht in der laufenden Transaktion erzeugt, so wird ein Fehler „`invalid archive table modification`" gemeldet. Wurde die aktuelle Version von `ATR` während der laufenden Transaktion erzeugt, so wird ihr Deskriptor durch den der neuen Version ersetzt. Andernfalls wird der Deskriptor der neuen Version dem Deskriptor von `ATR` hinzugefügt.

   Hinweis: Neue Versionen einer Archivtabelle führen zur Versionierung der über aktivierte Fremdschlüssel davon abhängigen Archivtabellen.

A.4.2.7 Deaktivieren von Attributen und Integritätsbedingungen

Attribute und Integritätsbedingungen können im Rahmen der Modifikation einer Archivtabelle explizit deaktiviert werden.

Format

```
<deactivate clause> ::=
    [ <deactivate columns clause> ]
    [ <deactivate constraints clause> ]
```

Syntaxregeln

1. Sei AT die Archivtabelle, für die <deactivate clause> spezifiziert ist. AT ist einer Basistabelle der Datenbank zugeordnet.

2. Mindestens eine der beiden Optionen <deactivate columns clause> bzw. <deactivate constraints clause> ist angegeben.

Allgemeine Regeln

1. Wurden durch <deactivate columns clause> oder <deactivate constraints clause> Attribute oder Integritätsbedingungen deaktiviert, wird für AT eine neue Version angelegt. Diese umfaßt die Attribute und Integritätsbedingungen der aktuellen Version, die nicht im Rahmen der betrachteten ASQL-Anweisung deaktiviert wurden.

2. Wurde die aktuelle Version von AT während der laufenden Transaktion erzeugt, so wird ihr Deskriptor durch den der neuen Version ersetzt. Andernfalls wird der Deskriptor der neuen Version dem Deskriptor von AT hinzugefügt. Die neue Version wird zur aktuellen Version von AT.

   Hinweis: Nur die letzte der innerhalb einer Transaktion erzeugten Versionen einer Archivtabelle wird effektiv nach außen sichtbar.

3. Sei ATR eine Archivtabelle, deren aktuelle Version eine Fremdschlüsselbedingung umfaßt, die AT referenziert. Für ATR wird eine neue Version mit unveränderten Attributen und Integritätsbedingungen angelegt. Wurden während der laufenden Transaktion bereits Daten in ATR eingefügt, die aktuelle Version von ATR aber nicht in der laufenden Transaktion erzeugt, so wird ein Fehler „invalid archive table modification" gemeldet. Wurde die aktuelle Version von ATR während der laufenden Transaktion erzeugt, so wird ihr Deskriptor durch den der neuen Version ersetzt. Andernfalls wird der Deskriptor der neuen Version dem Deskriptor von ATR hinzugefügt.

   Hinweis: Neue Versionen einer Archivtabelle führen zur Versionierung der über aktivierte Fremdschlüssel davon abhängigen Archivtabellen.

A.4.2.8 Aktivieren von Attributen

Sichten werden mit allen ihren Attributen archiviert, Basistabellen können projiziert archiviert werden.

Format

```
<activate columns clause> ::=
    ACTIVATE COLUMNS <activate columns option>
```

```
<activate columns option> ::=
    ALL
  | CURRENT
  | <left paren> <column name list> <right paren>
```

Syntaxregeln

1. Sei AT die Archivtabelle, für die Attribute aktiviert werden, T die zugeordnete Datenbanktabelle. Ist <column name list> spezifiziert, identifizieren die angegebenen Attributnamen Attribute von T, die nicht zur aktuellen Version von AT gehören. Erfolgt die Zuordnung zu T im Rahmen der betrachteten ASQL-Anweisung (durch Erzeugen der Archivtabelle oder explizite Zuordnung), so sei eine aktuelle Version ohne Attribute implizit.

Allgemeine Regeln

1. Ist <column name list> spezifiziert, so sei CL diese Attributliste. Andernfalls sei CL die Liste der Attribute von T, die nicht zur aktuellen Version von AT gehören.

   Hinweis: Die Reihenfolge in CL bezieht sich in letzterem Fall (ALL oder CURRENT) auf die Attributreihenfolge in T; CL kann auch leer sein.

2. Für die Attribute Ci aus CL werden in der angegebenen Reihenfolge neue Attribute ACi für AT erzeugt. Der Deskriptor von ACi enthält

   - den unqualifizierten Namen von ACi, der dem von Ci entspricht,

   - die Attributposition in AT, die sich aus der Addition der bisherigen Attributzahl um eins ergibt,

   - die Beschreibung des parametrisierten Datentyps, auf dem Ci bzw. dessen Domäne basiert, und

   - die Attributgruppe von AT, zu der ACi gehört.

   Im Falle zeichenorientierter Datentypen werden die aus den Parametern des Datentyps hervorgehenden Zeichensätze und Vergleichsregeln in das Archiv übernommen.

   Hinweis: Attribute von Archivtabellen basieren direkt auf (A)SQL-Basisdatentypen. Domänen und Defaultwerte werden nicht übernommen, ebensowenig Einschränkungen durch Integritätsbedingungen.

   Hinweis: Eine Attributgruppe wird durch die Attributposition des ältesten Attributs der Gruppe identifiziert. Welcher Gruppe ein neues Attribut zugeordnet wird, regelt <column group clause>.

3. Ist ALL spezifiziert, werden neue Attribute von T künftig automatisch zu AT hinzugefügt. Ist CURRENT oder <column name list> spezifiziert, geschieht dies nicht.

4. Dem Deskriptor von AT werden die Deskriptoren der aktivierten Attribute hinzugefügt. Der Deskriptor von AT indiziert, ob neue Attribute von T automatisch übernommen werden oder nicht.

A.4.2.9 Deaktivieren von Attributen

Basistabellen können projiziert archiviert werden. Attribute, die bisher archiviert wurden, können von der weiteren Archivierung ausgeschlossen (deaktiviert) werden.

Hinweis: Das Deaktivieren von Attributen kann zum Deaktivieren von Integritätsbedingungen führen. Ein automatisches Hinzufügen neuer Attribute der Basistabelle zur Archivtabelle erfolgt nach dem Deaktivieren von Attributen nicht mehr.

Format

```
<deactivate columns clause> ::=
    DEACTIVATE COLUMNS
        <left paren> <column name list> <right paren>
        <drop behavior>
```

Syntaxregeln

1. Sei AT die Archivtabelle, für die Attribute deaktiviert werden. ID identifiziere die Archivtabelle. AT ist einer Basistabelle T zugeordnet.

2. <column name list> identifiziert Attribute der aktuellen Version von AT. <column name list> identifiziert nicht alle Attribute der aktuellen Version von AT.

3. Ist RESTRICT spezifiziert, wird keines der angegebenen Attribute in Integritätsbedingungen der aktuellen Version von AT verwendet, es sei denn, diese Integritätsbedingungen werden im Rahmen derselben ASQL-Anweisung explizit deaktiviert.

Allgemeine Regeln

1. Die angegebenen Attribute werden deaktiviert. Sei TCN der Name einer von diesen Attributen abhängigen Integritätsbedingung von AT, die nicht im Rahmen der betrachteten ASQL-Anweisung explizit deaktiviert wird. Folgende Anweisungen werden implizit ausgeführt.

   (a) Ist dem Deskriptor von AT zu entnehmen, daß aktivierbare Integritätsbedingungen automatisch zu übernehmen sind, dann:
   ```
   ALTER ARCHIVE TABLE ID DEACTIVATE CONSTRAINTS ( TCN ) CASCADE
   ALTER ARCHIVE TABLE ID ACTIVATE CONSTRAINTS ALL
   ```
   (b) Ist dem Deskriptor von AT zu entnehmen, daß aktivierbare Integritätsbedingungen nicht automatisch zu übernehmen sind, dann:
   ```
   ALTER ARCHIVE TABLE ID DEACTIVATE CONSTRAINTS ( TCN ) CASCADE
   ```

2. Der Deskriptor von AT indiziert, daß neue Attribute der zugeordneten Basistabelle nicht automatisch übernommen werden. Die Angabe zur Einlagerbarkeit wird, falls erforderlich, angepaßt.

3. Wurde AT ein deaktiviertes Attribut erst während der laufenden Transaktion hinzugefügt, so wird der Deskriptor dieses Attributs aus dem Deskriptor von AT entfernt.

A.4.2.10　Aktivieren von Integritätsbedingungen

Eindeutigkeits- und Fremdschlüsselbedingungen von Basistabellen können unter im folgenden näher spezifizierten Voraussetzungen in zugeordnete Archivtabellen übernommen werden.

Format

```
<activate constraints clause> ::=
    ACTIVATE CONSTRAINTS <activate constraints option>


<activate constraints option> ::=
    ALL
  | CURRENT
  | <left paren> <archive constraint name list> <right paren>
```

Syntaxregeln

1. Sei `AT` die Archivtabelle mit Namen `ATN`, für die Integritätsbedingungen aktiviert werden, `T` die zugeordnete Basistabelle. Sei `CS` die Vereinigung der Attributmenge der aktuellen Version von `AT` und der Menge der im Rahmen der gleichen ASQL-Anweisung aktivierten Attribute von `T`.

2. Sei `TC` eine Tabellenbedingung von `T`. `TC` ist in `AT` *aktivierbar*, wenn folgende Bedingungen erfüllt sind:

   - `TC` ist eine Eindeutigkeits- oder Fremdschlüsselbedingung, deren Attributliste sich nur auf Attribute aus `CS` bezieht.

   - `TC` ist in der aktuellen Version von `AT` nicht aktiviert.

   - Ist `TC` eine Fremdschlüsselbedingung, so ist die referenzierte Eindeutigkeitsbedingung in einer Archivtabelle des gleichen Archivs aktiviert oder wird im Rahmen der betrachteten ASQL-Anweisung aktiviert.

3. Ist `<archive constraint name list>` spezifiziert, identifizieren die angegebenen Namen aktivierbare Tabellenbedingungen von `T`.

Allgemeine Regeln

1. Ist `ALL` oder `CURRENT` spezifiziert, werden alle aktivierbaren Integritätsbedingungen aktiviert. Ist `<constraint name list>` spezifiziert, werden die angegebenen Integritätsbedingungen aktiviert.

2. Der Deskriptor einer aktivierten Integritätsbedingung beschreibt:

   - den Bedingungstyp (`PRIMARY KEY`, `UNIQUE`, `FOREIGN KEY`)

   - die Attributliste der Bedingung (identifiziert durch die Position in `AT`)

   - im Fall von Fremdschlüsselbedingungen die referenzierte Eindeutigkeitsbedingung und die Behandlung von `NULL` (SQL: *match type*).

3. Ist ALL spezifiziert, werden aktivierbare Integritätsbedingungen von T künftig automatisch übernommen. Ist CURRENT oder <column name list> spezifiziert, geschieht dies nicht.

4. Dem Deskriptor der im Rahmen der betrachteten ASQL-Anweisung erzeugten Version von AT werden die Deskriptoren der aktivierten Integritätsbedingungen hinzugefügt. Der Deskriptor von AT indiziert, ob aktivierbare Integritätsbedingungen von T automatisch übernommen werden oder nicht.

5. Seien U eine Eindeutigkeitsbedingung und UCL die Liste der Attribute von U. Seien VB und VE Beginn und Ende der Gültigkeit der Version von AT, zu der U gehört.

   - Ist U vom Typ PRIMARY KEY, so sei SC die Suchbedingung:

     ```
     UNIQUE ( SELECT UCL, ARCHIVED
                 FROM ATN PERIOD BETWEEN VB AND VE WITH COLUMNS BY VB )
     AND ( UCL ) IS NOT NULL
     ```

   - Ist U vom Typ UNIQUE, so sei SC die Suchbedingung:

     ```
     UNIQUE ( SELECT UCL, ARCHIVED
                 FROM ATN PERIOD BETWEEN VB AND VE WITH COLUMNS BY VB )
     ```

   U ist genau dann verletzt, wenn folgendes Prädikat wahr ist:

   ```
   EXISTS ( SELECT *
               FROM ATN PERIOD BETWEEN VB AND VE WITH COLUMNS BY VB
               WHERE NOT ( SC ) )
   ```

   Hinweis: Eindeutigkeitsbedingungen können nur durch Mehrfacharchivierung innerhalb einer Transaktion verletzt werden.

6. Seien F eine Fremdschlüsselbedingung und FCL die Liste der Attribute von F. Seien VB und VE Beginn und Ende der Gültigkeit der Version von AT, zu der F gehört. Seien U die von F referenzierte Eindeutigkeitsbedingung einer Version einer Archivtabelle mit Namen ATUN und UCL die Liste der Attribute von U.

   - Wurde F ohne MATCH definiert (SQL: *match type*), dann ist die Integritätsbedingung genau dann verletzt, wenn folgendes Prädikat wahr ist:

     ```
     EXISTS ( SELECT *
                 FROM ATN PERIOD BETWEEN VB AND VE WITH COLUMNS BY VB
                 WHERE NOT
                 ( ( FCL, ARCHIVED ) MATCH
                   ( SELECT UCL, ARCHIVED
                       FROM ATUN PERIOD BETWEEN VB AND VE
                           WITH COLUMNS BY VB ) ) )
     ```

   - Wurde F mit MATCH PARTIAL definiert, dann ist die Integritätsbedingung genau dann verletzt, wenn folgendes Prädikat wahr ist:

     ```
     EXISTS ( SELECT *
                 FROM ATN PERIOD BETWEEN VB AND VE WITH COLUMNS BY VB
                 WHERE NOT
                 ( ( FCL, ARCHIVED ) MATCH PARTIAL
     ```

```
                    ( SELECT UCL, ARCHIVED
                       FROM ATUN PERIOD BETWEEN VB AND VE
                          WITH COLUMNS BY VB )
                  OR ( FCL ) IS NULL ) )
```

- Wurde F mit MATCH FULL definiert, dann ist die Integritätsbedingung genau dann verletzt, wenn folgendes Prädikat wahr ist:

```
    EXISTS ( SELECT *
              FROM ATN PERIOD BETWEEN VB AND VE WITH COLUMNS BY VB
              WHERE NOT
              ( ( FCL, ARCHIVED ) MATCH FULL
                ( SELECT UCL, ARCHIVED
                   FROM ATUN PERIOD BETWEEN VB AND VE
                      WITH COLUMNS BY VB )
                OR ( FCL ) IS NULL ) )
```

Hinweis: Beim Löschen von Archivdaten sind auch nicht mehr aktive Fremdschlüsselbedingungen zu prüfen.

7. Seien TCA eine Tabellenbedingung von AT und TC die zugehörige Tabellenbedingung von T.

   (a) Solange TCA zur aktuellen Version von AT gehört, ergibt sich ihr Prüfmodus (SQL: *constraint mode*) aus dem jeweils geltenden Prüfmodus von TC.

   (b) Nach dem eventuellen Deaktivieren von TCA wird die Tabellenbedingung immer sofort geprüft (INITIALLY IMMEDIATE NOT DEFERRABLE).

Hinweis: Der Prüfmodus einer Integritätsbedingung (sofort oder verzögert) kann bei deren Definition festgelegt, transaktionsspezifisch aber auch verändert werden.

8. Ist eine Integritätsbedingung bei ihrer Prüfung verletzt, dann wird ein Fehler „archive table constraint violation" gemeldet.

A.4.2.11 Deaktivieren von Integritätsbedingungen

Integritätsbedingungen der aktuellen Version einer Archivtabelle sind deaktivierbar.

Hinweis: Das Deaktivieren von Integritätsbedingungen kann zum Deaktivieren weiterer Bedingungen führen. Ein automatisches Hinzufügen neuer Bedingungen der Basistabelle zur Archivtabelle erfolgt nach dem Deaktivieren von Integritätsbedingungen nicht mehr.

Format

```
<deactivate constraints clause> ::=
    DEACTIVATE CONSTRAINTS
        <left paren> <archive constraint name list> <right paren>
        <drop behavior>
```

Syntaxregeln

1. Sei AT die Archivtabelle, für die Integritätsbedingungen deaktiviert werden. <archive constraint name list> identifiziert eine Menge von Integritätsbedingungen der aktuellen Version von AT.

2. Ist RESTRICT spezifiziert, ist keine der angegebenen Eindeutigkeitsbedingungen Ziel einer aktivierten Fremdschlüsselbedingung des gleichen Archivs, es sei denn, diese wird im Rahmen der betrachteten ASQL-Anweisung ebenfalls explizit deaktiviert.

Allgemeine Regeln

1. Die angegebenen Integritätsbedingungen werden deaktiviert. Bezieht sich eine nicht explizit deaktivierte Fremdschlüsselbedingung von AT auf eine deaktivierte Integritätsbedingung, wird sie ebenfalls deaktiviert.

2. Sei RCN der Name einer von den deaktivierten Bedingungen abhängigen Fremdschlüsselbedingung einer anderen, durch IDR identifizierbaren Archivtabelle ATR des gleichen Archivs. Folgende Anweisungen werden dann implizit ausgeführt.

   (a) Ist dem Deskriptor von ATR zu entnehmen, daß aktivierbare Integritätsbedingungen automatisch zu übernehmen sind, dann:

   ```
   ALTER ARCHIVE TABLE IDR DEACTIVATE CONSTRAINTS ( RCN ) CASCADE
   ALTER ARCHIVE TABLE IDR ACTIVATE CONSTRAINTS ALL
   ```

   (b) Ist dem Deskriptor von ATR zu entnehmen, daß aktivierbare Integritätsbedingungen nicht automatisch zu übernehmen sind, dann:

   ```
   ALTER ARCHIVE TABLE IDR DEACTIVATE CONSTRAINTS ( RCN ) CASCADE
   ```

3. Der Deskriptor von AT indiziert, daß neue Integritätsbedingungen der zugeordneten Basistabelle nicht automatisch übernommen werden.

A.4.2.12   Einfügen in Archivtabellen

Neben dem Auslagern aus einer Datenbanktabelle ist auch das direkte Einfügen von Daten in eine Archivtabelle möglich. Die folgende Option bestimmt, ob das Einfügen virtuell über die Datenbank erfolgt oder nicht (Abschnitt A.5.6.1).

Format

```
<insert check clause> ::=
    INSERT CHECK <insert check option> [ CONSTRAINTS ]


<insert check option> ::=
    ALL
  | ARCHIVE
```

Allgemeine Regeln

1. Sei AT die Archivtabelle, für die die Prüfoption spezifiziert wurde. In den Deskriptor von AT wird die durch <insert check option> indizierte Variante aufgenommen.

2. Die Prüfoption bestimmt das Vorgehen beim Einfügen von Daten in AT. Sei T in einem solchen Fall die AT zugeordnete Datenbanktabelle.

   (a) Ist ALL spezifiziert, erfolgt das Einfügen von Daten in die aktuelle Version von AT virtuell über T.

   (b) Ist ARCHIVE spezifiziert, erfolgt das Einfügen von Daten in die aktuelle Version von AT ohne Umweg über T.

A.4.2.13 Gruppen von Attributen

Gleichnamige Attribute verschiedener Versionen einer Archivtabelle können zu Gruppen zusammengefaßt werden. Eine solche Gruppe bildet ein logisches Attribut für den (versionsübergreifenden) Zugriff auf die Archivtabelle. Die Gruppierungsklausel regelt, welcher Gruppe ein neues Attribut der Archivtabelle zugeordnet wird.

Hinweis: Einer Archivtabelle werden Attribute hinzugefügt, wenn

1. ihr eine Datenbanktabelle zugeordnet wird,

2. durch <activate columns clause> explizit neue Attribute aktiviert werden,

3. ACTIVATE COLUMNS ALL spezifiziert wurde und der zugeordneten Datenbanktabelle ein Attribut hinzugefügt wird oder

4. sich die Vergleichsregel eines Attributs der zugeordneten Datenbanktabelle ändert und dieses Attribut zur aktuellen Version der Archivtabelle gehört.

Format

```
<column group clause> ::=
    GROUP <column group option>


<column group option> ::=
    COMPARABLE [ COLUMNS ]
  | [ COLUMNS ] BY TYPE
  | [ COLUMNS ] BY LENGTH
  | [ COLUMNS ] BY COLLATION
  | NO [ COLUMNS ]
```

Allgemeine Regeln

1. Sei AT die Archivtabelle, für die die Gruppierungsoption spezifiziert wurde. In den Deskriptor von AT wird die durch <column group clause> indizierte Version aufgenommen.

2. Die Gruppierungsoption bestimmt das Vorgehen beim Hinzufügen neuer Attribute zu AT. Sei C ein solches Attribut, CN der Name von C. Eine zu C *passende* Attributgruppe G muß folgende Bedingungen erfüllen:

- Der Name aller Attribute in G ist CN.

- Ist COMPARABLE spezifiziert, so sind die Attribute aus G mit C nach den SQL-Regeln [ISO92, Abschnitt 4.6] vergleichbar.

- Ist BY TYPE spezifiziert, so stimmen die nicht parametrisierten Datentypen der Attribute aus G mit dem von C überein.
  Hinweis: Parameter eines Datentyps sind z. B. Länge oder Präzision.

- Ist BY LENGTH spezifiziert, so stimmen die parametrisierten Datentypen der Attribute aus G mit dem von C überein.

- Ist BY COLLATION spezifiziert, so stimmen die parametrisierten Datentypen der Attribute aus G mit dem von C überein und im Fall von zeichenorientierten Datentypen stimmen auch die Vergleichsregeln überein.

- NO ist nicht spezifiziert.

Sei GS die Menge der zu C passenden Attributgruppen. Ist GS leer, wird C einer neu zu schaffenden Attributgruppe zugeordnet. Ist GS nicht leer, so sei GC das jüngste aller Attribute von Gruppen aus GS, das der Archivtabelle hinzugefügt wurde. C wird dann derjenigen Attributgruppe zugeordnet, zu der GC gehört.

Hinweis: Die verfügbaren Optionen bilden eine Folge strenger werdender Bedingungen. Paßt z. B. ein Attribut bezüglich LENGTH zu einer Attributgruppe, dann auch bezüglich TYPE.

A.4.2.14 Spezifikation von Vergleichsregeln

Attribute verschiedener Versionen einer Archivtabelle können zu einer Gruppe zusammengefaßt werden, wenn sie mindestens vergleichbar sind (Abschnitt A.4.2.13). Voraussetzung ist für zeichenbezogene Attribute nach [ISO92, Abschnitt 4.6] ein gemeinsames Zeichenrepertoire, die Zeichensätze und insbesondere die Vergleichsregeln können sich jedoch unterscheiden. Wird beim Zugriff auf eine solche Attributgruppe eine gemeinsame Vergleichsregel nicht implizit oder explizit spezifiziert, wird die im folgenden definierte Defaultregel verwendet.

Hinweis: Eine Vergleichsregel steht implizit zur Verfügung, wenn alle Attribute einer Gruppe die gleiche Regel verwenden oder wenn beim Zugriff durch Angabe einer bestimmten Version ein Attribut und damit dessen Vergleichsregel ausgewählt wird. Eine Vergleichsregel kann zudem explizit angegeben werden (SQL: *explicit/implicit coercibility*; [ISO92, Abschnitte 4.2 und 4.6]). Jede derartige Vergleichsregel hat Vorrang vor der Defaultregel.

Format

```
<collation default clause> ::=
    COLLATE FROM <collation default option>
```

```
<collation default option> ::=
    DEFAULT
  | CURRENT [ COLUMNS ]
```

Allgemeine Regeln

1. Sei AT die Archivtabelle, für die die Vergleichsoption spezifiziert wurde. In den Deskriptor von AT wird die durch <collation default option> indizierte Variante
   aufgenommen.

2. Sei G die zeichenbezogene Attributgruppe, für die eine Vergleichsregel benötigt wird.
   Besitzt AT eine aktuelle Version mit einem Attribut aus G, so sei C dieses Attribut.

   (a) Ist DEFAULT spezifiziert, so bezieht sich ein Vergleich auf die Reihenfolge der
       Zeichen im Zeichenrepertoire, das den Attributen von G zugrundeliegt [ISO92,
       Abschnitte 4.2 und 10.4].

   (b) Ist CURRENT spezifiziert und C existiert, so wird die Vergleichsregel von C ver-
       wendet.

   (c) Ist CURRENT spezifiziert und C existiert nicht, so steht keine Vergleichsregel als
       Default zur Verfügung (SQL: *no collating sequence*).
       Hinweis: Eine Vergleichsregel muß in diesem Fall explizit angegeben werden.

A.4.2.15 Attributliste beim Zugriff auf Archivtabellen

Der Zugriff auf eine Archivtabelle kann Daten mehrerer Versionen betreffen, die sich in
ihren logischen Attributen unterscheiden. Die effektive Attributliste der Archivtabelle beim
Zugriff kann explizit in der DML-Anweisung festgelegt werden. Geschieht das nicht, wird
die im folgenden definierte Defaultliste verwendet.

Format

```
<select default clause> ::=
    SELECT <select default option> [ COLUMNS ]

<select default option> ::=
    CURRENT
  | COMMON
  | ALL
```

Allgemeine Regeln

1. Sei AT die Archivtabelle, für die die Attributoption spezifiziert wurde. In den Deskriptor von AT wird die durch <select default option> indizierte Variante aufgenommen.

2. Sei TE ein Ausdruck <table expression>, in dem AT verwendet wird. Seien ATVi
   die in TE genutzten Versionen von AT, CLi die Mengen ihrer logischen Attribute.

(a) Ist `ALL` spezifiziert, ergibt sich die Defaultattributliste für `AT` in `TE` aus der Vereinigung aller `CLi`.

(b) Ist `COMMON` spezifiziert, ergibt sich die Defaultattributliste für `AT` in `TE` aus dem Durchschnitt aller `CLi`.

(c) Ist `CURRENT` spezifiziert und hat `AT` eine aktuelle Version `ATV`, so ergibt sich die Defaultattributliste für `AT` in `TE` aus der Attributliste von `ATV`.

    Hinweis: Eine aktuelle Version von `AT` existiert genau dann, wenn `AT` einer Datenbanktabelle zugeordnet ist.

(d) Ist `CURRENT` spezifiziert, ohne daß `AT` eine aktuelle Version besitzt, hat `AT` in `TE` keine Defaultattributliste.

    Hinweis: `TE` muß in diesem Fall eine entsprechende Liste spezifizieren.

A.4.3 Regeln zur Archivierung

Das Regelkonzept von ASQL erlaubt die Definition von Datenbank- und Archivregeln, etwas Vergleichbares gibt es in SQL nicht. Datenbankregeln sind für Basistabellen spezifizierbar und modifizieren deren Daten, Archivregeln beziehen sich auf Archivtabellen. Das ASQL-Regelkonzept ist speziell für die Aufgaben der Archivierungsfunktionalität ausgelegt, der Syntaxentwurf berücksichtigt jedoch auch die Möglichkeit späterer Erweiterungen. ASQL-Regeln sind deklarative ECA-Regeln. Spezifizierbar sind nur Ereignis E und Aktion A, die für die Ausführung der Aktion zu erfüllende Bedingung C wird durch die allgemeinen Regeln der betroffenen Syntaxelemente ausgedrückt. Zeitbezogene Regeln beziehen sich auf Zeitereignisse (Abschnitt A.3.2), die nicht von den Datenbank- oder Archivdaten abhängen.

A.4.3.1 Ergänzung von SQL-Syntaxelementen

Das Hinzufügen von Regeln zu Datenbanktabellen erfordert die Ergänzung existierender SQL-Syntaxelemente um zusätzliche Optionen. Zur Spezifikation von Regeln im Rahmen der Definition von Basistabellen muß <table element>, hier als <SQL table element> bezeichnet, erweitert werden. Das Hinzufügen und Löschen von Datenbankregeln bei der Modifikation einer Tabellendefinition erfordert Zusätze zu <alter table action>, hier als <SQL alter table action> bezeichnet. Die Angabe zusätzlicher Syntax-, Zugriffs- oder allgemeiner Regeln ist nicht erforderlich.

Format

```
<table element> ::=
    <SQL table element>
  | <rule definition>


<alter table action> ::=
    <SQL alter table action>
  | <add rule definition>
  | <drop rule definition>
```

A.4.3.2 Definition von Datenbankregeln

Eine Datenbankregel und deren Name werden spezifiziert.

Format

```
<rule definition> ::=
    RULE <rule name> <rule specification>


<rule specification> ::=
    <delete rule>
```

Syntaxregeln

1. Der Regelname `<rule name>` identifiziert keine bereits vorhandene Datenbankregel.

2. Sei T die Datenbanktabelle, für die eine Regel definiert wird. T ist eine Basistabelle.

3. Enthält `<rule name>` einen Schemanamen `<schema name>`, so entspricht dieser Schemaname dem von T.

Allgemeine Regeln

1. Durch `<rule definition>` wird eine Datenbankregel R definiert. Für R wird ein Deskriptor erzeugt, der Namen, Regelereignis und Regelaktion beschreibt.

A.4.3.3 Hinzufügen von Datenbankregeln

Einer Basistabelle wird eine Datenbankregel hinzugefügt.

Format

```
<add rule definition> ::=
    ADD <rule definition>
```

Allgemeine Regeln

1. Der Deskriptor der spezifizierten Datenbankregel wird dem Deskriptor der Basistabelle hinzugefügt, für die die neue Regel definiert wird.

A.4.3.4 Entfernen von Datenbankregeln

Eine zu einer Basistabelle gehörende Datenbankregel wird gelöscht.

Format

```
<drop rule definition> ::=
    DROP RULE <rule name> <drop behavior>
```

Syntaxregeln

1. Sei T die Basistabelle, für die eine Regel gelöscht werden soll. Die durch <rule name> identifizierte Datenbankregel R existiert und ist eine Regel für T.

2. Ist RESTRICT spezifiziert, so wird R von keiner anderen Regel referenziert.

   Hinweis: Eine Datenbankregel kann nur von Archivregeln referenziert werden.

Allgemeine Regeln

1. Sei AR eine Archivregel, die R referenziert, ARN ihr Name. ID identifiziere die Archivtabelle, zu der AR gehört. Ausgeführt wird dann implizit:

   ```
   ALTER ARCHIVE TABLE ID DROP RULE ARN CASCADE
   ```

2. Der Deskriptor von R wird aus dem von T entfernt und zerstört.

A.4.3.5 Löschregel für Datenbanktabellen

Daten von Basistabellen können zeitbezogen gelöscht werden.

Format

```
<delete rule> ::=
    ON <time event>
    DELETE [ WHERE <search condition> ]
```

Allgemeine Regeln

1. <delete rule> spezifiziert eine zeitbezogene Löschregel R für eine Basistabelle mit Namen TN. Ist eine Suchbedingung <search condition> angegeben, so sei SC diese Bedingung.

2. <time event> gibt die Zeitpunkte an, zu denen R ausgelöst wird. Das Auslösen startet eine Transaktion unter Autorisation des Eigners des ASQL-Schemas, zu dem R gehört:

   (a) Alle Archivregeln, die R referenzieren, werden ausgelöst und synchron abgearbeitet. Ist SC angegeben, so wird diese Suchbedingung an die ausgelösten Regeln übergeben.

   Hinweis: Die Abarbeitung der ausgelösten Archivregeln erfolgt seriell, eine Reihenfolge ist nicht festgelegt.

   (b) Ist eine Suchbedingung spezifiziert, wird nach Abarbeitung aller ausgelösten Archivregeln folgende Anweisung ausgeführt:

   ```
   DELETE FROM TN WHERE SC
   ```

   Ist keine Suchbedingung spezifiziert, wird folgende Anweisung ausgeführt:

   ```
   DELETE FROM TN
   ```

(c) Wurden alle Anweisungen der Transaktion ohne Fehler abgearbeitet, wird die Transaktion beendet mit:

    `COMMIT WORK`

Ansonsten wird die Transaktion beendet mit:

    `ROLLBACK WORK`

A.4.3.6 Definition von Archivregeln

Eine Archivregel und deren Name werden spezifiziert.

Format

```
<archive rule definition> ::=
   RULE <archive rule name> <archive rule specification>


<archive rule specification> ::=
   <archive history rule>
 | <archive move rule>
 | <archive copy rule>
 | <archive delete rule>
```

Syntaxregeln

1. Der Regelname `<archive rule name>` identifiziert keine vorhandene Archivregel.

2. Sei `AT` die Archivtabelle, für die eine Regel definiert wird. Enthält `<archive rule name>` einen Archivnamen `<archive name>`, so identifiziert dieser Archivname das Archiv, zu dem `AT` gehört.

Allgemeine Regeln

1. Durch `<archive rule definition>` wird eine Archivregel `AR` definiert. Für `AR` wird ein Deskriptor erzeugt, der Namen, Regelereignis und Regelaktion beschreibt.

A.4.3.7 Hinzufügen von Archivregeln

Einer Archivtabelle wird eine Archivregel hinzugefügt.

Format

```
<add archive rule definition> ::=
   ADD <archive rule definition>
```

Allgemeine Regeln

1. Der Deskriptor der spezifizierten Archivregel wird dem Deskriptor der Archivtabelle hinzugefügt, für die die neue Regel definiert wird.

A.4.3.8 Entfernen von Archivregeln

Eine zu einer Archivtabelle gehörende Archivregel wird gelöscht.

Format

```
<drop archive rule definition> ::=
    DROP RULE <archive rule name> <drop behavior>
```

Syntaxregeln

1. Sei AT die Archivtabelle, für die eine Regel gelöscht werden soll. Die durch <archive rule name> identifizierte Archivregel AR existiert und ist eine Regel für AT.

2. Ist RESTRICT spezifiziert, so wird R von keiner anderen Regel referenziert.

   Hinweis: Eine Archivregel kann von keiner anderen Regel referenziert werden. Ob RESTRICT oder CASCADE spezifiziert ist, ist daher ohne Bedeutung.

Allgemeine Regeln

1. Der Deskriptor von AR wird aus dem von AT entfernt und zerstört.

A.4.3.9 Archivieren gelöschter oder geänderter Daten

Gelöschte oder geänderte Datenbankdaten können in eine zugeordnete Archivtabelle übernommen werden.

Format

```
<archive history rule> ::=
    ON { DELETE | UPDATE }
    COPY [ CORRESPONDING ROWS ] [ CASCADE ] [ WITH REFERENCES ]
```

Allgemeine Regeln

1. <archive history rule> spezifiziert eine Archivregel AR für eine Archivtabelle AT, die zu löschende oder zu ändernde Daten einer zugeordneten Datenbanktabelle in die Archivtabelle übernimmt. Seien TN und AN die der Definition von AT zu entnehmenden Namen von Datenbanktabelle und Archiv. Sei U der Eigner des Archivs.

2. CAS stehe für CASCADE, falls angegeben, und sei sonst die leere Zeichenkette. WR stehe für WITH REFERENCES, falls angegeben, und sei sonst die leere Zeichenkette.

3. Ist DELETE spezifiziert, so wird AR durch Löschoperationen einer Datenbanktabelle T mit Namen TN ausgelöst. AR wird vor dem Löschen unter Autorisation von U ausgeführt.

   (a) Folgende Bedingungen werden überprüft:
       - AT ist T zugeordnet.
       - U besitzt das SELECT-Recht für alle in AT aktivierten Attribute von T.

  (b) Wird positioniert gelöscht, so sei CN der entsprechende Cursorname. Sind die Bedingungen aus 3a erfüllt, wird folgende Anweisung ausgeführt:

```
COPY FROM TN INTO AN CAS WR WHERE CURRENT OF CN
```

     Wird mengenorientiert unter Angabe einer Suchbedingung SC gelöscht und die Bedingungen aus 3a sind erfüllt, wird folgende Anweisung mit der Maßgabe ausgeführt, daß SC mit den Rechten des löschenden Nutzers ausgewertet wird:

```
COPY FROM TN INTO AN CAS WR WHERE SC
```

     Wird mengenorientiert ohne Angabe einer Suchbedingung gelöscht und die Bedingungen aus 3a sind erfüllt, wird folgende Anweisung ausgeführt:

```
COPY FROM TN INTO AN CAS WR
```

4. Ist UPDATE spezifiziert, so wird AR durch Änderungsoperationen einer Datenbanktabelle T mit Namen TN ausgelöst. AR wird vor dem Ändern unter Autorisation von U ausgeführt.

  (a) Folgende Bedingungen werden überprüft:

- AT ist T zugeordnet.
- U besitzt das SELECT-Recht für alle in AT aktivierten Attribute von T.

  (b) Wird positioniert geändert, so sei CN der entsprechende Cursorname. Sind die Bedingungen aus 4a erfüllt, wird folgende Anweisung ausgeführt:

```
COPY FROM TN INTO AN CAS WR WHERE CURRENT OF CN
```

     Wird mengenorientiert unter Angabe einer Suchbedingung SC geändert und die Bedingungen aus 4a sind erfüllt, wird folgende Anweisung mit der Maßgabe ausgeführt, daß SC mit den Rechten des ändernden Nutzers ausgewertet wird:

```
COPY FROM TN INTO AN CAS WR WHERE SC
```

     Wird mengenorientiert ohne Angabe einer Suchbedingung geändert und die Bedingungen aus 4a sind erfüllt, wird folgende Anweisung ausgeführt:

```
COPY FROM TN INTO AN CAS WR
```

5. Verläuft das Einfügen der zu löschenden oder zu ändernden Daten in AT aufgrund verletzter Integritätsbedingungen nicht erfolgreich und U besitzt das REFERENCES-Recht für alle in AT aktivierten Attribute von T, so wird die auslösende Operation mit einem Fehler abgebrochen. Andernfalls wird die Abarbeitung der auslösenden Operation fortgesetzt.

Hinweis: Das REFERENCES-Recht erlaubt die Nutzung der Datenbanktabelle für die Definition von Integritätsbedingungen. Die Regel erweitert diese Semantik dahingehend, daß der Eigner von AR nur aufgrund eines erteilten Rechts Operationen der Datenbank beeinflussen darf.

A.4.3.10 Reaktion auf Datenbankregeln

Durch eine Datenbankregel spezifizierte Daten können in eine zugeordnete Archivtabelle übernommen werden.

Format

```
<archive move rule> ::=
   ON RULE <rule name>
   COPY [ CORRESPONDING ROWS ] [ CASCADE ] [ WITH REFERENCES ]
```

Syntaxregeln

1. Die durch <rule name> identifizierte Datenbankregel existiert. Seien R diese Regel, T die Basistabelle, für die sie definiert ist, und TN der Name von T.

2. CAS stehe für CASCADE, falls angegeben, und sei sonst die leere Zeichenkette. WR stehe für WITH REFERENCES, falls angegeben, und sei sonst die leere Zeichenkette.

3. Sei AT die Archivtabelle in einem Archiv mit Namen AN, für die die Archivregel spezifiziert wird. AT ist eine unter dem Namen TN archivierte Basistabelle.

4. Sei U der Eigner des Archivs, zu dem AT gehört. U besitzt REFERENCES-Recht für T.

Allgemeine Regeln

1. <archive move rule> spezifiziert eine Archivregel AR, die im Rahmen der Abarbeitung der referenzierten Datenbankregel ausgelöst wird. AR wird unter Autorisation von U ausgeführt.

   (a) Folgende Bedingungen werden überprüft:
   - AT ist einer Datenbanktabelle T zugeordnet.
   - U besitzt das SELECT-Recht für alle in AT aktivierten Attribute von T.

   (b) Sind die Bedingungen aus 1a erfüllt und R spezifiziert eine Suchbedingung SC, wird folgende Anweisung mit der Maßgabe ausgeführt, daß SC mit den Rechten des Eigners von R ausgewertet wird:

   ```
   COPY FROM TN INTO AN CAS WR WHERE SC
   ```

   Sind die Bedingungen aus 1a erfüllt und R spezifiziert keine Suchbedingung, wird folgende Anweisung ausgeführt:

   ```
   COPY FROM TN INTO AN CAS WR
   ```

A.4.3.11 Kopieren von Datenbankdaten

Daten einer Datenbanktabelle können in eine zugeordnete Archivtabelle kopiert werden.

Format

```
<archive copy rule> ::=
   ON <time event>
   COPY [ CASCADE ] [ WITH REFERENCES ] [ WHERE <search condition> ]
```

Allgemeine Regeln

1. <archive copy rule> spezifiziert eine zeitbezogene Archivregel AR für eine Archivtabelle AT. Seien TN und AN die der Definition von AT zu entnehmenden Namen von Datenbanktabelle und Archiv. Ist eine Suchbedingung <search condition> angegeben, so sei SC diese Bedingung.

2. CAS stehe für CASCADE, falls angegeben, und sei sonst die leere Zeichenkette. WR stehe für WITH REFERENCES, falls angegeben, und sei sonst die leere Zeichenkette.

3. <time event> gibt die Zeitpunkte an, zu denen AR ausgelöst wird. Das Auslösen der Regel startet eine Transaktion unter Autorisation des Eigners U des Archivs, zu dem AR gehört:

   (a) Folgende Bedingungen werden überprüft:

       - AT ist einer Datenbanktabelle T zugeordnet.
       - U besitzt das SELECT-Recht für alle in AT aktivierten Attribute von T.

   (b) Sind die Bedingungen aus 3a erfüllt und eine Suchbedingung ist spezifiziert, wird folgende Anweisung ausgeführt:

       COPY FROM TN INTO AN CAS WR WHERE SC

       Sind die Bedingungen aus 3a erfüllt und eine Suchbedingung ist nicht spezifiziert, wird folgende Anweisung ausgeführt:

       COPY FROM TN INTO AN CAS WR

       Sind die Bedingungen aus 3a nicht erfüllt, wird keine Anweisung ausgeführt.

   (c) Wurden alle Anweisungen der Transaktion ohne Fehler abgearbeitet, wird die Transaktion beendet mit:

       COMMIT WORK

       Ansonsten wird die Transaktion beendet mit:

       ROLLBACK WORK

A.4.3.12 Löschregel für Archivtabellen

Daten von Archivtabellen können zeitbezogen gelöscht werden.

Format

```
<archive delete rule> ::=
    ON <time event>
    DELETE [ CASCADE ] [ WHERE <search condition> ]
```

Allgemeine Regeln

1. <archive delete rule> spezifiziert eine zeitbezogene Archivregel AR für eine durch ID identifizierbare Archivtabelle. Ist eine Suchbedingung <search condition> angegeben, so sei SC diese Bedingung.

2. `CAS` stehe für `CASCADE`, falls angegeben, und sei sonst die leere Zeichenkette.

3. `<time event>` gibt die Zeitpunkte an, zu denen `AR` ausgelöst wird. Das Auslösen der Regel startet eine Transaktion unter Autorisation des Eigners `U` des Archivs, zu dem `AR` gehört:

   (a) Ist eine Suchbedingung spezifiziert, wird folgende Anweisung ausgeführt:
       ```
       DELETE FROM ID CAS WHERE SC
       ```
       Ist keine Suchbedingung spezifiziert, wird folgende Anweisung ausgeführt:
       ```
       DELETE FROM ID CAS
       ```

   (b) Wurden alle Anweisungen der Transaktion ohne Fehler abgearbeitet, wird die Transaktion beendet mit:
       ```
       COMMIT WORK
       ```
       Ansonsten wird die Transaktion beendet mit:
       ```
       ROLLBACK WORK
       ```

A.4.4 Rechte für die Archivierung

A.4.4.1 Datenbankrechte

Ein zusätzlicher Rechtetyp auf Datenbankseite ist das Tabellenrecht `ARCHIVE`, spezifizierbar für archivierbare Datenbanktabellen. Es regelt, welche Nutzer als Archiveigner eine Archivtabelle der angegebenen Datenbanktabelle zuordnen dürfen. Erforderlich ist eine Ergänzung des Syntaxelements `<action>`, hier als `<SQL action>` bezeichnet, spezifiziert in [ISO92, Abschnitt 10.3].

Format

```
<action> ::=
    <SQL action>
  | ARCHIVE
```

Syntaxregeln

1. Das Objekt, für das `ARCHIVE` bei Vergabe oder Entzug eines Zugriffsrechts spezifiziert wird, ist eine archivierbare Datenbanktabelle.

   Hinweis: Archivierbar sind Basistabellen (eventuell projiziert) und Sichten, die transitiv (SQL: *leaf generally underlying table*) auf Basistabellen oder Archivtabellen des gleichen Archivs beruhen.

Allgemeine Regeln

1. `ARCHIVE` spezifiziert das Recht, zur bezeichneten Tabelle eine Archivtabelle anzulegen oder ihr eine existierende Archivtabelle zuzuordnen. Ein Entzug des Rechts führt zur Rücknahme der Zuordnung.

A.4.4.2 Vergeben von Archivrechten

Für Archivtabellen sind Zugriffsrechte vergebbar. Sie gelten für alle Attribute aller Versionen der Archivtabelle.

Hinweis: Die Vergabe von Rechten für Archivtabellen ist weniger komplex als die Rechtevergabe in SQL, das folgende Regelwerk ist daher entsprechend einfacher gestaltet.

Format

```
<archive grant statement> ::=
    GRANT <archive privileges>
        ON <archive table id>
        TO <grantee> [ { <comma> <grantee> } ... ]
        [ WITH GRANT OPTION ]

<archive privileges> ::=
    ALL PRIVILEGES
  | <archive action> [ { <comma> <archive action> } ... ]

<archive action> ::=
    SELECT
  | INSERT
  | DELETE
```

Syntaxregeln

1. Sei AT die durch `<archive table id>` identifizierte Archivtabelle. Ist die Rechtevergabe nicht Teil einer Archivdefinition `<create archive statement>`, so muß AT bereits existieren. Andernfalls muß die Definition von AT Teil derselben Archivdefinition sein.

2. Sei U der aktuelle Nutzer. ALL PRIVILEGES ist äquivalent zur Spezifikation aller Rechtetypen `<archive action>` für AT, die U weitergeben darf.

Zugriffsregeln

1. U besitzt mindestens ein weitergebbares Recht auf AT.

Allgemeine Regeln

1. Für jede Kombination aus Nutzer `<grantee>` und Rechtetyp `<archive action>` wird ein Rechtedeskriptor erzeugt, sofern U das Recht zum Weitergeben von `<archive action>` auf AT hat. Dieser Rechtedeskriptor besagt, daß U dem Nutzer `<grantee>` das Recht `<archive action>` auf AT einräumt.

2. Ist WITH GRANT OPTION spezifiziert, besagt jeder erzeugte Deskriptor, daß das Recht weitergegeben werden darf.

3. Sei V eine Sicht, die einem der als <grantee> angegebenen Nutzer G gehört und AT referenziert. Erhielt dieser Nutzer aufgrund von Regel 1 das weitergebbare Leserecht auf AT und besitzt er das weitergebbare Leserecht für alle anderen in der Sichtdefinition referenzierten Tabellen, so wird durch einen Nutzer '_SYSTEM' die folgende Anweisung ausgeführt:

```
GRANT SELECT ON V TO G WITH GRANT OPTION
```

   Hinweis: Für die Sichtdefinition war bereits Leserecht für AT erforderlich.

4. Sind zwei vorhandene Rechtedeskriptoren identisch bis auf Weitergebbarkeit, dann wird für beide die Weitergebbarkeit gesetzt.

5. Redundante Duplikate von Rechtedeskriptoren werden gelöscht.

6. Wurde für eine Kombination von <grantee> und <archive action> kein Rechtedeskriptor erzeugt, der besagt, daß U dem Nutzer <grantee> das Recht <archive action> auf AT einräumt, wird die unvollständige Abarbeitung „warning: privilege not granted" gemeldet.

A.4.4.3 Entziehen von Archivrechten

Die spezifizierten Zugriffsrechte für Archivtabellen werden entzogen.

Hinweis: Die im Rahmen der Syntaxregeln von <archive revoke statement> erforderlichen Algorithmen zur Bestimmung zu *modifizierender* und *verlorener* Rechtedeskriptoren werden aufgrund ihrer Komplexität auf SQL zurückgeführt.

Format

```
<archive revoke statement> ::=
    REVOKE [ GRANT OPTION FOR ] <archive privileges>
        ON <archive table id>
        FROM <grantee> [ { <comma> <grantee> } ... ]
        <drop behavior>
```

Syntaxregeln

1. Sei AT die durch <archive table id> identifizierte Archivtabelle. Sei U der aktuelle Nutzer. ALL PRIVILEGES ist äquivalent zur Spezifikation aller Rechtetypen <archive action> für AT, die U weitergeben darf.

2. Zur Menge der durch <archive revoke statement> *identifizierten* Rechtedeskriptoren (SQL: *identified privilege descriptors*) gehören alle, die für eine Kombination aus <grantee> und <archive action> besagt, daß U dem Nutzer <grantee> das Recht <archive action> auf AT einräumt.

3. Die Menge der zu *modifizierenden* Rechtedeskriptoren (SQL: *modified privilege descriptors*) wird nach [ISO92, Abschnitt 11.37, Syntaxregel 10] bestimmt.

4. Die Menge der *verlorenen* Rechtedeskriptoren (SQL: *abandoned privilege descriptors*) wird nach [ISO92, Abschnitt 11.37, Syntaxregel 11] bestimmt.

5. Eine Sicht ist vom Entziehen eines Rechts für eine Archivtabelle *betroffen*, wenn das Zerstören von Rechtedeskriptoren im Rahmen der allgemeinen Regeln dazu führen würde, daß der Eigner der Sicht das SELECT-Recht für eine der der Sichtdefinition zugrundeliegenden Tabellen verliert.

6. Ist RESTRICT spezifiziert, so existieren keine verlorenen Rechtedeskriptoren und keine Sichten sind vom Rechteentzug betroffen.

Zugriffsregeln

1. U besitzt mindestens ein weitergebbares Recht auf AT.

Allgemeine Regeln

1. Ist GRANT OPTION FOR spezifiziert, dann werden alle identifizierten und alle zu modifizierenden Rechtedeskriptoren als nicht weitergebbar gekennzeichnet, alle verlorenen Rechtedeskriptoren werden zerstört.

2. Ist GRANT OPTION FOR nicht spezifiziert, dann werden alle zu modifizierenden Rechtedeskriptoren als nicht weitergebbar gekennzeichnet, alle identifizierten und alle verlorenen Rechtedeskriptoren werden zerstört.

3. Sei VN der Name einer vom Rechteentzug betroffenen Sicht. Ausgeführt wird dann implizit:

   ```
   DROP VIEW VN CASCADE
   ```

A.4.5 Datenbankschema

Verschiedene Änderungen des Datenbankschemas können Folgeänderungen in Archivschemata nach sich ziehen. In den folgenden Abschnitten werden die betroffenen Syntaxelemente um zusätzliche Regeln erweitert, die diese Folgeänderungen auslösen. Angegeben sind jeweils nur die für ASQL erforderlichen Erweiterungen, für die restliche Spezifikation sei auf [ISO92] verwiesen. Die genauen Abschnitte im Normdokument sind Tabelle A.2 auf Seite 255 zu entnehmen.

A.4.5.1 Entziehen von Rechten

Basistabellen oder Sichten können Archivtabellen zugeordnet sein. Die Zuordnung setzt das Tabellenrecht ARCHIVE voraus (Abschnitt A.4.4.1), ein Entzug dieses Rechts führt zum Verlust der Zuordnung. Die Spezifikation von <revoke statement> wird dazu wie folgt ergänzt.[2]

---

[2]Die Numerierung bezieht sich nicht auf die der Regeln in SQL. Von einer Angabe der korrekten Einordnung der neuen Regeln in die Folge der vorhandenen Regeln sei hier abgesehen.

Syntaxregeln

1. Eine Archivtabelle heißt vom Rechteentzug *betroffen*, wenn das Zerstören von Rechtedeskriptoren im Rahmen der allgemeinen Regeln von <revoke statement> für den Eigner der Archivtabelle zum Verlust des ARCHIVE-Rechts für die zugeordnete Datenbanktabelle führen würde.

2. Ist RESTRICT spezifiziert, so ist keine Archivtabelle vom Rechteentzug betroffen.

Allgemeine Regeln

1. Für jede durch ID identifizierbare, vom Rechteentzug betroffene Archivtabelle wird implizit folgende Anweisung ausgeführt:

   ALTER ARCHIVE TABLE ID DETACH CASCADE

Hinweis: Auch das Löschen von Basistabellen und Sichten kann zu Zuordnungsverlusten führen. Eine Ergänzung der Regeln der entsprechenden Anweisungen ist jedoch nicht erforderlich, da im Rahmen dieser Regeln auch alle Rechte für die Tabellen entzogen werden. Die Rücknahme der Zuordnung erfolgt dann durch die hier spezifizierten allgemeinen Regeln.

A.4.5.2 Löschen von Vergleichsregeln

Das Löschen von Vergleichsregeln führt zur Modifikation von Attribut-, Domänen- und Zeichensatzdefinitionen, die auf dieser Vergleichsregel beruhen; die gelöschte Regel wird durch COLLATE FROM DEFAULT (Vergleich auf Basis der Zeichenreihenfolge im Zeichenrepertoire) ersetzt. Ist ein Attribut einer Datenbanktabelle von einer derartigen Änderung betroffen, führt das zur Versionierung aller Archivtabellen, in deren aktueller Version dieses Attribut aktiviert ist. Die Spezifikation von <drop collation statement> wird dazu wie folgt ergänzt.

Allgemeine Regeln

1. Sei C ein Attribut einer Datenbanktabelle T, dessen *effektive* Vergleichsregel die gelöschte Vergleichsregel war. Sei AT eine T zugeordnete Archivtabelle, für die C aktiviert ist. Sei ATC das entsprechende Attribut der aktuellen Version von AT.

   Hinweis: Die effektive Vergleichsregel für Attribute von Basistabellen wird nach [ISO92, Abschnitt 11.4, Syntaxregel 6] bestimmt. Eine bei der Attributdefinition spezifizierte Vergleichsregel hat dabei Vorrang vor der einer Domäne, diese vor der Defaultregel des zugehörigen Zeichensatzes. Die effektive Vergleichsregel für Attribute von Sichten ergibt sich aus der Sichtdefinition und den Vergleichsregeln von Attributen zugrundeliegender Tabellen.

2. Für AT wird eine neue Version angelegt. Diese umfaßt bis auf ATC alle Attribute der aktuellen Version, dazu ein neues, aus der modifizierten Definition von C abgeleitetes Attribut ATC1. Die in der aktuellen Version aktivierten Integritätsbedingungen bleiben in der neuen Version aktiviert, wobei Referenzen auf ATC durch solche auf ATC1 ersetzt werden. Dem Deskriptor von AT wird der Deskriptor von ATC1 hinzugefügt.

3. Wurde die aktuelle Version von AT während der laufenden Transaktion erzeugt, so wird ihr Deskriptor durch den der neuen Version ersetzt. Andernfalls wird der Deskriptor der neuen Version dem Deskriptor von AT hinzugefügt. Die neue Version wird zur aktuellen Version von AT.

   Hinweis: Nur die letzte der innerhalb einer Transaktion erzeugten Versionen einer Archivtabelle wird effektiv nach außen sichtbar.

4. Sei ATR eine Archivtabelle, deren aktuelle Version eine Fremdschlüsselbedingung umfaßt, die AT referenziert. Für ATR wird eine neue Version mit unveränderten Attributen und Integritätsbedingungen angelegt. Wurden während der laufenden Transaktion bereits Daten in ATR eingefügt, die aktuelle Version von ATR aber nicht in der laufenden Transaktion erzeugt, so wird ein Fehler „invalid archive table modification" gemeldet. Wurde die aktuelle Version von ATR während der laufenden Transaktion erzeugt, so wird ihr Deskriptor durch den der neuen Version ersetzt. Andernfalls wird der Deskriptor der neuen Version dem Deskriptor von ATR hinzugefügt.

   Hinweis: Neue Versionen einer Archivtabelle führen zur Versionierung der über aktivierte Fremdschlüssel davon abhängigen Archivtabellen.

5. Wurde AT das Attribut ATC erst während der laufenden Transaktion hinzugefügt, so wird der Deskriptor von ATC aus dem Deskriptor von AT entfernt.

6. Die Transaktionszeit von Beginn und Ende der Gültigkeit der neuen bzw. alten Versionen wird in deren Deskriptoren vermerkt.

A.4.5.3 Löschen von Attributen

Das Löschen eines Attributs einer Basistabelle führt zur Versionierung aller Archivtabellen, in deren aktueller Version dieses Attribut aktiviert ist. Die Spezifikation von <drop column definition> wird dazu wie folgt ergänzt.

Syntaxregeln

1. Sei C das zu löschende Attribut der Basistabelle T, CN dessen Name. Ist RESTRICT spezifiziert, so ist C in keiner T zugeordneten Archivtabelle aktiviert.

Allgemeine Regeln

1. Sei AT eine T zugeordnete Archivtabelle, in der C aktiviert ist. ID identifiziere AT. Nach dem Entfernen von C aus T werden folgende Anweisungen implizit ausgeführt.

   (a) Ist C das einzige in AT aktivierte Attribut von T, dann:

   ```
   ALTER ARCHIVE TABLE ID DETACH CASCADE
   ```

   (b) Ist C nicht das einzige in AT aktivierte Attribut von T und dem Deskriptor von AT ist zu entnehmen, daß neue Attribute von T automatisch zu übernehmen sind, dann:

   ```
   ALTER ARCHIVE TABLE ID DEACTIVATE COLUMNS ( CN ) CASCADE
   ALTER ARCHIVE TABLE ID ACTIVATE COLUMNS ALL
   ```

(c) Ist C nicht das einzige in AT aktivierte Attribut von T und dem Deskriptor von AT ist zu entnehmen, daß neue Attribute von T nicht automatisch zu übernehmen sind (projiziert archivierte Basistabelle), dann:

```
ALTER ARCHIVE TABLE ID DEACTIVATE COLUMNS ( CN ) CASCADE
```

A.4.5.4 Löschen von Tabellenbedingungen

Das Löschen einer Eindeutigkeits- oder Fremdschlüsselbedingung einer Basistabelle führt zur Versionierung aller Archivtabellen, in deren aktueller Version diese Bedingung aktiviert ist. Die Spezifikation von <drop table constraint definition> wird dazu wie folgt ergänzt.

Syntaxregeln

1. Sei TC die zu löschende Tabellenbedingung der Basistabelle T, TCN deren Name. Ist RESTRICT spezifiziert, so ist TC in keiner T zugeordneten Archivtabelle aktiviert.

Allgemeine Regeln

1. Sei AT eine T zugeordnete Archivtabelle, in der TC aktiviert ist. ID identifiziere AT. Nach dem Entfernen von TC aus T werden folgende Anweisungen implizit ausgeführt.

   (a) Ist dem Deskriptor von AT zu entnehmen, daß neue Integritätsbedingungen von T automatisch zu übernehmen sind, dann:

   ```
   ALTER ARCHIVE TABLE ID DEACTIVATE CONSTRAINTS ( TCN ) CASCADE
   ALTER ARCHIVE TABLE ID ACTIVATE CONSTRAINTS ALL
   ```

   (b) Ist dem Deskriptor von AT zu entnehmen, daß neue Integritätsbedingungen von T nicht automatisch zu übernehmen sind, dann:

   ```
   ALTER ARCHIVE TABLE ID DEACTIVATE CONSTRAINTS ( TCN ) CASCADE
   ```

A.4.5.5 Hinzufügen von Attributen

Das Hinzufügen eines Attributs zu einer Basistabelle führt zur Versionierung aller dieser Basistabelle zugeordneten Archivtabellen, die nicht projiziert archiviert wurden, deren Deskriptor also zu entnehmen ist, daß neue Attribute automatisch zu übernehmen sind. Die Spezifikation von <add column definition> wird dazu wie folgt ergänzt.

Allgemeine Regeln

1. Sei C das zur Basistabelle T hinzugefügte Attribut. Sei AT eine T zugeordnete Archivtabelle, deren Deskriptor zu entnehmen ist, daß neue Attribute automatisch zu übernehmen sind. ID identifiziere AT. Nach dem Hinzufügen von C zu T wird implizit folgende Anweisung ausgeführt:

   ```
   ALTER ARCHIVE TABLE ID ACTIVATE COLUMNS ALL
   ```

A.4.5.6 Hinzufügen von Tabellenbedingungen

Das Hinzufügen einer Eindeutigkeits- oder Fremdschlüsselbedingung zu einer Basistabelle führt zur Versionierung aller dieser Basistabelle zugeordneten Archivtabellen, für die die neue Tabellenbedingung aktivierbar ist (Abschnitt A.4.2.10) und deren Deskriptor zu entnehmen ist, daß neue Integritätsbedingungen automatisch zu übernehmen sind. Die Spezifikation von <add table constraint definition> wird dazu wie folgt ergänzt.

Allgemeine Regeln

1. Sei TC die zur Basistabelle T hinzugefügte Tabellenbedingung. Sei AT eine T zugeordnete Archivtabelle, deren Deskriptor zu entnehmen ist, daß neue aktivierbare Tabellenbedingungen automatisch zu übernehmen sind. ID identifiziere AT. Nach dem Hinzufügen von TC zu T wird implizit folgende Anweisung ausgeführt:

   ```
   ALTER ARCHIVE TABLE ID ACTIVATE CONSTRAINTS ALL
   ```

A.5 Datenmanipulation

ASQL ergänzt SQL neben den im vorigen Abschnitt spezifizierten Anweisungen zur Datendefinition um archivierungsspezifische Möglichkeiten zur Datenmanipulation. Abschnitt A.5.1 beschäftigt sich zunächst mit der Auswertung von Fremdschlüsselbeziehungen und stellt dafür Regeln zur Verfügung, die in späteren Abschnitten genutzt werden. Dem Zugriff auf Archivtabellen und der zeitbezogenen Auswertung von Archivdaten sind die Abschnitte A.5.2 und A.5.3 gewidmet. In Abschnitt A.5.4 werden die neuen Anweisungen zum mengenorientierten und positionierten Auslagern spezifiziert, wobei das positionierte Auslagern aus Gründen der Kompatibilität zu SQL erforderlich ist. Für die neuen Anweisungen zum Einlagern (Abschnitt A.5.5) sowie zum Einfügen und Löschen von Archivdaten (Abschnitt A.5.6) werden von ASQL dagegen nur mengenorientierte Varianten bereitgestellt.

A.5.1 Auswertung von Fremdschlüsselbeziehungen

A.5.1.1 Bestimmung referenzierender Tupel zweier Archivtabellen

Für eine gegebene Fremdschlüsselbedingung zwischen Versionen zweier nicht notwendigerweise verschiedener Archivtabellen werden die sich referenzierenden Tupel ermittelt.

Hinweis: Diese Funktion wird für die Bestimmung von Beziehungen zwischen Archivdaten benötigt. Die verbale Regelbeschreibung wurde dabei aus Verständlichkeitsgründen einer formaleren Spezifikation über ASQL-Ausdrücke vorgezogen.

Allgemeine Regeln

1. Sei F eine Fremdschlüsselbedingung einer Version VF einer Archivtabelle. Sei U die von F referenzierte Eindeutigkeitsbedingung einer Version VU einer weiteren Archivtabelle.

2. Wurde F ohne MATCH oder mit MATCH FULL definiert (SQL: *match type*; Behandlung von NULL), so referenziert ein Tupel RF aus VF ein Tupel RU aus VU bezüglich F genau dann, wenn folgende Bedingungen erfüllt sind:

- Keiner der referenzierenden Attributwerte von RF ist NULL.

- Die Werte der referenzierenden Attribute von RF stimmen mit denen der korrespondierenden referenzierten Attribute von RU überein.

- Die Archivierungszeit von RF und RU stimmt überein.

3. Wurde F mit MATCH PARTIAL definiert, so referenziert ein Tupel RF aus VF ein Tupel RU aus VU bezüglich F genau dann, wenn folgende Bedingungen erfüllt sind:[3]

- Mindestens einer der referenzierenden Attributwerte von RF ist nicht NULL.

- Die von NULL verschiedenen Werte der referenzierenden Attribute von RF stimmen mit denen der korrespondierenden referenzierten Attribute von RU überein.

- Die Archivierungszeit von RF und RU stimmt überein.

A.5.1.2 Bestimmung von Beziehungen zwischen Datenbankdaten

Für eine Menge von Tupeln einer Datenbanktabelle werden unter Nutzung der in einem Archiv aktivierten Integritätsbedingungen und der optionalen Angaben *cascade* und *with references* relevante Tupel anderer Datenbanktabellen bestimmt und für den weiteren Gebrauch markiert.

Hinweis: Diese Funktion wird beim Auslagern von Datenbankdaten und beim Einfügen von Daten in ein Archiv benötigt. Parameter sind eine Menge von Tupeln einer Datenbanktabelle, ein Archiv und die Nutzung der Optionen *cascade* und *with references*.

Allgemeine Regeln

1. Seien T und A Datenbanktabelle und Archiv, auf die sich die Anwendung der Regeln dieses Abschnitts bezieht. T ist in A einer Archivtabelle AT zugeordnet.

2. Ist *cascade* angegeben, so sei CF die Menge der in A aktivierten Fremdschlüsselbedingungen, die sich auf eine in AT aktivierte Eindeutigkeitsbedingung von T beziehen. Andernfalls sei CF leer.

3. Ist *with references* angegeben, so sei WF die Menge der in AT aktivierten Fremdschlüsselbedingungen von T. Andernfalls sei WF leer.

4. Sei RS die vorgegebene Menge von Tupeln aus T. Alle Tupel aus RS werden markiert.

5. Für alle Fremdschlüsselbedingungen CFi aus CF sei CTi die Tabelle, zu der CFi gehört. Sei R ein Tupel aus RS.

    (a) Von R abhängige Tupel aus CTi werden unter Beachtung der für CFi definierten Behandlung von NULL bestimmt:

      - Wurde MATCH nicht definiert oder wurde MATCH FULL definiert, dann werden alle Tupel aus CTi ermittelt, deren referenzierende Attributwerte mit denen der korrespondierenden referenzierten Attribute von R übereinstimmen.

---

[3]Ohne MATCH oder mit MATCH FULL referenziert RF maximal ein Tupel aus VU. Mit MATCH PARTIAL kann RF auch mehrere Tupel aus VU referenzieren.

- Wurde MATCH PARTIAL definiert, dann werden die Tupel aus CTi ermittelt, bei denen mindestens ein Wert eines referenzierenden Attributs nicht NULL ist, und deren von NULL verschiedenen referenzierenden Attributwerte mit denen der korrespondierenden referenzierten Attribute von R übereinstimmen.

(b) Auf die Menge der in Punkt 5a bestimmten, aber noch nicht markierten Tupel von CTi werden die Regeln dieses Abschnitts unter Angabe von Archiv A, *cascade* und, sofern spezifiziert, *with references* angewandt.

6. Für alle Fremdschlüsselbedingungen WFi aus WF sei WTi die Tabelle, die Ziel von WFi ist. Sei R ein Tupel aus RS.

(a) Von R referenzierte Tupel aus WTi werden unter Beachtung der für WFi definierten Behandlung von NULL bestimmt:

- Wurde MATCH nicht definiert oder wurde MATCH FULL definiert und keines der referenzierenden Attribute von R enthält NULL, dann wird das Tupel aus WTi ermittelt, dessen referenzierte Attributwerte mit denen der korrespondierenden referenzierenden Attribute von R übereinstimmen.

- Wurde MATCH PARTIAL definiert und mindestens eines der referenzierenden Attribute von R ist nicht NULL, dann werden die Tupel aus WTi ermittelt, für die die von NULL verschiedenen referenzierenden Attributwerte von R mit den korrespondierenden referenzierten Attributen übereinstimmen.

(b) Auf die Menge der in Punkt 6a bestimmten, aber noch nicht markierten Tupel von WTi werden die Regeln dieses Abschnitts unter Angabe von Archiv A und der Option *with references* angewandt.

7. Abhängig von den genutzten Optionen sind nach Anwendung aller Regeln die von Tupeln aus RS transitiv abhängigen bzw. referenzierten Tupel der Datenbank für den weiteren Gebrauch markiert.

A.5.1.3 Bestimmung von Beziehungen zwischen Archivdaten

Für eine Menge von Tupeln einer Archivtabelle werden unter Nutzung von in einem optional vorgegebenen Auswahlzeitraum <archive table period> aktivierten Integritätsbedingungen und der optionalen Angaben *cascade* und *with references* relevante Tupel anderer Archivtabellen bestimmt und für den weiteren Gebrauch markiert.

Hinweis: Diese Funktion wird beim Einlagern in die Datenbank und beim Löschen von Archivdaten benötigt. Parameter sind eine Menge von Tupeln (möglicherweise verschiedener Versionen) einer Archivtabelle, ein optional angebbarer Auswahlzeitraum und die Nutzung der Optionen *cascade* und *with references*.

Allgemeine Regeln

1. Sei AT die Archivtabelle eines Archivs A, auf die sich die Anwendung der Regeln dieses Abschnitts bezieht.

2. Ist *cascade* angegeben, so sei CF die Menge der im angegebenen Auswahlzeitraum aktivierten Fremdschlüsselbedingungen des Archivs, die sich auf eine Eindeutigkeitsbedingung von AT beziehen. Andernfalls sei CF leer.

3. Ist *with references* angegeben, so sei WF die Menge der im angegebenen Auswahlzeitraum aktivierten Fremdschlüsselbedingungen von AT. Andernfalls sei WF leer.

4. Sei RS die vorgegebene Menge von Tupeln aus AT. Alle Tupel aus RS werden markiert.

5. Für alle Fremdschlüsselbedingungen CFi aus CF sei CTi die Tabelle, zu der CFi gehört. Sei R ein Tupel aus RS.

   (a) Durch Anwendung der Regeln aus Abschnitt A.5.1.1 werden alle Tupel aus CTi ermittelt, die ein Tupel aus RS referenzieren.

   (b) Auf die Menge der in Punkt 5a bestimmten, aber noch nicht markierten Tupel von CTi werden die Regeln dieses Abschnitts unter Angabe von Archiv A, dem spezifizierten Auswahlzeitraum, *cascade* und, sofern spezifiziert, *with references* angewandt.

6. Für alle Fremdschlüsselbedingungen WFi aus WF sei WTi die Tabelle, die Ziel von WFi ist. Sei R ein Tupel aus RS.

   (a) Durch Anwendung der Regeln aus Abschnitt A.5.1.1 werden alle Tupel aus WTi ermittelt, die durch ein Tupel aus RS referenziert werden.

   (b) Auf die Menge der in Punkt 6a bestimmten, aber noch nicht markierten Tupel von WTi werden die Regeln dieses Abschnitts unter Angabe von Archiv A, dem spezifizierten Auswahlzeitraums und der Option *with references* angewandt.

7. Abhängig von den genutzten Optionen sind nach Anwendung aller Regeln die von Tupeln aus RS transitiv abhängigen bzw. referenzierten Tupel eines Archivs für den weiteren Gebrauch markiert.

A.5.2 Zugriff auf Archivtabellen

Archivtabellen lassen sich wie Datenbanktabellen in SELECT-Anweisungen referenzieren. Die Anbindung erfolgt allerdings nicht auf Anweisungsebene, sondern durch Ergänzungen bei Tabellenreferenzen, wie sie in der FROM-Klausel solcher Anweisungen, aber auch bei Verbundoperationen (*join*) genutzt werden.

A.5.2.1 Effektiv genutzte Archivtabelle

Der Zugriff auf eine Archivtabelle erfolgt durch Angabe eines Auswahlzeitraums, auf den die Versionen und Daten der Archivtabelle beschränkt werden, und die Wahl der endgültigen Struktur der effektiv genutzten Tabelle.

Format

```
<effective archive table> ::=
   <archive table id>
   [ <archive table period> ]
   [ <archive table columns> ]
```

```
<archive table period> ::=
    PERIOD BEFORE <period end>
  | PERIOD AFTER <period begin>
  | PERIOD BETWEEN <period begin> AND <period end>

<period begin> ::=
    <archive time>

<period end> ::=
    <archive time>

<archive table columns> ::=
    [ WITH ] CURRENT [ COLUMNS ]
  | [ WITH ] COMMON [ COLUMNS ]
  | [ WITH ] ALL [ COLUMNS ]
  | [ WITH ] COLUMNS BY <archive schema time>
```

Syntaxregeln

1. `<archive table id>` identifiziert eine existierende Archivtabelle AT. Sei CTE ein
   Ausdruck `<archive schema time>`, der dem aus dem Deskriptor von AT zu entnehmenden Zeitpunkt der Erzeugung der Archivtabelle entspricht.

2. Sei VS die Menge aller Versionen von AT. Den Deskriptoren der Versionen Vi aus VS
   ist der Zeitraum ihrer Gültigkeit zu entnehmen. Für alle Vi sei VBi ein Ausdruck
   `<archive schema time>`, der dem Entstehungszeitpunkt der Version entspricht.
   Für eine inaktuelle Version Vi sei VEi ein Ausdruck `<archive schema time>`, der
   dem Zeitpunkt entspricht, zu dem Vi inaktuell wurde. Für eine aktuelle Version Vi
   entspreche VEi dem Wert von CURRENT_TIMESTAMP.

3. Seien PB und PE die Werte von `<period begin>` und `<period end>`, soweit angegeben.

   (a) Ist `<archive table period>` nicht angegeben, so ergeben sich PB aus CTE und
       PE aus CURRENT_TIMESTAMP.

   (b) Ist BEFORE angegeben, so ergibt sich PB aus CTE.

   (c) Ist AFTER angegeben, so ergibt sich PE aus CURRENT_TIMESTAMP.

   Für die implizit oder explizit spezifizierten Werte von PB und PE gilt PB $<=$ PE. Der
   Auswahlzeitraum [PB, PE] bzw. [PB, CURRENT_TIMESTAMP] definiert ein Zeitintervall
   zur Auswahl von Versionen und Daten einer Archivtabelle.

4. Ist `<archive table columns>` nicht angegeben, so ist die aus dem Deskriptor von
   AT hervorgehende, mit `<select default clause>` spezifizierte Variante implizit
   (Abschnitt A.4.2.15).

5. Sei `<archive table columns>` die explizite oder implizite Variante zur Attribut-
   auswahl.

(a) Ist `COLUMNS BY` <archive schema time> angegeben, so sei `AST` der entsprechende Wert. `AST` liegt im Gültigkeitszeitraum einer Version `Vi` von `AT`, es gilt also:

```
( AST, AST ) OVERLAPS ( VBi, VEi ) OR
( AST = CURRENT_TIMESTAMP AND VEi = CURRENT_TIMESTAMP )
```

(b) Ist `CURRENT COLUMNS` angegeben, so existiert eine aktuelle Version von `AT`.

Sei `FV` die entsprechend gewählte endgültige Version von `AT`, falls vorhanden.

Hinweis: `OVERLAPS` vergleicht Zeitintervalle der Form [B, E). Stimmen B und E überein, wird Enthaltensein bzw. Gleichheit zum anderen Zeitraum bzw. Zeitpunkt geprüft.

6. Sei `VP` die Menge der Versionen `Vi` von `AT`, für die gilt:

```
( PB, PE ) OVERLAPS ( VBi, VEi ) OR
( PE = CURRENT_TIMESTAMP AND VEi = CURRENT_TIMESTAMP )
```

Die Menge `VP` der effektiv genutzten Versionen von `AT` ist nicht leer.

7. Sei `CL` die Liste aller Attribute von `AT`. Es existiert eine Abbildung, die jedem Attribut `Ci` aus `CL` ein Attribut `Cj` aus `CL` wie folgt zuordnet:

   (a) `Ci` gehört zur gleichen Attributgruppe wie `Cj`.

   (b) `Cj` ist das am frühesten aktivierte Attribut seiner Gruppe.

   Die Liste `GL` der Attributgruppen von `AT` folgt in ihrer Reihenfolge der Aktivierung der die Gruppen identifizierenden Attribute `Cj` (Wertebereich der Abbildung).

8. Seien `G` eine zu `GL` gehörende Attributgruppe und `GC` die Menge der Attribute dieser Gruppe, die zu einer effektiv genutzten Version aus `VP` gehören. Die Eigenschaften des sich aus `G` ergebenden logischen Attributs werden wie folgt bestimmt:

   (a) Der Name von `G` ist der Name der Attribute aus `GC`.

   Hinweis: Der Name muß nicht eindeutig sein, das ist bei der Nutzung der effektiven Archivtabelle durch <correlation clause> (Abschnitt A.5.2.2) ausgleichbar.

   (b) Der parametrisierte Datentyp von `G` ist der allgemeinste, der sich aus den Regeln von SQL zur impliziten Typkonversion bei Anwendung auf sämtliche Attribute aus `GC` ergeben würde [ISO92, Abschnitt 4.6].

   (c) Für zeichenorientierte Attribute wird die für `G` verwendete Vergleichsregel wie folgt bestimmt:

   - Haben alle Attribute aus `GC` dieselbe Vergleichsregel, dann diese.

   - Sonst wird die zu verwendende Regel, falls möglich, aus der durch den Deskriptor von `AT` indizierten, mit <collation default clause> spezifizierten Variante ermittelt (Abschnitt A.4.2.14).

   Ließ sich für `G` keine Vergleichsregel ermitteln, so besitzt `G` keine implizite Vergleichsregel (SQL: *no collating sequence*).

9. Die Attributliste ECL der Ergebnistabelle <effective archive table> ergibt sich aus der impliziten oder expliziten Angabe von <archive table columns> wie folgt:

- Ist ALL COLUMNS angegeben, dann enthält ECL alle logischen Attribute G aus GL, für die GC nicht leer ist. Die relative Reihenfolge der Attribute in GL überträgt sich auf ECL.

- Ist COMMON COLUMNS gegeben, dann enthält ECL die logischen Attribute G aus GL, deren Attributmenge GC zu jeder effektiv genutzten Version aus VP ein Attribut enthält. Die relative Reihenfolge der Attribute in GL überträgt sich auf ECL.

- Ist CURRENT COLUMNS oder COLUMNS BY <archive schema time> angegeben, so entspricht ECL der Attributliste der identifizierten Version FV von AT.

  Hinweis: Parametrisierter Datentyp und gegebenenfalls Vergleichsregel eines Attributs aus ECL entsprechen danach denen von FV, nicht denen des zugehörigen logischen Attributs.

Allgemeine Regeln

1. Sei CLi die Liste der für eine Version Vi aus VP aktivierten Attribute. Sei QTi die Menge der Tupel aus Vi, deren Archivierungszeit RTIME im Auswahlzeitraum liegt, für die also gilt:

   ```
   ( RTIME, RTIME ) OVERLAPS ( PB, PE ) OR
   ( RTIME = CURRENT_TIMESTAMP AND PE = CURRENT_TIMESTAMP )
   ```

2. Die Tupelmengen QTi aller Versionen Vi aus VP konstituieren die Ergebnistabelle <effective archive table>. Sei dazu R ein Tupel aus QTi.

   (a) Bezüglich der Attributliste ECL wird ein Tupelkandidat erzeugt, dessen sämtliche Attribute NULL enthalten.

   (b) Für jedes Attribut aus ECL wird NULL durch den Wert eines Attributs aus R ersetzt, wenn beide Attribute sich auf dieselbe Attributgruppe aus GL beziehen. Die SQL-Syntaxregeln zur Zuweisung [ISO92, Abschnitt 9.2] werden auf die jeweils korrespondierende Attribute von ECT (*target*) und R (*value*) angewandt.

A.5.2.2 Referenzieren von Archivtabellen

Neben Datenbanktabellen lassen sich in Anfragen auch Archivtabellen ansprechen. Erforderlich ist dazu eine Ergänzung des Syntaxelements <table reference>, hier als <SQL table reference> bezeichnet [ISO92, Abschnitt 6.3].

Hinweis: Für die Regeln zum Sichtbarkeitsbereich (Kontext, *scope*) von Tabellenreferenzen, zur Eindeutigkeit von Tabellen- und Attributreferenzen im Sichtbarkeitsbereich und zur Bestimmung der Zugehörigkeit einer unqualifiziertem Attributreferenz zu einer Tabelle sei auf die Spezifikation von <table reference> und <column reference> in SQL verwiesen [ISO92, Abschnitte 6.3 und 6.4].

Format

```
<table reference> ::=
    <SQL table reference>
  | <archive table reference>

<archive table reference> ::=
    <effective archive table> [ <correlation clause> ]

<correlation clause> ::=
    [ AS ] <correlation name>
        [ <left paren> <column name list> <right paren> ]
```

Syntaxregeln

1. Eine Bereichsvariable <correlation name> in einer auf Archivtabellen beruhenden Tabellenreferenz <archive table reference> wird durch diese nach außen
   sichtbar. Ist keine Bereichsvariable angegeben, so ist eine implementierungsabhängige Bereichsvariable implizit, die sich von allen anderen im Sichtbarkeitsbereich der
   Tabellenreferenz vorhandenen Bereichsvariablen oder Datenbanktabellennamen unterscheidet, aber in diesem Bereich nicht explizit benutzt werden kann.

   Hinweis: Archivtabellen sind außerhalb einer Tabellenreferenz aus praktischen Gründen nicht über Kombinationen aus Tabellennamen, Archivnamen und Gültigkeitszeit
   ansprechbar.

Zugriffsregeln

1. Sei AT die Archivtabelle, auf der eine unmittelbar in <archive table reference>
   enthaltene effektive Archivtabelle <effective archive table> basiert. Der aktuelle Nutzer besitzt SELECT-Recht auf AT.

Allgemeine Regeln

1. Die Bereichsvariable <correlation name> einer Referenz <archive table refe-
   rence> identifiziert die Tabelle <effective archive table> im Sichtbarkeitsbe-
   reich der Tabellenreferenz <table reference>.

A.5.3 Zugriff auf die Archivierungszeit

Es ist möglich, die Archivierungszeit von Tupeln einer Archivtabelle in ASQL-Ausdrücken
und -Prädikaten zu verwenden.

A.5.3.1 Referenzieren der Archivierungszeit

Die Archivierungszeit eines Tupels einer effektiv genutzten Archivtabelle kann über deren
Bereichsvariable ermittelt werden.

Format

```
<archive time reference> ::=
   [ <correlation name> <period> ] ARCHIVED
```

Syntaxregeln

1. Ist eine Bereichsvariable `<correlation name>` angegeben, so sei `CN` ihr Wert. Die spezifizierte Archivtabellenreferenz `<archive time reference>` liegt im Sichtbarkeitsbereich mindestens einer Bereichsvariable dieses Namens. Existieren mehrere solcher Bereichsvariablen, dann wird die lokalste gewählt. Diese referenziert eine effektiv genutzte Archivtabelle `<effective archive table>`.

2. Ist keine Bereichsvariable angegeben, dann liegt die spezifizierte Archivtabellenreferenz im Sichtbarkeitsbereich mindestens einer (implizit oder explizit angegebenen) Bereichsvariable für eine effektiv genutzte Archivtabelle `<effective archive table>`. Der lokalste dieser Bereiche enthält genau eine solche Variable, diese bildet den impliziten Wert von `CN`.

Allgemeine Regeln

1. Für ein gegebenes Tupel der durch `CN` identifizierten Archivtabelle entspricht der Wert von `CN.ARCHIVED` seiner Archivierungszeit. Der Datentyp von `<archive time reference>` ist `TIMESTAMP`.

A.5.3.2 Ausdrücke

Das SQL-Syntaxelement `<value expression primary>` [ISO92, Abschnitt 6.11], hier als `<SQL value expression primary>` bezeichnet, wird um Möglichkeiten zur Verwendung von Ausdrücken mit Bezug auf die Archivierungszeit von Tupeln einer Archivtabelle ergänzt.

Hinweis: Durch diese Einbindung kann `<archive time reference>` wie jeder andere Ausdruck vom Typ `TIMESTAMP` verwendet werden, beliebige Berechnungen mit den in SQL dafür vorgesehenen Möglichkeiten sind möglich. Insbesondere kann die Zeitangabe in ähnlicher Weise wie die Attribute einer Archivtabelle z. B. in `WHERE`-Klausel oder `SELECT`-Liste einer Anfrage genutzt werden.

Format

```
<value expression primary> ::=
    <SQL value expression primary>
  | <archive time reference>
```

Allgemeine Regeln

1. Ist ein Ausdruck `<value expression primary>` eine Archivzeitreferenz, dann hat das Resultat den Datentyp `TIMESTAMP`, sein Wert ergibt sich aus dem von `<archive time reference>`.

A.5.4 Auslagern von Daten

A.5.4.1 Mengenorientiertes kopierendes Auslagern

Tupel einer archivierbaren Datenbanktabelle werden in zugeordnete Archivtabellen kopiert. Von diesen Tupeln abhängige oder referenzierte Daten anderer Tabellen können archivspezifisch mitkopiert werden.

Format

```
<archive copy statement: searched> ::=
    COPY FROM <schema table name>
        INTO ARCHIVE <archive reference list>
        [ WHERE <search condition> ]

<archive reference list> ::=
    <archive reference> [ { <comma> <archive reference> } ... ]

<archive reference> ::=
    <archive name>
        [ CASCADE ] [ WITH REFERENCES ]
```

Syntaxregeln

1. Der Wert TN von `<schema table name>` bezeichnet eine Datenbanktabelle T.

2. Sei AS die Menge der durch `<archive reference list>` identifizierten Archive. In allen Archiven Ai mit Namen ANi aus AS existiert eine T zugeordnete Archivtabelle ATi.

3. Ist für eines der Archive aus AS CASCADE oder WITH REFERENCES angegeben, so ist T eine Basistabelle.

4. Ist für ein Archiv Ai aus AS CASCADE angegeben, so wird die Menge CTi der von ATi transitiv abhängigen Archivtabellen wie folgt bestimmt, sonst ist CTi leer:

    (a) Zu CTi gehören die Archivtabellen, für die eine ATi referenzierende Fremdschlüsselbedingung aktiviert ist.

    (b) CTi werden die Archivtabellen hinzugefügt, zu denen eine aktivierte Fremdschlüsselbedingung gehört, die eine der Tabellen aus CTi referenziert.

    (c) Schritt 4b wird wiederholt, bis CTi nicht mehr wächst.

5. Ist für ein Archiv Ai aus AS WITH REFERENCES angegeben, so wird die Menge WTi der von ATi und gegebenenfalls von Tabellen aus CTi transitiv referenzierten Archivtabellen wie folgt bestimmt, sonst ist WTi leer:

    (a) Zu WTi gehören die Archivtabellen, die durch eine aktivierte Fremdschlüsselbedingung von ATi oder einer der Tabellen aus CTi referenziert werden.

    (b) WTi werden die Archivtabellen hinzugefügt, die durch eine aktivierte Fremdschlüsselbedingung einer der Tabellen aus WTi referenziert werden.

    (c) Schritt 5b wird wiederholt, bis WTi nicht mehr wächst.

Zugriffsregeln

1. Bezüglich aller Archive `Ai` aus `AS` besitzt der aktuelle Nutzer `INSERT`-Recht für `ATi` und für alle Archivtabellen aus `CTi` und `WTi`.

2. Bezüglich aller Archive `Ai` aus `AS` besitzt der aktuelle Nutzer `SELECT`-Recht für die in `ATi` aktivierten Attribute von `T` und für die in Archivtabellen aus `CTi` und `WTi` aktivierten Attribute der jeweils zugeordneten Datenbanktabellen.

Allgemeine Regeln

1. Erlaubt die laufende Transaktion nur den lesenden Datenzugriff, dann wird ein Fehler „`invalid transaction state`" gemeldet.

2. Ist eine Suchbedingung `<search condition>` angegeben, so sei `QT` die Menge der Tupel von `T`, für die diese Bedingung wahr ist. Sonst ergebe sich `QT` aus `T`. Ist `QT` leer, so werden keine Daten ausgelagert und die unvollständige Abarbeitung „`warning: no data`" wird gemeldet.

3. Andernfalls werden für jedes Archiv `Ai` aus `AS` die neben `QT` in das Archiv zu kopierenden Daten nach den Regeln von Abschnitt A.5.1.2 ermittelt. Ist `CASCADE` angegeben, so werden die Daten unter Verwendung der Option *cascade* bestimmt. Ist `WITH REFERENCES` angegeben, so werden die Daten unter Verwendung der Option *with references* bestimmt.

4. Sei für jedes Archiv `Ai` aus `AS` `TSi` die Menge der Datenbanktabellen, für die Daten ermittelt wurden. Sei für jede Tabelle `Tij` aus `TSi` mit Namen `TNij` `SCij` eine Suchbedingung, die genau für die ermittelten Tupel von `Tij` wahr ist. Seien `ATij` die `Tij` in `Ai` zugeordnete Archivtabelle und `CLij` die Liste der in `ATij` aktivierten Attribute von `Tij`.

   Hinweis: Tabellen aus `TSi` können neben `ATi` auch Archivtabellen aus `CTi` und `WTi` zugeordnet sein.

5. Für jedes Archiv `Ai` aus `AS` und jede Tabelle `Tij` aus `TSi` werden unter Angabe der für die laufende Transaktion eindeutigen Archivierungszeit genau die Tupel in `ATij` eingefügt, die sich aus folgendem Ausdruck ergeben:

   `SELECT CLij FROM TNij WHERE SCij`

A.5.4.2 Mengenorientiertes Löschen und Auslagern

Tupel einer archivierbaren Datenbanktabelle werden mengenorientiert gelöscht und in zugeordnete Archivtabellen ausgelagert (verschiebendes Auslagern).

Format

```
<archive delete statement: searched> ::=
    DELETE FROM <schema table name>
        [ WHERE <search condition> ]
        ARCHIVE INTO <archive reference list>
```

Allgemeine Regeln

1. Seien TN der durch <schema table name> gegebene Name einer Datenbanktabelle und ARL die durch <archive reference list> gegebene Liste von Referenzen auf Archive. Ist eine Suchbedingung <search condition> angegeben, so stehe SC für diese Bedingung.

2. Folgende Anweisungen werden unter Autorisation des aktuellen Nutzers ausgeführt.

   (a) Ist eine Suchbedingung spezifiziert, dann:
   ```
   COPY FROM TN INTO ARCHIVE ARL WHERE SC
   DELETE FROM TN WHERE SC
   ```

   (b) Ist keine Suchbedingung spezifiziert, dann:
   ```
   COPY FROM TN INTO ARCHIVE ARL
   DELETE FROM TN
   ```

A.5.4.3 Mengenorientiertes Ändern und Auslagern

Tupel einer archivierbaren Datenbanktabelle werden mengenorientiert geändert, die alten Zustände werden in zugeordnete Archivtabellen ausgelagert.

Format

```
<archive update statement: searched> ::=
    UPDATE <schema table name>
        SET <set clause list>
      . [ WHERE <search condition> ]
        ARCHIVE INTO <archive reference list>
```

Allgemeine Regeln

1. Seien TN der durch <schema table name> gegebene Name einer Datenbanktabelle und ARL die durch <archive reference list> gegebene Liste von Referenzen auf Archive. SCL sei die durch <set clause list> gegebene Liste von Änderungen. Ist eine Suchbedingung <search condition> angegeben, so stehe SC für diese Bedingung.

2. Folgende Anweisungen werden unter Autorisation des aktuellen Nutzers ausgeführt.

   (a) Ist eine Suchbedingung spezifiziert, dann:
   ```
   COPY FROM TN INTO ARCHIVE ARL WHERE SC
   UPDATE TN SET SCL WHERE SC
   ```

   (b) Ist keine Suchbedingung spezifiziert, dann:
   ```
   COPY FROM TN INTO ARCHIVE ARL
   UPDATE TN SET SCL
   ```

A.5.4.4 Positioniertes kopierendes Auslagern

Ein Tupel einer archivierbaren Datenbanktabelle wird über einen zuvor definierten Cursor
in zugeordnete Archivtabellen verschiedener Archive kopiert. Von diesem Tupel abhängige
oder referenzierte Daten anderer Tabellen können archivspezifisch mitkopiert werden.

Format

```
<archive copy statement: positioned> ::=
    COPY FROM <schema table name>
        INTO ARCHIVE <archive reference list>
        WHERE CURRENT OF <cursor name>
```

Syntaxregeln

1. Der Wert TN von <schema table name> bezeichnet eine Datenbanktabelle T.

2. Sei CR der durch <cursor name> identifizierte Cursor. Der Cursordefinition <query
   specification> von CR liegt T zugrunde.

3. Sei AS die Menge der durch <archive reference list> identifizierten Archive. In
   allen Archiven Ai mit Namen ANi aus AS existiert eine T zugeordnete Archivtabelle
   ATi.

4. Ist für eines der Archive aus AS CASCADE oder WITH REFERENCES angegeben, so ist T
   eine Basistabelle.

5. Ist für ein Archiv Ai aus AS CASCADE angegeben, so wird die Menge CTi der von ATi
   transitiv abhängigen Archivtabellen wie folgt bestimmt, sonst ist CTi leer:

   (a) Zu CTi gehören die Archivtabellen, für die eine ATi referenzierende Fremdschlüs-
       selbedingung aktiviert ist.
   (b) CTi werden die Archivtabellen hinzugefügt, zu denen eine aktivierte Fremd-
       schlüsselbedingung gehört, die eine der Tabellen aus CTi referenziert.
   (c) Schritt 5b wird wiederholt, bis CTi nicht mehr wächst.

6. Ist für ein Archiv Ai aus AS WITH REFERENCES angegeben, so wird die Menge WTi der
   von ATi und gegebenenfalls von Tabellen aus CTi transitiv referenzierten Archivtabellen wie folgt bestimmt, sonst ist WTi leer:

   (a) Zu WTi gehören die Archivtabellen, die durch eine aktivierte Fremdschlüsselbe-
       dingung von ATi oder einer der Tabellen aus CTi referenziert werden.
   (b) WTi werden die Archivtabellen hinzugefügt, die durch eine aktivierte Fremd-
       schlüsselbedingung einer der Tabellen aus WTi referenziert werden.
   (c) Schritt 6b wird wiederholt, bis WTi nicht mehr wächst.

Zugriffsregeln

1. Bezüglich aller Archive Ai aus AS besitzt der aktuelle Nutzer INSERT-Recht für ATi
   und für alle Archivtabellen aus CTi und WTi.

2. Bezüglich aller Archive `Ai` aus `AS` besitzt der aktuelle Nutzer SELECT-Recht für die in `ATi` aktivierten Attribute von `T` und für die in Archivtabellen aus `CTi` und `WTi` aktivierten Attribute der jeweils zugeordneten Datenbanktabellen.

Allgemeine Regeln

1. Erlaubt die laufende Transaktion nur den lesenden Datenzugriff, dann wird ein Fehler „`invalid transaction state`" gemeldet.

2. Ist der Cursor `CR` nicht auf einem Tupel positioniert, dann wird ein Fehler „`invalid cursor state`" gemeldet.

3. Ansonsten sei `R` das durch `CR` identifizierte Tupel von `T`.

4. Für jedes Archiv `Ai` aus `AS` werden die neben `R` zu kopierenden Daten nach den Regeln von Abschnitt A.5.1.2 ermittelt. Ist `CASCADE` angegeben, so werden die Daten unter Verwendung der Option *cascade* bestimmt. Ist `WITH REFERENCES` angegeben, so werden die Daten unter Verwendung der Option *with references* bestimmt.

5. Sei für jedes Archiv `Ai` aus `AS` `TSi` die Menge der Datenbanktabellen, für die Daten ermittelt wurden. Sei für jede Tabelle `Tij` aus `TSi` mit Namen `TNij` `SCij` eine Suchbedingung, die genau für die ermittelten Tupel von `Tij` wahr ist. Seien `ATij` die `Tij` in `Ai` zugeordnete Archivtabelle und `CLij` die Liste der in `ATij` aktivierten Attribute von `Tij`.

   Hinweis: Tabellen aus `TSi` können neben `ATi` auch Archivtabellen aus `CTi` und `WTi` zugeordnet sein.

6. Für jedes Archiv `Ai` aus `AS` und jede Tabelle `Tij` aus `TSi` werden unter Angabe der für die laufende Transaktion eindeutigen Archivierungszeit genau die Tupel in `ATij` eingefügt, die sich aus folgendem Ausdruck ergeben:

   ```
   SELECT CLij FROM TNij WHERE SCij
   ```

A.5.4.5 Positioniertes Löschen und Auslagern

Ein Tupel einer archivierbaren Datenbanktabelle wird über einen zuvor definierten Cursor gelöscht und in zugeordnete Archivtabellen ausgelagert.

Format

```
<archive delete statement: positioned> ::=
    DELETE FROM <schema table name>
        WHERE CURRENT OF <cursor name>
        ARCHIVE INTO <archive reference list>
```

Allgemeine Regeln

1. Seien `TN` der durch <schema table name> gegebene Name einer Datenbanktabelle, `ARL` die durch <archive reference list> gegebene Liste von Referenzen auf Archive und `CN` der durch <cursor name> gegebene Cursorname.

2. Folgende Anweisungen werden unter Autorisation des aktuellen Nutzers ausgeführt:

```
COPY FROM TN INTO ARCHIVE ARL WHERE CURRENT OF CN
DELETE FROM TN WHERE CURRENT OF CN
```

A.5.4.6   Positioniertes Ändern und Auslagern

Ein Tupel einer archivierbaren Datenbanktabelle wird über einen zuvor definierten Cursor geändert, der alte Zustand wird in zugeordnete Archivtabellen ausgelagert.

Format

```
<archive update statement: positioned> ::=
    UPDATE <schema table name>
        SET <set clause list>
        WHERE CURRENT OF <cursor name>
        ARCHIVE INTO <archive reference list>
```

Allgemeine Regeln

1. Seien TN der durch <schema table name> gegebene Name einer Datenbanktabelle, ARL die durch <archive reference list> gegebene Liste von Referenzen auf
   Archive und CN der durch <cursor name> gegebene Cursorname. SCL sei die durch
   <set clause list> gegebene Liste von Änderungen.

2. Folgende Anweisungen werden unter Autorisation des aktuellen Nutzers ausgeführt:

```
COPY FROM TN INTO ARCHIVE ARL WHERE CURRENT OF CN
UPDATE TN SET SCL WHERE CURRENT OF CN
```

A.5.5   Einlagern von Archivdaten

A.5.5.1   Kopierendes Einlagern

Daten einer Archivtabelle werden in die zugeordnete Datenbanktabelle kopiert. Von diesen Daten abhängige oder referenzierte Daten anderer Archivtabellen können mitkopiert
werden.

Format

```
<restore copy statement> ::=
    COPY INTO <schema table name>
        FROM ARCHIVE <archive period reference>
        [ WHERE <search condition> ]


<archive period reference> ::=
    <archive name> [ <archive table period> ]
        [ CASCADE ] [ WITH REFERENCES ]
```

Syntaxregeln

1. Sei TN der Wert von <schema table name>. TN identifiziert eine änderbare Datenbanktabelle T (Basistabelle oder änderbare Sicht).

2. Sei AN der Wert von <archive name>. AN identifiziert ein Archiv mit einer T zugeordneten Archivtabelle AT. Sei ATP der Wert eines Auswahlzeitraums <archive table period>, falls vorhanden, und ansonsten die leere Zeichenkette.

3. Für AT wird folgender Ausdruck durch Anwendung der für <effective archive table> definierten Regeln (Abschnitt A.5.2.1) ausgewertet:

   TN ARCHIVE AN ATP WITH CURRENT COLUMNS

   Sei EAT die Menge der dadurch ermittelten Tupel (unter Umständen verschiedener Versionen) von AT.

4. Ist CASCADE oder WITH REFERENCES angegeben, so ist T eine Basistabelle.

5. Ist CASCADE angegeben, so wird die Menge CT der von EAT transitiv abhängigen Archivtabellen wie folgt bestimmt, sonst ist CT leer:

   (a) Zu CT gehören die Archivtabellen, für die im (explizit oder implizit gegebenen) Auswahlzeitraum eine AT referenzierende Fremdschlüsselbedingung aktiviert war (oder noch ist).

   (b) CT werden die Archivtabellen hinzugefügt, für die im Auswahlzeitraum eine Fremdschlüsselbedingung aktiviert war, die eine der Tabellen aus CT referenziert.

   (c) Schritt 5b wird wiederholt, bis CT nicht mehr wächst.

6. Ist WITH REFERENCES angegeben, so wird die Menge WT der von EAT und gegebenenfalls von Tabellen aus CT transitiv referenzierten Archivtabellen wie folgt bestimmt, sonst ist WT leer:

   (a) Zu WT gehören die Archivtabellen, die durch eine im Auswahlzeitraum aktivierte Fremdschlüsselbedingung von AT oder einer der Tabellen aus CT referenziert werden.

   (b) WT werden die Archivtabellen hinzugefügt, die durch eine im Auswahlzeitraum aktivierte Fremdschlüsselbedingung einer Tabelle aus WT referenziert werden.

   (c) Schritt 6b wird wiederholt, bis WT nicht mehr wächst.

7. Alle Archivtabellen aus CT und WT haben eine aktuelle Version und sind damit Datenbanktabellen zugeordnet.

Zugriffsregeln

1. Der aktuelle Nutzer besitzt SELECT-Recht für AT und für alle Archivtabellen aus CT und WT.

2. Der aktuelle Nutzer besitzt INSERT-Recht für die in AT aktivierten Attribute von T und für die in Archivtabellen aus CT und WT aktivierten Attribute der jeweils zugeordneten Datenbanktabellen.

Allgemeine Regeln

1. Erlaubt die laufende Transaktion nur den lesenden Datenzugriff, dann wird ein Fehler „`invalid transaction state`" gemeldet.

2. Ist eine Suchbedingung `<search condition>` angegeben, so sei `EQT` die Menge der Tupel aus `EAT`, für die die Bedingung wahr ist. Sonst ergebe sich `EQT` aus `EAT`.

3. Sei `QT` die Menge der Tupeln aus `EQT` zugrundeliegenden Tupel von `AT`. Ist `QT` leer, so werden keine Daten eingelagert und die unvollständige Abarbeitung „`warning: no data`" wird gemeldet.

4. Andernfalls werden die neben `QT` in die Datenbank zu kopierenden Daten unter Angabe des gegebenen Auswahlzeitraums nach den Regeln aus Abschnitt A.5.1.3 ermittelt. Ist `CASCADE` angegeben, so werden die Daten unter Verwendung der Option *cascade* bestimmt. Ist `WITH REFERENCES` angegeben, so werden die Daten unter Verwendung der Option *with references* bestimmt.

5. Sei `ATS` die Menge der Archivtabellen, für die Daten ermittelt wurden. Sei für jede Tabelle `ATi` aus `ATS` `ASCi` eine Suchbedingung, die genau für die ermittelten Tupel von `ATi` wahr ist. Seien `TNi` der Name der `ATi` zugeordneten Datenbanktabelle und `CLi` die Liste der in der aktuellen Version von `ATi` aktivierten Attribute.

6. Für alle Tabellen `ATi` aus `ATS` werden vor Prüfung der Integritätsbedingungen der Datenbank die ermittelten Daten wie folgt in die Datenbank kopiert:

```
INSERT INTO TNi ( CLi )
  SELECT *
  FROM TNi ARCHIVE AN WITH CURRENT COLUMNS
  WHERE ASCi
```

A.5.5.2   Verschiebendes Einlagern

Daten einer Archivtabelle werden in die zugeordnete Datenbanktabelle verschoben. Abhängige Daten anderer Archivtabellen können mitverschoben werden, referenzierte Daten lassen sich in die Datenbank kopieren.

Format

```
<restore move statement> ::=
    RESTORE INTO <schema table name>
        FROM ARCHIVE <archive period reference>
        [ WHERE <search condition> ]
```

Allgemeine Regeln

1. Seien `TN` der durch `<schema table name>` gegebene Name einer Datenbanktabelle und `AN` der durch `<archive period reference>` gegebene Archivname. Ist eine Suchbedingung `<search condition>` angegeben, so stehe `SC` für diese Bedingung.

2. Ist ein Auswahlzeitraum <archive table period> angegeben, so stehe ATP für diesen Zeitraum, sonst sei ATP die leere Zeichenkette. CAS stehe für CASCADE, falls angegeben, und sei sonst die leere Zeichenkette. WR stehe für WITH REFERENCES, falls angegeben, und sei sonst die leere Zeichenkette.

3. Folgende Anweisungen werden unter Autorisation des aktuellen Nutzers ausgeführt.

   (a) Ist eine Suchbedingung angegeben, dann:

```
COPY INTO TN FROM ARCHIVE AN
    ATP CAS WR
    WHERE SC
DELETE FROM TN ARCHIVE AN
    ATP WITH CURRENT COLUMNS CAS
    WHERE SC
```

   (b) Ist keine Suchbedingung angegeben, dann:

```
COPY INTO TN FROM ARCHIVE AN
    ATP CAS WR

DELETE FROM TN ARCHIVE AN
    ATP WITH CURRENT COLUMNS CAS
```

A.5.6 Einfügen und Löschen von Archivdaten

A.5.6.1 Einfügen von Archivdaten

Daten werden direkt in eine Archivtabelle eingefügt. Das geschieht entweder virtuell über eine zugeordnete Datenbanktabelle oder ohne diesen Umweg.

Hinweis: Die Entscheidung, ob Daten in eine Archivtabelle virtuell über die Datenbank eingefügt werden oder nicht, wird im Rahmen der Definition der Archivtabelle festgelegt (Abschnitt A.4.2.12).

Format

```
<insert archive statement> ::=
    INSERT INTO <archive table name>
        [ WITH REFERENCES ]
        [ <left paren> <column name list> <right paren> ]
        <query expression>
```

Syntaxregeln

1. <archive table name> identifiziert eine Datenbanktabelle T und ein Archiv A. In A existiert eine T zugeordnete Archivtabelle AT.

2. Ist dem Deskriptor von AT zu entnehmen, daß das Einfügen virtuell über die Datenbank erfolgt, so ist T änderbar (Basistabelle oder änderbare Sicht).

3. Ist WITH REFERENCES angegeben, so ist T eine Basistabelle und dem Deskriptor von AT ist zu entnehmen, daß das Einfügen virtuell über die Datenbank erfolgt.

4. Ist WITH REFERENCES angegeben, so wird die Menge WT der von AT transitiv referenzierten Archivtabellen wie folgt bestimmt, sonst ist WT leer:

   (a) Zu WT gehören die Archivtabellen, die durch eine in AT aktivierte Fremdschlüsselbedingung referenziert werden.

   (b) WT werden die Archivtabellen hinzugefügt, die durch eine in einer der Tabellen aus WT aktivierte Fremdschlüsselbedingung referenziert werden.

   (c) Schritt 4b wird wiederholt, bis WT nicht mehr wächst.

5. Ist dem Deskriptor von AT zu entnehmen, daß das Einfügen virtuell über die Datenbank erfolgt und eine Attributliste <column name list> ist nicht explizit angegeben, so ist die Liste aller Attribute von T in der Reihenfolge ihrer Definition implizit. Ist eine Attributliste angegeben, so bezieht sie sich auf Attribute von T und keines der Attribute wird mehr als einmal identifiziert.

6. Ist dem Deskriptor von AT zu entnehmen, daß das Einfügen ohne Umweg über die Datenbank erfolgt, und eine Attributliste <column name list> ist nicht angegeben, so ist die Liste aller in der aktuellen Version von AT aktivierten Attribute in der Reihenfolge ihrer Aktivierung implizit. Ist eine Attributliste angegeben, so umfaßt sie alle aktivierten Attribute von AT und keines der Attribute wird mehr als einmal identifiziert.

7. Sei QT die Tabelle, die sich aus dem Ausdruck <query expression> QE ergibt. Ihr Grad entspricht dem der explizit oder implizit spezifizierten Attributliste CNL, das durch den i-ten Namen der Liste bezeichnete Attribut von T bzw. der aktuellen Version von AT korrespondiert zum i-ten Attribut von QT. Die SQL-Syntaxregeln zur Zuweisung [ISO92, Abschnitt 9.2] werden auf die jeweils korrespondierenden Attribute von T bzw. AT (*target*) und QT (*value*) angewandt.

Zugriffsregeln

1. Der aktuelle Nutzer besitzt INSERT-Recht für AT und für alle Archivtabellen aus WT.

2. Ist dem Deskriptor von AT zu entnehmen, daß das Einfügen virtuell über die Datenbank erfolgt, so hat der aktuelle Nutzer INSERT-Recht für alle in der explizit oder implizit angegebenen Attributliste aufgeführten Attribute von T.

3. Der aktuelle Nutzer besitzt SELECT-Recht für die in Archivtabellen aus WT aktivierten Attribute der jeweils zugeordneten Datenbanktabellen.

Allgemeine Regeln

1. Erlaubt die laufende Transaktion nur den lesenden Datenzugriff, dann wird ein Fehler „invalid transaction state" gemeldet.

2. Ist QT leer, so werden keine Daten eingefügt und die unvollständige Abarbeitung „warning: no data" wird gemeldet.

3. Ist dem Deskriptor von AT zu entnehmen, daß das Einfügen virtuell über die Datenbank erfolgt, dann sei U die T transitiv zugrundeliegende Basistabelle (SQL: *leaf generally underlying table*); ist T eine Basistabelle, so ist U gleich T.

   (a) Für alle Tupel R aus QT werden folgende Schritte ausgeführt:

   - Für U wird ein Tupelkandidat erzeugt, in dem der Wert jedes Attributs dem mit <default clause> [ISO92, Abschnitt 11.5] für das Attribut definierten Default entspricht.
   - Für jedes Attribut von R wird der Wert des korrespondierenden Attributs des Tupelkandidaten durch den Attributwert aus R ersetzt.
   - Der Tupelkandidat wird in U eingefügt.

   (b) Nach Einfügen aller Tupelkandidaten werden die unmittelbar zu prüfenden Integritätsbedingungen der Datenbank überprüft, bei einer Verletzung wird der Fehler „integrity constraint violation" gemeldet.

   Hinweis: Verzögert zu prüfende Integritätsbedingungen haben auf das Einfügen keinen Einfluß.

   (c) Wird eines der eingefügten Tupel nicht durch ein Tupel aus T repräsentiert, so wird unabhängig von den für die Abbildung von T auf U definierten CHECK OPTION-Bedingungen ein Fehler „check option violation" gemeldet.

   (d) Für die in T sichtbaren eingefügten Daten werden die in das Archiv zu kopierenden Daten nach den Regeln von Abschnitt A.5.1.2 ermittelt. Ist WITH REFERENCES angegeben, so werden die Daten unter Verwendung der Option *with references* bestimmt.

   (e) Sei TS die Menge der Datenbanktabellen, für die Daten ermittelt wurden. Sei für jede Tabelle Ti aus TS mit Namen TNi SCi eine Suchbedingung, die genau für die ermittelten Tupel von Ti wahr ist. Sei CLi die Liste der in der aktuellen Version der Ti zugeordneten Archivtabelle ATi aktivierten Attribute.

   (f) Für jede Tabelle Ti aus TS werden unter Angabe der für die laufende Transaktion eindeutigen Archivierungszeit genau die Tupel in ATi eingefügt, die sich aus folgendem Ausdruck ergeben:

   ```
   SELECT CLi FROM TNi WHERE SCi
   ```

   (g) Alle in U eingefügten Daten werden wieder gelöscht.

4. Ist dem Deskriptor von AT zu entnehmen, daß das Einfügen ohne Umweg über die Datenbank erfolgt, dann werden alle Tupel aus QT mit gegebenenfalls umgeordneten Attributen und unter Angabe der für die laufenden Transaktion eindeutigen Archivierungszeit in AT eingefügt.

A.5.6.2 Löschen von Archivdaten

Daten einer Archivtabelle werden, eventuell kaskadierend, gelöscht.

Format

```
<delete archive statement> ::=
    DELETE FROM <effective archive table> [ <correlation clause> ]
        [ CASCADE ]
        [ WHERE <search condition> ]
```

Syntaxregeln

1. Durch <effective archive table> werden eine Archivtabelle AT und ein Auswahlzeitraum <archive table period> identifiziert. Sei EAT die Menge der durch <effective archive table> ermittelten Tupel von AT.

2. Ist CASCADE angegeben, so ist AT eine archivierte Basistabelle.

3. Ist CASCADE angegeben, so wird die Menge CT der von EAT transitiv abhängigen Archivtabellen wie folgt bestimmt, sonst ist CT leer:

   (a) Zu CT gehören die Archivtabellen, für die im angegebenen Auswahlzeitraum eine AT referenzierende Fremdschlüsselbedingung aktiviert war (oder noch ist).

   (b) CT werden die Archivtabellen hinzugefügt, für die im Auswahlzeitraum eine Fremdschlüsselbedingung aktiviert war, die eine der Tabellen aus CT referenziert.

   (c) Schritt 3b wird wiederholt, bis CT nicht mehr wächst.

Zugriffsregeln

1. Der aktuelle Nutzer besitzt DELETE-Recht für AT und für alle Archivtabellen aus CT.

Allgemeine Regeln

1. Erlaubt die laufende Transaktion nur den lesenden Datenzugriff, dann wird ein Fehler „invalid transaction state" gemeldet.

2. Ist eine Suchbedingung <search condition> angegeben, so sei EQT die Menge der Tupel aus EAT, für die diese unter optionaler Angabe von <correlation clause> ausgewertete Bedingung wahr ist. Sonst ergebe sich EQT aus EAT.

3. Sei QT die Menge der Tupeln aus EQT zugrundeliegenden Tupel von AT. Ist QT leer, so werden keine Daten gelöscht und die unvollständige Abarbeitung „warning: no data" wird gemeldet.

4. Andernfalls werden für QT unter Angabe des gegebenen Auswahlzeitraums und unter Verwendung der Option *cascade* nach den Regeln von Abschnitt A.5.1.3 alle transitiv von QT abhängigen Tupel von Archivtabellen aus CT ermittelt.

5. Alle ermittelten Tupel von AT und von Archivtabellen aus CT werden gelöscht.

Anhang B

Definitions- und Informationsschema in ASQL

In diesem Anhang sollen Definitions- und Informationsschema von ASQL formal spezifiziert werden [LS98c, Sch99a]. Die neuen Sichten des Informationsschemas wurden bereits in Abschnitt 7.3.3 verbal beschrieben. Abschnitt B.1 spezifiziert mit ASQL-Anweisungen die für die Archivierung erforderlichen Elemente des Definitionsschemas, Abschnitt B.2 enthält die formale Beschreibung des Informationsschemas. In allen Fällen werden nur die Unterschiede zu den entsprechenden Schemata von SQL dokumentiert.

B.1 Spezifikation des Definitionsschemas

Das ASQL-Definitionsschema besteht aus den Basistabellen des SQL-Definitionsschemas und zusätzlichen, in den folgenden Abschnitten spezifizierten Tabellen. Für deren Definition werden im SQL-Informationsschema definierte Domänen (`SQL_IDENTIFIER`, `CHARACTER_DATA`, `CARDINAL_NUMBER`) benutzt und verschiedene Tabellen des SQL-Definitionsschemas (`USERS`, `TABLES`, `TABLE_CONSTRAINTS`, `REFERENTIAL_CONSTRAINTS`, `KEY_COLUMN_USAGE`, `TABLE_PRIVILEGES`, `DATA_TYPE_DESCRIPTOR`) referenziert. Deren Beschreibung ist [ISO92, ISO98b, Kapitel 21] zu entnehmen.

Es sei noch einmal betont, daß das Definitionsschema auch in ASQL nur als Modell dient, auf dem das Informationsschema aufbauen kann. Die angegebenen (A)SQL-Anweisungen dienen nur als Referenz und Erläuterung. Insbesondere sei darauf hingewiesen, daß die spezifizierten Integritätsbedingungen ausschließlich zur Beschreibung korrekter Zustände des Definitionsschemas dienen. Ihre Durchsetzung im Rahmen einer prozeduralen Änderung der Metadaten müßte z. B. die verzögerte Prüfung zirkulärer Referenzen berücksichtigen. Wie Metadaten in konkreten Systemen wirklich verwaltet werden, ist implementierungsabhängig.

B.1.1 Basistabelle ARCHIVES

Jedes Tupel der Tabelle beschreibt ein Archiv.

```
CREATE TABLE ARCHIVES
  (
    CATALOG_NAME          INFORMATION_SCHEMA.SQL_IDENTIFIER,
    ARCHIVE_NAME          INFORMATION_SCHEMA.SQL_IDENTIFIER,
    ARCHIVE_OWNER         INFORMATION_SCHEMA.SQL_IDENTIFIER
      CONSTRAINT ARCHIVE_OWNER_NN NOT NULL,
    CONSTRAINT ARCHIVES_PK
      PRIMARY KEY ( CATALOG_NAME, ARCHIVE_NAME ),
    CONSTRAINT ARCHIVES_ARCHIVE_OWNER_FK_USERS
      FOREIGN KEY ( ARCHIVE_OWNER ) REFERENCES USERS
  )
```

Beschreibung

1. Die Werte von `CATALOG_NAME` und `ARCHIVE_NAME` bilden den qualifizierten Namen des beschriebenen Archivs.

2. Der Wert von `ARCHIVE_OWNER` bezeichnet den Nutzer, dem das Archiv mit allen seinen Elementen gehört.

B.1.2   Basistabelle `ARCHIVE_TABLES`

Jedes Tupel der Tabelle beschreibt eine Archivtabelle.

```
CREATE TABLE ARCHIVE_TABLES
  (
    TABLE_CATALOG         INFORMATION_SCHEMA.SQL_IDENTIFIER,
    TABLE_SCHEMA          INFORMATION_SCHEMA.SQL_IDENTIFIER,
    TABLE_NAME            INFORMATION_SCHEMA.SQL_IDENTIFIER,
    ARCHIVE_NAME          INFORMATION_SCHEMA.SQL_IDENTIFIER,
    CREATING_ORDER        INFORMATION_SCHEMA.CARDINAL_NUMBER,
    CREATING_TIME         TIMESTAMP
      CONSTRAINT ARCHIVE_TABLES_CREATING_TIME_NN NOT NULL,
    TABLE_TYPE            INFORMATION_SCHEMA.CHARACTER_DATA
      CONSTRAINT ARCHIVE_TABLES_TABLE_TYPE_NN NOT NULL
      CONSTRAINT ARCHIVE_TABLES_TABLE_TYPE_VALUES
        CHECK ( TABLE_TYPE IN ( 'BASE TABLE', 'VIEW' ) ),
    IS_ATTACHED           INFORMATION_SCHEMA.CHARACTER_DATA
      CONSTRAINT ARCHIVE_TABLES_IS_ATTACHED_NN NOT NULL
      CONSTRAINT ARCHIVE_TABLES_IS_ATTACHED_VALUES
        CHECK ( IS_ATTACHED IN ( 'YES', 'NO' ) ),
    IS_RESTORABLE         INFORMATION_SCHEMA.CHARACTER_DATA
      CONSTRAINT ARCHIVE_TABLES_IS_RESTORABLE_NN NOT NULL
      CONSTRAINT ARCHIVE_TABLES_IS_RESTORABLE_VALUES
        CHECK ( IS_RESTORABLE IN ( 'YES', 'NO' ) ),
```

```
COLUMN_ADD          INFORMATION_SCHEMA.CHARACTER_DATA
  CONSTRAINT ARCHIVE_TABLES_COLUMN_ADD_VALUES
    CHECK ( COLUMN_ADD IN ( 'DYNAMIC', 'STATIC' ) ),
CONSTRAINT_ADD      INFORMATION_SCHEMA.CHARACTER_DATA
  CONSTRAINT ARCHIVE_TABLES_CONSTRAINT_ADD_VALUES
    CHECK ( CONSTRAINT_ADD IN ( 'DYNAMIC', 'STATIC' ) ),
INSERT_CHECK        INFORMATION_SCHEMA.CHARACTER_DATA
  CONSTRAINT ARCHIVE_TABLES_INSERT_CHECK_NN NOT NULL
  CONSTRAINT ARCHIVE_TABLES_INSERT_CHECK_VALUES
    CHECK ( INSERT_CHECK IN ( 'YES', 'NO' ) ),
COLUMN_GROUP        INFORMATION_SCHEMA.CHARACTER_DATA
  CONSTRAINT ARCHIVE_TABLES_COLUMN_GROUP_NN NOT NULL
  CONSTRAINT ARCHIVE_TABLES_COLUMN_GROUP_VALUES
    CHECK ( COLUMN_GROUP IN ( 'COMPARABLE', 'TYPE', 'LENGTH',
                              'COLLATION', 'NO' ) ),
COLLATION_DEFAULT  INFORMATION_SCHEMA.CHARACTER_DATA
  CONSTRAINT ARCHIVE_TABLES_COLLATION_DEFAULT_NN NOT NULL
  CONSTRAINT ARCHIVE_TABLES_COLLATION_DEFAULT_VALUES
    CHECK ( COLLATION_DEFAULT IN ( 'DEFAULT', 'CURRENT' ) ),
SELECT_DEFAULT      INFORMATION_SCHEMA.CHARACTER_DATA
  CONSTRAINT ARCHIVE_TABLES_SELECT_DEFAULT_NN NOT NULL
  CONSTRAINT ARCHIVE_TABLES_SELECT_DEFAULT_VALUES
    CHECK ( SELECT_DEFAULT IN ( 'CURRENT', 'COMMON', 'ALL' ) ),
CONSTRAINT ARCHIVE_TABLES_PK
  PRIMARY KEY ( TABLE_CATALOG, TABLE_SCHEMA, TABLE_NAME,
                ARCHIVE_NAME, CREATING_ORDER ),
CONSTRAINT ARCHIVE_TABLES_UNIQUE_CREATING_TIME
  UNIQUE ( TABLE_CATALOG, TABLE_SCHEMA, TABLE_NAME,
           ARCHIVE_NAME, CREATING_TIME ),
CONSTRAINT ARCHIVE_TABLES_FK_ARCHIVES
  FOREIGN KEY ( TABLE_CATALOG, ARCHIVE_NAME ) REFERENCES ARCHIVES,
CONSTRAINT NO_ADD_OPTION_FOR_VIEWS
  CHECK ( TABLE_TYPE = 'BASE TABLE' OR
          ( COLUMN_ADD, CONSTRAINT_ADD ) IS NULL ),
CONSTRAINT ATTACHED_IMPLIES_EXISTING_TABLE_OF_SAME_TYPE
  CHECK ( IS_ATTACHED = 'NO' OR
          ( TABLE_CATALOG, TABLE_SCHEMA, TABLE_NAME, TABLE_TYPE ) IN
            ( SELECT *
              FROM   TABLES ) ),
CONSTRAINT RESTORABLE_IMPLIES_ATTACHED
  CHECK ( ( IS_RESTORABLE, IS_ATTACHED ) NOT IN
          ( VALUES ( 'YES', 'NO' ) ) ),
CONSTRAINT ATTACHED_CORRESPONDS_TO_CURRENT_VERSION
  CHECK ( ( IS_ATTACHED = 'YES' AND
          ( TABLE_CATALOG, TABLE_SCHEMA, TABLE_NAME,
            ARCHIVE_NAME, CREATING_ORDER ) IN
```

```
                ( SELECT TABLE_CATALOG, TABLE_SCHEMA, TABLE_NAME,
                         ARCHIVE_NAME, CREATING_ORDER
                  FROM   ARCHIVE_VERSIONS
                  WHERE  VERSION_END IS NULL ) )
          OR
          ( IS_ATTACHED = 'NO' AND
            ( TABLE_CATALOG, TABLE_SCHEMA, TABLE_NAME,
              ARCHIVE_NAME, CREATING_ORDER ) NOT IN
                ( SELECT TABLE_CATALOG, TABLE_SCHEMA, TABLE_NAME,
                         ARCHIVE_NAME, CREATING_ORDER
                  FROM   ARCHIVE_VERSIONS
                  WHERE  VERSION_END IS NULL ) ) )
  )
```

Beschreibung

1. Die Werte von `TABLE_CATALOG` und `ARCHIVE_NAME` bezeichnen ein Archiv.

2. Die Werte von `TABLE_CATALOG`, `TABLE_SCHEMA` und `TABLE_NAME` bezeichnen eine beim Erzeugen der Archivtabelle im gleichen Katalog vorhandene archivierbare Datenbanktabelle.

   Hinweis: Archivierbar sind Basistabellen (eventuell projiziert) und Sichten, die transitiv (SQL: *leaf generally underlying table*) auf Basistabellen oder Archivtabellen des gleichen Archivs beruhen.

3. Der Wert von `CREATING_ORDER` bezeichnet für Archivtabellen gleichen Namens die Reihenfolge ihrer Definition. Der Wert von `CREATING_TIME` ist die Transaktionszeit bei der Definition der Archivtabelle. Beide Attribute sind gleich geordnet.

4. Der Wert von `TABLE_TYPE` beschreibt den Typ der archivierten Tabelle. Der Wert ist auch über Versionen hinweg unveränderlich:

   - `BASE TABLE`: Die Archivtabelle basiert auf einer Basistabelle.
   - `VIEW`: Die Archivtabelle basiert auf einer Sicht.

5. Dem Wert von `IS_ATTACHED` ist zu entnehmen, ob die Archivtabelle einer Datenbanktabelle zugeordnet ist (`YES`) oder nicht (`NO`). Die Archivtabelle hat genau dann eine aktuelle Version, wenn eine Zuordnung existiert. Struktur und Integritätsbedingungen einer aktuellen Version sind aus der zugehörigen Datenbanktabelle ableitbar.

6. Dem Wert von `IS_RESTORABLE` ist zu entnehmen, ob Daten aus der Archivtabelle in die Datenbank eingelagert werden können (`YES`) oder nicht (`NO`). Daten können in eine Datenbanktabelle `T` genau dann eingelagert werden, wenn die Zuordnung zu `T` existiert und wenn die Sicht `V`, die unter Nutzung der Attributliste `CL` der aktuellen Version der Archivtabelle wie folgt definierbar wäre, änderbar ist:

   ```
   CREATE VIEW V AS SELECT ( CL ) FROM T
   ```

7. Die Werte von `COLUMN_ADD` und `CONSTRAINT_ADD` sind `NULL`, falls die Archivtabelle auf einer Sicht beruht. Beruht die Archivtabelle auf einer Basistabelle und ist dieser aktuell zugeordnet, bedeuten die Werte:

   - `DYNAMIC`: Neue Attribute bzw. Integritätsbedingungen der Basistabelle werden automatisch auch in die Archivtabelle übernommen.

   - `STATIC`: Neue Attribute bzw. Integritätsbedingungen werden nicht automatisch übernommen.

   Hinweis: Nur für die Archivtabelle anwendbare Integritätsbedingungen können übernommen werden. Das Löschen von Attributen oder Integritätsbedingungen wirkt sich immer auf eine zugeordnete Archivtabelle aus. Ein Wechsel zwischen `STATIC` und `DYNAMIC` ist möglich.

8. Der Wert von `INSERT_CHECK` zeigt an, ob das Einfügen in eine Archivtabelle virtuell über die zugeordnete Datenbanktabelle erfolgt (`YES`) oder nicht (`NO`).

   Hinweis: Beim virtuellen Einfügen in die Archivtabelle wird geprüft, ob die Daten zum entsprechenden Zeitpunkt in die Datenbanktabelle einfügbar wären.

9. Gleichnamige Attribute verschiedener Versionen einer Archivtabelle können zu Gruppen zusammengefaßt werden. Der Wert von `COLUMN_GROUP` beschreibt, welcher Gruppe ein neues Attribut einer Archivtabelle zugeordnet wird:

   - `COMPARABLE`: Die Attribute einer Gruppe sind im Sinne von SQL vergleichbar.

   - `TYPE`: Ein neues Attribut paßt zu einer Gruppe von Attributen des gleichen Datentyps.

   - `LENGTH`: Ein neues Attribut paßt zu einer Gruppe von Attributen vom gleichen Datentyp und mit gleichen Parametern.

   - `COLLATION`: Ein neues zeichenorientiertes Attribut paßt zu einer Gruppe von Attributen, die sich nur in ihrer Vergleichsregel unterscheiden.

   - `NO`: Ein neues Attribut bildet seine eigene Gruppe.

   Hinweis: Eine Gruppe definiert ein logisches Attribut für die Auswertung von Anfragen. Ein neues Attribut wird jeweils der jüngsten passenden Gruppe zugeordnet.

10. Der Wert von `COLLATION_DEFAULT` beschreibt die Konfliktauflösung für zeichenorientierte Attribute einer Gruppe mit verschiedenen Vergleichsregeln:

    - `DEFAULT`: Als Defaultregel wird `COLLATE FROM DEFAULT` verwendet.

    - `CURRENT`: Existiert eine aktuelle Version der Archivtabelle mit einem Attribut aus der betroffenen Gruppe, wird dessen Vergleichsregel als Default verwendet. Ansonsten existiert keine Defaultvergleichsregel.

11. Der Zugriff auf eine Archivtabelle kann Daten mehrerer Versionen betreffen, die sich in ihren (logischen) Attributen unterscheiden. Wird die zu verwendende Attributliste der Archivtabelle nicht durch die entsprechende DML-Anweisung festgelegt, wird die durch den Wert von `SELECT_DEFAULT` indizierte genutzt:

- CURRENT: Besitzt die Archivtabelle eine aktuelle Version, ergibt sich die Default-attributliste aus deren Attributliste. Sonst existiert kein Default.

- COMMON: Die Defaultattributliste besteht aus den Attributgruppen, die allen mit Daten an der Operation beteiligten Versionen gemeinsam sind.

- ALL: Die Defaultattributliste ist die Vereinigung der Attributgruppen aller mit Daten an der Operation beteiligten Versionen.

B.1.3 Basistabelle ARCHIVE_COLUMNS

Jedes Tupel der Tabelle beschreibt ein Attribut im vollständigen, ungruppierten Schema einer Archivtabelle, dazu die Gruppierung zu logischen Attributen.

```
CREATE TABLE ARCHIVE_COLUMNS
    (
        TABLE_CATALOG                INFORMATION_SCHEMA.SQL_IDENTIFIER,
        TABLE_SCHEMA                 INFORMATION_SCHEMA.SQL_IDENTIFIER,
        TABLE_NAME                   INFORMATION_SCHEMA.SQL_IDENTIFIER,
        ARCHIVE_NAME                 INFORMATION_SCHEMA.SQL_IDENTIFIER,
        CREATING_ORDER               INFORMATION_SCHEMA.CARDINAL_NUMBER,
        COLUMN_POSITION              INFORMATION_SCHEMA.CARDINAL_NUMBER,
        COLUMN_NAME                  INFORMATION_SCHEMA.SQL_IDENTIFIER
           CONSTRAINT ARCHIVE_COLUMNS_COLUMN_NAME_NN NOT NULL,
        COLUMN_GROUP                 INFORMATION_SCHEMA.CARDINAL_NUMBER
           CONSTRAINT ARCHIVE_COLUMNS_COLUMN_GROUP_NN NOT NULL,
        DATA_TYPE                    INFORMATION_SCHEMA.SQL_IDENTIFIER
           CONSTRAINT ARCHIVE_COLUMNS_DATA_TYPE_NN NOT NULL,
        CHARACTER_MAXIMUM_LENGTH INFORMATION_SCHEMA.CARDINAL_NUMBER,
        CHARACTER_OCTET_LENGTH   INFORMATION_SCHEMA.CARDINAL_NUMBER,
        NUMERIC_PRECISION        INFORMATION_SCHEMA.CARDINAL_NUMBER,
        NUMERIC_PRECISION_RADIX  INFORMATION_SCHEMA.CARDINAL_NUMBER,
        NUMERIC_SCALE            INFORMATION_SCHEMA.CARDINAL_NUMBER,
        DATETIME_PRECISION       INFORMATION_SCHEMA.CARDINAL_NUMBER,
        INTERVAL_TYPE            INFORMATION_SCHEMA.CHARACTER_DATA,
        INTERVAL_PRECISION      INFORMATION_SCHEMA.CARDINAL_NUMBER,
        COLLATION_CATALOG       INFORMATION_SCHEMA.SQL_IDENTIFIER,
        COLLATION_SCHEMA        INFORMATION_SCHEMA.SQL_IDENTIFIER,
        COLLATION_NAME          INFORMATION_SCHEMA.SQL_IDENTIFIER,
        COLLATION_ORDER         INFORMATION_SCHEMA.CARDINAL_NUMBER,
        CONSTRAINT ARCHIVE_COLUMNS_PK
           PRIMARY KEY ( TABLE_CATALOG, TABLE_SCHEMA, TABLE_NAME,
                         ARCHIVE_NAME, CREATING_ORDER, COLUMN_POSITION ),
        CONSTRAINT ARCHIVE_COLUMNS_FK_ARCHIVE_TABLES
           FOREIGN KEY ( TABLE_CATALOG, TABLE_SCHEMA, TABLE_NAME,
                         ARCHIVE_NAME, CREATING_ORDER )
           REFERENCES ARCHIVE_TABLES,
```

```
    CONSTRAINT ARCHIVE_COLUMNS_FK_ARCHIVE_COLLATIONS
      FOREIGN KEY ( TABLE_CATALOG, ARCHIVE_NAME,
                    COLLATION_CATALOG, COLLATION_SCHEMA
                    COLLATION_NAME, COLLATION_ORDER )
    REFERENCES ARCHIVE_COLLATIONS,
  CONSTRAINT VALID_GROUP_IDENTIFICATION
    CHECK ( COLUMN_GROUP <= COLUMN_POSITION AND
            ( TABLE_CATALOG, TABLE_SCHEMA, TABLE_NAME,
              ARCHIVE_NAME, CREATING_ORDER,
              COLUMN_GROUP, COLUMN_NAME ) IN
              ( SELECT TABLE_CATALOG, TABLE_SCHEMA, TABLE_NAME,
                       ARCHIVE_NAME, CREATING_ORDER,
                       COLUMN_POSITION, COLUMN_NAME
                FROM   ARCHIVE_COLUMNS
                WHERE  COLUMN_POSITION = COLUMN_GROUP ) ),
  CONSTRAINT COLUMN_IN_AT_LEAST_ONE_VERSION
    CHECK ( ( TABLE_CATALOG, TABLE_SCHEMA, TABLE_NAME,
              ARCHIVE_NAME, CREATING_ORDER, COLUMN_POSITION ) IN
              ( SELECT TABLE_CATALOG, TABLE_SCHEMA, TABLE_NAME,
                       ARCHIVE_NAME, CREATING_ORDER, COLUMN_POSITION
                FROM   ARCHIVE_VERSION_COLUMNS ) ),
  CONSTRAINT CURRENT_COLUMN_CORRESPONDS_TO_TABLE_COLUMN
    CHECK ( ( TABLE_CATALOG, TABLE_SCHEMA, TABLE_NAME,
              ARCHIVE_NAME, CREATING_ORDER, COLUMN_POSITION ) IN
              ( SELECT TABLE_CATALOG, TABLE_SCHEMA, TABLE_NAME,
                       ARCHIVE_NAME, CREATING_ORDER, COLUMN_POSITION
                FROM   ARCHIVE_VERSIONS NATURAL JOIN
                       ARCHIVE_VERSION_COLUMNS
                WHERE  VERSION_END IS NOT NULL ) OR
            ( TABLE_CATALOG, TABLE_SCHEMA, TABLE_NAME,
              COLUMN_NAME, DATA_TYPE,
              CHARACTER_MAXIMUM_LENGTH, CHARACTER_OCTET_LENGTH,
              COLLATION_CATALOG, COLLATION_SCHEMA, COLLATION_NAME,
              NUMERIC_PRECISION, NUMERIC_PRECISION_RADIX,
              NUMERIC_SCALE, DATETIME_PRECISION,
              INTERVAL_TYPE, INTERVAL_PRECISION ) IN
              ( SELECT *
                FROM   DATA_TYPE_DESCRIPTOR ) )
)
```

Beschreibung

1. Die Werte von `TABLE_CATALOG`, `TABLE_SCHEMA`, `TABLE_NAME`, `ARCHIVE_NAME` und `CRE-ATING_ORDER` identifizieren die Archivtabelle, zu der das Attribut gehört.

2. Der Wert von `COLUMN_POSITION` bezeichnet die Position eines Attributs im vollstän-digen, ungruppierten Schema einer Archivtabelle. Die Position richtet sich nach der Reihenfolge der Aktivierung der Attribute.

3. Der Wert von `COLUMN_NAME` ist der Name des beschriebenen Attributs.

4. Der Wert von `COLUMN_GROUP` bezeichnet ein Attribut derselben Archivtabelle, das eine Gruppe von Attributen der Archivtabelle repräsentiert, die beim Zugriff auf die Archivtabelle als logisches Attribut behandelt wird.

   Hinweis: Die durch `COLUMN_NAME` beschriebenen Namen einer Gruppe von Attributen sind gleich, ihre Datentypen sind vergleichbar (SQL: *mutually comparable*). Die Gruppierung wird durch die Option <column group clause> der Tabellendefinition gesteuert. Der Wert von `COLUMN_GROUP` bezeichnet in jeder Gruppe das Attribut mit der niedrigsten Position `COLUMN_POSITION`.

5. Die Werte von `DATA_TYPE`, `CHARACTER_MAXIMUM_LENGTH`, `CHARACTER_OCTET_LENGTH`, `NUMERIC_PRECISION`, `NUMERIC_PRECISION_RADIX`, `NUMERIC_SCALE`, `DATETIME_PRECISION`, `INTERVAL_TYPE` und `INTERVAL_PRECISION` beschreiben analog zu [ISO92, ISO98b, Abschnitt 21.3.5] den parametrisierten Datentyp des Attributs.

6. Die Werte von `COLLATION_CATALOG`, `COLLATION_SCHEMA`, `COLLATION_NAME` und `COLLATION_ORDER` bezeichnen für zeichenorientierte Datentypen die in das Archiv kopierte Vergleichsregel und damit auch den Zeichensatz des Attributs.

7. Attribute, die der aktuellen Version einer Archivtabelle zugeordnet sind, korrespondieren zu Attributen der zugeordneten Datenbanktabelle.

   Hinweis: Es folgt implizit, daß auch Attribute nicht aktueller Versionen während deren Gültigkeit Entsprechungen auf Datenbankseite besaßen. Eine zur in SQL definierten Bedingung `TABLE_OR_DOMAIN_CHECK_COMBINATIONS` analoge Integritätsbedingung, die korrekte Parameterkombinationen prüft, braucht daher in der Tabellendefinition nicht unbedingt berücksichtigt werden.

B.1.4 Basistabelle `ARCHIVE_COLLATIONS`

Jedes Tupel der Tabelle beschreibt eine in ein Archiv kopierte Vergleichsregel.

```
CREATE TABLE ARCHIVE_COLLATIONS
  (
      ARCHIVE_CATALOG            INFORMATION_SCHEMA.SQL_IDENTIFIER,
      ARCHIVE_NAME               INFORMATION_SCHEMA.SQL_IDENTIFIER,
      COLLATION_CATALOG          INFORMATION_SCHEMA.SQL_IDENTIFIER,
      COLLATION_SCHEMA           INFORMATION_SCHEMA.SQL_IDENTIFIER,
      COLLATION_NAME             INFORMATION_SCHEMA.SQL_IDENTIFIER,
      COLLATION_ORDER            INFORMATION_SCHEMA.CARDINAL_NUMBER,
      CHARACTER_SET_CATALOG      INFORMATION_SCHEMA.SQL_IDENTIFIER,
      CHARACTER_SET_SCHEMA       INFORMATION_SCHEMA.SQL_IDENTIFIER,
      CHARACTER_SET_NAME         INFORMATION_SCHEMA.SQL_IDENTIFIER,
      CHARACTER_SET_ORDER        INFORMATION_SCHEMA.CARDINAL_NUMBER,
      PAD_ATTRIBUTE              INFORMATION_SCHEMA.CHARACTER_DATA
        CONSTRAINT ARCHIVE_COLLATIONS_PAD_ATTRIBUTE_NN NOT NULL
```

```
        CONSTRAINT ARCHIVE_COLLATIONS_PAD_ATTRIBUTE_VALUES
          CHECK ( PAD_ATTRIBUTE IN ( 'NO PAD', 'PAD SPACE' ) ),
      CONSTRAINT ARCHIVE_COLLATIONS_PK
        PRIMARY KEY ( ARCHIVE_CATALOG, ARCHIVE_NAME, COLLATION_CATALOG,
                      COLLATION_SCHEMA, COLLATION_NAME, COLLATION_ORDER ),
      CONSTRAINT ARCHIVE_COLLATIONS_CHARACTER_SET_NN
        CHECK ( ( CHARACTER_SET_CATALOG, CHARACTER_SET_SCHEMA,
                  CHARACTER_SET_NAME ) IS NOT NULL ),
      CONSTRAINT ARCHIVE_COLLATIONS_FK_ARCHIVE_CHARACTER_SETS
        FOREIGN KEY ( ARCHIVE_CATALOG, ARCHIVE_NAME,
                      CHARACTER_SET_CATALOG, CHARACTER_SET_SCHEMA,
                      CHARACTER_SET_NAME, CHARACTER_SET_ORDER )
        REFERENCES ARCHIVE_CHARACTER_SETS
  )
```

Beschreibung

1. Die Werte von `ARCHIVE_CATALOG` und `ARCHIVE_NAME` bezeichnen das Archiv, in das
   die beschriebene Vergleichsregel kopiert wurde.

2. Die Werte von `COLLATION_CATALOG`, `COLLATION_SCHEMA` und `COLLATION_NAME` bezeichnen eine beim Kopieren der Vergleichsregel in das Archiv im gleichen ASQL-
   Cluster vorhandene Vergleichsregel.

3. Der Wert von `COLLATION_ORDER` bezeichnet für kopierte Vergleichsregeln gleichen
   Namens die Reihenfolge ihrer Übernahme in das Archiv.

4. Die Werte von `CHARACTER_SET_CATALOG`, `CHARACTER_SET_SCHEMA`, `CHARACTER_SET_`
   `NAME` und `CHARACTER_SET_ORDER` bezeichnen den zur beschriebenen Vergleichsregel
   gehörenden, in das gleiche Archiv kopierten Zeichensatz.

5. Der Wert von `PAD_ATTRIBUTE` beschreibt das Verhalten beim Vergleich verschieden
   langer Zeichenketten:

   - `NO PAD`: Der Längenunterschied wird nicht ausgeglichen.
   - `PAD SPACE`: Der Längenunterschied wird durch Leerzeichen ausgeglichen.

B.1.5   Basistabelle `ARCHIVE_CHARACTER_SETS`

Jedes Tupel der Tabelle beschreibt einen in ein Archiv kopierten Zeichensatz.

```
CREATE TABLE ARCHIVE_CHARACTER_SETS
  (
      ARCHIVE_CATALOG             INFORMATION_SCHEMA.SQL_IDENTIFIER,
      ARCHIVE_NAME                INFORMATION_SCHEMA.SQL_IDENTIFIER,
      CHARACTER_SET_CATALOG       INFORMATION_SCHEMA.SQL_IDENTIFIER,
      CHARACTER_SET_SCHEMA        INFORMATION_SCHEMA.SQL_IDENTIFIER,
```

```
    CHARACTER_SET_NAME        INFORMATION_SCHEMA.SQL_IDENTIFIER,
    CHARACTER_SET_ORDER       INFORMATION_SCHEMA.CARDINAL_NUMBER,
    FORM_OF_USE               INFORMATION_SCHEMA.SQL_IDENTIFIER,
    NUMBER_OF_CHARACTERS      INFORMATION_SCHEMA.CARDINAL_NUMBER,
    CONSTRAINT ARCHIVE_CHARACTER_SETS_PK
      PRIMARY KEY ( ARCHIVE_CATALOG, ARCHIVE_NAME,
                    CHARACTER_SET_CATALOG, CHARACTER_SET_SCHEMA,
                    CHARACTER_SET_NAME, CHARACTER_SET_ORDER ),
    CONSTRAINT ARCHIVE_CHARACTER_SETS_FK_ARCHIVES
      FOREIGN KEY ( ARCHIVE_CATALOG, ARCHIVE_NAME )
      REFERENCES ARCHIVES
  )
```

Beschreibung

1. Die Werte von `ARCHIVE_CATALOG` und `ARCHIVE_NAME` bezeichnen das Archiv, in das
   der beschriebene Zeichensatz kopiert wurde.

2. Die Werte von `CHARACTER_SET_CATALOG`, `CHARACTER_SET_SCHEMA` und `CHARACTER_`
   `SET_NAME` bezeichnen einen beim Kopieren des Zeichensatzes in das Archiv im gleichen ASQL-Cluster vorhandenen Zeichensatz.

3. Der Wert von `CHARACTER_SET_ORDER` bezeichnet für kopierte Zeichensätze gleichen
   Namens die Reihenfolge ihrer Übernahme in das Archiv.

4. Der Wert von `FORM_OF_USE` bezeichnet das interne Codierungsschema des Zeichensatzes, dem Wert von `NUMBER_OF_CHARACTERS` ist die Zeichenzahl des zugehörigen
   Zeichenrepertoires zu entnehmen.

B.1.6 Basistabelle `ARCHIVE_VERSIONS`

Jedes Tupel der Tabelle beschreibt eine Version einer Archivtabelle.

```
CREATE TABLE ARCHIVE_VERSIONS
  (
    TABLE_CATALOG      INFORMATION_SCHEMA.SQL_IDENTIFIER,
    TABLE_SCHEMA       INFORMATION_SCHEMA.SQL_IDENTIFIER,
    TABLE_NAME         INFORMATION_SCHEMA.SQL_IDENTIFIER,
    ARCHIVE_NAME       INFORMATION_SCHEMA.SQL_IDENTIFIER,
    CREATING_ORDER     INFORMATION_SCHEMA.CARDINAL_NUMBER,
    VERSION_ORDER      INFORMATION_SCHEMA.CARDINAL_NUMBER,
    VERSION_BEGIN      TIMESTAMP
      CONSTRAINT ARCHIVE_VERSIONS_VERSION_BEGIN_NN NOT NULL,
    VERSION_END        TIMESTAMP,
    CONSTRAINT ARCHIVE_VERSIONS_PK
      PRIMARY KEY ( TABLE_CATALOG, TABLE_SCHEMA, TABLE_NAME,
                    ARCHIVE_NAME, CREATING_ORDER, VERSION_ORDER ),
```

```
    CONSTRAINT ARCHIVE_VERSIONS_UNIQUE_VERSION_BEGIN
      UNIQUE ( TABLE_CATALOG, TABLE_SCHEMA, TABLE_NAME,
               ARCHIVE_NAME, CREATING_ORDER, VERSION_BEGIN ),
    CONSTRAINT ARCHIVE_VERSIONS_FK_ARCHIVE_TABLES
      FOREIGN KEY ( TABLE_CATALOG, TABLE_SCHEMA, TABLE_NAME,
                    ARCHIVE_NAME, CREATING_ORDER )
      REFERENCES ARCHIVE_TABLES,
    CONSTRAINT POSITIVE_VERSION_INTERVAL
      CHECK ( VERSION_BEGIN < VERSION_END ),
    CONSTRAINT CORRECT_VERSION_SEQUENCE
      CHECK ( NOT EXISTS
              ( SELECT *
                FROM   ARCHIVE_VERSIONS V1 JOIN ARCHIVE_VERSIONS V2
                       USING ( TABLE_CATALOG, TABLE_SCHEMA, TABLE_NAME,
                               ARCHIVE_NAME, CREATING_ORDER )
                WHERE  V1.VERSION_ORDER < V2.VERSION_ORDER AND
                       ( V1.VERSION_BEGIN >= V2.VERSION_BEGIN OR
                         V1.VERSION_END > V2.VERSION_BEGIN OR
                         V1.VERSION_END IS NULL ) ) ),
    CONSTRAINT MAXIMAL_ONE_CURRENT_VERSION_PER_TABLE_IN_ARCHIVE
      CHECK ( UNIQUE
              ( SELECT TABLE_CATALOG, TABLE_SCHEMA, TABLE_NAME,
                       ARCHIVE_NAME
                FROM   ARCHIVE_VERSIONS
                WHERE  VERSION_END IS NULL ) )
  )
```

Beschreibung

1. Die Werte von `TABLE_CATALOG`, `TABLE_SCHEMA`, `TABLE_NAME`, `ARCHIVE_NAME` und `CRE-ATING_ORDER` identifizieren die Archivtabelle, zu der die Version gehört.

2. Der Wert von `VERSION_ORDER` ist die innerhalb einer Archivtabelle eindeutige Versionsnummer. Die Ordnung der Versionsnummern korrespondiert mit der zeitlichen Reihenfolge der Versionen.

3. Das nicht leere Intervall [`VERSION_BEGIN`, `VERSION_END`) gibt den Zeitraum an, in dem die beschriebene Version die aktuelle Version der Archivtabelle war.

4. `VERSION_END IS NULL` steht für UC und damit das Intervall [`VERSION_BEGIN`, UC] und bedeutet, daß die Archivtabelle einer Datenbanktabelle zugeordnet ist und die beschriebene Version aktuell ist. Eine aktuelle Version muß die jüngste Version der Archivtabelle sein. Einer Datenbanktabelle kann maximal eine Tabelle je Archiv zugeordnet sein, diese wiederum hat maximal eine aktuelle Version.

B.1.7 Basistabelle `ARCHIVE_VERSION_COLUMNS`

Jedes Tupel der Tabelle beschreibt die Zuordnung eines Attributs einer Archivtabelle zu einer Version dieser Tabelle.

```
CREATE TABLE ARCHIVE_VERSION_COLUMNS
    (
        TABLE_CATALOG       INFORMATION_SCHEMA.SQL_IDENTIFIER,
        TABLE_SCHEMA        INFORMATION_SCHEMA.SQL_IDENTIFIER,
        TABLE_NAME          INFORMATION_SCHEMA.SQL_IDENTIFIER,
        ARCHIVE_NAME        INFORMATION_SCHEMA.SQL_IDENTIFIER,
        CREATING_ORDER      INFORMATION_SCHEMA.CARDINAL_NUMBER,
        VERSION_ORDER       INFORMATION_SCHEMA.CARDINAL_NUMBER,
        COLUMN_POSITION     INFORMATION_SCHEMA.CARDINAL_NUMBER,
        ORDINAL_POSITION    INFORMATION_SCHEMA.CARDINAL_NUMBER
          CONSTRAINT ARCHIVE_VERSION_COLUMNS_ORDINAL_POSITION_NN NOT NULL,
    CONSTRAINT ARCHIVE_VERSION_COLUMNS_PK
        PRIMARY KEY ( TABLE_CATALOG, TABLE_SCHEMA, TABLE_NAME,
                      ARCHIVE_NAME, CREATING_ORDER,
                      VERSION_ORDER, COLUMN_POSITION),
    CONSTRAINT ARCHIVE_VERSION_COLUMNS_UNIQUE_ORDINAL_POSITION
        UNIQUE ( TABLE_CATALOG, TABLE_SCHEMA, TABLE_NAME,
                 ARCHIVE_NAME, CREATING_ORDER,
                 VERSION_ORDER, ORDINAL_POSITION ),
    CONSTRAINT ARCHIVE_VERSION_COLUMNS_FK_ARCHIVE_VERSIONS
        FOREIGN KEY ( TABLE_CATALOG, TABLE_SCHEMA, TABLE_NAME,
                      ARCHIVE_NAME, CREATING_ORDER, VERSION_ORDER )
        REFERENCES ARCHIVE_VERSIONS,
    CONSTRAINT ARCHIVE_VERSION_COLUMNS_FK_ARCHIVE_COLUMNS
        FOREIGN KEY ( TABLE_CATALOG, TABLE_SCHEMA, TABLE_NAME,
                      ARCHIVE_NAME, CREATING_ORDER, COLUMN_POSITION )
        REFERENCES ARCHIVE_COLUMNS,
    CONSTRAINT ARCHIVE_VERSION_COLUMNS_UNIQUE_COLUMN_NAME
        CHECK ( UNIQUE (
                    SELECT TABLE_CATALOG, TABLE_SCHEMA, TABLE_NAME,
                           ARCHIVE_NAME, CREATING_ORDER, VERSION_ORDER,
                           COLUMN_NAME
                    FROM   ARCHIVE_VERSION_COLUMNS NATURAL JOIN
                           ARCHIVE_COLUMNS ) )
    )
```

Beschreibung

1. Die Werte von TABLE_CATALOG, TABLE_SCHEMA, TABLE_NAME, ARCHIVE_NAME und CRE-ATING_ORDER identifizieren eine Archivtabelle.

2. Die Werte VERSION_ORDER und COLUMN_POSITION repräsentieren die Zuordnung eines Attributs der Archivtabelle zu einer Version dieser Tabelle.

3. Der Wert von ORDINAL_POSITION bezeichnet die Position des Attributs in der Version. Die Attributnamen einer Version sind eindeutig.

B.1.8 Basistabelle `ARCHIVE_CONSTRAINTS`

Jedes Tupel der Tabelle beschreibt eine Eindeutigkeits- oder Fremdschlüsselbedingung für eine Version einer Archivtabelle. Man beachte dabei den Versionsbezug.

```
CREATE TABLE ARCHIVE_CONSTRAINTS
  (
    TABLE_CATALOG       INFORMATION_SCHEMA.SQL_IDENTIFIER,
    TABLE_SCHEMA        INFORMATION_SCHEMA.SQL_IDENTIFIER,
    TABLE_NAME          INFORMATION_SCHEMA.SQL_IDENTIFIER,
    ARCHIVE_NAME        INFORMATION_SCHEMA.SQL_IDENTIFIER,
    CREATING_ORDER      INFORMATION_SCHEMA.CARDINAL_NUMBER,
    VERSION_ORDER       INFORMATION_SCHEMA.CARDINAL_NUMBER,
    CONSTRAINT_NAME     INFORMATION_SCHEMA.SQL_IDENTIFIER,
    CONSTRAINT_TYPE     INFORMATION_SCHEMA.CHARACTER_DATA
      CONSTRAINT ARCHIVE_CONSTRAINTS_CONSTRAINT_TYPE_NN NOT NULL
      CONSTRAINT ARCHIVE_CONSTRAINTS_CONSTRAINT_TYPE_VALUES
        CHECK ( CONSTRAINT_TYPE IN
                ( 'PRIMARY KEY', 'UNIQUE', 'FOREIGN KEY' ) ),
    CONSTRAINT ARCHIVE_CONSTRAINTS_PK
      PRIMARY KEY ( TABLE_CATALOG, TABLE_SCHEMA, TABLE_NAME,
                    ARCHIVE_NAME, CREATING_ORDER, VERSION_ORDER,
                    CONSTRAINT_NAME ),
    CONSTRAINT ARCHIVE_CONSTRAINTS_FK_ARCHIVE_VERSIONS
      FOREIGN KEY ( TABLE_CATALOG, TABLE_SCHEMA, TABLE_NAME,
                    ARCHIVE_NAME, CREATING_ORDER, VERSION_ORDER )
      REFERENCES ARCHIVE_VERSIONS,
    CONSTRAINT DEFINED_FOR_ARCHIVED_BASE_TABLE
      CHECK ( ( TABLE_CATALOG, TABLE_SCHEMA, TABLE_NAME,
                ARCHIVE_NAME, CREATING_ORDER ) IN
                ( SELECT TABLE_CATALOG, TABLE_SCHEMA, TABLE_NAME,
                         ARCHIVE_NAME, CREATING_ORDER
                  FROM   ARCHIVE_TABLES
                  WHERE  TABLE_TYPE = 'BASE TABLE' ) ),
    CONSTRAINT CONSTRAINT_IN_ARCHIVE_CONSTRAINT_COLUMNS
      CHECK ( ( TABLE_CATALOG, TABLE_SCHEMA, TABLE_NAME,
                ARCHIVE_NAME, CREATING_ORDER, VERSION_ORDER,
                CONSTRAINT_NAME ) IN
                ( SELECT TABLE_CATALOG, TABLE_SCHEMA, TABLE_NAME,
                         ARCHIVE_NAME, CREATING_ORDER, VERSION_ORDER,
                         CONSTRAINT_NAME
                  FROM   ARCHIVE_CONSTRAINT_COLUMNS ) ),
    CONSTRAINT CONSTRAINT_IN_ARCHIVE_REFERENTIAL_CONSTRAINTS
      CHECK ( CONSTRAINT_TYPE <> 'FOREIGN KEY' OR
              ( TABLE_CATALOG, TABLE_SCHEMA, TABLE_NAME,
                ARCHIVE_NAME, CREATING_ORDER, VERSION_ORDER,
                CONSTRAINT_NAME ) IN
```

```
                ( SELECT TABLE_CATALOG, TABLE_SCHEMA, TABLE_NAME,
                         ARCHIVE_NAME, CREATING_ORDER, VERSION_ORDER,
                         CONSTRAINT_NAME
                  FROM   ARCHIVE_REFERENTIAL_CONSTRAINTS ) ),
      CONSTRAINT CURRENT_CONSTRAINT_CORRESPONDS_TO_TABLE_CONSTRAINT
        CHECK ( ( TABLE_CATALOG, TABLE_SCHEMA, TABLE_NAME,
                  ARCHIVE_NAME, CREATING_ORDER, VERSION_ORDER ) IN
                ( SELECT TABLE_CATALOG, TABLE_SCHEMA, TABLE_NAME,
                         ARCHIVE_NAME, CREATING_ORDER, VERSION_ORDER
                  FROM   ARCHIVE_VERSIONS
                  WHERE  VERSION_END IS NOT NULL ) OR
                ( TABLE_CATALOG, TABLE_SCHEMA, TABLE_NAME,
                  CONSTRAINT_NAME, CONSTRAINT_TYPE ) IN
                ( SELECT TABLE_CATALOG, TABLE_SCHEMA, TABLE_NAME,
                         CONSTRAINT_NAME, CONSTRAINT_TYPE
                  FROM   TABLE_CONSTRAINTS ) )
)
```

Beschreibung

1. Die Werte von `TABLE_CATALOG`, `TABLE_SCHEMA`, `TABLE_NAME`, `ARCHIVE_NAME`, `CREA-TING_ORDER` und `VERSION_ORDER` identifizieren eine Version einer Archivtabelle. Die Archivtabelle ist eine archivierte Basistabelle.

2. Der Wert von `CONSTRAINT_NAME` bezeichnet eine dazugehörige Integritätsbedingung.

3. Der Wert von `CONSTRAINT_TYPE` hat die folgende Bedeutung:

   - `PRIMARY KEY`: Beschrieben wird eine Primärschlüsselbedingung.
   - `UNIQUE`: Beschrieben wird eine Eindeutigkeitsbedingung.
   - `FOREIGN KEY`: Beschrieben wird eine Fremdschlüsselbedingung.

4. Ist die identifizierte Version einer Archivtabelle eine aktuelle Version, so korrespondiert die beschriebene Integritätsbedingung zu einer Tabellenbedingung des gleichen Typs der zugeordneten Basistabelle.

   Hinweis: Es folgt implizit, daß auch Integritätsbedingungen nicht aktueller Versionen während deren Gültigkeit Entsprechungen auf Datenbankseite besaßen.

   Hinweis: Der Prüfmodus (SQL: *constraint mode*) einer Integritätsbedingung der aktuellen Version ist durch den der korrespondierenden Integritätsbedingung auf Datenbankseite bestimmt, während Integritätsbedingungen nicht aktueller Versionen sofort geprüft werden.

   Hinweis: Nach [ISO98b, Abschnitt 11.6] gehören Tabellenbedingungen zum gleichen Schema wie die entsprechende Basistabelle. Die Angaben zu Katalog und Schema beziehen sich daher sowohl auf die Tabelle als auch auf die Integritätsbedingung.

B.1.9   Basistabelle `ARCHIVE_CONSTRAINT_COLUMNS`

Eindeutigkeits- und Fremdschlüsselbedingungen von Versionen einer Archivtabelle beziehen sich auf eine Teilmenge der Attribute dieser Version. Jedes Tupel der Tabelle repräsentiert ein Attribut einer solchen Attributliste.

```
CREATE TABLE ARCHIVE_CONSTRAINT_COLUMNS
  (
     TABLE_CATALOG          INFORMATION_SCHEMA.SQL_IDENTIFIER,
     TABLE_SCHEMA           INFORMATION_SCHEMA.SQL_IDENTIFIER,
     TABLE_NAME             INFORMATION_SCHEMA.SQL_IDENTIFIER,
     ARCHIVE_NAME           INFORMATION_SCHEMA.SQL_IDENTIFIER,
     CREATING_ORDER         INFORMATION_SCHEMA.CARDINAL_NUMBER,
     VERSION_ORDER          INFORMATION_SCHEMA.CARDINAL_NUMBER,
     CONSTRAINT_NAME        INFORMATION_SCHEMA.SQL_IDENTIFIER,
     COLUMN_NAME            INFORMATION_SCHEMA.SQL_IDENTIFIER,
     CONSTRAINT_POSITION    INFORMATION_SCHEMA.CARDINAL_NUMBER
        CONSTRAINT ARCHIVE_CONSTRAINT_COLUMNS_POSITION_NN NOT NULL,
     CONSTRAINT ARCHIVE_CONSTRAINT_COLUMNS_PK
        PRIMARY KEY ( TABLE_CATALOG, TABLE_SCHEMA, TABLE_NAME,
                      ARCHIVE_NAME, CREATING_ORDER, VERSION_ORDER,
                      CONSTRAINT_NAME, COLUMN_NAME ),
     CONSTRAINT ARCHIVE_CONSTRAINT_COLUMNS_UNIQUE_CONSTRAINT_POSITION
        UNIQUE ( TABLE_CATALOG, TABLE_SCHEMA, TABLE_NAME,
                 ARCHIVE_NAME, CREATING_ORDER, VERSION_ORDER,
                 CONSTRAINT_NAME, CONSTRAINT_POSITION ),
     CONSTRAINT ARCHIVE_CONSTRAINT_COLUMNS_FK_ARCHIVE_CONSTRAINTS
        FOREIGN KEY ( TABLE_CATALOG, TABLE_SCHEMA, TABLE_NAME,
                      ARCHIVE_NAME, CREATING_ORDER, VERSION_ORDER,
                      CONSTRAINT_NAME )
        REFERENCES ARCHIVE_CONSTRAINTS,
     CONSTRAINT COLUMN_IN_ARCHIVE_VERSION_COLUMNS
        CHECK ( ( TABLE_CATALOG, TABLE_SCHEMA, TABLE_NAME,
                  ARCHIVE_NAME, CREATING_ORDER, VERSION_ORDER,
                  COLUMN_NAME ) IN
                  ( SELECT TABLE_CATALOG, TABLE_SCHEMA, TABLE_NAME,
                           ARCHIVE_NAME, CREATING_ORDER, VERSION_ORDER,
                           COLUMN_NAME
                    FROM   ARCHIVE_VERSION_COLUMNS NATURAL JOIN
                           ARCHIVE_COLUMNS ) ),
     CONSTRAINT CURRENT_CONSTRAINT_COLUMN_CORRESPONDS_TO_KEY_COLUMN_USAGE
        CHECK ( ( TABLE_CATALOG, TABLE_SCHEMA, TABLE_NAME,
                  ARCHIVE_NAME, CREATING_ORDER, VERSION_ORDER ) IN
                  ( SELECT TABLE_CATALOG, TABLE_SCHEMA, TABLE_NAME,
                           ARCHIVE_NAME, CREATING_ORDER, VERSION_ORDER
                    FROM   ARCHIVE_VERSIONS
                    WHERE  VERSION_END IS NOT NULL ) OR
```

```
        ( TABLE_CATALOG, TABLE_SCHEMA, TABLE_NAME,
          CONSTRAINT_NAME, COLUMN_NAME, CONSTRAINT_POSITION ) IN
        ( SELECT TABLE_CATALOG, TABLE_SCHEMA, TABLE_NAME,
                 CONSTRAINT_NAME, COLUMN_NAME, ORDINAL_POSITION
          FROM   KEY_COLUMN_USAGE ) )
  )
```

Beschreibung

1. Die Werte von `TABLE_CATALOG`, `TABLE_SCHEMA`, `TABLE_NAME`, `ARCHIVE_NAME`, `CREA-TING_ORDER`, `VERSION_ORDER` und `CONSTRAINT_NAME` identifizieren eine Integritätsbedingung einer Version einer Archivtabelle.

2. Der Wert von `COLUMN_NAME` bezeichnet den Namen eines Attributs der Version, das zur Attributliste dieser Integritätsbedingung gehört.

3. Der Wert von `CONSTRAINT_POSITION` ist die Position des Attributs in der Attributliste der beschriebenen Integritätsbedingung. Ist diese eine Fremdschlüsselbedingung, so identifiziert `CONSTRAINT_POSITION` auch die Position des Attributs der Eindeutigkeitsbedingung, auf die sich das referenzierende Attribut bezieht.

4. Gehört die identifizierte Integritätsbedingung zur aktuellen Version einer Archivtabelle, so korrespondiert das beschriebene Attribut zu einem Attribut der entsprechenden Integritätsbedingung der zugeordneten Basistabelle.

B.1.10 Basistabelle `ARCHIVE_REFERENTIAL_CONSTRAINTS`

Fremdschlüsselbedingungen von Versionen einer Archivtabelle referenzieren passende Eindeutigkeitsbedingungen. Jedes Tupel der Tabelle repräsentiert eine solche Zuordnung.

```
CREATE TABLE ARCHIVE_REFERENTIAL_CONSTRAINTS
  (
      TABLE_CATALOG           INFORMATION_SCHEMA.SQL_IDENTIFIER,
      TABLE_SCHEMA            INFORMATION_SCHEMA.SQL_IDENTIFIER,
      TABLE_NAME              INFORMATION_SCHEMA.SQL_IDENTIFIER,
      ARCHIVE_NAME            INFORMATION_SCHEMA.SQL_IDENTIFIER,
      CREATING_ORDER          INFORMATION_SCHEMA.CARDINAL_NUMBER,
      VERSION_ORDER           INFORMATION_SCHEMA.CARDINAL_NUMBER,
      CONSTRAINT_NAME         INFORMATION_SCHEMA.SQL_IDENTIFIER,
      UNIQUE_TABLE_CATALOG    INFORMATION_SCHEMA.SQL_IDENTIFIER,
      UNIQUE_TABLE_SCHEMA     INFORMATION_SCHEMA.SQL_IDENTIFIER,
      UNIQUE_TABLE_NAME       INFORMATION_SCHEMA.SQL_IDENTIFIER,
      UNIQUE_ARCHIVE_NAME     INFORMATION_SCHEMA.SQL_IDENTIFIER,
      UNIQUE_CREATING_ORDER   INFORMATION_SCHEMA.CARDINAL_NUMBER,
      UNIQUE_VERSION_ORDER    INFORMATION_SCHEMA.CARDINAL_NUMBER,
      UNIQUE_CONSTRAINT_NAME  INFORMATION_SCHEMA.SQL_IDENTIFIER,
```

```
            MATCH_OPTION              INFORMATION_SCHEMA.CHARACTER_DATA
              CONSTRAINT ARCHIVE_REFERENTIAL_CONSTRAINTS_MATCH_OPTION_NN NOT NULL
              CONSTRAINT ARCHIVE_REFERENTIAL_CONSTRAINTS_MATCH_OPTION_VALUES
                CHECK ( MATCH_OPTION IN
                        ( 'NONE', 'PARTIAL', 'FULL' ) ),
            CONSTRAINT ARCHIVE_REFERENTIAL_CONSTRAINTS_PK
              PRIMARY KEY ( TABLE_CATALOG, TABLE_SCHEMA, TABLE_NAME,
                            ARCHIVE_NAME, CREATING_ORDER, VERSION_ORDER,
                            CONSTRAINT_NAME ),
            CONSTRAINT REFERENCING_CONSTRAINT_IS_FOREIGN_KEY
              CHECK ( ( TABLE_CATALOG, TABLE_SCHEMA, TABLE_NAME,
                        ARCHIVE_NAME, CREATING_ORDER, VERSION_ORDER,
                        CONSTRAINT_NAME ) IN
                        ( SELECT TABLE_CATALOG, TABLE_SCHEMA, TABLE_NAME,
                                 ARCHIVE_NAME, CREATING_ORDER, VERSION_ORDER,
                                 CONSTRAINT_NAME
                          FROM   ARCHIVE_CONSTRAINTS
                          WHERE  CONSTRAINT_TYPE = 'FOREIGN KEY' ) ),
            CONSTRAINT UNIQUE_CONSTRAINT_COLUMNS_NN
              CHECK ( ( UNIQUE_TABLE_CATALOG, UNIQUE_TABLE_SCHEMA,
                        UNIQUE_TABLE_NAME, UNIQUE_ARCHIVE_NAME,
                        UNIQUE_CREATING_ORDER, UNIQUE_VERSION_ORDER,
                        UNIQUE_CONSTRAINT_NAME ) IS NOT NULL ),
            CONSTRAINT REFERENCED_CONSTRAINT_IS_PRIMARY_KEY_OR_UNIQUE
              CHECK ( ( UNIQUE_TABLE_CATALOG, UNIQUE_TABLE_SCHEMA,
                        UNIQUE_TABLE_NAME, UNIQUE_ARCHIVE_NAME,
                        UNIQUE_CREATING_ORDER, UNIQUE_VERSION_ORDER,
                        UNIQUE_CONSTRAINT_NAME ) IN
                        ( SELECT TABLE_CATALOG, TABLE_SCHEMA, TABLE_NAME,
                                 ARCHIVE_NAME, CREATING_ORDER, VERSION_ORDER,
                                 CONSTRAINT_NAME
                          FROM   ARCHIVE_CONSTRAINTS
                          WHERE  CONSTRAINT_TYPE IN
                                 ( 'PRIMARY KEY', 'UNIQUE' ) ) ),
            CONSTRAINT REFERENTIAL_CONSTRAINT_WITHIN_SAME_ARCHIVE
              CHECK ( TABLE_CATALOG = UNIQUE_TABLE_CATALOG AND
                      ARCHIVE_NAME  = UNIQUE_ARCHIVE_NAME ),
            CONSTRAINT VERSION_TIME_CONTAINMENT
              CHECK ( NOT EXISTS
                      ( SELECT *
                        FROM   ( ARCHIVE_VERSIONS NATURAL JOIN
                                 ARCHIVE_REFERENTIAL_CONSTRAINTS ) V1
                               JOIN ARCHIVE_VERSIONS V2 ON
                               ( V1.UNIQUE_TABLE_CATALOG = V2.TABLE_CATALOG AND
                                 V1.UNIQUE_TABLE_SCHEMA = V2.TABLE_SCHEMA AND
                                 V1.UNIQUE_TABLE_NAME = V2.TABLE_NAME AND
```

```
                            V1.UNIQUE_ARCHIVE_NAME = V2.ARCHIVE_NAME AND
                            V1.UNIQUE_CREATING_ORDER = V2.CREATING_ORDER AND
                            V1.UNIQUE_VERSION_ORDER = V2.VERSION_ORDER )
                  WHERE   V1.VERSION_BEGIN < V2.VERSION_BEGIN OR
                          V1.VERSION_END > V2.VERSION_END OR
                          ( V1.VERSION_END IS NULL AND
                            V2.VERSION_END IS NOT NULL ) ) ),
        CONSTRAINT CURRENT_CONSTRAINT_CORRESPONDS_TO_REFERENTIAL_CONSTRAINT
          CHECK ( ( TABLE_CATALOG, TABLE_SCHEMA, TABLE_NAME,
                    ARCHIVE_NAME, CREATING_ORDER, VERSION_ORDER ) IN
                  ( SELECT TABLE_CATALOG, TABLE_SCHEMA, TABLE_NAME,
                           ARCHIVE_NAME, CREATING_ORDER, VERSION_ORDER
                    FROM   ARCHIVE_VERSIONS
                    WHERE  VERSION_END IS NOT NULL ) OR
                 ( TABLE_CATALOG, TABLE_SCHEMA, CONSTRAINT_NAME,
                   UNIQUE_TABLE_CATALOG, UNIQUE_TABLE_SCHEMA,
                   UNIQUE_CONSTRAINT_NAME, MATCH_OPTION ) IN
                 ( SELECT CONSTRAINT_CATALOG, CONSTRAINT_SCHEMA,
                          CONSTRAINT_NAME, UNIQUE_CONSTRAINT_CATALOG,
                          UNIQUE_CONSTRAINT_SCHEMA,
                          UNIQUE_CONSTRAINT_NAME, MATCH_OPTION
                   FROM   REFERENTIAL_CONSTRAINTS ) )
      )
```

Beschreibung

1. Die Werte von `TABLE_CATALOG`, `TABLE_SCHEMA`, `TABLE_NAME`, `ARCHIVE_NAME`, `CREATING_ORDER`, `VERSION_ORDER` und `CONSTRAINT_NAME` identifizieren eine Fremdschlüsselbedingung einer Version einer Archivtabelle.

2. Die Werte von `UNIQUE_TABLE_CATALOG`, `UNIQUE_TABLE_SCHEMA`, `UNIQUE_TABLE_NAME`, `UNIQUE_ARCHIVE_NAME`, `UNIQUE_CREATING_ORDER`, `UNIQUE_VERSION_ORDER` und `UNIQUE_CONSTRAINT_NAME` identifizieren die Eindeutigkeitsbedingung, auf die sich die Fremdschlüsselbedingung bezieht.

3. Die Eindeutigkeitsbedingung bezieht sich auf eine Archivtabelle desselben Archivs, der Gültigkeitszeitraum der referenzierten Version umfaßt den der referenzierenden.

4. Der Wert von `MATCH_OPTION` bestimmt die Behandlung von `NULL` in Fremdschlüsseln; für die genaue Bedeutung sei auf [ISO92, Abschnitt 11.8] verwiesen.

   - `NONE`: Die Bedingung wurde ohne `MATCH` definiert.
   - `PARTIAL`: Die Bedingung wurde mit `MATCH PARTIAL` definiert.
   - `FULL`: Die Bedingung wurde mit `MATCH FULL` definiert.

5. Für aktuelle Versionen korrespondiert die beschriebene Fremdschlüsselbeziehung zu einer Fremdschlüsselbeziehung zwischen den zugeordneten Basistabellen.

B.1.11   Basistabelle RULES

Datenbankregeln sind Teil des Regelkonzepts, das ASQL für die Archivierung bereitstellt. Jedes Tupel der Tabelle repräsentiert eine solche Datenbankregel.

Hinweis: Für die Archivierung mit ASQL ist zunächst nur eine Regelart von Bedeutung, nämlich das zeitbasierte Löschen von Daten einer Basistabelle (Ereignis TIME, Aktion DELETE). Spätere Erweiterungen sind jedoch denkbar.

```
CREATE TABLE RULES
  (
    RULE_CATALOG          INFORMATION_SCHEMA.SQL_IDENTIFIER,
    RULE_SCHEMA           INFORMATION_SCHEMA.SQL_IDENTIFIER,
    RULE_NAME             INFORMATION_SCHEMA.SQL_IDENTIFIER,
    TABLE_CATALOG         INFORMATION_SCHEMA.SQL_IDENTIFIER,
    TABLE_SCHEMA          INFORMATION_SCHEMA.SQL_IDENTIFIER,
    TABLE_NAME            INFORMATION_SCHEMA.SQL_IDENTIFIER,
    EVENT                 INFORMATION_SCHEMA.CHARACTER_DATA
      CONSTRAINT RULES_EVENT_NN NOT NULL
      CONSTRAINT RULES_EVENT_VALUES
        CHECK ( EVENT IN ( 'TIME' ) ),
    EVENT_DATETIME        INFORMATION_SCHEMA.CHARACTER_DATA,
    EVENT_INTERVAL        INFORMATION_SCHEMA.CHARACTER_DATA,
    ACTION                INFORMATION_SCHEMA.CHARACTER_DATA
      CONSTRAINT RULES_ACTION_NN NOT NULL
      CONSTRAINT RULES_ACTION_VALUES
        CHECK ( ACTION IN ( 'DELETE' ) ),
    SELECTED_ROWS         INFORMATION_SCHEMA.CHARACTER_DATA,
    CONSTRAINT RULES_PK
      PRIMARY KEY ( RULE_CATALOG, RULE_SCHEMA, RULE_NAME ),
    CONSTRAINT RULES_TABLE_NN
      CHECK ( ( TABLE_CATALOG, TABLE_SCHEMA, TABLE_NAME ) IS NOT NULL ),
    CONSTRAINT RULES_TABLE_IS_BASE_TABLE
      CHECK ( ( TABLE_CATALOG, TABLE_SCHEMA, TABLE_NAME ) IN
                ( SELECT TABLE_CATALOG, TABLE_SCHEMA, TABLE_NAME
                  FROM   TABLES
                  WHERE  TABLE_TYPE = 'BASE TABLE' ) ),
    CONSTRAINT RULE_AND_TABLE_WITHIN_SAME_SCHEMA
      CHECK ( RULE_CATALOG = TABLE_CATALOG AND
              RULE_SCHEMA = TABLE_SCHEMA ),
    CONSTRAINT VALID_RULE_COMBINATIONS
      CHECK ( EVENT = 'TIME' AND EVENT_DATETIME IS NOT NULL AND
              ACTION = 'DELETE' )
  )
```

Beschreibung

1. Die Werte von RULE_CATALOG, RULE_SCHEMA und RULE_NAME bilden den Namen der

beschriebenen Datenbankregel. Die Werte von `TABLE_CATALOG`, `TABLE_SCHEMA` und `TABLE_NAME` bezeichnen die Basistabelle, für die die Regel definiert ist.

2. Dem Wert von `EVENT` ist der Ereignistyp der Regel zu entnehmen:

   - `TIME`: Die Regel wird durch ein Zeitereignis ausgelöst.

3. Die Werte von `EVENT_DATETIME` und `EVENT_INTERVAL` beschreiben Zeitereignisse näher. `EVENT_DATETIME` ist ein Referenzzeitpunkt zu entnehmen, zu dem die Regel ausgelöst wird (in der Regel das erste Auslösen). `EVENT_INTERVAL` ist für absolute Zeitereignisse `NULL` und repräsentiert sonst den Zeitraum zwischen dem Auslösen periodischer Zeitereignisse.

4. Dem Wert von `ACTION` ist der Typ der Regelaktion zu entnehmen:

   - `DELETE`: Die Regel löscht Daten aus der Basistabelle.

5. Der Wert von `SELECTED_ROWS` beschreibt für zeitbasierte Regeln die Menge der von der Aktion betroffenen Tupel der Basistabelle. Ist die Zeichendarstellung einer bei der Regeldefinition angegebenen Suchbedingung <search condition> ohne Abschneiden repräsentierbar, dann enthält `SELECTED_ROWS` diese Zeichendarstellung. Sonst enthält `SELECTED_ROWS NULL`.

B.1.12   Basistabelle `ARCHIVE_RULES`

Für Archivtabellen sind Archivregeln definierbar. Jedes Tupel der Tabelle repräsentiert eine solche Archivregel.

```
CREATE TABLE ARCHIVE_RULES
   (
       RULE_CATALOG              INFORMATION_SCHEMA.SQL_IDENTIFIER,
       RULE_ARCHIVE              INFORMATION_SCHEMA.SQL_IDENTIFIER,
       RULE_NAME                 INFORMATION_SCHEMA.SQL_IDENTIFIER,
       TABLE_CATALOG             INFORMATION_SCHEMA.SQL_IDENTIFIER,
       TABLE_SCHEMA              INFORMATION_SCHEMA.SQL_IDENTIFIER,
       TABLE_NAME                INFORMATION_SCHEMA.SQL_IDENTIFIER,
       ARCHIVE_NAME              INFORMATION_SCHEMA.SQL_IDENTIFIER,
       CREATING_ORDER            INFORMATION_SCHEMA.CARDINAL_NUMBER,
       EVENT                     INFORMATION_SCHEMA.CHARACTER_DATA
         CONSTRAINT ARCHIVE_RULES_EVENT_NN NOT NULL
         CONSTRAINT ARCHIVE_RULES_EVENT_VALUES
           CHECK ( EVENT IN ( 'TIME', 'RULE', 'DELETE', 'UPDATE' ) ),
       EVENT_DATETIME            INFORMATION_SCHEMA.CHARACTER_DATA,
       EVENT_INTERVAL            INFORMATION_SCHEMA.CHARACTER_DATA,
       EVENT_RULE_CATALOG        INFORMATION_SCHEMA.SQL_IDENTIFIER,
       EVENT_RULE_SCHEMA         INFORMATION_SCHEMA.SQL_IDENTIFIER,
       EVENT_RULE_NAME           INFORMATION_SCHEMA.SQL_IDENTIFIER,
```

```
    ACTION                      INFORMATION_SCHEMA.CHARACTER_DATA
      CONSTRAINT ARCHIVE_RULES_ACTION_NN NOT NULL
      CONSTRAINT ARCHIVE_RULES_ACTION_VALUES
        CHECK ( ACTION IN ( 'COPY', 'DELETE' ) ),
    ACTION_CASCADE              INFORMATION_SCHEMA.CHARACTER_DATA
      CONSTRAINT ARCHIVE_RULES_ACTION_CASCADE_NN NOT NULL
      CONSTRAINT ARCHIVE_RULES_ACTION_CASCADE_VALUES
        CHECK ( ACTION_CASCADE IN ( 'YES', 'NO' ) ),
    ACTION_WITH_REFERENCES  INFORMATION_SCHEMA.CHARACTER_DATA
      CONSTRAINT ARCHIVE_RULES_ACTION_WITH_REFERENCES_NN NOT NULL
      CONSTRAINT ARCHIVE_RULES_ACTION_WITH_REFERENCES_VALUES
        CHECK ( ACTION_WITH_REFERENCES IN ( 'YES', 'NO' ) ),
    SELECTED_ROWS               INFORMATION_SCHEMA.CHARACTER_DATA,
    CONSTRAINT ARCHIVE_RULES_PK
      PRIMARY KEY ( RULE_CATALOG, RULE_ARCHIVE, RULE_NAME ),
    CONSTRAINT ARCHIVE_RULES_TABLE_NN
      CHECK ( ( TABLE_CATALOG, TABLE_SCHEMA, TABLE_NAME,
                ARCHIVE_NAME, CREATING_ORDER ) IS NOT NULL ),
    CONSTRAINT ARCHIVE_RULES_FK_ARCHIVE_TABLES
      FOREIGN KEY ( TABLE_CATALOG, TABLE_SCHEMA, TABLE_NAME,
                    ARCHIVE_NAME, CREATING_ORDER )
      REFERENCES ARCHIVE_TABLES,
    CONSTRAINT RULE_AND_TABLE_WITHIN_SAME_ARCHIVE
      CHECK ( RULE_CATALOG = TABLE_CATALOG AND
              RULE_ARCHIVE = ARCHIVE_NAME ),
    CONSTRAINT ARCHIVE_RULE_REFERENCES_VALID_RULE
      CHECK ( EVENT_RULE_CATALOG, EVENT_RULE_SCHEMA, EVENT_RULE_NAME,
              TABLE_CATALOG, TABLE_SCHEMA, TABLE_NAME ) IN
              ( SELECT RULE_CATALOG, RULE_SCHEMA, RULE_NAME,
                       TABLE_CATALOG, TABLE_SCHEMA, TABLE_NAME
                FROM   RULES )
    CONSTRAINT VALID_ARCHIVE_RULE_COMBINATIONS
      CHECK ( ( EVENT = 'TIME' AND EVENT_DATETIME IS NOT NULL AND
                ( EVENT_RULE_CATALOG, EVENT_RULE_SCHEMA,
                  EVENT_RULE_NAME ) IS NULL AND
                ACTION IN ( 'COPY', 'DELETE' ) ) OR
              ( EVENT = 'RULE' AND
                ( EVENT_DATETIME, EVENT_INTERVAL ) IS NULL AND
                ( EVENT_RULE_CATALOG, EVENT_RULE_SCHEMA,
                  EVENT_RULE_NAME ) IS NOT NULL AND
                ACTION = 'COPY' AND SELECTED_ROWS IS NULL ) OR
              ( EVENT IN ( 'DELETE', 'UPDATE' ) AND
                ( EVENT_DATETIME, EVENT_INTERVAL ) IS NULL AND
                ( EVENT_RULE_CATALOG, EVENT_RULE_SCHEMA,
                  EVENT_RULE_NAME ) IS NULL AND
                ACTION = 'COPY' AND SELECTED_ROWS IS NULL ) ),
```

```
CONSTRAINT VALID_ARCHIVE_DELETE_RULE
  CHECK ( ACTION <> 'DELETE' OR
          ACTION_WITH_REFERENCES = 'NO' )
)
```

Beschreibung

1. Die Werte von `RULE_CATALOG`, `RULE_ARCHIVE` und `RULE_NAME` bilden den Namen der Archivregel. Die Werte von `TABLE_CATALOG`, `TABLE_SCHEMA`, `TABLE_NAME`, `AR-CHIVE_NAME` und `CREATING_ORDER` bezeichnen die Archivtabelle, für die die Regel definiert ist.

2. Dem Wert von `EVENT` ist der Ereignistyp der Regel zu entnehmen:

   - `TIME`: Die Regel wird durch ein Zeitereignis ausgelöst.
   - `RULE`: Die Regel wird durch Auslösen einer Datenbankregel ausgelöst.
   - `DELETE`: Die Regel wird durch eine Löschanweisung einer zugeordneten Datenbanktabelle ausgelöst.
   - `UPDATE`: Die Regel wird durch eine Änderungsanweisung einer zugeordneten Datenbanktabelle ausgelöst.

3. Die Werte von `EVENT_DATETIME` und `EVENT_INTERVAL` beschreiben Zeitereignisse näher. `EVENT_DATETIME` ist ein Referenzzeitpunkt zu entnehmen, zu dem die Regel ausgelöst wird (in der Regel das erste Auslösen). `EVENT_INTERVAL` ist für absolute Zeitereignisse `NULL` und repräsentiert sonst den Zeitraum zwischen dem Auslösen periodischer Zeitereignisse.

4. Die Werte von `EVENT_RULE_CATALOG`, `EVENT_RULE_SCHEMA` und `EVENT_RULE_NAME` identifizieren für den Ereignistyp `RULE` den Namen der die Regel auslösenden Datenbankregel.

5. Dem Wert von `ACTION` ist der Typ der Regelaktion zu entnehmen:

   - `COPY`: Die Regel kopiert Daten aus der Datenbanktabelle in die Archivtabelle.
   - `DELETE`: Die Regel löscht Daten aus der Archivtabelle.

6. Dem Wert von `ACTION_CASCADE` ist zu entnehmen, ob die Aktion unter Nutzung der Option `CASCADE` spezifiziert wurde (`YES`) oder nicht (`NO`). Dem Wert von `ACTION_WITH_REFERENCES` ist zu entnehmen, ob die Aktion unter Nutzung der Option `WITH REFERENCES` spezifiziert wurde (`YES`) oder nicht (`NO`).

7. Der Wert von `SELECTED_ROWS` beschreibt für zeitbasierte Regeln die Menge der von der Aktion betroffenen Tupel der Datenbank- oder Archivtabelle. Ist die Zeichendarstellung einer bei der Regeldefinition angegebenen Suchbedingung <search condition> bzw. <archive search condition> ohne Abschneiden repräsentierbar, dann enthält `SELECTED_ROWS` diese Zeichendarstellung. Sonst enthält `SELECTED_ROWS` `NULL`.

B.1.13 Basistabelle `TABLE_PRIVILEGES`

Die Definition der Basistabelle `TABLE_PRIVILEGES` des SQL-Definitionsschemas [ISO92, Abschnitt 21.3.20] muß in ASQL so erweitert werden, daß auch das `ARCHIVE`-Recht für archivierbare Datenbanktabellen erfaßt wird. Erforderlich ist dazu die Veränderung der Integritätsbedingung `TABLE_PRIVILEGES_TYPE_CHECK` zu:

```
CONSTRAINT TABLE_PRIVILEGES_TYPE_CHECK
   CHECK ( PRIVILEGE_TYPE IN
              ( 'SELECT', 'INSERT', 'DELETE', 'UPDATE',
                'REFERENCES', 'ARCHIVE' ) )
```

Der Beschreibung der Basistabelle ist hinzuzufügen, daß ein Rechtetyp `ARCHIVE` das Recht zum Zuordnen von Archivtabellen zur beschriebenen Datenbanktabelle indiziert.

Hinweis: Eine Erweiterung der entsprechenden Sichtdefinition des Informationsschemas ist nicht erforderlich.

B.1.14 Basistabelle `ARCHIVE_PRIVILEGES`

Jedes Tupel der Tabelle repräsentiert ein für eine Archivtabelle vergebenes Recht.

```
CREATE TABLE ARCHIVE_PRIVILEGES
  (
     GRANTOR            INFORMATION_SCHEMA.SQL_IDENTIFIER,
     GRANTEE            INFORMATION_SCHEMA.SQL_IDENTIFIER,
     TABLE_CATALOG      INFORMATION_SCHEMA.SQL_IDENTIFIER,
     TABLE_SCHEMA       INFORMATION_SCHEMA.SQL_IDENTIFIER,
     TABLE_NAME         INFORMATION_SCHEMA.SQL_IDENTIFIER,
     ARCHIVE_NAME       INFORMATION_SCHEMA.SQL_IDENTIFIER,
     CREATING_ORDER     INFORMATION_SCHEMA.CARDINAL_NUMBER,
     PRIVILEGE_TYPE     INFORMATION_SCHEMA.CHARACTER_DATA
        CONSTRAINT ARCHIVE_PRIVILEGES_PRIVILEGE_TYPE_NN NOT NULL
        CONSTRAINT ARCHIVE_PRIVILEGES_PRIVILEGE_TYPE_VALUES
          CHECK ( PRIVILEGE_TYPE IN ( 'SELECT', 'INSERT', 'DELETE' ) ),
     IS_GRANTABLE       INFORMATION_SCHEMA.CHARACTER_DATA
        CONSTRAINT ARCHIVE_PRIVILEGES_IS_GRANTABLE_NN NOT NULL
        CONSTRAINT ARCHIVE_PRIVILEGES_IS_GRANTABLE_VALUES
          CHECK ( IS_GRANTABLE IN ( 'YES', 'NO' ) ),
     CONSTRAINT ARCHIVE_PRIVILEGES_PK
        PRIMARY KEY ( GRANTOR, GRANTEE, PRIVILEGE_TYPE,
                      TABLE_CATALOG, TABLE_SCHEMA, TABLE_NAME,
                      ARCHIVE_NAME, CREATING_ORDER ),
     CONSTRAINT ARCHIVE_PRIVILEGES_FK_ARCHIVE_TABLES
        FOREIGN KEY ( TABLE_CATALOG, TABLE_SCHEMA, TABLE_NAME,
                      ARCHIVE_NAME, CREATING_ORDER )
        REFERENCES ARCHIVE_TABLES,
```

```
    CONSTRAINT ARCHIVE_PRIVILEGES_GRANTOR_FK_USERS
      FOREIGN KEY ( GRANTOR ) REFERENCES USERS,
    CONSTRAINT ARCHIVE_PRIVILEGES_GRANTEE_FK_USERS
      FOREIGN KEY ( GRANTEE ) REFERENCES USERS
  )
```

Beschreibung

1. Der Wert von `GRANTOR` bezeichnet den Nutzer, der das beschriebene Recht an den durch `GRANTEE` identifizierten Nutzer erteilt.

2. Ein Wert `PUBLIC` für `GRANTEE` zeigt an, daß das Recht an alle Nutzer vergeben wird.

3. Die Werte von `TABLE_CATALOG`, `TABLE_SCHEMA`, `TABLE_NAME`, `ARCHIVE_NAME` und `CRE-ATING_ORDER` identifizieren die Archivtabelle, für die das Recht erteilt wird.

4. Der Wert für `PRIVILEGE_TYPE` hat die folgende Bedeutung:

   - `SELECT`: Leserecht für alle Attribute aller Versionen der Archivtabelle.

   - `INSERT`: Einfügerecht für alle Attribute der aktuellen Version der Archivtabelle.

   - `DELETE`: Löschrecht für alle Versionen der Archivtabelle.

5. Dem Wert von `IS_GRANTABLE` ist zu entnehmen, ob das erteilte Recht weitergegeben werden kann (`YES`) oder nicht (`NO`).

B.2   Spezifikation des Informationsschemas

Das ASQL-Informationsschema besteht aus den Elementen des SQL-Informationsschemas und den in den folgenden Abschnitten spezifizierten Sichten auf das ASQL-Definitionsschema. Wie in SQL schränkt dabei der in `INFORMATION_SCHEMA_CATALOG_NAME` gespeicherte Katalogname die Sichten auf Metadaten dieses ASQL-Katalogs ein. Die Sichten werden durch Verwendung der (A)SQL-Funktion `CURRENT_USER` zudem nutzerspezifisch definiert; ein Nutzer erhält nur Informationen zu denjenigen Elementen eines Katalogs, für die er auch Rechte besitzt.

Die nutzerspezifischen Beschränkungen sind in einigen Fällen weniger streng, als sie das Vorbild von SQL nahelegt. So ist beispielsweise nur der Archiveigner am Wert von `ARCHIVE_TABLES.CONSTRAINT_ADD` interessiert, ein Nutzer, der Daten in eine Archivtabelle einfügen will, benötigt nur Informationen zur aktuellen Version. Eine restriktivere Definition der Sichten des Informationsschemas könnte davon ausgehen, daß ein Nutzer auch nur die Angaben sehen *darf*, die im Rahmen seiner Rechte von Bedeutung sind.

Hinweis: Die Sichten zu aktuellen Versionen, Attributen und Integritätsbedingungen (Abschnitte B.2.10 bis B.2.12) basieren nicht direkt auf dem Definitionsschema, sondern auf anderen Sichten des Informationsschemas.

B.2.1 Sicht ARCHIVES

Die Sicht ARCHIVES identifiziert alle Archive, die dem aktuellen Nutzer gehören.

```
CREATE VIEW ARCHIVES
  AS
    SELECT *
    FROM   DEFINITION_SCHEMA.ARCHIVES
    WHERE  CATALOG_NAME = ( SELECT CATALOG_NAME
                            FROM   INFORMATION_SCHEMA_CATALOG_NAME ) AND
           ARCHIVE_OWNER = CURRENT_USER
```

B.2.2 Sicht ARCHIVE_TABLES

Die Sicht ARCHIVE_TABLES identifiziert alle Archivtabellen, für die der aktuelle Nutzer
mindestens ein Recht besitzt.

```
CREATE VIEW ARCHIVE_TABLES
  AS
    SELECT *
    FROM   DEFINITION_SCHEMA.ARCHIVE_TABLES
    WHERE  TABLE_CATALOG = ( SELECT CATALOG_NAME
                             FROM   INFORMATION_SCHEMA_CATALOG_NAME ) AND
           ( TABLE_CATALOG, TABLE_SCHEMA, TABLE_NAME,
             ARCHIVE_NAME, CREATING_ORDER ) IN
             ( SELECT TABLE_CATALOG, TABLE_SCHEMA, TABLE_NAME,
                      ARCHIVE_NAME, CREATING_ORDER
               FROM   DEFINITION_SCHEMA.ARCHIVE_PRIVILEGES
               WHERE  GRANTEE IN ( 'PUBLIC', CURRENT_USER ) )
```

B.2.3 Sicht ARCHIVE_COLUMNS

Die Sicht ARCHIVE_COLUMNS identifiziert die Attribute aller Archivtabellen, für die der
aktuelle Nutzer ein Recht besitzt, und beschreibt daneben die Gruppierung zu logischen
Attributen.

```
CREATE VIEW ARCHIVE_COLUMNS
  AS
    SELECT *
    FROM   DEFINITION_SCHEMA.ARCHIVE_COLUMNS
    WHERE  TABLE_CATALOG = ( SELECT CATALOG_NAME
                             FROM   INFORMATION_SCHEMA_CATALOG_NAME ) AND
           ( TABLE_CATALOG, TABLE_SCHEMA, TABLE_NAME,
             ARCHIVE_NAME, CREATING_ORDER ) IN
             ( SELECT TABLE_CATALOG, TABLE_SCHEMA, TABLE_NAME,
                      ARCHIVE_NAME, CREATING_ORDER
```

```
        FROM    DEFINITION_SCHEMA.ARCHIVE_PRIVILEGES
        WHERE   GRANTEE IN ( 'PUBLIC', CURRENT_USER ) )
```

B.2.4 Sicht ARCHIVE_COLLATIONS

Die Sicht ARCHIVE_COLLATIONS identifiziert die Zeichensätze und Vergleichsregeln, auf denen die Attribute der Archivtabellen beruhen, für die der aktuelle Nutzer ein Recht besitzt.

```
CREATE VIEW ARCHIVE_COLLATIONS
    AS
      SELECT ARCHIVE_CATALOG, ARCHIVE_NAME,
             COLLATION_CATALOG, COLLATION_SCHEMA,
             COLLATION_NAME, COLLATION_ORDER,
             PAD_ATTRIBUTE,
             CHARACTER_SET_CATALOG, CHARACTER_SET_SCHEMA,
             CHARACTER_SET_NAME, CHARACTER_SET_ORDER,
             FORM_OF_USE, NUMBER_OF_CHARACTERS
      FROM   DEFINITION_SCHEMA.ARCHIVE_COLLATIONS NATURAL JOIN
             DEFINITION_SCHEMA.ARCHIVE_CHARACTER_SETS
      WHERE  ARCHIVE_CATALOG = ( SELECT CATALOG_NAME
                                 FROM INFORMATION_SCHEMA_CATALOG_NAME ) AND
             ( ARCHIVE_CATALOG, ARCHIVE_NAME, COLLATION_CATALOG,
               COLLATION_SCHEMA, COLLATION_NAME, COLLATION_ORDER ) IN
               ( SELECT TABLE_CATALOG, ARCHIVE_NAME, COLLATION_CATALOG,
                        COLLATION_SCHEMA, COLLATION_NAME, COLLATION_ORDER
                 FROM   DEFINITION_SCHEMA.ARCHIVE_COLUMNS NATURAL JOIN
                        DEFINITION_SCHEMA.ARCHIVE_PRIVILEGES
                 WHERE  GRANTEE IN ( 'PUBLIC', CURRENT_USER ) )
```

B.2.5 Sicht ARCHIVE_VERSIONS

Die Sicht ARCHIVE_VERSIONS identifiziert die Versionen aller Archivtabellen, für die der aktuelle Nutzer ein Recht besitzt.

```
CREATE VIEW ARCHIVE_VERSIONS
    AS
      SELECT *
      FROM   DEFINITION_SCHEMA.ARCHIVE_VERSIONS
      WHERE  TABLE_CATALOG = ( SELECT CATALOG_NAME
                               FROM   INFORMATION_SCHEMA_CATALOG_NAME ) AND
             ( TABLE_CATALOG, TABLE_SCHEMA, TABLE_NAME,
               ARCHIVE_NAME, CREATING_ORDER ) IN
               ( SELECT TABLE_CATALOG, TABLE_SCHEMA, TABLE_NAME,
                        ARCHIVE_NAME, CREATING_ORDER
                 FROM   DEFINITION_SCHEMA.ARCHIVE_PRIVILEGES
                 WHERE  GRANTEE IN ( 'PUBLIC', CURRENT_USER ) )
```

B.2.6 Sicht `ARCHIVE_VERSION_COLUMNS`

Die Sicht `ARCHIVE_VERSION_COLUMNS` identifiziert für alle Archivtabellen, für die der aktuelle Nutzer ein Recht besitzt, die Zuordnung der Attribute der Archivtabelle zu deren Versionen.

```
CREATE VIEW ARCHIVE_VERSION_COLUMNS
    AS
      SELECT TABLE_CATALOG, TABLE_SCHEMA, TABLE_NAME,
             ARCHIVE_NAME, CREATING_ORDER, VERSION_ORDER,
             COLUMN_NAME, ORDINAL_POSITION,
             COLUMN_POSITION, COLUMN_GROUP, DATA_TYPE,
             CHARACTER_MAXIMUM_LENGTH, CHARACTER_OCTET_LENGTH,
             COLLATION_CATALOG, COLLATION_SCHEMA,
             COLLATION_NAME, COLLATION_ORDER,
             NUMERIC_PRECISION, NUMERIC_PRECISION_RADIX, NUMERIC_SCALE,
             DATETIME_PRECISION, INTERVAL_TYPE, INTERVAL_PRECISION
      FROM   DEFINITION_SCHEMA.ARCHIVE_VERSION_COLUMNS NATURAL JOIN
             DEFINITION_SCHEMA.ARCHIVE_COLUMNS
      WHERE  TABLE_CATALOG = ( SELECT CATALOG_NAME
                               FROM   INFORMATION_SCHEMA_CATALOG_NAME ) AND
             ( TABLE_CATALOG, TABLE_SCHEMA, TABLE_NAME,
               ARCHIVE_NAME, CREATING_ORDER ) IN
               ( SELECT TABLE_CATALOG, TABLE_SCHEMA, TABLE_NAME,
                        ARCHIVE_NAME, CREATING_ORDER
                 FROM   DEFINITION_SCHEMA.ARCHIVE_PRIVILEGES
                 WHERE  GRANTEE IN ( 'PUBLIC', CURRENT_USER ) )
```

B.2.7 Sicht `ARCHIVE_CONSTRAINTS`

Die Sicht `ARCHIVE_CONSTRAINTS` identifiziert die Integritätsbedingungen der Versionen aller Archivtabellen, für die der aktuelle Nutzer ein Recht besitzt.

```
CREATE VIEW ARCHIVE_CONSTRAINTS
    AS
      SELECT *
      FROM   DEFINITION_SCHEMA.ARCHIVE_CONSTRAINTS
      WHERE  TABLE_CATALOG = ( SELECT CATALOG_NAME
                               FROM   INFORMATION_SCHEMA_CATALOG_NAME ) AND
             ( TABLE_CATALOG, TABLE_SCHEMA, TABLE_NAME,
               ARCHIVE_NAME, CREATING_ORDER ) IN
               ( SELECT TABLE_CATALOG, TABLE_SCHEMA, TABLE_NAME,
                        ARCHIVE_NAME, CREATING_ORDER
                 FROM   DEFINITION_SCHEMA.ARCHIVE_PRIVILEGES
                 WHERE  GRANTEE IN ( 'PUBLIC', CURRENT_USER ) )
```

B.2.8   Sicht ARCHIVE_CONSTRAINT_COLUMNS

Die Sicht ARCHIVE_CONSTRAINT_COLUMNS identifiziert die in Integritätsbedingungen benutzten Attribute der Versionen aller Archivtabellen, für die der aktuelle Nutzer ein Recht besitzt.

```
CREATE VIEW ARCHIVE_CONSTRAINT_COLUMNS
  AS
    SELECT *
    FROM   DEFINITION_SCHEMA.ARCHIVE_CONSTRAINT_COLUMNS
    WHERE  TABLE_CATALOG = ( SELECT CATALOG_NAME
                             FROM   INFORMATION_SCHEMA_CATALOG_NAME ) AND
           ( TABLE_CATALOG, TABLE_SCHEMA, TABLE_NAME,
             ARCHIVE_NAME, CREATING_ORDER ) IN
             ( SELECT TABLE_CATALOG, TABLE_SCHEMA, TABLE_NAME,
                      ARCHIVE_NAME, CREATING_ORDER
               FROM   DEFINITION_SCHEMA.ARCHIVE_PRIVILEGES
               WHERE  GRANTEE IN ( 'PUBLIC', CURRENT_USER ) )
```

B.2.9   Sicht ARCHIVE_REFERENTIAL_CONSTRAINTS

Die Sicht ARCHIVE_REFERENTIAL_CONSTRAINTS identifiziert die Fremdschlüsselbedingungen der Versionen aller Archivtabellen, für die der aktuelle Nutzer ein Recht besitzt.

```
CREATE VIEW ARCHIVE_REFERENTIAL_CONSTRAINTS
  AS
    SELECT *
    FROM   DEFINITION_SCHEMA.ARCHIVE_REFERENTIAL_CONSTRAINTS
    WHERE  TABLE_CATALOG = ( SELECT CATALOG_NAME
                             FROM   INFORMATION_SCHEMA_CATALOG_NAME ) AND
           ( TABLE_CATALOG, TABLE_SCHEMA, TABLE_NAME,
             ARCHIVE_NAME, CREATING_ORDER ) IN
             ( SELECT TABLE_CATALOG, TABLE_SCHEMA, TABLE_NAME,
                      ARCHIVE_NAME, CREATING_ORDER
               FROM   DEFINITION_SCHEMA.ARCHIVE_PRIVILEGES
               WHERE  GRANTEE IN ( 'PUBLIC', CURRENT_USER ) )
```

B.2.10   Sicht CURRENT_VERSIONS

Die Sicht CURRENT_VERSIONS identifiziert die jeweils aktuellen Versionen aller Archivtabellen, für die der aktuelle Nutzer ein Recht besitzt.

```
CREATE VIEW CURRENT_VERSIONS
  AS
    SELECT TABLE_CATALOG, TABLE_SCHEMA, TABLE_NAME, TABLE_TYPE,
           ARCHIVE_NAME, CREATING_ORDER, VERSION_ORDER, VERSION_BEGIN,
```

```
            IS_RESTORABLE, INSERT_CHECK
    FROM    INFORMATION_SCHEMA.ARCHIVE_TABLES NATURAL JOIN
            INFORMATION_SCHEMA.ARCHIVE_VERSIONS
    WHERE   VERSION_END IS NULL
```

B.2.11 Sicht CURRENT_COLUMNS

Die Sicht CURRENT_COLUMNS identifiziert die Attribute der jeweils aktuellen Versionen aller Archivtabellen, für die der aktuelle Nutzer ein Recht besitzt.

```
CREATE VIEW CURRENT_COLUMNS
    AS
      SELECT TABLE_CATALOG, TABLE_SCHEMA, TABLE_NAME,
             ARCHIVE_NAME, CREATING_ORDER, VERSION_ORDER, VERSION_BEGIN,
             COLUMN_NAME, ORDINAL_POSITION, DATA_TYPE,
             CHARACTER_MAXIMUM_LENGTH, CHARACTER_OCTET_LENGTH,
             COLLATION_CATALOG, COLLATION_SCHEMA,
             COLLATION_NAME, COLLATION_ORDER,
             NUMERIC_PRECISION, NUMERIC_PRECISION_RADIX, NUMERIC_SCALE,
             DATETIME_PRECISION, INTERVAL_TYPE, INTERVAL_PRECISION
      FROM   INFORMATION_SCHEMA.CURRENT_VERSIONS NATURAL JOIN
             INFORMATION_SCHEMA.ARCHIVE_VERSION_COLUMNS
```

B.2.12 Sicht CURRENT_CONSTRAINTS

Die Sicht CURRENT_CONSTRAINTS identifiziert die Integritätsbedingungen der aktuellen Versionen aller Archivtabellen, für die der aktuelle Nutzer ein Recht besitzt.

```
CREATE VIEW CURRENT_CONSTRAINTS
    AS
      SELECT TABLE_CATALOG, TABLE_SCHEMA, TABLE_NAME,
             ARCHIVE_NAME, CREATING_ORDER, VERSION_ORDER, VERSION_BEGIN,
             CONSTRAINT_NAME, CONSTRAINT_TYPE
      FROM   INFORMATION_SCHEMA.CURRENT_VERSIONS NATURAL JOIN
             INFORMATION_SCHEMA.ARCHIVE_CONSTRAINTS
```

B.2.13 Sicht RULES

Die Sicht RULES identifiziert die Datenbankregeln, die der aktuelle Nutzer referenzieren kann.

```
CREATE VIEW RULES
    AS
      SELECT *
      FROM   DEFINITION_SCHEMA.RULES
```

```
WHERE  RULE_CATALOG = ( SELECT CATALOG_NAME
                        FROM   INFORMATION_SCHEMA_CATALOG_NAME ) AND
       ( TABLE_CATALOG, TABLE_SCHEMA, TABLE_NAME ) IN
         ( SELECT TABLE_CATALOG, TABLE_SCHEMA, TABLE_NAME
           FROM   DEFINITION_SCHEMA.TABLE_PRIVILEGES
           WHERE  GRANTEE IN ( 'PUBLIC', CURRENT_USER ) AND
                  PRIVILEGE_TYPE = 'REFERENCES' )
```

B.2.14   Sicht ARCHIVE_RULES

Die Sicht ARCHIVE_RULES identifiziert die Archivregeln der Archive, die dem aktuellen
Nutzer gehören.

```
CREATE VIEW ARCHIVE_RULES
  AS
    SELECT *
    FROM   DEFINITION_SCHEMA.ARCHIVE_RULES
    WHERE  RULE_CATALOG = ( SELECT CATALOG_NAME
                            FROM   INFORMATION_SCHEMA_CATALOG_NAME ) AND
           ( RULE_CATALOG, RULE_ARCHIVE ) IN
             ( SELECT CATALOG_NAME, ARCHIVE_NAME
               FROM   DEFINITION_SCHEMA.ARCHIVES
               WHERE  ARCHIVE_OWNER = CURRENT_USER )
```

B.2.15   Sicht ARCHIVE_PRIVILEGES

Die Sicht ARCHIVE_PRIVILEGES identifiziert alle Rechte für Archivtabellen, die dem aktuellen Nutzer erteilt wurden oder die von ihm vergeben wurden.

```
CREATE VIEW ARCHIVE_PRIVILEGES
  AS
    SELECT *
    FROM   DEFINITION_SCHEMA.ARCHIVE_PRIVILEGES
    WHERE  TABLE_CATALOG = ( SELECT CATALOG_NAME
                             FROM   INFORMATION_SCHEMA_CATALOG_NAME ) AND
           ( GRANTOR = CURRENT_USER OR
             GRANTEE IN ( 'PUBLIC', CURRENT_USER ) )
```

Anhang C

Die Syntax von ASQL im Überblick

Dieser Anhang stellt die Syntax aller über SQL hinausgehenden Sprachelemente von ASQL in komprimierter Form zusammen. Für nähere Erläuterungen zu Syntax und Semantik sei auf die eigentliche Sprachspezifikation in Anhang A verwiesen.

Zur Spezifikation von ASQL werden auch Syntaxelemente verwendet, die im SQL-Normdokument definiert sind [ISO92]. Es handelt sich dabei um <left paren>, <right paren>, <comma>, <period>, <datetime literal>, <interval literal>, <identifier>, <catalog name>, <qualified name>, <authorization identifier>, <correlation name>, <cursor name>, <constraint name>, <column name list>, <datetime value expression>, <query expression>, <search condition>, <grantee>, <drop behavior> und <set clause list>.

Einige Syntaxelemente von SQL mußten in Syntax oder Semantik ergänzt werden. Betroffen sind davon <table reference>, <value expression primary>, <action>, <table element>, <alter table action>, <add column definition>, <drop column definition>, <add table constraint definition>, <drop table constraint definition>, <drop collation statement> und <revoke statement>; Syntaxveränderungen sind in diesem Anhang aufgeführt.

ASQL ergänzt SQL um die neuen Schlüsselworte ACTIVATE, AFTER, ARCHIVE, ARCHIVED, ATTACH, BEFORE, COLUMNS, COMMON, COMPARABLE, COPY, DEACTIVATE, DETACH, PERIOD, RESTORE und RULE, verwendet aber zur Spezifikation neuer Syntaxelemente auch vorhandene SQL-Schlüsselworte, nämlich ADD, ALL, ALTER, AND, AS, AUTHORIZATION, BETWEEN, BY, CASCADE, CHECK, COLLATE, COLLATION, CONSTRAINTS, CORRESPONDING, CREATE, CURRENT, DEFAULT, DELETE, DROP, FOR, FROM, GRANT, GROUP, INSERT, INTO, LENGTH, NO, OF, ON, OPTION, PRIVILEGES, REFERENCES, REVOKE, ROWS, SCHEMA, SELECT, SET, TABLE, TO, TYPE, UPDATE, WHERE und WITH.

C.1 Allgemein verwendete Syntaxelemente

C.1.1 Namen und Bezeichner

```
<archive name> ::=
    [ <catalog name> <period> ] <unqualified archive name>
```

```
<unqualified archive name> ::=
    <identifier>


<archive table name> ::=
    <schema table name> [ ARCHIVE <unqualified archive name> ]


<schema table name> ::=
    <qualified name>


<archive table id> ::=
    <archive table name> [ SCHEMA <archive schema time> ]


<archive schema time> ::=
    <datetime value expression>


<archive constraint name list> ::=
    <constraint name> [ { <comma> <constraint name> ... } ]


<rule name> ::=
    <qualified name>


<archive rule name> ::=
    [ <archive name> <period> ] <identifier>
```

C.1.2   Auswahl- und Ereigniszeit

```
<archive time> ::=
    <datetime value expression>


<time event> ::=
    <single time event>
  | <periodic time event>


<single time event> ::=
    <datetime literal>


<periodic time event> ::=
    <datetime literal> <interval literal>
```

C.2   Datendefinition

C.2.1   Archive

```
<create archive statement> ::=
    CREATE ARCHIVE <archive name>
        [ AUTHORIZATION <authorization identifier> ]
        [ <archive element> ... ]


<archive element> ::=
    <create archive table statement>
  | <archive grant statement>


<drop archive statement> ::=
    DROP ARCHIVE <archive name> <drop behavior>
```

C.2.2   Archivtabellen

```
<create archive table statement> ::=
    CREATE ARCHIVE TABLE <archive table name>
        [ <activate columns clause> ]
        [ <activate constraints clause> ]
        [ <insert check clause> ]
        [ <column group clause> ]
        [ <collation default clause> ]
        [ <select default clause> ]
        [ <archive rule definition> ... ]


<alter archive table statement> ::=
    ALTER ARCHIVE TABLE <archive table id>
        <alter archive table action>


<alter archive table action> ::=
    <attachment clause>
  | <detachment clause>
  | <activate clause>
  | <deactivate clause>
  | <property modification>
  | <archive rule modification>


<property modification> ::=
    [ <insert check clause> ]
    [ <column group clause> ]
    [ <collation default clause> ]
    [ <select default clause> ]
```

```
<archive rule modification> ::=
    { <add archive rule definition> | <drop archive rule definition> } ...


<drop archive table statement> ::=
    DROP ARCHIVE TABLE <archive table id> <drop behavior>


<attachment clause> ::=
    ATTACH
    [ <activate columns clause> ]
    [ <activate constraints clause> ]


<detachment clause> ::=
    DETACH <drop behavior>


<activate clause> ::=
    [ <activate columns clause> ]
    [ <activate constraints clause> ]


<deactivate clause> ::=
    [ <deactivate columns clause> ]
    [ <deactivate constraints clause> ]


<activate columns clause> ::=
    ACTIVATE COLUMNS <activate columns option>


<activate columns option> ::=
    ALL
  | CURRENT
  | <left paren> <column name list> <right paren>


<deactivate columns clause> ::=
    DEACTIVATE COLUMNS
        <left paren> <column name list> <right paren>
        <drop behavior>


<activate constraints clause> ::=
    ACTIVATE CONSTRAINTS <activate constraints option>


<activate constraints option> ::=
    ALL
  | CURRENT
  | <left paren> <archive constraint name list> <right paren>
```

```
<deactivate constraints clause> ::=
    DEACTIVATE CONSTRAINTS
        <left paren> <archive constraint name list> <right paren>
        <drop behavior>


<insert check clause> ::=
    INSERT CHECK <insert check option> [ CONSTRAINTS ]


<insert check option> ::=
    ALL
  | ARCHIVE


<column group clause> ::=
    GROUP <column group option>


<column group option> ::=
    COMPARABLE [ COLUMNS ]
  | [ COLUMNS ] BY TYPE
  | [ COLUMNS ] BY LENGTH
  | [ COLUMNS ] BY COLLATION
  | NO [ COLUMNS ]


<collation default clause> ::=
    COLLATE FROM <collation default option>


<collation default option> ::=
    DEFAULT
  | CURRENT [ COLUMNS ]


<select default clause> ::=
    SELECT <select default option> [ COLUMNS ]


<select default option> ::=
    CURRENT
  | COMMON
  | ALL
```

C.2.3 Regeln zur Archivierung

```
<table element> ::=
    <SQL table element>
  | <rule definition>
```

```
<alter table action> ::=
    <SQL alter table action>
  | <add rule definition>
  | <drop rule definition>


<rule definition> ::=
    RULE <rule name> <rule specification>


<rule specification> ::=
    <delete rule>


<add rule definition> ::=
    ADD <rule definition>


<drop rule definition> ::=
    DROP RULE <rule name> <drop behavior>


<delete rule> ::=
    ON <time event>
    DELETE [ WHERE <search condition> ]


<archive rule definition> ::=
    RULE <archive rule name> <archive rule specification>


<archive rule specification> ::=
    <archive history rule>
  | <archive move rule>
  | <archive copy rule>
  | <archive delete rule>


<add archive rule definition> ::=
    ADD <archive rule definition>


<drop archive rule definition> ::=
    DROP RULE <archive rule name> <drop behavior>


<archive history rule> ::=
    ON { DELETE | UPDATE }
    COPY [ CORRESPONDING ROWS ] [ CASCADE ] [ WITH REFERENCES ]


<archive move rule> ::=
    ON RULE <rule name>
    COPY [ CORRESPONDING ROWS ] [ CASCADE ] [ WITH REFERENCES ]
```

```
<archive copy rule> ::=
    ON <time event>
    COPY [ CASCADE ] [ WITH REFERENCES ] [ WHERE <search condition> ]


<archive delete rule> ::=
    ON <time event>
    DELETE [ CASCADE ] [ WHERE <search condition> ]
```

C.2.4 Rechte für die Archivierung

```
<action> ::=
    <SQL action>
  | ARCHIVE


<archive grant statement> ::=
    GRANT <archive privileges>
        ON <archive table id>
        TO <grantee> [ { <comma> <grantee> } ... ]
        [ WITH GRANT OPTION ]


<archive privileges> ::=
    ALL PRIVILEGES
  | <archive action> [ { <comma> <archive action> } ... ]


<archive action> ::=
    SELECT
  | INSERT
  | DELETE


<archive revoke statement> ::=
    REVOKE [ GRANT OPTION FOR ] <archive privileges>
        ON <archive table id>
        FROM <grantee> [ { <comma> <grantee> } ... ]
        <drop behavior>
```

C.3 Datenmanipulation

C.3.1 Zugriff auf Archivtabellen

```
<effective archive table> ::=
    <archive table id>
    [ <archive table period> ]
    [ <archive table columns> ]
```

```
<archive table period> ::=
    PERIOD BEFORE <period end>
  | PERIOD AFTER <period begin>
  | PERIOD BETWEEN <period begin> AND <period end>


<period begin> ::=
    <archive time>


<period end> ::=
    <archive time>


<archive table columns> ::=
    [ WITH ] CURRENT [ COLUMNS ]
  | [ WITH ] COMMON [ COLUMNS ]
  | [ WITH ] ALL [ COLUMNS ]
  | [ WITH ] COLUMNS BY <archive schema time>


<table reference> ::=
    <SQL table reference>
  | <archive table reference>


<archive table reference> ::=
    <effective archive table> [ <correlation clause> ]


<correlation clause> ::=
    [ AS ] <correlation name>
        [ <left paren> <column name list> <right paren> ]
```

C.3.2   Zugriff auf die Archivierungszeit

```
<archive time reference> ::=
    [ <correlation name> <period> ] ARCHIVED


<value expression primary> ::=
    <SQL value expression primary>
  | <archive time reference>
```

C.3.3   Auslagern von Daten

```
<archive copy statement: searched> ::=
    COPY FROM <schema table name>
        INTO ARCHIVE <archive reference list>
        [ WHERE <search condition> ]
```

```
<archive reference list> ::=
    <archive reference> [ { <comma> <archive reference> } ... ]


<archive reference> ::=
    <archive name>
        [ CASCADE ] [ WITH REFERENCES ]


<archive delete statement: searched> ::=
    DELETE FROM <schema table name>
        [ WHERE <search condition> ]
        ARCHIVE INTO <archive reference list>


<archive update statement: searched> ::=
    UPDATE <schema table name>
        SET <set clause list>
        [ WHERE <search condition> ]
        ARCHIVE INTO <archive reference list>


<archive copy statement: positioned> ::=
    COPY FROM <schema table name>
        INTO ARCHIVE <archive reference list>
        WHERE CURRENT OF <cursor name>


<archive delete statement: positioned> ::=
    DELETE FROM <schema table name>
        WHERE CURRENT OF <cursor name>
        ARCHIVE INTO <archive reference list>


<archive update statement: positioned> ::=
    UPDATE <schema table name>
        SET <set clause list>
        WHERE CURRENT OF <cursor name>
        ARCHIVE INTO <archive reference list>
```

C.3.4 Einlagern von Archivdaten

```
<restore copy statement> ::=
    COPY INTO <schema table name>
        FROM ARCHIVE <archive period reference>
        [ WHERE <search condition> ]


<archive period reference> ::=
    <archive name> [ <archive table period> ]
        [ CASCADE ] [ WITH REFERENCES ]
```

```
<restore move statement> ::=
    RESTORE INTO <schema table name>
        FROM ARCHIVE <archive period reference>
        [ WHERE <search condition> ]
```

C.3.5 Einfügen und Löschen von Archivdaten

```
<insert archive statement> ::=
    INSERT INTO <archive table name>
        [ WITH REFERENCES ]
        [ <left paren> <column name list> <right paren> ]
        <query expression>


<delete archive statement> ::=
    DELETE FROM <effective archive table> [ <correlation clause> ]
        [ CASCADE ]
        [ WHERE <search condition> ]
```

Literaturverzeichnis

[Ahn86]   I. Ahn. Towards an implementation of database management systems with temporal support. In *Proceedings of the 2nd Int. Conference on Data Engineering (ICDE)*, Seiten 374–381, Los Angeles, CA, Februar 1986.

[Ari86]   G. Ariav. A temporally oriented data model. *ACM Transactions on Database Systems*, 11(4):499–527, Dezember 1986.

[Ari91]   G. Ariav. Temporally oriented data definitions: Managing schema evolution in temporally oriented databases. *Data & Knowledge Engineering*, 6(6):451–467, Oktober 1991.

[AS88]   I. Ahn und R. T. Snodgrass. Partitioned storage for temporal databases. *Information Systems*, 13(4):369–391, 1988.

[Bal96]   H. Balzert. *Lehrbuch der Software-Technik*. Spektrum Akademischer Verlag, Heidelberg, Berlin, 1996.

[Bar98]   U. Bartels. Oracle8-Erweiterungen für große Datenmengen: Auf dem Weg ins Petabyte-Universum. *Datenbank FOKUS*, 2:44–47, Februar 1998.

[BBJ98]   M. H. Böhlen, R. Busatto und C. S. Jensen. Point- versus interval-based temporal data models. In *Proceedings of the 14th Int. Conference on Data Engineering (ICDE)*, Seiten 192–200, Orlando, FL, Februar 1998.

[BBJS97]   J. Bair, M. H. Böhlen, C. S. Jensen und R. T. Snodgrass. Notions of upward compatibility of temporal query languages. *Wirtschaftsinformatik*, 39(1):25–34, Februar 1997.

[BEG96]   R. Buck-Emden und J. Galimow. *Die Client/Server-Technologie des SAP-Systems R/3*. Addison-Wesley, Bonn, 3. Auflage, 1996.

[BJ96]   M. H. Böhlen und C. S. Jensen. Seamless integration of time into SQL. Technical Report R-96-2049, Department of Computer Science, Aalborg University, Denmark, Dezember 1996.

[BP97]   J. Baader und M. Philipp. Rechtliche Grundlagen für den Einsatz betrieblicher elektronischer Archivierungssysteme. In *Tagungsband der GI-Fachtagung Datenbanksysteme in Büro, Technik und Wissenschaft (BTW)*, Seiten 299–311, Ulm, März 1997.

[Bro84]   M. L. Brodie. On the development of data models. In M. L. Brodie, J. Mylopoulos und J. W. Schmidt (Hrsg.), *On Conceptual Modelling: Perspectives from Artificial Intelligence, Databases, and Programming Languages*, Kapitel 2, Seiten 19–47. Springer-Verlag, New York, 1984.

[BS95]   P. Brown und M. Stonebraker. BigSur: A system for the management of earth science data. In *Proceedings of the 21st Int. Conference on Very Large Data Bases (VLDB)*, Seiten 720–728, Zürich, Switzerland, September 1995.

[BS96]   J. Becker und R. Schütte. *Handelsinformationssysteme*. Verlag moderne Industrie, Landsberg/Lech, 1996.

[BS97]   R. Barnert und G. Schmutz. Die zeitbezogene Datenhaltung bei den Schweizer Regionalbanken. *Wirtschaftsinformatik*, 39(1):45–53, Februar 1997.

[BSK+96]   K. Bühnert, R. Schindler, K. Küspert, R. Schaarschmidt und A. Herbst. Archivierungsfunktionalität für Datenbanken: Grundlagen, Konzepte sowie Teilimplementierung basierend auf dem DBMS Ingres. Forschungsergebnisse der Fakultät für Mathematik und Informatik Math/Inf/96/30, Institut für Informatik, Friedrich-Schiller-Universität Jena, Oktober 1996.

[BSS96]   M. H. Böhlen, R. T. Snodgrass und M. D. Soo. Coalescing in temporal databases. In *Proceedings of the 22nd Int. Conference on Very Large Data Bases (VLDB)*, Seiten 180–191, Mumbai (Bombay), India, September 1996.

[Cas96]   R. Caspary. Datenbankadministration eines SAP R/3 Systems. In *Beiträge zum Frühjahrstreffen der GI-Fachgruppe Datenbanksysteme „Datenbankadministration: Methoden, Werkzeuge und Erfahrungen"*, *Darmstadt, März 1996*, Datenbank-Rundbrief, Ausgabe 17, Seiten 164–168, Mai 1996.

[CCT94]   J. Clifford, A. Croker und A. Tuzhilin. On completeness of historical relational query languages. *ACM Transactions on Database Systems*, 19(1):64–116, März 1994.

[CD97]   S. Chaudhuri und U. Dayal. An overview of data warehousing and OLAP technology. *SIGMOD Record*, 26(1):65–74, März 1997.

[CDG+90]   M. J. Carey, D. J. DeWitt, G. Graefe, D. M. Haight, J. E. Richardson, D. T. Schuh, E. J. Shekita und S. L. Vandenberg. The EXODUS extensible DBMS project: An overview. In S. B. Zdonik und D. Maier (Hrsg.), *Readings in Object-Oriented Database Systems*, Seiten 474–499. Morgan Kaufmann Publishers, San Mateo, CA, 1990.

[CDI+97]   J. Clifford, C. Dyreson, T. Isakowitz, C. S. Jensen und R. T. Snodgrass. On the semantics of "now" in databases. *ACM Transactions on Database Systems*, 22(2):171–214, Juni 1997.

[Cel95]   J. Celko. *SQL for Smarties: Advanced SQL Programming*. Morgan Kaufmann Publishers, San Francisco, CA, 1995.

[CGS95]   C. De Castro, F. Grandi und M. R. Scalas. On schema versioning in temporal databases. In *Proceedings of the Int. Workshop on Temporal Databases: Recent Advances in Temporal Databases, Zürich, Switzerland, September 1995*, Workshops in Computing Series, Springer-Verlag, Seiten 272–291, 1995.

[CGS97]   C. De Castro, F. Grandi und M. R. Scalas. Schema versioning for multitemporal relational databases. *Information Systems*, 22(5):249–290, Juli 1997.

[Cha98]   D. Chamberlin. *A Complete Guide to DB2 Universal Database*. Morgan Kaufmann Publishers, San Francisco, CA, 1998.

[Che76]   P. P.-S. Chen. The entity-relationship model – Toward a unified view of data. *ACM Transactions on Database Systems*, 1(1):9–36, März 1976.

[CHL93]   M. J. Carey, L. M. Haas und M. Livny. Tapes hold data, too: Challenges of tuples on tertiary store. In *Proceedings of ACM SIGMOD Int. Conference on Management of Data*, Seiten 413–417, Washington, DC, Mai 1993.

[Cod70]   E. F. Codd. A relational model of data for large shared data banks. *Communications of the ACM*, 13(6):377–387, Juni 1970.

[Cod79]   E. F. Codd. Extending the database relational model to capture more meaning. *ACM Transactions on Database Systems*, 4(4):397–434, Dezember 1979.

[Cod81]   E. F. Codd. Data models in database management. *SIGMOD Record*, 11(2):112–114, Februar 1981.

[Cod82]   E. F. Codd. Relational database: A practical foundation for productivity. *Communications of the ACM*, 25(2):109–117, Februar 1982.

[Cop82]   G. Copeland. What if mass storage were free? *IEEE Computer*, 15(7):27–35, Juli 1982.

[CPM96]   R. Cochrane, H. Pirahesh und N. Mattos. Integrating triggers and declarative constraints in SQL database systems. In *Proceedings of the 22nd Int. Conference on Very Large Data Bases (VLDB)*, Seiten 567–578, Mumbai (Bombay), India, September 1996.

[CRH95]   L.-F. Cabrera, R. Rees und W. Hineman. Applying database technology in the ADSM mass storage system. In *Proceedings of the 21st Int. Conference on Very Large Data Bases (VLDB)*, Seiten 597–605, Zürich, Switzerland, September 1995.

[Dar98]   H. Darwen. Valid time and transaction time proposals: Language design aspects. In *Temporal Databases: Research and Practice, Dagstuhl Seminar Temporal Databases 1997, Juni 1997*, Lecture Notes in Computer Science (LNCS), Vol. 1399, Springer-Verlag, Seiten 195–210, 1998.

[Dat81]   C. J. Date. Referential integrity. In *Proceedings of the 7th Int. Conference on Very Large Data Bases (VLDB)*, Seiten 2–12, Cannes, France, September 1981.

[Dat86]   Database Architecture Framework Task Group (DAFTG). Reference model for DBMS standardization. *SIGMOD Record*, 15(1):19–58, März 1986.

[Dat95a]   C. J. Date. *An Introduction to Database Systems*. Addison-Wesley, Reading, MA, 6. Auflage, 1995.

[Dat95b]   C. J. Date. The primacy of primary keys: An investigation. In *Relational Database Writings 1991–1994*, Kapitel 2, Seiten 203–220. Addison-Wesley, Reading, MA, 1995.

[DD92]   C. J. Date und H. Darwen. *Relational Database Writings 1989–1991*. Addison-Wesley, Reading, MA, 1992.

[DD95]   H. Darwen und C. J. Date. The third manifesto. *SIGMOD Record*, 24(1):39–49, März 1995.

[DD97]   C. J. Date und H. Darwen. *A Guide to the SQL Standard*. Addison-Wesley, Reading, MA, 4. Auflage, 1997.

[DG96]   K. Dittrich und S. Gatziu. *Aktive Datenbanksysteme: Konzepte und Mechanismen*. International Thomson Publishing, Bonn, 1996.

[DG98]   J. Dirker und H. Gröger. IBM-DB und Terabyte-Datenmengen: Spannungsfeld von Masse und Klasse. *Datenbank FOKUS*, 2:64–66, Februar 1998.

[DGG96]   K. Dittrich, S. Gatziu und A. Geppert (Hrsg.). The active database management system manifesto: A rulebase of ADBMS features. *SIGMOD Record*, 25(3):40–49, September 1996.

[DLW84]   P. Dadam, V. Lum und H.-D. Werner. Integration of time versions into a relational database systems. In *Proceedings of the 10th Int. Conference on Very Large Data Bases (VLDB)*, Seiten 509–520, Singapore, August 1984.

[DT87]   P. Dadam und J. Teuhola. Managing schema versions in a time-versioned non-first-normal-form relational database. In *Tagungsband der GI-Fachtagung Datenbanksysteme in Büro, Technik und Wissenschaft (BTW)*, Seiten 161–179, Darmstadt, April 1987.

[EJK92]   R. Elmasri, M. Jaseemuddin und V. Kouramajian. Partitioning of time index for optical disks. In *Proceedings of the 8th Int. Conference on Data Engineering (ICDE)*, Seiten 574–583, Tempe, AZ, Februar 1992.

[EM99]   A. Eisenberg und J. Melton. SQL:1999, formerly known as SQL3. *SIGMOD Record*, 28(1):131–138, März 1999.

[FJP90]   J. C. French, A. K. Jones und J. L. Pfaltz. Summary of the final report of the NSF Workshop on Scientific Database Management. *SIGMOD Record*, 19(4):32–40, Dezember 1990.

[FM96]   D. A. Ford und J. Myllymaki. A log-structured organization for tertiary storage. In *Proceedings of the 12th Int. Conference on Data Engineering (ICDE)*, Seiten 20–27, New Orleans, LA, Februar 1996.

[Fun96]   M. Funke. Analyse und Anforderungen hinsichtlich der Archivierungsfunktionalität im Konstruktionsbereich eines Unternehmens der Automobilzulieferindustrie. Studienarbeit, Institut für Informatik, Friedrich-Schiller-Universität Jena, April 1996.

[Gad88]   S. K. Gadia. A homogeneous relational model and query languages for temporal databases. *ACM Transactions on Database Systems*, 13(4):418–448, Dezember 1988.

[Gal98]   A. Gal. On transaction management in temporal databases. In *Temporal Databases: Research and Practice, Dagstuhl Seminar Temporal Databases 1997, Juni 1997*, Lecture Notes in Computer Science (LNCS), Vol. 1399, Springer-Verlag, Seiten 96–114, 1998.

[GM95]   A. Gupta und I. S. Mumick. Maintenance of materialized views: Problems, techniques, and applications. *IEEE Bulletin of the Technical Committee on Data Engineering, Special Issue on Materialized Views and Data Warehousing*, 18(2):3–18, Juni 1995.

[GMLY98]   H. Garcia-Molina, W. Labio und J. Yang. Expiring data in a warehouse. In *Proceedings of the 24th Int. Conference on Very Large Data Bases (VLDB)*, Seiten 500–511, New York, NY, August 1998.

[GR93]   J. Gray und A. Reuter. *Transaction Processing: Concepts and Techniques*. Morgan Kaufmann Publishers, San Francisco, CA, 1993.

[GSSZ93]   J. Gulbins, M. Seyfried und H. Strack-Zimmermann. *Elektronische Archivierungssysteme*. Springer-Verlag, Berlin, Heidelberg, 1993.

[GSSZ99]   J. Gulbins, M. Seyfried und H. Strack-Zimmermann. *Dokumenten-Management: Vom Imaging zum Business-Dokument*. Springer-Verlag, Berlin, Heidelberg, 2. Auflage, 1999.

[Her94]   A. Herbst. Long-term database support for EXPRESS data. In *Proceedings of the 7th Int. Working Conference on Scientific and Statistical Database Management (SSDBM)*, Seiten 207–216, Charlottesville, VA, September 1994.

[Her95]   A. Herbst. Anwendungsorientiertes Archivieren in Datenbanksystemen – vertieft am Beispiel von EXPRESS und SDAI. In *Tagungsband der GI-Fachtagung Datenbanksysteme in Büro, Technik und Wissenschaft (BTW)*, Seiten 194–211, Dresden, März 1995.

[Her96a]   A. Herbst. *Anwendungsorientiertes DB-Archivieren: Neue Konzepte zur Archivierung von Daten in Datenbanksystemen*. Dissertation, Fachbereich Informatik, Universität Kaiserslautern, Dezember 1996. Erschienen als [Her97].

[Her96b]   U. Herzog. *Effiziente Konsistenzprüfung in Datenbanksystemen*. Dissertation, Fakultät für Informatik, Universität Karlsruhe, Mai 1996.

[Her97]   A. Herbst. *Anwendungsorientiertes DB-Archivieren: Neue Konzepte zur Archivierung in Datenbanksystemen*. Springer-Verlag, Berlin, Heidelberg, 1997.

[Hin97]   C. Hinz. Entwurf von Anwendungsbeispielen zur Archivierung in Datenbank-
            systemen. Studienarbeit, Institut für Informatik, Friedrich-Schiller-Universität
            Jena, November 1997.

[HKS95]   A. Herbst, K. Küspert und R. Schaarschmidt. Datenarchivierungsfunktio-
            nalität in der SQLx-Norm. In *Tagungsband zum 6. Kolloquium Software-
            Entwicklung – Methoden, Werkzeuge, Erfahrungen*, Seiten 31–40, Technische
            Akademie Esslingen, Ostfildern, September 1995.

[HM95]   A. Herbst und B. Malle. Electronic archiving in the light of product liability.
            In *Proceedings of Intellectual Property Rights and New Technologies (Know-
            Right)*, Seiten 155–160, Wien, Austria, August 1995.

[Hor92]   B. M. Horowitz. A run-time execution model for referential integrity mainte-
            nance. In *Proceedings of the 8th Int. Conference on Data Engineering (ICDE)*,
            Seiten 548–556, Tempe, AZ, Februar 1992.

[HR83]   T. Härder und A. Reuter. Principles of transaction-oriented database recovery.
            ACM Computing Surveys, 15(4):287–317, Dezember 1983.

[HR99]   T. Härder und E. Rahm. *Datenbanksysteme: Konzepte und Techniken der
            Implementierung*. Springer-Verlag, Berlin, Heidelberg, 1999.

[HS95]   A. Heuer und G. Saake. *Datenbanken: Konzepte und Sprachen*. International
            Thomson Publishing, Bonn, 1995.

[HS96]   B. K. Hillyer und A. Silberschatz. Random I/O scheduling in online tertiary
            storage systems. In *Proceedings of ACM SIGMOD Int. Conference on Mana-
            gement of Data*, Seiten 195–204, Montreal, Canada, Juni 1996.

[IBM98a]   IBM Corporation. *DB2 Row Archive Manager for OS/390: Application Pro-
            gramming Guide*, 1998.

[IBM98b]   IBM Corporation. *DB2 Row Archive Manager for OS/390: Customization and
            Administration Guide*, 1998.

[IBM98c]   IBM Corporation. *DB2 Universal Database Version 5.2: Administration Gui-
            de*, 1998.

[IBM98d]   IBM Corporation. *DB2 Universal Database Version 5.2: SQL Reference*, 1998.

[Inm93]   W. H. Inmon. *Building the Data Warehouse*. John Wiley & Sons, New York,
            1993.

[ISO89]   ISO/IEC 9075:1989. *Information Technology – Database Languages – SQL*,
            1989.

[ISO92]   ISO/IEC 9075:1992. *Information Technology – Database Languages – SQL*,
            1992. Entsprechende deutsche Norm: DIN 66315.

[ISO98a]   ISO/IEC 14882:1998. *Programming Languages – C++*, 1998.

[ISO98b]   ISO/IEC 9075:1992/Cor:1998. *Information Technology – Database Languages
            – SQL – Technical Corrigendum*, 1998.

[ISO99a]   ISO/IEC 9075-1:1999. *Information Technology – Database Languages – SQL – Part 1: Framework (SQL/Framework)*, 1999.

[ISO99b]   ISO/IEC 9075-2:1999. *Information Technology – Database Languages – SQL – Part 2: Foundation (SQL/Foundation)*, 1999.

[JCE+94]   C. S. Jensen, J. Clifford, R. Elmasri, S. K. Gadia, P. Hayes und S. Jajodia (Hrsg.). A consensus glossary of temporal database concepts. *SIGMOD Record*, 23(1):52–63, März 1994.

[JCG+92]   C. S. Jensen, J. Clifford, S. K. Gadia, A. Segev und R. T. Snodgrass. A glossary of temporal database concepts. *SIGMOD Record*, 21(3):35–43, September 1992.

[JD98]   C. S. Jensen und C. E. Dyreson (Hrsg.). The consensus glossary of temporal database concepts – February 1998 Version. In *Temporal Databases: Research and Practice, Dagstuhl Seminar Temporal Databases 1997, Juni 1997*, Lecture Notes in Computer Science (LNCS), Vol. 1399, Springer-Verlag, Seiten 367–405, 1998.

[Jen95]   C. S. Jensen. Vacuuming. In R. T. Snodgrass (Hrsg.), *The TSQL2 Temporal Query Language*, Kapitel 23, Seiten 451–462. Kluwer Academic Publishers, Boston, 1995.

[JF95]   U. Jaeger und J. C. Freytag. An annotated bibliography on active databases. *SIGMOD Record*, 24(1):58–69, März 1995.

[JM90]   C. S. Jensen und L. Mark. A framework for vacuuming temporal databases. Technical Report CS-TR-2516/UMIACS-TR-90-105, Department of Computer Science, University of Maryland, College Park, MD, August 1990.

[JS97]   C. Janacek und D. Snow. *DB2 Universal Database Certification Guide*. Prentice Hall PTR, Upper Saddle River, NJ, 2. Auflage, 1997.

[JSS95]   C. S. Jensen, R. T. Snodgrass und M. D. Soo. The TSQL2 data model. In R. T. Snodgrass (Hrsg.), *The TSQL2 Temporal Query Language*, Kapitel 10, Seiten 157–240. Kluwer Academic Publishers, Boston, 1995.

[KN99]   K. Küspert und J. Nowitzky. Partitionierung von Datenbanktabellen (Das aktuelle Schlagwort). *Informatik Spektrum*, 22(2):146–147, April 1999.

[KNK+97]   R. Kramer, R. Nikolai, A. Koschel, C. Rolker, P. C. Lockemann, A. Keitel, R. Legat und K. Zirm. WWW-UDK: A web-based environmental meta-information system. *SIGMOD Record*, 26(1):16–21, März 1997.

[KS96]   K. Küspert und R. Schaarschmidt. Datenbankintegriertes Archivieren: Anforderungen, Funktionalität, ausgewählte Aspekte und Realisierungsmöglichkeiten. In *Beiträge zum Frühjahrstreffen der GI-Fachgruppe Datenbanksysteme „Datenbankadministration: Methoden, Werkzeuge und Erfahrungen", Darmstadt, März 1996*, Datenbank-Rundbrief, Ausgabe 17, Seiten 179–186, Mai 1996.

[KS98]   K. Küspert und R. Schaarschmidt. Archivierung in Datenbanksystemen (Das aktuelle Schlagwort). *Informatik Spektrum*, 21(5):277–278, Oktober 1998.

[KSH96]   K. Küspert, R. Schaarschmidt und A. Herbst. ArchivTransaktionen: Ein Ansatz für asynchrones, transaktionsgesichertes Archivieren großer Datenmengen in Datenbanksystemen. In *ITG-Fachbericht zur 4. ITG/GI/GMA-Fachtagung Softwaretechnik in Automation und Kommunikation – Rechnergestützte Teamarbeit (STAK)*, Seiten 195–211, München, März 1996.

[KW96]   R. Kretschmer und W. Weiss. *Developing SAP's R/3 Applications with ABAP/4*. Sybex, Alameda, CA, 1996.

[Lau97]   M. Lautenschlager. Concept of the climate database system at the DKRZ. In M. Lautenschlager und M. Reinke (Hrsg.), *Climate and Environmental Database Systems*, Kapitel 2, Seiten 11–24. Kluwer Academic Publishers, Boston, 1997.

[LD87]   P. C. Lockemann und K. R. Dittrich. Architektur von Datenbanksystemen. In P. C. Lockemann und J. W. Schmidt (Hrsg.), *Datenbank-Handbuch*, Kapitel 2, Seiten 85–162. Springer-Verlag, Berlin, 1987.

[LDE$^+$84] V. Lum, P. Dadam, R. Erbe, J. Günauer, P. Pistor, G. Walch, H. Werner und J. Woodfill. Designing DBMS support for the temporal dimension. In *Proceedings of ACM SIGMOD Int. Conference on Management of Data*, Seiten 115–130, Boston, MA, Juni 1984.

[LL95]   S. M. Lang und P. C. Lockemann. *Datenbankeinsatz*. Springer-Verlag, Berlin, Heidelberg, 1995.

[LM97]   N. A. Lorentzos und Y. G. Mitsopoulos. SQL extension for interval data. *IEEE Transactions on Knowledge and Data Engineering*, 9(3):480–499, Mai 1997.

[LMB92]   J. R. Levine, T. Mason und D. Brown. *lex & yacc*. O'Reilly & Associates, Sebastopol, CA, 2. Auflage, 1992.

[LML97]   B. Ludäscher, W. May und G. Lausen. Referential actions as logical rules. In *Proceedings of the 16th ACM SIGACT-SIGMOD-SIGART Symposium on Principles of Database Systems (PODS)*, Seiten 217–224, Tucson, AZ, Mai 1997.

[LMR96]   B. Ludäscher, W. May und J. Reinert. Towards a logical semantics for referential actions in SQL. In *Proceedings of the 6th Int. Workshop on Foundations of Models and Languages for Data and Objects: Integrity in Databases*, Seiten 57–72, Schloß Dagstuhl, September 1996.

[LR97]   M. Lautenschlager und M. Reinke (Hrsg.). *Climate and Environmental Database Systems*. Kluwer Academic Publishers, Boston, 1997.

[LS93]   D. Lomet und B. Salzberg. Transaction-time databases. In A. U. Tansel, J. Clifford, S. Gadia, S. Jajodia, A. Segev und R. T. Snodgrass (Hrsg.), *Temporal Databases: Theory, Design, and Implementation*, Kapitel 16, Seiten 388–417. Benjamin/Cummings, Redwood City, CA, 1993.

[LS98a]   J. Lufter und R. Schaarschmidt. Anforderungen und Konzepte für die datenbanksystem-integrierte Archivierung mit ASQL. Forschungsergebnisse der Fakultät für Mathematik und Informatik Math/Inf/98/01, Institut für Informatik, Friedrich-Schiller-Universität Jena, Januar 1998.

[LS98b]   J. Lufter und R. Schaarschmidt. Auswirkungen von Schemaänderungen einer Datenbank auf die datenbanksystem-integrierte Archivierung. Forschungsergebnisse der Fakultät für Mathematik und Informatik Math/Inf/98/07, Institut für Informatik, Friedrich-Schiller-Universität Jena, März 1998.

[LS98c]   J. Lufter und R. Schaarschmidt. Metadaten für Archive. Forschungsergebnisse der Fakultät für Mathematik und Informatik Math/Inf/98/02, Institut für Informatik, Friedrich-Schiller-Universität Jena, Januar 1998.

[LSK97]   J. Lufter, R. Schaarschmidt und K. Küspert. Aktive Datenbankmechanismen: Stand in Forschung, Produkten und Entwicklung. *HMD: Theorie und Praxis der Wirtschaftsinformatik*, 195:102–127, Mai 1997.

[Luf96]   J. Lufter. Trigger in DB2 Version 2: Beschreibung, Analyse, Bewertung sowie Anwendung für die Datenarchivierung. Studienarbeit, Institut für Informatik, Friedrich-Schiller-Universität Jena, August 1996.

[Luf98]   J. Lufter. Archive SQL: Eine Spracherweiterung für die Archivierung in Datenbanksystemen. Diplomarbeit, Institut für Informatik, Friedrich-Schiller-Universität Jena, April 1998.

[Mai83]   D. Maier. *The Theory of Relational Databases*. Computer Science Press, Rockville, MD, 1983.

[Mal96]   B. Malle. *Ein Beitrag zur Langzeitarchivierung von Produktdaten*. Dissertation, Fakultät für Maschinenbau, Universität Karlsruhe, Mai 1996.

[Mar90]   V. M. Markowitz. Referential integrity revisited: An object-oriented perspective. In *Proceedings of the 16th Int. Conference on Very Large Data Bases (VLDB)*, Seiten 578–589, Brisbane, Australia, August 1990.

[Mar98]   U. Marquard. Sehr große R/3 Systeme. In *Kurzfassungen der Beiträge zum Frühjahrstreffen der GI-Fachgruppe Datenbanksysteme „Sehr große, heterogene und verteilte Datenbanksysteme“, Karlsruhe, April 1998*, Datenbank-Rundbrief, Ausgabe 21, Seiten 44–50, Mai 1998.

[Mel97]   M. Melich. Archivierung – je früher, desto besser. *SAP INFO Entwicklung & Technologie*, 53:32–33, März 1997.

[Mel99]   J. Melton (Hrsg.). Temporal (SQL/Temporal). ANSI/ISO Working Draft, ANSI X3H2-99-084, ISO/IEC JTC1/SC21/WG3 DBL YGJ-016, März 1999.

[MKB96]　T. Myrach, G. F. Knolmayer und R. Barnert. On ensuring keys and referential integrity in the temporal database language TSQL2. In *Proceedings of the 2nd Int. Baltic Workshop on Databases and Information Systems*, Seiten 171–181, Tallinn, Estonia, Juni 1996.

[ML95]　J. Myllymaki und M. Livny. Disk-tape joins: Synchronizing disk and tape access. In *Proceedings of ACM SIGMETRICS Conference on Measurement and Modeling of Computer Systems*, Seiten 279–290, Ottawa, Canada, Mai 1995.

[ML97]　J. Myllymaki und M. Livny. Relational joins for data on tertiary storage. In *Proceedings of the 13th Int. Conference on Data Engineering (ICDE)*, Seiten 159–168, Birmingham, England, April 1997.

[MN93]　C. Mohan und I. Narang. An efficient and flexible method for archiving a data base. In *Proceedings of ACM SIGMOD Int. Conference on Management of Data*, Seiten 139–146, Washington, DC, Mai 1993.

[MNA87]　N. G. Martin, S. B. Navathe und R. Ahmed. Dealing with temporal schema anomalies in history databases. In *Proceedings of the 13th Int. Conference on Very Large Data Bases (VLDB)*, Seiten 177–184, Brighton, England, September 1987.

[Moh93]　C. Mohan. A survey of DBMS research issues in supporting very large tables. In *4th Int. Conference on Foundations of Data Organization and Algorithms*, Seiten 279–300, Chicago, IL, Oktober 1993.

[MS90]　E. McKenzie und R. T. Snodgrass. Schema evolution and the relational algebra. *Information Systems*, 15(2):207–232, Juli 1990.

[MW91]　K. Meyer-Wegener. *Multimedia-Datenbanken.* Leitfäden der angewandten Informatik. Verlag B. G. Teubner, Stuttgart, 1991.

[Myr97a]　T. Myrach. Realisierung zeitbezogener Datenbanken: Ein Vergleich des herkömmlichen relationalen Datenmodells mit einer temporalen Erweiterung. *Wirtschaftsinformatik*, 39(1):35–44, Februar 1997.

[Myr97b]　T. Myrach. TSQL2: Der Konsens über eine temporale Datenbanksprache. *Informatik Spektrum*, 20(3):143–150, Juni 1997.

[NA93]　S. B. Navathe und R. Ahmed. Temporal extensions to the relational model and SQL. In A. U. Tansel, J. Clifford, S. Gadia, S. Jajodia, A. Segev und R. T. Snodgrass (Hrsg.), *Temporal Databases: Theory, Design, and Implementation*, Kapitel 4, Seiten 92–109. Benjamin/Cummings, Redwood City, CA, 1993.

[Now97]　J. Nowitzky. Entwurf und Implementierung von Basisfunktionalität zur Archivierung in Datenbanksystemen. Diplomarbeit, Institut für Informatik, Friedrich-Schiller-Universität Jena, April 1997.

[Now99]   J. Nowitzky. Partitionierung relationaler Datenbanktabellen und deren Anwendung für die Datenarchivierung. In *Tagungsband zum 11. GI-Workshop Grundlagen von Datenbanken, Luisenthal*, Jenaer Schriften zur Mathematik und Informatik Math/Inf/99/16, Seiten 77–81, Mai 1999.

[Oes98]   B. Oestereich. *Objektorientierte Softwareentwicklung: Analyse und Design mit der Unified Modeling Language*. Oldenbourg, München, 4. Auflage, 1998.

[Ols92]   M. A. Olson. Extending the Postgres database system to manage tertiary storage. Master's thesis, Department of Electrical Engineering and Computer Science, University of California, Berkeley, CA, Mai 1992.

[Ora97a]   Oracle8 enabling decisions in the new business era. An Oracle Business White Paper, Oracle Corporation, Redwood Shores, CA, Juni 1997.

[Ora97b]   VLDB design & migration considerations under Oracle8. An Oracle Technical White Paper, Oracle Corporation, Redwood Shores, CA, Juni 1997.

[Ora98]   Oracle Deutschland GmbH (Hrsg.). Datenbanken im Terabyte-Bereich: Deutsches Klimarechenzentrum setzt Oracle8 ein. *Oracle-Magazin*, 3:24–25, 1998.

[ÖRS97]   B. Özden, R. Rastogi und A. Silberschatz. Multimedia support for databases. In *Proceedings of the 16th ACM SIGACT-SIGMOD-SIGART Symposium on Principles of Database Systems (PODS)*, Seiten 1–11, Tucson, AZ, Mai 1997.

[Pat99]   N. W. Paton (Hrsg.). *Active Rules in Database Systems*. Springer-Verlag, New York, 1999.

[PD99]   N. W. Paton und O. Díaz. Active database systems. *ACM Computing Surveys*, 31(1):63–103, März 1999.

[RAJB⁺00] J. F. Roddick, L. Al-Jadir, L. Bertossi, M. Dumas, F. Estrella, H. Gregersen, K. Hornsby, J. Lufter, F. Mandreoli, T. Männistö, E. Mayol und L. Wedemeijer. Evolution and change in data management – Issues and directions. *SIGMOD Record*, 29(1):21–25, März 2000.

[RCR94]   J. F. Roddick, N. G. Craske und T. J. Richards. A taxonomy for schema versioning based on the relational and entity relationship models. In *Proceedings of the 12th Int. Conference on the Entity-Relationship Approach, Arlington, TX, Dezember 1993*, Lecture Notes in Computer Science (LNCS), Vol. 823, Springer-Verlag, Seiten 137–148, 1994.

[Rei93]   J. Reinert. Referentielle Integrität: Schemaklassifikation und Algorithmen. *Informatik Forschung und Entwicklung*, 8(2):79–96, 1993.

[Rei96]   J. Reinert. *Ein Regelsystem zur Integritätssicherung in aktiven relationalen Datenbanksystemen*. Dissertation, Fachbereich Informatik, Universität Kaiserslautern, April 1996.

[RNL95]   T. C. Rakow, E. J. Neuhold und M. Löhr. Multimedia database systems – The notions and the issues. In *Tagungsband der GI-Fachtagung Datenbanksysteme in Büro, Technik und Wissenschaft (BTW)*, Seiten 1–29, Dresden, März 1995.

[Rod92a]   J. F. Roddick. Schema evolution in database systems – An annotated bibliography. *SIGMOD Record*, 21(4):35–40, Dezember 1992.

[Rod92b]   J. F. Roddick. SQL/SE – A query language extension for databases supporting schema evolution. *SIGMOD Record*, 21(3):10–16, September 1992.

[Rod94]   J. F. Roddick. Schema evolution in database systems – An updated bibliography. Technical Report CIS-94-012, School of Computer and Information Science, University of South Australia, 1994.

[Röd96]   W. Röder. Datenbankbasiertes Archivieren. In *Beiträge zum Frühjahrstreffen der GI-Fachgruppe Datenbanksysteme „Datenbankadministration: Methoden, Werkzeuge und Erfahrungen", Darmstadt, März 1996*, Datenbank-Rundbrief, Ausgabe 17, Seiten 169–178, Mai 1996.

[RS95]   J. F. Roddick und R. T. Snodgrass. Schema versioning. In R. T. Snodgrass (Hrsg.), *The TSQL2 Temporal Query Language*, Kapitel 22, Seiten 427–449. Kluwer Academic Publishers, Boston, 1995.

[SA85]   R. T. Snodgrass und I. Ahn. A taxonomy of time in databases. In *Proceedings of ACM SIGMOD Int. Conference on Management of Data*, Seiten 236–246, Austin, TX, Mai 1985.

[SAA+94a]   R. T. Snodgrass, I. Ahn, G. Ariav, D. Batory, J. Clifford, C. E. Dyreson, R. Elmasri, F. Grandi, C. S. Jensen, W. Käfer, N. Kline, K. Kulkarni, T. Y. C. Leung, N. Lorentzos, J. F. Roddick, A. Segev, M. D. Soo und S. M. Sripada. TSQL2 language specification. *SIGMOD Record*, 23(1):65–86, März 1994.

[SAA+94b]   R. T. Snodgrass, I. Ahn, G. Ariav, D. Batory, J. Clifford, C. E. Dyreson, R. Elmasri, F. Grandi, C. S. Jensen, W. Käfer, N. Kline, K. Kulkarni, T. Y. C. Leung, N. Lorentzos, J. F. Roddick, A. Segev, M. D. Soo und S. M. Sripada. A TSQL2 tutorial. *SIGMOD Record*, 23(3):27–34, September 1994.

[Sal98]   T. Saleck. Datenbanken für sehr große Datenmengen: Nicht nur eine technische Herausforderung. *Datenbank FOKUS*, 2:36–43, Februar 1998.

[Sar95]   S. Sarawagi. Query processing in tertiary memory databases. In *Proceedings of the 21st Int. Conference on Very Large Data Bases (VLDB)*, Seiten 585–596, Zürich, Switzerland, September 1995.

[SBH+98]   R. Schaarschmidt, K. Bühnert, A. Herbst, K. Küspert und R. Schindler. Konzepte und Implementierungsaspekte anwendungsorientierten Archivierens in Datenbanksystemen. *Informatik Forschung und Entwicklung*, 13(2):79–89, Juni 1998.

[SBJS96a]   R. T. Snodgrass, M. H. Böhlen, C. S. Jensen und A. Steiner. Adding transaction time to SQL/Temporal. Change Proposal, ANSI X3H2-96-502r2, ISO/IEC JTC1/SC21/WG3 DBL MAD-147r2, November 1996.

[SBJS96b] R. T. Snodgrass, M. H. Böhlen, C. S. Jensen und A. Steiner. Adding valid time to SQL/Temporal. Change Proposal, ANSI X3H2-96-501r2, ISO/IEC JTC1/SC21/WG3 DBL MAD-146r2, November 1996.

[SBJS98] R. T. Snodgrass, M. H. Böhlen, C. S. Jensen und A. Steiner. Transitioning temporal support in TSQL2 to SQL3. In *Temporal Databases: Research and Practice, Dagstuhl Seminar Temporal Databases 1997, Juni 1997*, Lecture Notes in Computer Science (LNCS), Vol. 1399, Springer-Verlag, Seiten 150–194, 1998.

[Sch95] A.-W. Scheer. *Wirtschaftsinformatik*. Springer-Verlag, Berlin, Heidelberg, 6. Auflage, 1995.

[Sch97] R. Schaarschmidt. AMS: Ein Prototyp für die Simulation datenbanksystemintegrierter Archivierung. Forschungsergebnisse der Fakultät für Mathematik und Informatik Math/Inf/97/18, Institut für Informatik, Friedrich-Schiller-Universität Jena, Juli 1997.

[Sch99a] R. Schaarschmidt. Änderungen an der Sprache ASQL. Internes Arbeitspapier IA-1999-1, Institut für Informatik, Friedrich-Schiller-Universität Jena, August 1999.

[Sch99b] R. Schaarschmidt. *Konzept und Sprache für die Archivierung in Datenbanksystemen*. Dissertation, Fakultät für Mathematik und Informatik, Friedrich-Schiller-Universität Jena, Dezember 1999.

[SJ98] J. Skyt und C. S. Jensen. Vacuuming temporal databases. A TimeCenter Technical Report TR-32, Department of Computer Science, Aalborg University, Denmark, September 1998.

[Ska98] S. Skatulla. SQL92-normkonforme Katalogsichten für DB2 Version 5 Universal Database. Studienarbeit, Institut für Informatik, Friedrich-Schiller-Universität Jena, April 1998.

[SL98] R. Schaarschmidt und J. Lufter. An architecture for archives in database systems. Forschungsergebnisse der Fakultät für Mathematik und Informatik Math/Inf/98/18, Institut für Informatik, Friedrich-Schiller-Universität Jena, Juni 1998.

[SL99] R. Schaarschmidt und J. Lufter. Schema versioning for archives in database systems. In *Advances in Conceptual Modeling, Proceedings of the 1st Int. Workshop on Evolution and Change in Data Management (ECDM), Paris, France, November 1999*, Lecture Notes in Computer Science (LNCS), Vol. 1727, Springer-Verlag, Seiten 86–97, 1999.

[Sno87] R. T. Snodgrass. The temporal query language TQuel. *ACM Transactions on Database Systems*, 12(2):247–298, Juni 1987.

[Sno95] R. T. Snodgrass (Hrsg.). *The TSQL2 Temporal Query Language*. Kluwer Academic Publishers, Boston, 1995.

[Sno98]   R. T. Snodgrass. Managing temporal data: A five-part series. A TimeCenter Technical Report TR-28, Department of Computer Science, Aalborg University, Denmark, September 1998.

[Sno99]   R. T. Snodgrass. *Developing Time-Oriented Database Applications in SQL.* Morgan Kaufmann Publishers, San Francisco, CA, 1999.

[SR86]   M. Stonebraker und L. A. Rowe. The design of Postgres. In *Proceedings of ACM SIGMOD Int. Conference on Management of Data*, Seiten 340–355, Washington, DC, Mai 1986.

[SR96]   R. Schaarschmidt und W. Röder. Datenbankbasiertes Archivieren im System R/3 von SAP. Forschungsergebnisse der Fakultät für Mathematik und Informatik Math/Inf/96/26, Institut für Informatik, Friedrich-Schiller-Universität Jena, September 1996.

[SR97]   R. Schaarschmidt und W. Röder. Datenbankbasiertes Archivieren im SAP System R/3. *Wirtschaftsinformatik*, 39(5):469–477, Oktober 1997.

[SS96]   S. Sarawagi und M. Stonebraker. Reordering query execution in tertiary memory databases. In *Proceedings of the 22nd Int. Conference on Very Large Data Bases (VLDB)*, Seiten 156–167, Mumbai (Bombay), India, September 1996.

[SSPK99]   R. Schaarschmidt, S. Skatulla, P. Pistor und K. Küspert. Entwurf und Implementierung eines SQL92-konformen Datenbankkatalogs für ein relationales Datenbank-Management-System. Jenaer Schriften zur Mathematik und Informatik Math/Inf/99/05, Institut für Informatik, Friedrich-Schiller-Universität Jena, Februar 1999.

[SSPK00]   S. Skatulla, R. Schaarschmidt, P. Pistor und K. Küspert. Entwurf und Implementierung eines SQL-normkonformen Datenbankkatalogs für ein relationales Datenbankmanagementsystem. *Informatik Forschung und Entwicklung*, 15(3):161–170, September 2000.

[SSU90]   A. Silberschatz, M. Stonebraker und J. D. Ullman (Hrsg.). Database systems: Achievements and opportunities. *SIGMOD Record*, 19(4):6–22, Dezember 1990.

[Ste98]   C. Steinmaier. Integrierte Datenbankverwaltung mit SAPDBA und CCMS. *SAP INFO Entwicklung & Technologie*, 58:17–19, Oktober 1998.

[Sto87]   M. Stonebraker. The design of the Postgres storage system. In *Proceedings of the 13th Int. Conference on Very Large Data Bases (VLDB)*, Seiten 289–300, Brighton, England, September 1987.

[Sto91]   M. Stonebraker. Managing persistent objects in a multi-level store. In *Proceedings of ACM SIGMOD Int. Conference on Management of Data*, Seiten 2–11, Denver, CO, Mai 1991.

[Sto93]   M. Stonebraker. The SEQUOIA 2000 Project. *IEEE Bulletin of the Technical Committee on Data Engineering, Special Issue on Scientific Databases*, 16(1):24–28, März 1993.

[Sto99]   K. Stolze. Archivierung in Datenbanksystemen: Beispiele, Transaktionen und Implementierung. Diplomarbeit, Institut für Informatik, Friedrich-Schiller-Universität Jena, Juli 1999.

[Stö99]   U. Störl. *Backup und Recovery in Datenbanksystemen: Verfahren, Klassifikation, Implementierung und Bewertung.* Dissertation, Fakultät für Mathematik und Informatik, Friedrich-Schiller-Universität Jena, Oktober 1999. Erscheint im Verlag B. G. Teubner.

[Str97]   B. Stroustrup. *The C++ Programming Language.* Addison-Wesley, Reading, MA, 3. Auflage, 1997.

[Syb94]   Sybase Incorporation, Emeryville, CA. *Sybase SQL Server Reference Manual*, 1994.

[TCG+93]   A. U. Tansel, J. Clifford, S. Gadia, S. Jajodia, A. Segev und R. T. Snodgrass. *Temporal Databases: Theory, Design, and Implementation.* Benjamin/Cummings, Redwood City, CA, 1993.

[TJB97]   K. Torp, C. S. Jensen und M. H. Böhlen. Layered temporal DBMS: Concepts and techniques. In *Proceedings of the 5th Int. Conference on Database Systems for Advanced Applications (DASFAA)*, Seiten 371–380, Melbourne, Australia, April 1997.

[TJS98a]   K. Torp, C. S. Jensen und R. T. Snodgrass. Effective timestamping in databases. A TimeCenter Technical Report TR-4rev, Department of Computer Science, Aalborg University, Denmark, Oktober 1998.

[TJS98b]   K. Torp, C. S. Jensen und R. T. Snodgrass. Stratum approaches to temporal DBMS implementation. In *Proceedings of the Int. Database Engineering and Applications Symposium (IDEAS)*, Seiten 4–13, Cardiff, Wales, Juli 1998.

[TK78]   D. Tsichritzis und A. Klug (Hrsg.). The ANSI/X3/SPARC DBMS framework: Report of the study group on database management systems. *Information Systems*, 3(3):173–191, 1978.

[TK96]   V. J. Tsotras und A. Kumar. Temporal database bibliography update. *SIGMOD Record*, 25(1):41–51, März 1996.

[Tom98]   D. Toman. Point-based temporal extensions of SQL and their efficient implementation. In *Temporal Databases: Research and Practice, Dagstuhl Seminar Temporal Databases 1997, Juni 1997*, Lecture Notes in Computer Science (LNCS), Vol. 1399, Springer-Verlag, Seiten 211–237, 1998.

[TPC98a]   TPC. *TPC Benchmark C – Standard Specification Revision 3.4*, August 1998.

[TPC98b]   TPC. *TPC Benchmark D (Decision Support) – Standard Specification Revision 2.1*, Februar 1998.

[TSJ97]   K. Torp, R. T. Snodgrass und C. S. Jensen. Correct and efficient timestamping of temporal data. A TimeCenter Technical Report TR-4, Department of Computer Science, Aalborg University, Denmark, März 1997. Überarbeitet in [TJS98a].

[VLG95]   C. Vassilakis, N. Lorentzos und P. Georgiadis. Transaction support in a temporal DBMS. In *Proceedings of the Int. Workshop on Temporal Databases: Recent Advances in Temporal Databases, Zürich, Switzerland, September 1995*, Workshops in Computing Series, Springer-Verlag, Seiten 255–271, 1995.

[VLG98]   C. Vassilakis, N. Lorentzos und P. Georgiadis. Implementation of transaction and concurrency control support in a temporal DBMS. *Information Systems*, 23(5):335–350, Juli 1998.

[WA98]   R. Winter und K. Auerbach. The big time. *Database Programming & Design*, 11(8):36–45, August 1998.

[WB97]   M.-C. Wu und A. P. Buchmann. Research issues in data warehousing. In *Tagungsband der GI-Fachtagung Datenbanksysteme in Büro, Technik und Wissenschaft (BTW)*, Seiten 61–82, Ulm, März 1997.

[WC96]   J. Widom und S. Ceri (Hrsg.). *Active Database Systems: Triggers and Rules for Advanced Database Processing*. Morgan Kaufmann Publishers, San Francisco, CA, 1996.

[WHSH96]   L. Will, C. Hienger, F. Straßenburg und R. Himmer. *Administration des SAP-Systems R/3*. Addison-Wesley, Bonn, 2. Auflage, 1996.

[Wid95]   J. Widom. Research problems in data warehousing. In *Proceedings of the 4th Int. Conference on Information and Knowledge Management (CIKM)*, Seiten 25–30, Baltimore, MD, November 1995.

[Win96]   K.-R. Wind. Integration von Archivspeichern in Datenbanksysteme: Allgemeine Konzepte und eine Postgres-basierte Realisierung. Diplomarbeit, IBM Wissenschaftliches Zentrum Heidelberg und Universität Mannheim, Januar 1996.

[WJW98]   Y. Wu, S. Jajodia und X. S. Wang. Temporal database bibliography update. In *Temporal Databases: Research and Practice, Dagstuhl Seminar Temporal Databases 1997, Juni 1997*, Lecture Notes in Computer Science (LNCS), Vol. 1399, Springer-Verlag, Seiten 338–366, 1998.

[ZGHW95]   Y. Zhuge, H. Garcia-Molina, J. Hammer und J. Widom. View maintenance in a warehousing environment. In *Proceedings of ACM SIGMOD Int. Conference on Management of Data*, Seiten 316–327, San Jose, CA, Mai 1995.

Stichwortverzeichnis

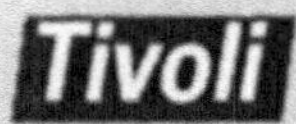

Sicherheit für R/3-Daten

Backup und Restore sind zeitraubende Routine-Aufgaben in einer IT-Umgebung, die jedoch gerade angesichts der Bedeutung der SAP-Daten für das Unternehmen eine Schlüsselrolle in der IT-Prozesskette spielen. Tivoli Data Protection for R/3 erlaubt eine weitgehende Automation von Datensicherungsvorgängen und stellt durch Einsatz moderner Technologien wie der Split-Mirror-Technik oder der Integration und Nutzung von Storage Area Networks (SAN) die optimale Leistung sowie Verfügbarkeit der SAP-Umgebung sicher. Die Software setzt auf SAP DBA auf, einem von SAP definierten Satz von Funktionen für die Datenbank-Administration. Tivoli Data Protection for R/3 schlägt die Brücke zwischen SAP DBA und Tivoli Storage Manager. So lassen sich auch die Daten multipler R/3-Systeme auf unterschiedlichen Plattformen gemeinsam sichern.

Der Einsatz eines Storage Area Network entlastet die LANs und eröffnet gleichzeitig die gemeinsame Nutzung kostspieliger Peripherie-Ressourcen, wie etwa Bandbibliotheken und Kassettenroboter. Die Tivoli-Lösung verbindet, falls gewünscht, jeden Server mit jeder Tape Library des Unternehmens. Diese werden von Tivoli Storage Manager zu zentralen Backup- und Archiv-Servern aufgewertet. Weil der Storage Manager via CommonStore auch die R/3-Archivierung unterstützt, wird er zum universellen Speichertool für SAP-Anwender. Diverse Disaster-Recovery-Optionen bieten adäquate Datensicherheit bei Störfällen. Ebenfalls optional ist ein Java-basierter Administration Assistent, der als 'Single Point of Control' Überwachungsfunktionen für das R/3-Daten- und Speichermanagement eines oder mehrerer Systeme bietet.

Mehr Leistung durch Multi-Threading

Einer der Hauptvorteile von Tivoli Data Protection for R/3 ist eine Performance, wie sie für das Backup geschäftskritischer Daten unverzichtbar ist. Die gesamte Architektur der Software ist mit Blick auf die angestrebte Leistung auf Multi-Threading ausgelegt, optimiert also die Nutzung der CPU-Kapazitäten in den SAP-typischen Symmetrischen Multiprozessor (SMP)-Umgebungen durch die parallele Abwicklung von Backup-Aktivitäten. So können etwa Datentransfers von mehreren Datenbankservern zum Storage Manager gleichzeitig abgewickelt werden, ebenso die Auslagerung der Daten von verschiedenen Platten auf Magnetbänder. Damit verkleinert sich das Backup-Fenster, in dem das SAP-System nicht oder nur bedingt verfügbar ist, erheblich. Diesem Zweck dient auch die parallele Nutzung multipler Datenpfade und Mediasysteme, die wiederum ausgetüftelte Verfahren wie File Multiplexing und Adaptive File Sequencing nach sich zieht. Auch verschiedene Kompressionsverfahren dienen der Leistungssteigerung des Gesamtsystems.